Heinz Cornel | Thomas Trenczek

Strafrecht und Soziale Arbeit

Lehrbuch

2., aktualisierte und erweiterte Auflage

Onlineversion
Nomos eLibrary

Die Deutsche Nationalbibliothek verzeichnet diese Publikation in der Deutschen Nationalbibliografie; detaillierte bibliografische Daten sind im Internet über http://dnb.d-nb.de abrufbar.

ISBN 978-3-7560-1544-3 (Print)
ISBN 978-3-7489-4349-5 (ePDF)

2., aktualisierte und erweiterte Auflage 2024
© Nomos Verlagsgesellschaft, Baden-Baden 2024. Gesamtverantwortung für Druck und Herstellung bei der Nomos Verlagsgesellschaft mbH & Co. KG. Alle Rechte, auch die des Nachdrucks von Auszügen, der fotomechanischen Wiedergabe und der Übersetzung, vorbehalten. Gedruckt auf alterungsbeständigem Papier.

> »Punishment, an evil which when in excess,
> is purely mischievous, is scattered with a lavish hand;
> whilst satisfaction, which altogether produces good
> is given with a grudging parsimony.«
> (Jeremy Bentham 1789)

Der Hang zum Verbrechen [wächst]
auch bei den Jugendlichen mit jeder neuen Verurteilung.
Je härter die Vorstrafe nach Art und Maß gewesen ist,
desto rascher der Rückfall [...]
Wenn ein Jugendlicher oder auch ein Erwachsener ein Verbrechen begeht
und wir lassen ihn laufen,
so ist die Wahrscheinlichkeit,
dass er wieder ein Verbrechen begeht, geringer,
als wenn wir ihn bestrafen."
(Franz von Liszt 1905)

> »Das Gesetz in seiner majestätischen Gleichheit
> verbietet es Reichen wie Armen
> unter Brücken zu schlafen,
> auf Straßen zu betteln
> und Brot zu stehlen.«
> (Anatole France 1909)

»The rich get richer and the poor get prison«
(J.H. Reiman New York 1984)

> »Look for alternatives to punishments,
> not only alternative punishments.«
> (Nils Christie 1991)

».... jeder Staat erhebliche Probleme hat,
die "Kriminalität der Mächtigen" ins Visier zu nehmen.«
(Walter 1995, 17)

> »Das Strafrecht und die damit befassten Instanzen
> haben Emotionen zu kanalisieren und dabei zivilisatorisch zu bändigen.
> Die über Jahrhunderte erkämpfte Strafrechtskultur
> mit ihrer Selbstverpflichtung auf Vernünftigkeit, Subsidiarität und Proportionalität,
> ihrer Bindung an möglichst präzise gesetzliche Vorgaben,
> ihren formalen Sicherungen gegen Missbräuche und
> ihrem Bemühen, Rechtsbrecher nicht aus der Solidargemeinschaft auszugrenzen,
> gehört zum Kernbestand unserer zivilisatorischen Errungenschaften.«
> (Ludwig Kunz 1998, 22)

Vorwort

Dieses Lehrbuch des Strafrechts möchte zugleich ein Lernbuch und ein Buch für die Praxis sein – vor allem für Nichtjurist*innen, die einerseits profunde Kenntnisse des materiellen Straf- wie Verfahrensrechts in ihren von diesen geprägten Arbeitsfeldern (hierzu Kap. 7) brauchen, um Prozesse und Strukturen des Strafrechts zu verstehen, mit Strafrechtlern auf Augenhöhe zusammenarbeiten und für ihre Klient*innen wirksam werden zu können. Darüber vermag es auch für Jura-Studierende und Strafrechts-Praktiker*innen eine rechtsdogmatisch fundierte Einführung in das strafrechtliche Denken und interessante sozialwissenschaftlich-kriminologische Einblicke zu liefern. Wir wollen insb. Studierende und Fachkräfte der „Sozialen Arbeit" im weiten Sinne ansprechen, damit u.a. auch Mediator*innen, Personen, die in der forensischen Psychiatrie und in Justizvollzugsanstalten tätig sind. Dieses Buch bezieht sich mithin nicht nur auf hauptberufliche Soziale Arbeit, andere psychosoziale Berufe und interdisziplinäre Arbeitsfelder, sondern auf alle Fachkräfte welcher beruflichen Grundqualifikation auch immer, deren Aufgabe es ist, sich um die im Rahmen der strafrechtlichen Sozialkontrolle betroffenen Menschen, seien es Opfer, Beschuldigte, Angehörige usw., zu kümmern, ihnen Unterstützung und Hilfe zu leisten. Dies ist auch völlig unabhängig von der Art des Beschäftigungsverhältnisses bzw. ob es sich um bezahlte oder ehrenamtlich/bürgerschaftlich freiwillig erbrachte Tätigkeiten handelt.

Nachdem die erste Auflage sehr freundlich aufgenommen wurde, legen wir hiermit die zweite Auflage vor, in der Gesetzgebung, Rechtsprechung und Literatur sowie statistische Daten bis zum März 2024 berücksichtigt wurden.

Mit Bedacht belassen wir es dabei nicht bei der strafrechtlichen Dogmatik, sondern bieten auch eine sozialwissenschaftliche Darstellung mit engem Bezug zu den Rechtstatsachen, den kriminologischen Hintergründen und kriminalpolitischen Entwicklungen. Sowohl hinsichtlich der strafrechtlichen Dogmatik als auch der sozialwissenschaftlichen empirischen Bezüge hätte man immer noch detaillierter werden können, hätte mehr Straftatbestände erläutern oder mehr Daten präsentieren können. Es war und ist eine Gratwanderung angesichts der antizipierten Erwartungen und Interessen der Leserschaft, die wohl ein 500-Seiten-Werk nicht akzeptiert hätte. Die Abbildungen sollen den Text teils ergänzen, teils zusammenfassen. Wir haben uns bemüht, die einzelnen Kapitel und Abschnitte so aufzubauen und transparent zu gestalten, dass das Buch sowohl zusammenhängend zu lesen ist als auch gezielt zu einzelnen Aspekten zurate gezogen werden kann.

Trotz der Unmöglichkeit einer vollständig gender-gerechten Schreibweise bemühen wir uns um eine gender-sensible Sprache. Wir bitten um Nachsicht, wenn uns das mit Rücksicht auf die gesetzliche (in der Regel die männliche Form verwendende) Terminologie sowie den Lesefluss nicht immer gelungen ist.

Im März 2024
Heinz Cornel, Berlin　　　　　　　　　　　　　　*Thomas Trenczek, Jena/Hannover*

Inhalt

Vorwort 6

Abbildungsverzeichnis 10

Abkürzungsverzeichnis 12

Aktenzeichen 19

1. **Allgemeine Grundlagen** 21
   1.1 Strafrecht und Soziale Arbeit 21
   1.2 Struktur und Bereiche des Strafrechts 21
   1.3 Funktion und Grundsätze des Strafrechts 24
   1.4 Exkurs: Polizeirecht 32

2. **Die Straftat** 36
   2.1 Die Grundvoraussetzungen der Strafbarkeit 37
       2.1.1 Tatbestand 38
           2.1.1.1 Objektiver Tatbestand 38
           2.1.1.2 Subjektiver Tatbestand 39
       2.1.2 Rechtswidrigkeit 41
           2.1.2.1 Rechtfertigung durch Einwilligung 41
           2.1.2.2 Rechtfertigung im Fall der Notwehr – § 32 StGB 42
           2.1.2.3 Rechtfertigung durch Berufung auf einen Notstand – § 34 StGB 48
           2.1.2.4 Sonstige Rechtfertigungsgründe 52
       2.1.3 Schuld 56
       2.1.4 Spezielle Strafbarkeitsvoraussetzungen und Strafbarkeitshindernisse 59
   2.2 Deliktsformen 59
       2.2.1 Versuch und Vollendung 60
       2.2.2 Aktives Tun und Unterlassen 61
       2.2.3 Täterschaft und Teilnahme 64
   2.3 Deliktsbereiche 65
       2.3.1 Gewaltdelinquenz 68
           2.3.1.1 Erscheinungsformen, Anteil und Entwicklung der Häufigkeit 68
           2.3.1.2 Mord 69
           2.3.1.3 Totschlag 75
           2.3.1.4 Körperverletzung 75
           2.3.1.5 Qualifizierungen der gefährlichen und schweren Körperverletzung 77
       2.3.2 Sexualstrafrecht 79
       2.3.3 Schwangerschaftsabbruch 82
       2.3.4 Eigentums- und Vermögensdelikte 84
           2.3.4.1 Erscheinungsformen, Anteile und Entwicklung ihrer Häufigkeit 84
           2.3.4.2 Diebstahlsdelikte 85
       2.3.5 Drogenstrafrecht 89

      2.3.6 Strafrechtlicher Daten- und Vertrauensschutz   93
      2.3.7 Strafrechtlicher Kinder- und Jugendschutz   100

3. Das Strafverfahren   102
   3.1 Die Verfahrensbeteiligten   102
   3.2 Prozessmaximen   105
   3.3 Ablauf des Strafverfahrens   108
      3.3.1 Ermittlungsverfahren   108
      3.3.2 Zwischen- und Hauptverfahren   119
      3.3.3 Strafvollstreckungsverfahren   121
      3.3.4 Besonderheiten bei Festnahme und Untersuchungshaft   121
         3.3.4.1 Festnahme und Haftgründe gem. Strafprozessordnung   121
         3.3.4.2 Europäischer Haftbefehl   128
         3.3.4.3 Empirische Daten zur U-Haft(-Vollstreckung)   133

4. Strafrechtliche Sanktionen   136
   4.1 Sinn und Zweck der staatlichen Strafe   136
   4.2 Exkurs Kriminalprävention   142
   4.3 Sanktionsarten   145
      4.3.1 Freiheitsstrafe   147
      4.3.2 Geldstrafe   148
      4.3.3 Auflagen, Nebenstrafen und Nebenfolgen   149
      4.3.4 Maßregeln der Besserung und Sicherung   150
   4.4 Strafzumessung   152
   4.5 Gnadenrecht   154

5. Jugendstrafrecht   158
   5.1 Grundsätzliches   158
   5.2 Besonderheiten des Verfahrens im Jugendstrafrecht   160
   5.3 Besonderheiten der Sanktionen im Jugendstrafrecht   164

6. Restorative Justice   172
   6.1 Wesenselemente der Restorative Justice   173
      6.1.1 Wiederbelebung der Opferperspektive: Partizipation und Wiedergutmachung   173
      6.1.2 Gemeinwesenansatz – Community   174
      6.1.3 Restorative Justice als neues Konfliktregelungsparadigma?   175
   6.2 Restorative Justice im deutschen Strafrecht   176
   6.3 RJ und TOA unter Beachtung der Europäischen Opferschutzrichtlinie   179
   6.4 Mindeststandards in der Vermittlung strafrechtlich relevanter Konflikte   180
   6.5 Empirische Befunde zur Nutzung und Wirksamkeit von RJ-Ansätzen   185

7. Arbeitsfeld Delinquenz, Strafrecht und Soziale Arbeit   188
   7.1 Soziale Dienste der Justiz   191
      7.1.1 Gerichtshilfe   192
      7.1.2 Bewährungshilfe   199
         7.1.2.1 Rechtliche Bedingungen der Bewährungshilfe   200
         7.1.2.2 Historische Entwicklung und internationale Bezüge der Bewährungshilfe   202
         7.1.2.3 Daten zur Bewährungshilfe in Deutschland   203

		7.1.2.4	Praxis der Hilfeleistungen und Kontrolle in der Bewährungshilfe	203
		7.1.2.5	Rechtlich relevante Diagnosen, Prognosen und Risikoeinschätzungen in der Bewährungshilfe	206
	7.1.3		Führungsaufsicht	209
7.2	Jugendhilfe im Strafverfahren			212
	7.2.1		Rechtsgrundlage und Historie	212
	7.2.2		Ziele und Aufgaben	214
	7.2.3		Erforschung der Persönlichkeit, Hilfeplanung und Stellungnahmen	218
	7.2.4		Prozessrechtliche Stellung des Jugendamtes im Jugendstrafverfahren	224
	7.2.5		Neue Kooperationsformen	226
7.3	Soziale Hilfe im Strafvollzug			227
7.4	Freie Träger der Straffälligenhilfe			236
7.5	Opferhilfe und Opferberatung			245

Literaturverzeichnis 248

Autoren 269

Stichwortverzeichnis 271

Abbildungsverzeichnis

Abbildung 1:	Die Stellung des Strafrechts im Gesamtsystem des Rechts	22
Abbildung 2:	Das System des Strafrechts	23
Abbildung 3:	Grundmaximen des Strafrechts	30
Abbildung 4:	Grundvoraussetzung der Strafbarkeit	38
Abbildung 5:	Rechtfertigungsgründe	55
Abbildung 6:	Schuldausschluss- bzw. Entschuldigungsgründe	57
Abbildung 7:	Strafrechtliche Verantwortlichkeit wegen Unterlassen (vereinfachte Darstellung)	61
Abbildung 8:	Täterschaft und Teilnahme nach dem StGB	65
Abbildung 9:	Anzahl der Straftaten in der BRD (absolute Zahlen nach der PKS)	67
Abbildung 10:	Anzahl der verurteilten Personen in der BRD (absolute Zahlen nach der Verurteiltenstatistik)	68
Abbildung 11:	Entwicklung der Gewaltkriminalität (absolute Zahlen nach der PKS Schlüssel 892 000)	69
Abbildung 12:	Entwicklung der Anzahl vollendeter Morde und Totschläge in der BRD (absolute Zahlen nach der PKS)	71
Abbildung 13:	Entwicklung der vollendeten Sexualmorde in Deutschland von 1973 bis 2022	71
Abbildung 14:	Die Entwicklung der gefährlichen und schweren Körperverletzungen seit 1993 in der BRD (absolute Zahlen nach PKS)	77
Abbildung 15:	Die Entwicklung der Straftaten gegen die sexuelle Selbstbestimmung in der BRD (absolute Zahlen nach PKS)	80
Abbildung 16:	Entwicklung der Anzahl der polizeilich registrierten gesetzwidrigen Schwangerschaftsabbrüche (absolute Zahlen nach PKS)	83
Abbildung 17:	Entwicklung der Diebstahlskriminalität insgesamt (absolute Zahlen nach der PKS)	85
Abbildung 18:	Die Entwicklung der Drogenkriminalität	90
Abbildung 19:	Strafverfolgungsbehörden und Strafgerichte	109
Abbildung 20:	Zwangsmaßnahmen im Ermittlungsverfahren nach der StPO	112
Abbildung 21:	Auflauf des strafrechtlichen Erkenntnisverfahrens nach der StPO*	114
Abbildung 22:	Voraussetzungen für den Erlass eines Haftbefehls und den Vollzug der Untersuchungshaft	128

Abbildungsverzeichnis

Abbildung 23:	Entwicklung der Anzahl der Untersuchungsgefangenen in Deutschland von 1961 bis 2022 pro 100 000 der Bevölkerung	134
Abbildung 24:	Legitimation der staatlichen Strafe	139
Abbildung 25:	Sanktionen – Strafrechtliche Rechtsfolgen	146
Abbildung 26:	Ablauf des jugendstrafrechtlichen Erkenntnisverfahrens*	163
Abbildung 27:	Sitzordnung und Ablauf der Hauptverhandlung im Jugendstrafverfahren (Bsp.: Jugendschöffengericht)	164
Abbildung 28:	Jugendstrafrechtliche Rechtsfolgen	166
Abbildung 29:	Arbeitsfelder der Sozialen Arbeit im Kontext des Strafrechts	190
Abbildung 30:	Zweispurigkeit öffentlicher Sozialkontrolle gegenüber jungen Menschen	216
Abbildung 31:	Jugendkriminalrechtliches Dreiecksverhältnis	221
Abbildung 32:	Entwicklung der Anzahl der Strafgefangenen (einschließlich SV und Jugendstrafe) in Deutschland von 1961 bis 2022 pro 100 000 der Bevölkerung	228

Abkürzungsverzeichnis

(Gesetzesbezeichnungen werden in der amtlichen Abkürzungsversion verwendet. Zu den von Behörden und Gerichten verwendeten Register- und Aktenzeichen s. nachstehend am Ende)

a. A.	anderer Ansicht
a. a. O.	am angegebenen Ort
Abs.	Absatz/Absätze
a. E.	am Ende
AEUV	EU-Vertrag über die Arbeitsweise der Europäischen Union (konsolidierte Fassung 2009)
a. F.	alte Fassung
AG	Amtsgericht/Arbeitsgemeinschaft
AGJ	Arbeitsgemeinschaft für Kinder- und Jugendhilfe, Berlin
AGKJHG	Ausführungsgesetz zum KJHG
AKKrimSoz	Arbeitskreis (der Hochschullehrer / innen) Kriminologie und Soziale Arbeit
Alt.	Alternative
ÄndG	Änderungsgesetz
Anm.	Anmerkung
AO	Abgabenordnung
arg.	Argument aus
Art.	Artikel
ASA	Ambulante Sozialpädagogische Angebote (= Leistungen nach dem SGB VIII)
ASD	Allgemeiner Sozialer Dienst
AT	Allgemeiner Teil
ATA	Außergerichtlicher Tatausgleich
Aufl.	Auflage
Az.	Aktenzeichen
BAG	Bundesarbeitsgemeinschaft
BAG NAM	Bundesarbeitsgemeinschaft für ambulante Maßnahmen nach dem Jugendrecht
BAGS	Bundesarbeitsgemeinschaft für Straffälligenhilfe
Bay	Bayern/Bayrisch
BayObLG	Bayrisches Oberstes Landesgericht
BB	Brandenburg
Bd	Band
BDSG	Bundesdatenschutzgesetz
BE	Berlin
Begr.	Begründung
Bem.	Bemerkung
BfJ	Bundesamt für Justiz
BGB	Bürgerliches Gesetzbuch
BGBl.	Bundesgesetzblatt
BGH	Bundesgerichtshof
BGHStE	Entscheidungen des BGH in Strafsachen
Begr.	Begründer*in (z.B. von Kommentaren)

Abkürzungsverzeichnis

BKA	Bundeskriminalamt
BKAG	BKA-Gesetz
BKiSchG	Gesetz zur Stärkung eines aktiven Schutzes von Kindern und Jugendlichen (Bundeskinderschutzgesetz)
BMI	Bundesministerium des Innern
BMJ/BMJV	Bundesministerium der Justiz und für Verbraucherschutz (früher BMJ - Bundesministerium der Justiz
BPolG	Bundespolizeigesetz
Brbg	Brandenburg
BR-Ds	Bundesrats-Drucksache
BT	Besonderer Teil
BT-Ds	Bundestags-Drucksache
BtM	Betäubungsmittel
BtMG	Betäubungsmittelgesetz
BtMVV	Betäubungsmittel-Verschreibungsverordnung
BVerfG	Bundesverfassungsgericht
BVerfGE	Entscheidungen des BVerfG
BVerfGG	Bundesverfassungsgerichtsgesetz
BVerwG	Bundesverwaltungsgericht
BVerwGE	Entscheidungen des Bundesverwaltungsgerichts
BW	Baden-Württemberg
BZRG	Gesetz über das Zentralregister und das Erziehungsregister
bzw.	beziehungsweise
CanG	Gesetz zum kontrollierten Umgang mit Cannabis und zur Änderung weiterer Vorschriften (Cannabisgesetz)
CM/Rec	Recommendation of the Committee of Ministers (Empfehlung EU-Ministerrat)
DBH	Deutsche Bewährungshilfe e. V. (Fachverband)
DDR	Deutsche Demokratische Republik
ders.	derselbe
Destatis	Statistisches Bundesamt (https://www.destatis.de)
dgl.	dergleichen
Diss.	Dissertation
Drs	Drucksache
DSGVO	Europäische Datenschutzgrundverordnung
DVJJ	Deutsche Vereinigung für Jugendgerichte und Jugendgerichtshilfen e. V.
DVJJ-J	DVJJ-Journal (mittlerweile ZJJ - Zeitschrift für Jugendkriminalrecht und Jugendhilfe)
DVO	Durchführungsverordnung
E	Entscheidungssammlung
-E	Entwurf (i. d. R. Entwurf einer Gesetzesfassung, z. B. VwGO-E)
EG	Einführungsgesetz
EG	Europäische Gemeinschaft
EGMR	Europäischer Gerichtshof für Menschenrechte mit Sitz in Straßburg
EGStGB	Einführungsgesetz zum StGB
Einl.	Einleitung

EMRK	Europäische Menschenrechtskonvention
EOR	Europäischen Opferschutzrichtlinie
et al.	und andere
EU	Europäische Union
EuGH	Gerichtshof der Europäischen Union in Luxemburg
EuHb	Europäische Haftbefehl
EUV	EU-Vertrag (Lissabon 2007, in Kraft seit 01.01.2009, konsolidierte Fassung)
e. V.	eingetragener Verein
f., ff.	folgende (Singular / Plural)
FamFG	Gesetz über das Verfahren in Familiensachen und in den Angelegenheiten der freiwilligen Gerichtsbarkeit
Fn	Fußnote
GBl.	Gesetzblatt
gem.	gemäß
GG	Grundgesetz
ggf.	gegebenenfalls
GK-SGB VIII	Gemeinschaftskommentar zum SGB VIII (hrsg. v. Wabnitz, R.)
GmbH	Gesellschaft mit beschränkter Haftung
Grdl.	Grundlagen
grds.	grundsätzlich
GSSt	Großer Senat in Strafsachen (BGH)
GVG	Gerichtsverfassungsgesetz
HB	Bremen
HH	Hamburg
HinSchG	Hinweisgeberschutzgesetz
h. M.	herrschender Meinung
HRRS	(Onlinezeitschrift für) Höchstrichterliche Rechtsprechung zum Strafrecht (www.hrr-strafrecht.de)
Hrsg.	Herausgeber
HS	Halbsatz
i. d. F.	in der Fassung
i. d. R.	in der Regel
IfSchG	Infektionsschutzgesetz
i. H. v./i. H. d.	in Höhe von/in Höhe der
IStGH	Internationaler Strafgerichtshof (in Den Haag)
insb.	insbesondere
insg.	insgesamt
IRG	Gesetz über die internationale Rechtshilfe in Strafsachen
i. V. m.	in Verbindung mit
JA	Jugendamt
JÄ	Jugendämter
JAmt	Das Jugendamt (Zeitschrift)
JGG	Jugendgerichtsgesetz
JGH	Jugendgerichtshilfe (= Aufgabe nach § 52 SGB VIII)
JMBl/J.M.Bl.	Justizministerialblatt
JuhiS	(Mitwirkung der) Jugendhilfe im Strafverfahren
JuS	Juristische Schulung (Fachzeitschrift)

Abkürzungsverzeichnis

JuSchG	Jugendschutzgesetz
Kap.	Kapitel
KICK	Kinder- und Jugendhilfeweiterentwicklungsgesetz
KIK	Konstanzer Inventar Kriminalitätsentwicklung (www.ki.uni-konstanz.de/kik)
KJHAG	Kinder- und Jugendhilfe-Ausführungsgesetz
KJHG	Gesetz zur Neuordnung des Kinder- und Jugendhilferechts (Gesetz zur Einführung des SGB VIII)
KKG	Gesetz zur Kooperation und Information im Kinderschutz
LG	Landgericht
LKJHG	Landesausführungsgesetz zum Kinder- und Jugendhilfegesetz (insb. Kinder- und Jugendhilfegesetz für Baden-Württemberg)
LPK	Lehr- und Praxiskommentar
MDR	Monatsschrift des deutschen Rechts (Fachzeitschrift)
MediationsG	Mediationsgesetz
MiStra	(Justiz-interne) Anordnung über Mitteilungen in Strafsachen
MüKoStGB	Münchener Kommentar zum StGB (s. Literaturverzeichnis)
M-V	Mecklenburg-Vorpommern
m. w. N.	mit weiteren Nachweisen
NAM	Neue Ambulante Maßnahmen
Nds	Niedersachsen
Nds-HB	Niedersachsen-Bremen
n. F.	neue Fassung
NJW	Neue Juristische Wochenschrift
NK-StGB	Nomos Kommentar zum Strafrecht (hrsg. von Kindhäuser)
NRW	Nordrhein-Westfalen
NStZ	Neue Zeitschrift für Strafrecht
OEG	Gesetz über die Entschädigung für Opfer von Gewalttaten (Opferentschädigungsgesetz)
Ö	Österreich(isches)
OLG	Oberlandesgericht
ORRG	Opferrechtsreformgesetz
OVG	Oberverwaltungsgericht
OWiG	Gesetz über Ordnungswidrigkeiten
PAG	Polizeiaufgabengesetz
PDV	Polizeiliche Dienstvorschrift (bundeseinheitlich)
PIN	persönliche Identifikationsnummer
PJZS	Polizeiliche und justizielle Zusammenarbeit im Strafrechtsbereich (Europäisches Abkommen)
PKS	Polizeiliche Kriminalstatistik
POG	Polizeiorganisationsgesetz
PolG	Polizeigesetz
PStG	Personenstandsgesetz
RA	Rechtsanwalt
RE	Referentenentwurf
RiStBV	Richtlinien für das Strafverfahren und das Bußgeldverfahren
RJGG	Reichsjugendgerichtsgesetz
RL	Richtlinie

Abkürzungsverzeichnis

Rn	Randnummer
R-P	Rheinland-Pfalz
RPsych	Zeitschrift für Rechtspsychologie
RR	Rechtsprechungs-Report
Rspr.	Rechtsprechung
Rz	Randziffer
S.	Seite; Satz
s. (s. a.; s. o.; s. u.)	siehe (auch; oben; unten)
S-A	Sachsen-Anhalt
Saarl	Saarland
SchKG	Gesetz zur Vermeidung und Bewältigung von Schwangerschafts-konflikten (Schwangerschaftskonfliktgesetz)
SGB	Sozialgesetzbuch (nachgestellte römische Ziffer = Buch des SGB, z.B. SGB VIII – Kinder- und Jugendhilfe
S-H	Schleswig-Holstein
SIS	Schengener Informationssystem
SK-StGB	Systematischer Kommentar zum Strafgesetzbuch
sog.	sogenannte
SOG	Gesetz über Sicherheit und Ordnung
StA	Staatsanwalt(schaft)
StAG	Staatsangehörigkeitsgesetz
StGB	Strafgesetzbuch
StPO	Strafprozessordnung
st. Rspr.	ständige Rechtsprechung
str.	strittig/umstritten
StrafVollzG	Strafvollzugsgesetz
StV	Strafverteidiger (Fachzeitschrift)
StVG	Straßenverkehrsgesetz
StVollstrO	Strafvollstreckungsordnung
SZ	Süddeutsche Zeitung
TAN	Transaktionsnummer
ThUG	Therapieunterbringungsgesetz
Thür	Thüringen
ThürKJHAG	Thüringer Kinder- und Jugendhilfe-Ausführungsgesetz
ThUGVollzG	Gesetz über den Vollzug des Therapieunterbringungsgesetzes (in BW)
TOA	Täter-Opfer-Ausgleich
TPG	Transplantationsgesetz
u. a.	unter anderem, und anderes
u. a. m.	und andere/s mehr
UBG	Unterbringungsgesetz
U-Haft	Untersuchungshaft
UN	United Nations / Vereinte Nationen
usw.	und so weiter
v. a.	vor allem
Verf.	Verfasser/in
VG	Verwaltungsgericht
VGH	Verwaltungsgerichtshof

Abkürzungsverzeichnis

VO	Verordnung
Vor (§ bzw. Kap.)	Vorbemerkung zu einem Paragrafen bzw. zu einem Kapitel
vs.	versus
VwGO	Verwaltungsgerichtsordnung
WStG	Wehrstrafgesetz
ZJJ	Zeitschrift für Jugendkriminalrecht und Jugendhilfe (vormals: DVJJ-Journal)
ZKM	Zeitschrift für Konfliktmanagement
ZPO	Zivilprozessordnung
z.B.	zum Beispiel
z. T.	zum Teil

Aktenzeichen

BvF	abstrakte Normenkontrolle	Bundesverfassungsgericht
BvL	konkrete Normenkontrolle	Bundesverfassungsgericht
BvR	Verfassungsbeschwerden	Bundesverfassungsgericht
Cs	Strafbefehlsachen	Amtsgericht
Ds	erstinstanzliche Strafverfahren vor dem Einzelrichter	Amtsgericht
F	erstinstanzliche Familiensachen	Amtsgericht
Js	Ermittlungsverfahren in Strafsachen	Staatsanwaltschaft
KLs	erstinstanzliche Strafsachen große Strafkammer	Landgericht
Ks	erstinstanzliche Strafsachen vor dem Schwurgericht	Landgericht
Ls	erstinstanzliche Strafverfahren vor dem Schöffengericht	Amtsgericht
Ns	Berufungen in Strafsachen	Landgericht
PLs	Ermittlungsverfahren	Amtsanwaltschaft
Qs	Beschwerden in Straf- und Bußgeldsachen	Landgericht
Ss	Revisionen in Strafsachen	Oberlandesgericht
StR	Revisionen in Strafsachen	Bundesgerichtshof
StVK	Verfahren vor der Strafvollstreckungskammer	Landgericht
UJs	Ermittlungsverfahren gegen Unbekannt	Staatsanwaltschaft

1. Allgemeine Grundlagen

1.1 Strafrecht und Soziale Arbeit

Das Strafrecht kann jede*n treffen, sei es als Opfer, Beschuldigte*r oder als Schöff*in in einer Gerichtsverhandlung. Fachkräfte der Sozialen Arbeit treffen häufig in einer professionellen Rolle auf das Strafrecht. Aufgrund der Normalität und Ubiquität deliktischen Verhaltens (junger) Menschen[1] hat das (Jugend)Strafrecht zwangsläufig für alle Dienste und Einrichtungen der Sozialen Arbeit und insbesondere der Kinder- und Jugendhilfe eine erhebliche Bedeutung. Eine Reihe von Aufgaben und Diensten der Sozialen Arbeit stehen unmittelbar im strafrechtlich geprägten Kooperationsfeld zur Polizei und Justiz, welches man etwas veraltet als „Strafrechtspflege" bezeichnet.[2] Hierzu zählen insb. die Gerichts-, Bewährungshilfe und Führungsaufsicht (s. 7.1), die Mitwirkung der Jugendhilfe in Jugendstrafverfahren („JuhiS", s. 7.2), die Soziale Arbeit im Strafvollzug (s. 6.4), in der Untersuchungshaft, die Sozialhilfe, insb. zur Überwindung besonderer sozialer Schwierigkeiten nach §§ 67 – 69 SGB XII (z.B. Entlassenenhilfe), die Suchtberatung und sog. Drogenhilfe- bzw. Therapiehilfeeinrichtungen sowie die sonstige/Freie Straffälligen- und sog. Gefährdetenhilfe. Diese Tätigkeitsfelder knüpfen an ein (norm-)abweichendes, strafrechtlich relevantes Verhalten von Menschen an. Das Strafrecht und die Soziale Arbeit verfolgen dabei das Ziel der Kriminalprävention in dem Sinne der Verhütung zukünftiger Straftaten, haben aber *unterschiedliche Funktionen* und basieren auf unterschiedlichen *Handlungslogiken* – grob verkürzt: einerseits mit Blick auf die gesellschaftliche Ordnung sowie andererseits auf den Menschen als Individuum – doch ungeachtet unterschiedlicher Interessensrichtungen von Strafjustiz und Sozialpädagogik/Sozialarbeit gilt es, deren interdisziplinäre und institutionenübergreifende Kooperation, das Zusammenwirken von justiziellen und sozialpädagogischen Aktivitäten so zu gestalten, dass die *soziale Integration* des Einzelnen in den normalen Alltag gelingen kann. Kooperation entsteht freilich nicht durch „Herbeischwören" und bedeutet nicht, dass „alle in einem Boot" säßen und doch letztlich „alle das Gleiche" wollten.[3] Eine Konflikte offenlegende, Widersprüche nicht verdeckende Zusammenarbeit aller Beteiligten bringt einen entscheidenden Gewinn an Ehrlichkeit und Wirklichkeit und ermöglicht es den Beteiligten, ihre Aufgaben adäquat wahrzunehmen.[4]

Unabhängig von einem strafrechtlich relevanten Verhalten ihrer Klient*innen hat das Strafrecht für die Soziale Arbeit eine besondere Relevanz in der Schwangerschaftskonfliktberatung (hierzu Kap. 2.3.3), im Hinblick auf die strafrechtliche Haftung für mangelhafte Leistungen/Pflichtverletzungen und der damit zusammenhängenden Garantenstellung von Sozialarbeitern (hierzu Kap. 2.2.2) sowie im Hinblick auf die professionelle Schweigepflicht und das Recht auf Zeugnisverweigerung (hierzu.2.3.6).

1.2 Struktur und Bereiche des Strafrechts

Das Strafrecht ist ein Teilgebiet des Öffentlichen Rechts des Bundes (Art. 74 Nr. 1 GG), denn es regelt die Rechtsbeziehungen zwischen den Bürgern und dem Staat als Hoheitsträger. Andererseits wird es zumeist als selbstständiger Teil dargestellt und

---

1 Zum Erkenntnisstand über Jugendkriminalität Trenczek/Schmoll 2024, Kap. 2.2.
2 Hierzu ausführlich Cornel 2023, Kap. A2.
3 Zum oft missverstandenen Begriff „Verantwortungsgemeinschaft" FK/Trenczek Vor §§ 50–52 Rn 20.
4 Breymann 1991, 48; Trenczek/Schmoll 2024, Kap. 3.4.

gelehrt. Die Strafgerichte sind auch nicht Teil des primären Rechtsschutzes zur Kontrolle der öffentlichen Verwaltung, sondern gehören trotz des öffentlich-rechtlichen Charakters des Strafrechts nach § 13 GVG zur sog. ordentlichen Gerichtsbarkeit (zum Gerichtsaufbau s.u. Kap. 3.3; Abbildung 1).

Abbildung 1: Die Stellung des Strafrechts im Gesamtsystem des Rechts

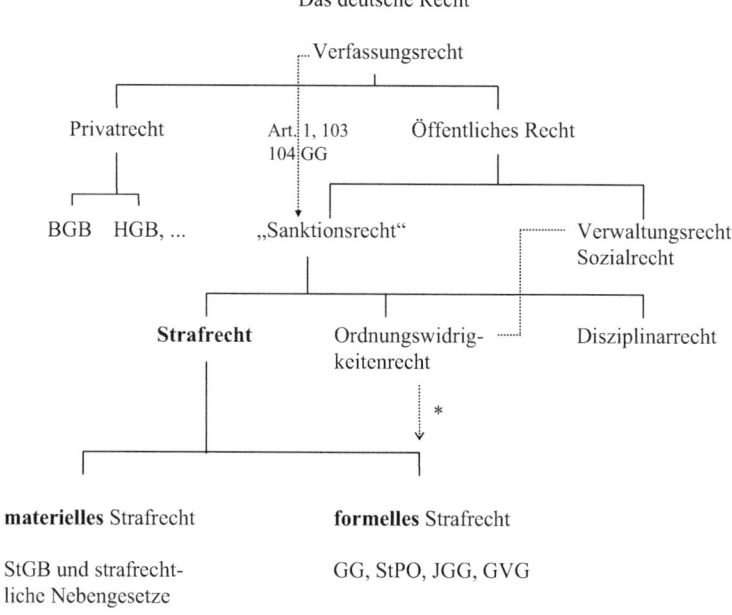

* Überleitung des OWi-Verfahrens an StA und Strafgericht nach Einspruch gegen Bußgeldbescheid nach § 143 GVG, §§ 68 ff OWiG; Geltung der StPO nach § 46 OWiG -> Entscheidung durch Urteil: § 260 StPO; matriell-rechtlich bleibt es aber eine OWi-Sache.

4 Man unterscheidet im Strafrecht – wie auch in anderen Rechtsgebieten – zwischen materiellem und formellem Recht. Das *materielle Strafrecht* im StGB enthält zwei Teile, den sog. Allgemeinen und den Besonderen Teil. Die im Allgemeinen Teil (AT) des StGB enthaltenen Regelungen betreffen allgemeine, für das gesamte Strafrecht geltende Grundsätze, die Fragen, die unabhängig von den einzelnen Straftatbeständen zu lösen sind und deshalb im AT „vor die Klammer gezogen" wurden. Hier geht es einerseits (§§ 13 – 37 StGB) um die Voraussetzungen der Strafbarkeit und die Begehungsformen der Delikte (z.B. Vorsatz/Fahrlässigkeit, Vollendung/Versuch, Tun/Unterlassen, Täter/Beteiligte; hierzu 2.2) sowie andererseits um die strafrechtlichen Rechtsfolgen, insb. die Festlegung der Art und Höhe der Sanktionen (§§ 38 – 76a StGB; hierzu 4). Im Besonderen Teil (BT) des StGB findet man die Normierung der wesentlichsten Verhaltensweisen, die als Straftat verboten sind (hierzu 2.3). Weitere Straftatbestände sind in den sog. strafrechtlichen Nebengesetzen normiert, z.B. §§ 369 ff. Abgabenordnung, §§ 95 ff. Aufenthaltsgesetz, §§ 29 ff. BtMG, § 27 JuSchG, §§ 21 ff. StVG sowie in den Straf- und Schlussvorschriften der SGB-Bücher. Strafrechtsnormen finden sich also in

1.2 Struktur und Bereiche des Strafrechts

einer nahezu unübersehbaren Vielzahl von Gesetzeswerken (vgl. Abbildung 2: System des Strafrechts).

Abbildung 2: Das System des Strafrechts

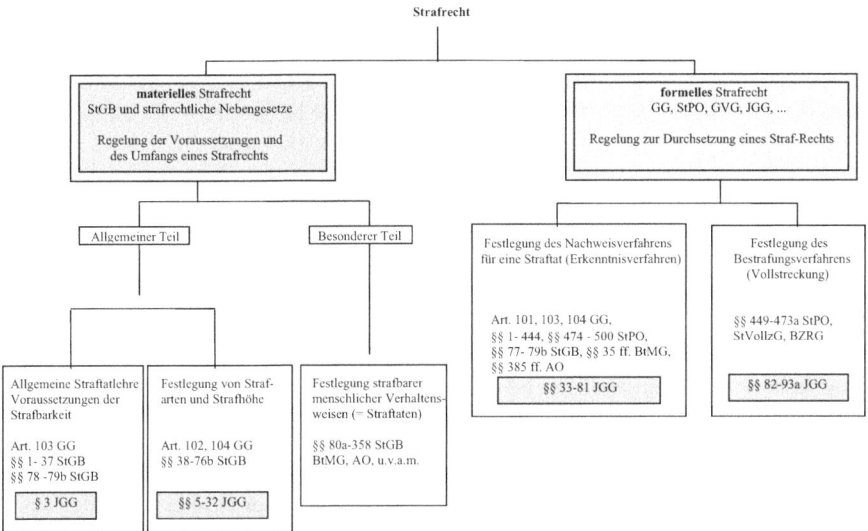

In den Verfahrensordnungen, vor allem der StPO und dem GVG, sind das *formelle Strafrecht*, insb. die Gerichtsorganisation und der Ablauf des Strafverfahrens geregelt (s.u. 3). Es beginnt mit der Aufnahme polizeilicher Ermittlungen und endet mit der – ggf. erst nach Berufung und Revision eintretenden – rechtskräftigen Verurteilung und Vollstreckung der Sanktion. Das *Strafvollstreckungsrecht* ist im Wesentlichen in der StPO geregelt und Teil des Strafverfahrens. Demgegenüber ist das *Strafvollzugsrecht* ein Teil des besonderen Verwaltungsrechts und regelt die Ausgestaltung und Durchführung des Strafvollzugs[5], für den seit der Föderalismusreform 2006 die Länder zuständig sind. Aus Platzgründen müssen wir darauf verzichten, das Strafvollzugsrecht darzustellen und verweisen insoweit auf die entsprechende Fachliteratur.[6] Wir werden allerdings in Kapitel 6.4 auf die Soziale Arbeit bzw. Soziale Hilfe im Strafvollzug eingehen und dabei auch rechtliche Regelungen referieren, soweit dies aufgrund von 16 unterschiedlichen Landesstrafvollzugsgesetzen sinnvoll ist.

Das *Jugendstrafrecht* vereinigt Regelungen aus mehreren Bereichen (s.u. 5).[7] Es wird zwar als Sonderstrafrecht für junge Menschen bezeichnet, knüpft aber im Hinblick auf das Verhalten an die Strafbarkeitsbestimmungen des StGB an. Das JGG enthält andererseits Abweichungen vom Allgemeinen (Erwachsenen-)Strafrecht, insb. im Hinblick auf die strafrechtliche Verantwortlichkeit junger Menschen sowie die spezifischen Rechtsfolgen. Im Übrigen enthält es Bestimmungen zur Justizorganisation und zum

---

5 Hierzu Cornel 2023d.
6 Arloth/Kräh 2021; Laubenthal 2019; Ostendorf 2022.
7 Ausführlich hierzu Eisenberg/Kölbel 2024; Ostendorf/Drenkhahn 2022; Trenczek/Schmoll 2024.

Verfahren sowie zur Vollstreckung und teilweise diejenigen zum Vollzug jugendstrafrechtlicher Maßnahmen.[8]

7 Das *Ordnungswidrigkeitenrecht*, insb. das OWiG, gehört nicht zum Strafrecht, da es lediglich Verstöße gegen Verwaltungsnormen als Übertretungen mit Geldbußen (nicht mit Kriminalstrafen; zum Unterschied s. 4) sanktioniert. Allerdings orientiert sich das OWiG „methodisch" am Strafrecht, z.b. im Hinblick auf die Voraussetzungen der Sanktionen und das Verfahren. So verweist § 46 Abs. 1 OWiG generell auf die StPO, das GVG sowie das JGG. Zudem gibt es problematische Überschneidungen insb. im Jugendbereich im Hinblick auf die Sanktionen bei Schulverweigerung.[9]

1.3 Funktion und Grundsätze des Strafrechts

8 Strafrecht ist ein Teil des *Systems der sozialen Kontrolle*.[10] Hierunter ist die soziale Reaktion auf abweichendes Verhalten zur Aufrechterhaltung der gesellschaftlichen Ordnung zu verstehen. Die soziale Kontrolle knüpft also an die Verletzung sozialer Normen an. Allerdings gilt dies nicht nur für das Strafrecht, sondern das ist z.t. auch im Zivil- oder Verwaltungsrecht der Fall. Die aus einem Konflikt resultierende rechtliche Fragestellung bestimmt, welches Rechtsgebiet innerhalb einer Rechtsordnung die Antwort gibt. Wenn z.B. A aus Unachtsamkeit einen Verkehrsunfall verursacht, bei dem B verletzt wird, so beantwortet das Zivilrecht die Frage, ob A dem B Schadensersatz sowie Schmerzensgeld zu leisten hat und falls ja, in welcher Weise und Höhe (§§ 823, 253 Abs. 2 BGB, § 7 StVG). Das Verwaltungsrecht befasst sich im Hinblick auf die Gefahrenabwehr mit der Frage, ob sich A durch sein Verhalten als ungeeignet zum Fahren eines Kfz erwiesen hat und falls ja, ob ihm die Fahrerlaubnis zu entziehen ist (§ 4 StVG). Für das Strafrecht stellt sich die Frage, ob A sich anlässlich des Verkehrsunfalls strafbar gemacht hat und falls ja, wie er zu bestrafen ist. Der entscheidende Anknüpfungspunkt für das Strafrecht ist heute zumindest strafrechtstheoretisch nicht mehr die Unmoral oder Unbotmäßigkeit, sondern die besondere *Sozialschädlichkeit* eines bestimmten Verhaltens. Das Strafrecht bezweckt den *Rechtsgüterschutz* durch die Strafbarkeit des inkriminierten Verhaltens, d.h., bestimmte Verhaltensweisen werden dadurch verboten, dass der Staat Strafen für ihre Begehung androht. Hieraus wird traditionell der sog. „staatliche Strafanspruch" begründet. Der Begriff „staatlicher Strafanspruch" ist zumindest unglücklich und missverständlich, weil im modernen Rechtsstaat Strafe nicht Selbstzweck sein darf. Vielmehr sind insoweit die mit den (gesetzlich normierten und damit grundsätzlich zulässigen) Interventionen des Strafrechts legitimerweise angestrebten Ziele (insb. Bestätigung der Rechtsnorm und Förderung der Legalbewährung; hierzu 4.1) und dabei das Verhältnismäßigkeitsgebot (s. nachfolgend) zu beachten. Bereits Kurt Tucholsky hat solchen staatlichen „Strafanspruch" bestritten: „Es gibt kein staatliches Recht des Strafens. Es gibt nur das Recht der Gesellschaft, sich gegen Menschen, die ihre Ordnung gefährden, zu sichern. Alles andere ist Sadismus, Klassenkampf, dummdreiste Anmaßung göttlichen Willens, tiefste Ungerechtigkeit".[11] Das Strafrecht blendet systematisch[12]

---

8 Zur Notwendigkeit spezifischer gesetzlicher Regelungen für den Jugendstrafvollzug s. BVerfG v. 31.5.2006 – 2 BvR 1673 / 04 – ZJJ 2006, 193 ff. für die mittlerweile die Bundesländer zuständig sind; hierzu Ostendorf 2022.
9 Hierzu Höynck/Klausmann 2012.
10 Zur Funktion des Rechts allgemein, vgl. Trenczek et al. 2023, Kap. 1.1.1; instruktiv zum „Selbstverständnis" des Strafrechts Hassemer 2008.
11 Tucholsky 1927, 619 f.
12 Die Ausblendung der sozialen Wirklichkeiten ist nicht eine unbeabsichtigte Folgeerscheinung oder gar ein Missbrauch des Rechts, sondern dieses abstrakte Denken ist der juristischen Methodenlehre immanent.

1.3 Funktion und Grundsätze des Strafrechts

soziale Ungleichheiten ebenso wie den gesellschaftlich-politischen Kontext aus, in dem es praktiziert wird. Michael Walter hatte deutlich gemacht, dass sich das Kriminalrechtssystem „mit Vorliebe gut zugänglichen und leicht verarbeitbaren Geschehnissen zu[wendet]", insb. dem individuellen Fehlverhalten von jungen Menschen,, während „jeder Staat erhebliche Probleme hat, die ‚Kriminalität der Mächtigen' ins Visier zu nehmen."[13] Selbst extrem sozialschädliche Handlungen im (internationalen) Wirtschaftsverkehr (Wirtschaftskriminalität), wie z.B. die Gemeinwesen gefährdende Finanzspekulation, Umweltzerstörung, Datenmissbrauch und Internetkriminalität, Organ- und Menschenhandel sowie kriegerische Auseinandersetzungen sind mit den Mitteln des (nationalen) Strafrechts kaum zu fassen. Bissig formulierte es der US-amerikanische Kriminologe J.H. Reiman bereits lange vor der Finanzkrise: „The rich get richer and the poor get prison."[14] Das Strafrecht wurde häufig als Mittel zur Durchsetzung von Macht und Partikularinteressen benutzt.[15] Die heutige (herrschende) Strafrechtstheorie basiert aber auf der Prämisse, dass das Strafrecht einen gesellschaftlichen Konsens hinsichtlich eines Grundbestands an Werten und Rechtsgütern ausdrücke, der für so wichtig erachtet wird, dass er durch das Mittel des Strafrechts geschützt werden müsse. Gustav Radbruch, ein Rechtsphilosoph und kurzzeitiger Justizminister während der Weimarer Republik, hat dies als Illusion kritisiert: „So mag sich die Entstehung des Rechts vorstellen, wer überwiegend seine Wohltaten genießt. Die, auf denen vorzugsweise der Druck der Rechtsordnung lastet, werden in solchen Lehren nur schöne Träume erblicken."[16] Oder mit den Worten des Literaturnobelpreisträgers Anatole France (1919) gesprochen: „Das Gesetz in seiner majestätischen Gleichheit verbietet es Reichen wie Armen unter Brücken zu schlafen, auf Straßen zu betteln und Brot zu stehlen."[17]

Zwar gehört das Strafrecht heute nicht mehr zu den zentralen Herrschaftsmitteln, gleichwohl ist – anders als das der vorbeugenden (präventiven) Gefahrenabwehr dienende Polizeirecht (hierzu 1.4) – die strafrechtliche Reaktion reaktiv, die Repression steht also im Vordergrund. Deshalb ist der staatliche „Strafanspruch" nicht zuletzt aufgrund seines reaktiv-repressiven Ansatzes ungeachtet des auch für das Strafrecht bemühten Präventionsgedankens brüchig und die (empirisch nicht feststellbare) Präventionswirkung der Kriminalstrafen zumindest im Bereich der „klassischen" Kriminalität umstritten.[18] Insofern stellt sich die Frage der Legitimation von staatlichen Sanktionen in besonderer Weise (s. 4.1), die aber nicht identisch ist mit der Legitimation des Strafrechts als Ordnungssystem. Die Aktivierung der strafrechtlichen Sanktionsinstrumente ist freilich rechtstheoretisch wie verfassungsrechtlich (hierzu s. nachfolgenden Kasten) davon abhängig, dass es kein anderes milderes geeignetes Mittel gibt, um

---

„Justitia" soll ja „blind" sein und „ohne Ansehen" einer Person urteilen. Das Recht ist – so formulierte es bereits Hegel 1821 – „gleichgültig", also desinteressiert am konkreten Individuum in seiner jeweiligen psychosozialen Existenz, relevantes Subjekt im Recht ist eine abstrakte Rechtsperson. Andererseits soll damit auch zum Ausdruck kommen, dass das Recht unbeschadet aller individuellen Besonderheit für jeden Einzelnen „gleich gültig", also gleichermaßen gültig ist – und dies ist gegenüber feudalistischer Willkür durchaus ein zivilisatorischer Fortschritt. Soziale Ungleichheit ist freilich allenthalben mit Händen zu greifen und es stellt sich die Frage, ob und in welcher Weise dies bei der Rechtsanwendung im modernen Rechtsstaat berücksichtigt werden sollte (zum Verhältnis von Recht und Gerechtigkeit s. Trenczek/Behlert et al 2023, Kap. 1.2, S. 89 ff.).

13 Walter 1995, 17.
14 Reiman 1984; vgl. hierzu auch Lindenberg 2024, 137 ff.: „Die kleinen Diebe hängt man – und die Großen läßt man laufen?".
15 Z.B. zum Verbot des Sammelns von Abfallholz vgl. Karl Marx: Debatten über den Holzdiebstahl (1842).
16 Radbruch 1999, 477.
17 France 1919, 112.
18 Zur Rückfallstatistik Heinz 2019; Jehle et al. 2020.

das Rechtsgut zu schützen (insb. zivil-, gewerberechtliche und verbraucherschützende Regelungen sowie personelle und technische Vorkehrungen z.B. im Hinblick auf den Ladendiebstahl und die Beförderungserschleichung).

10

> **Verhältnismäßigkeit als Wesensmerkmal der Rechtsstaatlichkeit**
>
> Für ein rechtsstaatlich verankerte Strafrecht ist die Beachtung des in Art. 20 Abs. 3 GG verankerten **Verhältnismäßigkeitsgrundsatz**[19] von überragender Bedeutung, welches allerdings in der Praxis nicht selten fehlerhaft angewendet oder lediglich als formelhaftes Lippenbekenntnis rezitiert wird. Das Verhältnismäßigkeitsgebot muss – auch wenn der Normtext nicht gesondert darauf hinweist[20] – bei *jeder* öffentlich-rechtlichen Handlung, Intervention (z. B. Leistungsentscheidungen der Jugendhilfe) und hoheitlichen Maßnahme, mithin auch bei jeder strafrechtlichen wie strafprozessualen Entscheidung, bei jeder Sanktion oder Maßnahme eingehalten werden. Als strafrechtliche Besonderheit ist zudem von Bedeutung, dass die Verhältnismäßigkeitsprüfung zwar grds. im Hinblick auf öffentlich-rechtliches Handeln durchgeführt wird, da es im Strafrecht um eine staatliche Sanktionierung des menschlichen Verhaltens geht, wirkt der Verhältnismäßigkeitsgrundsatz mittelbar auch als Bewertungsmaßstab für privates Verhalten (z.B. zu den Grenzen der Notwehrhandlung s. 2.1.2.2.2, zur Verwerflichkeitsklausel s. 2.1.2.4).
>
> Jede behördliche (polizeiliche, staatsanwaltschaftliche) und gerichtliche Entscheidung muss nicht nur einem (verfassungsrechtlich) legitimen, auf das Wohl der Allgemeinheit ausgerichteten **Zweck** dienen (darüber entscheidet die Gesetzgebung), sondern im konkreten Einzelfall (im Hinblick auf den Gesetzeszweck) auch geeignet, erforderlich und angemessen sein. Exekutive wie Judikative haben daher bei jeder öffentlich-rechtlichen Entscheidung und Intervention (z. B. Verfahrensentscheidung bzw. Sanktion) zu prüfen, ob diese geeignet, erforderlich und angemessen ist. Auch (scheinbar) vom Wortlaut eines Gesetzes gedeckte (Ermessens-)Entscheidungen und Maßnahmen sind rechtswidrig, wenn sie gegen den Grundsatz der Verhältnismäßigkeit verstoßen.
> - **Geeignetheit:** Entscheidungen und Interventionen müssen den vom Gesetz angestrebten Zweck tatsächlich erreichen können.
> - **Erforderlichkeit:** Kann ein bestimmtes Ziel durch verschiedene, allesamt geeignete Vorgehensweisen erreicht werden, so darf nur diejenige ausgewählt werden, die die Betroffenen und die Allgemeinheit am wenigsten beeinträchtigt und zur Erreichung des Ziels unerlässlich ist. Bei der Auswahl der zur Verfügung stehenden Möglichkeiten müssen die Vor- und Nachteile der verschiedenen geeigneten Möglichkeiten abgewogen und daraufhin das am wenigsten einschneidende Mittel ergriffen werden.
> - **Angemessenheit:** Der Nachteil, der durch eine geeignete und an sich erforderliche Intervention entstünde, darf nicht erkennbar im Missverhältnis zu dem angestrebten und erreichbaren Erfolg stehen („Übermaßverbot"). Die Grenzen staatlicher Handlungen sind durch Abwägung der in Betracht kommenden Rechtsgüter und Interessen der Betroffenen und denen des Gemeinwesens bzw. der öffentlichen Verwaltung zu ermitteln.

---

19 Hierzu Trenczek et al. 2023, Kap. 2.1.2.2 m. w. N.; Thiel 2021; Thiel/Brüggemeier 2023.
20 In den strafrechtlichen Normen wird auf das Verhältnismäßigkeitsgebot nur ausnahmsweise ausdrücklich hingewiesen, z.B. §§ 112 Abs. 1 S. 2 StPO; § 72 Abs. 1 und 2 JGG.

1.3 Funktion und Grundsätze des Strafrechts

Über die Frage, welche die „richtige", also die geeignete, erforderliche und angemessene Entscheidung bzw. Handlung ist, bestehen ggf. unterschiedliche Auffassungen, die v.a. vom fachlichen Vorverständnis der Beteiligten abhängen. Nur der Gesetzgeber hat im Hinblick auf den (legitimen) Zweck und – anders als die Exekutive und Judikative – auch im Hinblick auf die Einschätzung der Geeignetheit, Erforderlichkeit und Angemessenheit einen weiten (politischen) Bewertungsspielraum (mitunter als Einschätzungsprärogative bezeichnet). Aber auch dann – und bei Entscheidungen der Exekutive und Judikative schon gar nicht – darf die Entscheidung nicht auf (persönlichen, politischen, ...) Meinungen („gefühlten Wahrheiten", Alltagstheorien, ...) basieren, rechtliche Entscheidungen wie die Interventionen der Exekutive dürfen nicht losgelöst von **empirisch nachweisbaren Zusammenhängen** der Lebenswelt getroffen werden, vielmehr müssen sie auf empirischen Erkenntnissen basieren und mithin auch die „außerrechtlichen" Wirklichkeiten berücksichtigen.[21] Nur ein auch in der Anwendung rationales (auf Vernunft basierendes) Strafrecht hat im Hinblick auf den vom GG gesetzten Rahmen der Rechtsstaatlichkeit hinreichenden Legitimationsanspruch.[22]

Mit Verweis auf das Verhältnismäßigkeitsgebot spricht man von der *Ultima-Ratio-Funktion des Strafrechts*, welche allerdings nicht ernst genommen wird, wenn die zu einem großen Teil medial erzeugten gesellschaftlichen Unsicherheitsgefühle und öffentliche Hysterie vorschnell Forderungen nach immer neuen Straftatbeständen, härteren Strafen und vor allem immer neuen Ermittlungsmaßnahmen nach sich ziehen, um das (unstillbare) Bedürfnis nach Orientierung und Ordnung zu befriedigen.[23] Der einzelne problembehaftete und sich abweichend verhaltene Mensch wird dabei vor allem als Störer wahrgenommen, als „Krimineller" etikettiert und medial mitunter als „Monster" charakterisiert, als das personalisierte „Böse", was man am liebsten vom „Guten", also von sich selbst, „dem braven Bürger", abspalten mag und der zum Schutz der „Anständigen" und der Gesellschaft ausgegrenzt werden muss. Dabei wird nicht nur übersehen, dass das „Verbrechen" schon deshalb „normal" ist, weil es eine vollständige Konformität des Einzelnen mit dem gesellschaftlichen Kollektivbewusstsein nicht geben kann und abweichendes Verhalten (Devianz insb. männlicher junger Menschen) in wesentlichen Bereichen (zur Jugendkriminalität s. 6) durchaus ubiquitär ist (d.h. ein allgemeinverbreitetes Phänomen darstellt), sondern darüber hinaus sogar auch eine systemstabilisierende Funktion erfüllt.[24] Das Strafrecht ist dabei allerdings aufgrund der in jeder Gesellschaft vorhandenen (mitunter geschürten), häufig diffusen und von den sozialen Entwicklungen in der Moderne stark beeinflussten Bedürfnissen nach Sicherheit und Ordnung immer in der Gefahr, (insb. für politische und wirtschaftliche Interessen) instrumentalisiert zu werden. Die Dominanz des Sicherheitsdenkens und die daran anknüpfende Rigidität sowie teilweise auch archaische Strafbedürf-

11

---

21 Vgl. BVerfGE 25, 13, 17; 50, 335; 95, 314.
22 Hierzu vgl. Habermas 1983; Hassemer 2009.
23 Seit dem Vierten Gesetz zur Reform des Strafrechts' vom 23.11.1973 hat es keine wesentliche Einschränkung von Straftatbeständen gegeben, aber eine große Anzahl von Ausweitungen und Erhöhungen des Strafmaßes (Cornel 2017a, 194). Das Gesetz zum kontrollierten Umgang mit Cannabis und zur Änderung weiterer Vorschriften vom 27.03.2024 (BGBl. 2024 I Nr. 109, S. 2; in Kraft seit 01.04.2024) könnte hier eine Ausnahme nach langen Jahren darstellen.
24 Der Gedanke der (System-)Funktionalität des Verbrechens basiert im Wesentlichen auf Durkheim 1968, 38 ff.; dort (S. 6) heißt es: „Das Verbrechen ist also eine notwendige Erscheinung; es ist mit den Grundbedingungen eines jeden sozialen Lebens verbunden und damit zugleich nützlich. Denn die Bedingungen, an die es geknüpft ist, sind ihrerseits für eine normale Entwicklung des Rechts und der Moral unentbehrlich." So auch Haferkamp 1972 und Hess/Stehr 1987.

nisse sind dann das Kennzeichen einer verunsicherten und entgrenzten Gesellschaft. Für den Rechtsstaat wie für den Zusammenhalt einer demokratischen Gesellschaft ist dies verhängnisvoll. Schlimmer noch, wenn die Strafjustiz die mangelnde Bereitstellung und den Abbau integrativer Sozialleistungen durch eine verstärkt ordnungsrechtliche Sozialkontrolle und Exklusion kompensieren würde, dann wären dies (bzw. sind) die düsteren Zeichen eines Wandels vom leistenden Sozialstaat zum strafenden Staat.[25]

12 Zu beachten ist auch, dass das Strafrecht den *Opfern* außer Symbolik nicht viel bieten kann.[26] Im Hinblick auf den Rechtsgüterschutz kommt das Strafrecht im konkreten Fall zu spät (zu den Strafzwecken s. 4.1), mitunter wird die Situation der Opfer durch das strafrechtliche Verfahren noch verschärft.[27] Die verletzte Person, das Opfer ist im Strafverfahren kein Akteur, sondern als Zeuge nur Beweismittel (s. 3.1).[28]

13 Die Kritikpunkte am Strafrecht bzw. seiner Praxis sind vielfältig und richten sich in einer Kurzformel gegen eine politisch instrumentalisierte, Problemabhilfe und Handlungsfähigkeit suggerierende *Symbolik*, welche das Strafrecht in seinen positiven Wirkungen überschätzt und seinen Anwendungsbereich unreflektiert ohne Rücksicht auf empirische Folgewirkungen bzw. -probleme erweitert.[29] Bei aller berechtigten Kritik an den vorherrschenden Strafrechtsdogmen darf aber die vielleicht wichtigste Aufgabe des Strafrechts nicht übersehen werden, die im Wesentlichen an das Strafverfahren anknüpft. Das materielle Strafrecht, das festlegt, welches Verhalten als strafbar zu qualifizieren ist und welche Strafe dann verhängt werden kann, bedarf für seine Aktualisierung und konkrete Durchsetzung eines fairen, rechtlich geordneten Verfahrens, mit dessen Hilfe das Vorliegen einer Straftat ermittelt und die im Gesetz vorgesehene Reaktion festgesetzt und vollstreckt werden kann (s. hierzu Art. 6 EMRK). Strafrecht dient im modernen Rechtsstaat dem *Schutz des Individuums vor willkürlichen staatlichen Eingriffen* und – untersetzt durch das Gewaltmonopol des Staates – vor privaten Rache- und Vergeltungsmaßnahmen. Der deutsch-schweizerische Strafrechtslehrer und Kriminologe Karl-Ludwig Kunz hat dies prägnant zusammengefasst: „Das Strafrecht und die damit befassten Instanzen haben Emotionen zu kanalisieren und dabei zivilisatorisch zu bändigen. Die über Jahrhunderte erkämpfte Strafrechtskultur mit ihrer Selbstverpflichtung auf Vernünftigkeit, Subsidiarität und Proportionalität, ihrer Bindung an möglichst präzise gesetzliche Vorgaben, ihren formalen Sicherungen gegen Missbräuche und ihrem Bemühen, Rechtsbrecher nicht aus der Solidargemeinschaft auszugrenzen, gehört zum Kernbestand unserer zivilisatorischen Errungenschaften."[30] Es geht insoweit in erster Linie um die Rechtsstaatlichkeit und Justizförmigkeit des Entscheidungsverlaufes, die dem Schutz der Menschenwürde dient. Das Strafrecht ist ein guter Indikator für Rechtsstaatlichkeit und das Entwicklungsstadium, in dem sich eine Gesellschaft befindet. Gerade deshalb spielen im Straf-, vor allem im Strafverfah-

---

25 Bettinger/Stehr 2009, 252 ff.; Garland 2008; Wacquant 2009; In den USA kann man beobachten, wie der Neoliberalismus nicht nur Wirtschafts- und Sozialpolitik seit den 80er-Jahren beeinflusste, sondern die Anzahl der Inhaftierten auf inzwischen mehr als zwei Millionen verdreifachte. Die USA steht sowohl nach absoluten Zahlen wie auch im Hinblick auf die Anzahl der Gefängnisinsassen je 100.000 Einwohner an der negativen Spitze aller Staaten (vgl. https://www.prisonstudies.org/world-prison-brief-data [letzter Abruf 15.02.2024]).
26 Zur Wiedergutmachung und Ansätzen einer Restorative Justice, s. u. Kap. 4.1 und 6; zur Opferhilfe und Opferberatung 7.5.
27 Z.B. erniedrigende Befragung von Missbrauchsopfern, mangelndes Aufenthaltsrecht und Ausweisung von ausländischen Opfern von Menschenhandel und Zwangsprostitution.
28 Zu deren Rolle auch Hassemer 2009, 235 ff.
29 Vgl. Hassemer 2008, 96.
30 Kunz 1998, 22.

1.3 Funktion und Grundsätze des Strafrechts

rensrecht, aber auch im Hinblick auf das Strafvollzugsrecht,[31] verfassungsrechtliche Aspekte (insb. die sog. Justizgrundrechte Art. 101 ff. GG) eine große Rolle. Strafrecht ist „angewandtes Verfassungsrecht".[32] Das Strafrecht, so der ehemalige Bundesrichter Thomas Fischer und Autor eines wichtigen Strafrechtskommentars, lebe davon, dass es klare gesetzliche Grenzen ziehe zwischen erlaubtem und unerlaubtem Verhalten. „Wenn nun aber die, die das Erlaubte tun [Anm. d. Verf.: auch wenn es moralisch anstößig ist], nach ‚kriminalistischer Erfahrung' stets auch das Unerlaubte tun, vorsorglich schon einmal mit einem Ermittlungsverfahren überzogen werden müssen, hat die Grenzziehung jeden praktischen Sinn verloren".[33] Dann regiert nicht nur Hysterie, sondern es ist nicht mehr weit zur Einführung von Pre-Crime- and Mind-Control Technologien, über die z.B. in Großbritannien und Deutschland nicht nur theoretisch nachgedacht wird.[34]

Das deutsche Strafrecht gilt nicht nur für Taten, die im Inland, sondern für eine Reihe von Taten gegen deutsche Staatsbürger, inländische bzw. international geschützte Rechtsgüter (z.B. Organhandel, Geld- und Wertpapierfälschung, Kinderpornographie) auch unabhängig vom Recht des Tatorts (§§ 3 ff. StGB).[35] Darüber hinaus spielen im Strafrecht das Völkerrecht und internationale Standards eine große Rolle.[36] So normiert das *Völkerstrafgesetzbuch* (VStGB) von 2002 in Deutschland einige Straftaten gegen das Völkerrecht, insb. Völkermord (§ 6 VStGB), Verbrechen gegen die Menschlichkeit (§ 7 VStGB) und Kriegsverbrechen (§§ 8 ff. VStGB) und verknüpft das deutsche Strafrecht mit dem sog. Rom-Statut des Internationalen Strafgerichtshof in Den Haag. Damit werden die Voraussetzungen der Strafverfolgung der o.g. Verbrechen durch die deutsche Strafjustiz geschaffen selbst wenn die Taten keinen Bezug zum Inland aufweisen (§ 1 VStGB), also unabhängig davon, wo, von wem und gegen wen sie begangen wurden.

Aufgrund des Vertrags von Lissabon 2007 wurde auch die Zusammenarbeit der EU-Staaten auf strafrechtlichem Gebiet insb. bei besonders schwerer Kriminalität intensiviert, wobei durch EU-Richtlinien ggf. auch Mindestvorschriften für die Festlegung von Straftaten und Strafen normiert werden können (insb. Art. 67 Abs. 3, Art. 83 u. 87 AEUV). Die bereits 2002 gegründete Eurojust unterstützt als selbstständige EU-Justizbehörde mit Sitz in Den Haag die grenzüberschreitende Strafverfolgung innerhalb Europas und im Verhältnis zu Drittstaaten sowie die Strafverfolgungsbehörden der EU-Mitgliedsstaaten bei grenzüberschreitenden Ermittlungen (Art. 88 AEUV).[37]

---

31 Z.B. BVerfG 1 BvR 409 / 09 – 22.2.2011 zur menschenunwürdigen Unterbringung von Strafgefangenen.
32 BVerfG 8.3.1972 2BvR 28/71 – E 32, 373 [383]; BGH 21.2.1964 – 4 StR 519/63 – E 19, 325 [330]; auch Hassemer 2008, 81 ff. u. 219 ff.
33 Fischer, „Bitte entschuldigen Sie, Herr Edathy" in Zeit v. 27.02.2014, 4.
34 Hierzu Murray 2012; Peteranderl 2017; zur Veranschaulichung siehe auch Steven Spielbergs Minority Report. Zur Definition des sog. Anfangsverdachts s. 3.3.1.
35 Zur Anwendbarkeit des deutschen Strafrechts bei Auslandstaten vgl. Art. 1b EGStGB.
36 Hierzu Feest 2004, 69 ff.; Höynck et al. 2001.
37 Zum Europäischen Haftbefehl s. Kap. 3.3.4.2.

1. ALLGEMEINE GRUNDLAGEN

Abbildung 3: Grundmaximen des Strafrechts

---

1. Garantiefunktion des Strafgesetzes

Die Antwort auf die Frage, ob sich jemand strafbar gemacht hat und deshalb vom Gericht zu einer Strafe verurteilt werden kann, muss anhand der gesetzlichen Bestimmungen, den Strafgesetzen, erfolgen. Nach Art. 103 Abs. 2 GG und dem wortgleichen § 1 StGB kann *"eine Tat nur bestraft werden, wenn die Strafbarkeit gesetzlich bestimmt war, bevor die Tat begangen wurde."* Dieser Gesetzlichkeitsgrundsatz, die sog. **Garantiefunktion des Strafgesetzes** ("nullum crimen/nulla poena sine lege" = keine Straftat/keine Strafe ohne Gesetz) stellt für den Bürger eine Garantie dar, all das ungestraft tun zu dürfen, was – im Zeitpunkt seines Handelns - nicht ausdrücklich unter Strafe steht. Hieraus folgt:

⇒ **Bestimmtheitsgebot**

Das Bestimmtheitsgebot erfordert eine konkrete Beschreibung der TB-Merkmale, so dass insbes. bei Generalklauseln und unbestimmten, wertausfüllungsbedürftigen Begriffen eine zuverlässige Grundlage für die Auslegung und Anwendung des Gesetzes gegeben sein muss. Auslegung ist zulässig in den Grenzen möglicher Wortbedeutung und der objektiven, gegenwärtigen Schutzfunktion des Gesetzes.

⇒ **Analogieverbot/Verbot der gewohnheitsrechtlichen Strafbegründung**

Unzulässig sind die Analogie bzw. die Berufung auf das Gewohnheitsrecht
- zuungunsten des Täters zur Strafbegründung und -verschärfung bei den Tatbeständen des Besonderen Teils und den strafrechtlichen Nebengesetzen
- bei sachlich-rechtlichen Vorschriften des AT, die Strafbarkeit und Straffolgen betreffen

Zulässig ist die Analogie zugunsten des Beschuldigten und im reinen Verfahrensrecht (z.B. Strafantrag als Prozeßvoraussetzung)

⇒ **Rückwirkungsverbot**

Vgl. § 2 StGB. Über den nach dem allgemeinen Rechtsstaatsprinzip geltenden Vertrauensschutz hinaus gilt im materiellen Strafrecht ein absolutes Rückwirkungsverbot im Hinblick auf Strafbegründung und -verschärfung. Beachte: die Wandlung der höchstrichterlichen Rechtsprechung, insbes. im Hinblick auf die Auslegung unbestimmter Rechtsbegriffe, ist nach h.M. keine verbotene Rückwirkung. Auch im Strafverfahrensrecht (z.B. Notwendigkeit eines Strafantrags) oder im Hinblick auf die Veränderung von Verjährungsvorschriften gilt nach h.M. kein Rückwirkungsverbot.

2. Unschuldsvermutung

Nach dem Grundsatz der Unschuldsvermutung ist ein Beschuldigter bis zum gesetzlichen Nachweis der Schuld als unschuldig anzusehen, d.h. so lange bis seine Schuld in einem öffentlichen Verfahren rechtskräftig nachgewiesen ist (Art. 6 Abs. 2 EMRK, vgl. Art. 11 der Allgemeinen Erklärung der Menschenrechte durch die Vereinten Nationen 1948). Die Unschuldsvermutung erzwingt ein gesetzmäßiges, prozeßordnungsgemäßes Verfahren zum Beweis des Gegenteils, bevor wegen eines Tatvorwurfs Entscheidungen getroffen werden dürfen. Die entscheidende Bedeutung des Unschuldsprinzips liegt in der Konstituierung eines Junktims zwischen dem Nachweis der Tatverantwortung und einer staatlichen Sanktion. Sie schützt den Betroffenen auch vor Nachteilen, die einem Schuldspruch oder einer Sanktion gleichkommen, denen aber kein ordnungsgemäßes Strafverfahren vorausgegangen ist.

---

16   Für die Aktivierung und bei Anwendung des Strafrecht gelten einige wesentliche *Grundmaximen* (s. Abb. 3): Nach Art. 7 Abs. 1 EMRK, Art. 103 Abs. 2 GG und dem wortgleichen § 1 StGB kann eine Tat nur bestraft werden, wenn die Strafbarkeit gesetzlich bestimmt war, bevor die Tat begangen wurde.[38] Der *Gesetzlichkeitsgrundsatz* stellt für den Bürger eine Garantie dar, alles das ungestraft tun zu dürfen, was – im Zeitpunkt seines Handelns – nicht ausdrücklich unter Strafe steht. Das Strafrecht hat

---

38   *nullum crimen nulla poena sine lege [scripta]"* = keine Straftat und keine Strafe ohne [geschriebenes] Gesetz.

1.3 Funktion und Grundsätze des Strafrechts

mithin nicht nur eine Kontroll- und Ordnungsfunktion, sondern auch eine Orientierungsfunktion. Das *Rückwirkungsverbot* gilt im Hinblick auf Strafbegründung und -verschärfung (vgl. auch § 2 StGB) ebenso wie bei den Sicherungsmaßnahmen,[39] nicht aber im Hinblick auf das Strafverfahrensrecht (z.B. Notwendigkeit eines Strafantrags) oder im Hinblick auf die Veränderung von Verjährungsvorschriften (§§ 78 ff. StGB), und findet seine Grenze zudem in den Menschenrechten.[40]

Ein Ausfluss der Garantiefunktion des Strafgesetzes ist das sog. *Bestimmtheitsgebot*. Es erfordert eine konkrete Beschreibung der Tatbestandsmerkmale, so dass der Bürger als Adressat der Norm aus dem Gesetz selbst erkennen kann, was genau von ihm verlangt wird bzw. was verboten ist.[41] Das BVerfG hat die Verwendung von unbestimmten Rechtsbegriffen und deren fachgerechte Auslegung im Strafrecht für notwendig und zulässig erachtet.[42] Unzulässig ist aber die Strafbarkeitsbegründung und Strafverschärfung durch – eine Strafbarkeitslücke schließende – Analogie. Zulässig ist die Analogie zugunsten des Beschuldigten und im Verfahrensrecht.

17

Wie schwierig die Abgrenzung von noch zulässiger Auslegung und nicht mehr zulässiger Strafbarkeitsbegründung durch die Rechtsprechung. sein kann, zeigt sich z.B. bei der strafrechtlichen Definition (und Ausweitung) des *Gewaltbegriffs* sowie der „Verwerflichkeit" (hierzu 2.1.2.4) im Rahmen i.R. der Nötigung nach § 240 Abs. 1 StGB.[43] Hatte der BGH 1969 in seinem „Laepple-Urteil" die Sitzblockade noch als „psychisch wirkende Zwangseinwirkung" und damit als Gewalt angesehen, wurde dies vom BVerfG[44] korrigiert, da die bloße körperliche Anwesenheit auf der Straße nicht als Gewalt angesehen werden könne. Daraufhin entwickelte der BGH seine sog. „Zweite-Reihe-Rechtsprechung", nach der zwar nicht von der Sitzblockade selbst Gewalt ausgehe, wohl aber von der von ihr verursachten Reihe der blockierten Pkws, welche der Sitzblockade zugerechnet wurde.[45] Das BVerfG hat diese sehr weitgehende Auslegung akzeptiert, wenn das durch den Stau in der zweiten Reihe verursachte physische Hindernis bewusst als Werkzeug eingesetzt werde, mahnte aber gleichzeitig, dass Sitzblockaden mit Blick auf das durch die Versammlungsfreiheit geschützte Demonstrationsrecht (Art. 8 Abs. 2 GG) nicht per se „verwerflich" seien.[46] Vielmehr ist bei politisch motivierten Blockadeaktionen im Hinblick auf die Grundrechtsrelevanz des Anliegens und seiner Geltendmachung eine Abwägung vorzunehmen. Bei sehr kurzfristigen Blockaden ist schon die Feststellung einer Gewaltanwendung umstritten, jedenfalls ist eine solche unter Beachtung insb. von Art. 5 und 8 GG nicht verwerflich (s. 2.1.2.4).[47] In Fällen, in denen sich Demonstrierende an Tore etc. angekettet oder

18

---

39 EGMR 19359/04 – 17.12.2009.
40 Z.B. BVerfG 26.10.1996 – BvR 1862/94 zur Verurteilung der Mauerschützen: Das DDR-Recht habe den Grenzsoldaten zwar die Erschießung von DDR-Flüchtlingen erlaubt, doch liegt darin eine so schwiegende Missachtung der Menschenrechte, dass die besondere Vertrauensgrundlage entfalle.
41 BVerfG 2 BvR 794/95 v. 20.3.2002.
42 Im Hinblick auf die Untreue nach § 266 StGB, BVerfG 2 BvR 2559/08 – 23.6.2010 und 2 BvR 1980/07 – 10.03.2009.
43 Schwierig, nicht immer trennscharf möglich und stimmig ist schon die in der Strafrechtsdogmatik vorgenommene Unterscheidung zwischen der sog. vis absoluta als „den Willen brechende" Gewalt und der vis compulsiva als „willensbeugende Gewalt" (das Opfer wird gezwungen, gegen seinen Willen zu handeln), zumal § 240 StGB auch die Drohung mit Gewalt sanktioniert. Ausführlich zum Gewaltbegriff MüKoStGB/Sinn § 240 Rn 29 ff.; NK-StGB/Toepel 2023 § 240 Rn 35 ff.
44 BVerfG 10.1.1995 – 1 BvR 718.
45 BGH 20.7.1995 – 1 StR 126/95.
46 BVerfG 7.3.2011 – 1 BvR 388/05.
47 Vgl. BayObLG 26.08.1992 - 4 St RR 86/92.

bei Sitzblockaden auf der Straße festgeklebt hatten, wurde als Gewalt (sowie deren „Verwerflichkeit", hierzu 2.1.2.4) i.S.d. § 240 Abs. 1 StGB bejaht.[48] Allerdings scheint hier in der Praxis mitunter mit zweierlei Maß gemessen zu werden, blieben doch z.b. die Trekkerblockaden und Eingriffe in den Straßenverkehr im Rahmen der sog. Bauernproteste 2024 bislang offenbar ohne erkennbare strafrechtliche Konsequenzen.

19 Als weitere Grundmaxime des Strafrechts gilt das ebenfalls in Art. 103 GG *geregelte Verbot der Doppelbestrafung (ne bis in idem)*[49], d.h., dass gegen denselben Täter wegen derselben Tat nach rechtskräftiger Aburteilung grds. keine erneute Strafverfolgung eingeleitet werden darf.[50] Diesen Grundsatz hat das BVerfG zuletzt in seiner Entscheidung vom 31.10.2023 (2 BvR 900/22) noch einmal betont, als es die Regelung zur Wiederaufnahme des Strafverfahrens zuungunsten des Freigesprochenen in § 362 Nr. 5 StPO als verfassungswidrig aufgehoben hat.

1.4 Exkurs: Polizeirecht

20 Nicht zum Strafrecht gehört das der Gefahrenabwehr dienende Polizeirecht.[51] Schon der alte, aus dem 15. Jh. stammende Begriff „Policey" umfasste alle staatlichen Tätigkeiten zum Zweck der *Abwehr von Gefahren für die öffentliche Sicherheit und Ordnung* sowie der Beseitigung von Störungen (sog. materieller, funktionaler Polizeibegriff). Zur Polizei im funktionalen Sinne gehören deshalb nicht nur die nach außen in Erscheinung tretenden, uniformierten „Vollzugsbeamten", sondern alle mit Gefahrenabwehr beauftragten (Landes- und kommunalen) Verwaltungsbehörden (z.B. die sog. Ortspolizeibehörden wie die Bauaufsicht oder das Ordnungsamt sowie deren nach außen sichtbarer, mitunter uniformierter Gemeindevollzugsdienst bzw. kommunaler Ordnungsdienst. In manchen Bundesländern wird auch der Begriff Stadtpolizei verwendet.[52]

21 Das Polizei- und Ordnungsrecht ist im Wesentlichen Landesrecht. Ausnahmen sind das Bundespolizeigesetz für die Bundespolizei (z.B. im Bereich von Flughäfen und der Bahn), das Gesetz über das Bundeskriminalamt sowie das Zollfahndungsdienstgesetz. Auch die gesundheitsrechtlichen („Corona-")Maßnahmen und Eingriffe nach dem Infektionsschutzgesetz werden dem Polizeirecht zugeordnet. Die landesrechtlichen Regelungen tragen unterschiedliche Bezeichnungen, sei es z.B. Polizei(aufgaben)gesetz oder Gesetz über die öffentliche Sicherheit und Ordnung.

22 Im Unterschied zur Strafverfolgung handelt die Polizei nach den landesrechtlichen Polizeigesetzen nicht, weil bereits eine Straftat (mutmaßlich) begangen wurde, sondern um „präventiv"[53] eine mögliche Gefahr abzuwenden, ggf. (nicht jede realisierte Gefahr ist eine Straftat) auch eine Straftat zu verhindern. Die Polizei ist zur Erfüllung ihrer

---

48 BVerfG 24.1.2001 – 1 BvR 1190/90; vgl. LG Berlin 18.01.2023 - 518 Ns 31/22; demgegenüber aber AG Tiergarten 5.10.2022 – (303 Cs) 237 Js 2450/22 (202/22) sowie AG Freiburg 21.11.2022 - 24 Cs 450 Js 18098/2; hierzu vgl. NK-StGB/Toepel 2023 § 240 Rn 179.
49 = nicht zweimal gegen dasselbe.
50 Art. 103 Abs. 3 GG, sog. Strafklageverbrauch aufgrund materieller Rechtskraft; BVerfG 2.5.1967 – 2BvR391/64 – E 21, 378.
51 Geis/Geis 2022; Kinngreen et al. 2022; Thiel 2022.
52 Institutionell werden die Polizei- und Ordnungsbehörden in den meisten Bundesländern getrennt, in einigen Bundesländern (z.B. Baden-Württemberg, Bremen, Saarland und Sachsen) besteht dagegen das sog. Einheitssystem, in dem die Vollzugsbediensteten des kommunalen Ordnungsdienstes dem Polizeivollzugsdienst zugerechnet werden.
53 Der **Präventionsbegriff** ist schillernd und unscharf, nimmt doch sogar das Strafrecht für sich in Anspruch, „präventiv" wirken zu wollen; zur Problematik des ausufernden Präventionsbegriffes s. 4.1.

1.4 Exkurs: Polizeirecht

Aufgaben mit höchst „effektiven" Mitteln ausgestattet. Die sog. polizeirechtlichen Generalklauseln (z.B. Art. 11 BayPAG; § 8 PolG NRW, § 11 NdsSOG; § 12 ThürPAG) erlauben der Polizei alle notwendigen Maßnahmen zur Abwehr von konkreten Gefahren für die öffentliche Sicherheit und Ordnung, soweit das Verhältnismäßigkeitsgebot beachtet wird (Art. 4 BayPAG; § 2 PolG NRW; § 4 NdsSOG; § 4 ThürPAG). Besonders gesetzlich geregelt sind insb. die Erlaubnis, Störer[54] vorübergehend in Gewahrsam zu nehmen (Art. 17 BayPAG; §§ 35 ff. PolG NRW; § 18 NdsSOG; § 19 ThürPAG; § 39 BPolG) und in andere grundrechtlich geschützte Bereiche der Bürger einzugreifen (insb. Haus- und Wohnungsdurchsuchung). Die Generalklausel erlaubt also nicht alle (insb. grundrechtsrelevanten) Eingriffe. So hat z.B. das BVerfG die dauerhafte Rundumüberwachung eines aus der Sicherungsverwahrung entlassenen Mannes durch die Polizei ohne eine spezifische gesetzliche Grundlage nur für eine kurze Zeit für zulässig erklärt.[55] Zum Teil finden sich gesetzliche Regelungen, nach denen die Polizei im Bereich der Gefahrenabwehr mit anderen Institutionen kooperieren soll (zur Kooperation der Sozialarbeit mit der Polizei insb. im Jugendschutz z.B. § 20 ThürKJHAG).

Damit das präventive Handeln der Polizei nicht uferlos frühzeitig[56] und noch in rechtsstaatlichen Bahnen erfolgt, ist nach den Polizeigesetzen in aller Regel das Vorliegen nicht nur einer abstrakten, sondern *konkreten Gefahr* erforderlich. Eine Gefahr ist dann konkret, wenn aufgrund tatsächlicher, greifbarer Anhaltspunkte bei ungehindertem Ablauf des objektiv zu erwartenden Geschehens in absehbarer Zeit mit hinreichender Wahrscheinlichkeit ein Schaden für die öffentliche Sicherheit oder Ordnung eintritt, insb. ein durch die Rechtsordnung geschütztes Rechtsgut geschädigt wird (vgl. z.B. § 2 NdsSOG, § 8 PolG NRW).[57] Es ist – anders als bei der Notwehr nach § 32 StGB (hierzu 2.1.2.2.2) nicht erforderlich, dass die Schädigung „gegenwärtig" ist, also „unmittelbar" bevorsteht, allerdings muss in naher Zukunft mit einem Schadenseintritt zu rechnen sein (z.B. Handtieren mit gefährlichen Stoffen in der Nähe von Kindern oder Anzünden eines Lagerfeuers im trockenem Wald) und deshalb ein sofortiger Handlungsbedarf bestehen. Manche gefährlichen Handlungen können selbstständig, z.T. sogar als Straftat (z.B. § 315c StGB) verboten sein. Hat sich die Gefahr bereits

23

---

54 Der von den Sicherheitsbehörden im Zusammenhang mit der terroristisch oder politisch-motivierten Kriminalität gebrauchte Begriff „Gefährder" (gemeint sind damit Personen, die zwar noch keine Störer seien, aber bei denen „bestimmte Tatsachen die Annahme rechtfertigen, dass sie politisch motivierte Straftaten von erheblicher Bedeutung, insb. solche im Sinne des § 100a StPO, begehen wird", vgl. https://www.bka.de /DE/UnsereAufgaben/Deliktsbereiche/PMK/pmk_node.html, Abruf 10.02.2024), basieren derzeit lediglich auf einem Beschluss der Innenministerkonferenz und sind gesetzlich noch nicht hinreichend bestimmt. Nach Ansicht der Bundesregierung stellt eine „Einstufung [als Gefährder] als solche ... keine rechtliche Grundlage zur Ergreifung von Maßnahmen dar, sondern sie gibt vielmehr Anlass zur Prüfung der rechtlichen Grundlagen zur Ergreifung eben solcher Maßnahmen nach den Bestimmungen des Gefahrenabwehrrechtes (BT-Drs. 18/12196, 2). Es ist aber gerade umstritten, ob z.B. für die sog. *„Gefährderansprache"* eine gesonderte Rechtsgrundlage erforderlich ist oder die polizeilichen Generalklauseln eine ausreichende Gesetzesgrundlage darstellen, (weil) soweit nicht auf einen konkreten Tatverdacht bzw. konkrete Gefahr, sondern auf eine mehr oder weniger wahrscheinliche Möglichkeit und „abstrakte" Gefährdung abgestellt wird (vgl. VGH BW 7.12.2017 – 1 S 2526/16: §§ 1 und 3 PolG BaWü stelle eine hinreichende Rechtsgrundlage für die allgemeinen Polizeibehörden, nicht aber für den Polizeivollzugsdienst dar).
55 BVerfG 8.11.2012 – 1 BvR 22/12.
56 Zur Kritik an den Möglichkeiten Pre-Crime- and Mind-Control Technologien, über die z.B. in GB und Deutschland nicht nur theoretisch nachgedacht wird, Murray 2012; Peteranderl 2017.
57 BVerfG 20.4.2016 – 1 BvR 966/09 u. 1140/09, Rn 111: „Der traditionelle polizeirechtliche Begriff der „konkreten Gefahr" setzt eine Sachlage voraus, die bei ungehindertem Ablauf des objektiv zu erwartenden Geschehens im Einzelfall in absehbarer Zeit mit hinreichender Wahrscheinlichkeit zu einer Verletzung eines polizeilichen Schutzguts führt."

1. ALLGEMEINE GRUNDLAGEN

realisiert (insb., wenn ein Schaden eingetreten ist), spricht man polizeirechtlich von „*Störung*".

24 Dagegen handelt es sich lediglich um eine „*abstrakte Gefahr*", wenn zwar ein gewisses, mitunter sogar typisches Gefahrenpotenzial besteht (das Hantieren mit gefährlichen Stoffen ist per se gefährlich; Anzünden eines Streichholzes als solches ohne besondere Umstände), ein Schaden aber in naher Zukunft nicht bevorsteht, sondern eben nur möglich, also hypothetisch ist. Der *Unterschied* liegt somit in der Wahrscheinlichkeit des Schadenseintritts. Zur Abwehr von abstrakten Gefahren ist es der Polizei aufgrund der ihr zustehenden Befugnisse nicht erlaubt, in grundrechtlich geschützte Rechtspositionen einzugreifen, sondern ggf. nur eine Person zu befragen. Auch „Schadensmöglichkeiten, die sich deshalb nicht ausschließen lassen, weil nach dem derzeitigen Wissensstand bestimmte Ursachenzusammenhänge weder bejaht noch verneint werden können, begründen keine Gefahr, sondern lediglich einen Gefahrenverdacht oder ein 'Besorgnispotenzial'. Das allgemeine Gefahrenabwehrrecht bietet keine Handhabe, derartigen Schadensmöglichkeiten im Wege der Vorsorge zu begegnen."[58] Die Versuche in einigen Bundesländern (z.B. Bayern, Niederachsen), die Eingriffsmöglichkeiten der Polizei bereits bei einer nur „abstrakten Gefahr" zu erlauben und damit nicht nur im Bereich der Terrorabwehr[59], sondern im Hinblick auf die allgemeine polizeiliche Sozialkontrolle erheblich vorzuverlagern, halten wir für verfassungswidrig. Sog. „Gefahrerforschungseingriffe" sind ein begrifflicher Widerspruch in sich, denn auch (vorläufige) Maßnahmen, die der weiteren Erforschung des Sachverhalts und der Vorbereitung von Gefahrenabwehrmaßnahmen dienen, legitimieren als solche keine Eingriffe (in Bürger-/Grundrechte), insb. erlaubt die „Erforschung" von Gefahren keine Eingriffe, die mit der Gefahrabwendung verbunden wären. Vielmehr bedürfen aufgrund des Gesetzesvorbehalts (Art. 20 Abs. 3 GG) alle hoheitlichen (also auch polizeilichen), mit Eingriffen in Bürger-/Grundrechte verbundenen Maßnahmen einer ausdrücklichen gesetzlichen Erlaubnis (z.B. § 16 Abs. 1 S. 1 Alt. 2 IfSG; § 39 Abs. 1 Nr. 2, § 40 Abs. 1 Nrn. 2 und 3, § 41 Abs. 3 Nr. 1 PolG NRW).

25 Umstritten ist unter Berücksichtigung nicht nur der Interventionsschwellen nach Polizeirecht, sondern auch im Hinblick auf die nebulöser werdenden *Grenzen der Strafbarkeit* (zur *Vorverlagerung* des strafrechtlichen Schuldvorwurfs s. 2.1.3) mithin stets die Bewertung der Gefahrenlage, was freilich allen Präventionsmaßnahmen innewohnt (zur Problematik des Präventionsgedankens s. 4.2). Weitgehend akzeptiert von Wissenschaft und Praxis ist die sog. *Ortsverweisung*, z.B. Platz- und Wohnungsverweisung zum Schutz vor häuslicher Gewalt (Art. 16 BayPAG; §§ 34 f. PolG NRW; § 17 Nds-SOG; § 18 ThürPAG). Hoch umstritten sind insb. alle Maßnahmen im sog. „Vorfeld der Gefahrenabwehr", also „vorbeugend zu verhüten" (vgl. § 1 PolG NRW), bevor überhaupt eine Gefahr entsteht. Soweit diese nicht spezialgesetzlich geregelt sind wie z.B. Videoüberwachung öffentlicher Plätze (§ 15a PolG NRW), sondern sich auf die polizeiliche Generalklausel stützen, wurden sie mitunter mit Verweis auf den sog.

---

58 BVerwG 20.8.2003 – 6 CN 2.02; vgl. BVerwG 3.7.2002 – 6 CN 8.01.
59 Das BVerfG hat in seiner Entscheidung vom 20.4.2016 (1 BvR 966/09 u. 1 BvR 1140/09) zum sog. BKA-Gesetz die dort geregelten Überwachungsbefugnisse des BKA grundsätzlich nur zur Abwehr von Gefahren des internationalen Terrorismus mit dem GG für vereinbar und in ihrer konkreten Ausgestaltung selbst zur Terrorabwehr großenteils für verfassungswidrig erklärt. So seien Überwachungsmaßnahmen außerhalb von Wohnräumen zur Gefahrverhütung (statt zur Abwehr einer konkreten Gefahr) nur zulässig, wenn „ein wenigstens seiner Art nach konkretisiertes und absehbares Geschehen" erkennbar sein oder aber „das individuelle Verhalten einer Person die konkrete Wahrscheinlichkeit begründen […], dass sie in überschaubarer Zukunft solche [terroristische] Straftaten begeht.".

1.4 Exkurs: Polizeirecht

Gesetzesvorbehalt oder zwar grds. zulässig aber im konkreten Einzelfall als unverhältnismäßig und deshalb unzulässig eingestuft. So z.B. auch bei den sog. Gefährderlisten, Gefährderanschreiben und Meldeauflagen[60], mit denen listenbekannte Hooligans vor und nach Ligaspielen aufgefordert werden, sich bei einer Polizeidienststelle zu melden, um sicherzustellen, dass sich diese Personen nicht an Ausschreitungen beteiligen können.[61]

Die Polizei ist nicht nur im Rahmen der Gefahrenabwehr tätig, sondern fungiert im Rahmen der Strafverfolgung auch als der „verlängerte Arm der Staatsanwaltschaft" bzw. (nach Landesrecht bestimmte) Polizeibeamte als „Ermittlungspersonen der Staatsanwaltschaft" (§ 152 GVG). Die Polizeikräfte haben mithin eine *Doppelfunktion*: Präventive und reaktive (repressive) Tätigkeit der Polizei überschneiden sich und sind oft (mitunter anscheinend untrennbar) miteinander verbunden (z.B. Verhinderung von Gewalttätigkeiten und Ingewahrsamnahme vs. Festnahme gewalttätiger Personen und Einleitung des strafrechtlichen Ermittlungsverfahrens; s.o. in Rn 22 Beispiel: §§ 39- 41 PolG NRW Duchsuchungen zur Erforschung von Gefahren bzw. im Rahmen strafrechtlicher Ermittlungen nach §§ 102, 105 StPO). Die Gefahrenabwehr ist der ursprüngliche Kern der Polizeiarbeit und sollte das polizeiliche Berufsverständnis prägen, wobei aber in der Praxis nicht selten dann doch das Strafverfolgungsinteresse gegenüber der Gefahrenabwehr überwiegt (zur Problematik und den Grenzen der Kriminalprävention s.u. 4.2). Soweit die Polizei im Rahmen des strafrechtlichen Ermittlungsverfahrens einbunden ist, ist sie an die strafrechtlichen Regelungen gebunden (s.u. 3.2).

26

---

60 Spezielle landesrechtliche Regelungen werden vom BVerwG (25.7.2007 – 6 CF 39.06) für grds. zulässig erachtet.
61 VGH Mannheim 18.5.2017 – 1 S 1193/16 (Meldeauflage grds. zulässig, im Einzelfall aber unverhältnismäßig); OVG Lüneburg 6.12.2008 – 11 LC 229/08 (keine zureichende Rechtsgrundlage für sogenannte „Hooligan-Datei"; beachte aber OVG Lüneburg 4.6.2006 – 11 ME 172/06: Eine auf die polizeiliche Generalklausel gestützte Meldeauflage, mit der ein Hooligan von Spielorten der in Deutschland stattfindenden Fußball-Weltmeisterschaft zu bestimmten Zeiten ferngehalten werden soll, ist rechtmäßig, wenn die auf Vorfälle in der Vergangenheit gestützte Gefahrenprognose ergibt, es sei hinreichend wahrscheinlich, dass sich der Hooligan auch an gewalttätigen Auseinandersetzungen zwischen sog. Problemfans während einzelner Spiele des laufenden Turniers beteiligen werde.

2. Die Straftat

27 Delinquenz bezeichnet die abweichenden Verhaltensweisen (Devianz), die gegen strafrechtliche Normen verstoßen, unabhängig vom Alter bzw. der strafrechtlichen Verantwortlichkeit der Beschuldigten. Als „Kriminalität" bezeichnet man das nach den Strafgesetzen strafbare Verhalten (vgl. Art. 103 Abs. 2 GG). Kennzeichen dieses *formellen Kriminalitätsbegriffs* ist seine Abhängigkeit vom jeweiligen Stand der Gesetzgebung. Diese unterliegt ständig Veränderungen, die sich aus der Kriminalisierung bzw. Entkriminalisierung bestimmter Verhaltensweisen ergeben (vgl. 2.3).[62] Das betrifft nicht nur die Beschreibung der Verhaltensweisen an sich, sondern auch alle übrigen Strafbarkeitsvoraussetzungen (z.B. strafrechtliche Verantwortlichkeit, s. 2.1.3). Eine kriminologisch ausgerichtete („materielle") Definition begreift Kriminalität als soziale Erscheinung und nimmt insb. auch das Handeln der Instanzen der Sozialkontrolle mit in den Blick. Kriminalität ist nämlich keine Qualität, die in einer Handlung selbst liegt, vielmehr eine Konstruktion und Zuschreibung in einem gesellschaftlichen Interaktionsprozess.[63] Die Darstellung in diesem Lehrbuch muss sich allerdings im Wesentlichen auf den formellen Kriminalitätsbegriff beschränken.[64]

28 Im Besonderen Teil des StGB sind die Verbotstatbestände nach *Rechtsgütergruppen* zusammengefasst. Man kann diese grob in Rechtsgüter der Allgemeinheit (Universalrechtsgüter) und die der einzelnen Person (Individualrechtsgüter) unterscheiden, letztere wiederum in Personen, Sach- und Vermögenswerte. Nicht alle strafrechtlich relevanten Delikte sind im (Besonderen Teil des) StGB geregelt, vielmehr finden sich (spezifische) Strafbarkeitsbestimmungen in unterschiedlichen Gesetzen[65] sowie aufgrund des Regelungszusammenhangs in nahezu allen (moderneren) Regelungswerken (z.B. auch im SGB VIII oder dem JuSchG).[66] Der Staat übt durch das Strafrecht soziale Kontrolle aus, hat das Ziel die Rechtsgüter der Menschen und damit auch die Menschenrechte selbst zu schützen. Er hat aber „ erhebliche Probleme …, die "Kriminalität der Mächtigen" ins Visier zu nehmen. Auf viele Schädigungen, die aus sozialen Makrostrukturen heraus von einflussreichen Akteuren begangen werden und in kriegerischen Auseinandersetzungen, Umweltzerstörungen, Arbeitslosigkeit oder wirtschaftlicher Not zum Ausdruck kommen, sind bereits die abstrakten Definitionen des Strafrechts kaum anwendbar. Kriminalität ist der überwiegenden Auffassung nach mit einer konkret sichtbaren Tat eines einzelnen Schuldigen verbunden." [67]

29 Die Aufteilung in sog. Kern- (StGB) und Nebenstrafrecht lässt keine Rückschlüsse auf die Bedeutung der Rechtsgüter zu. Eine Differenzierung aufgrund einer wertenden Entscheidung erfahren die Rechtsgüter nach § 12 StGB, wo zwischen sog. Verbrechen und Vergehen unterschieden wird. *Verbrechen* sind rechtswidrige Taten, die im Mindestmaß mit einer Freiheitsstrafe von einem Jahr bedroht sind (§ 12 Abs. 1 StGB). Bei *Vergehen* gibt es demgegenüber keine Mindeststrafe (§ 12 Abs. 2 StGB). Konsequenzen hat die Unterscheidung damit im Hinblick auf den Strafrahmen (s.u. 4.3). Die Unter-

---

62 Vgl. hierzu z.B. die 2015 eingeführten und vom BVerfG 2020 für verfassungswidrig aufgehobenen Vorschrift zur geschäftsmäßigen Förderung der Selbsttötung (hierzu Rn 102) , das Gesetz zur Bekämpfung sexualisierter Gewalt gegen Kinder vom 16.6.2021 (hierzu Rn 195) oder die aktuellen Bestrebungen zur Entkriminalisierung des Cannabiskonsums (hierzu Rn 179).
63 Vgl. Quensel 1970/2014.
64 Weitergehend die Beiträge in AKKrimSoz 2022 sowie Cornel et al. 2023.
65 z.B. §§ 369 ff. AO, §§ 29 ff. BtMG; §§ 148 ff. GewO.
66 § 105 SGB VIII; § 27 JuSchG.
67 Walter 1995, 17.

scheidung ist zudem relevant für die Strafbarkeit des Versuchs (§ 23 StGB, s. 2.2.1), im allgemeinen Verfahrensrecht (§§ 153, 153a StPO: Einstellung des Strafverfahrens gegen Erwachsene nur bei Vergehen, s. 3.3.1) und im Hinblick auf die Zuständigkeit der Gerichte (§§ 24 ff., 74 ff. GVG, s. 3.1). Der *Strafrahmen* knüpft aber nicht nur an das Rechtsgut als solches an, sondern auch an die Art und Weise der Begehung, also die Gefährlichkeit des Angriffs einerseits und differiert andererseits nach typischen, die Schuld des Täters steigernden oder mildernden Gesichtspunkten. Man spricht insofern von Qualifikationen und Privilegierungen des Grundtatbestandes, z.B. § 224 StGB gefährliche und § 226 StGB schwere Körperverletzung als Qualifizierung der „einfachen" Körperverletzung (§ 223 StGB). Die herrschende Lehre betrachtet den Totschlag nach § 212 StGB (s. 2.3.1.3) als Grundtatbestand der Tötungsdelikte, den rechtsdogmatisch höchst umstrittenen, zwingend mit lebenslanger Gefängnisstrafe belegten Mord nach § 211 StGB (s. 2.3.1.2) als Qualifikation, Tötung auf Verlangen nach § 216 StGB als Privilegierung. Während es sich bei § 244 StGB um einen Qualifikationstatbestand des Diebstahls handelt, beschreibt § 243 StGB lediglich exemplarisch sog. Regelbeispiele, die im Rahmen der Strafzumessung (s. 4.3) berücksichtigt werden.

Die meisten Delikte verfolgt die StA von Amts wegen (sog. *Offizialdelikte*; § 152 Abs. 2 StPO; hierzu 3.3). Bei einigen Delikten tritt die Verfolgung nur auf Antrag des Verletzten ein (Antragsdelikt, §§ 77 ff. StGB, z.B. § 123 Abs. 2, §§ 185, 194 Abs. 1, §§ 303 – 303c StGB). Ohne Antrag darf bei diesen Delikten die StA nicht ermitteln, das Gericht nicht verurteilen (s. 2.1.4). Selbst wenn ein *Strafantrag* gestellt ist, verweist die StA den anzeigenden Antragsteller in Fällen des § 374 StPO auf den sog. Privatklageweg, wenn ein öffentliches Interesse an der Verfolgung von Amts wegen nicht besteht. Ob ein öffentliches Interesse besteht, entscheidet die StA nach pflichtgemäßem Ermessen. Sie nimmt es regelmäßig an, „wenn der Rechtsfrieden über den Lebenskreis des Verletzten hinaus gestört und die Strafverfolgung ein gegenwärtiges Anliegen der Allgemeinheit ist", insb. wegen der rassistischen, fremdenfeindlichen, antisemitischen oder sonstigen menschenverachtenden Beweggründe des Beschuldigten oder der besonderen Schutzbedürftigkeit oder der Stellung des Verletzten im öffentlichen Leben (RiStBV Nr. 86, Abs. 2). Bei bestimmten Delikten, wie z.B. Hausfriedensbruch, Beleidigung, einfacher Körperverletzung und Verletzung der Privatsphäre, ist nach § 380 StPO die Erhebung der Privatklage erst zulässig, nachdem ein sog. Sühneverfahren erfolglos durchgeführt wurde, d.h. eine einvernehmliche Konfliktregelung gescheitert ist.

2.1 Die Grundvoraussetzungen der Strafbarkeit

Im Wesentlichen müssen *drei Grundvoraussetzungen* erfüllt sein, damit man von einer Straftat sprechen darf (s. Abbildung 4). Mit der gesetzlichen Umschreibung des verbotenen, mit Strafe bedrohten Verhaltens im *Tatbestand* will der Gesetzgeber zum Ausdruck bringen, welches Verhalten überhaupt strafrechtlich relevant ist. Das tatbestandsmäßige Verhalten kann aber nur strafbar sein, wenn es nicht ausnahmsweise erlaubt ist. Die *Rechtswidrigkeit* des Verhaltens ist deshalb die zweite Strafbarkeitsvoraussetzung. Tatbestands- und Rechtswidrigkeit beschreiben zusammen das verwirklichte Unrecht der Tat („Man darf so etwas nicht tun!"). Allerdings ist auch ein unrechtmäßiges, strafrechtlich verbotenes Verhalten noch nicht ohne Weiteres strafbar. Das bisher festgestellte Unrechtsurteil missbilligt lediglich die Tat als solche, besagt aber noch nicht, dass der Einzelne für sein Verhalten strafrechtlich auch zur Verantwortung gezogen wird. Als dritte Voraussetzung der Strafbarkeit muss festgestellt werden, dass der Täter persönlich vorwerfbar, d.h. *schuldhaft gehandelt* hat („Du darfst so etwas nicht tun!"). Auf diese drei Grundvoraussetzungen soll im Folgenden zunächst in der Abbildung 4 und dann im Text eingegangen werden.

Abbildung 4: Grundvoraussetzung der Strafbarkeit

> Unrecht = Blick auf die Tat („Man darf *so was* nicht tun!")
>
> 1. **Tatbestandsmäßigkeit** (objektiv und subjektiv)
> 2. **Rechtswidrigkeit** (es liegt kein Rechtfertigungsgrund vor)
>
> Schuld = der Blick auf den Handelnden („*Du* darfst so etwas nicht tun!")
>
> 3. **Schuld** (es liegt kein Schuldausschließungsgrund vor)
> i.S. strafrechtlicher Verantwortlichkeit

2.1.1 Tatbestand

2.1.1.1 Objektiver Tatbestand

32 Im Hinblick auf den Tatbestand unterscheidet man zwischen sog. objektiven und subjektiven Tatbestandselementen. Der *objektive Tatbestand* beschreibt zunächst den äußerlichen Vorgang (die Handlung) und die dadurch eingetretene Rechtsgutverletzung (sog. „Handlungserfolg"). Anders als im Ordnungswidrigkeitenrecht (vgl. §§ 29, 30 OWiG) können nach dem deutschen Strafrecht nur natürliche, nicht aber juristische Personen strafrechtlich verantwortliche *Täter* sein. Anknüpfungspunkt für das Strafrecht ist das menschliche Verhalten. Täter („Wer ...") kann damit nur ein Mensch sein. Hetzt ein Hundehalter seinen Hund auf einen anderen und wird jener dabei verletzt, so macht sich nicht das Tier, sondern ggf. der Hundehalter strafbar. Zudem kann nur ein vom *Willen getragenes menschliches Verhalten* strafbar sein, nicht aber nicht steuerbare Reflexbewegungen, Krampfanfälle, Körperbewegungen im Schlaf oder bei Bewusstlosigkeit oder durch Gewalt (vis absoluta) erzwungenes Verhalten (jemand stößt einen anderen um, der wiederum auf den Dritten fällt und diesen verletzt). Man spricht insoweit davon, dass eine menschliche, vom Bewusstsein getragene *Handlung* – entweder durch aktives Tun oder Unterlassen (hierzu unten 2.2.2) – vorliegen muss. Im Hinblick auf die Beteiligungsformen unterscheidet man strafrechtlich zwischen der sog. Täterschaft und der bloßen Teilnahme (s.u. 2.2.3).

33 Sog. *Erfolgsdelikte* (z.B. §§ 123, 223, 212, 242, 303 StGB) setzen voraus, dass das Handeln oder Unterlassen einen „Erfolg" verursacht hat, also das Ereignis, dessen Eintritt das Strafrecht eigentlich verhindern sollte (z.B. den Tod bei §§ 211 ff. StGB, die Gesundheitsbeschädigung bei §§ 223 StGB, der Vermögensschaden bei §§ 263 ff. StGB). Bei den sog. *Tätigkeitsdelikten* (z. B. §§ 153 f., § 316 StGB; § 21 StVG) wird die reine (abstrakt gefährliche) Tathandlung (z.B. falsche Aussage, Trunkenheit im Verkehr, Fahren ohne Fahrerlaubnis) bestraft, ohne dass ein Schaden eingetreten sein muss. Bei den sog. *Gefährdungsdelikten* reicht der Eintritt einer konkreten Gefahr (z.B. §§ 315b–315d StGB), eine Verletzung oder Schädigung muss nicht eingetreten sein.

2.1 Die Grundvoraussetzungen der Strafbarkeit

Bei einem Erfolgsdelikt müssen – ohne dass dies im Tatbestand ausdrücklich genannt ist – Handlung und Handlungserfolg in einem sog. *objektiven Zurechnungszusammenhang* stehen. Ausgangspunkt für die Zurechnung ist die Kausalität. Wichtig ist dabei, immer auf den konkret eingetretenen Erfolg abzustellen, nicht auf hypothetische Verläufe. Das Verhalten muss eine nicht hinwegdenkbare Bedingung („*conditio sine qua non*") für den eingetretenen Schaden sein (sog. Äquivalenztheorie[68]). Trotz vorliegender Kausalität sind Schadensfolgen objektiv nicht zurechenbar, wenn sie völlig atypisch sind und der Täter deshalb nicht mit ihnen zu rechnen hatte (z.B.: A. erschreckt seinen völlig gesund erscheinenden Freund B. aus Spaß, der dadurch einen tödlichen Herzinfarkt erleidet), oder bei Fahrlässigkeitsdelikten, wenn der Schaden auch bei pflichtgemäßem Handeln eingetreten wäre (sog. Pflichtwidrigkeitszusammenhang). Strafrechtlich nicht erfasst werden Handlungen, die durchaus gefährlich sind und unbestreitbar eine Kausalitätskette in Gang setzen (z.B. Herstellung von Kfz oder Waffen für den Tod von Menschen), deren Risiko aber gesellschaftlich in Kauf genommen wird.

2.1.1.2 Subjektiver Tatbestand

Im Rahmen des subjektiven Tatbestandes geht es um die innere Haltung und Steuerung des menschlichen Verhaltens. Man unterscheidet hier Vorsatz und Fahrlässigkeit. Grundsätzlich ist nur vorsätzliches Handeln strafbar, es sei denn, die Strafbarkeit wegen Fahrlässigkeit ist ausdrücklich normiert (§§ 15, 222, 229, 306d, 315c Abs. 5 StGB). *Vorsatz* ist im Umkehrschluss von § 16 StGB das Wissen und Wollen in Bezug auf alle Merkmale des objektiven Tatbestandes.[69] Insoweit ist es mit Blick auf die normativen Bestandteile der Norm ausreichend, dass der Täter deren rechtlich-soziale Bedeutung anhand einer sog. „Parallelwertung in der Laiensphäre" bzw. den „natürlichen Sinngehalt" richtig erkannt hat. Der Täter muss also nicht genau entsprechend dem Wortlaut des Strafgesetzbuchparagraphen alle Tatbestandsmerkmale gewollt haben, denn häufig wird er den Gesetzestext nicht kennen. Es genügt, dass er das Verbotene seines Tuns kannte. Wer z.B. meint, ein Bierfilz/Bierdeckel, auf dem in einer Gaststätte die Anzahl der konsumierten Getränke dokumentiert wird, könne keine Urkunde sein, und diese vor Bezahlung der Getränke verändert, um seine Rechnung klein zu halten, kann sich gleichwohl einer Urkundenfälschung nach § 267 StGB strafbar machen. Es liegt insoweit kein relevanter (Verbots-)Irrtum vor, weil der Täter ungeachtet seiner fehlenden Rechtskenntnis weiß, dass er etwas Verbotenes tut.

Bei der *Fahrlässigkeit* unterlässt der Täter die im Verkehr erforderliche (vgl. § 276 Abs. 2 BGB) und von ihm persönlich (ggf. über das Normalmaß hinaus) erwartbare Sorgfalt (z.B. weil er als gut ausgebildeter Spezialist mit Gefahrgut besonders sorgfältig umzugehen gelernt hat). Konnte der Handelnde nach seinen individuellen Kenntnissen und Fähigkeiten nicht erkennen oder vermeiden, dass sein Verhalten zur Tatbestandsverwirklichung führt, ist ihm strafrechtlich insoweit kein Vorwurf zu machen. Nicht fahrlässig, sondern vorsätzlich handelt derjenige, der den Tatererfolg zwar nicht beab-

---

[68] In der Rechtswissenschaft werden zur Einschränkung der wegen der Gleichwertigkeit sämtlicher Bedingungen als uferlos geltenden Äquivalenztheorie weitere normative Einschränkungen bzw. Theorien vertreten (z.B. sog. Adäquanz- bzw. Relevanztheorie), die aber in dieser Darstellung vernachlässigt werden können, da für eine Strafbarkeit erforderlich ist, dass der Beschuldigte auch insoweit mit Vorsatz gehandelt hat. An dieser Stelle wird auch darauf verzichtet, die in Strafrechtsübungen zelebrierten Fallbeispiele der sog. überholenden Kausalität darzustellen, bei denen eine andere Ursache unabhängig von der Erstursache den Erfolg bewirkt.
[69] Ständige Rspr. seit BGH 5.5.1964 – 1 StR 26/64 – E 19, 295 (298).

sichtigt, seinen Eintritt aber für möglich hält und (billigend) in Kauf nimmt (sog. bedingter oder Eventualvorsatz: *"na wenn schon"*). Demgegenüber vertraut der Täter bei der sog. bewussten Fahrlässigkeit auf das Ausbleiben der Tatfolge (*"Es wird schon gut gehen"*). Wer mit einer Geschwindigkeit von 120 km/h nachts durch die Innenstadt einer Großstadt ein Autorennen fährt und dabei mehrere auf Rot stehende Ampeln ignoriert, der mag vielleicht keinen Unfall verursachen wollen, aber der kennt das Risiko, geht es dennoch bewusst ein und nimmt den Schaden also billigend in Kauf.[70]

37 Im Rahmen des subjektiven Tatbestandes wirken sich zum Teil die rechtsdogmatisch nicht einfachen *Irrtumsregelungen* des Strafrechts aus. So handelt nach § 16 Abs. 1 StGB jemand nicht vorsätzlich, wenn er bei Begehung der Tat einen Umstand nicht kennt, der zum objektiven Tatbestand des Delikts gehört (sog. Tatbestandsirrtum). Wer nach der Vorlesung versehentlich ein Buch seines Sitznachbarn einsteckt, nimmt zwar objektiv eine fremde Sache im Sinne des § 242 Abs. 1 StGB weg, er handelt aber nicht vorsätzlich (weil er kein fremdes Buch wegnehmen wollte, sondern davon ausging, dass es sein eigenes Buch ist). Allerdings ist nicht jeder Irrtum strafrechtlich relevant und entlastend, sondern nur, wenn er sich auf ein Tatbestandsmerkmal bezieht. So ist es unbeachtlich, wenn T das von ihm tatsächlich verletzte Opfer O irrtümlich für A gehalten hat. Auch bei der fälschlich als „Ehrenmord" bezeichneten Tötung eines Menschen ist es irrelevant, wenn der Täter irrtümlich angenommen hat, das Opfer sei ein von der Familie nicht akzeptierter Freund seiner Schwester.[71] Der Schutz eines Menschen hängt nicht von bestimmten „Eigenschaften" ab. Wer dagegen bei der Jagd einen Menschen tötet, weil er ihn im Dämmerlicht versehentlich für ein Reh gehalten hat, wollte keinen Menschen töten und kann deshalb nicht wegen vorsätzlicher (§ 212 StGB), sondern allenfalls wegen fahrlässiger Tötung (§ 222 StGB) verurteilt werden.

38 Darüber hinaus fehlt in diesem dem o.g. Bücher-Fall auch die für die Strafbarkeit des Diebstahls nach § 242 StGB neben dem Vorsatz zum Zeitpunkt der Begehung der Tat zusätzlich erforderliche *Zueignungsabsicht*. Solche Absichten sind Willensrichtungen (zielgerichteter Erfolgswille), die in einigen Straftatbeständen (§§ 239a, 242, 249 ff., 263, 267, 271 Abs. 3, 316a StGB; nach § 211 StGB sog. „niedrige Beweggründe") als besondere subjektive Merkmale neben dem Vorsatz (bzgl. der objektiven Tatbestandsverwirklichung) nachgewiesen werden müssen.

39 Im Hinblick auf die bei manchen Straftaten möglichen schweren Tatfolgen (sog. *erfolgsqualifizierte Delikte*), z.B. Tod in §§ 227, 251 StGB, reicht es nach § 18 StGB in der Regel aus, dass dem Täter neben der vorsätzlichen Begehung der Grunddelikts im Hinblick auf die Tatfolge zumindest Fahrlässigkeit vorgeworfen werden kann. In manchen Fällen muss eine Leichtfertigkeit, d.h. eine gesteigerte Form der Nachlässigkeit, vorliegen (z.B. § 178 StGB).

---

[70] Vgl. aber BGH 1.3.2018 – 4 StR 399/17: Nach den für den BGH in der Revision bindenden Urteilsfeststellungen der Vorinstanz (LG Berlin 27.2.2017 – 535 Ks 8/16) hatten die Teilnehmer eines Autorennens die Möglichkeit eines für einen anderen Verkehrsteilnehmer tödlichen Ausgangs ihres Rennens erst erkannt und billigend in Kauf genommen, als sie in die Unfallkreuzung einfuhren. Genau für diesen Zeitpunkt hatte das LG allerdings festgestellt, dass die Angeklagten keine Möglichkeit mehr hatten, den Unfall zu verhindern („absolut unfähig gewesen, noch zu reagieren", „Vermeidungsverhalten ... auch objektiv nicht mehr möglich"). Damit war das zu dem tödlichen Unfall führende Geschehen bereits unumkehrbar in Gang gesetzt, als die Angeklagten den Tötungsvorsatz fassten.

[71] BGH 20.2.2002 – 5 StR 538/01 –; NStZ 2002, 369; zu den fälschlich als „Ehrenmorde" bezeichnete Verbrechen z.B. BGH 28.8.2007 – 5 StR 31 / 07.

2.1 Die Grundvoraussetzungen der Strafbarkeit

2.1.2 Rechtswidrigkeit

Die Tatbestände des StGB beschreiben vom Gesetzgeber als besonders sozialschädlich missbilligte und damit typischerweise unrechte Verhaltensweisen. Diese sind deshalb grds. rechtswidrig (man spricht auch davon, dass die Rechtswidrigkeit „indiziert" sei), es sei denn, das Verhalten ist ausnahmsweise erlaubt. Solche Erlaubnisse nennt man *Rechtfertigungsgründe*. Diese entstammen nicht nur dem Strafrecht, sondern der gesamten Rechtsordnung („Einheit der Rechtsordnung"), denn Rechtswidrigkeit ist Widerspruch gegen das Recht, folgen aber durchaus unterschiedlichen Gründen und Prinzipien.[72]

2.1.2.1 Rechtfertigung durch Einwilligung

Rechtswidrigkeit ist nicht gegeben, wenn der Inhaber des Rechtsgutes in zulässiger Weise der Verletzung zustimmt. Das gilt z.B. im Hinblick auf normale Verletzungen im sozial-üblichen Sportwettkampf oder für die tatbestandsmäßige Körperverletzung bei einer medizinisch notwendigen Operation. Die Zustimmung schließt mitunter als *Einverständnis* den Tatbestand schon begrifflich aus, wenn dieser ein Handeln gegen den Willen des Rechtsgutträgers voraussetzt (z.B. §§ 123, 177, 239, 240, 248b, 253 StGB).[73] Besonders geregelt ist die Einwilligung im Hinblick auf eine Körperverletzung (§ 228 StGB) und setzt bei ärztlichen Behandlungen eine ausdrückliche und differenzierte Aufklärung des Patienten, insb. über die Risiken des Eingriffs voraus.[74] Dann ist auch eine Organspende nach § 8 TPG zulässig, eine Sterilisation bei Minderjährigen jedoch stets verboten (§ 1631c BGB). Für Sozialarbeiter*innen, die aufgrund einer professionell-emanzipatorischen Haltung stets mit und im Interesse ihrer Klienten arbeiten (müssen), ist die Einwilligung der wichtigste Grund für eine rechtmäßige Intervention, sei es im Hinblick auf die Vertraulichkeit der Beratungsprozesse einerseits und die Datenweitergabe andererseits aber auch im Hinblick auf weitergehende Eingriffe in die Rechte ihrer Klienten (zur Erhebung, Speicherung und Weitergabe von Daten s. 2.3.6).

Die Einwilligung, die sich auf die Verwirklichung des Tatbestandes bezieht, ist nur wirksam, wenn der (z.B. minderjährige) Rechtsgutträger nach seiner geistigen und sittlichen Reife in der Lage ist, die Bedeutung und Tragweite des Eingriffs und seiner Gestattung zu verstehen und danach zu handeln (*Einwilligungsfähigkeit*; zu den Grenzen der Einwilligungsfähigkeit bei Sexualdelikten s. 2.3.2).[75] Da es sich hierbei nicht um ein Rechtsgeschäft, sondern um eine höchstpersönliche Willensentscheidung handelt, kommt es nicht auf eine Geschäftsfähigkeit an. Ist der Betroffene einwilligungsfähig, so ist seine Einwilligung entscheidend, nicht die der gesetzlichen Vertreter (§ 1669 BGB) oder Betreuer (§ 1896 BGB). Eltern können im Rahmen ihrer Sorgeverantwortung (§§ 1626, 1629 BGB) deshalb i.d.R. nur bei noch nicht selbst einwilligungsfähigen Kindern in eine medizinisch notwendige Operation einwilligen.[76] Die Einwilligung darf nach § 228 StGB (darüber hinaus str.) nicht gegen die guten

---

72 Hierzu Dölling et al./Duttge 2022, Vor § 32 ff. Rn 8 ff.
73 Kindhäuser/Hilgendorf 2022 Vor § 13 Rn 190 ff.; Dabei wirkt das Einverständnis im Hinblick auf den Vorwurf der Nötigungshandlung nach der Rspr. auch dann tatbestandsausschließend, wenn es durch Täuschung erschlichen wurde; vgl. Dölling et al./Otto 2022 § 240 Rn 23.
74 BVerfG 25.7.1979 – 2 BvR 878/74.
75 BGH 13,5.1969 – 2 StR 616/68 – E 23, 1 ff.; NK-StGB/Gaede 2023 Vor § 13 Rn 170; Fischer 2024 Vor § 32 Rn 3.
76 Hierzu Trenczek/Behlert//von Boetticher 2018, 775 ff.

Sitten verstoßen[77] und rechtfertigt auch nicht alles, z.B. nicht die eigene Tötung (§ 216 StGB).[78] Kein Rechtfertigungsgrund ist das früher zuweilen anerkannte angebliche „Züchtigungsrecht", weder für Lehrer noch für Eltern (vgl. § 1631 Abs. 2 BGB).[79]

43 § 1631d BGB stellt seit Ende 2012 einen Rechtfertigungsgrund insb. für die Eltern im Hinblick auf die mit oder ohne medizinische Indikation vorgenommene *Beschneidung* (= Körperverletzung) eines nicht einwilligungsfähigen männlichen Kindes dar.[80] Allerdings gilt dies nicht, wenn durch die Beschneidung auch unter Berücksichtigung ihres Zwecks das Kindeswohl gefährdet wird.[81] Zwingend ist zudem, dass die „Regeln der ärztlichen Kunst" eingehalten werden, weshalb Beschneidungen ausnahmslos nur mit effektiv wirksamer Betäubung und schmerzlindernder Nachversorgung erfolgen dürfen.[82]

2.1.2.2 Rechtfertigung im Fall der Notwehr – § 32 StGB

44 Nicht selten berufen sich beispielsweise junge Beschuldigte darauf, dass sie nur in „Notwehr" gehandelt haben, sich oder andere hätten verteidigen müssen.[83] Um einschätzen zu können, ob dies zu Recht geschieht und angemessen pädagogisch darauf reagieren zu können, muss man das Wesen und die Grenzen der Notwehr kennen.

2.1.2.2.1 Definition und Wesen der Notwehr

45 Notwehr stellt den wohl bekanntesten Rechtfertigungsgrund im Strafrecht und im Zivilrecht der unerlaubten Handlungen (vgl. §§ 823 ff. BGB) dar. Die durch Notwehr gebotene Handlung ist nicht rechtswidrig, auch wenn sie ansonsten den Straftatbestand beispielsweise einer Körperverletzung erfüllt.

46 Das Notwehrrecht umfasst diejenige Verteidigung, die zur Abwehr eines *gegenwärtigen* rechtswidrigen *Angriffs* erforderlich ist. Diese Definition finden wir fast wortgleich in § 32 StGB und § 227 BGB sowie in den Grundlagen des Gesetzes über Ordnungswidrigkeiten in § 15 OWiG. Schon das Reichsgericht formulierte im Jahr 1920 den Grundsatz, dass mit dem Notwehrrecht „das Recht im Kampf gegen das Unrecht geschützt werden soll"[84] und sprach von der „Zumutung der Prüfung der Verhältnismäßigkeit".[85] Insofern findet aber über die Prüfung der Geeignetheit und Erforderlichkeit der Notwehrhandlung grds. hinaus keine Güterabwägung statt (so die herrschende Meinung) und im Extremfall wird sogar eine Tötungshandlung zur Verteidigung von Sachwerten gerechtfertigt, wenn sie das einzige Mittel darstellt.[86] Daran hat auch Artikel 2 II a EMRK für die Fälle nichts geändert, in denen der Privatmann einen Sachangriff durch Verletzung von Leib und Leben des Angegriffenen abwehrt.

---

77 Z.B. Doping, medizinisch nicht notwendige Schönheitsoperationen bei Minderjährigen; darüber hinaus str.
78 Z.B. BGH 11.12.2003 – 3 StR 120 / 03 – NStZ 2004, 204: Grenze der Einwilligung bei Heroinfremdinjektion nach Aufforderung durch das Tatopfer.
79 Zu den Grenzen des elterlichen Sorgerechts s. Kaiser et al./Rakete-Dombek/Berning 2021, BGB § 1631 Rn 10; Trenczek et al. 2023, Kap. II-2.4.3.
80 LG Köln 7.5.2012 – 151 Ns 169/11.
81 Ausführlich Scheinfeld 2013, 268 ff.
82 Kaiser et al./Rakete-Dombek/Berning 2021, BGB § 1631d Rn 5.
83 Zu den sog. Neutralisierungstechniken z.B. von Sykes/Matza vgl. Trenczek/Schmoll 2024, Kap. 2.2.4.1.
84 RGSt 55, 85 (85).
85 RGSt 55, 85 (86).
86 Mehr dazu beim Punkt Erforderlichkeit; BGH 21.12.1977 – 2 StR 421/77 – E 27, 313, 314 und BGH 14.6.1972 – 2 StR 679/71 – E 24, 356, 358; NK-StGB/Kindhäuser 2023 § 32 Rn 88 ff.; Fischer 2024 § 32 Rn 33a und 34.

2.1 Die Grundvoraussetzungen der Strafbarkeit

Das Beispiel, in dem ein im Rollstuhl sitzender Garteneigentümer auf Kirschen stehlende Kinder schießt, wird zwar in den letzten Jahrzehnten zunehmend kritisiert (zu den Einschränkungen des Notwehrrechts s. nachfolgend), im Prinzip bleibt es aber bei dieser Einstellung der herrschenden Meinung. Mit dem Notwehrrecht soll nicht nur die Verteidigung des jeweils angegriffenen Rechtsguts legitimiert werden, sondern es dient zugleich der *Bewährung der Rechtsordnung*.[87] Im Einzelfall ist umstritten, inwieweit zunächst Flucht- und Ausweichmöglichkeiten genutzt werden müsse (zur Einschränkung des Notwehrrechts s. 2.1.2.2.3).

Verteidigt werden kann zunächst jedes Individualrechtsgut wie z.B. Eigentum, Leben, körperliche Unversehrtheit und Freiheit, aber auch das Hausrecht, das Persönlichkeitsrecht mit dem Recht am eigenen Bild, die Ehre[88], die Privatsphäre und familienrechtliche Verhältnisse. Wird beispielsweise dem sorge- bzw. aufenthaltsbestimmungsberechtigten Elternteil von dem anderen das Kind weggenommen, so begründet dies eine Notwehrlage.[89] Auch das Recht, sich im Straßenverkehr vorschriftsmäßig zu bewegen, stellt ein ggf. durch Notwehr zu schützendes Individualrechtsgut dar.[90] Angriffe auf Rechtsgüter der Allgemeinheit und die öffentliche Ordnung, die nicht auch Recht des Einzelnen unmittelbar gefährden, berechtigten i.d.R. nicht zu Notwehrhandlungen (zur Ausnahme des jedermann zustehenden Festnahmerechts nach § 127 Abs. 1 StPO s.u.); die Wahrung des Rechts ist primär Aufgabe des Staates (staatliches Gewaltmonopol).[91]

Polizeiliche Maßnahmen zum Schutz eines Angegriffenen richten sich nach den öffentlich-rechtlichen Vorschriften über unmittelbaren Zwang und werden nicht über Notwehr bzw. Nothilfe gerechtfertigt.[92]

Soweit die Notwehrhandlung zugunsten einer anderen Person ausgeübt wird, bezeichnet man sie als *Nothilfe*. Zu beachten ist dann aber, dass diese Nothilfe nur dann geboten und damit gerechtfertigt ist, wenn der Dritte den Angriff abwehren[93] oder sich selbst verteidigen will, denn der Nothelfer darf sich nicht aufdrängen.[94]

2.1.2.2.2 Elemente der Notwehrlage und Notwehrhandlung

Eine Notwehrlage liegt nur vor, wenn es sich um einen rechtswidrigen (hierzu s. nachfolgend Rn 52 ff.) *Angriff* handelt. Ein Angriff ist jede durch ein willensgesteuertes menschliches Verhalten drohende Verletzung eines rechtlich geschützten Gutes. Das menschliche Verhalten muss eine Handlungsqualität haben, d.h. von einem Willen getragen sein (s.o. 2.1.1.1). Ein Schlafender greift nicht an, so dass die Reflexhandlung beispielsweise nicht als Angriff gewertet werden kann. Tiere selbst können nicht im Sinne des Notwehr-Paragraphen angreifen, jedoch können sie wie Sachen als Werkzeuge zu Verletzungen benutzt werden, wenn z.B. ein Hund auf eine Person gehetzt wird.[95] Der Angriff auf das Rechtsgut selbst muss keine Straftat sein, z.B. kann es auch eine Verletzung des Persönlichkeitsrechtes oder eine Besitzstörung sein. Auch unvor-

---

[87] BGH 14.6.1972 – 2 StR 334/69 – E 24, 356 (359).
[88] BGH 14. 2. 1952 – 5 StR 1/52 – E 3, 217 (218).
[89] Perron in Schönke/Schröder 2014 § 32 Rn 5a.
[90] Bayerisches ObLG 14.8.1992 – 2 St RR 128/92 – NJW 1993, 211; Fischer 2024 § 32 Rn 8.
[91] NK-StGB/Kindhäuser 2023 § 32 Rn 37 m.w.N.
[92] Fischer 2024 § 32 Rn 12, 12a.
[93] BGH 2.10.1953 – 3 StR 151/53 – E 5, 245 (248).
[94] Fischer 2024, § 32, Rn 11.
[95] BGH 26.2.1960 – 4 StR 582/59 – E 14, 152 (155).

sätzliches, sorgfaltswidriges Verhalten kann nach herrschender Meinung ein Angriff sein.[96]

51 Ein rechtswidriger *Angriff* ist abzugrenzen von (bagatellhafte) Belästigungen und Störungen. Trotz grundsätzlicher Irrelevanz der Güterproportionalität kann sich bei *Bagatellangriffen* schnell ein krasses Missverhältnis zwischen verteidigtem und durch Notwehrhandlung beeinträchtigtem Rechtsgut ergeben. Das gilt beispielsweise für die sogenannte Unfugabwehr (Anleuchten mit der Taschenlampe, offensichtlich erkennbarer Karnevalsscherz), sonstigen nicht strafrechtlich relevanten Belästigungen oder Unhöflichkeiten wie das Vordrängen in der Menge. Insoweit liegt schon *Notwehrlage* für keine strafrechtlich geschützte Rechtsgüter vor.

52 Es ist nicht notwendig, dass die Verletzung des zu verteidigenden Rechtsgutes selbst eine (schuldhaft begangene) Straftat darstellt, der „Angriff" muss aber *rechtswidrig* sein. „Der Angriff ist rechtswidrig, wenn er als Gefährdung eines fremden Gutes nicht von einer Erlaubnisnorm objektiv gedeckt und vom Betroffenen daher nicht zu dulden ist."[97] An der *Rechtswidrigkeit* fehlt es, wenn der Angriff ein erlaubtes Tun darstellt – z.B. selbst eine Notwehrhandlung darstellt und somit durch einen Rechtfertigungsgrund gedeckt ist. Das ist insb. bei den strafprozessual zulässigen und im konkreten Einzelfall rechtmäßig angewendeten Zwangsmaßnahmen oder anderen rechtmäßig durchgeführten hoheitlichen Diensthandlungen (z.B. Beseitigung einer Gefahrenquelle) der Fall.[98] Auch gegen eine rechtmäßige (Verteidigungs-)Handlung (z.B. eine durch einen rechtswidrigen Angriff ausgelöste Notwehrhandlung) darf nicht wieder Notwehr angewendet werden.[99] Das Notwehrrecht ist mithin bei einem pflichtwidrigen Vorverhalten eingeschränkt, bei einer sog. Absichtsprovokation sogar ausgeschlossen (zu weiteren Einschränkungen s. 2.1.2.2.3).[100]

53 Bei einer einverständlichen „körperlichen Auseinandersetzung" sind regelmäßig schon die jeweiligen Angriffshandlungen der Beteiligten nicht rechtswidrig, sind allerdings mehrere Personen beteiligt bzw. in Mitleidenschaft gezogen worden, kommt eine Strafbarkeit wegen „Beteiligung an einer Schlägerei" (§ 231 StGB) in Betracht.[101] Wenn beide Seiten gleichermaßen Angreifer und Verteidiger sind, ist eine Berufung auf Notwehr für den ausgeschlossen, der im Handkampf den Kürzeren zieht und zu einer lebensgefährlichen Waffe greift.[102]

54 Eine Notwehrlage besteht nur dann, wenn der rechtswidrige Angriff *gegenwärtig* ist. Notwehrhandlungen sind also nicht Rachehandlungen, die man lange Zeit nach Abschluss des Angriffs vornehmen kann. Ein Angriff währt gegenwärtig vom Augenblick seines unmittelbaren Bevorstehens bis zu seinem vollständigen Abschluss.[103] Deshalb darf dem flüchtenden Dieb im unmittelbaren Zusammenhang mit der Tat die Beute abgejagt werden, denn der Diebstahl ist bis dahin noch nicht vollständig abgeschlossen.[104] Das ist z.B. beim Diebstahl aus Wohnungen der Fall, solange der Dieb sich noch auf dem Grundstück befindet, nicht aber, wenn er schon deutlich entfernt das

---

96 MüKoStGB/Erb 2020 § 32 Rn 55 ff.
97 NK-StGB/Kindhäuser 2023 § 32 Rn 61 und Fischer 2024 § 32 Rn 21.
98 Hierzu s. MüKoStGB/Erb 2020 § 32 Rn 72.
99 Insoweit kommt ggf. nur ein rechtfertigender Notstand in Betracht, s. 2.1.2.3.
100 Vgl. BGH 19.8.2020 - 1 StR 248/20; Fischer 2024 § 32 Rn 41 f.; MüKoStGB/Erb 2020 § 32 Rn 224.
101 BGH 19.12.2013 - 4 StR 347/13.
102 BGH 8.5.1990 – 5 StR 106/90 - NJW 1990, 2263 (2264).
103 BGH 12.1.1978 – 4 StR 620/77; NK-StGB/Kindhäuser 2023 § 32 Rn 51.
104 Fischer 2024 § 32 Rn 18.

2.1 Die Grundvoraussetzungen der Strafbarkeit

Diebesgut „in Sicherheit" gebracht hat.[105] Unzulässig ist es wenn der Betroffene auf eine an sich noch mögliche Einschaltung staatlicher Ordnungskräfte verzichten, also quasi vorbeugend mittels Präventivschlag sein Recht in die eigene Hand nehmen will.[106]

Als Notwehr gerechtfertigt sind nur *Verteidigungshandlungen*, wobei die Verteidigung sowohl in defensiver Abwehr (Schutzwehr) als auch im Gegenangriff (Trutzwehr) bestehen kann.[107] Die Notwehrhandlung muss aber als Verteidigung *erforderlich* sein, um den Angriff sofort und wirksam zu brechen. Bei gleich effektiven Handlungsalternativen ist die geringere Eingriffsintensität zu wählen. „Erforderlich ist diejenige Verteidigungshandlung, die einerseits die sofortige Beendigung des Angriffs erwarten lässt",[108] die endgültige Beseitigung der Gefahr also gewährleistet, die andererseits aber das schonendste, d.h. am wenigsten schädliche oder gefährliche Mittel von mehreren gleich sicheren Mitteln zur Erreichung des Abwehrerfolges bildet. Der Angegriffene braucht sich daher nicht auf das Risiko einer ungenügenden Abwehrhandlung einzulassen,[109] darf umgekehrt aber Intensität und Gefährlichkeit des Angriffs nicht unnötig überbieten,[110] namentlich eine lebensgefährliche Waffe nur als letztes Mittel zur Verteidigung einsetzen.[111] Dies stellt im Grunde die Anwendung der Maximen des Verhältnismäßigkeitsgrundsatzes auf Privatpersonen dar. Nach herrschender Meinung hat die staatliche Gefahrenabwehr grundsätzlich Vorrang vor der privaten Notwehr. Ist daher in einer Notwehrlage ausreichende polizeiliche Unterstützung vorhanden und zur wirksamen Abwehr eines Angriffs fähig und bereit, so fehlt es für die private Notwehr an der Erforderlichkeit.[112] Sie ist damit unzulässig. Bei Angriffen auf die „persönliche Ehre" (z.B. durch ein Beleidigungsdelikt i.S.d. §§ 185 ff. StGB) ist tätliche (körperliche) Abwehr nur ausnahmsweise erforderlich – meist muss man sich auf eine Erwiderung mit Worten beschränken.

Gemäß § 32 Abs. 1 StGB muss eine durch das Notwehrrecht legitimierte Handlung auch *geboten* sein. In der Regel ergibt sich das Gebotensein aus den Voraussetzungen des § 32 Abs. 2 StGB von selbst, weil der Grundsatz gilt, dass das Recht dem Unrecht nicht zu weichen braucht. Insofern ist in Rechtsprechung und Literatur durchaus akzeptiert, dass beispielsweise das durch Diebstahl bedrohte Eigentumsrecht auch durch eine Körperverletzungshandlung mit Schäden an der Gesundheit des Angreifers gerechtfertigt sein kann. Allerdings wird in den letzten Jahrzehnten zunehmend in der Literatur vertreten, dass sozial ethische oder übergeordnete rechtliche Erwägungen Einschränkungen des Notwehrrechts begründen. Grundsätzlich hat der BGH in Strafsachen entschieden: „Das Recht zur Verteidigung entfällt, wo der Angegriffene die Rechtsverletzung auf andere Weise abwenden kann, ohne seiner eigenen Ehre etwas zu vergeben oder sonst seine Belange zu verletzen. Die durch das Recht zur Notwehr zugelassene Selbsthilfe ist nicht erforderlich, wo der Angegriffene dem Angriff ausweichen kann und ihm dies zuzumuten ist."[113] Eine mutwillige Eskalation eines Konfliktes ist also nicht zulässig. Anderseits aber ist die sogenannte „ehrenrührige

---

105 Fischer 2024 § 242 Rn 54.
106 Zum zeitlichen Rahmen der Notwehrlage s. MüKoStGB/Erb 2020 § 32 Rn 105.
107 NK-StGB/Kindhäuser 2023 § 32 Rn 79.
108 BGH 12.1.1978 – 4 StR 620/77 – E 27, 336.
109 BGH 24.7.1979 – 1 StR 249/79 – NJW 1980, 2263.
110 BGH 14.6.1972 – 2 StR 679/71 – E 24, 356, 358.
111 BGH 21.3.1996 – 5 StR 432/95 – E 42, 97, 100.
112 NK-StGB/Kindhäuser 2023 § 32 Rn 96 und Fischer 2024 § 32 Rn 35.
113 BGH 2.10.1953 – 3 StR 151/53 – E 5, 245, 248 mit Hinweis auf RGSt 71, 133.

Flucht" stets unzumutbar, d.h., die Notwehrhandlung erlaubt, was angesichts kulturell sehr unterschiedlich ausgeprägter Ehrbegriffe für wenig Klarheit sorgt. Inwieweit das Notwehrrecht aufgrund fehlender Gebotenheit eingeschränkt wird bei Bagatellangriffen, krassem Missverhältnis zwischen verteidigtem und durch Notwehrhandlung beeinträchtigtem Rechtsgut, bei vorwerfbar herbeigeführter Notwehrlage, beim Angriff auf schuldlos Handelnde oder bei enger persönlicher Beziehung zwischen Angreifer und Verteidiger wird unter 2.1.2.2.3 erörtert.

57 In der Literatur ist umstritten, inwieweit die *Kenntnis der Notwehrlage* Voraussetzung für die strafrechtliche Rechtfertigung einer Verteidigungshandlung ist. Es geht dabei um die dogmatisch interessante, empirisch aber selten vorkommende Konstellation, dass eine Person eine strafbare Handlung, beispielsweise eine Körperverletzung oder ein Tötungsdelikt begeht, ohne zu wissen, dass er dadurch zugleich einen gegenwärtigen rechtswidrigen Angriff abwehrt. Er hat seine Handlung dann also (subjektiv) nicht begangen, um sich zu verteidigen, objektiv jedoch diente seine Handlung der Verteidigung. Die juristisch dogmatische Diskussion dieser Frage müsste mehrere grundsätzliche Aspekte zum Handlungsunrecht einbeziehen, was hier nicht möglich ist. Deshalb soll hier mit der Mehrheit der Literatur im Grundsatz davon ausgegangen werden, dass die Kenntnis der Notwehrlage zur Rechtfertigung notwendig ist.[114] Liegt ein Verteidigungswille nicht vor, wendete die Handlung aber eine objektiv gefährliche Situation ab, so kommt ggf. eine Strafbarkeit wegen versuchter Tat in Betracht (s. 2.2.1).

58 Völlig anders gelagert sind die Fälle, in denen sich eine Person über die tatsächlichen Voraussetzungen der Notwehr und insbesondere das Bestehen einer Notwehrlage irrt und deshalb meint, er könne sich auf eine Notwehrlage berufen und rechtmäßig eine Verteidigungshandlung ausführen (sog. *Putativnotwehr*). Dies liegt insbesondere vor, wenn der Angegriffene das Verhalten einer anderen Person als Angriff auffasst. Die Strafbarkeit in diesen Fällen des Verbotsirrtums hängt davon ab, ob der Irrtum zu vermeiden war (vgl. § 16 StGB; s.u. 2.1.3).[115]

2.1.2.2.3 Einschränkungen und Begrenzungen des Notwehrrechtes

59 Mehr als zur Zeit der Entscheidungen des Reichsgerichtes („Recht muss Unrecht nicht weichen") wird im Lichte von Grund- und Menschenrechten über Einschränkungen und Begrenzungen des Notwehrrechtes insb. nach Bagatellangriffen und bei schuldlos Handelnden debattiert.[116]

60 Das Notwehrrecht soll nicht Anlass für neue Auseinandersetzungen geben und diese rechtfertigen, soweit die Ausgangshandlung sozial adäquat ist. Dies gilt ganz besonders bei schuldlos Handelnden, wie beispielsweise Kindern, Volltrunkenen oder Menschen mit einer geistigen Behinderung, die freilich für den Angegriffenen klar erkennbar sein muss. Zwar darf ein angegriffenes Rechtsgut auch gegenüber diesen Personen verteidigt werden, die Verteidiger müssen in diesen Fällen zunächst versuchen auszuweichen und dürfen erst dann (nur) zur Schutzwehr übergehen und müssen den schuldlos Angreifenden nach Möglichkeit schonen. Die Verteidigungshandlung ist mithin auf eine reine Defensivhandlung (vgl. § 228 BGB) beschränkt. Es kommt

---

114 So auch NK-StGB/Kindhäuser 2023 § 32 Rn 148 und Fischer 2024, § 32 Rn 25.
115 NK-StGB/Kindhäuser 2023 § 32 Rn 150.
116 Zu den „sozialethischen" Einschränkungen der Notwehr s. MüKoStGB/Erb 2020 § 32 Rn 201 ff.; Grünewald 2020; NK-StGB/Kindhäuser 2023 § 32 Rn 103; Rönnau 2012, 404 ff.

2.1 Die Grundvoraussetzungen der Strafbarkeit

mithin auf die Handlungsalternativen des Verteidigers an: Im berühmten Beispiel des gelähmten, im Rollstuhl sitzenden, gehbehinderten alten Mannes, der auf Kirschen stehlende Kinder schießt, wurde früher eine Rechtfertigung durch Notwehr akzeptiert, wenn er hat keine Alternative zur Verteidigung seines Eigentums hat und die Kinder sein Eigentumsrecht trotz Zuruf nicht achten. Ob dies heute noch sozial adäquat ist und ethisch vertretbar, ist zweifelhaft. Unstrittig ist heute wohl, nicht mehr geschossen werden darf, wenn die Kirschendiebe bereits auf der Flucht sind (zur mangelnden Gegenwärtigkeit s.o. Fn 54).

Problematisch sind Einschränkungen des Notwehrrechtes bei enger *persönlicher Beziehung* zwischen Angreifer und Verteidiger, was beispielsweise für das Verhältnis von Eltern zu ihren Kindern oder zwischen Ehegatten oder Geschwistern oder nicht-eheliche Lebensgemeinschaft (nicht aber nur Wohngemeinschaft) zutrifft.[117] Begründet wird dies mit einer (mitunter zweifelhaften) partiellen Überlagerung des Selbstverteidigungsrechts durch die Garantenstellung (hierzu 2.2.2) gegenüber der*m Partner*in.[118] Der BGH hat in frühen Entscheidungen das Notwehrrecht beschränkt (in diesen Näheverhältnissen müsse die angegriffene Person ausweichen oder fremde Hilfe herbeirufen), was zu dem Ergebnis führte, dass beispielsweise Ehefrauen/Partner*innen leichte Körperverletzungen faktisch dulden mussten.[119] Inzwischen hat der BGH seine Rechtsprechung (teilweise) geändert.[120] Mittlerweile sollte aber unbestritten sein, dass eine Einschränkung der Notwehrrechte im Bereich häuslicher Gewalt eine unzumutbare Beschränkung der Verteidigungsrechte darstellt, es ist ja gerade umgekehrt, denn die hier wird der familiären Schutzbereich verletzt, Opfer können sich der Aggression gerade nicht so einfach entziehen und die Täter*innen … dürfen auch bei einer erstmaligen Misshandlung nicht von der Solidaritätsfunktion der Garantenstellung profitieren. Das würde Häusliche Gewalt als gesellschaftliches Problem weiterhin nicht hinreichend erkennen, den Regelungen zum Gewaltschutzgesetz nach Sinn und Zweck widersprechen und alle rechtspolitischen und gesellschaftlichen Aktivitäten zur Verringerung der häuslichen Gewalt ad absurdum führen.[121] Vielmehr steht der*m angegriffenen Partner*in ein uneingeschränktes Notwehrrecht zu. Das Notwehrrecht kann nur bei einem intakten familiären Näheverhältnis eingeschränkt sein – Misshandlungen, auch und gerade, wenn sie im innerfamiliären bzw. häuslichen Umfeld stattfinden, sollte niemand dulden müssen.

2.1.2.2.4 Überschreitungen der Notwehr (§ 33 StGB)

Gemäß § 33 StGB wird nicht bestraft, wenn der Täter die Grenzen der Notwehr aus Verwirrung, Furcht oder Schrecken überschreitet (sog. *Notwehrexzess*). Vorauset-

---

117 Vgl. NK-StGB/Kindhäuser 2023 § 32 Rn 114 f.; Fischer 2024, § 32 Rn 37; vgl. z.B. BGH 1.6.2016 – 1 StR 597/15 - NStZ-RR 2016, 272 (Geschwister); im Hinblick auf Ehegatten ist die Rechtsprechung allerdings im Hinblick auf die gestiegene Sensibilität für die Fälle häuslicher Gewalt mittlerweile überholt, z.B. BGH 26.02.1969 – 3 StR 322/68 ; BGH 25.9.1974 – 3 StR 159/74; hierzu vgl. Grünewald 2020. 433 ff.
118 Hierzu MüKoStGB/Erb 2020 § 32 Rn 219.
119 BGH 12.12.1975 – 2 StR 451/75 – E 26, 256.
120 BGH 12.7.1994 – 5 StR 309/94 - NStZ 1994, 581 (583).
121 Hierzu BMFSJ/BMJV 2019, 5: „Körperliche und seelische Gewalt findet überwiegend im engen sozialen Nahraum, also „zu Hause", statt und gehört für viele Opfer leider zum Alltag. Sie wird dabei überwiegend gegen Frauen durch den Partner oder ehemaligen Partner ausgeübt. Rund 25 Prozent der Frauen im Alter von 16 bis 85 Jahren haben Gewalt in der Beziehung erlebt. Differenziert nach der Schwere der Gewalt haben zwei Drittel der von häuslicher Gewalt betroffenen Frauen schwere bis sehr schwere körperliche und/oder sexuelle Gewalt erlitten; ein Drittel leichte bis mäßig schwere körperliche Gewalt."; vgl. auch Sabas 2024.

zung ist auch hier das Vorliegen einer Notwehr- oder Nothilfelage, also ein noch gegenwärtiger rechtswidriger Angriff. Wird nun die erforderliche oder gebotene Verteidigungshandlung durch Verwirrung, Furcht, Schrecken, der durch den Angriff verursacht wurde, überschritten, so wird auch dann der Täter nicht bestraft. Es muss aber einen inneren Zusammenhang zwischen dem Affekt und der Notwehrüberschreitung geben. Bei einem vorherigen planmäßigen Eintritt in eine Auseinandersetzung unter Ausschaltung der Polizei kann sich regelmäßig nicht auf einen Notwehrexzess berufen werden.[122]

2.1.2.3 Rechtfertigung durch Berufung auf einen Notstand – § 34 StGB

63 Auch wenn die Gebote und Verbote durch die Rechtsordnung und insbesondere das Strafgesetzbuch klar geregelt und definiert sind, so kann es im Alltagsleben immer wieder vorkommen, dass sich Normen (scheinbar) widersprechen, weil das eine Rechtsgut nur geschützt werden kann, wenn der Schutz des anderen aufgegeben wird. Mit diesem Dilemma kann der Rechtsstaat seine Bürger nicht alleinlassen. § 34 StGB regelt deshalb unter der Überschrift „*Rechtfertigender Notstand*" die Fälle, in denen der Rechtsstaat den Eingriff in Rechtsgüter duldet, weil nur so ein erheblich höher zu bewertendes Rechtsgut geschützt werden kann. Im Hinblick auf die *Interessensabwägung* sind aber die maßgeblichen Kriterien sorgfältig zu beachten, insb. muss das geschützte Rechtsgut das beeinträchtigte wesentlich überwiegen.[123] Nur dann kann die Opferung des Rechtsgutes (mit erheblich geringerem Wert) hingenommen werden. Im Hinblick auf die *Gewichtung der betroffenen Rechtsgüter* ist zunächst von Bedeutung, welche (abstrakte) Bedeutung diese durch die Rechtsordnung erfahren, wobei verfassungsrechtliche Aspekte, insb. die grundrechtlich geschützte Rechtspositionen, eine besondere Rolle spielen. Der durch das Strafrecht gezeichnete Strafrahmen (hierzu 2. und 4.3) hat demgegenüber nur eingeschränkte Relevanz, weil „die Reichweite und Höhe strafrechtlicher Sanktionsdrohungen durch kriminalpolitische Gesichtspunkte mitbestimmt wird, die mit der Wertigkeit des geschützten Rechtsguts als solcher nichts zu tun haben."[124] Im Hinblick auf die nach § 34 StGB erforderliche Güterabwägung (Rn 72) soll an dieser Stelle bereits darauf hingewiesen werden, dass der Schutz (der insb. durch die Vorschriften des SGB normierten) Vertraulichkeit als Geschäftsgrundlage der sozialen Arbeit gegenüber dem Strafverfolgungsinteresse des Staates nicht (wesentlich) hintansteht (s.u. Rn 75).

64 Der Rechtfertigungsgrund des Notstandes gemäß § 34 StGB kommt dabei nur zum Zuge, wenn die Inhaber der abzuwägenden Rechtsgüter unterschiedliche Personen sind. Geht es um die Abwägung unterschiedlicher Rechtsgüter des gleichen Rechtsgutsinhabers, so bedarf es nicht des Konstrukts des rechtfertigenden Notstandes, sondern es geht um die (mutmaßliche) Einwilligung des Betroffenen.[125] Betritt also beispielsweise ein Passant den Garten eines Hauseigentümers, um ein aufkommendes Feuer zu löschen, dem ansonsten das gesamte Haus zum Opfer gefallen wäre, so wird dieser das Zertreten einiger Blumen im Garten als gerechtfertigt sehen. Der Passant kann von einer Einwilligung ausgehen und deshalb ist sein Verhalten unzweifelhaft gerechtfertigt.

---

122 NK-StGB/Kindhäuser 2023 § 33 Rn 29.
123 MüKoStGB/Erb 2020 § 34 Rn 130 ff.
124 MüKoStGB/Erb 2020 § 34 Rn 138.
125 NK-StGB/Neumann 2023 § 34 Rn 32 ff.

2.1 Die Grundvoraussetzungen der Strafbarkeit

Im Hinblick auf den rechtfertigenden Notstand (für eigene Rechtsgüter) bzw. die Notstandshilfe für Rechtsgüter Dritter („um die Gefahr von sich oder einem anderen abzuwenden") sind alle *Rechtsgüter* (Leib, Leben, Freiheit, Eigentum …) notstandsfähig. Die Notstandslage setzt eine gegenwärtige Gefährdung voraus. Dabei genügt es für das Vorliegen einer Gefahr, wenn aufgrund tatsächlicher Umstände der Eintritt eines Schadens wahrscheinlich ist.[126] Dabei ist der Grad der Wahrscheinlichkeit in die Gesamtabwägung einzubeziehen.[127] *Gegenwärtig* ist die Gefahr, wenn die Bedrohung des Rechtsguts bei natürlicher Weiterentwicklung jederzeit in einen Schaden umschlagen kann und ein sofortiges Handeln erforderlich ist.[128] Für die Gegenwärtigkeit kommt es letztlich nicht auf den Zeitpunkt der Realisierung der Gefahr, sondern auf die Notwendigkeit des abwehrenden Handelns an.[129] Durch den Notstand werden somit auch Situationen erfasst, die einer Notwehrlage vorgelagert sind.[130]

65

Anders als beim Notwehrrecht muss die Gefährdung des zu verteidigenden Rechtsgutes *nicht rechtswidrig* sein. Wenn beispielsweise ein Autofahrer A zur Vermeidung eines Unfalls, bei dem das Kind B überfahren worden wäre, ausweicht, wobei er die Kontrolle über sein Fahrzeug verliert und auf X. zufährt, mag das Verhalten des A. gerechtfertigt sein, gleichwohl muss X. die Verletzung seiner Rechtsgüter nicht hinnehmen und seine (Rechtsgüter des A verletzende) Notstandshandlung nach § 34 StGB gerechtfertigt sein.

66

Die Abwendung der gegenwärtigen Gefahr für das Rechtsgut darf bei einem rechtfertigenden Notstand nach Satz 1 *nicht anders möglich* und die Notstandshandlung des Beschuldigten muss nach Satz 2 StGB ein *angemessenes Mittel* zur Gefahrabwendung sein. Mithin wird der Verhältnismäßigkeitsgrundsatz doppelt hervorgehoben, um Schäden zu vermeiden.[131] Gibt es ein geeignetes milderes Mittel zur Gefahrabwehr (z.B. die Inanspruchnahme von polizeilicher Hilfe), ist das andere nicht erforderlich. Ist es nicht erforderlich, kann die Notstandshandlung nicht angemessen sein. Letztlich geht es im Anschluss an die Interessensabwägung bzgl. der Rechtsgüter stets im Hinblick auf die Beeinträchtigung des hintanstehenden Rechtsguts um die Auswahl des schonendsten Mittels. Ggf. muss der Gefahr auch ausgewichen werden.[132]

67

Im Folgenden soll an einem praxisnahen alltäglichen Beispiel aus dem Straßenverkehr erläutert werden, welche Abwägungen hinsichtlich der Strafbarkeit notwendig sind, wenn eine Notstandslage durch eine *Pflichtenkollision* entsteht:

68

> M. fährt an einem Winterabend im VW-Bus mit ihren eigenen und den beiden Kindern der Nachbarin nach Hause. Plötzlich kommt ihr in einer Kurve ein kleiner Fiat Panda entgegen, in dem Herr und Frau Z. sitzen und die aufgrund der schlechten Straßenverhältnisse unverschuldet ins Schleudern geraten. Um einen Frontalzusammenstoß zu ver-

---

126 BGH 15.2.1963 – 4 StR 404/62 – E 18, 272; Fischer 2024 § 34 Rn 4 und 7.
127 NK-StGB/Neumann 2023 § 34 Rn 80.
128 BGH 30.6.1988 – 1 StR 165/88 – NJW 1989, 176; MüKoStGB/Erb 2020 § 34 Rn 94 ff.; NK-StGB/Neumann 2023 § 34 Rn 56 (im Ergebnis ebenso, allerdings missverständlich, dass der Begriff gegenwärtig" anders und in einem weiteren Sinne als bei der Notwehrregelung interpretiert werden muss. Insoweit geht es nicht um die Auslegung, sondern um die Anwendung des nach der juristischen Methodik einheitlich auszulegenden Inhalts des Begriffs; zur Auslegung von unbestimmten Rechtsbegriffen s. Trenczek et al. 2023, I-3.3.2).
129 Kindhäuser/Hilgendorf 2022 § 34 Rn 21.
130 Z.B. Anfertigen heimlicher Tonbandaufnahmen zur Abwehr einer befürchteten Nötigung oder Erpressung; BGH 24.11.1981 – VI ZR 164/79 – NJW 1982, 277, 278.
131 Ausführlich zur Erforderlichkeit MüKoStGB/Erb 2020 § 34 Rn 104 ff.; NK-StGB/Neumann 2023 § 34 Rn 58.
132 Fischer 2024 § 34 Rn 9; NK-StGB/Neumann 2023 § 34 Rn 58.

meiden, ist M. gezwungen, das Lenkrad ihres Fahrzeugs scharf nach rechts zu reißen, wodurch sie die Kontrolle über ihr Fahrzeug verliert, sich mehrfach überschlägt, wobei die Kinder schwer verletzt werden. Wäre die Situation anders zu beurteilen, wenn M. das Ausweichmanöver unterlässt und den VW-Bus frontal in den entgegenkommenden PKW hineingelenkt hätte und infolgedessen, wie von ihr vorausgesehen, die Eheleute Z. anstatt der Kinder E und F verletzt bzw. ums Leben gekommen wären?

69 Im vorliegenden Fall sah sich die M. zwei einander gegenüberstehenden Pflichten ausgesetzt: zum einen der Pflicht, es zu unterlassen, den VW-Bus in den PKW der Eheleute Z. frontal hineinzusteuern und diese zu töten sowie zum anderen der Pflicht, aktiv zu werden, d.h. alles zu tun, um die ihr anvertrauten Kinder vor dem Tod zu bewahren. Mithin hat sie gegenüber den Eheleuten eine Unterlassungspflicht, den ihr anvertrauten Kindern gegenüber eine Handlungspflicht. Die nicht im Gesetz geregelte sog. *rechtfertigende Pflichtenkollision* kommt als selbständiger Rechtfertigungsgrund (nur) bei Unterlassungsdelikten in Betracht. Kollidieren aber eine Handlungs- und eine Unterlassungspflicht ist nur § 34 StGB direkt anwendbar.

70 Im vorliegenden Fall sind die gefährdeten Rechtsgüter quantitativ und qualitativ absolut gleichwertig, da sich hier das Leben von Z. und das Leben der Kinder gegenüberstanden.[133] Aus dem Sachverhalt ist auch hinsichtlich der Gefahrennähe und der Wahrscheinlichkeit kein Überwiegen einer der beiden Pflichten zu entnehmen. Danach würde aus § 34 StGB eine Rechtfertigung der M. bereits ausgeschlossen sein. Das Verhalten wäre aber nicht strafbar wegen einer schuldausschließende Pflichtenkollision (übergesetzlich-entschuldigender Notstand), weil die E, um ein bedrohtes Rechtsgut zu retten, ein anderes rechtlich gleichwertiges aufopfern muss. Bei Pflichtenkollisionen, in denen wie im vorliegenden Fall Leben gegen Leben steht, handelt der Täter letztlich aufgrund der Gleichwertigkeit des menschlichen Lebens entschuldigt.

71 In Betracht gezogen werden muss zudem noch die Tatsache, dass hier die rechtliche Stellung der M. zu den betroffenen Personen insofern differiert, als sie hinsichtlich der Kinder, eine besondere Garantenpflicht als Gefahrenabwehrpflicht trifft und dass sie im Hinblick auf Z. nur die Pflicht hat, ihnen gegenüber schädliche Handlungen zu unterlassen. Nach der vorherrschenden Ansicht im Schrifttum ist ein Überwiegen des Garantengebotes immer dann anzunehmen, wenn die Rechtsgüter, wie im vorliegenden Fall, gleichartig sind.[134] Das bedeutet für den konkreten Fall, dass das Handeln der M. gerechtfertigt ist, weil sie die Garantenpflicht erfüllt hat.

72 Schließlich muss das zu schützende Interesse das beeinträchtigte wesentlich überwiegen. Bei dieser sozialethischen *Abwägung* kann man zunächst aus Art. 1 Grundgesetz („Die Würde des Menschen ist unantastbar.") ableiten, dass Personen höher zu bewerten sind als Interessen an Sachen und bei den Personenwerten das Leben einen höheren Wert hat als die körperliche Unversehrtheit. Dem Leben als Abwägungsgut kommt ein Höchstwert unter den geschützten Gütern zu. Tötungen sind durch Notstandshandlungen nach § 34 StGB nicht zu rechtfertigen, nach h.M. sind wohl auch körperliche Eingriffe (z.B. Organentnahme bei A) zur Rettung Schwerverletzter (des B.) nicht zulässig, strittig ist dies bei eher ungefährlicheren Blutentnahmen.[135]

---

133 BGH 13.9.1995 – 3 StR 221/95 – NStZ 1996, 129.
134 Fischer 2024, vor § 32 StGB Rn 11 ff.
135 MüKoStGB/Erb 2020 § 34 Rn 272 ff.; LPK-StGB Kindhäuser 2017 § 34 Rn 35 f.

2.1 Die Grundvoraussetzungen der Strafbarkeit

Grundsätzlich ist hinsichtlich des Schutzes des Lebens ein Aufrechnen verschiedener möglicher Opferzahlen nicht gerechtfertigt. So hat das BVerfG in seiner Entscheidung vom 15.2.2006 entschieden, dass „die Ermächtigung der Streitkräfte, gemäß § 14 Abs. 3 des Luftsicherheitsgesetzes durch unmittelbare Einwirkung mit Waffengewalt ein Luftfahrzeug abzuschießen, das gegen das Leben von Menschen eingesetzt werden soll,.... mit dem Recht auf Leben nach Art. 2 Abs. 2 Satz 1 GG in Verbindung mit der Menschenwürdegarantie des Art. 1 Abs. 1 GG nicht vereinbar (ist), soweit davon tatunbeteiligte Menschen an Bord des Luftfahrzeugs betroffen werden".[136] Darüber hinaus ist der Grad der Wahrscheinlichkeit der Gefährdung zu berücksichtigen: Um ein konkretes Leben zu retten, ist eine Trunkenheitsfahrt zur Notaufnahme, Geschwindigkeitsübertretungen oder andere Verkehrswidrigkeiten ggf. gerechtfertigt.[137]

73

In dem o.g. Straßenverkehrsfall kann man die zur Verletzung der durch das Ausweichmanöver geschädigten Kinder ebenso für erforderlich halten wie ggf. die Verletzung der Insassen des entgegenkommenden Fahrzeug. Ein Ausweichmanöver, mit dem niemand verletzt worden wäre, war der Fahrerin M. laut Sachverhalt nicht möglich. Auch unter Berücksichtigung der *Wahrscheinlichkeit des Schadenseintritts*[138] ist in beiden Unfall-Szenarien wohl keine andere Bewertung möglich. In diesem Dilemma kann man nur hoffen, dass die Reaktion der Fahrerin nicht zum Tode eines Unfallopfers führt, eine strafwürdige Verletzung von Rechtsgütern wie Schutzpflichten ist nicht zu erkennen.

74

In der Praxis sozialer Arbeit spielt der rechtfertigende Notstand insbesondere im Kontext der *Schweigepflicht gemäß § 203 Abs. 1 Nr. 5 StGB* eine große Rolle (hierzu auch 2.3.6). Es geht um die Problematik, in welchen Fällen beispielsweise im Hinblick auf einen bekannt gewordenen sexuellen Missbrauch eines Kindes ein*e Sozialarbeiter*in im Interesse des Schutzes des Kindes (es geht hier insoweit also keinesfalls um ein Rechtsgut „Recht und Ordnung") ihre Pflicht zur Verschwiegenheit und zum Schutz eines Geheimnisses aus dem persönlichen Lebensbereich gegenüber dem Jugendamt oder der Polizei offenbart. Dies kann ein Verstoß eines Geheimnisses der anvertrauenden Person sein (z. B. wenn eine Jugendliche einer Beraterin eine ihr angetane Misshandlung anvertraut), betrifft aber auch sog. Drittgeheimnisse, also personenbezogene Informationen, die nicht den Klienten, Patienten, Mandanten des Schweigepflichtigen, sondern einen Dritten betreffen (z. B. Eltern eines misshandelten Kindes).[139] Dabei geht es zum einen um einen Abwägungsprozess, in dem nach den oben genannten Kriterien erwogen werden muss, ob im Interesse des Kindeswohls (!) ein Notstand vorliegt, der den Bruch der ansonsten gesetzlich gebotenen Verschwiegenheit erfordert. Zu berücksichtigen ist dabei nicht nur, wie stark die Indizien für einen solchen Missbrauch sind und welche sonstigen Möglichkeiten der Abhilfe bestehen. Der Vergleich der Wertigkeit der Rechtsgüter ist in diesen Fällen zu berücksichtigen. Es geht dabei nicht allein um ein juristisches, dogmatisches, strafrechtliches Problem, sondern um die grundsätzliche Verschwiegenheit der Fachkraft der Sozialen Arbeit, die auch dazu führt, dass sich die Klient*innen überhaupt offenbaren. Die *Vertraulichkeit und der Vertrauensschutz* selbst dienen auch dem Kindeswohl, sie sind Geschäftsgrundlage der helfenden Beziehung und deshalb durch die sozialrechtlichen Bestimmungen besonders

75

---

136 BVerfG 15.2.2006 – 1 BvR 357/05 – E 115, 118, 118.
137 Fischer 2024 § 34 Rn 31; MüKoStGB/Erb 2020 § 34 Rn 170; NK-StGB/Neumann 2023 § 34 Rn 81.
138 Hierzu NK-StGB/Neumann 2023 § 34 Rn 80.
139 K-StGB/Kargl 2023 § 34 Rn 32.

eng geschützt (§ 35 SGB I, §§ 67 ff. SGB X; §§ 61 ff. SGB VIII).[140] Deshalb können sich Fachkräfte insb. der Kinder- und Jugendhilfe gegenüber dem Vorwurf der ungerechtfertigten Daten- und Informationsweitergabe (§ 203 StGB; hierzu s. Kap. 2.3.6) an die Polizei auch in schwierigen Fällen (z.B. Jugendliche vertraut der Fachkraft an, sexuell misshandelt worden zu sein; Fachkraft stellt trotzdem Strafanzeige bei der Polizei) in der Regel schon wegen § 64 Abs. 2, § 65 SGB VIII nicht auf einen rechtfertigenden Notstand berufen. Wesentlich ist hier, ob der/die Minderjährige die erforderliche Einsichtsfähigkeit hat, weshalb in der Regel bei einer Jugendlichen der Wille, die anvertrauten Informationen tatsächlich „absolut" vertraulich zu behandeln, Vorrang haben muss. Nur in extremen Ausnahmefällen kann ein solcher Notstand die Offenbarung des Geheimnisses rechtfertigen, um zukünftigen sexuellen Missbrauch (z.B. an der jüngeren Schwester) zu verhindern. Nach § 65 SGB VIII ist eine Weitergabe anvertrauter Information an die Polizei oder Staatsanwalt ebenso wenig zulässig wie an ein Strafgericht, sondern nach Abs. 1 Nr. 2 SGB VIII im Rahmen der Aufgaben nach § 8a SGB VIII lediglich an das Familiengericht.[141] Eine entsprechende Güterabwägung ist auch im Hinblick auf die Durchbrechung des Schweigegebots bei Mitteilungen an das JA gemäß dem Rechtfertigungsgrund nach § 4 Abs. 3 KKG vorzunehmen.[142]

76 Umstritten ist es, ob sich Sozialarbeiter*innen, vor allem aber auch Ärzt*innen auf einen rechtfertigenden Notstand[143] in den Fällen berufen können, in denen sie von Erkrankungen ihrer Klienten oder Patienten erfahren, die zu einer schweren Verletzung von Individualinteressen anderer Personen führen können. Das kann beispielsweise eine schwere Infektionskrankheit sein, wenn sich die betreffende Person weigert, eine andere davon gefährdete Person (beispielsweise einen Partner bei einer AIDS-Erkrankung) zu informieren oder entsprechende Schutzvorkehrungen zu treffen. Das kann aber auch eine schwere geistige oder psychische Erkrankung sein bis hin zu einem drohenden Amoklauf, wenn ohne eine Offenbarung wichtige Rechtsgüter gefährdet sind.[144]

77 Allerdings regelt § 34 StGB als Rechtfertigungsgrund im Grundsatz nur eine Befugnis zur Offenbarung eines Geheimnisses und keine Offenbarungspflichten. Etwas anderes kann nur gelten, wenn dem Schweigepflichtigen eine Garantstellung (hierzu 2.2.2) zukommt oder eine andere gesetzliche Norm zur Offenbarung verpflichtet.

2.1.2.4 Sonstige Rechtfertigungsgründe

78 Die nachstehende Abbildung 5 ermöglicht einen kurzen Überblick über die wichtigsten Rechtfertigungsgründe. Diese stammen nicht nur aus dem Strafrecht, sondern können sich – im Hinblick auf die sog. „*Einheit der Rechtsordnung*" (das Recht darf mit sich selbst nicht im Widerspruch stehen) z.B. auch aus dem Prozess- oder dem Zivil- wie öffentlichem Recht ergeben.

79 Insb. die *strafprozessualen Zwangsmaßnahmen* (hierzu s. 3.3.1) stellen Rechtfertigungsgründe dar. Das jedermann zustehende *Festnahmerecht* nach § 127 Abs. 1 StPO ist ein Rechtfertigungsgrund im Hinblick auf die kurzfristige Freiheitsentziehung,

---

140 Münder/Trenczek et al 2022 Kap. 14.1.
141 Münder/Trenczek et al. 2020, 304 ff.; Hoffmann in Münder/Meysen/Trenczek 2022 § 65 Rn 33 f.
142 Meysen in Münder/Meysen/Trenczek 2022 Anhang I Rn 107.
143 Notwehr als Rechtfertigungsgrund gegen die ungerechtfertigten Datenweitergabe kommt schon deshalb nicht in Betracht, da das Anvertrauen der Information kein (rechtswidrigen) Angriff darstellt.
144 Vgl. MüKoStGB/Erb 2020 § 34 Rn 128 u. 140; NK-StGB/Kargl 2023 § 203 Rn 64.

2.1 Die Grundvoraussetzungen der Strafbarkeit

leichte Körperverletzung und Nötigung, rechtfertigt aber lediglich das vorläufige Festhalten sowie (mit Rücksicht auf das Verhältnismäßigkeitsgebot) mildere Mittel bis zum Eintreffen der Polizei (z.B. Vorzeigeverlangen und ggf. Wegnahme des Ausweises zur sofortigen Identitätsfeststellung). Die Polizei ist darüber hinaus auch zu weitergehenden *erkennungsdienstlichen Maßnahmen* zur Feststellung der Identität sowie zur Durchsuchung des Verdächtigen befugt ist (§ 127 Abs. 1 S. 2, § 163b Abs. 1 S. 3 i.V.m. § 81b bzw. § 102 StPO).[145]

Auch *behördliche Erlaubnisse und Befugnisse* können Rechtfertigungsgründe darstellen, z.B. die bei Vorliegen der Voraussetzungen des § 42 SGB VIII mitunter zulässige Wegnahme des Kindes von den Eltern im Rahmen der Inobhutnahme.[146] Freilich darf die Soziale Arbeit nicht alles, nur weil sie helfen will, und schon gar nicht ohne eine entsprechende gesetzliche Rechtsgrundlage in die Rechte der Klienten eingreifen. Das betrifft insb. auch die Erhebung, Speicherung und Weitergabe von Sozialdaten (hierzu 2.3.6) 80

Von der Regel, dass die Verwirklichung des Tatbestandes die Unrechtmäßigkeit des Handelns indiziert, gibt es zwei Ausnahmen, in denen die Rechtswidrigkeit besonders festgestellt werden muss: bei der *Nötigung* (§ 240 Abs. 2 StGB) und bei der *Erpressung* (§ 253 Abs. 2 StGB). Danach ist die Tathandlung nur rechtswidrig, wenn die Anwendung der Gewalt (s. 1.3) oder die Androhung des Übels zu dem angestrebten Zweck als *verwerflich* anzusehen ist. Bei der begrifflichen Definition der „Verwerflichkeit" ist darauf zu achten, dass das Tatbestandsmerkmal nicht strafbegründende Funktion hat,[147] sondern aus der (gerade auch mit der Auflösung des Gewaltbegriffs einhergehenden) maßlosen Vielzahl nicht strafwürdige Fälle ausfiltern soll. Verwerflich soll eine Nötigung insb. sein, wenn kein „vernünftiger" Grund vorliegt und die Nötigungshandlung den „guten Sitten" widerspricht.[148] Dies ist freilich im Einzelfall gerade bei politisch motivierten, z.T. fehlerhaft als Widerstand[149] bezeichneten Handlungen des zivilen Ungehorsams[150] (z.B. Sitzblockaden, Haus- und Baumbesetzungen) sehr umstritten.[151] Im Wesentlichen geht es bei der *Verwerflichkeitsklausel* um eine Zweck-Mittel-Relation als Ausprägung des Verhältnismäßigkeitsgrundsatzes (s. 1.3), wobei sich die Frage der Verwerflichkeit auch nach außerrechtlichen Maßstäben richtet.[152] Der Rspr. gelingt die Auslegung mithin auch weniger sprachlich überzeugend, denn unter Bildung von Fallgruppen (insb. Drohung mit Strafanzeigen/Klagen, politisch motivierte Blockadeaktionen, Verkehrsnötigungen/Parkplatzfälle; Androhung von Presse- 81

---

145 Zur Rechtmäßigkeit strafprozessualer Ermittlungsmaßnahmen nach der StPO, die gleichzeitig ein Rechtfertigungsgrund für Eingriffe in Individualrechtsgüter des Bürgers darstellen können s.u. 3.3.1.
146 Hierzu ausführlich Trenczek et al. 2023, 308 f.
147 Erst 1953 wurde die nationalsozialistische Terminologie „gesundes Volksempfinden" durch „Verwerflichkeit" ersetzt, was aber Fehlinterpretationen nicht immer verhindert hat.
148 NK-StGB/Toepel 2023 § 240 Rn 146.
149 Das Widerstandsrecht des Art. 20 Abs. 4 GG betrifft nicht den zivilen Ungehorsam, der sich gegen einzelne Handlungen oder Einrichtungen richtet, die als politisch falsch, rechtswidrig, unmoralisch etc. empfunden werden (hierzu Trenczek/Behlert et al. 2023, Kap. 1.1.2). Vielmehr ist übertreten Aktionen des zivilen Ungehorsams i.d.R. bewusst rechtliche Grenzen und nehmen dann die (auch strafrechtlichen) Konsequenzen in Kauf.
150 Hierzu vgl. die Texte bei Braune 2023; Glotz 1983.
151 Fischer 2024 § 240 Rn 14 und 40 ff. sowie NK-StGB/Toepel 2023 § 240 Rn 124 ff. und 179; § 253 Rn 37 ff. Insoweit ist freilich schon strittig, ob es sich überhaupt um eine Gewalthandlung handelt (zum Gewaltbegriff s. 1.3).
152 BVerfG 11.11.1986 – 1 BvR 713/83 (Zur verfassungsmäßigen Beurteilung von Strafurteilen gegen Teilnehmer an Sitzblockaden); BVerfG 24.1.2001 – 1 BvR 1190/90; vgl. NK-StGB/Toepel StGB 2023 § 240 Rn 145 ff.

veröffentlichungen, Hungerstreik oder Drohung mit Suizid, Streik/Arbeitskampfmittel).[153] Umstritten sind hierbei vor allem, was als (legitimer) Zweck von den Strafgerichten akzeptiert wird und hierbei die Relevanz von Fernzielen (z.B. Friedensicherung; Verhinderung des Klimawandels) ebenso wie die Handlungsalternativen (Verweis auf parlamentarische Entscheidungsprozesse).[154]

82 Auch im Hinblick auf die Rechtfertigung an sich verbotener Handlungen können sich Irrtümer auswirken. So liegt ein sog. *Erlaubnistatbestandsirrtum* vor, wenn der Handelnde irrtümlich das Vorliegen eines Rechtfertigungsgrundes annimmt. Er handelt dann im Hinblick auf das verwirklichte Delikt ohne Vorsatz (analoge Anwendung von § 16 Abs. 1 StGB zugunsten des Beschuldigten); er kann aber ggf. wegen Fahrlässigkeit verurteilt werden. Wer sich gegen einen Angriff wehrt und dabei jemanden in den Schwitzkasten nimmt, handelt in Notwehr. Wird die Person über die Notwehrlage hinaus gewürgt und stirbt dabei, weil das (ursprüngliche) Opfer nicht erkennt, dass die Notwehrlage aufgrund der Kampfunfähigkeit des Angreifers nicht mehr vorliegt, so liegt ein Erlaubnistatbestandsirrtum nach § 16 StGB vor, weshalb nur eine Strafbarkeit wegen Fahrlässigkeit in Betracht kommt.[155]

---

153 MüKoStGB/Sinn 2020 § 240 Rn 135 ff.
154 Zuletzt im Hinblick auf die Sitzblockaden der „Last Generation"-Aktivist*innen vgl. LG Berlin 18.01.2023 - 518 Ns 31/22 (Ziel sei lediglich öffentlich-mediale Aufmerksamkeit zu erlangen), vorgehend AG Tiergarten, 18.11.2022 - 424 Cs 9/22 Jug; demgegenüber aber AG Tiergarten 5.10.2022 – (303 Cs) 237 Js 2450/22 (202/22) sowie AG Freiburg 21.11.2022 - 24 Cs 450 Js 18098/2; hierzu vgl. NK-StGB/Toepel 2023 § 240 Rn 179.
155 BGH 21.8.2013 – 1 StR 449/13.

2.1 Die Grundvoraussetzungen der Strafbarkeit

Abbildung 5: Rechtfertigungsgründe

Rechtfertigungsgrund	Definition	Beispiel – Ausnahmen – Anmerkungen
Einwilligung des Verletzten ausdrücklich in § 228 StGB in Hinblick auf Körperverletzung; im Übrigen allg. Rechtsgrundsatz	Zulässige und wirksame vorherige Zustimmung in die Rechtsgutverletzung. Dispositionsbefugnis des Verletzten erforderlich; nicht möglich z.B. bei eigener Tötung, vgl. § 216 StGB; anders aber: Verzicht auf lebensverlängernde Maßnahmen ist wirksame Einwilligung im Hinblick den Vorwurf einer Tötung durch Unterlassen.	Einwilligung in eine notwendige Operation; nicht aber Einwilligung eines Minderjährigen beim Piercing (umstr.‚ nach a.A. rechtmäßige Einwilligung bei Einsichtsfähigkeit, lediglich unwirksames Rechtsgeschäft)
mutmaßliche Einwilligung	Nicht ausdrückliche, aber von einem vernünftig Denkenden zu erwartende Einwilligung	ärztliche Behandlung eines Bewusstlosen
Personensorge (§§ 1626 ff., § 1631 ff. BGB)	Die Personensorgeberechtigten sind grds. für alle erzieherischen Interventionen verantwortlich (Art. 6 Abs. 2 GG), wobei Inhalt und Grenzen der Personensorge zu beachten sind (§ 1631 Abs. 2 BGB): Recht auf gewaltfreie Erziehung.	insb. kein „Züchtigungsrecht"; kein Recht zur Freiheitsentziehung (§ 1631b BGB); keine Einwilligung in Sterilisation (§ 1631c BGB); § 1631d BGB im Hinblick auf die Beschneidung eines nicht einwilligungsfähigen männlichen Kindes: „Regeln der ärztlichen Kunst" sind einzuhalten (Betäubung).
Notwehr/Nothilfe § 32 StGB, § 227 BGB	Angemessene, „gebotene" Abwehr eines gegenwärtigen (auch unmittelbar bevorstehenden oder andauernden noch nicht abgeschlossenen) rechtwidrigen Angriffs zum eigenen oder zum Schutz eines Dritten	Bei Überschreiten der Grenzen der Notwehr ist diese selbst rechtswidrig, so dass hiergegen wiederum eine Notwehr zulässig ist.
rechtfertigender Notstand, § 34 StGB rechtfertigende Pflichtenkollision bei Unterlassen	Nicht anders mögliche Abwehr einer gegenwärtigen Gefahr für Leib, Leben, Freiheit, Ehre, Eigentum oder ein anderes Rechtsgut, wobei das zu schützende Interesse das beeinträchtigte wesentlich überwiegen muss.	Anzeige einer Straftat unter Missachtung des Datenschutzes bei nicht anders abwendbarer schwerer Kindeswohlgefährdung (vgl. auch § 4 Abs. 3 KKG)
Wahrnehmung berechtigter Interessen im Hinblick auf Beleidigung, § 193 StGB	angemessene Äußerung von Werturteilen, vgl. die Auflistung in § 193 StGB;	journalistische oder gutachtliche Äußerung; öffentliche Kritiken;
Festnahmerecht, § 127 Abs. 1 StPO	Abs. 1: sog. Jedermannsrecht, allerdings nur bei Verdacht einer aktuellen Straftat, wenn die Identität nicht sofort feststellbar ist! Nur bloßes Festhalten und leichte Nötigungen, keine weitergehenden Eingriffe zulässig (keine Würgegriffe oder erkennungsdienstliche Behandlung).	Kaufhausdetektiv hält bei Verdacht eines Ladendiebstahls den Verdächtigen in seinem Büro bis zum Eintreffen der Polizei fest.
Strafprozessuale Ermittlungsmaßnahmen, z.B. §§ 81 ff., 112 ff., 127 Abs. 2, 163b, 230 Abs. 2 StPO	Gesetzliche geregelte Zwangsmaßnahmen im Rahmen eines Ermittlungsverfahrens	(körperliche) Durchsuchung, Blutentnahme, Beschlagnahme, Untersuchungshaft (vgl. Ü 20)
Amtsrechte von Polizei- und Vollstreckungsbeamten sowie Soldaten	Gesetzlich geregelte Befugnisse von Polizei und Militär	z.B. bei Festnahmen und Waffengebrauch, nach: BGSG, BKAG, § 12 VwVG, §§ 2, 8 ff. UZwG, § 87 StVollzG, PolG der Länder;
bürgerlich-rechtliche Notrechte, erlaubte Selbsthilfe, §§ 91, 228, 229, 934, 859 Abs. 2, 904 BGB sowie sonstige gesetzliche Notrechte z.B. §§ 23 BJagdG	§ 228 BGB: Notstandshandlung ist Beschädigen oder Zerstören einer fremden Sache von der eine Gefahr ausgeht;	§ 228 BGB Erschießen eines tollwütigen Hundes § 904 BGB: Damm wird durchstochen, um Überschwemmung abzuwenden
Behördliche Erlaubnis;	Genehmigung/Zulassung durch Verwaltungsakt	Emissionszulassung
Handeln auf militärischen Befehl oder dienstlicher Anordnung im Hierarchieverhältnis	Nur soweit nicht offenkundig rechtswidrig oder sogar Verstoß gegen Menschenrechte	NS-Unrecht, Schießbefehl DDR-Grenzsoldaten (sog. Mauerschützenprozesse)
sozialadäquates Verhalten, (allgemeiner Rechtsgrundsatz)	erlaubtes Risiko, z.B. im fair ausgetragenen Sportwettkampf, keine vorsätzlichen Regelverstöße	Körperverletzung beim Boxkampf, „normales" unabsichtliches Foul beim Fußball

2. DIE STRAFTAT

2.1.3 Schuld

83 Rechtswidriges Verhalten ist nur dann strafbar, wenn es dem Handelnden vorgeworfen werden kann, was man rechtsdogmatisch als „Schuld" bezeichnet. Diese ist zum einen *materielle Voraussetzung der staatlichen Strafe*, zum anderen ist die Schuld nach § 46 Abs. 1 S. 1 StGB *Grundlage der Strafzumessung*.[156] Die Rechtsordnung insgesamt (nicht nur das Strafrecht) basiert auf der Vorstellung der Autonomie und Willensfreiheit des Menschen,[157] was freilich nicht nur von religiösen Deterministen, sondern mitunter auch von der biologisch-medizinischen Hirnforschung bestritten wurde.[158] Im Hinblick auf die Legitimation und Funktionalität des Strafrecht müssen wir freilich zumindest so tun, als hätte der Mensch einen freien, vernunftbegabten Willen. Die Strafe setzt Autonomie voraus.[159] Die Willensfreiheit muss vorausgesetzt werden, ansonsten müsste man das Strafrecht abschaffen.[160] Bei der Schuld geht es nicht um ein metaphysisches oder religiöses Konstrukt, sondern vielmehr allein um die strafrechtliche *Verantwortungsfähigkeit*. Der beschuldigten Person wird mit dem Begriff „Schuld" vorgeworfen, sich bei mehreren Alternativen nicht für das nicht-strafbare, sondern für das kriminalisierte Verhalten entschieden zu haben. Kindern ist das noch nicht möglich. Sie sind deshalb stets schuldunfähig (§ 19 StGB), weshalb sie zwar abweichend (deviant), aber nicht strafrechtlich relevant handeln können.

84 Anders als bei Jugendlichen (§ 3 JGG, s.u. 5.1) muss bei erwachsenen und heranwachsenden (18 bis 20 Jahre alten) Menschen (§ 1 Abs. 2 JGG) von der strafrechtlichen Verantwortungsfähigkeit (*Schuldfähigkeit*) ausgegangen werden. Die Schuld kann aber ausnahmsweise ausgeschlossen sein, weil der Täter wegen einer krankhaften seelischen oder Bewusstseinsstörung, „nicht bei Sinnen" oder aus anderen Schuldausschließungsgründen schuldunfähig (§ 20 StGB) war.[161] Gerade in diesem Bereich handelt es sich nicht um rein normative, sondern vor allem um medizinische oder psychosoziale Fragestellungen mit einer besonderen Verantwortung der hierbei zurate gezogenen

---

156 Hierzu s. 4.3; sog. Schuldprinzip; BVerfG 2 BvR 794/95 67 – 20.3.2002; BVerfG 25.10.1966 – 2 BvR 506/63 – E 20, 323 [331]; BGH 6.4.1965 – 1 StR 73/65 – E 20, 194 [200].
157 Vgl. z.B. BGHSt 18.03.1952 - GSSt 2/51 (Rn 18): „Der innere Grund des Schuldvorwurfs liegt darin, daß der Mensch auf freie, verantwortliche, sittliche Selbstbestimmung angelegt und deshalb befähigt ist, sich für das Recht und gegen das Unrecht zu entscheiden. Vgl. hierzu Marlie 2008; Schild 1986 sowie ders. mit Kritik an der z.T. mangelnden Tiefe der Debatte in NK-StGB/Schild/Zabel 2023 § 20 Rn 9 ff.
158 Hierzu Harrendorf 2008; vgl. Roth 2003, 494 ff. sowie demgegenüber NK-StGB/Schild/Zabel 2023 § 20 Rn 9: „Der Mensch ist niemals indeterministisch frei, sondern immer durch seine Natur begrenzt zu einer endlichen Freiheit bestimmt, was die (Teil-)Wahrheit des Determinismus ist; aber diese Begrenzung durch die Natur ist nicht deterministisch zu sehen, sondern immer als „zweite Natur" zu verstehen, die von dem Individuum in den gesellschaftlich-sprachlichen Verhältnissen (auch des Rechts und der Kultur) geformt und gebildet wird, was die (Teil-)Wahrheit des Indeterminismus ist.".
159 Vgl. auch Noll (1962/1985, 95 f.): "Strafen ... sind ethisch begründet, insofern sie im Zeichen der Mitverantwortung in voller Respektierung der Person des Verurteilten als Mitmenschen verhängt und vollzogen werden." Schild 1982, 369: „Der einzig sinnvolle Begriff von Strafe kann nur erarbeitet werden, wenn man in ihr und ihrer Voraussetzung nicht nur ein Übel sieht, sondern sie auf die menschliche Freiheit bezieht." Demgegenüber stritt Boldt (1986, 1017) für die These, das Strafrecht kreiere erst den Schein der individuellen Verantwortlichkeit: "Through its ceremonious adjudication of guilt, and through its imposition of coercive sanctions, the system creates images of autonomous individuals and represents them to the community as reality". Zur "Schwierigkeit, zur Schuld(lehre) im Strafrecht Nein oder Ja zu sagen" s. Schild 1986.
160 Vgl. z.B. auch Plack 1974. Mitunter fordert auch der sog. Abolitionismus (vgl. Loick/Thompson 2022.) nicht nur die Abschaffung der Gefängnisse, sondern auch des Strafrechtssystems.
161 Zu den verschiedenen Krankheitsbildern und Fallgruppen MüKoStGB/Streng 2020 § 20 Rn 31 ff.; NK-StGB/Schild/Zabel 2023 § 20 Rn 73 ff.

2.1 Die Grundvoraussetzungen der Strafbarkeit

Fachkräfte.[162] Die nachfolgende Abbildung 6 listet einige wesentliche, in der Praxis besonders relevante Schuldausschluss- und Entschuldigungsgründe auf.

Abbildung 6: Schuldausschluss- bzw. Entschuldigungsgründe

Schuldausschlussgründe	Definition und Beispiele
§ 19 StGB	Alter unter 14 Jahren = Kind
Fehlende strafrechtliche Verantwortungsreife, § 3 JGG	Bei Jugendlichen darf die strafrechtliche Verantwortungsreife nicht unterstellt, sondern muss in jedem Einzelfall konkret nachgewiesen werden. Sie sind nur dann strafrechtlich verantwortlich, wenn die sittliche und geistige Reife zur Unrechtseinsicht und die entsprechende Steuerungsfähigkeit vorhanden sind.
Schuldunfähigkeit, § 20 StGB	Medizinisch/biologisch-psychische Störung, insb. • krankhafte seelische Störung, z.B. exogene (Hirnverletzung, Epilepsie) und endogene Psychosen (Schizophrenie, manisch-depressive Zustände), z.T. auch Neurosen, Demenz • (vorübergehende) tiefgreifende Bewusstseinsstörung, z.B. hochgradiger Affekt, extreme Übermüdung, schwere Erschöpfung, Trunkenheit und sonstiger Drogen bedingter Rausch; medikamentenbedingte Ausfallerscheinungen • Schwachsinn: angeborene Minderintelligenz (ab IQ von 70); Debilität andere seelische „Abartigkeit": Triebstörung (z.B. Kleptomanie, Fetischismus), Neurosen; u.U. sexuelle Devianz z.B. Pädophilie wenn suchtartige; dadurch Einengung der Handlungskompetenz, Unfähigkeit zur Unrechtseinsicht oder Steuerungsfähigkeit;
Entschuldigungsgründe	
Unvermeidbarer Verbotsirrtum, § 17 StGB	Täter fehlt bei Begehung der Tat die Einsicht, Unrecht zu tun, und konnte diesen Irrtum auch nicht vermeiden. Irrtümliche Annahme eines Rechtfertigungsgrundes. Verbotsirrtum liegt nicht vor, wenn jmd. eine Strafrechtsnorm nicht kennt (zB § 170 StGB Verletzung der Unterhaltspflicht). Rspr. verlangt, dass Täter sein „Gewissen anspannt und alle seine Erkenntniskräfte und sittlichen Wertvorstellungen" einsetzt (GrSenBGH 2, 194).
Notwehrexzess, § 33 StGB	Jemand überschreitet die Grenzen einer an sich zulässigen Notwehrhandlung aus Verwirrung, Furcht oder Schrecken.
Entschuldigender Notstand § 35 StGB	Notstandshandlung, die aufgrund der Güterabwägung das Verhalten nicht rechtfertigt (§ 34 StGB) aber ggf. entschuldigt (z.B. bei Rettung von Leben unter Aufgabe anderen Lebens). Hierauf kann sich nicht berufen, wer die Gefahr hinnehmen muss, entweder aufgrund eines besonderen Rechts- und Pflichtverhältnisses (z.B. Eltern im Verhältnis zum Kind, Polizei und Feuerwehr) oder weil er die Gefahr selbst verursacht hat (z.B. Brandstiftung).
Übergesetzlicher entschuldigender Notstand	Wenn in einer Gefahrenlage nach § 35 StGB die Voraussetzungen zur Rettung der eigenen oder fremden Person nicht erfüllt sind (z.B. Leben gegen Leben), bei einer ethischen Gesamtbewertung aber die vom Handelnden verursachte rechtswidrige Rechtsgutverletzung (Tod eines Menschen) im Verhältnis zum verhinderten Unheil (Tod vieler Menschen) als geringer angesehen werden muss. Sehr umstritten Gewohnheitsrecht, wenn § 35 StGB z.B. wegen Garantenpflicht nicht greift oder die geretteten Personen anders als die im Stich gelassenen nicht nahe Angehörige sind.

Die Schuld kann auch im konkreten Fall ausnahmsweise ausgeschlossen sein, z.B. beim sog. *Notwehrexzess* aus Verwirrung, Furcht oder Schrecken (§ 33 StGB) oder anderen situationsbedingten Entschuldigungsgründen (§ 35 StGB).

Bei *alkoholbedingtem Rausch* hat die Rechtsprechung folgende Grenzwerte bzw. Richtwerte festgelegt,[163] entscheidend ist aber stets eine Gesamtwürdigung aller wesentlichen objektiven und subjektiven Umstände im konkreten Einzelfall:

- ab einer Blutalkoholkonzentration von 3,0 ‰ (bei Jugendlichen und Heranwachsenden auch unter 3,0 ‰; bei schweren Delikten ggf. etwas darüber) liegt die Schuldunfähigkeit nahe; im Einzelfall kann aufgrund starker Alkoholgewöhnung gleichwohl Schuldfähigkeit gegeben sein;

---

162 Zur Schuldfähigkeit und ihrer Begutachtung ausführlich Dreßling/Habermeyer 2021.
163 Vgl. BGH 22.11.1990 – 4 StR 117/90; BGH 30.4.2015 – 2 StR 444/14; Fischer 2024 § 20 Rn 19 ff.; MüKoStGB/Streng 2020 § 20 Rn 68 ff.; NK-StGB/Schild/Zabel 2023 § 20 Rn 78 ff.

- bei einem Blutalkoholwert von 2,0 – 3,0 ‰ kann verminderte Schuldfähigkeit (z.B. aufgrund einer Intoxikationspsychose) vorliegen, bei der die Strafe nach § 21 StGB gemindert werden kann.
- bei einem Blutalkoholwert von unter 2,0 ‰ wird bei gesunden Personen i.d.R. von ungeminderter Schuldfähigkeit ausgegangen, wenn nicht im konkreten Fall Ausfallerscheinungen einen anderen Schluss nahelegen.

87 Beachtet werden muss, dass die Begehung einer Tat unter Alkoholeinfluss weder eine Strafmilderung ausschließt noch eine Strafschärfung per se begründet. Weiß aber ein Täter, dass er unter Alkoholeinfluss größere Risiken eingeht bzw. dazu neigt, Straftaten zu begehen, oder hätte ihm dies zumindest bewusst sein können, ist für eine Strafmilderung kein Raum und eher ist bei einem Mangel an Verantwortungsbewusstsein das Gegenteil indiziert.[164]

88 *Drogenabhängigkeit* indiziert nicht automatisch einen Schuldausschluss, sondern kann im konkreten Einzelfall, z.B. bei schwersten Persönlichkeitsstörungen oder wenn die Tat bei starken Entzugserscheinungen oder im schweren Rausch begangen wurde, zur Bejahung von § 20 StGB führen.

89 Ist ein Täter bei der Begehung der Tat schuldunfähig, führt diese grds. zur Straflosigkeit. Hat aber der Täter im schuldfähigen Zustand einen Geschehensablauf in Gang gesetzt, der zu einer rechtswidrigen Tat im schuldunfähigen Zustand geführt hat, so kann er gleichwohl aufgrund des verwirklichten Delikts bestraft werden. Diese rechtsdogmatisch anerkannte *Vorverlagerung des strafrechtlichen Schuldvorwurfs*[165] führt zur Bestrafung wegen der Vorsatztat, wenn der Täter den Defektzustand selbst vorsätzlich herbeigeführt (z.B. durch „Mut antrinken") und die Tat vorsätzlich begangen (bzw. eine Handlungspflicht nicht erfüllt) hat. Sofern die fahrlässige Begehung der Tat strafbar ist, wird der Täter hierfür bestraft. Hat der Täter den Defektzustand vorsätzlich oder fahrlässig verursacht und hat er das Delikt in diesem Zustand fahrlässig begangen, kommt eine Verurteilung wegen fahrlässiger Begehung in Betracht. Ist eine Bestrafung aufgrund einer actio libera in causa nicht möglich, so bleibt die Strafbarkeit wegen des spezifischen *Vollrauschdelikts* (§ 323a StGB) zu einer Freiheitsstrafe von bis zu fünf Jahren hiervon unbenommen.

90 Fehlt jemand bei der Begehung der Tat das (allgemeine, nicht auf das Strafrecht begrenzte) Unrechtsbewusstsein, so handelt er nach § 17 Abs. 1 StGB ohne Schuld, wenn dieser sog. *Verbotsirrtum* unvermeidbar war. Nicht erforderlich ist, dass der Täter die betreffende Rechtsnorm kennt, insoweit schützt Unwissenheit nicht vor Strafe. So kann sich jemand nach § 170 StGB strafbar machen, selbst wenn er davon ausgeht, dass die Verletzung der zivilrechtlichen Unterhaltspflicht strafrechtlich nicht verfolgt wird.

91 Irrtümer im Hinblick auf das Vorliegen der Voraussetzungen eines Schuldausschluss- oder Entschuldigungsgrundes sind nur im Hinblick auf den entschuldigenden Notstand nach § 35 StGB und nur dann beachtlich, wenn der Irrtum unvermeidlich war (§ 35 Abs. 2 StGB). Wer sein Verhalten irrig für verboten hält, begeht ein strafloses Wahndelikt (z.B. Verhexen).

---

164 BGH 15.12.2005 – 4 StR 314 / 05 – NStZ 2006, 184; vgl. NK-StGB/Schild/Zabel 2023 § 21 Rn 30 ff.
165 Sog. *actio libera in causa* bzw. bei Unterlassungsdelikten *omissio libera in causa*.

2.1.4 Spezielle Strafbarkeitsvoraussetzungen und Strafbarkeitshindernisse

Neben den drei Grundvoraussetzungen der Strafbarkeit im engeren Sinn (Tatbestandsmäßigkeit, Rechtswidrigkeit und Schuld) müssen u.U. weitere besondere Strafbarkeitsbedingungen vorliegen bzw. besondere Strafbarkeitshindernisse fehlen. Zu den Strafbarkeitsvoraussetzungen zählen:

- Bei manchen Straftaten sog. *objektive Bedingungen der Strafbarkeit*, z.B. bei § 323a StGB das Begehen der Tat im Vollrausch; bei § 186 StGB die Nichterweislichkeit einer ehrenrührigen Tatsache; bei § 231 StGB das Vorliegen einer schweren Körperverletzung oder der Tod eines Menschen im Rahmen einer Schlägerei;.
- Das Vorliegen eines *Strafantrags* (§§ 77 ff. StGB) bei einigen höchstpersönlichen und Bagatelldelikten (vgl. §§ 123 Abs. 2, 194, 230, 248a StGB). Der Strafantrag ist von der Strafanzeige zu unterscheiden. Letztere ist lediglich eine Information an die Ermittlungsbehörden, die dann von Amts wegen tätig werden (Offizialprinzip, s.o. 3.2). Mit seinem Strafantrag macht der Berechtigte dagegen ausdrücklich deutlich, dass er die Strafverfolgung will. Der Strafantrag muss i.d.R. schriftlich (§ 158 Abs. 2 StPO) und innerhalb einer Frist von drei Monaten ab Kenntnis von Tat und Täter erfolgen (§ 77b StGB). Zwar kann ein Strafantrag zurückgenommen werden (§ 77d StGB), dies führt aber zur Auferlegung der Verfahrenskosten nach § 470 StPO.

Zu den *Strafhindernissen* (eine an sich vorliegende Strafbarkeit wird beseitigt) zählen:

- persönliche *Strafausschließungsgründe*, z.B. Straffreiheit der Schwangeren bei einem versuchten Schwangerschaftsabbruch (§ 218 Abs. 4 S. 2 StGB), Kinder und Jugendliche im Hinblick auf den Beischlaf zwischen Verwandten (§ 173 Abs. 3 StGB); Strafvereitelung zugunsten von Angehörigen (§ 258 Abs. 6 StGB);
- persönliche *Strafaufhebungsgründe*: Rücktritt vom Versuch (§ 24 StGB s.u. 2.2.1), tätige Reue (§§ 83a, 98 Abs. 2; 306e Abs. 2, 314a Abs. 3, 320 Abs. 3, 330b Abs. 1 S. 2 StGB); oder bei Steuerdelikten die wirksame (vollständige und rechtzeitige vor Einleitung eines Steuerstrafverfahrens) Selbstanzeige (§ 371 AO);.
- *Verfolgungsverjährung*: Nach Ablauf bestimmter Fristen können die meisten Straftaten nicht mehr verfolgt und bestraft werden (§§ 78 – 78c StGB). Mord verjährt aber nie (§ 78 Abs. 2 StGB). Zu unterscheiden ist die Verfolgungsverjährung von der sog. Vollstreckungsverjährung (§§ 79 – 79b StGB), die die Vollstreckung einer rechtskräftigen Verurteilung hindert.

2.2 Deliktsformen

Straftaten können in unterschiedlichen Formen und Stufen begangen werden. Hierbei sind vier Aspekte zu berücksichtigen, die z.T. miteinander auf unterschiedliche Weise kombiniert werden können:

- die unterschiedliche *Haltung und Intention*: Vorsatz oder Fahrlässigkeit (zum subjektiven Tatbestand, s.o. 2.1.1),
- die unterschiedlichen *Verwirklichungsstufen* des Delikts, insb. Versuch und Vollendung (s. 2.2.1),
- unterschiedliche *Handlungsformen*: aktives Tun oder Unterlassen (s. 2.2.2),
- unterschiedliche *Beteiligungsformen* (s. 2.2.3).

2. Die Straftat

2.2.1 Versuch und Vollendung

95 Bleibt der Handlungserfolg aus, so ist die Tat nicht vollendet. *Versuch* ist die gewollte, aber unvollständig gebliebene Tat. Der Versuch ist bei Verbrechen (§ 12 Abs. 1 StGB) stets strafbar, bei Vergehen nur, wenn das Gesetz dies ausdrücklich bestimmt (§ 23 Abs. 1 StGB). Nach § 22 StGB ist eine Straftat versucht, wenn der Täter nach seiner Vorstellung unmittelbar zur Verwirklichung der Tat ansetzt. Der subjektive Gesamtplan des Täters bildet damit die Beurteilungsgrundlage, aufgrund derer das konkrete Geschehen überprüft wird. Deshalb kann auch der sog. untaugliche Versuch strafbar sein (z.B. Eigentümer hält die von ihm weggenommene Sache für fremd, weil sich diese in einem Lagerhaus befindet). Neben dem *Entschluss* (Vorsatz) zur Tat setzt der strafbare Versuch eine objektive Betätigung des Entschlusses durch Handlungen voraus, die als *unmittelbares Ansetzen zur Tatbestandsverwirklichung* charakterisiert werden können (z.B. Eindringen in ein Lagerhaus; Einstecken eines Buches in der Bibliothek). Damit wird der Versuch von der in der Regel straflosen Vorbereitungshandlung abgegrenzt (z.B. Fahrt zum Lagerhaus; Verstellen des Buches in einem Regal, damit es am nächsten Tag auf jeden Fall nicht ausgeliehen ist). Im Einzelnen kann die Abgrenzung sehr schwierig sein. Vorbereitungshandlungen sind nur in dem Fall der §§ 30, 149, 152, 234a, 275 StGB selbstständig strafbar. Im Hinblick auf die handwerkliche Fallbearbeitung sei hier darauf hingewiesen, dass bei einer möglichen Versuchstrafbarkeit anders als im üblichen Prüfschema der subjektive Tatbestand (Vorliegen des Entschlusses) notwendigerweise vor dem objektiven Tatbestbestand geprüft wird.

96 Der Täter kann vom Versuch zurücktreten, wenn er freiwillig die weitere Ausführung der Tat aufgibt oder deren Vollendung verhindert (§ 24 Abs. 1 StGB). Der freiwillige *Rücktritt vom Versuch* wirkt strafbefreiend, dem Täter wird eine Brücke zurück in die Legalität gebaut. Der BGH vertritt mit der heute herrschenden Meinung die Strafzwecktheorie, nach der es beim freiwilligen Rücktritt keine Notwendigkeit zur Bestrafung mehr gibt, denn der Täter bringt durch seinen Rücktritt zum Ausdruck, dass er die Norm anerkennt und damit das Ziel einer positiven Generalprävention und Spezialprävention bereits erreicht ist.[166] Voraussetzung ist jedoch, dass der Versuch noch nicht fehlgeschlagen ist. Wer mit einem Gewehr auf sein Opfer zielt und den Abzug bedient, aber aufgrund eines Defektes der Waffe nicht trifft, der ist von diesem (Tötungs-)Versuch nicht zurückgetreten.[167] Auch muss der Rücktritt wirklich *freiwillig* sein. Wer von dem bereits begonnenen Versuch eines Banküberfalls in der Schalterhalle erst zurücktritt, wenn er das Martinshorn der Polizei hört, deren Wagen vor der Bankfiliale einparken, der kann nicht mehr strafbefreiend zurücktreten. Der Täter muss noch Herr seines Entschlusses sein und das ist er nicht mehr, wenn es einen zwingenden Grund gibt, von der Tat Abstand zu nehmen.[168]

97 Eine ähnliche oder doch zumindest strafmildernde Wirkung hat die sog. *tätige Reue* (§§ 83a, 98 Abs. 2; 306e Abs. 2, 314a Abs. 3, 320 Abs. 3, 330b Abs. 1 S. 2 StGB), bei der ein Rücktritt aufgrund der Vollendung der Tat nicht mehr in Betracht kommt, der Täter aber alles tut, um die Gefahr und den Schaden abzuwenden (z.B. Löschen des selbst gelegten Brandes).

---

166 BGH 28.2.1956 – 5 StR 352/55- E 9, 48, 52; zur ratio legis und NK-StGB/Engländer 2023 § 24 Rn 5 ff.; MüKoStGB/Hoffmann-Holland 2020 § 24 Rn 8 ff.
167 BGH 19.5.1993 – GSSt 1/93- E 39, 221, 228.
168 BGH 13. 1.1988 – 2 StR 665/87 – E 35, 184, 186; ausführlich MüKoStGB/Hoffmann-Holland 202 § 24 Rn 102 ff. u. 137, 153 und 181.

2.2 Deliktsformen

2.2.2 Aktives Tun und Unterlassen

Die meisten Strafrechtstatbestände sind als aktives Handeln bzw. Tun formuliert. Der strafrechtliche Handlungsbegriff umfasst aber auch das Unterlassen (s. Abbildung 7). Eine Straftat kann mithin auch dann vorliegen, wenn ein Ereignis nur deshalb eintritt, weil eine gebotene Handlung unterlassen wurde. Die sog. *echten Unterlassungsdelikte* können von jedermann nur durch Unterlassen begangen werden, da der Tatbestand nur das Unterlassen beschreibt (z.B. §§ 138, 323c StGB). Demgegenüber können alle anderen Delikte (die im Tatbestand als aktives Tun beschrieben sind) sowohl durch aktives Tun und ggf. auch durch Unterlassen verwirklicht werden. Im Fall des Unterlassens spricht man dann von sog. *unechten Unterlassungsdelikten*. Wer es unterlässt, eine Rechtsgutverletzung abzuwenden, macht sich nach § 13 Abs. 1 StGB strafbar, wenn er rechtlich dafür einzustehen hat, dass der Erfolg nicht eintritt und das Unterlassen der Verwirklichung des gesetzlichen Tatbestands durch ein Tun entspricht (d.h., er also die gebotene Handlung nicht unterlassen durfte).

Abbildung 7: Strafrechtliche Verantwortlichkeit wegen Unterlassen (vereinfachte Darstellung)

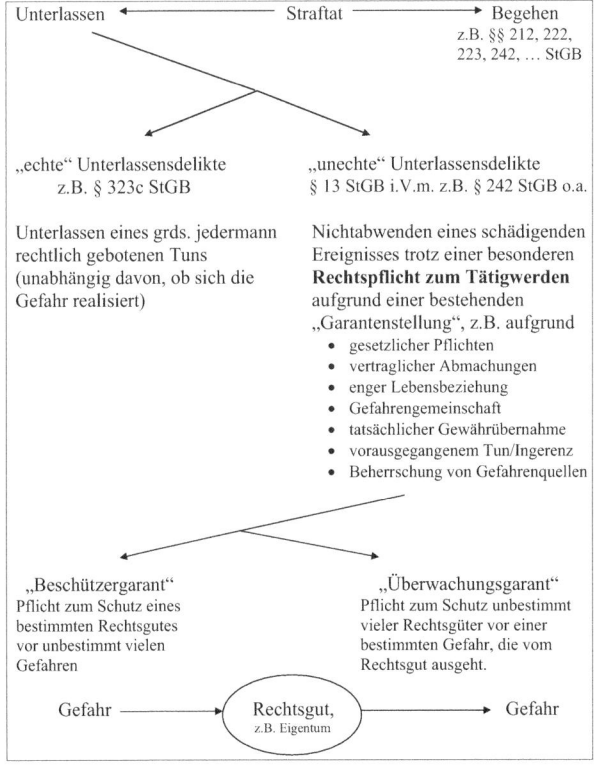

Voraussetzung für die Strafbarkeit bei einem unechten Unterlassungsdelikt ist also, dass man rechtlich dazu verpflichtet ist, den negativen Erfolg abzuwenden. Der Person muss aufgrund ihrer besonderen Beziehung (*Garantenstellung*) zum geschützten Rechtsgut (z.B. Leben und Gesundheit des Kindes, Eigentum des Mitbewohners oder Arbeitgebers) eine spezielle *Rechtspflicht zum Tätigwerden* (Erfolgsabwendungspflicht, sog. *Garantenpflicht*) obliegen und sie muss diese fahrlässig (also sorgfaltswidrig) oder vorsätzlich (2.1.1.2) sowie rechtswidrig (2.1.2) nicht erfüllt haben, worauf die Verletzung des Rechtsguts/der Schaden ursächlich (objektive Zurechnung, 2.1.1.1) zurückzuführen ist. Die Garantenstellung betrifft also die tatsächlichen Umstände, die Beziehung zwischen Garant und dem zu schützenden Rechtsgut, woraus sich normativen Handlungsanforderungen ergeben können. Die entscheidende Frage ist damit, aus welchen Umständen sich die besondere Beziehung und Garantenstellung ergibt und welche daraus entstehenden Garantenpflichten erfüllt werden müssen. Heute werden die Garantenverhältnisse auch nach funktional-materiellen Kriterien begründet, entweder aufgrund der besonderen Verantwortlichkeit für besondere Gefahrenquellen (sog. Überwachungsgarant) oder weil der sog. Beschützergarant eine Rechtspflicht zum Schutz eines bestimmten Rechtsgutes vor unbestimmt vielen Gefahren hat.[169] Beides kann ggf. in einer Person zusammenfallen.[170] Ungeachtet der teilweise heftig geführten Diskussion in der strafrechtlichen Rechtsdogmatik werden die Garantenstellung und die hieraus fließenden Garantenpflichten (z.B. von Familienangehörigen sowie der Sozialen Arbeit in der Jugendhilfe) im Wesentlichen übereinstimmend aus *rechtlichen Zuordnungsverhältnissen* und ausdrücklichen *gesetzlichen (Schutz-)Pflichten (z.B.* der Eltern[171] nach §§ 1353, 1626, 1631 BGB; Lebenspartner*innen aufgrund § 2 LPartG; Fachkräfte der Kinder- und Jugendhilfe §§ 1 Abs. 3, 8a, 42 SGB VIII)[172] und anderen sog. *Verkehrssicherungspflichten*[173], durch *vertraglichen Abmachungen* (z.B. Arbeits- und Dienstvertrag, Betreuungsvereinbarung) aber ggf. auch der *tatsächlichen Übernahme von (Schutz-)Pflichten*[174], insb. in einer engen Lebensbeziehung[175] sowie aufgrund einem vorausgegangenen, *gefahrschaffendes Fehlverhalten* (sog. Ingerenz[176], insb. im Straßenverkehr, z.B. zu schnelle Fahrweise) hergeleitet. Nicht selten ergibt sich die Rechtspflicht zum Tätigwerden (Erfolgsabwendungspflicht) in einem Fall aus mehreren Gründen.

100 Aus dem SGB VIII ergibt sich für alle *Mitarbeiter*innen der Jugendämter* die Pflicht, den gesellschaftlichen Handlungsauftrag aus Art. 6 Abs. 2 GG, § 1 Abs. 3, 8a SGB VIII

---

169 MüKoStGB/Freund 2020 § 13 Rn 105 ff.; NK-StGB/Gaede 2023 § 13 Rn 32 ff.
170 So kann ein Gastwirt oder privater Gastgeber in den Fällen des (übermäßigen) Alkoholausschanks sowohl Garant aufgrund der Gefahrenquellenverantwortlichkeit sein wie auch eine Beschützerverantwortlichkeit für seine voll-trunkenen Gäste haben, wenn diese nach Ende des Gaststättenaufenthalts bzw. der Party mit dem Pkw am Straßenverkehr teilnehmen (wollen).
171 Zur Garantenstellung der Mutter für das neugeborene Kind BGH 12.11.2009 – 4 StR 227/09.
172 MüKo-StGB/Freund 2020 § 13 Rn 176 ff.; NK-StGB/Gaede 2023 § 13 Rn 30 f.
173 Dies betrifft insb. Tierhalter, Betreiber von Sportanlagen, Hausbesitzer z.B. im Hinblick auf die Schneeräumpflicht, Besitzer von Kinderspielplätzen, Halter von Kraftfahrzeugen oder Besitzer von Waffen (hierzu vgl. MüKoStGB/Freund 2020 § 13 Rn 116 f. ff.; NK-StGB/Gaede 2023 § 13 Rn 46 ff.) Ein Sonderfall der Verkehrssicherungspflicht ist die als strafrechtliche Produkthaftung bezeichnete Verantwortung eines Produzenten für die Ungefährlichkeit seiner Produkte bei bestimmungsgemäßer Verwendung (BGH 06.07.1990 - 2 StR 549/89). Auch Netzwerk/Internet-Provider und andere Anbieter von digitalen Leistungen/Medien können aufgrund der Regelungen nach §§ 7 ff. TMG ggf. garantenpflichtig sein (vgl. MüKo-StGB/Freund 2020 § 13 Rn 160 ff.).
174 Hierzu zählen auch die einzelnen Teilnehmer*innen von Gruppen bei gefährlichen, erlebnispädagogischen (Sport-, Freizeit-)Aktionen (Klettern, Wildwasserfahren, Skitouren, …) und anderen sog. Gefahrengemeinschaften, in denen man auf die wechselseitige Unterstützung und Einstandspflicht angewiesen ist (NK-StGB/Gaede 2023 § 13 Rn 40). Ganz besonders betrifft dies – sofern nicht ohnehin eine vertragliche Gewährübernahme besteht - insb. auch Leiter*innen dieser Angebote wie z.B. Bergführer*innen, Skilehrer*innen, auf die sich die Teilnehmer*innen verlassen und ggf. in ihre Abwehrbereitschaft nachlassen.
175 Z.B. nichteheliche Lebensgemeinschaft, Wohngemeinschaft.
176 Zu den verschiedenen Fallgruppen, s. MüKo-StGB/Freund 2020 § 13 Rn 118 ff.

2.2 Deliktsformen

(„Wächteramt" und Schutzauftrag) zum Schutz von Kindern umzusetzen.[177] Normativ konkretisierte Pflichten ergeben sich z.B. aus den §§ 8a, 42, 43 ff. SGB VIII. Fachkräfte der Kinder- und Jugendhilfe freier Träger können nach § 8a Abs. 4 SGB VIII wie auch aufgrund vertraglicher Vereinbarungen einen entsprechenden Schutzauftrag haben. Diese Pflichten treffen nicht nur den Letzten in der Kette, die einzelne Fachkraft, sondern ebenso die Abteilungsleitung und die Leitung des JA sowie darüber hinaus die Verantwortlichen des kommunalen Trägers, Sozialdezernent*in und Bürgermeister/Landrätin. Es ist vorrangig die Pflicht der politisch und administrativ Verantwortlichen, ein dem Bedarf angemessenes Hilfeangebot in einer Gemeinde vorzuhalten und die Arbeit im JA sachgerecht zu organisieren (vgl. § 79 SGB VIII). Es liegt damit in ihrer (auch strafrechtlich relevanten) Verantwortung, wenn sich die JA-Fachkräfte aufgrund überhöhter Fallzahlen, mangelhafter Krankheits- und Urlaubsvertretung, gekürzter Betreuungsbudgets nicht im erforderlichen Maße um die Betreuung gefährdeter Kinder und ihrer Familien kümmern können.

Die Mitarbeiter der JÄ erfüllen ihre Pflichten durch fachgerechtes Arbeiten.[178] Was lege artis, kunst- und fachgerecht ist, also anerkannten *fachlichen Standards* entspricht, kann nicht strafbar sein! Das ist in der Sozialen Arbeit nicht anders als im Bereich der Medizin oder des Kfz-Wesens. Die entgegenstehende Position[179] widerspricht der notwendigen und traditionell gepflegten Zurückhaltung der Strafgerichte im Hinblick auf die Definition der erforderlichen Sorgfalt, die sich – wenn sie nicht ausdrücklich gesetzlich geregelt ist – nur aus den fachlich begründeten Verhaltensvorschriften und Qualitätsstandards (z.B. Unfallverhütungsbestimmungen, technische Normen, ärztliche Kunst- und sportliche Spielregeln) ergeben kann[180] und damit die Grenzen des erlaubten und rechtlich missbilligten Risikos deutlich macht.

101

Umstritten waren lange Zeit die (Abgrenzungs-)Fragen im Hinblick auf die straflose *Beihilfe zur Selbsttötung* (Helfer besorgt das Gift, mit dem sich der Lebensmüde selbstverantwortlich tötet), ggf. auch *durch Unterlassen* trotz Garantenstellung (z.B. eines Ehepartners oder behandelnder Ärzte durch Verzicht oder Abbruch der Lebensrettung) und der strafbaren *Tötung auf Verlangen*.[181] Nach früherer Rechtsprechung war wegen eines Tötungsdelikts durch Unterlassen strafbar, wer einen Bewusstlosen in einer lebensbedrohlichen Lage antrifft und ihm die erforderliche und zumutbare Hilfe zur Lebensrettung nicht leistet, obwohl ihn – z.B. als Ehegatten oder Arzt – Garantenpflichten für das Leben des Verunglückten treffen.[182] Demgegenüber wird mittlerweile nicht nur die Straffreiheit der aktiven Beendigung einer von dem Patienten nicht oder nicht mehr gewollten Behandlung vertreten.[183] Darüber hinaus ist – auch im Hinblick auf eine Patientenverfügung (§ 1901a BGB) – selbst bei Ärzten die

102

---

177 Münder/Trenczek et al. 2020 Kap. 349 f.; Trenczek 2002, 383 ff.; zur Unterlassungsstrafbarkeit der Kinder- und Jugendhilfe bei familiärer Kindeswohlgefährdung s. Dießner 2009.
178 Jordan 2001, 48 ff.; Trenczek 2002, 384.
179 Z.B. Bringewat 1997, 63.
180 BGH 23.4.1953 – 3 StR 894/52 – E 4, 182; BGH 10.7.1958 – 4 StR 180/58 – E 12, 75; BGH 25. 9.1990 – 5 StR 187/90 – E 37, 184.
181 BGH 14.08.63 – 2 StR 181/63 St 19, 135: Bei der sog. einseitig fehlgeschlagenen Doppelselbsttötung ist der Überlebende nach § 216 StGB nur dann zu bestrafen, wenn er das zum Tode führende Geschehen beherrscht hat (Tatherrschaft, s. 2.2.3).
182 BGH 04.07.1984 – 3 StR 96/84 – E 32, 367.
183 BGH 25.06.2010 – 2 StR 454/09: Sterbehilfe durch Unterlassen, Begrenzen oder Beenden einer begonnenen medizinischen Behandlung, d.h. Behandlungsabbruch, ist gerechtfertigt, wenn dies dem tatsächlichen oder mutmaßlichen Patientenwillen gem. § 1901a BGB entspricht und dazu dient, einem ohne Behandlung zum Tode führenden Krankheitsprozess seinen Lauf zu lassen.

2. DIE STRAFTAT

Nichtstrafbarkeit des Nichteingreifen in einen frei verantworteten Suizidprozess (selbst wenn der Betroffene bereits bewusstlos ist), das Unterlassen und Nichtfortführen (früher sog. „passive Sterbehilfe") sowie auch die aktive Beendigung einer von dem Patienten nicht oder nicht mehr gewollten Behandlung (Abbruch z.b. durch Entfernung der Nahrungs- oder Medikamentenzufuhr) anerkannt.[184] § 217 StGB, mit dem die „geschäftsmäßige" Beihilfe/Förderung der Selbsttötung unter Strafe gestellt war, wurde vom BVerfG (26.02.2020 – 2 BvR 2347/15 et al.) mit dem im GG garantierten Recht auf selbstbestimmtes Sterben für unvereinbar und deshalb für nichtig erklärt. Denn die Freiheit, sich das Leben zu nehmen, umfasst auch die Freiheit, hierfür bei Dritten Hilfe zu suchen und diese, soweit sie ohne Zwang angeboten wird, in Anspruch zu nehmen.

2.2.3 Täterschaft und Teilnahme

103 Wenn mehrere Personen gemeinsam eine Straftat begehen, kann die Tatbeteiligung unterschiedlich ausgestaltet sein (s. Abbildung 8). Man unterscheidet rechtsdogmatisch die Täterschaft (§ 25 StGB) von der Teilnahme, die jeweils in unterschiedlichen Formen und Konstellationen möglich sind. Bei der Täterschaft unterscheidet man im Wesentlichen *Allein-* und *Mittäter* sowie den *mittelbaren Täter*, der die Tat durch einen anderen als (z.b. gutgläubiges oder schuldunfähiges) „Werkzeug" begeht und insoweit die Tatherrschaft innehat (§ 25 Abs. 1, 2. Alt. StGB). Bei der Teilnahme unterscheidet man *Anstiftung* (§ 26 StGB) und *Beihilfe* (§ 27 StGB). Eine Teilnahme ist immer nur möglich, wenn auch eine zumindest tatbestandsmäßige und rechtswidrige (nicht zwingend schuldhaft begangene) Täterschaft vorliegt (sog. Akzessorietät). Im Übrigen sind die Abgrenzungen und Voraussetzungen im Detail z.T. umstritten.[185] Auch der Versuch der Anstiftung oder Beihilfe ist strafbar (§ 30 StGB).

104 Das *Handelns für einen anderen*, insb. als Vertreter oder Organ einer juristischen Person (sog. *strafrechtliche Organ- und Vertretungshaftung*), ist (eingeschränkt) nur nach § 14 StGB strafbar, in dem die Norm Tatbestände auf bestimmte Vertreter für anwendbar erklärt, wenn nach diesen Gesetzen die Strafbarkeit durch besondere persönliche Merkmale begründet wird (z.B. §§ 266a[186], 283 StGB) und im konkreten Fall ein solches Merkmal zwar nicht beim Vertreter, wohl aber beim Vertretenen vorliegt.[187] Dies hat vor allem im Wirtschaftsverkehr eine besondere Relevanz.[188] Die eigene strafrechtliche Verantwortlichkeit des Vertretenen bleibt davon unberührt. Allerdings können nach dem deutschen Strafrecht nur Menschen, nicht aber juristische Personen strafrechtlich verantwortlich sein (s.o. 2.1.1.1).

---

[184] BGH 25.06.2010- 2 StR 454/09; vgl. auch LG Deggendorf SZ 4.2.2014: Ablehnung der Eröffnung des Hauptverfahrens gegen einen Arzt, der mit Rücksicht auf den u.a. in einer Patientenverfügung im Hinblick auf das leidvolle Endstadium seiner Krankheit erklärten Suizidwunsch eines aufgrund von Medikamenteneinnahme bereits bewusstlosen Mannes auf lebenserhaltende Maßnahmen verzichtet hatte. In diesem Fall liegt nach h.M. auch kein Unglücksfall vor, der nach § 323c StGB zur Hilfestellung verpflichtete.
[185] Ausführlich hierzu MüKoStGB/Joecks/Scheinfeld 2020 Vor §§ 25 ff.; § NK-StGB/Schild/Kretschmer 2023 Vor §§ 25-31 ff.
[186] BGH 23.3.2022 – 1 StR 511/211.
[187] Ausführlich hierzu MüKoStGB/Radtke 2020 § 14 Rn 1 ff.; NK-StGB/Böse/Bülte 2023 § 14 Rn 1 ff.
[188] Zum sog. Wirtschaftsstrafrecht s. Böttger 2022.

2.3 Deliktsbereiche

Abbildung 8: Täterschaft und Teilnahme nach dem StGB

Täterschaft	Beispiel
-- Unmittelbare Täterschaft (§ 25 Abs. 1, 1. Alt.)	Alleintäter: Jemand begeht eine Tat ganz allein Nebentäter: Zwei Täter handeln unabhängig von einander und führen denselben Deliktserfolg herbei.
-- Mittelbare Täterschaft (§ 25 Abs. 1., 2 Alt.)	Jemand benützt einen anderen Menschen kraft überlegenen Wissens und Willens als Werkzeug, z.B. beauftragt einen Unwissenden einen als seinen ausgegebenen Koffer mitzunehmen.
-- Mittäterschaft (§ 25 Abs. 2)	Zwei oder mehrere Täter handeln gemeinschaftlich oder arbeitsteilig
Teilnahme:	
-- Anstiftung (§ 26) – Bestrafung wie Täter	Jemand veranlasst einen anderen zu einer Straftat
-- Beihilfe (§ 27) – Strafmilderung (§ 27 Abs. 2)	Jemand unterstützt einem anderen bei dessen Straftat (physische oder psychische Förderung, aber untergeordneter Tatbeitrag; z.B. Schmiere stehen, nicht aber Besorgen und Fahren des Fluchtautos beim Bankraub)
-- Versuch der Beteiligung an einem Verbrechen (§ 30)	jemand versucht, einen anderen anzustiften, ein Verbrechen zu begehen oder zu diesem anzustiften bzw. jemand erklärt sich zu einem Verbrechen bereit oder nimmt das Angebot eines anderen an, für ihn ein Verbrechen zu begehen.

2.3 Deliktsbereiche

Empfohlen wird zunächst ein Gang durch die Gliederungen des Besonderen Teils des StGB sowie der für das Arbeitsfeld einschlägigen Nebengesetze. Hier sind die strafrechtlich relevanten Verhaltensweisen in Abschnitten weitgehend systematisch geordnet, so dass ein erster Überblick möglich ist. Obwohl im medialen Interesse an erster Stelle „Mord und Totschlag" sind, ist insgesamt die Gewaltkriminalität (inkl. gefährlicher / schwerer Körperverletzung) mit einem Anteil von 3,5% am gesamten Straftataufkommen relativ selten.[189] Große Praxisrelevanz haben vor allem die Diebstahls- und Vermögensdelikte, die etwa ⅔ aller registrierten Straftaten ausmachen.

105

Auf eine umfassende Darstellung der einzelnen Deliktsnormen des Besonderen Teils des StGB muss und kann hier aus Platzgründen verzichtet werden, da die Details der rechtsdogmatischen Definitionen und Probleme[190] die Soziale Arbeit nicht berühren und der strafrechtlichen Wissenschaft und Praxis überlassen bleiben können. Insoweit wird auf die einschlägige strafrechtliche Kommentierung verwiesen.[191]

106

Wichtig ist zu betonen, dass die Strafbestimmungen stets dem *sozialen Wandel* unterliegen. Was gestern strafbar war, muss es heute nicht mehr sein. So waren z.B. homosexuelle Handlungen zwischen erwachsenen Männern gem. § 175 StGB a.F. strafbar, der erst 1969

107

---

189 PKS 2022, 8: Der Gewaltkriminalität wurden 197.202 der 5.628.584 polizeilich registrierten Delikte zugeordnet.
190 Z.B. Abgrenzung von Diebstahl und Unterschlagung oder zur Strafbarkeit des Phishing genannten Absaugens von PIN und TANs mittels gefälschter Webseiten oder des Skimming, d.h. Auslesen und Kopieren des Inhalts des auf der Bank- oder Kreditkarte enthaltenen Magnetstreifens.
191 Z.B. Dölling et al. 2022; Fischer 2024; Kindhäuser/Hilgendorf 2022; MüKoStGB 2020; NK-StGB 2023.

reformiert und 1994 ganz gestrichen wurde. Was in der Vergangenheit (strafrechtlich) nicht sanktioniert wurde, ist mitunter heute strafbar, wie z.b. Vergewaltigung in der Ehe, die bis 1997 lediglich als Nötigung strafbar war. Allerdings können hier die aktuellen gesellschaftlichen Debatten über die Strafbarkeit des Stalkings (Nachstellung § 238 StGB), der Zwangsheirat (§ 237 StGB), des Dopings[192] oder der Sterbehilfe[193] aus Platzgründen nicht wiedergegeben werden. Im Folgenden wird lediglich auf einige für die Soziale Arbeit besonders relevante Strafrechtsbereiche hingewiesen; weitere interessante Aspekte des BT werden im Zusammenhang mit grundsätzlichen Fragen diskutiert (z.b. Beihilfe zur Selbsttötung, s. 2.2.2; Zulässigkeit der Beschneidung von nicht einwilligungsfähigen männlichen Kindern, s. 2.1.2)). Dabei werden jeweils auch sozialwissenschaftliche Informationen über die Erscheinungsformen der Delinquenz und die Entwicklung von deren Häufigkeit unterbreitet, weil gerade die (Akzeptanz der) Praxis der Sozialen Arbeit oder der Konfliktvermittlung/Mediation sehr vom Diskurs über das Ausmaß der Delinquenz und die strafrechtliche Sozialkontrolle bestimmt wird.

108   Zunächst eine *Anmerkung zur empirischen Datenbasis*: Wer Angaben über die Häufigkeit der Delinquenz macht, muss deren Quellen nicht nur nennen, um diese zu belegen, sondern weil die Werte selbst Verschiedenes messen und aussagen. Die Polizei kann beispielsweise nur die Delikte zählen, die von ihr registriert werden, während eine Befragung von Teilen der Bevölkerung zu ihrer eigenen Delinquenz zwar einerseits nur einen Ausschnitt erfasst (und zählt), andererseits aber auch Verhaltensweisen im Verborgenen. Das kann hier nicht so breit ausgeführt werden wie in einem Lehrbuch der Kriminologie.[194] Aber es soll zumindest darauf hingewiesen werden, dass aufgrund des Dunkelfeldes niemand das genaue Ausmaß der Delinquenz kennt und kennen kann, sowie darauf, dass die Anzeige bei der Polizei das Delikt als zählbaren Fall quasi erst schafft. Die Daten der Polizeilichen Kriminalstatistik können eben nur das zählen, was der Polizei bekannt wird und von dieser registriert wird. Zu diesem Zeitpunkt aber weiß niemand, ob dieser Anzeige ein tatsächliches Delikt entspricht[195] und ob die Polizei den Tatvorwurf juristisch korrekt einordnet. Die Daten der polizeilich registrierten Kriminalität fließen direkt in diese Statistik. Stellt sich später – eventuell Monate später – heraus, dass die Sache gar nicht gestohlen wurde oder dass ein Gericht urteilt, dass es sich gar nicht um eine Straftat handelte (oder eine ganz andere), dann wird die Polizeiliche Kriminalstatistik nicht korrigiert. Das wäre auch kaum möglich, denn oft ist sie schon publiziert, wenn das Urteil fällt und viele Personen, die eine Anzeige

---

192 Das „Gesetz gegen Doping im Sport" (Anti-Doping-Gesetz) ist am 18.12.2015 in Kraft getreten. Anders als bei Betäubungsmitteln sind beim Doping nicht nur Handel und Besitz strafbar, sondern auch das reine Einnehmen der Stoffe, nach § 3 AntiDopG jedoch nur dann, wenn es mit der Absicht eingenommen wird, sich in einem Wettbewerb des organisierten Sports einen Vorteil zu verschaffen.

193 Der im Dezember 2015 neu eingeführte § 217 zur geschäftsmäßigen Förderung der Selbsttötung wurde durch das Urteil des BVerfG vom 26.02.2020 – 2 BvR 2347/15 et al. (E 153,182 - NJW 2020, 905) für verfassungswidrig und nichtig erklärt. Immerhin war dieses Verbot der geschäftsmäßigen Suizidförderung durch Gewähren, Verschaffen oder Vermitteln einer Gelegenheit prominent als Straftat gegen das Leben installiert worden. In der Literatur wurde schnell Kritik sowohl wegen der mangelnden Eignung zur Suizidförderung und zum anderen am Eingriff in die individuelle Handlungs- und Sterbefreiheit geübt (Dölling et al/Duttge 2022 § 217 Rn 2; Wessels/Hettinger/Engländer 2023, 52; Fischer 2024 § 217 Rn 1a). Das BVerfG hat einen existentiell bedeutsamen Eingriff in das Selbstbestimmungsrecht festgestellt. Das Menschenbild des Grundgesetzes schließt einen gegen die Autonomie des Einzelnen gerichteten Lebensschutz aus.

194 Dazu ausführlich Kunz/Singelnstein 2021 236 ff; vgl. auch AKKrimSoz 2022.

195 Zum Beispiel könnte die als gestohlen gemeldete Geldbörse nur verloren sein oder es könnte sich um einen bewussten Versicherungsbetrug handeln, bei dem der Anzeiger falsche Angaben macht, um von der Versicherung Leistungen zu erlangen, ohne dass er einen tatsächlichen Schaden hatte.

2.3 Deliktsbereiche

erstattet haben, von der sie selbst merken, dass dies nicht gerechtfertigt war, melden das dann nicht bei der Polizei, weil es ihnen peinlich ist oder weil sie schlicht daran kein Interesse haben.

Neben der Polizeilichen Kriminalstatistik, die sowohl Straftaten als auch Tatverdächtige zählt, gibt es amtliche Statistiken der Staatsanwaltschaften zu Tataufklärungen, Anklage und Einstellungen sowie zur Strafverfolgung und dem Strafvollzug, auf die im Folgenden verschiedentlich Bezug genommen wird. Diese Daten sind hinsichtlich der juristischen Einordnung und Bewertung zuverlässiger – sie beziehen sich aber nur auf einen kleineren Anteil der Delinquenz, weil sie eingestellte Strafverfahren nicht erfassen können.

109

Abbildung 9: Anzahl der Straftaten in der BRD (absolute Zahlen nach der PKS)

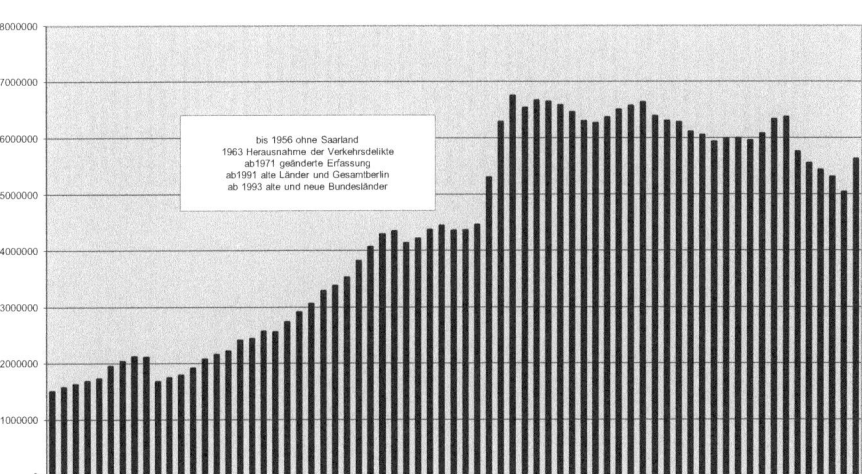

2. Die Straftat

Abbildung 10: Anzahl der verurteilten Personen in der BRD (absolute Zahlen nach der Verurteiltenstatistik)

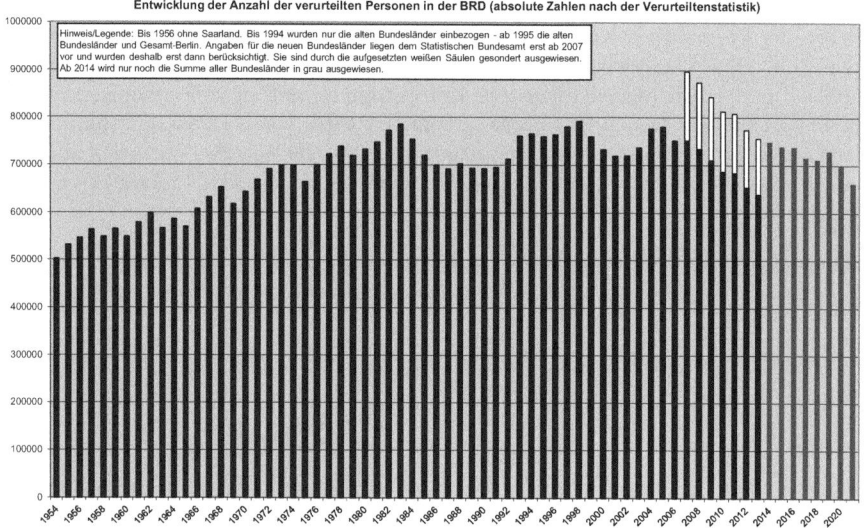

2.3.1 Gewaltdelinquenz

2.3.1.1 Erscheinungsformen, Anteil und Entwicklung der Häufigkeit

110 Mit dem zusammenfassenden Begriff der Gewaltdelinquenz orientieren wir uns an einer Kategorie, die seit 1983 in der Polizeilichen Kriminalstatistik verwendet wird (Summenschlüssel 8920) und so nicht im Strafgesetzbuch vorkommt. Dies führt auch dazu, dass in dieser Deliktsgruppe Delikte gegen das Leben (Mord und Totschlag gem. §§ 211, 212 StGB), des Sexualstrafrechts (Vergewaltigung gem. § 177 StGB) und der Eigentumsdelinquenz (Raub und räuberische Erpressung gem. §§ 249 ff. und § 255 StGB) enthalten sind, die teils in anderen Abschnitten (2.3.3, 2.3.4 und 2.3.6) erörtert werden. Dazu kommen vor allem die schwere und gefährliche Körperverletzung (§§ 224 ff. StGB), der erpresserische Menschenraub (§ 239a StGB) und die Geiselnahme (§ 239b StGB). Nicht enthalten sind die einfache Körperverletzung (§ 223 StGB) und Gewalt gegen Sachen (Sachbeschädigung gem. § 303 StGB). Es handelt sich bei dieser Zusammenfassung weniger um eine strafrechtliche, juristisch-dogmatische Kategorie, als vielmehr um eine der sozialen, kriminologischen und kriminalpolitischen Praxis.

111 Insgesamt wurden im Jahr 2022 von der Polizei 197.202 Gewaltdelikte registriert – das waren 3,5% der Gesamtkriminalität. In der folgenden Abbildung wird die Entwicklung seit 1993 dargestellt, dem ersten Jahr einer gesamtdeutschen Statistik nach der Wiedervereinigung. Es zeigt sich ein Anwachsen von 23% innerhalb von 29 Jahren seit 1993 mit Schwankungen nach Höchstwerten im Jahr 2007, wobei nicht gesagt werden kann, ob der Anstieg auf mehr Delikte, eine Ausweitung der Straftatbestände (z.B. bei Vergewaltigung) oder ein anderes Anzeigenverhalten zurückzuführen ist, weil es im Zuge einer Diskussion über Gewaltkriminalität zweifellos eine höhere Sensibilität dafür in der Bevölkerung gibt.

2.3 Deliktsbereiche

Abbildung 11: Entwicklung der Gewaltkriminalität (absolute Zahlen nach der PKS Schlüssel 892 000)

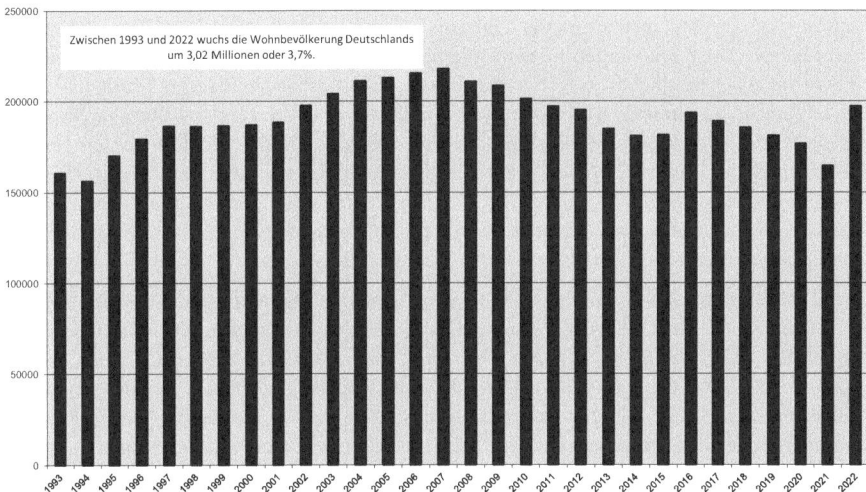

2.3.1.2 Mord

Im 16. Abschnitt des Besonderen Teils des Strafgesetzbuchs sind in den §§ 211 bis 222 StGB die Straftaten gegen das Leben normiert. Das beginnt mit Mord und Totschlag, geht über die Tötung auf Verlangen und den Schwangerschaftsabbruch bis zur Aussetzung und fahrlässige Tötung.[196] Auf die Problematik des Schwangerschaftsabbruchs wird aufgrund der besonderen kriminalpolitischen Debatten und des Bezugs zu persönlichen und sozialen Problemlagen und Beratungen durch die Soziale Arbeit unter 2.3.3 besonders eingegangen. Deshalb wird sich dieser Abschnitt auf die §§ 211 und 212 StGB zum Mord und Totschlag konzentrieren, zumal sich deren Tatbestandsbeschreibungen auf einzigartige Weise aufeinander beziehen.

112

In beiden Paragraphen geht es um die vorsätzliche Tötung eines Menschen. § 222 StGB regelt die fahrlässige Tötung, also ein Handeln eines Täters, die zum Tod seines Opfers führt, bei dem der Täter die zur Vermeidung des Taterfolgs erforderliche Sorgfalt nicht beachtet hat. Fahrlässige Tötungen spielen vor allem im Kontext des Straßenverkehrs eine große Rolle und sollen hier nicht weiter erörtert werden.

113

Strafrechtsdogmatisch sind die Tötungsdelikte seit einer Neuformulierung durch die Nationalsozialisten 1941[197] sehr untypisch aufgebaut. Es wird nicht – wie sonst üblich – ein strafrechtlicher Tatbestand beschrieben und dann die Rechtsfolge genannt, sowie gegebenenfalls Qualifizierungen,[198] die das mögliche Strafmaß erhöhen, sondern § 211

114

---

196 § 217 StGB, mit dem die geschäftsmäßige" Sterbehilfe unter Strafe gestellt war, wurde vom BVerfG (26.02.2020 – 2 BvR 2347/15 et al.) für verfassungswidrig erklärt, s.o. in 2.2.2.
197 RGBl I, 549; Fischer 2024 § 211 Rn 1; Dölling et al./Duttge 2022 Vor §§ 211 ff. Rn 4; NK-StGB/Neumann 2023, Vor § 211 Rn 150 ff.
198 So ist es aber rechtlich; Dölling et al./Duttge 2022 § 211 Rn 1: NK-StGB/Neumann 2023, Vor § 211 Rn 154; dagegen BGH 9.11.1951 – 2 StR 296/51 – E 1,368, 369, der Mord trotz der Bezugnahmen für ein eigenständiges Delikt hielt.

2. DIE STRAFTAT

StGB beginnt mit der Feststellung „Der Mörder wird mit lebenslanger Freiheitsstrafe bestraft." Dann beschreibt der Abs. 2 nicht etwa Handlungen, die eine Tat zum Mord qualifizieren, sondern den Mörder, als wäre dies eine Art Charaktereigenschaft, die einem Menschen für immer zukommt: „Mörder ist, wer aus Mordlust, zur Befriedigung des Geschlechtstriebs, aus Habgier oder sonst aus niedrigen Beweggründen, heimtückisch oder grausamen oder mit gemeingefährlichen Mitteln oder um eine andere Straftat zu ermöglichen oder zu verdecken, einen Menschen tötet." Immer wieder hat es Kritik an diesem Aufbau und den einzelnen Tatbestandsmerkmalen gegeben – zuletzt hatte der Bundesjustizminister eine Arbeitsgruppe zur Reform eingesetzt, die aber bisher nicht zu einer Neuformulierung gelangte, die dem Bundestag zur Beschlussfassung vorgelegt wurde. Auch in der 20sten Wahlperiode plant das Bundesministerium der Justiz eine Reform des § 211 StGB, wobei vor allem eine sprachliche Anpassung gemeint ist.[199]

115 Der *Totschlag* gemäß § 212 StGB (s.u. 2.3.1.2) wird dann definiert als die Tötung eines Menschen, ohne Mörder zu sein, d.h. ohne die oben genannten qualifizierenden Merkmale. Töten heißt jeweils den Tod eines anderen Menschen verursachen. Dabei ist unerheblich, ob diese Lebensverkürzung nur kurzfristig ist. Auch wer den Tod eines Menschen verursacht, der bereits todkrank ist und dessen Tod nahe (wahrscheinlich und nach ärztlicher Prognose) bevorsteht, begeht einen Totschlag oder Mord.

116 Im Jahr 2022 wurden insgesamt 2.636 Morde und Totschlagsdelikte in Deutschland bekannt – das waren 0,047% der Gesamtkriminalität. Bei einem Großteil dieser Straftaten ging es allerdings um Versuche. 493-mal wurden diese Delikte vollendet. In den letzten Jahren waren jeweils etwa Zweidrittel der Verurteilungen wegen vorsätzlichen vollendeten Tötungen solche wegen Totschlags, so z.B. 2007: 188-mal Mord und 417-mal Totschlag, 2014: 142-mal Mord und 329-mal Totschlag und 2015: 135-mal Mord und 304-mal Totschlag; 2021:124-mal Mord und 310-mal Totschlag – in der Summe ein Rückgang von mehr als 39% in 14 Jahren.[200]

117 Im Folgenden wird die Anzahl der vollendeten Morde und Totschläge seit 1975 dargestellt, wobei darauf hingewiesen werden muss, dass die besonders hohen Werte in den Jahren 1993-1997 auf den Abschluss von polizeilichen Ermittlungen insbesondere zu Tötungsdelikten an der innerdeutschen Grenze zurückzuführen sind, also auf Tathandlungen in den Jahren 1948-1989.

118 Besonders im Blickpunkt der Öffentlichkeit stehen Sexualmorde. Davon gab es 2022 insgesamt fünf, in zwei Fällen davon war ein Kind das Opfer. Insgesamt sind die durchschnittlichen Opferzahlen bei Sexualmorden in den letzten fünf Jahrzehnten deutlich zurückgegangen. Gab es in den siebziger Jahren noch durchschnittlich 49,5 Opfer pro Jahr (davon 8,5 Kinder), in den achtziger Jahren 34 Opfer (davon 5,5 Kinder), in den neunziger Jahren 20,8 Opfer (davon 3,5 Kinder) und im ersten Jahrzehnt des 21. Jahrhunderts 12,8 Opfer (davon 2,7 Kinder), so waren es im zweiten Jahrzehnt im Durchschnitt 6,9 (davon 0,8 Kinder).[201]

---

199 Fischer 2024 Vor §§ 211-217 Rn 3 f.; Dölling et al./Duttge 2022 Vor §§ 211 ff. Rn 8 ff.
200 Eigene Berechnungen auf der Basis der Rechtspflegestatistik des Statistischen Bundesamtes, Strafverfolgung, Fachserie 10 Reihe 3; ältere Daten für alle Bundesländer liegen nicht vor.
201 Eigene Berechnungen auf der Basis der PKS.

2.3 Deliktsbereiche

Abbildung 12: Entwicklung der Anzahl vollendeter Morde und Totschläge in der BRD (absolute Zahlen nach der PKS)

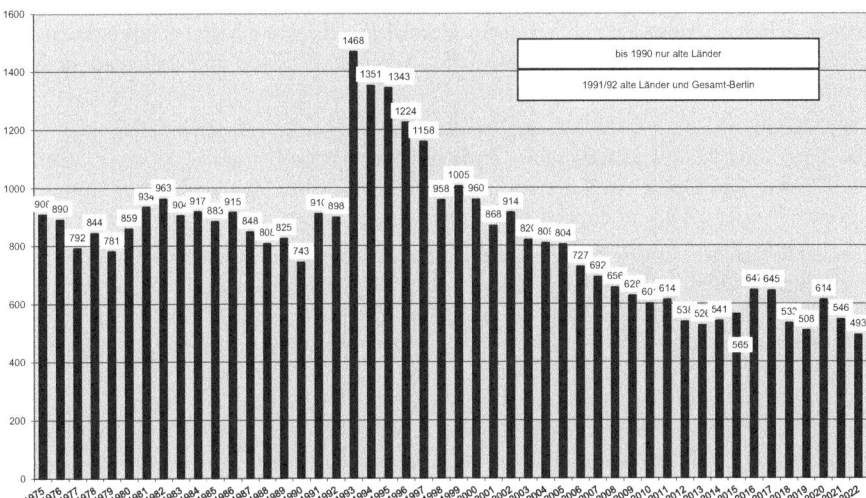

Abbildung 13: Entwicklung der vollendeten Sexualmorde in Deutschland von 1973 bis 2022

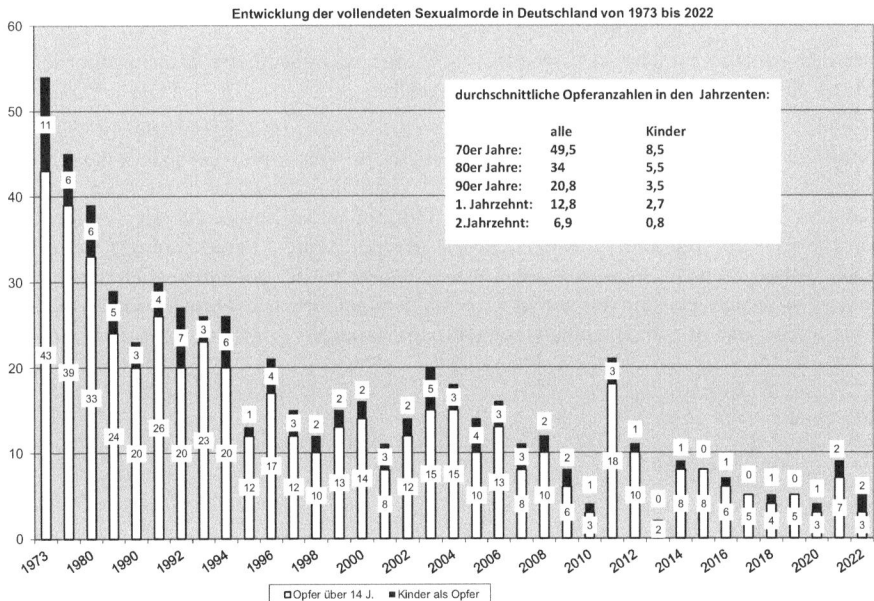

Indem § 211 StGB in Abs. 2 Mordlust, Befriedigung des Geschlechtstriebs, Habgier und sonstige niedrige Beweggründe als *Mordmerkmale* aufzählt, macht er deutlich, dass er ethisch besonders niedrige Motivationen für die Tötungshandlung als das

Gemeinsame dieser Mordmerkmale sieht. Insgesamt gilt für alle neun Mordmerkmale, dass nur die besondere Verwerflichkeit der Tat dazu führen kann, dass die lebenslange Haft als Rechtsfolge verhältnismäßig und damit verfassungsgemäß ist.[202]

120 *Mordlust* liegt vor, wenn es dem Täter allein darauf ankommt, einen Menschen sterben zu sehen. Es muss dem Täter genau darauf mit direktem Vorsatz ankommen und es genügt für dieses Mordmerkmal nicht, wenn er den Tod nur billigend in Kauf nimmt.[203]

121 Das Mordmerkmal des Tötens ‚zur *Befriedigung des Geschlechtstriebs*' liegt vor, wenn der Täter im Akt des Tötens selbst seine geschlechtliche Befriedigung sucht, wenn er die Tötung des Opfers in Kauf nimmt, um den Geschlechtsverkehr durchführen zu können[204] oder tötet, um danach sich an der Leiche zu befriedigen (Nekrophilie).

122 Unter *Habgier* ist ein ungezügeltes und rücksichtsloses Streben nach Gewinn um jeden Preis zu verstehen.[205] Das Mordmerkmal der Habgier liegt nur dann vor, wenn zumindest in der Vorstellung des Täters sich dessen Vermögen durch die Tötung des Opfers direkt vermehrt. Der BGH spricht von einer hemmungslosen, triebhaften Eigensucht, die auch bei einer im Affekt begangenen Straftat vorliegen kann.[206] Habgier liegt beispielsweise bei einem Raubmord vor, aber auch bei einer Tötung mit dem Ziel, eine Erbschaft oder Lebensversicherung zu erlangen.[207] Auf die Größe des materiellen Vorteils, der durch den Mord erzielt wird, kommt es nicht an.[208]

123 Da es sich bei diesen vier Mordmerkmalen um täterbezogene handelt, sind es subjektive Tatbestandsmerkmale.[209] Dem Täter muss bei der Begehung der Tat der Umstand bewusst gewesen sein, dass sein Antrieb zur Tötung besonders verachtenswert ist. Er muss diese Wertung und Beurteilung nicht teilen,[210] aber ihm muss bewusst sein, dass es sich um ein als niedrig zu bewertendes Motiv handelt.[211]

124 Bei den Mordmerkmalen der Heimtücke, Grausamkeit und der gemeingefährlichen Mittel handelt es sich um tatbezogene Merkmale.

125 *Heimtückisch* handelt, wer die Arg- und Wehrlosigkeit des Opfers bewusst zur Tötung ausnutzt.[212] Wer heimtückisch handelt, ist für das Opfer besonders gefährlich, denn er überrascht es in hilfloser Lage und verhindert, dass das Opfer den Angriff auf sein Leben durch Gegenwehr, Flucht, Hilferufe usw. abwehren oder verhindern kann.[213] Diese Argumentation ist in Rechtsprechung und Literatur gängig, aber hat auch Kritik gefunden, denn zum einen ist es angesichts der vollendeten Tötungshandlung nicht besonders sinnvoll von einer besonders gefährlichen Tötung zu sprechen.[214] Eine Steigerung ist schlicht nicht möglich. Zum anderen aber wurde kritisch auf die

---

202 So auch Rengier 2024, 14.
203 BGH 19.10.2001 – 2 StR 259/01 – E 47, 128, 133; vgl. Dölling et al./Duttge 2022 § 211 Rn 30; NK-StGB/Saliger 2023 § 211 Rn 8 ff.
204 BGH 17.9.1963 – 1 StR 301/63 – E 19, 101, 105.
205 Fischer 2024 § 211 Rn 10.
206 BGH 2 9.1980 – StR 434/80.- E 29, 317.
207 Rengier 2024, 19.
208 NK-StGB/Saliger 2023 § 211 Rn 16.
209 BGH 20.5.1969 – 5 StR 658/68 – E 22, 375, 377.
210 BGH 4.4.1967 – 1 StR 103/67 – NJW 67, 1140.
211 So auch Wessels/Hettinger/Engländer 2023, 19.
212 BGH 8.5.1951 – 1 StR 168/51 – E 2, 251; Fischer 2024 § 211 Rn 34.
213 Wessels/Hettinger/Engländer 2023, 22f.
214 NK-StGB/Saliger 2023 § 211 Rn 48.

2.3 Deliktsbereiche

geschlechtsspezifische Selektivität des Heimtücke-Merkmals hingewiesen. Gerade in den häufigen Beziehungskonflikten ist der körperlich schwächeren Person, meist der Frau, nur eine Vorgehensweise möglich, die Verteidigungsmöglichkeiten des Opfers ausschließt.[215] In der Literatur wird dies unter der Überschrift „Tötung von Familientyrannen" diskutiert: Wenn die seit vielen Jahren misshandelte und gedemütigte Ehefrau ihren Ehemann, der gerade stark alkoholisiert und wüste Beschimpfungen und Drohungen gegen sie und die Kinder ausrufend nach Hause gekehrt ist, erschlägt, nachdem er angesichts seines Vollrausches am Küchentisch eingeschlafen ist, so nutzt sie dessen Arg- und Wehrlosigkeit aus und handelt heimtückisch.[216] Am Unrecht dieser Tat besteht kein Zweifel, aber ist in diesem Fall eine besondere Verwerflichkeit gegeben, die unbedingt zu einer lebenslangen Freiheitsstrafe führen soll? Versuche, diese Rechtsfolge über die verminderte Schuldfähigkeit zu lösen oder die bewusste Ausnutzung der Arg- und Wehrlosigkeit zu verneinen, sind im Einzelfall sicher gut gemeint, zeigen aber umso deutlicher die Problematik dieses Mordmerkmals.[217]

Arglos ist, wer sich bei Beginn des ersten mit Tötungsvorsatz geführten Angriffs ... keines erheblichen tätlichen Angriffs auf sein Leben oder seine körperliche Unversehrtheit versieht.[218] Arglos sind beispielsweise Schlafende und eine Warnung im Moment der Tathandlung, beispielsweise das Rufen des Namens des Opfers in dem Moment, in dem der tötende Schuss ausgelöst wird, ändert nichts an dessen Arglosigkeit, denn das Opfer kann sich nicht mehr auf den Angriff einstellen. Auch wenn ein Opfer generell ängstlich und misstrauisch ist oder mit dem Täter bereits früher einmal eine Auseinandersetzung hatte, kann es in der konkreten Tatsituation arglos sein.[219]

126

Wehrlos ist, wer infolge seiner Arglosigkeit zur Verteidigung außerstande oder in seiner natürlichen Abwehrbereitschaft und Abwehrfähigkeit stark eingeschränkt ist.[220] Es kommt also auf die Kumulation der Ausnutzung von Arg- und Wehrlosigkeit an – weder genügt ein Element allein noch das Vorliegen dieser Elemente, wenn sie nicht bei der Tatausführung ausgenutzt werden oder zumindest der Täter die Vorstellung hat, die Arg- und Wehrlosigkeit bei seiner Tat auszunutzen.

127

Das nächste Mordmerkmal der zweiten Gruppe in § 211 Abs. 2 StGB ist das der *Grausamkeit*. Grausam tötet, wer dem Opfer besondere Schmerzen oder Qualen körperlicher oder seelischer Art aus gefühlloser, unbarmherziger Gesinnung zufügt.[221] Das Mordmerkmal der Grausamkeit entfällt nicht schon deshalb, weil es eine noch grausamere Tatbegehung geben kann.[222] Grausamkeit kann sich daraus ergeben, dass diese Tötungsart immer besonders grausam im Sinne von gefühllos und gewalttätig ist, wie zum Beispiel beim Verbrennen oder Verhungern lassen eines Säuglings, aber auch durch eine ganz gezielte Tatausführung, beispielsweise vorausgehende Folterungen oder Tötungen von Angehörigen vor den Augen des Opfers.[223] Die Tatausführung

128

---

215 NK-StGB/Saliger 2023 § 211 Rn 47.
216 NK-StGB/Saliger 2023 § 211 Rn 62 ff.; Wessels/Hettinger/Engländer 2023, 22; Rengier 2024, 34 mit Hinweis auf BGH 48, 255.
217 Rengier 2024, 34 f.
218 Fischer 2024 § 211 Rn 35; Rengier 2024, 25.
219 BGH 13.11.1985 – 3 StR 273/85.- E 33, 363 und NK-StGB/Saliger 2023 § 211 Rn 60.
220 BGH 21.1.1970 – 3 StR 182/69 – GA 1971, 113; Fischer 2024 § 211 Rn 39.
221 BGH 30.9.1952 – StR 243/52 – E 3, 180; BGH 17.6.2004 – 5 StR 115/03 – E 49, 189, 196; Fischer 2024 § 211 Rn 56 f.; Rengier 2024, 36.
222 BGH 17.6.2004 – 5 StR 115/03 – E 49, 189, 197 f.
223 Fischer 2024 § 211 Rn 56.

muss nicht nur objektiv grausam sein, sondern diese Grausamkeit muss auch vom Vorsatz des Täters umfassend sein.²²⁴

129 Ein *gemeingefährliches Mittel* zur Tötung als Mordmerkmal gefährdet über das konkrete Mordopfer hinaus eine Mehrzahl von Menschen an Leib und Leben – es geht um die besondere Gefährlichkeit der Art und Weise der Tatausführung, wobei die h.M. auf die besondere Rücksichtslosigkeit des Täters abstellt, die das subjektive Korrelat dazu ist.²²⁵ Dabei muss dieses Tötungsmittel nicht von Natur aus gemeingefährlich sein, wie zum Beispiel das Zünden einer Bombe in einer Menschenmenge oder die Bombardierung einer Menschenansammlung aus einem Flugzeug heraus. Auch eine nächtliche Fahrt mit hoher Geschwindigkeit auf der Gegenspur der Autobahn ohne eingeschaltete Scheinwerfer gefährdet nach einem Urteil des BGH vom 16.3.2006 (4 StR 536/05) eine Mehrzahl von Menschen an Leib und Leben, weil der Täter die Ausdehnung der Gefahr nicht in seiner Gewalt hat.²²⁶

130 Der *Vorsatz* des Täters muss sich bei diesen tatbezogenen Mordmerkmalen, wie zum Beispiel der Ausnutzung der Arg- und Wehrlosigkeit bei der Heimtücke, auch darauf beziehen. Ist das Opfer objektiv arg- und wehrlos, wird dies aber zur Tatbegehung nicht bewusst ausgenutzt, liegt dieses Mordmerkmal nicht vor. Will der Täter aber sein Opfer heimtückisch töten, dieses ist aber nicht arg- und wehrlos, weil es beispielsweise von den Tötungsplänen vorher erfahren hat, dann ist dieses Tatbestandsmerkmal erfüllt (also insoweit nicht nur Versuch).²²⁷

131 In der letzten Gruppe der Mordmerkmale des § 211 Abs. 2 StGB geht es nach besonders verwerflichen Motiven und Begehungsweisen um besonders verwerfliche Zwecke, nämlich die *Ermöglichung oder Verdeckung einer anderen Straftat*. Es geht also dem Täter bei seiner Tötungshandlung um die Absicht der Ermöglichung oder Verdeckung einer Straftat und ihm muss es gerade darauf ankommen. Die objektive Tatsache, dass diese Folge eintrifft, genügt also nicht um die Tat zum Mord zu qualifizieren. Voraussetzung ist zunächst eine andere Straftat. Das kann eine eigene Straftat sein, aber auch eine fremde, beispielsweise die eines Tatgenossen oder Angehörigen. Die h.M. lässt nur tatbestandsmäßige, rechtswidrige und schuldhaft begangene Straftaten gelten – Ordnungswidrigkeiten genügen nicht.²²⁸ Allerdings genügt es hinsichtlich des Mordmerkmals der Verdeckung, wenn diese Straftat nur in der Vorstellung des Täters eine Straftat war (beispielsweise versucht der Täter, einen Ehebruch zu verdecken, weil er das für eine Straftat hält) oder wenn eine Verdunkelung nicht mehr möglich ist, weil die Straftat ohne Wissen des Täters bereits aufgeklärt ist.²²⁹ Die besondere Verwerflichkeit entsteht dadurch, dass durch eine Tötung in Verdeckungsabsicht ein gegenüber der Vortat noch schwereres Unrecht begangen wird. Verdeckungsabsicht besteht auch dann, wenn die Tötungshandlung dazu dient, Spuren zu verdecken, die bei näherer Untersuchung Aufschluss über bedeutsame Umstände der Tat geben könnten.²³⁰ Die Ermöglichungsabsicht ist dadurch gekennzeichnet, dass der Täter die Tötung als funktionales Mittel einsetzt, um durch eine andere Tathandlung weiteres

---

224 NK-StGB/Saliger 2023 § 211 Rn 79.
225 NK-StGB/Saliger 2023 § 211 Rn 85.
226 NK-StGB/Saliger 2023 § 211 Rn 89a; vgl. BGH 1.9.1992 – 1 StR 487/92 – E 38, 353, 354.
227 BGH 5.5.1954 – 1 StR 626/53 – E 6, 121; BGH NStZ 2006, 501; Fischer 2024 § 211 Rn 80.
228 BGH 3.8.1978 – 4 StR 397/78.- E 28, 93; NK-StGB/Saliger 2023 § 211 Rn 91.
229 BGH 17.5.2011 – 1 StR 50/11.- E 56, 239, 244.
230 BGH 1.2.2005 – 1 StR 327/04 – E 50,11 und Wessels/Hettinger/Engländer 2023, 28f.

2.3 Deliktsbereiche

kriminelles Unrecht begehen zu können.[231] Die Tötung muss vom Täter ganz bewusst als Mittel zur Ermöglichung der anderen Straftat eingesetzt werden, beispielsweise um einen Betrug zu Lasten einer Lebensversicherung zu begehen oder durch die Tötung einer Begleitperson eine Vergewaltigung zu ermöglichen.

2.3.1.3 Totschlag

Liegt keines der oben genannten Mordmerkmale vor und handelt es sich gleichwohl objektiv um die Tötung eines anderen Menschen, die von dem Täter auch vorsätzlich herbeigeführt werden wollte, dann handelt es sich um einen Totschlag. Auf die sehr seltenen Besonderheiten der Tötung auf Verlangen gemäß § 216 StGB sei hier nur hingewiesen. Dabei genügt es, dass der Täter bei seinen Handlungen den Tod billigend in Kauf nimmt, was oft nicht leicht nachzuweisen ist. „Das bedeutendste Indiz für einen bedingten Tötungsvorsatz ist die offensichtliche Lebensgefährlichkeit der Tathandlung.".[232]

Während die Rechtsfolge des Mordes grundsätzlich und immer lebenslange Freiheitsstrafe ist, wird der Totschlag mit Strafe nicht unter fünf Jahren bestraft. Es kann aber in besonders schweren Fällen ebenfalls auf lebenslange Freiheitsstrafe erkannt werden. Gemäß § 213 StGB kann die Freiheitsstrafe auch zwischen einem und zehn Jahren liegen, wenn „der Totschläger ohne eigene Schuld durch eine ihm oder einem Angehörigen zugefügte Misshandlung oder schwere Beleidigung von dem getöteten Menschen zum Zorn gereizt und hierdurch auf der Stelle zur Tat hingerissen worden war oder sonst ein minder schwerer Fall vorliegt".

2.3.1.4 Körperverletzung

Die in § 223 StGB normierte einfache Körperverletzung wird durch die gefährliche Körperverletzung in § 224 StGB und die schwere Körperverletzung gemäß § 226 StGB mit den dort genannten Qualifizierungen ergänzt. Daneben gehören in diesen Abschnitt der Straftaten gegen die körperliche Unversehrtheit noch die Misshandlung von Schutzbefohlenen gemäß § 225 StGB, die Körperverletzung mit Todesfolge gemäß § 227 StGB und die Beteiligung an einer Schlägerei gemäß § 231 StGB. Seit 2013 normiert § 226a die Verstümmelung weiblicher Genitalien als eigenen Verbrechensstraftatbestand.[233]

Ein früher sog. elterliches *Züchtigungsrecht*, das Körperverletzungen gegen Minderjährige rechtfertigen könnte, gibt es gem. § 1631 Abs. 2 BGB (Gebot einer gewaltfreien Erziehung) seit dem Jahr 2000 („Gesetz zur Ächtung der Gewalt in der Familie") nicht mehr (s. 2.1.2.1).[234] § 228 StGB bestimmt, dass Körperverletzungen, die mit Einwilligung der verletzten Person vorgenommen werden, nicht rechtswidrig (also noch sozial adäquat) sind, soweit sie nicht trotz der Einwilligung gegen die guten Sitten verstoßen. Im Hinblick auf Sportwettkämpfe muss differenziert werden. So ist grds. die vorsätzliche oder grob fahrlässige, schwere Missachtung der Sportregeln nicht mehr von der Einwilligung gedeckt (z.B. beim Fußball die sog. „Blutgrätsche" in die Beine

---

231 BGH 15.3.2007 – 3 StR 454/06 - E 51, 236, 240 und Rengier 2024, 41.
232 Wessels/Hettinger/Engländer 2023, 9 (als Beispiele werden dort ein wuchtig geführter Messerstich in den Rücken oder Tritte gegen den Kopf genannt).
233 47. Strafrechtsänderungsgesetz vom 24.9.2013.
234 NK-StGB/Paeffgen/Böse/Eidam 2023 § 223 Rn 29; Wessels/Hettinger/Engländer 2023, 102 f.

des Gegners ohne Chance, den Ball zu treffen).[235] Wer dagegen in den Boxring steigt, willigt den Schlägen des Gegners ein, soweit sich dieser noch an die (Box-)Regeln hält. Das gilt aber nicht für menschenverachtende und menschenunwürdige Sportarten, wie beispielsweise das sog. „Zwergenwerfen", „Ultimate Fighting" oder Wettbewerbe, bei denen das eigene Leben aufs Spiel gesetzt wird.[236] Eingewilligt werden kann aber andererseits auch in sadomasochistische Sexualpraktiken, die das Zufügen von Schmerz und Verletzungen beinhalten.

136 Ob *ärztliche Heilbehandlungsmaßnahmen* tatbestandsmäßige Körperverletzungen sind, in die der Patient gemäß § 228 StGB gegebenenfalls einwilligt (so die herrschende Rspr.)[237] oder ob es bereits an der Tatbestandsmäßigkeit fehlt, ist unter Jurist*innen umstritten.[238] Zweifellos sind fehlerhaft ausgeführte und das körperliche Wohl verschlechternde Heilbehandlungen Körperverletzungen, wobei jeweils zu klären ist, ob der Behandler die Gesundheitsschädigung zumindest billigend in Kauf genommen hat.

137 § 223 StGB beschreibt den Tatbestand der Körperverletzung als körperliche Misshandlung oder Gesundheitsschädigung und bedroht dies mit einer Freiheitsstrafe von bis zu fünf Jahren oder Geldstrafe, wobei der Versuch bereits strafbar ist. Der Begriff des *körperlichen Misshandelns* „umfasst alle substanzverletzenden Einwirkungen auf den Körper des Opfers sowie jede üble, unangemessene Behandlung, durch die das körperliche Wohlbefinden mehr als nur unerheblich beeinträchtigt wird".[239] Das beginnt bei Beulen, Prellungen und Wunden, geht über den Verlust einzelner Glieder, Organe und Zähne bis zur Verunstaltungen des Körpers sowie das Hervorrufen körperlicher Funktionsstörungen. Auf den körperlichen Schmerz kommt es dabei nicht an – auch das Abschneiden von Haaren und selbst das Anspucken eines Menschen kann eine körperliche Misshandlung darstellen, wenn es körperliche Auswirkungen, wie zum Beispiel in Form eines Brechreizes, hat.[240] Die Grenzen der nicht unerheblichen Beeinträchtigung der körperlichen Misshandlung sind umstritten. Nach der Rechtsprechung des BGH soll ein blauer Fleck nicht genügen sowie alles, was bloß ein körperliches Unbehagen zu begründen vermag.[241]

138 Psychische Beeinträchtigungen beispielsweise durch *Mobbing* gelten nicht als tatbestandsmäßig, soweit aus den seelischen Misshandlungen nicht auch körperliche Syndrome entstehen und nachweisbar sind.[242] Solche Verhaltensweisen können zudem ggf. als Nötigung nach § 240 StGB strafbar sein

139 Unter einer *Gesundheitsschädigung* ist das Hervorrufen, Verlängern und Steigern eines krankhaften Zustandes zu verstehen. Dazu zählen Wunden, Nerven- oder Organerkrankungen, Organ- oder Gliederverluste bzw. Einschränkung der Funktionstauglichkeit von Körperteilen.[243] Das Tatbestandsmerkmal der Gesundheitsschädigung macht deutlich, dass die Körperverletzung auf sehr verschiedene Weise erfolgen kann. Das

---

235 NK-StGB/Paeffgen/Zabel 2023 § 228 Rn 109.
236 BGH 11.12. 2003 – 3 StR 120/03; BGH 11.12.2003 – 3 StR 120/03- E 49, 34, 41; Fischer 2024 § 228 Rn 22; NK-StGB/Paeffgen/Zabel 2023 § 228 Rn 109a und b.
237 RG 31.5.1894 – Rep. 1406/94 – E 25, 375 und BGH 1.2.1961 – 2 StR 457/60 – E 16, 309.
238 NK-StGB/Paeffgen/Böse/Eidam 2023 § 223 Rn 26; Wessels/Hettinger/Engländer 2023, 106 ff.
239 Wessels/Hettinger/Engländer 2023, 78 mit Verweis auf BGH 3.5.1960 – 1 StR 131/60 – E 14, 269; auch BGH 23.1.1974 – 3 StR 324/73 – E 25, 277.
240 Wessels/Hettinger/Engländer 2023, 78; ansonsten wäre dieses Anspucken zumindest eine Beleidigung.
241 NK-StGB/Paeffgen/Böse/Eidam 2023 § 223 Rn 10.
242 NK-StGB/Paeffgen/Böse/Eidam 2023 § 223 Rn 11a f.
243 NK-StGB/Paeffgen/Böse/Eidam 2023 § 223 Rn 14; Fischer 2024 § 223 Rn 8 ff.

2.3 Deliktsbereiche

beginnt bei der Verursachung von Volltrunkenheit[244] geht weiter zum Anstecken mit einer Krankheit[245] oder schädliche Emissionen oder Inverkehrbringen gesundheitsschädlicher Produkte[246] bis zum Röntgen in exzessiver Weise.[247]

Neben den genannten vorsätzlichen Körperverletzungsdelikten gibt es auch die fahrlässige Körperverletzung (§ 229 StGB) mit dem Vorwurf der Sorgfaltspflichtverletzung und einem deutlich geringeren Strafrahmen.

Die Anzahl der Verurteilungen wegen schwerer und gefährlicher Körperverletzung hat sich zwischen 2007 mit 33.110 und 2021 mit 16.604 halbiert, während die Anzahl der polizeilich registrierten entsprechenden Delikte nur leicht zurück gegangen ist.[248]

Abbildung 14: Die Entwicklung der gefährlichen und schweren Körperverletzungen seit 1993 in der BRD (absolute Zahlen nach PKS)

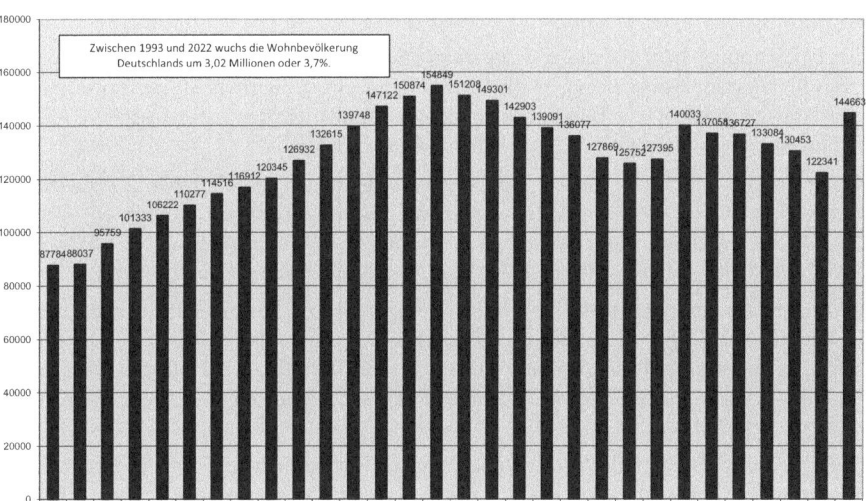

2.3.1.5 Qualifizierungen der gefährlichen und schweren Körperverletzung

§ 224 StGB definiert fünf Begehungsweisen der Körperverletzung, bei denen es jeweils um eine *besondere Gefährlichkeit* geht. Hinsichtlich der Rechtsfolgen wird eine Mindestfreiheitsstrafe von sechs Monaten und eine Höchststrafe von bis zu zehn Jahren genannt – in minder schweren Fällen halbieren sich diese Strafandrohungen.

Fallgruppe 1 definiert das *Beibringen von Gift* oder anderen gesundheitsschädlichen Stoffen. Als Fallgruppe 2 wird die Körperverletzung mittels einer *Waffe* oder eines anderen gefährlichen Werkzeugs genannt. Dabei sind unter Waffen im technischen Sinne nur solche gebrauchsbereiten Werkzeuge zu verstehen, „die nach der Art ihrer Anfertigung nicht nur geeignet, sondern auch allgemein dazu bestimmt sind, Menschen

---

244 Wessels/Hettinger/Engländer 2023, 79.
245 BGH 12.10.1989 – 4 StR 318/89 – E 36, 262.
246 BGH 6.7.1990 – 2 StR 549/89 – E 37, 106.
247 BGH 3.12.1997 – 2 StR 397/97 – E 43, 346 und Wessels/Hettinger/Engländer 2023, 79.
248 Eigene Berechnungen auf der Basis der Rechtspflegestatistik des Statistischen Bundesamtes, Strafverfolgung, Fachserie 10 Reihe 3; ältere Daten für alle Bundesländer liegen nicht vor.

durch ihre mechanische oder chemische Wirkung körperlich zu verletzen".[249] Ein *gefährliches Werkzeug* im Sinne der zweiten Fallgruppe des § 224 StGB kann aber jeder bewegliche Gegenstand sein, der nach seiner objektiven Beschaffenheit und der Art seiner Verwendung im konkreten Fall geeignet ist, dem Opfer erhebliche Verletzungen zuzufügen.[250] Dabei muss sich die Gefährlichkeit nach der herrschenden Meinung nur auf die konkrete Verwendung beziehen: ein spitzer Bleistift ist als Schlagwerkzeug ungeeignet, kann aber als Stichwaffe gegen das Auge ein gefährliches Werkzeug sein ebenso wie ein spitzer oder besonders fester, verstärkter Schuh (sog. Springerstiefel) beim Tritt gegen empfindliche Stellen des Körpers.[251]

144 In Ziffer 3 geht es um den *hinterlistigen Überfall*, der die Gefährlichkeit der Körperverletzung durch den überraschend begonnenen Angriff gegen einen Ahnungslosen erhöht.[252] „Wer seinem Kontrahenten nach einem Streit die Hand zum Friedensschluss entgegenstreckt, um ihn in Sicherheit zu wiegen und ihm dann unvermittelt das Knie in den Unterleib zu stoßen, handelt hinterlistig".[253]

145 Die Fallgruppe 4 benennt die *gemeinschaftliche Begehung* mit mindestens einem weiteren Beteiligten, wobei dessen Tatbeitrag im Einzelnen unerheblich ist. Entscheidend ist, dass die beiden am Tatort gemeinsam zusammenwirkend die Körperverletzung begangen haben und damit die Gefährlichkeit erhöhten.[254]

146 In der letzten Fallgruppe geht es um Körperverletzungen mittels einer das *Leben gefährdenden Behandlung*. Die Verletzungshandlung muss nach den konkreten Umständen objektiv geeignet sein, das Leben des Opfers in Gefahr zu bringen, unabhängig davon, ob die tatsächlich erlittenen Verletzungen auch lebensgefährlich waren.[255]

147 Während Jahr für Jahr etwa ein Viertel aller Körperverletzungsdelikte von der Polizei als gefährliche Körperverletzungen registriert werden, liegt dieser Anteil bei den Verurteilungen meist zwischen 25% und 30%. Bei den nach Jugendstrafrecht verurteilten Personen wurden 2021 dagegen 55% aller Körperverletzungen als gefährliche Körperverletzung qualifiziert.[256]

148 Durch § 226 StGB hat der Gesetzgeber ein auf der einfachen Körperverletzung aufbauendes erfolgsqualifiziertes Delikt der *schweren Körperverletzung* geschaffen, in dem abschließend drei Folgen der Körperverletzung definiert werden, die die Strafbedrohung bei einer Mindeststrafe von einem Jahr auf bis zu zehn Jahren erhöhen. In Abs. 1 Ziffer 1 wird der Verlust des Sehvermögens auf einem Auge oder beiden Augen, des Gehörs, des Sprechvermögens oder der Fortpflanzungsfähigkeit genannt. In Abs. 1 Ziffer 2 geht es um den Verlust eines Körpergliedes oder dessen dauernde Gebrauchsunfähigkeit und in Nr. 3 dieses Absatzes um eine erhebliche Entstellung, Siechtum, Lähmungen oder geistige Krankheit oder Behinderung. Regelmäßig geht es um dauerhafte Beeinträchtigungen, womit zwar einerseits nicht gemeint ist, dass

---

249 Wessels/Hettinger/Engländer 2023, 82 mit Hinweis auf BGH 16. 4. 1953 – 4 StR 771/52 – F 4, 125, 127
250 BGH 6.6.1952 – 1 StR 708/51 – E 3, 105 und NK-StGB/Paeffgen/Böse/Eidam 2023 § 224 Rn 14.
251 BGH 11.2.1982 – 4 StR 689/81 – E 30, 375; kritisch dazu mit zahlreichen Beispielen NK-StGB/Paeffgen/Eidam 2023 § 224 Rn 14a.
252 RG 22.12.1930 – III 1017/30 – E 65, 65.
253 Fischer 2024 § 224 Rn 22; Wessels/Hettinger/Engländer 2023, 842.
254 BGH 15.10.1969 – 2 StR 334/69 – E 23, 122.
255 BGH 29.2.1952 – 1 StR 767/51 – E 2, 160, 163; sowie NK-StGB/Paeffgen/Böse/Eidam 2023 § 224 Rn 27; Fischer 2024 § 224 Rn 27.
256 Eigene Berechnungen auf Basis der Strafverfolgungsstatistik, herausgegeben vom Statistischen Bundesamt, Fachserie 10 Rechtspflege, Reihe 3 2021, S. 25.

2.3 Deliktsbereiche

die Schädigungen bis zum Lebensende fortdauern müssen, aber andererseits zum Zeitpunkt des Urteils trotz der Heilungs- und Linderungsprozesse noch schwerwiegende Gesundheitsschädigungen vorliegen.[257]

Während sich die meisten dieser Tatbestandsmerkmale weitestgehend selbst erklären, seien zwei Aspekte kurz erläutert. Über die Frage, ob die Wichtigkeit eines Körpergliedes gemäß Abs. 1 Ziffer 2 für jede Person gleich oder diese Wichtigkeit individuell zu prüfen sei, gibt es nicht nur unterschiedliche Meinungen in der Literatur, sondern auch der BGH hat dazu seine Meinung geändert.[258] Konkret ging es um die Frage, inwieweit ein durch eine Körperverletzung dauerhaft versteifter Zeigefinger eine dauerhafte Gebrauchsunfähigkeit eines wichtigen Gliedes darstellt. Das Reichsgericht und der BGH sahen sich veranlasst zu entscheiden, dass die dauerhafte Entstellung in erheblicher Weise gemäß § 226 Abs. 1 Ziffer 3 StGB in einer Verunstaltung der Gesamterscheinung bestehe, die auch bei älteren oder unansehnlichen Menschen möglich sei.[259]

Im Gegensatz zum oben genannten beachtlichen Anteil der Qualifizierungen als gefährliche Körperverletzung bei der polizeilichen Registrierung wird eine schwere Körperverletzung nur selten, in weniger als ein Promille der Fälle registriert.[260]

2.3.2 Sexualstrafrecht

Sexualstraftaten, die früher Sittlichkeitsdelikte hießen und heute Straftaten gegen die sexuelle Selbstbestimmung genannt werden, weil das zu schützende Rechtsgut genau in dieser Selbstbestimmung liegt, sind ganz besonders Angst besetzte Delikte. Über die Tatsituationen und die Täter sowie die Täter-Opfer-Beziehungen gibt es in vielfacher Hinsicht falsche Vorstellungen, auf die in diesem Strafrechtslehrbuch nicht breit eingegangen werden kann. Im Folgenden werden aber zunächst die quantitativen Entwicklungen der Straftaten gegen die sexuelle Selbstbestimmung allgemein und der Vergewaltigung, der sexuellen Übergriffe und sexuellen Nötigung (ein Tatbestand, der in den letzten Jahren mehrfach verändert und ausgeweitet wurde[261]) in einer Abbildung (Abb. 15) dargestellt.

---

[257] NK-StGB/Paeffgen/Böse/Eidam 2023 § 226 Rn 20.
[258] BGH 15.3.2007 – 4 StR 522/06 – E 51, 252, 255; Dölling et al./Dölling 2022 § 226 Rn 3; Fischer 2024 § 226 Rn 7; NK-StGB/Paeffgen/Böse/Eidam 2023 § 226 Rn 27a.
[259] RGSt 39, 419, 420; Fischer 2024 § 226 Rn 9
[260] In absoluten Zahlen 2021: 545 und 2022: 464 (PKS 2021 und 2022).
[261] Insb. durch das 33. Strafrechtsänderungsgesetz vom 1.7.1997 und zuletzt durch das 50. Strafrechtsänderungsgesetz vom 4.11.2016.

2. Die Straftat

Abbildung 15: Die Entwicklung der Straftaten gegen die sexuelle Selbstbestimmung in der BRD (absolute Zahlen nach PKS)

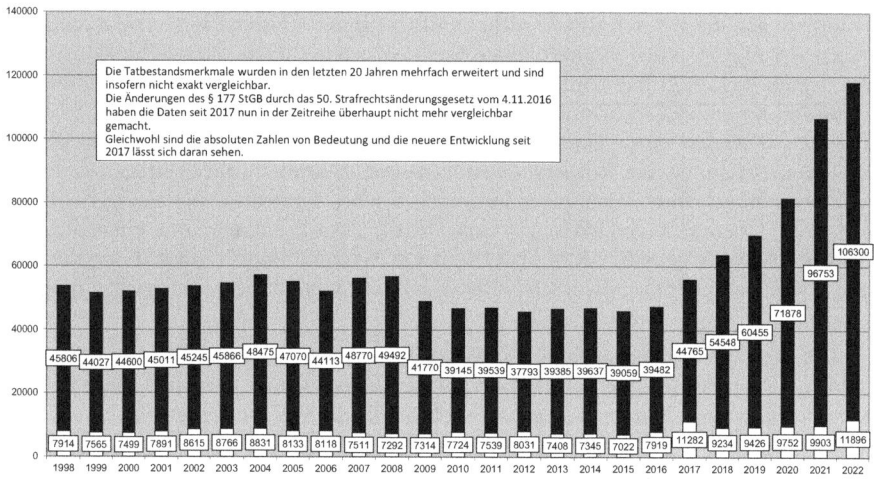

152 Neben einigen allgemeinen Verbotstatbeständen, die die *sexuelle Selbstbestimmung* jeder Person ungeachtet ihres Alters betreffen, z.B. sexueller Übergriff, sexuelle Nötigung und Vergewaltigung (§ 177 StGB) sowie das Verbot exhibitionistischer Handlungen (§ 183 StGB), finden sich im Sexualstrafrecht einige spezifische Regelungen zum Schutz von Kindern und Jugendlichen. Neben dem Beischlaf mit leiblichen Abkömmlingen (§ 173 StGB), der eigentlich keine Sexualstraftat, sondern eine Straftat gegen den Personenstand, die Ehe und die Familie darstellt, sind (hetero- wie homo-)sexuelle Kontakte auch ohne Anwendung physischer Gewalt nicht erlaubt (ein wie auch immer gewertetes Einverständnis ist insoweit irrelevant) und strafbar, wenn es sich

- um Kinder unter 14 Jahren (§§ 176, 176a ff. StGB) handelt,
- um Personen unter 16 Jahren, die zur Erziehung Ausbildung oder Betreuung anvertraut sind (§ 174 Abs. 1 Nr. 1 StGB),
- um Personen unter 16 Jahren, wenn die sexuellen Kontakte durch Vermittlung, Gewährung von Gelegenheit oder gegen Entgelt bzw. unter Ausnutzung einer Zwangslage stattfinden (§§ 180, 182 StGB),
- um Personen unter 18 Jahren unter Ausnützen einer mit dem Erziehungs-, Ausbildungs- oder Betreuungsverhältnis verbundenen Abhängigkeit (§ 174 Abs. 1 Nr. 2 StGB),
- um noch nicht 18 Jahre alte leibliche oder angenommene Kinder (§ 174 Abs. 1 Nr. 3 StGB).

153 Betrachtet man die Entwicklung der Häufigkeit der registrierten Delikte des sexuellen Missbrauchs von Kindern (einschließlich des schweren Missbrauchs gem. § 176a StGB und des schweren Missbrauchs mit Todesfolge gem. § 176b StGB) in den letzten 30 Jahren, so schwankten die Daten zwischen 16.888 und 11.867 Fällen. Mit 14.594 Fällen 2020, 15.507 Fällen 2021 und 15.520 Fällen 2022 war die Anzahl niedriger als in den 90er-Jahren des letzten Jahrhunderts, aber höher als in den Jahren 2003

2.3 Deliktsbereiche

bis 2019. Seit 2010 bis 2022 gab es jeweils einen oder keinen Fall des sexuellen Missbrauchs mit Todesfolge gem. § 176b StGB. Insgesamt waren das 3 Kinder - im Durchschnitt 0,23 pro Jahr.[262]

Einen vergleichbaren Schutz leistet das Strafrecht unabhängig vom Alter gegen den *sexuellen Missbrauch* unter Ausnutzung eines Beratungs-, Behandlungs- oder Betreuungsverhältnisses (§ 174c StGB), den sexuellen Missbrauch einer insb. aufgrund einer Behinderung widerstandsunfähigen Person (§ 179 StGB). In diesen Fällen steht einer Strafbarkeit das Einvernehmen des Opfers mit der vom Täter vorgenommenen sexuellen Handlung nicht entgegen.[263] Von Bedeutung sind auch die Strafbestimmungen im Hinblick auf die Verbreitung, den Erwerb und Besitz (kinder-)pornographischer Schriften/Medien (§§ 184 ff., 11 Abs. 3 StGB), wobei allerdings das Strafrecht gegenüber anderen Regelungen (z.B. Verbesserung des Datenschutzes oder zum Schutz der Privatsphäre) weder per se das geeignete Mittel darstellt noch einen lückenlosen Schutz sicherstellen kann. So war bis 2014 nach § 184b StGB der Besitz von Nacktbildern von Kindern ohne sexuelle Handlungen von, an oder vor Kindern nicht strafbar, weil die Grenze zwischen dem privaten und rechtsverletzenden und anderen grundgesetzlich geschützten Bereichen (Elternverantwortung Art. 6 GG, Freiheit der Kunst Art. 5 Abs. 3 GG) eindeutig nur sehr schwer definiert werden kann. Anderseits ist umstritten, wie nicht hinnehmbare Lücken im Kinderschutz wie z.B. Anfertigung und Weitergabe, Handel, gewerbliche Nutzung oder öffentliche Verbreitung von Kinderbildern mit sexuellem Bezug, geschlossen werden können, ohne dass „grenzenlos" jede Nacktaufnahme kriminalisiert oder gegen das Bestimmtheitsgebot verstoßen wird. Mit der Erweiterung des § 201a StGB (Verletzung des höchstpersönlichen Lebensbereichs durch Bildaufnahmen) auf „bloßstellende" Bilder im Jahr 2015[264] sollte ganz allgemein – nicht nur im Hinblick auf Kinder – die Herstellung, Verbreitung oder umfassende Veröffentlichung von Bildern unter Strafe gestellt werden, die ohne Kenntnis des Betroffenen hergestellt werden und ihn „bloßstellend" abbilden. Umfasst sind damit nicht nur Nacktfotos, sondern auch das geschmacklose Anfertigen von Fotos von Unfallopfern ebenso wie die unbefugte Herstellung und Verbreitung von Schnappschüssen im betrunkenen Zustand in den sog. sozialen Netzwerken. Vor etwa 100 Jahren waren „unzüchtige" oder „das Schamgefühl gröblich verletzende" Bilder noch strafbar, die heute als Kunst angesehen werden. Strafrechtliche Verbote lassen sich aber nicht dadurch rechtfertigen, dass bestimmte Verhaltensweisen konventionellen Moralvorstellungen, gesellschaftlichen Tabus oder allgemein anerkannten Verhaltensvorstellungen widersprechen.[265] Weil Strafrecht Ultima Ratio, das letzte und (vermeintlich) schärfste Mittel des Rechts ist, darf es *nicht* ein *Moralrecht* sein. Zudem sollte man nicht vergessen, dass kein politischer Aktionismus und keine strafrechtliche Normierung den Schutz der Kinder (und ihrer Bildrechte) durch ihre Eltern ersetzen kann.

Der Tatbestand der *„Förderung sexueller Handlungen Minderjähriger"* (§ 180 StGB) hat für die Soziale Arbeit in der Jugendhilfe eine besondere Relevanz. Erfasst werden

---

262 Polizeiliche Kriminalstatistiken der Jahre 1992 bis 2022 – vorherige Daten sind wegen der Wiedervereinigung nicht vergleichbar; 1998 wurden die §§ 176a und 176b neu eingeführt, die hier ab 1999 in die Statistik einbezogen wurden.
263 BGH 4 StR 669/10 – 14.4.2011.
264 49. Gesetz zur Änderung des Strafgesetzbuchs – Umsetzung europäischer Vorgaben zum Sexualstrafrecht vom 21.1.2015 – BGBl Teil I, Nr. 2, 10-15.
265 Ausführlich zum strafrechtlichen Schutz von Moral, Gefühlen und Tabus, s. Hörnle 2004a; siehe bereits Böllinger 1993.

durch den Tatbestand auch das „Gewähren oder Verschaffen von Gelegenheiten" zu (hetero- oder homo-)sexuellen Handlungen, was z.b. im Rahmen einer gemeinschaftlichen Unterbringung oder Jugendfreizeit leicht der Fall sein kann. Gemeint ist nämlich das Herstellen äußerer Umstände, durch die sexuelle Handlungen ermöglicht oder wesentlich erleichtert werden. Dabei kommt die Tatbestandsverwirklichung bei einer entsprechenden Garantenstellung (s.o. 2.2.2) von Erzieher*innen und Betreuer*innen auch durch Unterlassen in Betracht. Insoweit gilt allerdings für (personensorgeberechtigte) Eltern (umstritten ist dies für Erziehungsberechtigte i.S. § 7 Abs. 1 Nr. 6 SGB VIII) der Minderjährigen – nicht aber für Erzieher*innen oder sonstige Mitarbeiter*innen der Jugendhilfe – das sog. „Erzieherprivileg" nach § 180 Abs. 1 S. 2 StGB, sofern diese ihre Erziehungspflichten nicht gröblich verletzten. Wo hier die Trennlinie zu ziehen ist, ist umstritten.

156 Im Hinblick auf den *Jugendmedienschutz* und das Verbot der Verbreitung pornografischer Schriften und anderer Medien, insb. Bild- und Datenträger (§§ 184 ff., § 11 Abs. 3 StGB), stößt die nationale Strafjustiz im globalen Cyberspace vor allem aufgrund der sich schnell wandelnden Internetpräsentationen internationaler Anbieter an ihre Ermittlungs- und Verfolgungsgrenzen.

2.3.3 Schwangerschaftsabbruch

157 Im Hinblick auf den Schutz des Lebens einerseits und die Selbstbestimmung von Frauen andererseits waren und sind die Regelungen zum Schwangerschaftsabbruch (sog. *Abtreibung*) z.T. sehr umstritten. Mittlerweile hat sich die Diskussion über den Embryonenschutz verlagert auf die Grenzen der Pränatal- und Präimplantationsdiagnostik bzw. der gentechnischen Manipulation[266] und die Abschaffung des § 219a StGB zur Werbung für den Abbruch der Schwangerschaft.[267] Nach der derzeit geltenden Rechtslage in Deutschland ist der Schwangerschaftsabbruch immer noch grds. rechtswidrig (§ 218 Abs. 1 StGB). Handlungen, die die Einnistung der befruchteten Eizelle (sog. Nidation) verhindern (z.B. Spirale, „Pille danach"), gelten allerdings nicht als Schwangerschaftsabbruch (§ 218 Abs. 1 Satz 2 StGB).[268]

158 Die Anzahl der polizeilich registrierten gesetzwidrigen Schwangerschaftsabbrüche schwankte in Deutschland in den letzten 30 Jahren zwischen 26 und 223 und betrug im Mittel 82. In den fünfziger Jahren des letzten Jahrhunderts waren es allein in den alten Bundesländern und West-Berlin regelmäßig zwischen 5.000 und 7.000 polizeilich registrierte Fälle – allerdings mit gesetzlich anders formulierten Regelungen hinsichtlich der möglichen Straflosigkeit in § 218a StGB. 2021 gab es in Deutschland dafür insg. sechs Verurteilungen.[269] Diese geringe Anzahl der Verurteilungen darf aber nicht über die große gesellschaftliche Bedeutung aufgrund der Einschränkung der Handlungsfreiheit für die betroffenen schwangeren Frauen sowie Ärzt*innen in sehr konfliktreichen, für den weiteren Lebenslauf entscheidenden Situationen hinwegtäuschen.

---

266 Embryonenschutzgesetz § 6: Verbot des Klonens.
267 Höffler/Enzensperger 2018.
268 BVerfG 27.10.1998 – 1 BvR 2306/96 – E 88, 203 ff.
269 Statistisches Bundesamt, Rechtspflege, Fachserie 10, Reihe 3, Strafverfolgung 2021.

2.3 Deliktsbereiche

Abbildung 16: Entwicklung der Anzahl der polizeilich registrierten gesetzwidrigen Schwangerschaftsabbrüche (absolute Zahlen nach PKS)

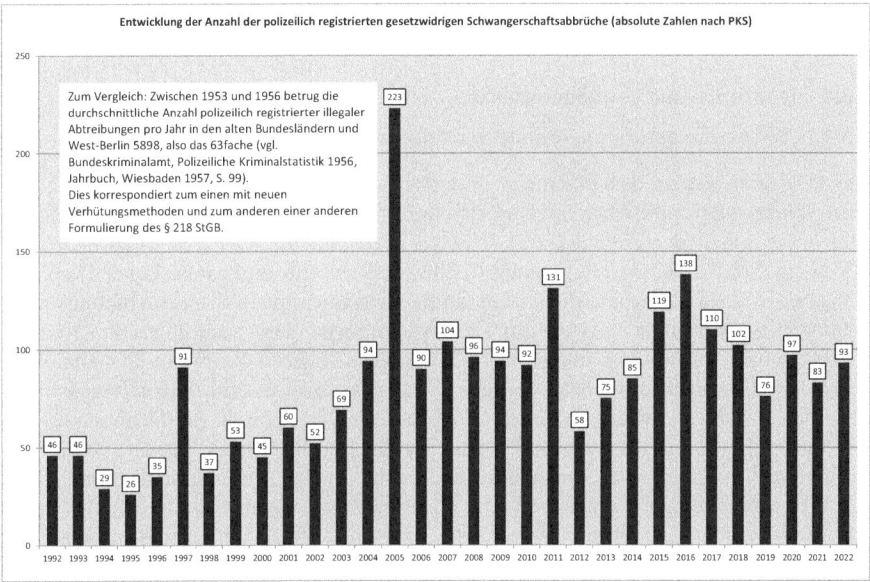

Darüber hinaus sind in § 218a StGB eine Reihe von *Ausnahmetatbeständen* geregelt, nach denen der Schwangerschaftsabbruch straffrei oder sogar nicht rechtswidrig ist. Dies ist vor allem im Hinblick auf die Kostenerstattung und sonstige Hilfeleistungen im Rahmen des Schwangerschaftsabbruchs von Bedeutung.[270] Rechtswidrig, aber straffrei ist der Schwangerschaftsabbruch, wenn er mit Einwilligung der Schwangeren innerhalb von zwölf Wochen nach der Befruchtung durch einen Arzt vorgenommen wird und zuvor eine Schwangerschaftskonfliktberatung bei einer anerkannten Beratungsstelle (§§ 218a Abs. 1, 219 StGB) stattgefunden hat. Als Beratungsstelle kommen insb. soziale Einrichtungen freier und kirchlicher Träger, aber auch Ärzte in Betracht (§ 8 SchwKG), die die in § 9 SchwKG genannten organisatorischen Standards erfüllen.[271] Darüber hinaus haben die Beratungsstellen die insb. in § 219 Abs. 1 StGB normierten inhaltlichen Vorgaben einzuhalten (vgl. § 5 Abs. 1 SchKG). Aufgrund der bescheinigten Beratung kann die Schwangere einen Schwangerschaftsabbruch in einer Klinik oder bei einem Arzt straflos durchführen, wenn mindestens drei Tage zwischen Abschluss der Beratung und dem Eingriff liegen (§ 218a Abs. 1 Nr. 1 StGB). Darüber hinaus ist der Schwangerschaftsabbruch aufgrund einer medizinischen (§ 218a Abs. 2 StGB) oder sog. kriminogenen Indikation (§ 218a Abs. 3 StGB), letztere insb. aufgrund einer Vergewaltigung (§ 177 StGB), zulässig. Findet die Abtreibung nach der 12. und bis zur 22. Woche statt, ist diese zwar rechtswidrig, die Frau bleibt allerdings straffrei, nicht aber die den Abbruch vornehmenden oder Hilfe leistenden Personen (§ 218a Abs. 4 StGB).

---

270 Zum Schwangerschaftsabbruch bei minderjährigen und unter Betreuung stehenden Personen Trenczek/Behlert/v. Boetticher 2018.
271 Z.B. http://www.profamilia.de.

160 Das *Aussetzen eines Neugeborenen* ist dann nicht strafbar, wenn es nicht in einer hilflosen Lage im Stich gelassen wird (vgl. § 221 Abs. 1 StGB), sondern deren Versorgung insb. aufgrund einer sog. Babyklappe sichergestellt ist und das Kind vom JA in Obhut genommen werden kann.[272]

2.3.4 Eigentums- und Vermögensdelikte

2.3.4.1 Erscheinungsformen, Anteile und Entwicklung ihrer Häufigkeit

161 Die Straftaten gegen das Eigentum und das Vermögen machen Jahr für Jahr fast *zwei Drittel* aller polizeilich registrierten Straftaten aus. Zu den Eigentumsdelikten zählen vor allem der einfache und schwere Diebstahl mit weiteren Qualifikationen (§§ 242 ff. StGB), die Unterschlagung (§ 246 StGB), Raub und räuberischer Diebstahl (§§ 249 – 252 StGB), wobei die letztgenannte Deliktsgruppe in diesem Abschnitt nicht behandelt wird, weil sie zugleich zur Gewaltdelinquenz gehört und in diesem Kontext erörtert wurde (siehe oben unter 2.3.1). Wenn es auch beim Raub um Gewaltanwendung oder Gewaltdrohung geht, so geht es auch zugleich um die *Wegnahme fremder beweglicher Sachen*, wie das für die Diebstahlsdelikte typisch ist. Dennoch ist die Unterscheidung zwischen Diebstahl (ohne Gewalt) und Raub (mit Gewalt) von großer Bedeutung hinsichtlich des Ausmaßes an Unrecht. In der Alltagssprache wie auch in der Presse wird dieser Unterschied teils vernachlässigt, wenn es beispielsweise heißt, dass eine Wohnung ausgeraubt worden sei, obwohl es i.d.R. um einen schweren (Einbruchs-)Diebstahl geht.

162 Neben diesen Delikten, bei denen es regelmäßig um eine Zueignungsabsicht (hierzu s. 2.3.6.5) hinsichtlich des Eigentums geht, gehört zu den Eigentumsdelikten auch die Sachbeschädigung (§§ 303 ff. StGB).

163 Zu den *Vermögensdelikten* zählen vor allem die Erpressung (§ 253 StGB) einschließlich erpresserischem Menschenraub (§ 239a StGB), der Betrug mit mehreren Unterformen und Qualifizierungen (§§ 263 ff. StGB), das Erschleichen von Leistungen, insbesondere die Beförderungserschleichung (§ 265a StGB), die Untreue (§ 266 StGB), die Begünstigung (§ 257 StGB), die Hehlerei (§ 259 StGB), die Geldwäsche (§ 261 StGB) und der Wucher (§ 291 StGB) sowie die Entziehung elektrischer Energie (§ 248b StGB) und die Insolvenzdelikte (§§ 283 ff. StGB).

164 1993 entfielen nach der PKS mehr als zwei Drittel aller Straftaten allein auf die Diebstahlskriminalität. Inzwischen ging die Anzahl der Delikte um mehr als 57% zurück – am stärksten im Bereich des Diebstahls von und aus Kraftfahrzeugen. Aber auch heute stehen die Diebstahlsdelikte mit 31,6% im Mittelpunkt und soll deshalb hier kurz beleuchtet werden. 18.1% aller Diebstahlsdelikte waren 2022 nach der PKS einfache Ladendiebstähle (absolut 322.946).

---

272 Trenczek et al. 2023, 307; die Verletzung von § 16 PStG stelle lediglich eine Ordnungswidrigkeit dar; § 169 StGB (Personenstandsfälschung) liegt in aller Regel nicht vor Ungeachtet dessen wird die Diskussion über Babyklappen bzw. anonyme vs. vertrauliche Geburt z.T. heftig umstritten; vgl. auch Coutinho/Krell 2011; Mielitz 2006.

2.3 Deliktsbereiche

Abbildung 17: Entwicklung der Diebstahlskriminalität insgesamt (absolute Zahlen nach der PKS)

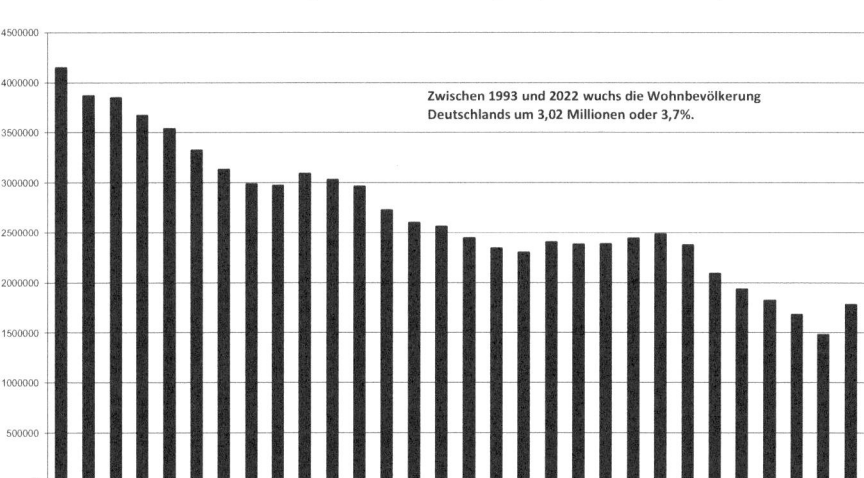

Die Anzahl der Verurteilungen wegen einfachen Diebstahls hat sich zwischen 2007 mit 99.908 und 2021 mit 65.775 um 34,2% verringert, die des schweren Diebstahls gemäß §§ 243, 244 StGB von 30.099 im Jahr 2007 auf 18.000 im Jahr 2021, also um 40,2%.[273]

2.3.4.2 Diebstahlsdelikte

Das Strafgesetzbuch kennt neben dem einfachen Diebstahl gemäß § 242 StGB mit einer Strafandrohung von Freiheitsstrafe bis zu fünf Jahren oder Geldstrafe den besonders schweren Fall des Diebstahls gemäß § 243 StGB mit einer Mindeststrafe von drei Monaten Freiheitsstrafe und einer Höchststrafe von zehn Jahren. Daneben gibt es den Diebstahl mit Waffen bzw. Bandendiebstahl und Wohnungseinbruchsdiebstahl gemäß § 244 StGB (mit einer Mindeststrafe von sechs Monaten) und den schweren Bandendiebstahl gemäß § 244a StGB mit einer Mindeststrafe von einem Jahr, die in minder schweren Fällen auf sechs Monate reduziert werden kann. 2022 registrierte die Polizei: 41,4%) der Diebstähle als schwere Diebstähle (absolut 736.896) und 3,7% als Wohnungseinbruchsdiebstähle (absolut 65.908), wobei 46,8% im Versuchsstadium also unvollendet blieben.[274] Demgegenüber ist das Ergebnis nach der juristischen Bewertung durch die Gerichte ein anderes: Von 75.519 Verurteilungen wegen Diebstahls (§§ 242-244a StGB) 2021 waren 13,9% solche wegen schweren Diebstahls (§ 243 StGB) und 1,9% als Wohnungseinbruchsdiebstähle.[275] Auch an diesen Zahlen zeigt sich, dass die Polizei im Hinblick auf die Statistik als empirischer Arbeitsnachweis tendenziell nicht nur zu viele, sondern auch die Delikte schwerer bewertet, als dies

---

273 Eigene Berechnungen auf der Basis der Rechtspflegestatistik des Statistischen Bundesamtes, Strafverfolgung, Fachserie 10 Reihe 3; aktuellere und ältere Daten für alle Bundesländer liegen nicht vor.
274 Polizeiliche Kriminalstatistik, Berichtsjahr 2022.
275 Statistisches Bundesamt Rechtspflege, Fachserie 10 Reihe 3, Strafverfolgungsstatistik 2021. und 37.

nach der korrekten juristischen Subsumtion der Fall ist. Das suggeriert zwar für die einzelnen Jahre eine größere Kriminalitätsbelastung der Gesellschaft, im Hinblick auf die Entwicklung der Kriminalitätszahlen im Längsschnittvergleich ist dies aber unschädlich, da man davon ausgehen kann, dass die Verfälschungstendenz über die Jahre konstant bleibt.

2.3.4.2.1 Tatobjekte des Diebstahls

167 Der Grundtatbestand des Diebstahls gemäß § 242 StGB bezieht sich entsprechend dem Gesetzeswortlaut auf fremde bewegliche *Sachen*. Sachen sind – wie in § 90 BGB definiert – körperliche Gegenstände, wobei in Abgrenzung zum § 90a BGB auch Tiere als Sachen verstanden werden, wie das bis vor wenigen Jahren auch im Zivilrecht der Fall war. Gestohlen werden können also beispielsweise auch ein Hund, ein Pferd oder ein Meerschweinchen und damit bezieht sich der strafrechtliche Schutz auch auf den Eigentümer dieser Tiere. Nicht im Sinne des § 242 StGB gestohlen werden können Ideen, Forderungen, „geistiges Eigentum" und sonstige Rechte, denn sie sind keine Sachen. Sie sind rechtlich auf andere Art und Weise geschützt,[276] was hier nicht weiter erörtert werden kann. Entgegen öffentlichem Sprachgebrauch können auch steuerrelevante Bankdaten nicht gestohlen werden, zumal die Analogie schon deshalb nicht stimmt, weil auch beim illegalen Anfertigen einer Kopie der Daten, diese sich weiterhin im Eigentum der Bank befinden. Datenträger wie eine DVD oder ein USB-Stick hingegen sind bewegliche Sachen und damit potenzielle Tatobjekte des Diebstahls.[277]

168 Bei den beweglichen Sachen muss es sich um solche handeln, die in *fremdem Eigentum* stehen, wobei die zivilrechtlichen Normen gelten. Das schließt nicht nur den Diebstahl an eigenem Eigentum aus, sondern auch von herrenlosen Sachen, beispielsweise Sachen, die der Eigentümer in einem Abfallkorb gegeben hat.[278] Nicht herrenlos sind hingegen gespendete Sachen in einer Sammelbox, die gemeinnützige Organisationen aufgestellt haben[279] oder Tiere, die dem Eigentümer entlaufen sind.[280] Weil eine Sache auch dann für den Täter fremd ist, wenn der Besitzer die Sache nicht legal erworben hat, kann auch Diebesgut gestohlen werden.[281]

---

276 Zum Beispiel im Rahmen des Urheberrechts und Patentrechts; z.B. § 106 UrhG oder § 17 UWG, §§ 139 ff. PatG.
277 NK-StGB/Kindhäuser/Hoven 2023, § 242 Rn 9.
278 Das sog. „Containern", das Sammeln von Lebensmittelabfällen von einem Supermarktgelände, gilt wohl nach h.M. dann als Diebstahl, wenn der Besitzwille des Eigentümers bis zur Abholung insb. dadurch sichtbar wird, dass die Waren gegen Wegnahme besonders gesichert sind, etwa durch ein Schloss an den Tonnen oder durch ein umzäuntes Gelände (vgl. BayObLG 02.10.2019 – 206 StRR 19 – NStZ-RR 2020,104; BVerfG 05.08.2020 – 2 BvR 1985/19) . Bei einem eingezäunten Betriebsgelände kann auch der Tatbestand des Hausfriedensbruchs (§ 123 StGB) verwirklicht sein.
Zum Fall der Sammlung/Entwendung/Rückgabe von Pfandflaschen, s. BGH 4 StR 591/17 – 10.10.2018: Bei der Wegnahme von Einheitsflaschen ist Zueignungsabsicht zu bejahen, wenn der Täter in der Absicht handelt, das dem Eigentümer entwendete Pfandleergut gegen Erstattung des Pfandbetrages in das Pfandsystem zurückzugeben. Zueignungsabsicht liegt dagegen nicht vor, wenn der Täter - was freilich die Ausnahme sein dürfte - die Eigentumslage richtig einschätzt und durch die Rückgabe der Individualflaschen das Eigentumsrecht des Herstellers/Abfüllers deshalb nicht leugnen will, sondern dieses anerkennt und beabsichtigt, das entwendete Pfandgut gegen Entgelt in das Pfandsystem zurückzuführen. Ggf. kann eine Pfandkehr nach § 289 StGB vorliegen.
279 Wessels/Hillenkamp/Schuhr 2022, 437f.
280 NK-StGB/Kindhäuser/Hoven 2023 § 242 Rn 21.
281 Wessels/Hillenkamp/Schuhr 2022, 39.

2.3 Deliktsbereiche

2.3.4.2.2 Tathandlungen des Diebstahls

§ 242 nennt als Tathandlungen des Diebstahls die *Wegnahme*, worunter der Bruch fremden Gewahrsams und Begründung neuen Gewahrsams verstanden wird.[282] Es kann hier nicht auf die einzelnen Aspekte und Theorien zum Gewahrsamsbegriff selbst eingegangen werden. Im Allgemeinen versteht man unter dem Gewahrsam ein rein tatsächliches Herrschaftsverhältnis, d.h., dass der Gewahrsamsinhaber eine physisch-reale Einwirkungsmöglichkeit auf die Sache hat.[283] Im Fall des Diebstahls gilt: erst das Opfer, dann der Dieb. Die Wegnahme ist vollendet, wenn der Täter gegen den Willen des bisherigen Gewahrsamsinhabers neuen Gewahrsam an der Sache begründet hat.[284] In der Regel, insb. bei leicht fortzuschaffenden Sachen, ist die Wegnahme schon mit dem Ergreifen und Festhalten sowie Einstecken beispielsweise in Taschen der Kleidung oder einer mitgebrachten Tasche vollendet. Zieht ein Täter beispielsweise in einem Kaufhaus mit mehreren Kassenbereichen in den einzelnen Abteilungen in einer Umkleidekabine mehrere dort zum Kauf angebotene Kleidungsstücke an, verbirgt sie unter seinem eigenen Mantel und verlässt die Kleidungsabteilung in Richtung Ausgang, dann ist die Wegnahme bereits im Kaufhaus vollendet, weil er die Kleidung wie eigene Sachen davonträgt.[285] Legt hingegen ein Täter in einem Selbstbedienungsladen die Waren, die er sich rechtswidrig zueignen will, in den Einkaufswagen und verdeckt sie, um, ohne zu bezahlen, am Kassenpersonal vorbeizugehen, dann erlangt er eigenen Gewahrsam durch Wegnahme erst dann, wenn er durch den Kassenbereich hindurch ist und das Kassenpersonal seine Abfertigung abgeschlossen hat.[286] Schwierig ist die Abgrenzung an solchen Selbstbedienungskassen, bei denen kein Kassierer mehr anwesend ist.[287]

2.3.4.2.3 Zueignungsabsicht

Zur Tathandlung der Wegnahme muss die Zueignungsabsicht kommen, denn der Diebstahl ist von der Sachbeschädigung und der Sachentziehung bzw. Gebrauchsanmaßung (mit Rückgabewille) abzugrenzen. Die Wegnahme muss von vornherein in Zueignungsabsicht geschehen, d.h. mit dem Willen zur Enteignung des Eigentümers der Sache verbunden sein. Wer eine fremde Sache nur ausleihen will – und sei es ohne das Wissen des Eigentümers – begeht noch keinen Diebstahl. In vielen Alltagssituationen wird er möglicherweise Mühe haben, seine Absicht zur Rückgabe zu beweisen, aber das ändert nichts an der grundsätzlichen Unterscheidung. In Zueignungsabsicht handelt auch der Dieb, der die gestohlene fremde Sache in der Absicht wegnimmt, sie später dem betroffenen Eigentümer zum Kauf anzubieten, denn entscheidend ist die Enteignung, die auch dann stattfindet, wenn der Dieb später wie ein Eigentümer auftritt und eine Rückveräußerung anbietet.[288]

Fremde bewegliche Sachen als Tatobjekte des Diebstahls können auch beispielsweise Sparbücher oder Geldkarten sein, auf denen Guthaben gespeichert sind, selbst wenn der Dieb diese Legitimationspapiere nach dem Abheben oder dem Verbrauch des

---

[282] RGSt 48, 58, 59 f.; Fischer 2024 § 242 Rn 16.
[283] Wessels/Hillenkamp/Schuhr 2022, 40.
[284] Wessels/Hillenkamp/Schuhr 2022, 53; auch Fischer 2024 § 242 Rn 17.
[285] Wessels/Hillenkamp/Schuhr 2022, 58.
[286] Wessels/Hillenkamp/Schuhr 2022, S 60 und BGH 26.7.1995 – 4 StR 234/95 – E 41, 198, 202 f.
[287] NK-StGB/Kindhäuser/Hoven 2023 § 242 Rn 55.
[288] So schon RGSt 57, 199.

2. DIE STRAFTAT

Guthabens dem Eigentümer zurückgibt, denn die Zueignungsabsicht bezieht sich hier gerade auf den Wert, der durch die Nutzung des Sparbuchs oder der Geldkarte erlangt wurde. Die Rückgabe der Legitimationspapiere selbst ist deshalb für die Zueignungsabsicht ohne Belang.[289]

172 Bevor im nächsten Abschnitt auf den besonders schweren Fall des Diebstahls eingegangen werden wird, soll kurz auf zwei Normen hingewiesen werden, die gegebenenfalls die Verfolgbarkeit des einfachen Diebstahls hemmen. § 247 StGB setzt beim Diebstahl zum Nachteil eines Angehörigen oder einer Person, mit der der Täter in häuslicher Gemeinschaft lebt (sog. *Haus- und Familiendiebstahl*), einen Strafantrag (hierzu 2.1.4) voraus. Diese Regelung soll dem Familienfrieden dienen und Konflikte intern lösen lassen.[290] Gemäß § 248a StGB ist auch beim *Diebstahl geringwertiger Sachen* ein Strafantrag erforderlich, es sei denn, „dass die Strafverfolgungsbehörde wegen des besonderen öffentlichen Interesses an der Strafverfolgung ein Einschreiten von Amts wegen für geboten hält." Auch hier geht es angesichts des geringen Wertes des Schadens dieser Bagatellkriminalität darum, andere Möglichkeiten der Konfliktregulierung ohne aufwändige formelle Strafverfahren zu ermöglichen. Die Rechtsprechung hat die Wertgrenze der Geringwertigkeit unterschiedlich angesetzt – meist zwischen 25 und 50€.[291] Unrichtig ist jedoch die häufig anzutreffende Auffassung, diese Regelung sei ein historischer Nachfolger des sogenannten „Mundraubs" und garantiere dem Täter Straffreiheit, wenn er beispielsweise, weil er hungrig sei, Obst beim Gemüsehändler stehle und direkt verzehre. Eine solche Handlung bleibt ein Diebstahl und dem Händler steht es völlig frei, einen Strafantrag zu stellen. Bekanntlich verkünden viele Supermarktketten öffentlich, dass sie jeden Diebstahl zur Anzeige bringen, obwohl bekanntlich eine große Anzahl der dort angebotenen Produkte geringwertige Sachen sind.

2.3.4.2.4 Regelbeispiele des besonderen schweren Falls des Diebstahls

173 Bereits 1969 hat der Gesetzgeber durch das sog. erste Strafrechtsreformgesetz aus dem ursprünglichen Qualifikationstatbestand des schweren Diebstahls, der eine Mindeststrafe von einem Jahr Freiheitsstrafe beim Vorliegen einer der genannten Erschwerungsgründe vorsah, in § 243 StGB eine Aufzählung von sieben *Regelbeispielen* als Strafzumessungsregeln installiert. Die Verwirklichung eines dieser Regelbeispiele ist jeweils ein Indiz dafür, dass ein besonders schwerer Fall des Diebstahls vorliegt und damit ein Strafrahmen von drei Monaten bis zu zehn Jahren ausgeschöpft werden kann. Nach § 243 Abs. 2 StGB ist aber ein schwerer Fall ausgeschlossen, wenn sich die Tat auf eine geringwertige Sache bezieht (vgl. oben), sofern nicht eine Schusswaffe oder Sprengstoff entsprechend dem Regelbeispiel 7 in Absatz 1 eingesetzt wurde. Insgesamt fußt die Regelbeispielmethode auf dem Grundsatz der Gesamtwürdigung von Tat und Täter.[292] Entsprechen diese der Beschreibung einer der sieben Regelbeispiele, so tritt auch die Regelwirkung, d.h. die Anwendung des erhöhten Strafrahmens, ein.[293]

174 Das erste Regelbeispiel betrifft den sogenannten *Einbruchs-*, Einsteiger-, Nachschlüssel-*Diebstahl* in ein Gebäude, einen Dienst- oder Geschäftsraum. Ursprünglich waren

---

289 Wessels/Hillenkamp/Schuhr 2022, S 75 f.
290 NK-StGB/Kindhäuser/Hoven 2023 § 247 Rn 1.
291 NK-StGB/Kindhäuser/Hoven 2023 § 248a Rn 6.
292 BGH 28.2.1979 – 3 StR 24/79 – E 28, 318, 319.
293 Wessels/Hillenkamp/Schuhr 2022, 91.

hier auch Wohnungen genannt. Diese sind aber nun mit noch höherer Mindeststrafe in § 244 Abs. 1 Ziffer 3 StGB aufgeführt. So wie im Regelbeispiel Nummer 1 der erhöhte Strafrahmen sich durch den erhöhten Aufwand des Diebes zur Wegnahme der fremden Sache erklärt, so erklärt er sich im zweiten Regelbeispiel durch die Notwendigkeit der Überwindung besonderer Sicherungen durch ein verschlossenes Behältnis oder andere Schutzvorrichtungen gegen Wegnahme. Das Behältnis muss verschlossen und gegen einen ordnungswidrigen Zugriff von außen besonders gesichert sein.[294] Schutzvorrichtungen sind vor allem Schlösser jeder Art, aber auch Alarmanlagen.[295] Ist der Täter im Besitz des Schlüssels für das Behältnis oder die Schutzvorrichtung, dann liegt das Regelbeispiel für ihn nicht vor, er begeht also bei der Wegnahme nur einen einfachen Diebstahl.[296] Als nicht gesichert gilt ein allein durch einen Reißverschluss gesichertes Zelt.[297]

Die weiteren Regelbeispiele für schweren Diebstahl betreffen den *gewerbsmäßigen Diebstahl* (Nr. 3) und den *Kirchendiebstahl* (Nr. 4), wobei nur die Gegenstände erfasst werden, die der direkten Religionsausübung dienen („die dem Gottesdienst gewidmet sind oder der religiösen Verehrung dienen").[298] Beim *gemeinschädlichen Diebstahl* (Nr. 5) geht es um Sachen „von Bedeutung für Wissenschaft, Kunst oder Geschichte oder für die technische Entwicklung ..., die sich in allgemein zugänglichen Sammlungen befinden oder öffentlich ausgestellt" sind. In Regelbeispiel 6 geht es um *Diebstahl unter Ausnutzung der Hilflosigkeit* einer anderen Person, eines Unglücksfalls oder einer gemeinen Gefahr und im letzten Regelbeispiel um den *Diebstahl von Waffen* und Sprengstoff (Nr. 7).

2.3.5 Drogenstrafrecht

Auch wenn der Nutzer von verbotenen Drogen nur sich selbst schadet und es deshalb kriminalpolitisch und strafrechtspolitisch nicht ganz klar ist, welches und wessen Rechtsgut durch die strafrechtlichen Bestimmungen des Betäubungsmittelrechts geschützt werden sollen, spielen illegale Drogen im Kontext des Strafrechts eine große Rolle. Neben den im Folgenden genannten und erläuterten Straftatbeständen sei die *Beschaffungskriminalität* aufgrund problematischen Konsums und der Drogenabhängigkeit genannt sowie Folgekriminalität in Rauschzuständen.

In mehr als 60% der Fälle ging es bisher bei den illegalen Drogen um Cannabis und auch der Anstieg zwischen 2012 und 2020 (vgl. Abbildung 18) war hauptsächlich durch den Anstieg bei Cannabisdelikten zustande gekommen. Insgesamt geht es bei mehr als drei Viertel aller Fälle um allgemeine Verstöße gegen das Betäubungsmittelrecht – in jedem sechsten Fall um unerlaubten Handel. Auch bei diesen etwa 50.000 Delikten des unerlaubten Handelns und Schmuggels von Rauschgiften gemäß § 29 BtMG geht es wiederum in mehr als 60% der Fälle um Cannabis. Dies wird sich sicher durch die Verabschiedung des Gesetzes zum kontrollierten Umgang mit Cannabis und zur Änderung weiterer Vorschriften am 27.03.2024 ändern.[299]

---

[294] Fischer 2024 § 243 Rn 16ff.; Wessels/Hillenkamp/Schuhr 2022, 102.
[295] NK-StGB/Kindhäuser/Hoven 2023 § 243 Rn 21.
[296] Dölling et al./Duttge 2022 § 243 Rn 20; Kindhäuser/Hilgendorf 2022 § 243 Rn 16.
[297] Mitunter wird insoweit auch das Merkmal des „Einbrechens" (Nr. 1) verneint, NK-StGB/Kindhäuser/Hoven 2023 § 243 Rn 12.
[298] RGSt 13.11.1918 – V 813/18 – E 53, 144; BGH 3.5.1966 – 1 StR 506/65 – E 21, 64.
[299] BGBl 2024, Nr. 109 vom 27.3.2024.

2. DIE STRAFTAT

Abbildung 18: Die Entwicklung der Drogenkriminalität

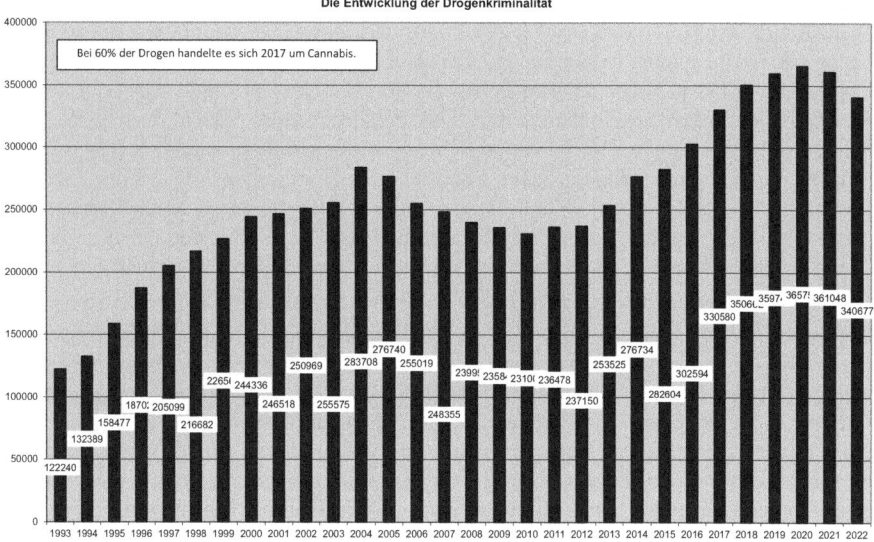

178 Das Drogenstrafrecht der Bundesrepublik Deutschland ist nicht im StGB, sondern im BtMG geregelt, welches zunächst verwaltungsrechtlich den Verkehr und die Überwachung von Betäubungsmitteln regelt. Als *Betäubungsmittel* gelten nach § 1 BtMG die Stoffe und Zubereitungen, die durch Rechtsverordnung der Bundesregierung in den Anlagen zum BtMG aufgelistet sind. Diese Stoffe werden in drei Gruppen eingeteilt, in nicht verkehrsfähige BtM (z.B. Cannabis[300]/Marihuana/Haschisch, Heroin, LSD und andere Partydrogen), in verkehrsfähige, nicht verschreibungsfähige Stoffe (z.B. Codein, d-Cocain) und verkehrsfähige und verschreibungsfähige Stoffe (z.B. Amphetamin, Methadon, Morphin, Opium).[301] Während die Stoffe der ersten beiden Gruppen weder in den Verkehr gebracht, verabreicht oder einem anderen überlassen werden dürfen, dürfen die Drogen der dritten Gruppe von Ärzten im Rahmen einer medizinisch begründeten Behandlung verschrieben oder verabreicht werden. Die Strafvorschriften sind in den §§ 29 – 30c BtMG geregelt und umfassen u.a.

- das Anbauen[302], Herstellen, Handeltreiben, Ein- und Ausführen, Abgeben, Veräußern und sonst in den Verkehr bringen sowie das sich Verschaffen (vgl. § 29 Abs. 1 Nr. 1 BtMG),
- die unerlaubte Zubereitung (§ 29 Abs. 1 Nr. 2 BtMG),
- das unerlaubte Besitzen (§ 29 Abs. 1 Nr. 3 BtMG),
- das unerlaubte Verabreichen und Verschreiben (§ 29 Abs. 1 Nr. 6 BtMG),

---

300 Durch das Gesetz zur Änderung betäubungsmittelrechtlicher und anderer Vorschriften (BtMRÄndG) vom 10.3.2017 wurden bestimmte Extrakte aus der Cannabisblüte als mögliche Heil- und Therapiemittel und damit in diesem Zusammenhang als nicht mehr illegale Droge anerkannt („Cannabis als Medizin").

301 Zu den Betäubungsmitteln im Einzelnen ausführlich Böllinger/Stöver 2002; Patzak/Volkmer/Fabricius 2022.

302 Bislang bzgl. Cannabispflanzen (s. BGH 3 StR 407/12 – 20.12.2012). Nun ist der Anbau von Cannabis in Kapitel 3 (§§ 9 f. Privater Eigenanbau) und 4 (§§ 11 ff. Gemeinschaftlicher Anbau) des Cannabisgesetzes vom 27.03.24 geregelt.

2.3 Deliktsbereiche

- das Verschaffen von Gelegenheiten, insb. zum unbefugten Erwerb (§ 29 Abs. 1 Nr. 10 BtMG) oder Verbrauch (Nr. 11) sowie
- das Bereitstellen von Geldmitteln und Vermögensgegenständen im Hinblick auf die o.g. Vorgehensweisen (§ 29 Abs. 1 Nr. 13 BtMG).

Am 23.2.2024 verabschiedete der Bundestag[303] eine Reform des Betäubungsmittelrechts mit dem Titel „Gesetz zum kontrollierten Umgang mit Cannabis und zur Änderung weiterer Vorschriften (Cannabisgesetz – CanG)", die am 27.03.2024.veröffentlicht wurde und am 1.4.2024 in Kraft trat. Es handelt sich um eine Teil-Legalisierung des Cannabisbesitzes und -konsums bzw. um eine kontrollierte Freigabe. Danach erlaubt der Gesetzgeber nach Jahrzehnten der Diskussion volljährigen Personen gem. § 3 Abs. 1 CanG den Besitz von bis zu 25 Gramm Cannabis zum Eigenkonsum. Privat dürfen maximal 3 Pflanzen angebaut werden und in nicht-kommerziellen sog. Cannabis-Clubs dürfen ab dem 1.7.2024 Vereinsmitglieder gemeinschaftlich anbauen und sich gegenseitig bis zu 50 Gramm pro Monat abgeben. Gem § 18 CanG müssen diese Anbauvereinigungen zur Qualitätsprüfung regelmäßig Stichproben von dem angebauten Cannabis nehmen, untersuchen und dies zu dokumentieren. Vor Kindertagesstätten, Kinderspielplätzen und Schulen darf gem. § 5 CanG nicht konsumiert werden. Zudem gilt ein Abstandsgebot von 100m und es gibt schon entsprechende Apps, die den jeweiligen Abstand zu Schulen und Kitas anzeigen. In Fußgängerzonen darf zwischen 7.00h und 20.00h ebenfalls nicht konsumiert werden.

179

Der Gesetzgeber verspricht sich davon eine Reduzierung des illegalen Handelns, eine Trennung der Märkte von Cannabisprodukten und anderen, härteren Drogen sowie eine Verbesserung des Jugend- und Gesundheitsschutzes. Außerdem wird erwartet, dass Polizei, Staatsanwaltschaften und Gerichte ganz wesentlich entlastet werden. Die Freigabe von Cannabisprodukten bedeutet keine Verleugnung der gesundheitlichen Risiken, sondern allein eine drogen- und kriminalpolitische Veränderung zu mehr Selbstverantwortung und weniger staatlichen Verboten, ähnlich wie das bei Alkohol- und Tabakkonsum trotz erwiesener Schädlichkeit dieser beiden Produkte seit langem gehandhabt wird. Soweit Probleme der Überprüfbarkeit und Kontrolle der neuen Regelungen durch die Polizei thematisiert werden, so ist darauf hinzuweisen, dass diese Kritik auch für die bisherigen Regelungen gelten und dass beispielsweise auch das Rauchverbot in öffentlichen Gebäuden nicht umfassend durch Polizeipräsenz überprüft wird. Soziale Kontrolle funktioniert – in fast allen Bereichen der Delinquenz – durch die weitgehende Befolgung der Gebote und Verbote sowie dadurch, dass sich gegebenenfalls Gesellschaftsmitglieder gegenseitig auf die Einhaltung der Normen hinweisen und dass auch kleine Übertretungen der grundsätzlichen Wirksamkeit der Norm nicht widersprechen. Das CanG führt schließlich zu einem rückwirkenden Straferlass (mit der Möglichkeit, nach §§ 40 – 42 CanG auf Antrag den Eintrag im Bundeszentralregister löschen zu lassen) und damit in einer Übergangszeit zu einem Zusatzaufwand für Staatsanwaltschaften und Gerichte. Dies ist aber – wie bei jeder gesetzlichen Legalisierung - zum einen nur eine Folge der vergangenen Regelungen im BtMG, wird zum zweiten nur ein kurzes Übergangsphänomen sein und führt letztlich zu Entlastungen in der Strafvollstreckung und insb. auch im Justizvollzug.

180

Die Abgabe von sterilen *Einmalspritzen* an Betäubungsmittelabhängige und die öffentliche Information darüber sind nach § 29 Abs. 1 S. 2 BtMG ausdrücklich kein

181

---

303 Mit 64% erreichte das CanG fast eine Zweidrittelmehrheit.

2. Die Straftat

Verschaffen und kein öffentliches Mitteilen einer Gelegenheit zum Verbrauch nach § 29 Abs. 1 S. 1 Nr. 11 BtMG. Auch der Betrieb von *Drogenkonsumräumen* ist unter den Bedingungen des § 10a BtMG zulässig, wenn auch erlaubnispflichtig.[304]

182 Während § 29 Abs. 3 BtMG eine sog. Strafzumessungsregelung für besonders schwere Fälle (z.b. gewerbsmäßiges Vorgehen) beinhaltet (zur Strafmilderung nach § 31 BtMG s.u. 4.4), sind die §§ 29a, 30 und 30a BtMG echte Verbrechenstatbestände, die an besondere Tatumstände anknüpfen. Hervorzuheben sind die im BtMG geregelten Möglichkeiten, das Strafverfahren informell zu erledigen (zur *Diversion* allgemein vgl. 3.3.1), um möglichst vielen Drogenkonsumenten einen Weg in die Suchthilfe zu ebnen. Eine Einstellung des Strafverfahrens ist nach § 31a Abs. 1 BtMG im Hinblick auf Vergehen nach § 29 Abs. 1, 2 und 4 BtMG möglich, wenn bei einer geringen Schuld des Täters kein öffentliches Interesse an einer Strafverfolgung besteht und es sich um Eigenverbrauch der Drogen in nur geringer Menge handelt. Das BVerfG hatte in der sog. „Haschisch"-Entscheidung[305] bereits 1994 die Bundesländer dazu aufgefordert, im Hinblick auf diesen unbestimmten Rechtsbegriff verbindliche und bundeseinheitliche Richtlinien für die StA zu erlassen. Dem waren die Länder bislang immer noch nicht nachgekommen (vgl. Nr. 257 RiStBV), so dass man bislang noch eine regional unterschiedliche Einstellungspraxis beklagen muss. Die StA war (vor der Geltung des CanG) auch bei einer „geringen Menge" nicht zur Einstellung des Strafverfahrens verpflichtet (Kann-Regelung). Allerdings war ihr Ermessen nach § 31a Abs. 1 S. 2 BtMG eingeschränkt („von der Strafverfolgung soll abgesehen werden"), wenn der Täter in einem Drogenkonsumraum Betäubungsmittel lediglich zum Eigenverbrauch in geringer Menge besitzt. Kommt es nicht zur Einstellung des Strafverfahrens, was im Hinblick auf die Soll-Regelung inhaltlich zu begründen ist, kann nach § 29 Abs. 5 BtMG bei einem Eigengebrauch in geringer Menge gleichwohl von der Bestrafung abgesehen werden.

183 Darüber hinaus kann unter dem Schlagwort *„Therapie statt Strafe"* die StA nach § 37 BtMG bei einem Verdacht einer Straftat aufgrund von Drogenabhängigkeit mit Zustimmung des Gerichts vorläufig von der Erhebung der öffentlichen Klage absehen, wenn der Beschuldigte nachweist, dass er sich wegen seiner Abhängigkeit einer Suchttherapie in einer staatlich anerkannten Einrichtung unterzieht. Schließlich kann nach § 35 BtMG die Vollstreckung der Strafe, eines Strafrestes oder der Maßregel der Unterbringung in einer Entziehungsanstalt für längstens zwei Jahre zurückgestellt werden, wenn der Verurteilte sich wegen seiner Abhängigkeit in einer seiner Rehabilitation dienenden Behandlung befindet oder zusagt, sich einer solchen zu unterziehen, und deren Beginn gewährleistet ist.

184 Am 21.7.2009 ist das Gesetz zur *diamorphingestützten Substitution* in Kraft getreten. Das Gesetz regelt u.a., dass pharmazeutisch hergestelltes Heroin (Diamorphin) in engen Grenzen als Betäubungsmittel im Rahmen der Substitutionsbehandlung verschreibungsfähig wird (vgl. § 13 Abs. 2 Satz 2 BtMG). Damit können schwerstkranke Opiatabhängige verstärkt therapeutisch erreicht und zugleich die negativen Folgen der Drogenabhängigkeit für die öffentliche Sicherheit und Ordnung abgemildert werden.[306] Die Diamorphinbehandlung darf nur in bestimmten Einrichtungen vorgenommen werden, die über eine Erlaubnis der zuständigen Landesbehörde verfügen. Aus-

---

304 Hierzu ausführlich Patzak/Volkmer/Fabricius 2022 § 10a Rn 7 ff.
305 BVerfG 09.03.1994 - 2 BvL 43/92 - NJW 1994, 1577 ff. [1583].
306 BT-Ds 16 / 11515.

2.3 Deliktsbereiche

stattung und Sicherheitsvorkehrungen im Einzelnen sind durch Richtlinien der Länder zu regeln.[307]

2.3.6 Strafrechtlicher Daten- und Vertrauensschutz

Entgegen einer weitverbreiteten Laienansicht gibt es in Deutschland keine allgemeine Anzeigepflicht, weder für den einzelnen Bürger*innen noch für Sozialarbeiter*innen. Nach § 138 StGB ist die *Nichtanzeige von Straftaten* nur dann strafbar, wenn es sich um ausdrücklich in Abs. 1 StGB genannte, besonders schwere Straftaten wie Mord und Totschlag, Kriegsverbrechen, schwerer Menschenhandel oder (erpresserischer) Menschenraub, Raub oder gemeingefährliche Straftaten handelt, die noch bevorstehen und deshalb noch abgewendet werden können. Eine besondere Garantenstellung (hierzu 2.2.2) ist insoweit nicht erforderlich, die Vorschrift richtet sich an alle Bürger*innen. Über § 138 StGB hinaus besteht (auch für Sozialarbeiter*innen) keine besondere Anzeigepflicht weder gegenüber der Polizei, der StA[308] noch dem Gericht. Im Hinblick auf in der Vergangenheit liegende Straftaten besteht vielmehr grds. die Pflicht zur Verschwiegenheit nach § 203 Abs. 1 Nr. 5 StGB. Die Weitergabe von persönlichen und Geschäftsgeheimnissen ist nur ausnahmsweise aufgrund des Vorliegens eines Rechtfertigungsgrunds gerechtfertigt.[309]

185

Fachkräfte der Sozialen Arbeit sind grds. zum umfassenden Daten- und Vertrauensschutz verpflichtet. Die *Pflicht zur Verschwiegenheit* ergibt sich im Geltungsbereich des SGB bereits aus den § 35 Abs. 1 u. 2 SGB I, §§ 67 – 78 SGB X sowie weiteren bereichsspezifischen Regelungen des Sozialdatenschutzes z.B. des Kinder- und Jugendhilferechts (§§ 61 ff. SGB VIII), im Übrigen aus arbeits- und beamtenrechtlichen oder vertraglichen Regelungen. Der Daten- und Vertrauensschutz ist im Hinblick auf staatlich anerkannte Sozialarbeiter*/Sozialpädagog*innen zusätzlich strafrechtlich abgesichert. Nach § 203 Abs. 1 Nr. 5 StGB dürfen sie fremde Geheimnisse, d.h. schutzwürdige Daten und Informationen, an denen ein Geheimhaltungsinteresse besteht, nicht unbefugt offenbaren – unabhängig davon, ob sie ihnen anvertraut oder sonst im Rahmen der beruflichen Inanspruchnahme bekannt geworden sind. Die gleiche Pflicht zum Vertrauensschutz trifft u.a. Ärzt*innen (Nr. 1), Berufspsycholog*innen (Nr. 2) und Rechtsanwält*innen (Nr. 3), die Mitarbeiter*innen anerkannter Ehe-, Familien-, Erziehungs- und Jugendberatungs-, der Drogen- und Suchtberatungsstellen (Nr. 4) sowie anerkannter Beratungsstellen der Schwangerenkonfliktberatung (Nr. 4a). Zur *Datenübermittlung* sind Sozialarbeiter*innen nur befugt, sofern die*der Betroffene eingewilligt hat oder eine gesetzliche Norm dies zulässt oder vorschreibt. So dürfen

186

---

307 § 13 Abs. 3 Nr. 2a / b BtMG, § 5 Abs. 9b BtMVV.
308 Bei Anhaltspunkten, dass jemand nicht eines natürlichen Todes gestorben ist, oder wenn der Leichnam eines Unbekannten gefunden wird, sind die Polizei- und Gemeindebehörden zur sofortigen Anzeige an die StA oder an das Amtsgericht verpflichtet (§ 159 StPO).
309 Vgl. hierzu auch das zur Umsetzung der Richtlinie (EU) 2016/943 (sog. Whistleblower) am 02.07.2023 in Kraft getretenen Gesetz für einen besseren Schutz hinweisgebender Personen" (Hinweisgeberschutzgesetz – HinSchG), nach dem eine Meldung/„Anzeige" der Verletzung von Strafvorschriften, bestimmten Ordnungswidrigkeiten sowie insb. der Vorschriften zur Geldwäschebekämpfung und Produktsicherheit sowie zugunsten von Umwelt- und Datenschutz an bestimmte interne und externe Meldestellen nicht gegen § 203 StGB verstößt. Der Gang an die Öffentlichkeit ist nur unter den engen Voraussetzungen von § 32 HinSchG zulässig, insb. muss sich der Hinweisgeber entweder ordnungsgemäß an eine externe Meldestelle gewendet haben und von dort keine (fristgerechte) Rückmeldung erhalten haben, der es müssen erhebliche Umstände vorliegen, wie eine drohende unmittelbare oder offenkundige Gefährdung des öffentlichen Interesses oder auch Anhaltspunkte für ein Zusammenwirken der Meldestelle und des Beschuldigten.

z.B. nach § 68 SGB X sog. sozio-biografische Grunddaten, wie u.a. Name, Vorname, Geburtsdatum, Geburtsort, derzeitige Anschrift und Aufenthalt, Name und Anschrift derzeitiger Arbeitgeber, an die Polizei, StA und Gerichte übermittelt werden. Andererseits folgt aus den besonderen Vertrauensschutzvorschriften der §§ 64, 65 SG VIII eine weitgehende *Übermittlungssperre* (s. nachfolgend).

187 Fachkräfte der öffentlichen Kinder- und Jugendhilfe, die im Rahmen ihres Schutzauftrags gemäß der in §§ 8a, 42, 65 Abs. 1 SGB VIII geregelten *Offenbarungsbefugnisse* Informationen und (ggf. sogar anvertraute) Daten im Fachteam, zur Durchführung einer Inobhutnahme oder bei einem Zuständigkeitswechsel (entsprechend der im Gesetz geregelten fachlichen Standards!) austauschen bzw. an das Familiengericht (nicht die Polizei oder StA) weiterleiten, tun dies nicht unbefugt.[310] Auch der durch das BKiSchG eingeführte § 4 Abs. 3 KKG stellt für mit Minderjährigen arbeitende Berufsgeheimnisträger einen *Rechtfertigungsgrund für die Datenweitergabe* an das Jugendamt (nicht Polizei!) dar, wobei aber insb. das sog. Transparenzgebot zu beachten ist (§ 4 Abs. 3 Satz 1, 2. HS KKG), d.h., dass die Betroffenen vorab darauf hinzuweisen sind, dass das Jugendamt informiert wird. Hiervon darf nur abgewichen werden, wenn gerade diese Information den wirksamen Schutz des Kindes oder des Jugendlichen infrage stellt.[311] Im Übrigen kommt als Rechtfertigungsgrund gegenüber dem Vorwurf des Geheimnisverrats allenfalls der rechtfertigende Notstand (§ 34 StGB) in Betracht,[312] wenn die Offenbarung das einzige Mittel zum Schutz höherrangiger Rechtsgüter war (s.o. 2.1.2.3).

188 Als Befugnis, Sozialgeheimnisse zu offenbaren, gilt auch die vom Gericht auferlegte Pflicht zur *Zeugenaussage*, die Zeugenpflichtigkeit ist mithin ein Rechtfertigungsgrund gegenüber dem Vorwurf der unbefugten Datenweitergabe. Insoweit ist umstritten, ob Sozialarbeiter*innen zur Zeugnisverweigerung befugt oder gar verpflichtet sind, wenn sie in ihrer Eigenschaft als Betreuer*in von Klient*innen vor Gericht aussagen sollen. Neben den in *§ 53 Abs. 1 StPO* genannten Berufsgeheimnisträgern aus juristischen, kirchlichen und journalistischen Bereich ist das *Recht auf Zeugnisverweigerung* für Fachkräfte der Sozialen Arbeit nur teilweise und zwar nur für Mitarbeiter*innen einer anerkannten Stelle der Schwangerenkonfliktberatung (§ 53 Abs. 1 Nr. 3a StPO) sowie der Sucht- und Drogenberatung im Bereich des BtMG (§ 53 Abs. 1 Nr. 3b StPO) ausdrücklich geregelt.[313]

189 Ein „*allgemeines*", allen staatlich anerkannten Sozialarbeiter*innen (nicht aber Erzieher*innen) aufgrund ihres Amtes bzw. beruflichen Aufgabe[314] zustehendes *Zeugnisverweigerungsrecht* ist im Hinblick auf anvertraute Informationen mittlerweile in den *Verfahren vor den Zivilgerichten* (§ 383 Abs. 1 Nr. 6 ZPO) sowie – aufgrund der jeweiligen gesetzlichen Verweise – auch in Verfahren vor den Arbeits-, Sozial- und

---

310 Ausführlich Münder et al./Hoffmann 2022 § 65 Rn 2 ff.; Münder/Trenczek et al. 2020, Kap. 14.4.2 und 14.5.2.
311 Ausführlich hierzu Münder et al./Meysen 2022 Anhang I, Rn 95.
312 Nicht aber Notwehr, da das Anvertrauen der Information keinen (rechtswidrigen) Angriff darstellt.
313 Laut dem Gutachten der Wissenschaftlichen Dienst des Deutscher Bundestag (2020, 12) sei nicht ersichtlich, dass sich die derzeitige selektive Hervorhebung der einzelnen Berufsgeheimnisträger und die dieser Rechtslage zugrundeliegende Entscheidung des Gesetzgebers nicht im Rahmen seines verfassungsrechtlichen Spielraums bewegen würde, zumal sich für Härtefälle ein Zeugnisverweigerungsrecht unmittelbar aus der Verfassung ergeben könne.
314 Solche Verschwiegenheitspflichten sind zumeist entweder gesetzlich oder als vertraglich als arbeits- und beamtenrechtliche (Neben-)Pflicht in Arbeitsverträgen mit den Anstellungsträgern oder in (Betreuungs- und Beratungs-)Verträgen mit den Klient*innen geregelt.

2.3 Deliktsbereiche

Verwaltungsgerichten (vgl. § 29 FamFG, § 46 Abs. 2 ArbGG, § 118 Abs. 1 SGG, § 98 VwGO) anerkannt.[315] Die Befreiung vom Aussagezwang soll Sozialarbeiter*innen vor einer Pflichtenkollision bewahren und dem Rat und Hilfe suchenden Klienten die Gewissheit geben, mit der Verschwiegenheit sogar vor Gericht rechnen zu dürfen.[316] Damit schützt das Zeugnisverweigerungsrecht ebenso wie das (selbständige) Beweisverwertungsverbot bei intimen Aufzeichnungen wie z.B. Tagebüchern[317] im Ergebnis den *Kernbereich der Privatsphäre* des Einzelnen (Art. 1 Abs. 1, Art. 2 Abs. 1 GG; Art. 8 EMRK) vor staatlichen Eingriffen.[318] Insoweit wird darauf hingewiesen, dass sich die Verschwiegenheitspflicht inkl. des daran anknüpfenden das Zeugnisverweigerungsrecht – anders als bei § 53 StPO (s. nachfolgend) – aus der Natur der Sache, d.h. insb. der (berufsethischen) Verpflichtung, anvertrauten Informationen zu schützen, ergebe und zwar selbst dann, wenn sie nicht über § 203 StGB strafrechtlich abgesichert sei.[319] Soweit die Erwartung auf Verschwiegenheit auch gesetzlich geregelt ist – z.B. im Hinblick auf die Schweigepflicht nach § 203 StGB, bei Mediator*innen im Hinblick auf § 4 MediationsG[320] – sind Personen in diesen Ämtern/Aufgaben nicht nur zur Verschwiegenheit bzw. mithin zur Zeugnisverweigerung berechtigt, sondern ggf. auch verpflichtet.[321] Dabei erstreckt sich das Zeugnisverweigerungsrecht nicht nur auf schriftliche oder mündliche Mitteilungen, sondern auch auf alle Umstände, die der Geheimnisträger auf Grund Amtes, Standes oder Gewerbes vertraulich erfährt.[322] *Anvertraut* i.S.d. § 383 Abs. 1 Nr. 6 ZPO sind nicht nur Tatsachen, bei denen der Wunsch nach Vertraulichkeit ausdrücklich ausgesprochen wird; vielmehr genügt auch das stillschweigende Verlangen nach Geheimhaltung.[323] In familienrechtlichen Verfahren (insb. in Angelegenheiten des §§ 1666, 1666a BGB) wurde darüber hinaus Sozialarbeiter*innen ein unmittelbar aus dem Grundgesetz hergeleitetes Zeugnisverweigerungsrecht zugestanden.[324]

---

315 Vgl. z.B. BGH 04.07.1984 – IVa ZB 18/83 – BGHZ 91, 392 ff – NJW 1984, 2893 (Ärzte); BGH 09.12.2004 - IX ZB 279/03 (Notare). Vgl. MüKoZPO/Damrau/Weinland 2020 § 383 Rn 31 ff.; Zöller-Greger 2024 § 383 Rn 16 ff.
316 MüKoZPO/Damrau/Weinland 2020 § 383 Rn 2.
317 BGHSt 21.02.1964 – 4 StR 519/63 (grundsätzliche Unverwertbarkeit persönlicher Tagebuchaufzeichnungen im Strafprozess); BVerfG 31.01.1973 – 2 BvR 454/71 (grundsätzliche Nichtverwertbarkeit einer heimlichen Tonbandaufnahme im Strafverfahren); BVerfG 14.09.1989 – 2 BvR 1062/67 einschränkend: Verwertbarkeit [von Tagebuchaufzeichnungen hängt] von Charakter und Bedeutung des Inhalts ab. Enthalten solche Aufzeichnungen etwa Angaben über die Planung bevorstehender oder Berichte über begangene Straftaten, stehen sie also in einem unmittelbaren Bezug zu konkreten strafbaren Handlungen, so gehören sie dem unantastbaren Bereich privater Lebensgestaltung nicht an. Hierzu vgl. MüKoStPO/Bartel 2024 § 261 Rn 142.
318 Hierzu vgl. BVerfG 15.12.1983 – 1 BvR 209/83 (Grundrecht auf informationelle Selbstbestimmung); BVerfG 03.03.2004 – 1 BvE 2378/98 (akustische Wohnraumüberwachung); BVerfG 20.04.2016 – 1 BvR 966/09 (Telekommunikationsüberwachung).
319 MüKoZPO/Damrau/Weinland 2020 § 383 Rn 31.
320 Greger 2017 Rn 9; vgl. Eckardt/Dendorfer 2001, 786 ff. Zur Verschwiegenheitspflicht von Gewerkschaftssekretären vgl. LG Hamm 10.08.1994 – 3 Ta BV 92/94.
321 Vgl. Greger et al./Greger § 4 Rn 26.
322 MüKoZPO/Damrau/Weinland 2020 § 383 Rn 32.
323 MüKoZPO/Damrau/Weinland 2020 § 383 Rn 33. Nicht anvertraut ist demgegenüber alles, was der Geheimnisträger als Teil der Öffentlichkeit wahrnimmt oder was ihm privat bekannt wird. Nicht anvertraut ist zudem das, was Sachverständigen im Rahmen ihrer Gutachtenerstellung bekannt wird.
324 OLG Hamm 30.09.1991 – 15 W 231/91 - FamRZ 1992, 201 ff. (Leitsatz): Sozialarbeitern kann in Verfahren nach §§ 1666, 1666a BGB unter Umständen ein unmittelbar aus dem Grundgesetz hergeleitetes Zeugnisverweigerungsrecht zustehen, wenn sie als (hier sozialpädagogische) Familienhilfe in der betroffenen Familie eingesetzt waren und in dieser Eigenschaft Erkenntnisse gewonnen haben, über die sie nunmehr aussagen sollen.

2. Die Straftat

190 Demgegenüber wird ein solches allgemeines *Zeugnisverweigerungsrecht im Strafverfahren* für staatlich anerkannte Sozialarbeiter*innen mangels einer ausdrücklichen Regelung in der StPO mit Verweis auf eine alte Entscheidung des BVerfG aus dem Jahre 1972[325] von der strafrechtlichen Literatur weitgehend abgelehnt. Damals hieß es noch, „der Sozialarbeiter übt keinen Beruf aus, für den ein – grundsätzlich keine Offenbarung duldendes – Vertrauensverhältnis zum Klienten kennzeichnend wäre". Zwar sei die Schaffung und Aufrechterhaltung einer Vertrauensbeziehung zwischen Klienten und Betreuer von großer Bedeutung. Diese Vertrauensbeziehung sei jedoch „nicht typischerweise auf die Erwartung gegründet, der Sozialarbeiter werde Tatsachen aus der Privatsphäre des Betreuten gegenüber jedermann in der Regel verschweigen." Denn eine solche Erwartung sei „mit dem Berufsbild des Sozialarbeiters nicht verbunden." Vielmehr fehle es „bislang" (d.h. im Jahr 1972) an einem „einheitlichen, klar umrissenen Berufsbild des Sozialarbeiters", die Art der Beziehung zwischen Betreuer und Hilfsbedürftigem sei nicht überall gleich und es gebe deshalb keine berufstypische Vertrauenssituation. Die Berufsausübung des Sozialarbeiters sei weder Gegenstand besonderer Gesetze noch werde sie geprägt von den Vorschriften einer allgemeinen Berufsordnung oder ungeschriebenen Regeln standesgemäßen Verhaltens. Insoweit wird freilich auf ein überholtes Bild einer bürokratisch-institutionalisiert angesehenen Fürsorge- und Sozialverwaltung Bezug genommen.[326] Vor allem aber stimmt es zumindest im Hinblick auf die § 35 SGB I unterfallenden Sozialdienste (insb. für die soziale Arbeit der Kinder- und Jugendhilfe nach dem SGB VIII) nicht mehr, dass die (Berufs-)Ausübung der Sozialen Arbeit nicht Gegenstand gesetzlicher Regelungen sei. Richtig ist, dass die Art der Beziehung zwischen Fachkräften der Sozialarbeit und hilfebedürftigen Personen nicht überall gleich ist. Allerdings differenzierte das BVerfG damals nicht hinreichend zwischen der Bewährungshilfe (wie die Gerichtshilfe Teil des justiziellen Sozialdienstes; hierzu 7.1) und den Fachkräften des Jugendamts als kommunaler Fachbehörde, für die die Mitwirkung im Strafverfahren eine sozialrechtlich begründete (§ 52 SGB VIII) und im Rahmen der kommunalen Selbstverwaltung im eigenen Wirkungskreis (Art. 28 Abs. 2 GG) durchgeführte Aufgabe darstellt (s. Kap. 7.2). „JGH"[327] ist kein vom Aufgabenkatalog des Jugendamts getrennter Dienst oder gar eine vom Jugendamt zu unterscheidende Institution, dessen sich die Justiz „bedienen" (§ 160 Abs. 3 S. 2 StPO) kann oder der Strafjustiz weisungsunterworfen wäre.[328] Ungeachtet dessen – so meinte das BVerfG damals noch unterschiedslos – begegneten beide („Bewährungs- und Jugendgerichtshilfe") ihren Klienten „nicht als Vertrauensperson, die Verschwiegenheit garantieren könnte, sondern als „Helfer des Gerichts, der sein in dieser Funktion erlangtes Wissen von Amts wegen weiterzugeben habe."[329] Das ist allerdings so nicht richtig. Auch wenn Sozialarbeiter*innen in § 53 StPO nicht ausdrücklich und allgemein als Berufsgruppe erwähnt sind,[330] bedeutet das

---

325 BVerfG 19.07.1972 – 2 BvL 7/71 – E 33, 367 - NJW 1972, 2214; ausführlich hierzu Trenczek/Schmoll 2024, Kap. 2.3.6; zur Kritik s.a. Schruth/Simon 2020, 39 ff.
326 Vgl. auch Deutscher Bundestag/Wissenschaftlichen Dienst 2020, 8: „So erscheint die pauschale Feststellung, dass der Klient eines Sozialarbeiters von diesem in der Regel gerade keine Vertraulichkeit erwarte, unter anderem aufgrund des zwischenzeitlich sowohl rechtlich als auch faktisch geänderten Stellenwerts des Datenschutzes zweifelhaft.
327 Zur überholten, im SGB VIII (1991 im Gegensatz zum JGG 1923/1974) nicht mehr verwendeten Terminologie s. 5.1 und 7.2 sowie Trenczek/Schmoll 2024, Kap. 3.1.
328 Ausführlich Trenczek/Schmoll 2024, Kap. 3.1.
329 BVerfG 19.07.1972 – 2 BvL 7/71 - NJW 1972, 2214.
330 Die Ablehnung des Zeugnisverweigerungsrechts kann auch nicht mehr (wie noch 1972) durch das Fehlen einer strafrechtlichen Schweigepflicht begründet werden, denn diese wurde 1975 (durch Art. 19 Nr. 85

2.3 Deliktsbereiche

nicht, dass es ein solches Recht nicht gibt,[331] da sich die Zeugnisverweigerung aus anderen (verfassungs-)rechtlichen Regelungen[332] bzw. wie hier aus dem SGB ergeben kann.[333] Vor allem im Hinblick auf die Fachkräfte der kommunalen Jugendämter wird man zu einer anderen Bewertung als das BVerfG im Jahr 1972 kommen müssen, weil diese ihre seit 1991 im SGB VIII geregelten Aufgaben im Rahmen ihrer kommunalen Selbstverwaltung wahrnehmen, die sich von denen im StGB bzw. der StPO geregelten Aufgaben der Gerichts- und Bewährungshilfe (s. 7.1) erheblich unterscheiden (s. Kap. 7.2). Zumindest außerhalb der Sozialen Dienste der Justiz, für die die (datenschutzrechtlichen) Regelungen des SGB ohnehin nicht gelten, hat sich also das Professionsverständnis der Sozialen Arbeit erheblich gewandelt und ein Berufsbild herausgebildet.[334] Für dieses ist der Schutz der Klienten- bzw. Hilfe-Beziehung ein Wesensmerkmal, insb. in der Familien- und Jugendhilfe die sozialrechtlich normierte Arbeits- und *„Geschäftsgrundlage"* der professionellen Sozialen Arbeit schlechthin.[335] Klienten müssen sich in Ihrer Not und bei der Suche nach Rat und Hilfe sicher sein (dürfen), mit der Verschwiegenheit sogar vor Gericht rechnen zu dürfen.[336] Insoweit tragen dieselben bereits oben (Rn 189) im Zusammenhang mit dem Schutz den Kernbereich der Privatsphäre des Einzelnen (Art. 1 Abs. 1, Art. 2 Abs. 1 GG; Art. 8 EMRK) vor staatlichen Eingriffen dargelegten Argumente. Werden Sozialarbeiter*innen (insb. der Familien- und Jugendhilfe sowie in den anderen SGB-normierten Arbeitsfeldern) nicht vor der Pflichtenkollision geschützt, können sie ihren Auftrag nicht erfüllen, das gesamte sozialrechtlich-institutionalisierte Hilfesystem wäre dysfunktional und unbrauchbar.

Dem wird mitunter entgegengehalten, dass aus den Vorschriften zum Sozialgeheimnis nicht notwendigerweise abgeleitet werden kann, dass sich hierin gerade der Schutz eines persönlichen Vertrauensverhältnisses manifestiere, da die entsprechenden Schutznormen zum Teil nur für die jeweiligen Träger bzw. die Institutionen gelten, für die die Sozialarbeiter*innen tätig werden – was ein wesentlicher Unterschied etwa zum Verhältnis Patient-Ärzt*in oder Mandant-Rechtsanwält*in sei.[337] Dies ist allerdings

191

---

des EGStGB v. 02.03.1974 - BGBl. I, 469, 487) in § 203 Abs. 1 Nr. 5 StGB a.F. (nun: § 203 Abs. 1 S. 1 Nr. 6 StGB) eingefügt.
331 So noch BVerfG 31.05.1988 – 2 BvR 367/88 – NJW 1988, 2945, wonach ein Zeugnisverweigerungsrecht i. S. d. § 53 Abs. 1 StPO Sozialpädagog*innen und Suchtberater*innen nicht zustehe. Für Suchtberater*innen wurde es allerdings 1992 eingeführt, vgl. § 53 Abs. 1 S. 1 Nr. 3b StPO.
332 Z.B. Verhältnismäßigkeitsgrundsatz; Freiheit der Berufsausübung, Art. 12 GG; vgl. auch die aktuelle Entscheidung des BVerfG vom 25.09.2023 – 1 BvR 2219/20 zum Schutz der Wissenschaftsfreiheit (Art. 5 Abs. 3 GG), aus der sich ein Zeugnisverweigerungsrecht ergeben könne. In Anlehnung der Argumentation des BVerfG kann man im Hinblick auf das Zeugnisverweigerungsrecht der Fachkräfte des Jugendamts argumentieren, dass ebenso wie eine rationale Kriminalprävention in hohem Maße auf die Erkenntnisse der kriminologischen Forschung angewiesen ist, eine effektive Verhinderung von Straftaten auch die auf Vertrauen basierende Soziale Arbeit der Kinder- und Jugendhilfe voraussetzt.
333 Kunkel 2004, 426; Münder et al./Trenczek 2022 Vor §§ 50–52 Rn 41, § 52 Rn 35; Kunkel et al./Riekenbrauk 2022 § 52 Rn 30; Kunkel et al./Kunkel 2022 § 61 Rn 222.
334 Zur Professionalisierungsdebatte in der Sozialen Arbeit/Sozialpädagogik vgl. z. B. Dick/Marotzki/Mieg 2015; Gahleitner 2017; Gahleitner/Cornel et al. 2020; Hammerschmidt/Sagebiel 2010.
335 Hierzu bereits Olbricht-Sondershaus 1990, 14; Trenczek 1991, 254; vgl. aktuell auch die Kampagne des „Bündnis für ein Zeugnisverweigerungsrecht in der Sozialen Arbeit" unter https://www.zeugnis-verweigern.de/ [Abruf zuletzt 15.01.2024].
336 Vgl. MüKoZPO/Damrau/Weinland 2020 § 383 Rn 2.
337 Deutscher Bundestag/Wissenschaftlichen Dienst 2020, 8 f. Dies wäre dann aber zumindest für die Verweigerung der Aussagegenehmigung nach § 54 StPO relevant. Zur Frage der Adressaten der Datenschutzregelungen des SGB VIII vgl. Münder et al./Hoffmann 2022 § 61 Rn 50, 53; Wiesner/Wapler/Walther Vor § 61 Rn 18 u. 20.

nicht ganz richtig, weil es im Sozialdatenschutz zum einen schon grds. auf die funktionale Stelle/Organisationseinheit ankommt (nicht auf den Träger als Gesamtinstitution) und zum anderen, insb. im Hinblick auf § 65 SGB VIII, auf die einzelne Fachkraft (s. nachfolgend).[338] Aus den sozialrechtlichen Vorschriften zum Schutz der Sozialdaten kann man folgern, dass das Strafverfolgungsinteresse keinen Vorrang gegenüber dem der Vertrauensschutz und der darauf basierenden Funktionsfähigkeit der öffentlichen Jugendhilfe genießt. Vielmehr wird nach wohl einheilliger Ansicht in der sozialrechtlichen Kommentierung mit Hinweis auf die *bereichsspezifischen Regelungen* in der Kinder- und Jugendhilfe *nach §§ 61 ff. SGB VIII* ein Zeugnisverweigerungsrecht der Fachkräfte des Jugendamts bejaht, zumindest soweit hier (auch) die persönliche Vertrauensbeziehung zu den Fachkräften des JA geschützt wird.[339] Selbst wenn im Einzelfall die Übermittlung von Daten zur Erfüllung der Aufgaben nach § 52 Abs. 1 SGB VIII i. V. m. § 38 JGG erforderlich wäre und nach § 69 Abs. 1 Nr. 1 SGB X möglich erscheint, ist die Übermittlung nach § 64 Abs. 2 SGB VIII nur zulässig, wenn sicher ist, dass dadurch der Erfolg einer zu gewährenden Jugendhilfe-Leistung i. S. d. § 2 Abs. 2 SGB VIII nicht in Frage gestellt wird.[340] Zwar ist die Mitwirkung im jugendgerichtlichen Verfahren im 3. Kapitel „Andere Aufgaben" platziert worden, allerdings enthalten die § 52-Aufgaben von ihrer Rechtsnatur unterschiedliche und teilweise typisch leistungsrechtliche Anteile. Im Hinblick auf den Vertrauensschutz darf man es sich deshalb nicht so einfach machen, den leistungsrechtlichen Charakter der § 52-Aufgaben zu ignorieren und diese insg. nur den anderen Aufgaben zuzuschlagen (zumal §§ 61 ff. SGB VIII auch für diese gelten). Mag dies bzgl. der Übermittlungssperre des § 64 Abs. 2 SGB VIII (ungeachtet des funktionalen Stellenbegriffs) nicht völlig unumstritten sein,[341] ist das im Hinblick auf § 65 Abs. 1 SGB VIII bei persönlich anvertrauten Daten/Informationen unzweifelhaft, da diese Norm ausdrücklich die persönliche Vertrauensbeziehung aller Fachkräfte der Sozialen Arbeit des Jugendamts (nicht nur Sozialarbeiter*innen) und Klient*in schützt.[342] Im Hinblick auf das Merkmal des Anvertrautseins i.S.d. § 65 SGB VIII kann im Wesentlichen auf die bereits oben (s. Fn 190) im Hinblick auf § 383 Abs. 1 Nr. 6 ZPO wiedergegebenen Auslegung verwiesen werden. Anvertraut sind Information, wenn sie der Fachkraft im Rahmen einer persönlichen und erzieherischen Hilfe, demnach bei ihrer beruflichen Tätigkeit unter dem Siegel der Verschwiegenheit offenbart wurden. Das kann in allen Aufgabenbereichen der KJH der Fall sein (geradezu abwegig ist es zu meinen, i.R.d. Aufgaben von § 52 SGB VIII könnten keine Informationen anvertraut werden). Anvertrauen bezieht

---

338 Vgl. Kunkel et al/Kunkel 2022 § 61 Rn 222, der zudem zurecht darauf hinweist, dass § 35 Abs. 3 SGB I ausdrücklich davon spricht, dass „keine Zeugnispflicht" besteht, und eine solche ihrer Natur nach immer nur eine Person, nicht eine Institution betreffe. Freilich handelt es sich nicht um ein selbstständiges Recht der Fachkraft, sondern um eines, welches aus der Verschwiegenheitsverpflichtung des Trägers als Normadressat des § 35 SGB I abgeleitet ist. Mithin besteht ein auf § 35 SGB I basierendes Zeugnisverweigerungsrecht nur für die Fachkräfte öffentlicher Träger, während die Fachkräfte Freier Träger auf den sog. verlängerten Datenschutz gem. § 61 Abs. 3 SGB VIII angewiesen sind

339 Kunkel et al./Kunkel 2022 § 61 Rn 222; Trenczek in Münder et al. 2022 Vor § 50 Rn 41 f., § 52 Rn 32 ff.; Trenczek/Schmoll 2024 Kap. 3.2.2.5.4 m. w. N.; Wiesner/Wapler/Walther 2022 Vor § 61 Rn 18 f., § 65 Rn 6; vgl. Ernst/Höynck 2018, 230 (beschränkt auf Ausnahmesituationen).

340 Vgl. KJSG-Begründung v. 2.12.2020, 114 – BT-Drs 19/26107, 106.

341 Vgl. Ernst/Höynck 2018, 230.

342 Münder et al./Hoffmann 2022 § 64 Rn 12 f.; Wiesner/Wapler/Walther 2022 § 65 Rn 6. Fachkräfte der freien Träger sind durch diese Norm nicht unmittelbar betroffen, da die freie/private Kinder- und Jugendhilfe nicht Leistungsträger i.S.d. SGB sind; sie können deshalb nur mittelbar über entsprechende vertragliche Regelungen mit öffentlichen Träger zur entsprechenden Einhaltung der jeweiligen datenschutznormen des SGB verpflichtet werden.

2.3 Deliktsbereiche

sich zudem nicht nur auf mündliche und schriftliche Mitteilungen im Rahmen einer vertraulichen Beratung, sondern auch Beobachtungen im Rahmen eines Hausbesuchs, denn bereits das Gestatten des Betretens der Wohnung ist ein Ausdruck der Annahme von Vertraulichkeit.[343] Fehlt die erforderliche sozial-/datenschutzrechtliche Übermittlungsbefugnis haben die Jugendamts-Fachkräfte, nicht nur ein Zeugnisverweigerungsrecht, sondern nach § 35 Abs. 3 SGB I sogar eine *Zeugnisverweigerungspflicht*.[344]

Fachkräfte des Jugendamts bedürfen zudem wie alle Beschäftigten des öffentlichen Dienstes ohnehin von ihrem Dienstherrn eine *Aussagegenehmigung*,[345] ohne die sie keine Aussage machen dürfen, die allerdings zur Wahrung des Vertrauensverhältnisses und der Funktionsfähigkeit der Kinder- und Jugendhilfe im Fall der §§ 64, 65 SGB VIII verweigert werden sollte.[346] Eine *Beschlagnahme von JA-Akten* durch die Strafjustiz stellte eine Umgehung der sozialrechtlich normierten Datenschutzbestimmungen dar, weshalb sie über die Schutzwirkung von § 97 StPO hinaus in den o.g. Konstellationen unzulässig ist, ohne dass es einer Sperrerklärung nach § 96 StPO bedarf.[347]

Mitarbeiter*innen der justiziellen Sozialdienste, sei es im Rahmen der *Gerichts- oder Bewährungshilfe* oder im Vollzug, werden im Auftrag der Justiz tätig und sind insoweit ohnehin verpflichtet, ggf. auch strafrechtlich relevante Erkenntnisse an StA, Gericht bzw. Anstaltsleitung mitzuteilen.[348] Die besondere Mitteilungspflicht der Bewährungshelfer aus § 56d Abs. 3 StGB besteht allerdings nur gegenüber der/m in Bewährungssachen zuständigen Richter*in. Dieser/m müssen unaufgefordert die gröblichen oder beharrlichen Verstöße gegen Auflagen oder Weisungen mitgeteilt werden. Auf eine begangene Straftat muss der/die Bewährungshelfer*in zudem in der Stellungnahme über die Lebensführung des Probanden[349] zu einem mit dem Gericht abgestimmten Zeitpunkt hinweisen.

192

193

---

343 Münder et al./Hoffmann 2022 § 65 Rn 11; Wiesner/Wapler/Walther 2022 § 65 Rn 14.
344 Münder et al./Trenczek 2022 Vor §§ 50–52 Rn 42; Kunkel et al./Kunkel 2022 § 61 Rn 222; Wiesner/Wapler/Walther 2022 Vor § 61 Rn 22.
345 § 54 StPO i. V. m. (§ 3 Abs. 1 TVöD, § 9 Abs. 1 BAT, §§ 61 67 BBG, § 39 BRRG.
346 VG Schleswig DVJJ-J 1990, 43; von Pirani DVJJ-J 1993, 190.
347 Eisenberg/Kölbel 2023 § 38 Rn 72; Kunkel et al./Riekenbrauk § 52 Rn 29; Kunkel et al./Kunkel § 61 Rn 226; Münder et al./Trenczek 2022 § 52 Rn 37; Smessaert 2014 Rn 15; Schmitt/Köhler 2023 § 161 StPO Rn 6; Wiesner/Wapler/Wapler § 52 Rn 28 u. Vor § 61 Rn 22; vgl LG BE DVJJ-J 1993, 189; LG Fulda 06.05.2004 – 2 Qs 34/04 – JAmt 2004, 439; LG HH NStZ 1993, 401; LG Saarbrücken JAmt 2007, 321; LG Oldenburg 25.07.2017 – 6 Qs 35/17 - ZKJ 2017, 437; a. A. Brunner/Dölling § 38 Rn 46; Ostendorf/Schady 2021 § 50 Rn 13; LG Trier 19.01.2000 – 2a Os 2/00 Js 8347/99 jug – NStZ-RR 2000, 248 mit abl. Anm. Krahmer DVJJ-J 2000, 314.
348 Im Kapitel 7 werden wir auf die diesbezüglichen Pflichten und Grenzen arbeitsfeldspezifisch eingehen.
349 Der Begriff des Probanden korrespondiert mit dem englischen Begriff „Probation" und ist in Bezug auf die Personen, die unter Bewährungsaufsicht stehen, seit mehr als 60 Jahren in Deutschland üblich, ansonsten in der Sozialen Arbeit unüblich und durchaus kritikwürdig. Geradezu missverständlich ist der Begriff des Probanden in der Bewährungshilfe, wenn man ihn im Sinne einer Testperson aus dem Kontext wissenschaftlicher Untersuchungen überträgt (vom gleichen lateinischen Ursprung „probare"). Obwohl das StGB den Begriff selbst nicht verwendet, sondern immer nur von der verurteilten Person spricht, ist es für die Bestimmung dieses besonderen Beziehungsverhältnisses und den Begriff ursächlich, denn es definiert es als „Unterstellung der verurteilten Person ... unter die Aufsicht und Leitung eines Bewährungshelferin oder eines Bewährungshelfers" (§ 56d Abs. 1 StGB). Das ist – unbeschadet der genaueren Definition der Tätigkeit in § 56d Abs. 3 StGB – etwas anderes als das typische Verhältnis zwischen Sozialarbeiter*in und Klient*in. Insofern nutzen auch wir den in Literatur und Praxis üblichen Begriff, wenn auch mit dem kritischen Hinweis, dass jenseits des Zwangskontextes eine vertrauliche persönliche Arbeitsbeziehung auf freiwilliger Basis entstehen sollte (Gahleitner 2017). Der Diskussionsentwurf für ein Landesresozialisierungsgesetz schlägt als Sammelbegriff in § 3 Klient*in vor; Cornel et al. 2015, 45.

2.3.7 Strafrechtlicher Kinder- und Jugendschutz

194 Neben dem sog. gesetzlichen Jugendschutz im engeren Sinne (insb. JuSchG) und dem erzieherischen Jugendschutz (§ 13 SGB VIII) soll auch das Strafrecht dem Schutz von jungen Menschen dienen. Das betrifft neben dem allen Personen unabhängig vom Alter dienenden Schutz von Leben und körperlicher Unversehrtheit auch ganz spezifische, nur dem Schutz von Minderjährigen dienende Regelungen, wie z.B. die *Verletzung der Fürsorge- oder Erziehungspflicht* nach § 171 StGB oder der *sexuelle Missbrauch von Kindern* nach § 176 StGB.[350] Freilich ist die strafrechtliche Präventionswirkung hier ebenso zweifelhaft wie die Aktivierung repressiver Sanktionsmechanismen im Fall der gewaltsamen Verletzung der Integrität junger Menschen, der Gewalt gegen Kinder durch ihre Eltern. Besonders in den schlimmen Fällen des sexuellen Missbrauchs und anderer Formen der Kindesmisshandlung ist das Strafverfahren vielfach eine zusätzliche Belastung für die Kinder und Jugendlichen und bietet jedenfalls keinen schnellen Schutz in der aktuellen Situation. In vielen Fällen reichen die Beweislage oder der Haftgrund nicht aus, um Verdächtige in Haft zu nehmen bzw. das Kind zu schützen. Selbst eine Gefängnisstrafe bietet keinen dauerhaften Schutz. Es ist deshalb im Hinblick auf die Verschwiegenheitsverpflichtung durchaus umstritten, ob in diesen Fällen von Fachkräften der Jugendhilfe oder von Beratungsstellen eine Strafanzeige gegen die Täter gestellt werden darf.[351] Auch bei von Kindern und Jugendlichen anvertrauten Daten (§ 65 SGB VIII) kann dies nur in der Zusammenarbeit mit dem Opfer im konkreten Fall entschieden werden. Andererseits geben die strafrechtlichen Tatbestände eine verbindliche Orientierung und dokumentieren die Grenzen gesellschaftlich akzeptierten Verhaltens und markieren im Bereich des Kinder- und Jugendschutzes absolute Tabus.

195 Am 16.6.2021 wurde das „*Gesetz zur Bekämpfung sexualisierter Gewalt gegen Kinder*" verkündet (BGBl 2021, S. 1810). Durch dieses Gesetz wurden die §§ 174, 174a, 174b, 174c, 176, 176a, 176b, 180, 181b, 183, 184b und 184c verändert bzw. neu gefasst. Ziel des Gesetzgebers war es insb. neue Möglichkeiten zur Verbreitung und zum Zurverfügungstellen von kinderpornographischen Inhalten durch das Internet zu bekämpfen sowie die Schutzfunktionen für Kinder vor Missbrauch zu erhöhen. Dies wollte man vor allem durch eine deutliche Erhöhung des Strafrahmens erreichen. Mindeststrafen von einem Jahr führten dazu, dass sowohl die Missbrauchsdelikte selbst als auch die Verbreitung, der Besitz und die Besitzverschaffung von Kinderpornographie zu Verbrechen (§ 12 Abs. 1 StGB) wurden mit allen strafverfahrensrechtlichen und sanktionsrechtlichen Konsequenzen (s.o. Einleitung zu 2). Außerdem beginnt seither die Verjährungsfrist bei Herstellung kinderpornographischer Inhalte erst mit der Vollendung des 30. Lebensjahrs des Opfers und für die Täter/Beschuldigten wird die Anordnung von Untersuchungshaft erleichtert. Inzwischen wurden einige Probleme mit der Handhabung dieser Strafrechtsreform sichtbar (z.T. waren sie bereits vorausgesagt worden). Es wurde nicht nur die mangelnde Flexibilität angesichts der Mindeststrafen kritisiert, sondern insb. auch, dass es Weiterleitungen von kinderpornographischen Inhalten geben kann, an denen nichts Strafwürdiges zu finden ist. Leitet beispielsweise eine Lehrerin ein Nacktbild einer Schülerin, das in der Klasse herumgereicht wurde, an die Eltern der Schülerin weiter, um zu erklären und zu belegen, was in der Schule

---

350 Auf die dem Minderjährigenschutz dienenden Vorschriften des Sexualstrafrechts wurde in 2.3.2 eingegangen.
351 Zur Weitergabe an Informationen an das JA nach § 4 Abs. 3 KGG, s.o. 2.3.6.

vorgefallen ist, so kann darin kaum ein Verbrechen gesehen werden. Ebenso verhält es sich mit einem kinderpornographischen Foto, das eine Person unerwünscht erhält und dass diese an die Polizei weiterleitet. Im BMJV wird deshalb gegenwärtig an einer Gesetzesvorlage gearbeitet, die die Mindeststrafen auf unter ein Jahr reduziert, damit diese Delikte wieder zu einem Vergehen (§ 12 Abs. 2 StGB) macht und damit den Handlungsspielraum von Staatsanwaltschaften und Gerichten erhöht.

Aus dem allgemeinen Strafrecht sind im Hinblick auf das Gebot einer gewaltfreien Erziehung (§ 1631 Abs. 2 BGB) vor allem die Körperverletzungsdelikte, insb. die *Misshandlung von Schutzbefohlenen* (§ 225 BGB) relevant. Das früher, vereinzelt noch bis heute in der strafrechtlichen Dogmatik vertretene „elterliche Züchtigungsrecht" kann nicht mehr als Rechtfertigungsgrund angeführt werden (s. 2.1.2.1).[352] 196

In den letzten Jahren sind angesichts der extremen Vernachlässigung, insb. von Kleinkindern, einige Verfahren wegen der *Verletzung der Fürsorge- oder Erziehungspflicht* (§ 171 StGB) in den Mittelpunkt der öffentlichen Diskussion gerückt,[353] vor allem weil in diesem Zusammenhang auch Sozialarbeiter (insb. wegen Unterlassung aufgrund einer Garantenpflicht gebotener Hilfeleistungen; s. 2.2.2) strafrechtlich verfolgt wurden. 197

Verstöße gegen die Regelungen des *JuSchG* sind teilweise als Ordnungswidrigkeit (§ 28 JuSchG), teilweise als Straftat (vgl. § 27 JuSchG) sanktionsbewehrt, allerdings erfolgen Sanktionen nicht lückenlos und die strafrechtliche Relevanz setzt teilweise eine (schwer nachweisbare) leichtfertige oder vorsätzliche Tat voraus. 198

---

352 Zu § 1631d BGB als Rechtfertigungsgrund bei der Beschneidung eines Kindes 2.1.2.
353 Z.B. BGH 20.12.1983 – 1 StR 746/83 – NStZ 1984, 164; BGH 21.11.2002 – 4 StR 444 / 02.

3. Das Strafverfahren

199 Das Strafverfahren (sog. formelle Recht) ist das gesetzlich geregelte Verfahren, in dem das materielle Strafrecht angewendet und durchgesetzt wird. Gesetzlich geregelt ist das Strafverfahren vor allem im Gerichtsverfassungsgesetz (GVG) und in der Strafprozessordnung (StPO). Darüber hinaus sind die Sonderregelungen bei jugendlichen und heranwachsenden Beschuldigten im Jugendgerichtsgesetz (JGG) zu beachten (s. Kap. 5.2). Aufgabe des Strafprozesses ist es, die Voraussetzungen der Strafbarkeit im konkreten Fall in einem rechtsstaatlichen, prozessordnungsgemäßen Verfahren (fair trial) zu klären (Art. 6 Abs. 1 EMRK). Das Strafverfahrensrecht und die *Justizförmigkeit des Entscheidungsverlaufes* dienen dem Schutz des Individuums vor willkürlichen staatlichen Eingriffen und damit dem Schutz der Menschenwürde.

200 In Anknüpfung an den in Kap. 1.1 erläuterten Unterschied zwischen Straf- und Zivilrecht sei hier darauf hingewiesen, dass ein Strafgericht grundsätzlich nicht an ein zivilrechtliches Urteil gebunden ist (und vice versa). Entscheidend für das Verhältnis von Straf- und Zivilprozess sind aus der Sicht des Strafrechts §§ 261, 262 StPO. Liegt ein Urteil des Zivilgerichts oder eines anderen Gerichts vor, so bindet es den Strafrichter nur, falls es rechtsgestaltend wirkt (z.B. Auflösung der Ehe im Hinblick § 238 Abs. 2 StGB) oder gesetzlich bestimmt ist, wie z.B. in § 85 StGB bei Verstößen gegen ein Vereinigungsverbot oder bei § 170b StGB in Hinblick auf die Feststellung der Vaterschaft und Unterhaltspflicht nach § 1600a BGB. Das liegt im Wesentlichen an den unterschiedlichen Verfahrensmaximen (Dispositionsmaxime im Zivilrecht, Offizialmaxime im Strafrecht, s. 3.2) und Beweisregeln. So liegt einerseits im Zivilrecht die Beweislast bei demjenigen, der einen Anspruch durchsetzen will, und andererseits heißt es im Strafrecht „im Zweifel für den Angeklagten" (s. 3.2).

3.1 Die Verfahrensbeteiligten

201 An einem Strafverfahren ist eine Vielzahl unterschiedlicher Personen und Dienste beteiligt.[354] Von *Verfahrensbeteiligten im engeren (formellen) Sinne* spricht man allerdings nur, wenn diese prozessual aufgrund der ihnen gesetzlich zuerkannten Aufgaben und Kompetenzen durch eigene Willenserklärungen gestaltend am Prozess mitwirken können.[355] Hauptakteure sind die Richter*innen und *Gerichte*, denen in Deutschland die Rechtsprechung als unparteiische „Nichtbeteiligte" vorbehalten ist (Art. 92 GG). Neben den Vorsitzenden und ggf. weiteren hauptamtlichen Richter*innen („Berufsrichter"), die als „Volljuristen" mit zwei juristischen Staatsexamen formal die Befähigung zum Richteramt haben, sind in manchen Instanzen (z.B. beim Schöffengericht, §§ 28 ff. GVG) auch ehrenamtlichen Laienrichter*innen beteiligt.

202 Weiterer Hauptakteur ist die *Staatsanwaltschaft* (StA) als Ermittlungs- und Anklagebehörde (§§ 141 ff. GVG; §§ 152 ff., § 451 StPO). Die StA ist eine hierarchisch aufgebaute Behörde – mit Ausnahme der Bundesanwaltschaft – der Landesjustiz (hierzu s. Abbildung 19). Die einzelnen Amts- und Staatsanwälte (§ 142 GVG) unterliegen der Dienst- und Fachaufsicht und sind weisungsgebunden (§ 144 GVG).[356] Demgegenüber

---

[354] Mönig 2022.
[355] Meyer-Goßner/Schmitt 2023 Einleitung Rn 70 ff.
[356] Die Staatsanwaltschaften unterliegen auch der Dienst- und Fachaufsicht der Länderjustizministerien, was der EuGH 27.05.2019 - C-508/18 (vgl. auch EuGH 24.11.2020,. C-510/19) scharf kritisiert und deshalb untersagt hat, dass diese europäische Haftbefehle (s. 3.3.4.2) ausstellen bzw. vollstrecken darf.

3.1 Die Verfahrensbeteiligten

sind die Richter unabhängig (Art. 97 GG), die gerichtlichen Entscheidungen werden aber in mehreren Instanzen überprüft.

Die *Polizei* ist kein formeller Verfahrensbeteiligter, sondern muss die Staatsanwaltschaft als „Herrin des Ermittlungsverfahrens" unterstützen (s. 3.3.1). Die (durch Landesrecht nach Dienstgrad bestimmten) „Ermittlungspersonen" (früher „Hilfsbeamte") der StA dürfen im Eilfall bestimmte Zwangsmaßnahmen durchführen und müssen die Anweisungen der StA befolgen (§ 152 Abs. 2 GVG), weshalb die Polizei im Rahmen der Strafverfolgung auch als der „verlängerte Arm der Staatsanwaltschaft" bezeichnet wird.[357] Im Mittelpunkt des klassischen Strafverfahrens steht der *Beschuldigte* bzw. *Angeklagte* (§ 157 StPO), geht es doch darum zu prüfen, ob dieser eine Strafrechtsnorm verletzt hat. Rechtsdogmatisch steht der zu klärende Rechtsbruch, die Straftat im Vordergrund, nicht die Opfer und ihr Leid und Schaden.

Zur/m *Beschuldigten* wird eine wegen einer Straftat verdächtige Person,[358] wenn gegen sie Ermittlungsmaßnahmen ergriffen werden. Anders als Zeug*innen kann die/der Beschuldigte bzw. Angeklagte nicht zu einer Aussage gezwungen werden. Hierauf ist dieser nach § 136 Abs. 1 S. 2 StPO schon bei Beginn der (ersten) Vernehmung hinzuweisen, also dass es ihm nach dem Gesetz freisteht, sich zu der Beschuldigung zu äußern oder nicht zur Sache auszusagen. Schweigen darf niemandem zum Nachteil ausgelegt werden – selbst das Lügen einer/s Beschuldigten in eigener Sache ist nicht strafbar. Zudem darf niemand gezwungen werden, gegen sich selbst auszusagen (nemo tenetur se ipsum accusare e ipsum prodere; vgl. § 55 Abs. 1 StPO), oder durch Misshandlung, Übermüdung oder andere Foltermethoden zur Aussage gebracht oder in seiner Willensfreiheit beeinträchtigt werden (Art. 3 EMRK; Art. 102 Abs. 1 S. 2 GG; § 136a StPO). Beschuldigte sind lediglich verpflichtet, zulässige Vernehmungen und strafprozessuale Zwangsmaßnahmen über sich ergehen zu lassen (hierzu und zu den Rechtsschutzmöglichkeiten s. 3.3.1.). Beschuldigte können sich in einem Rechtsstaat zudem in jeder Lage des Verfahrens einer/s Verteidiger*in bedienen (§ 137 Abs. 1 S. 1 StPO), um sich gegenüber dem vom Staat erhobenen Tatvorwurf wehren zu können (vgl. § 136 Abs. 1, § 163a Abs. 4 StPO) oder – wie jede/r andere Verfahrensbeteiligte – gegen sie/ihn gerichtliche Beschlüsse und Verfügungen (z.B. Anordnung von Zwangsmaßnahmen [s.u. 3.3.1]; Verfahrensentscheidungen mit Ausnahme der Eröffnung der Hauptverhandlung [s.u. 3.3.2]) Beschwerde (§§ 304 ff. StPO) einzulegen. Man unterscheidet Wahlverteidigung (§ 138 StPO) und die Beschuldigten vom Gericht beigeordneten Pflichtverteidigung in den Fällen der sog. notwendigen Verteidigung, insb. wenn ein Verbrechen zur Last gelegt wird, bei Haft oder wenn dem Verletzten ein Anwalt beigeordnet wird (§ 140 StPO). Die Verteidigung hat u.a. das Akteneinsichtsrecht (§ 147 StPO) sowie unbeschränkte Verkehrsrechte mit dem Beschuldigten auch während der Untersuchungshaft (§ 148 StPO). Den nicht von einem Anwalt vertretenen

---

Die Bundesanwaltschaft ist dagegen nicht vorgesetzte Behörde der Staatsanwaltschaften der Länder. Justizverwaltung ist grds. Ländersache, weshalb die Zuständigkeiten von Bundesjustizministerium bzw. Bundesanwaltschaft besonders verfassungsrechtlich und gesetzlich geregelt sind (Art. 92 ff. GG sowie GVG).

357 Meyer-Goßner/Schmitt 2023, § 163 Rn 1 m.w.N. und zum Verhältnis Polizei-Staatsanwaltschaft Roxin/Schünemann 2022, 68 f.

358 Zum Anfangsverdacht und der Einleitung der Ermittlungen s.u. 3.3.1.Demgegenüber sind die in der Praxis mitunter sog. „Vorermittlungen" (Prüfung bzw. Recherche, ob ggf. ein Ermittlungsverfahren eingeleitet werden könnte") uferlos und keine in der StPO vorgesehen zulässige Maßnahme. Wenn sich Vermutungen, eine Straftat könnte vorliegen, auf Tatsachen stützen, handelt es sich um die Prüfung eines Anfangsverdachts.

Beschuldigten sind auf ihren Antrag grds. Auskünfte und Abschriften aus den Akten zu einer angemessenen Verteidigung zu erteilen (§ 147 Abs. 7 StPO).[359]

205 Zwar werden die *Opfer von Straftaten*[360] nicht selten für sachfremde Interessen und für punitive Sanktionsforderungen instrumentalisiert,[361] sich für die Interessen der Verletzten von Straftaten einzusetzen, muss aber nicht einhergehen mit repressiven Strafkonzeptionen, sondern ist vielmehr ein Gebot eines menschwürdigen, auf Fairness, Ausgleich und Wiedergutmachung gerichteten Straf-/Kriminalrechts.[362] Ihre Einbeziehung in das Strafverfahren ist – neben ihrer zentralen Rolle als Zeuge – vorgesehen durch das Privatklageverfahren (§§ 374 ff. StPO), die Nebenklage (§§ 395 ff. StPO) und das in der Praxis vergessene Adhäsionsverfahren (§§ 403 ff. StPO). Ihre verfahrensrechtliche Stellung („Opferrechte") ist gleichwohl relativ schwach ausgeprägt.[363]

206 Nach den bis 2017 gültigen Vorschriften der StPO gab es keine Verpflichtung von Zeugen, einer Vorladung der Polizei Folge zu leisten und eine Zeugenaussage bei der Polizei zu tätigen. Zeugen waren nur bei einer gerichtlichen Vorladung (§ 48 Abs. 1 StPO) oder bei einer Vorladung durch die Staatsanwaltschaft (§ 161a Abs. 1 StPO) verpflichtet, zu einem Vernehmungstermin zur erscheinen. Nach der Gesetzesänderung 2017 (Gesetz zur effektiveren und praxistauglicheren Ausgestaltung des Strafverfahrens; BT-Drs. 18/11277) ist nun in § 163 Abs. 3 StPO geregelt, dass Zeugen verpflichtet sind, auf Ladung vor Ermittlungspersonen der Staatsanwaltschaft (und das sind bestimmte Polizeibeamte, s.u. 203) zu erscheinen und zur Sache auszusagen, wenn der Ladung ein Auftrag der Staatsanwaltschaft zugrunde liegt und wenn ihnen kein Zeugnisverweigerungsrecht (hierzu ausführlich 2.3.6) zusteht. Ohne Auftrag der StA ist eine Zeuge nach wie vor nicht zum Erscheinen verpflichtet.

207 Opfer/Zeugen können sich eines anwaltlichen Beistands bedienen (§ 68b StPO). Der (mitgebrachte) Zeugenbeistand ist aber kein Verfahrensbeteiligter, selbstständige Antragsrechte und ein Akteneinsichtsrecht stehen ihm nicht zu. Einige der dem Opfer zustehenden Rechte kann dieses nur über eine anwaltliche Vertretung geltend machen, z.B. das Recht auf Akteneinsicht (§ 406e StPO). In einigen wenigen Fällen (Sexualstraftat, versuchtes Tötungsdelikt oder bei unter 16-jährigen Nebenklägern) muss das Gericht auf Antrag der Nebenkläger einen Rechtsanwalt als Beistand bestellen (§ 397a StPO). Allerdings müssen die Kosten des Opferanwalts i.d.R. von diesem zunächst selbst getragen werden (Ausnahme § 68b Abs. 2, § 397a StPO), ggf. kann aber Prozesskostenhilfe bewilligt werden (§ 397a Abs. 2, § 406g Abs. 3 StPO).

208 Mit dem 2. Opferrechtsreformgesetz (ORRG) vom 29.7.2009[364] wurden einige *Informationsrechte des Verletzten* gestärkt. Sie sind nach § 406 StPO möglichst frühzeitig, regelmäßig schriftlich und soweit möglich in einer für sie verständlichen Sprache auf ihre aus den §§ 406d bis 406g StPO folgenden Befugnisse hinzuweisen und die besonderen Schutzbestimmungen für jugendliche Zeugen, die bis dahin nur für die unter 16-Jährigen galten, wurden auf die unter 18-jährigen Jugendlichen erweitert (§§ 241a Abs. 1, § 247 S. 2, § 255a, § 397a StPO). In den Deliktkatalog der Nebenklagebefugnis

---

359 Zur Beteiligung der Sozialen Dienste s.u. Kap. 7.1.
360 Zum Opferbegriff Haas 2022.
361 Ostendorf 2009.
362 Zur restorative justice und zum sog. TOA s. 6.3, ausführlich Trenczek 2022.
363 Hierzu Schöch 2012, 246 ff.
364 Schöch 2012, 247.

wurden zusätzlich der Menschenhandel, die Nötigung zur Zwangsheirat und andere besonders schwere Fälle der Nötigung aufgenommen (§ 395 Abs. 1 StPO).

Nicht zuletzt vor dem Hintergrund zahlreicher Fälle von sexuellem Kindermissbrauch auch in (kirchlichen) Einrichtungen der Kinder- und Jugendhilfe wurden mit dem Gesetz zur *Stärkung der Rechte von Opfern sexuellen Missbrauchs* (StORMG) vom 22.6.2011[365] einige weitere Opferrechte ausgebaut. So wurde die Bestellung eines Opferanwalts für volljährig gewordene Missbrauchsopfer erleichtert, die sich erst nach Erreichung des 18. Lebensjahres zur Anzeige entschließen (§ 397a Abs. 1 Nr. 4 StPO). Erweitert wurden auch die Möglichkeiten der richterlichen Videovernehmungen im Ermittlungsverfahren für Opfer schwerer Sexual- und Gewaltdelikte bis zu 18 Jahren, die nach § 255a StPO die persönliche Vernehmung in der Hauptverhandlung ersetzen können (§ 58a StPO). Auch die Möglichkeiten des Ausschlusses der Öffentlichkeit in der Hauptverhandlung wurden zum Schutz von minderjährigen Opfern erweitert (§ 171b Abs. 1 S. 2 GVG). Ganz allgemein ist nunmehr Verletzten von Straftaten, Gelegenheit zu geben, sich zu den Auswirkungen, die die Tat auf sie hatte, zu äußern (§ 69 Abs. 2 StPO). Materiell-rechtlich wurden die Verjährungsvorschriften bei Straftaten gegen die sexuelle Selbstbestimmung geändert: nach § 78b StGB ruht die Verjährung bis zur Vollendung des 21. Lebensjahres.

Ende 2015 wurde das Gesetz zur *Stärkung der Opferrechte im Strafverfahren* (3. Opferrechtsreformgesetz - 3. ORRG) erlassen,[366] um die Vorgaben der Europäischen Richtlinie 2012/29/EU des Europäischen Parlaments und des Rates vom 25.10 2012 über Mindeststandards für die Rechte, die Unterstützung und den Schutz von Opfern von Straftaten (sog. Europäischen Opferschutzrichtlinie -EOR)[367] gem. Art. 27 Abs. 1 EOR in nationales Recht umsetzen. Ziel der Richtlinie ist nach Art. 1 Abs. 1 S. 1 EOR, dass Opfer von Straftaten angemessene Informationen, Unterstützung und Schutz erhalten und sich am Strafverfahren beteiligen sowie insb. *Zugang zu einem fachgerechten Restorative Justice Verfahren* finden zu können. Um dieser Verpflichtung nachzukommen, meinte der deutsche Gesetzgeber, sich im Wesentlichen auf den Verweis auf die bereits bestehenden Vorschriften zum sog. Täter-Opfer-Ausgleich beschränken zu können (hierzu ausführlich 6.3).[368] So sieht z.B. § 406i StPO vor, dass die Opfer von Straftaten möglichst frühzeitig und regelmäßig schriftlich über ihre Befugnisse im Strafverfahren zu unterrichten sowie insb. auch darauf hinzuweisen sind, dass sie nach Maßgabe des § 155a StPO eine Wiedergutmachung im Wege eines TOA erreichen können (§ 406i Abs. 1 Nr. 5 StPO).

3.2 Prozessmaximen

Neben den bereits erörterten materiellen Grundmaximen des Strafrechts (1.3) sind besondere Grundsätze, die formellen Justizgrundrechte, die sog. Prozessmaximen, zu beachten. Zu diesen auch in der EMRK (Art. 6 Abs. 1 EMRK; Art. 20 Abs. 3 GG) verankerten *Grundsätzen des Fair trial*, gehören insb. die nachfolgend (im Folgenden z.T. ausführlicher behandelten) Aspekte:

---

[365] In Kraft im Wesentlichen ab 1.9.2013.
[366] Das Gesetz trat im Wesentlichen am Tag nach der Verkündung (30.12.2015) in Kraft. Artikel 1 Nummer 12, 16 und 17 Buchstabe a sowie Artikel 3 und 4 traten am 1. Januar 2017 in Kraft.
[367] Amtsblatt EU vom 14.11.2012 L 315/57; ausführlich zur EOR Hartmann/Trenczek 2016, 328 ff. Vgl. auch Recommendation CM/Rec(2023)2 of the Committee of Ministers to member States on rights, services and support for victims of crime (Adopted by the Committee of Ministers on 15 March 2023).
[368] BT-Drs. 18/4621, 16 f.

3. Das Strafverfahren

- Unschuldsvermutung (Art. 6 Abs. 2 EMRK, s. Rn 212),
- Anspruch auf rechtliches Gehör (Art. 103 Abs. 1 GG, s. Rn 213)
- Unabhängigkeit des Gerichts (Grundsatz des gesetzlichen Richters, Art. 101 Abs. 1 GG; s.Rn 219) durch Vorabregelung der sachlichen und örtlichen Zuständigkeit in der GVG bzw. StPO)
- Nemo tenetur se ipsum accusare („niemand ist dazu verpflichtet, sich selbst anzuklagen")
- Informations- und Aufklärungsrechte/Belehrung (z.B. § 136 StPO)
- Verteidigung durch selbst gewählte RA (§§ 137 ff. StPO) bzw. notwendige Verteidigung (§ 140 StPO)
- Akteneinsicht (§ 147 StPO), insb. über Verteidigung (ohne RA nur „Besichtigungsrecht" bzw. Kopien nach § 147 Abs 4 StPO)
- Grundsatz der verfahrensrechtlichen „Waffengleichheit" von Anklage und Beschuldigtem, insb.: Nebenklage der Geschädigten oder des Rechtsnachfolgers (§§ 395 ff. StPO)

212 Die sog. *Unschuldsvermutung* ist wesentlich für das Rechtsstaatsgebot des Grundgesetzes und knüpft an das materiell-rechtliche Schuldprinzip (2.1.3) an. Danach ist ein Beschuldigter bis zum gesetzlichen Nachweis der Schuld als unschuldig anzusehen. Die ausdrücklich in *Art. 6 Abs. 2 EMRK* formulierte Unschuldsvermutung ist eine Rechtsgarantie mit Verfassungsrang,[369] der angesichts der Machbarkeiten datengestützter (Pre-Crime-)Prävention allerdings unter Druck gerät (hierzu s. 4.2). Danach muss ein Beschuldigter zwar sämtliche zulässige Strafverfolgungsmaßnahmen über sich ergehen lassen, Strafen darf allerdings nur ein Richter verhängen (vgl. Art. 92 GG). Die Unschuldsvermutung verbietet nicht nur, von der Schuld eines Beschuldigten auszugehen oder ihn als Straftäter zu bezeichnen, sondern alle Sanktionen und Nachteile, die in ihrer Wirkung der Strafe gleichkommen (Art. 6 Abs. 1 EMRK). Hinsichtlich der Inhaftierung in Untersuchungshaft, die zweifelsfrei ein schwerer Nachteil ist, ohne dass die strafrechtliche Verantwortlichkeit gerichtlich festgestellt wurde, hat der BGH deshalb von einem „Sonderopfer für die Allgemeinheit" gesprochen[370] und der ehemalige Verfassungsrichter Winfried Hassemer hat diese als (unter engen Grenzen ausnahmsweise legitimierte) „Freiheitsberaubung gegenüber einem Unschuldigen" bezeichnet.[371] Für das gesamte Strafverfahren gilt der Grundsatz „in dubio pro reo", im Zweifel für den Angeklagten! Hierbei muss allerdings beachtet werden, dass es die endgültige Wahrheit niemals geben kann, letzte Zweifel nie ausgeräumt werden können. Deshalb reicht es für eine Verurteilung aus, dass ein Sachverhalt festgestellt werden kann, der – in der Sprache der Gerichte – „vernünftigen Zweifeln Einhalt gebietet".

213 Zu den elementaren Schutzrechten gehört auch das *Recht auf rechtliches Gehör* (Art. 103 Abs. 1 GG): der Einzelne soll nicht Objekt der Strafverfolgung sein, sondern vor einer Entscheidung, die seine Rechte betrifft, von dem Richter angehört werden, um auf das Verfahren und sein Ergebnis Einfluss nehmen zu können. Daraus folgt z.B. auch, dass ein Beschuldigter spätestens am Tage nach einer Festnahme einem Richter vorzuführen ist (Art. 104 Abs. 3 GG). Dieses Recht ist zugleich Ausdruck der Freiheitsrechte und der Gewaltenteilung – niemand darf ohne Entscheidung der dritten

---

369 Z.B. BVerfG 14.10.2004 – 2 BvR 1481/04.
370 BGH 22.2.1973 – III ZR 162/70 – NJW 1973, 1322 ff. (1323).
371 Hassemer 1984, 40.

3.2 Prozessmaximen

Gewalt festgehalten werden (sog. Richtervorbehalt), ein wichtiges Grundrecht, dass aus den Erfahrungen während des Faschismus geboren wurde und sich aus der Würde des Menschen gem. Artikel 1 GG und der Freiheit der Person gem. Artikel 2 GG ergibt.

Offizialprinzip: Die Strafverfolgung steht allein dem Staat zu und wird grds. ohne Rücksicht auf den Willen des Verletzten von Amts wegen durch Staatsorgane durchgeführt. Einschränkung: Antragsdelikte (z.B. §§ 184, 194 StGB); Ausnahme: Privatklagedelikte (§§ 374 ff. StPO).

Legalitätsprinzip: Verpflichtung der StA (und der Polizei), wegen aller verfolgbaren Straftaten einzuschreiten, sofern ausreichende tatsächliche Anhaltspunkte vorliegen und soweit nicht gesetzlich ein anderes bestimmt ist (§ 152 Abs. 2 StPO). Die Ausnahmen (z.B. §§ 5, 45, 47 JGG, §§ 153 ff. StPO) gehen in Deutschland nicht so weit wie das sog. Opportunitätsprinzip, welches in vielen anderen Staaten gilt und auch nach dem Entwurf des europäischen Strafprozessrechts gelten soll. Z.B. ist im Allgemeinen Strafrecht (anders im Bereich des Jugendstrafrechts!) ein Absehen von der Strafverfolgung bei Verbrechenstatbeständen nicht möglich (§§ 153 ff. StPO). Nach herrschender Meinung sind Staatsanwälte selbst bei privater Kenntniserlangung zur Einleitung eines Ermittlungsverfahrens bei einem überwiegenden öffentlichen Interesse verpflichtet, insb. wenn es sich nach Art oder Umfang um schwerwiegende Straftaten handelt.[372]

Akkusationsprinzip (§§ 151, 155, 264 StPO): Basierend auf der Trennung von Anklagebehörde und Gericht (im Unterschied zur Inquisition) legt es fest, dass eine gerichtliche Untersuchung die Erhebung einer Klage durch die StA voraussetzt.

Untersuchungsgrundsatz: Wahrheitserforschung durch das Gericht von Amts wegen im Unterschied zum Parteienprozess im Zivilrecht. Das Gericht ist zur selbstständigen Aufklärung berechtigt und verpflichtet (§ 244 Abs. 2 StPO). Daraus folgt: selbst ein Geständnis bindet das Gericht nicht, Aufklärung auch ohne Beweisanträge.

Grundsatz der freien Beweiswürdigung (§§ 261 f. StPO): Gem. § 261 StPO entscheidet das Gericht nach seiner freien, aus dem Inbegriff der Verhandlung geschöpften Überzeugung.[373] Dieser Grundsatz bedeutet, dass das Gericht bei der Bewertung von Zeugenaussagen frei ist,[374] und insb. auch, dass der Strafrichter an eine Entscheidung eines anderen Gerichts nicht gebunden ist.

Grundsatz des gesetzlichen Richters und Verbot von Ausnahmegerichten (Art. 101 Abs. 1 GG), d.h., durch eindeutige Zuständigkeitsvorschriften (z.B. §§ 24 ff., 74 ff. GVG) steht bereits zum Zeitpunkt bei Tatbegehung fest, welches Gericht tätig wird.

Grundsatz der Unmittelbarkeit (§§ 226, 250 StPO) und *Mündlichkeit* (vgl. §§ 250, 261, 264 StPO): Das erkennende Gericht muss die für die Urteilsfindung bedeutsamen Tatsachen selbst feststellen und dabei grds. nur originäre Beweismittel verwenden, z.B. Zeugen persönlich hören. Es darf grds. nur der unmittelbar vor dem Gericht mündlich vorgetragene und erörterte Prozessstoff dem Urteil zugrunde gelegt werden. Fotos, Skizzen usw. werden durch Erörterung vor dem Gericht zum Gegenstand der Hauptverhandlung gemacht. Auch Gutachter und die Sozialen Dienste müssen ihre Stellungnahmen mündlich vortragen, wenn hierauf ein Urteil basieren soll. Alle am

---

[372] Fischer 2023, § 258a StGB, Rn 4 a m. w. N.; kritisch dazu Meyer-Goßner/Schmitt 2023, § 160 Rn 10.
[373] Roxin/Schünemann 2022, 429.
[374] Roxin/Schünemann 2022, 431.

Urteil mitwirkenden Personen (Richter, StA, Urkundsbeamte) müssen in ununterbrochener Gegenwart während der Hauptverhandlung anwesend sein (§ 226 StPO).

221 *Grundsatz der Öffentlichkeit* (§ 169 S. 1 GVG): Ausnahmen: Ausschluss der Öffentlichkeit in der Hauptverhandlung gegen Jugendliche einschließlich der Verkündung der Entscheidung (§ 48 Abs. 1 JGG), Schutz des persönlichen Lebensbereichs von Zeugen gem. § 171b Abs. 1 GVG sowie von Zeugen unter 18 Jahren bei Straftaten gegen die sexuelle Selbstbestimmung, gegen das Leben und bei Misshandlung von Schutzbefohlenen gem. § 171b Abs. 2 GVG (die zwei letztgenannten als Soll-Vorschrift).[375]

3.3 Ablauf des Strafverfahrens

222 Das gesamte Strafverfahren gliedert sich in das sog. Erkenntnisverfahren und das Vollstreckungsverfahren (3.3.3.). Das *Erkenntnisverfahren* wiederum wird in das Ermittlungs-, Zwischen- und Hauptverfahren (ggf. mit Berufung und Revision) unterteilt (s. Abbildung 21). Strafen dürfen nur Richter verhängen (vgl. Art. 92 GG). Strafgerichte in unterschiedlichen Formen (z.B. Einzelrichter, Schöffengericht und Kammern), in unterschiedlicher Besetzung und mit unterschiedlichem Zuständigkeitsbereich (vgl. z.B. §§ 24 ff., 74 ff. GVG) gibt es bei den Amtsgerichten für die „kleinere" Kriminalität, bei den Landgerichten für die schweren Delikte und nach der Berufung gegen erstinstanzliche Urteile als Rechtsmittelinstanz sowie den Oberlandesgerichten und dem BGH vor allem als Rechtsmittelinstanz (s. Abbildung 19).

3.3.1 Ermittlungsverfahren

223 Im Rahmen des Ermittlungsverfahrens oder sog. Vorverfahrens werden aufgrund eines sog. *Anfangsverdachts* (d.h. bei zureichenden tatsächlichen Anhaltspunkten, § 152 Abs. 2 StPO) für eine Straftat Ermittlungen eingeleitet, um den Sachverhalt von Amts wegen zu klären und die für die Aufklärung der Tat notwendigen Tatsachen zu sichten und entsprechendes Beweismaterial – auch die zur Entlastung des Beschuldigten dienenden Umstände (§ 160 Abs. 2 StPO) – zu sammeln.

224 Ermittlungsbehörden sind die Polizei und StA. In aller Regel (im Durchschnitt über 90%) wird ein Ermittlungsverfahren aufgrund einer *Strafanzeige* durch den Verletzten oder einen (anderen) Zeugen eingeleitet, nur selten durch eigene Ermittlungen der Polizei. Allerdings gibt es dabei starke deliktsspezifische Unterschiede: Drogendelikte und Verstöße gegen ausländerrechtliche Bestimmungen z.B. werden nahezu ausschließlich aufgrund einer polizeilichen Kontrolle (sog. Kontrolldelikte) registriert. Diese hat nach § 163 Abs. 1 StPO die Aufgabe, begangene Straftaten zu erforschen und alle keinen Aufschub gestattenden Anordnungen zu treffen. Dabei hat die Polizei allerdings nur das sog. *Recht des ersten Zugriffs* und muss die Ermittlungsunterlagen ohne Verzug der StA übersenden (§ 163 Abs. 2 StPO). Die StA leitet formalrechtlich gesehen das Ermittlungsverfahren (§§ 152, 160 Abs. 1 StPO, sog. „Herrin des Strafverfahrens") und kann die Polizei auch anweisen („durch Ersuchen verpflichten") bestimmte Ermittlungen vorzunehmen (§ 161 Abs. 1 S. 2 StPO). Ungeachtet dessen ermittelt die Polizei in der Praxis in nahezu allen Fällen den Vorgang abschließend und übersendet erst dann die Akten an die StA, was im Hinblick auf die unterschiedlichen (polizeilichen vs. juristischen) Perspektiven nicht unproblematisch ist.

---

375 Meyer-Goßner/Schmitt 2023, § 169 GVG Rn 2 und § 171b GVG Rn 6.

3.3 Ablauf des Strafverfahrens

Abbildung 19: Strafverfolgungsbehörden und Strafgerichte

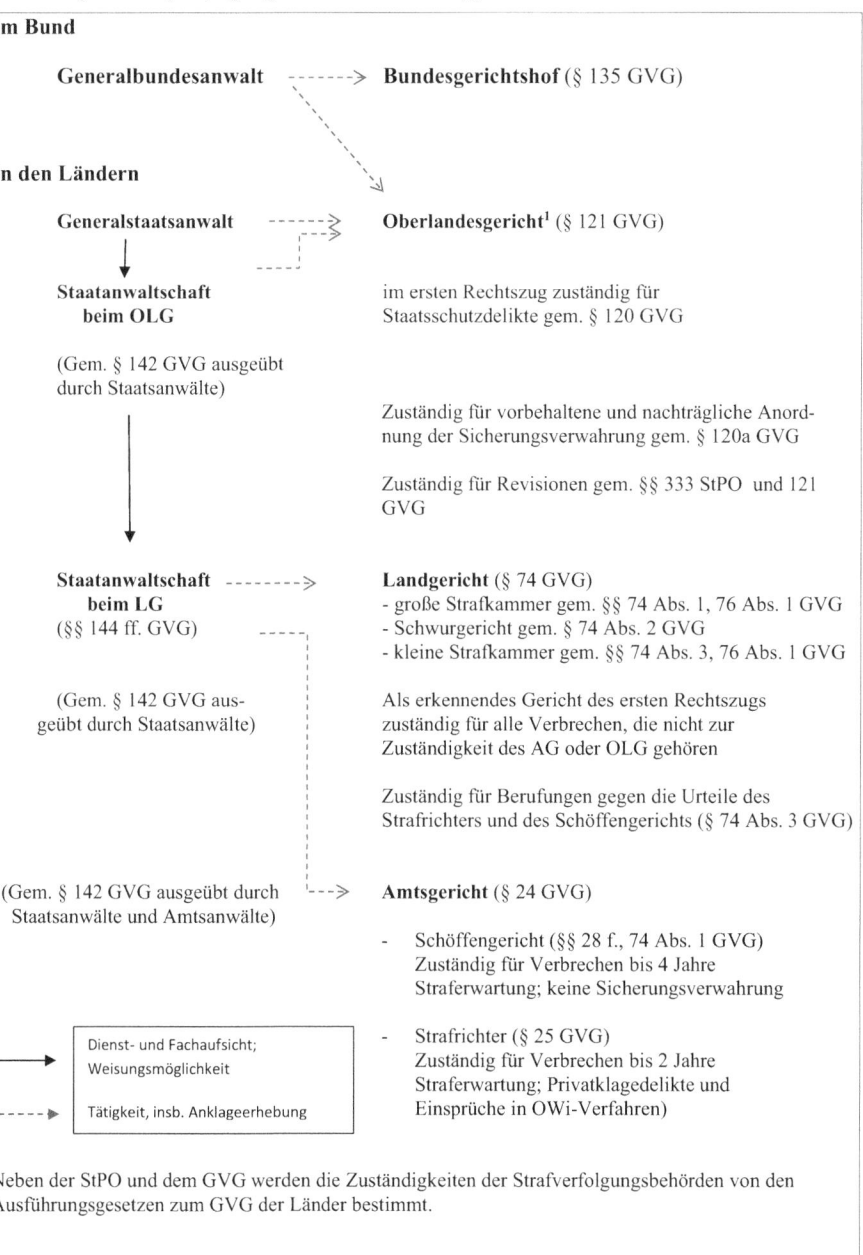

Neben der StPO und dem GVG werden die Zuständigkeiten der Strafverfolgungsbehörden von den Ausführungsgesetzen zum GVG der Länder bestimmt.

---

[1] Das Oberlandesgericht heißt in Berlin Kammergericht.

225 Zu den Umständen, die die StA ermitteln soll, gehören nicht nur die Aufklärung der Tat durch Feststellung der Täter bzw. Verdächtigen und die Umstände der Tatbegehung, sondern nach § 160 Abs. 3 StPO auch die Umstände, die für die Bestimmung der Rechtsfolge von Bedeutung sind. Dies wiederum betrifft vor allem die Person des Täters, sein Vorleben, seine persönlichen und wirtschaftlichen Verhältnisse und sein Verhalten nach der Tat (vgl. §§ 46, 46a StPO). Um diese Umstände, die vor allem die Person des Täters jenseits der Aufklärung der Tat betreffen, festzustellen, kann sich die StA der *Gerichtshilfe* (s.u. 6.1.1) bedienen (§ 160 Abs. 3 StPO). Bei Jugendlichen und Heranwachsenden muss das kommunal zuständige JA eingeschaltet werden (§§ 38, 107 JGG, § 52 SGB VIII; hierzu 7.2).

226 Eine der Tat verdächtige Person wird zum *Beschuldigten*, wenn gegen sie konkrete tatsächliche Anhaltspunkte für die Täterschaft vorliegen. Ist dies der Fall, so darf und muss die Polizei bzw. die StA ihn verantwortlich, d.h. als Beschuldigten (vgl. §§ 163 a, 136, 136 a StPO), vernehmen. In diesem Zusammenhang sind insb. die Pflicht zur Belehrung über die Aussagefreiheit und die Möglichkeit, einen Anwalt einzuschalten, zu beachten (§§ 136, 163a StPO). Der ungehinderte Zugang zu einem Anwalt (§ 137 Abs. 1 StPO) ist eines der wesentlichen Rechte eines Beschuldigten in einem rechtsstaatlichen Strafverfahren.[376] „Zusagen" („Deals") der Polizei und StA bzgl. der sog. Kronzeugenregelung bzw. Strafmilderung (§ 46b StGB) sind – anders als in manchen angelsächsischen Rechtsordnungen – nicht zulässig, da das Gericht im Hinblick auf die Rechtsfolgenbestimmung nicht gebunden werden kann.[377] Beschuldigte müssen nicht gegen sich selbst aus- und die Wahrheit sagen (s. 3.1),[378] sie sind allerdings verpflichtet, zulässige Vernehmungen über sich ergehen zu lassen und Ladungen des Gerichts und der StA Folge zu leisten (§§ 133 – 136a, 163a, 243 Abs. 4 S. 1 StPO), andernfalls können sie zwangsweise vorgeführt werden (§ 134, 163a Abs. 3 S. 2, 230 Abs. 2 StPO). Das gilt aber nicht für *polizeiliche Ladungen*, ein Vorführungsrecht der Polizei besteht nur unter den Voraussetzungen der vorläufigen Festnahme auf frischer Tat (§ 127 StPO) sowie den staatsanwaltlich veranlassten Ermittlungsmaßnahmen nach § 163a und § 163b StPO.[379]

227 Die *Konsequenzen prozessrechtswidrig erhobener Beweise* sind rechtlich sehr umstritten.[380] In der Praxis wird die Relevanz dieses strafrechtlichen, dogmatischen und rechtspolitischen Streits dadurch reduziert, dass häufig prozessrechtswidrig erlangte Erkenntnisse dann zu weiteren Ermittlungserfolgen mit nach deutschem Recht – auch insoweit z.T. anders als in den USA (sog. *„fruit of the poisen tree"*-Doktrin) – verwertbaren Beweisen führen. Wenn beispielsweise der Beschuldigte aufgrund der Androhung der Zufügung von Schmerzen verrät, dass er in seinem Garten die Leiche vergraben habe und diese wird dann dort gefunden, dann bedarf es nicht der Verwertung der rechtswidrig erzwungenen Aussagen.[381]

---

[376] Zur notwendigen, sog. Pflichtverteidigung, vgl. §§ 140 ff. StPO.
[377] Zu den sog. „Deals im Strafverfahren" s. u. 3.3.2 § 257c StPO.
[378] Insoweit dürfen sie lügen, allerdings dabei keine falschen Verdächtigungen aussprechen (vgl. § 164 StGB).
[379] Meyer-Goßner/Schmitt 2023, § 133 Rn 1.
[380] Meyer-Goßner/Schmitt 2023, Einleitung Rn 55 ff.; zum Beweisverwertungsverbot bei unterlassener qualifizierter Belehrung BGH 18.12.2008 – 4 StR 455/08.
[381] Zur Verurteilung des ehemaligen stellvertretenden Frankfurter Polizeipräsidenten Wolfgang Daschner im Entführungsfall Jakob von Metzler vgl. LG Frankfurt 20.12.2004 – 5/27 KLs 7570 Js 203814/03; EGMR-Grand Chamber 1.6.2010, Nr. 22978/05 (Gäfgen vs. Germany): „Rettungsfolter" als gültiges Mittel der Verbrechensaufklärung ist unzulässig.

3.3 Ablauf des Strafverfahrens

Als *Fahndung* werden alle Maßnahmen der StA und Polizei bezeichnet, die zur Ermittlung eines Täters oder Zeugen ergriffen werden. Hierzu dienen auch die Auskünfte von Behörden (§ 163 Abs. 1 S. 2 StPO, vgl. § 68 Abs. 1 SGB X). Eine besondere Bedeutung haben die Maßnahmen, die zur Aufklärung des Sachverhalts u.U. auch gegen den Willen des Beschuldigten und mit Zwang durchgeführt werden dürfen, z.B. Festnahme, Blutprobe oder Hausdurchsuchung (vgl. Abbildung 20). Allerdings sind viele der in TV-Krimis dargestellten Ermittlungsmaßnahmen und Vernehmungsmethoden unzulässig. *Zwangsmaßnahmen im Ermittlungsverfahren sind Grundrechtseingriffe*, der Grundsatz der Verhältnismäßigkeit ist hier besonders zu beachten. Ermittlungs- und Zwangsmaßnahmen sind nicht willkürlich (etwa nach Hautfarbe, Ethnie oder Aussehen)[382] und verdachtslos, sondern nur bei konkreten (mitunter zureichenden) tatsächlichen Anhaltspunkten für eine Straftat zulässig.[383] So hat der EGMR[384] im Zusammenhang mit den Inhaftierungen beim G8-Gipfel von Heiligendamm darauf hingewiesen, dass für einen nach Art. 5 Abs. 1 lit. c EMRK legitimen Eingriff in das Recht auf Freiheit und Sicherheit eine konkrete und spezifische Gefahr der Begehung einer Straftat vorliegen muss. Auch die polizeilichen Personenkontrollen im Rahmen von §§ 22 Abs. 1a, 23 Abs. 3 BPolG, die nach äußerem Erscheinungsbild, insb. nach der Hautfarbe der Betroffenen vorgenommen werden (sog. racial profiling), verstoßen gegen das Diskriminierungsverbot aus Art. 3 Abs. 3 GG.[385]

228

Die meisten Zwangsmaßnahmen bedürfen zudem einer *richterlichen Anordnung*. Die Staatsanwaltschaft darf dies mitunter bei Gefahr in Verzug, d.h., wenn die Gefahr groß ist, der mögliche Schadenseitritt bereits so nahe ist, dass das Einschalten des Gerichts bzw. der zuständigen Behörde nicht mehr abgewartet kann, insb. wenn die Gefahr besteht, dass beim Vorliegen der richterlichen Anordnung sämtliche Beweismittel vernichtet sein werden. Die Polizei ist nur bei leichteren, für die Ermittlung unabdingbaren Eingriffen selbst zur Durchführung berechtigt (§ 163 Abs. 1 StPO). Gegen Tatverdächtige kann die Polizei zur Identitätsfeststellung (§ 163b StPO) auch nach § 81b StPO eine *erkennungsdienstliche Behandlung* in Form von Lichtbildern, Fingerabdrücken, Messungen und ähnlichen Maßnahmen, gem. § 81b StPO sowie eine *Gegenüberstellung mit Zeugen* (§ 58 Abs. 2 StPO, vgl. Nr. 18 RiStBV) vornehmen, soweit es für das Strafverfahren erforderlich ist. Nach § 81a StPO darf eine *körperliche Untersuchung* (grds. nur vom Richter) zur Feststellung von Tatsachen angeordnet werden, die für das Verfahren von Bedeutung sind. Zu diesem Zweck sind auch Entnahmen von Blutproben und andere körperliche Eingriffe ohne Einwilligung des Beschuldigten zulässig, wenn sie von einem Arzt nach den Regeln der ärztlichen Kunst vorgenommen werden und kein Nachteil für die Gesundheit zu befürchten ist. Insoweit ist § 81a StPO ein Rechtfertigungsgrund gegenüber dem Vorwurf der Körperverletzung. Der zwangsweise Einsatz von Brechmitteln, um insb. an hinuntergeschluckte illegale Drogen zu gelangen, ist unzulässig.[386] Die Abnahme von DNA-Proben zur zukünftigen Identitätsfeststellung („genetischer Fingerabdruck") ist nach §§ 81e–g StPO bei bestimmten schweren Taten (gefährliche Körperverletzung, alle Verbrechen, insb. Sexualstraftaten) nur gegen einen Beschuldigten zulässig.

229

---

382 Zum sog. racial profiling Cremer 2013, 11 ff.
383 Zur Personenkontrolle auf öffentlichen Straßen und Plätzen, vgl. § 111 StPO.
384 Nr. 8080/08 und 8577/08 – 1.12.2011.
385 OVG Rh-Pf 7 A 10532/12 – 29.10.2012.
386 EGMR v. 11.6.2006 – Jalloh vs. Germany, 54810/00.

3. DAS STRAFVERFAHREN

Abbildung 20: Zwangsmaßnahmen im Ermittlungsverfahren nach der StPO

Zwangsmaßnahmen	Tatverdächtige/Voraussetzungen	Unbeteiligte Dritte/Voraussetzungen	Anordnung durch …/Formerfordernisse/Besonderheiten
Durchsuchung der Person, Leibesvisitation oder von Sachen (z.B. Pkw)	§§ 102 , 105 Anfangsverdacht (tatsächliche Anhaltspunkte)	§§ 103, 105 Zur Ergreifung des Beschuldigten oder Indizien, dass sich gesuchtes Objekt dort befindet	§ 105 Abs. 1: grds. richterliche Anordnung bei Gefahr in Verzuge auch StA und deren polizeiliche Ermittlungspersonen
Durchsuchung von Räumen	§§ 102 , 105 Anfangsverdacht	§§ 103, 105 bei tatsächlichen Anhaltspunkten auf beschlagnahmefähige Gegenstände oder Tatspuren	§ 105 Abs. 2: wenn Durchsuchung ohne Beisein des Richters/StA, dann nur mit Gemeindebeamter oder zwei Gemeindemitgliedern § 106: Hinzuziehung des Wohnungsinhabers, eines Vertreter oder Nachbarn § 104: Durchsuchung zur Nachtzeit (21 – 4 bzw. 6 Uhr) grds. nur bei Verfolgung auf frischer Tat. Ausnahme Gefahr im Verzuge (z.B. Vernichtung von Beweismitteln)
Identifizierungsmaßnahmen	§ 81 b: Erkennungsdienstliche Behandlung (Lichtbilder, Fingerabdrücke, Messungen) § 81a: Blutprobe, §§ 81 e-g: DNA-Analyse	§ 163b Abs. 2, wenn zur Aufklärung geboten, z.B. möglicher Zeuge	StA/Polizei / inkl. Mitnahme zur Wache und Freiheitsentziehung max. 12 Std. (§ 163c Abs. 3)
körperliche Untersuchung	§ 81 b: Erkennungsdienstliche Behandlung (Lichtbilder, Fingerabdrücke, Messungen) § 81a: Blutprobe, §§ 81 e-g: DNA-Analyse	§81 c: Untersuchung und Blutprobe grds. nur wenn erforderlich, um Tatspuren, Verletzungen (Opfer) aufzudecken §§ 81 e-g: DNA-Analyse	§ 81b: zuständig für die Anordnung ist die StA und die Polizei § 81a: grds. richterliche Anordnung bei Gefahr in Verzuge auch StA und deren polizeiliche Ermittlungspersonen; DNA-Untersuchungen nach § 81 e nur aufgrund richterlicher Anordnung unzulässig: zwangsweiser Einsatz von Brechmitteln
Vorläufige Festnahme (§ 127 Abs. 2)	bei dringendem Tatverdacht und Haftgrund	nicht zulässig	Polizei
Untersuchungshaft §§ 112f.	bei dringendem Tatverdacht und Haftgrund	nicht zulässig	Anordnung ausschließlich durch Richter
Steckbrief = Ausschreibung zur Festnahme	§ 131	nicht zulässig	nur aufgrund eines Haftbefehls oder Unterbringungsbefehls des Richters; grds. richterliche Anordnung bei Gefahr in Verzuge auch StA und deren polizeiliche Ermittlungspersonen; möglich auch im Hinblick auf eine Haftvollstreckung, vgl. § 457 Abs. 3
Beschlagnahme	§§ 94, 98 zur Sicherung von Beweismitteln; Anfangsverdacht Ausnahme: höchstpersönliche Aufzeichnungen (Tagebuch)	nicht wenn Zeugnisverweigerungsrecht (z.B. Arztunterlagen; JA-Akten)	grds. richterliche Anordnung bei Gefahr in Verzuge auch StA und deren polizeiliche Ermittlungspersonen; Durchsicht von Papieren der StA vorbehalten, nicht Polizei.

3.3 Ablauf des Strafverfahrens

Postbeschlagnahme	§ 99, 100	nicht zulässig	grds. richterliche Anordnung bei Gefahr in Verzuge auch StA; nicht Polizei; Öffnung der beschlagnahmten Post durch Richter.
Überwachung des Fernmeldeverkehrs	§§ 100a, 100b Anfangsverdacht wg. Katalogtat; SV anders nicht aufklärbar	nicht zulässig	Richter; Eilzuständigkeit StA mit Richterbestätigung
Technische Überwachung -- Optisch -- Akustisch	§§ 100c, 100d, 100f wenn SV anders nicht aufklärbar; in Wohnung nur bei Katalogtat	Grds. unzulässig; Ausnahme nach Abs. 2 wenn sonst SV- oder Ermittlung des Aufenthaltsorts des Beschuldigten auf andere Weise erheblich weniger erfolgsversprechend oder wesentlich erschwert wäre.	grds. richterliche Anordnung; im Hinblick auf § 100f StPO (Abhörmaßnahmen außerhalb der Wohnung, sog. „kleiner Lauschangriff") sowie bei Gefahr in Verzuge auch StA (§ 100b Abs. 1 StPO); beachte: Einschränkung der akustischen Wohnraumüberwachung (sog. „großer Lauschangriff") durch das BVerfG v. 3.3.2004 - 1 BvR 2378/98.
Polizeiliche Beobachtung § 163e	Anfangsverdacht bzgl. Straftat von erheblicher Bedeutung	nicht zulässig	Grds. Richter/Eilzuständigkeit StA
Vorläufige Entziehung der Fahrerlaubnis § 111a	Dringende Gründe für die Annahme, dass Fahrerlaubnis entzogen wird (§ 69 StGB)	nicht zulässig	Richter
Unterbringung	§ 126a bei dringenden Gründen der Annahme der (verminderten) Schuldunfähigkeit und Vorliegen der Voraussetzungen nach §§ 63f.	nicht zulässig	Richter

3. DAS STRAFVERFAHREN

*Abbildung 21: Auflauf des strafrechtlichen Erkenntnisverfahrens nach der StPO**

---

1. ERMITTLUNGSVERFAHREN

Amtliche Wahrnehmung des Verdachts einer Straftat i.d.R. durch **Anzeige** und Strafantrag (§§ 158 Abs. 1, 160 Abs. 1). Bei unnatürlichem Tod/Leichenfund „sofortige" Anzeige bei der StA oder dem AG durch Polizei und Gemeindebehörden (§ 159)

▼

Bei „zureichenden tatsächlichen" Anhaltspunkten (§ 152 Abs. 2) Einleitung eines Ermittlungsverfahrens durch StA (§§ 160, 163) bzw. Polizei (§ 152 GVG);

▼

Erforschung des Sachverhalts, ggf. weitere Ermittlungen auch der zur Entlastung dienenden Umstände (§ 160 Abs. 2), Prüfung rechtlicher Aspekte (z.B. Alter und strafrechtliche Verantwortlichkeit).

▼

Ggf. „erster Zugriff" durch die **Polizei** (§ 163 Abs. 1) und weitere Ermittlungsbefugnisse:
- Auskunft von Behörden (§ 163 Abs. 1 S. 2)
- Festhalten und Durchsuchen zur Feststellung der Identität (§ 163b Abs. 1)
- Fahndungen (§ 131c Abs. 1)
- vorläufige Festnahme (§ 127 Abs. 1 u. 2)
- (erste) Vernehmung des Beschuldigten (§ 163a Abs. 4)
- körperliche Durchsuchung, Blutprobe (§ 81a Abs. 2)
- Observation (§ 163f Abs. 3 S. 1)
- Beschlagnahme von Gegenständen, ggf. auch Führerschein (§ 98 Abs. 1 S. 1)
- Durchsuchung (§ 105 Abs. 1 S. 1)
- Zeugenvernehmung (§ 163 Abs. 3-5)

Recht des Beschuldigten, sich „in jeder Lage des Verfahrens" eines **Verteidigers** zu bedienen (§§ 136 Abs. 1, 137 Abs. 1 S. 1, 168c Abs. 2 u. 5)

▼

„unverzügliche" Unterrichtung der StA durch die Polizei (§ 163 Abs. 2 S. 1); in der Praxis häufig „Durchermittlung" und Abschlussbericht.

▼

Eigene Ermittlungen der **StA** (§§ 160 Abs. 1-3, 161), z.B. durch Behördenauskunft (§ 161 Abs. 1 S. 1 Alt. 1); Anweisung von weiteren polizeilichen Ermittlungen (§ 161 Abs. 1 S. 1 Alt. 3, S. 2) oder Antrag auf richterliche Untersuchungshandlungen (§ 162)

▼

Weitere Ermittlungs- und Zwangsbefugnisse der **StA** sowie ggf. der Polizei:
- Vornahme der Obduktion/Leichenschau/ (§ 87),
- Bestellung von Sachverständigen (§ 161a Abs. 1 S. 2),
- Einsatz eines verdeckten Ermittlers (§§ 110a, 100b),
- bei „Gefahr in Verzug" Telekommunikationsüberwachung (§ 100b Abs. 1) und
- „Späh-" und „kleiner Lauschangriff" (§ 100f Abs. 1 S. 1, Abs. 4),
- ggf. Beschlagnahme (vgl. § 111e)

▼

Entscheidung des (Ermittlungs-, Haft-)**Richters**; grds. vorab, wenn „Gefahr im Verzug" vorlag, nachträglich; zwingend vorab bei
- molekulargenetischen Untersuchungen (§ 81f Abs. 1 S. 1)
- „großer Lauschangriff" (§§ 100c, 100d)
- vorläufige Entziehung der Fahrerlaubnis (§ 111a)
- Beschlagnahme eines periodischen Druckwerks (§ 111n Abs. 1 S. 1) und
- Untersuchungshaft (Art. 104 Abs. 2 S. 1 GG, §§ 112 ff.)

▼

Bestellung eines **Pflichtverteidigers** (§ 141 Abs. 3), obligatorisch bei U-Haft (§ 140 Abs. 1 Nr. 4)

▼

richterliche Entscheidung auf **Beschwerde** des Beschuldigten bzw. seines Verteidigers gegen Ermittlungsmaßnahmen

---

114

3.3 Ablauf des Strafverfahrens

▼

richterliche Vernehmung des Beschuldigten (§§ 133 ff.) sowie der Zeugen und Sachverständigen und ggf. richterlicher Augenschein in Anwesenheit des Beschuldigten und seines Verteidigers (§§ 168c, ff.)

▼

Erledigung von Beweisanträgen des **Beschuldigten** bzw. seines **Verteidigers** (§ 219)

▼

Abschlussvermerk der StA (§ 169 a) mit der Folge **vollen Akteneinsichtsrechts des Verteidigers** (§ 147 Abs. 1 u. 2); dem **Beschuldigten** sind Auskünfte und Abschriften aus den Akten zu erteilen (§ 147 Abs. 7).

Abschlussverfügung der StA:
- Einstellung, wenn kein „genügender Anlass zur Erhebung der öffentlichen Klage" (§ 170 Abs. 2),
- bei Privatklagedelikten (§ 374 Abs. 1) wegen Fehlens des öffentlichen Interesses (§ 376), Verweis auf den Privatklageweg
- Einstellung/Absehen von der Klage nach §§ 153 ff. und § 45 JGG
- Strafbefehlsantrag (§§ 407 ff.)
- Anklage (§§ 151, 152 Abs. 1, 170 Abs. 1) bei „hinreichendem Tatverdacht" (vgl. § 203) oder
- Antrag auf Sicherungsverfahren (§ 413 ff StPO)
- Antrag auf Entscheidung im beschleunigten Verfahren (§§ 417 ff.)

▼

ggf. **Klageerzwingungsverfahren** durch den Antragsteller, der zugleich Verletzter ist
ggf. Beschluss des Oberlandesgerichts, Anklage zu erheben (§§ 171 ff.)

▼

Anschlusserklärung bzgl. **Nebenklage** (§§ 395 ff.)

▼

2. ZWISCHENVERFAHREN
vor dem erkennenden Gericht (ohne Schöffen)

▼

Mitteilung der Anklageschrift an den **Angeschuldigten** (§ 201), Möglichkeit zur Stellungnahme
(rechtliches Gehör)

▼

ggf. einzelne Beweiserhebungen (§ 202)

▼

Eröffnungsbeschluss
bei „hinreichendem Tatverdacht (§§ 203, 207), sonst Ablehnung der Eröffnung (§ 204 bzw. § 408 bei Ablehnung des Erlass eines Strafbefehls)

bei Ablehnung der Eröffnung sofortige Beschwerde der StA (§ 210 Abs. 2 bzw. § 408 Abs. 2)

3. HAUPTVERFAHREN
- Vorbereitung der Hauptverhandlung und Terminbestimmung (§ 213)
- Ladung des Angeklagten, ggf. seines Verteidigers und der Zeugen (§§ 214 ff.)
- Besetzungsmitteilung (§§ 222a, 222b)
- Einstellung des Verfahrens (z.B. §§ 153 Abs. 2, 153a Abs.2; § 47 JGG)

▼

Öffentliche **Hauptverhandlung** (§§ 169 ff. GVG) geleitet vom Vorsitzenden (§ 238)
Mündlichkeits- und Unmittelbarkeitsgrundsatz
grds. keine Hauptverhandlung gegen einen nicht anwesenden Angeklagten (§§ 230, 276, 285), vorübergehende Entfernung des Angeklagten u.U. zulässig (z.B. Zeugenschutz § 247)

Aufruf der Sache und Anwesenheitsfeststellungen Zeugenbelehrung (§ 243 Abs. 1), danach verlassen dies den Sitzungssaal (§ 243 Abs. 2)

Vernehmung des **Angeklagten** über „seine persönlichen Verhältnisse", Personalien (§ 243 Abs. 2 S. 2)

▼

Verlesung der Anklage durch **StA** (§ 243 Abs. 3)

3. Das Strafverfahren

▼

Belehrung und ggf. Vernehmung des **Angeklagten**:

Beweisaufnahme (Amtsermittlung, § 244 Abs. 2), ggf. Beweisanträge und Zusatzfragen von StA und Verteidigung (§ 245 Abs. 2)

▼

Beweismittel:
- Zeugen (§§ 48 ff.),
- Sachverständige (§§ 72 ff.),
- Augenschein (§§ 86 ff.),
- Urkunden und andere Schriftstücke (§§ 249 ff.),
- Aussagen des Angeklagten und Mitbeschuldigter (§§ 136, 163a Abs. 1, 243 Abs. 4).

▼

Erklärungen der Beteiligten (§ 257)

▼

ggf. Hinweis des **Gerichts** auf Veränderung des rechtlichen Gesichtspunkts (§ 265)

▼

Verständigung im Strafverfahren (§§ 257c, 273)

▼

Schlussvortrag (**Plädoyer**) des Staatsanwalts, ggf. des Nebenklägers (Verletzten) und dann des Verteidigers bzw. des Angeklagten

▼

letztes Wort des **Angeklagten**

▼

nicht-öffentliche **Beratung des Gerichts** über das Ergebnis der Verhandlung im Hinblick auf
- die angeklagte Tat (§ 264),
- Abstimmung über Schuldfrage und
- Rechtsfolgen der Tat (§ 263)

mündliche **Verkündung** und Begründung des **Urteils** „im Namen des Volkes" durch den Vorsitzenden (§§ 260, 268): Freispruch, Verurteilung oder Einstellung des Verfahrens

▼

Fertigstellung des Sitzungsprotokolls (§§ 271 ff.)
sowie Niederschrift des Urteils und der Gründe (§§ 267, 275)

▼

ggf. Zustellung des Urteils (§ 35 Abs. 2)

▼

4. ggf. Rechtsmittelinstanz

Berufung (§§ 312 ff.)

und/oder

Revision (§§ 333 ff.)

▼

5. Vollstreckungsverfahren
(§§ 449 ff.)

*Anm.: Die einzelnen Schritte und Maßnahmen werden nicht alle (immer oder zwangsläufig) durchgeführt, noch erfolgen sie immer nacheinander, sondern mitunter parallel. Die Befugnisse der Polizei stehen im weiteren Verfahren auch der StA zu.

230 Ggf. dürfen nach §§ 110a ff. StPO auch sog. *verdeckte Ermittlungsmaßnahmen* zur Aufklärung von Straftaten von erheblicher Bedeutung insb. auf dem Gebiet des Staatsschutzes (§§ 74a, 120 GVG) sowie im Bereich der organisierten und Bandenkriminalität sowie des unerlaubten Drogen- oder Waffenhandels und der Geld- oder Wertzeichenfälschung eingesetzt werden, wenn die Aufklärung auf andere Weise aussichtslos

3.3 Ablauf des Strafverfahrens

oder wesentlich erschwert wäre. *Verdeckte Ermittler* sind Beamt*innen des Polizeidienstes, die unter einer ihnen verliehenen, auf Dauer angelegten, veränderten Identität (Legende) ermitteln (§ 110a Abs. 2 StPO, § 45 Abs. 6 BKAG, § 9 Abs. 2 BVerfSchG). Der Einsatz verdeckter Ermittlungspersonen bedarf der Zustimmung der StA (§ 110b Abs. 1 StPO) und – wenn es sich die Maßnahmen gegen konkrete Beschuldigte richten oder Wohnungen betreten werden sollen – auch des Gerichts (§ 110b Abs. 2 StPO) Nicht geregelt ist derzeit noch der Einsatz (und die Bezahlung) von *Informant*innen* und der sog. *V-Leute* aus den jeweiligen Milieus, was im Hinblick auf den Gesetzesvorbehalt (Art. 20 Abs. 3 GG) verfassungsrechtlich nicht unbedenklich ist.

Wird jemand auf frischer Tat betroffen oder verfolgt und vorläufig von der Polizei oder StA festgenommen (§ 127 StPO), so ist er unverzüglich, spätestens am Tage nach der Festnahme dem Richter vorzuführen (§ 128 StPO), der über die Zulässigkeit der *Untersuchungshaft* (§ 112 StPO) entscheidet. Letztere ist bei Beachtung des Verhältnismäßigkeitsgebots nur zulässig, wenn der Beschuldigte der Tat dringend verdächtig ist und ein Haftgrund (insb. Flucht- oder Verdunkelungsgefahr bzw. bei schwersten Taten und Gefahr für Leib und Leben Wiederholungsgefahr; hierzu ausführlich s. 3.3.4.1) besteht und dieser nicht durch andere geeignete Maßnahmen beseitigt werden kann.[387] *Dringender Tatverdacht* besteht, wenn nach dem bisherigen Ermittlungsergebnis die Wahrscheinlichkeit hoch ist, dass der Beschuldigte ein Täter oder Teilnehmer (§§ 25 ff. StGB) einer (versuchten) Straftat ist.[388] Zudem darf die Untersuchungshaft trotz dringenden Tatverdachts und obwohl ein Haftgrund besteht nicht angeordnet werden, wenn sie zu der Bedeutung der Sache und der zu erwartenden Strafe oder Maßregel der Besserung und Sicherung außer Verhältnis steht. *Haus- und Wohnungsdurchsuchungen* sind im Hinblick auf Art. 13 GG nur unter den Voraussetzungen der §§ 102, 105 StPO zulässig. Beweismittel können beschlagnahmt werden (§§ 94, 98 StPO; zu den Grenzen im Hinblick auf den Vertrauensschutz insb. bei Akten (s.o. 2.3.1). Der technischen (optischen und akustischen) *Überwachung* (z.B. „Lauschangriff") sind Grenzen gesetzt (vgl. §§ 100c, 100d, 100f StPO), insb. der Überwachung des Fernmeldeverkehrs durch sog. Abhören (§§ 100a, 100b StPO).

Art. 19 Abs. 4 GG garantiert das Recht auf *Überprüfung staatlicher Maßnahmen*. Dies muss auch für strafprozessuale Ermittlungsmaßnahmen gelten, denn es handelt sich bei diesen stets um Grundrechtseingriffe. Gegen gerichtliche Anordnungen ist die (schriftliche, aber nicht an Fristen gebundene) *Beschwerde* nach §§ 304, 306 StPO zulässig (Ausnahme von der Ausnahme s. § 305 StPO). Da diese keine aufschiebende Wirkung hat, ist ggf. einstweiliger Rechtsschutz notwendig (§ 307 StPO). Wenn die Zwangsmaßnahme durch StA oder Polizei angeordnet wurde, muss der Betroffene „erst recht" die Möglichkeit haben, diese Verfügung durch einen Richter überprüfen zu lassen. Eine ausdrückliche Regelung findet sich in der StPO aber nur für die Beschlagnahme (§ 98 Abs. 2, S. 2 StPO) und für verdeckte Ermittlungsmaßnahmen (§ 101 Abs. 7, S. 2 StPO). Im Hinblick auf Art. 19 Abs. 4 GG ist aber allgemein anerkannt, dass § 98 Abs. 2 Satz 2 StPO auch auf alle anderen Zwangsmaßnahmen, in denen grds. ein richterlicher Beschluss erforderlich ist, analog anzuwenden und damit eine Überprüfung mithin von allen Ermittlungsmaßnahmen möglich ist. Das gilt nach h.M. auch bei sonstigen, insb. auch bei erledigten Zwangsmaßnahmen der Polizei und StA bei einer Wiederholungsgefahr oder schweren Folgen oder Grundrechtsein-

---

[387] Weiteres zu den Besonderheiten von Festnahme und Untersuchungshaft im Abschnitt 3.3.4.
[388] Meyer-Goßner/Schmitt 2023 § 112 Rn 5.

griffen.[389] Bei der U-Haft steht dem Betroffenen neben der (Haft-)Beschwerde auch die Möglichkeit der *Haftprüfung* nach § 117 Abs. 1 StPO zu. Das *Gebot effektiven Rechtsschutzes* gebietet auch sorgfältige Dokumentations- und Begründungspflichten der die Ermittlungsmaßnahme anordnenden Stelle, um eine umfassende gerichtliche Überprüfung zu ermöglichen.[390]

233   Die StA hat nach dem Ermittlungsergebnis zu entscheiden, ob „genügender" Anlass zur Erhebung der Anklage besteht (§§ 170 Abs. 1 StPO). Kommt die StA zu dem Ergebnis, dass eine Verurteilung wahrscheinlich erscheint und damit ein *hinreichender Tatverdacht* (vgl. § 203 StPO) besteht, schließt sie das Ermittlungsverfahren grds. mit der Erhebung der öffentlichen Klage, entweder durch eine Anklageschrift oder durch Antrag auf Erlass eines Strafbefehls (§§ 407 ff. StPO) ab. Der Beschuldigte wird zum *Angeschuldigten* (§ 157 StPO). Aus dem Anklagesatz (§ 200 Abs. 1, § 264 Abs. 1 StPO), der später in der Hauptverhandlung verlesen wird (§ 243 Abs. 3 StPO), muss sich zweifelsfrei ergeben, wer die beschuldigte Person ist und welche Tat ihr zur Last gelegt wird, weil Beschuldigten/Angeklagten eine Tat nicht zweimal vorgeworfen werden darf (Art. 103 Abs. 3 GG; ne bis in idem/Strafklageverbrauch s.o. 1.3). Dies folgt aus der materiellen Rechtskraft der Aburteilung und gilt auch bei Einstellung nach erfüllter Auflage bei Vergehen nach § 153a Abs. 1 S. 5 StPO.

234   Durch das schriftlich durchgeführte *Strafbefehlsverfahren* soll im Bereich der Massendelikte eine schnelle und kostengünstige Erledigung erfolgen. Als Rechtsfolge dürfen dann aber keine Freiheitsstrafen, sondern u.a. nur Geldstrafe, Verwarnung mit Strafvorbehalt, Fahrverbot und die Entziehung der Fahrerlaubnis mit einer Sperre von nicht mehr als zwei Jahren angeordnet werden (§ 407 Abs. 2 StPO). Beschuldigte können gegen den Strafbefehl innerhalb einer Frist von zwei Wochen nach Zustellung Einspruch einlegen (§ 410 Abs. 1 StPO). Dadurch wird das Verfahren in ein normales Strafverfahren übergeleitet. Wurde gegen einen Strafbefehl nicht rechtzeitig Einspruch erhoben, steht er einem rechtskräftigen Urteil gleich (§ 410 Abs. 3 StPO).Deshalb ist eine korrekte wie verständliche Rechtsbehelfserklärung unverzichtbar. Allerdings sind die in der Praxis mitunter vorfindlichen Exemplare so kompliziert formuliert, dass schon Menschen mit guter Schuldbildung Schwierigkeiten haben, diese zu verstehen. Im Hinblick auf die vom Strafbefehlsverfahren nicht selten betroffenen Zielgruppen (mitunter Personen mit Leseschwächen), ist das besonders verhängnisvoll, soweit diese sich dann im Vollzug der Ersatzfreiheitsstrafe (§ 43 StGB) wiederfinden. Die zum 1.2.2024 insoweit in Kraft getretenen Änderungen im Sanktionsrecht (Einschränkung der wegen Nichtzahlung einer gegen verhängten Geldstrafe angeordneten Ersatzfreiheitsstrafe; Halbierung des Umrechnungsmaßstabes in § 43 StGB, § 293 EGStGB; hierzu s. 4.3.2) können das Problem lediglich abmildern, nicht aber beseitigen.

235   Ist nach den Feststellungen im Ermittlungsverfahren mit einer Verurteilung des Beschuldigten nicht zu rechnen, z.B. weil die Beweismittel zur Überführung des Täters nicht ausreichen oder weil Verfahrenshindernisse (z.B. Verjährung) vorliegen, muss das *Verfahren eingestellt* werden (§ 170 Abs. 2 StPO). Dabei gilt auch der Grundsatz „in dubio pro reo" (s. o. 3.2), das Verfahren ist im Zweifel nach § 170 Abs. 2 StPO einzustellen. Selbst wenn ein hinreichender Tatverdacht vorliegt, ist eine Anklage nicht

---

389   A.A. Rechtsschutz gegen Art und Weise der Durchführung der Zwangsmaßnahme nur nach §§ 23, 28 EGGVG beim OLG.
390   BVerfG 11.6.2010 – 2 BvR 1046/08.

3.3 Ablauf des Strafverfahrens

immer zwingend, ja in vielen Fällen im Hinblick auf das Verhältnismäßigkeitsgebot nicht einmal geboten. StA und Gericht haben nach §§ 153 – 154e StPO vielfache Möglichkeiten der informellen Verfahrenserledigung (*Diversion*) und zwar nicht nur bei Bagatellsachen (§ 153 StPO) und bei Vergehen bei Erfüllung von Auflagen und Weisungen (z.B. TOA, Sozialer Trainingskurs oder Geldbuße; vgl. § 153a StPO), sondern gerade im Hinblick auf § 46a StGB und § 153b StPO auch für Verbrechenstatbestände und damit den Großteil der Kriminalität.[391] Erfüllt der Beschuldigte die Auflagen und Weisungen, so kann die Tat nicht mehr verfolgt werden (s.o. Rn 233 a.E.). Zu beachten ist, dass bei einer Einstellung nach § 153 StPO wegen Geringfügigkeit (vgl. § 398 AO) – anders als nach §§ 153a Abs. 1 S. 5 StPO – kein Verfolgungshindernis entsteht. Besondere Möglichkeiten der Diversion finden sich im BtMG (§§ 29 Abs. 5, 31 a Abs. 1, § 37 Abs. 2 BtMG (s. o. 2.3.5) sowie im Jugendstrafrecht (§§ 45, 47 JGG, s.u. 5.1).

Im Rahmen der informellen Verfahrenserledigung kommt der Bearbeitung des Straftatkonflikts bzw. der *außergerichtlichen Konfliktregelung* insb. mithilfe einer Mediation im Hinblick auf einen sog. (außergerichtlichen) Tatausgleich bzw. Täter-Opfer-Ausgleich (TOA) eine besondere Bedeutung zu. Hierbei handelt es sich um ein spezifisches Anwendungsfeld der Restorative Justice (ausführlich 6.3).

3.3.2 Zwischen- und Hauptverfahren

Erhebt die StA Anklage, so geht das Verfahren in eine zweite Phase, das sog. *Zwischenverfahren* (§§ 199 – 211 StPO), über, in dem der/die (vorsitzende) Richter*in ohne Beteiligung von Schöffen überprüft, ob auf Basis der Anklage gegen den Angeschuldigten tatsächlich ein hinreichender Tatverdacht besteht, der die Eröffnung eines mitunter den „guten Ruf" gefährdenden öffentlichen Hauptverfahrens rechtfertigt (§ 203 StPO). Durch den Eröffnungsbeschluss wird der Angeschuldigte zum *Angeklagten* (§ 157 StPO) und das Strafverfahren tritt in die dritte Phase, die öffentliche Hauptverhandlung, ein (§§ 226 ff. StPO). Aber auch dann bestehen – selbst während der mündlichen Verhandlung – noch Möglichkeiten der informellen Verfahrenserledigung (z.B. §§ 153a Abs. 2, 153b Abs. 2 StPO, § 47 JGG). Die Verfahrensbeteiligten erfahren von dem Eröffnungsbeschluss durch die Ladung zu einem konkreten Termin der Hauptverhandlung.

In aller Regel läuft die öffentliche und mündliche *Hauptverhandlung* (§§ 250, 261, 264 StPO) in den in der Abbildung 21 dargestellten Schritten ab. Es ist üblich, dem Gericht schon dadurch Respekt zu zollen, indem man beim Eintreten der Richter aufsteht und diese im Laufe des Verfahrens entsprechend tituliert.[392] Die mündliche Verhandlung (§§ 243 ff. StPO) leitet der oder die Vorsitzende, insb. die Vernehmung der Angeklagten und Zeugen und sonstige Beweiserhebung (§§ 238 f. StPO). Ihr obliegt auch die sog. Sitzungspolizei (§ 176 GVG) und sie hat insoweit das umfassende Ordnungsrecht. Im Rahmen der Beweisaufnahme hat aber darüber hinaus die StA, der

---

[391] Dölling et al./Pfordte 2022 § 153b StPO Rn 1.
[392] Ob es dazu eine rechtliche Verpflichtung gibt und ob diese sich nur auf das erste Eintreten des Gerichts oder auch auf alle weiteren, z.B. nach kurzzeitigen Beratungen bezieht, ist umstritten. Nr. 124 Abs. 2 Satz 2 der Richtlinien für das Strafverfahren und das Bußgeldverfahren normieren dies zwar, richten sich aber eigentlich nur an Richter und Staatsanwälte und sind insofern für sonstige Prozessbeteiligte nicht bindend. In § 178 Abs. 1 GVG befindet sich der Begriff der „Ungebühr", weshalb verschiedentlich gegen Personen, die sich nicht erhoben haben, Ordnungsgelder festgesetzt und vollstreckt wurden.

Angeklagte und sein Verteidiger sowie ggf. der Anwalt des Nebenklägers (Verletzten) ein Frage- und Beweisantragsrecht.

239 Das Gericht hat zur Erforschung der Wahrheit die Beweisaufnahme von Amts wegen auf alle Tatsachen und Beweismittel zu erstrecken, die für die Entscheidung von Bedeutung sind (§ 244 StPO). Dies bezieht sich vor allem auf die Tatbestandsmäßigkeit, Rechtswidrigkeit und Schuld, kann sich aber auch auf die Rechtsfolgen beziehen, beispielsweise auf die Geeignetheit einer Sanktion und die Strafzumessung. Als *Beweismittel* kommen nach der StPO in Betracht: Zeugen (§§ 48 ff. StPO), Sachverständige (§§ 72 ff. StPO), der sog. Augenschein (§ 86 StPO), Urkunden und andere Schriftstücke (§ 249 StPO), die Aussagen des Beschuldigten und Mitbeschuldigten (§§ 136, 163a Abs. 1, 243 Abs. 4 StPO). Selbst bei einem Geständnis eines Angeklagten ist es erforderlich, dass das Tatgeschehen rekonstruiert und durch Beweise nachgewiesen wird. Zeugen sind zwar das häufigste Beweismittel, allerdings ungeachtet ihrer Aussage- (§ 48 Abs. 1 StPO), Wahrheits- (§§ 153 ff. StGB) und Eidespflicht (§ 59 StPO) empirisch gesehen ein sehr unzuverlässiges Beweismittel. Insoweit sind auch die Vorschriften über die Zeugnisverweigerung (vgl. §§ 52 ff., 252 StPO; zu den Besonderheiten aufgrund des sozialrechtlichen Datenschutzes s.o. 2.3.1), den Zeugenschutz (§§ 58 a, 247 a, 255 a StPO) und unerreichbare Zeugen (§ 251 StPO) zu beachten. Im Rahmen der Beweisaufnahme hat auch die StA, der Angeklagte und sein Verteidiger sowie ggf. der Anwalt des Nebenklägers ein Frage- und Beweisantragsrecht (§ 245 Abs. 2 StPO).

240 Nicht erst nach der Beweisaufnahme, sondern bereits im Laufe des gesamten Hauptverfahrens wird ein Gericht mit den Verfahrensbeteiligten den Stand des Verfahrens erörtern, um dessen Fortgang zu fördern (vgl. § 257b StPO). Seit August 2009 sind nun die (mit dem aus den angelsächsischen Krimiserien bekannten Vorgehen wenig gemein habenden), früher in Deutschland als anrüchig geltenden Absprachen („*Deals*") im Hinblick auf den Ausgang des Strafverfahrens zulässig. Allerdings dürfen sich die Absprachen lediglich auf die Rechtsfolgen, auf verfahrensbezogene Maßnahmen sowie das Prozessverhalten der Verfahrensbeteiligten beziehen und eine Gegenleistung insb. für ein Geständnis des Angeklagten sein (§ 257c Abs. 2 StPO). Das betrifft vor allem auch die Strafmilderung aufgrund der sog. Kronzeugenregelung (§ 46b StGB). Die Verständigung von Angeklagtem, seinem Verteidiger, der StA und dem Gericht muss zudem im Protokoll der Hauptverhandlung offengelegt werden (§ 273 Abs. 1a StPO).

241 Nach den Schlussvorträgen (Plädoyers) der StA und ggf. der Verteidigung sowie des letzten Wortes des Angeklagten (§ 258 StPO) zieht sich das Gericht zu der nichtöffentlichen Beratung zurück, in der über das Ergebnis der Verhandlung im Hinblick auf die angeklagte Tat (§ 264 StPO), die Schuld des Angeklagten (§ 263 Abs. 2 StPO) sowie die Rechtsfolgen (§ 263 StPO) entschieden wird. Hierbei haben die Schöff*innen als ehrenamtliche Laienrichter*innen beim Schöffengericht (§ 29 GVG) bzw. den Kammern des LG (§ 76 GVG) das gleiche Stimmrecht wie die Berufsrichter*innen (§ 30 Abs. 1 GVG). Insb. geht es um die Schuldfrage und die Rechtsfolge, für die jeweils eine Mehrheit von zwei Dritteln der Stimmen erforderlich ist (§ 263 Abs. 1 StPO). Das Urteil wird durch den/die Vorsitzende*n in öffentlicher Sitzung im Namen des Volkes verkündet und begründet (§§ 260, 268 StPO).

242 Gegen strafrechtliche Urteile können die Verfahrensbeteiligten grds. das *Rechtsmittel* der Berufung (§§ 312 ff. StPO) und/bzw. der Revision (§§ 333 ff. StPO) einlegen, wodurch deren Rechtskraft vorläufig gehemmt wird (Suspensiveffekt) und die Sache im Instanzenzug vor eine höhere Instanz gebracht wird (Devolutiveffekt). Im Unterschied

3.3 Ablauf des Strafverfahrens

zur Revision, in dem es lediglich um Rechtsfragen (fehlerhafte Anwendung sowohl des formellen wie materiellen Rechts) geht, wird in der Berufung der gesamte Prozessstoff aufgerollt und die Entscheidung der Vorinstanz sowohl in tatsächlicher wie auch rechtlicher Hinsicht überprüft. Nach Ablauf der Rechtsmittelfrist werden strafrechtliche Entscheidungen formell und daraufhin auch materiell rechtskräftig (mit der Konsequenz des sog. Strafklageverbrauchs) und können vollstreckt werden.

3.3.3 Strafvollstreckungsverfahren

Das Strafvollstreckungsverfahren (§§ 449 ff. StPO) dient dazu, das strafrechtliche Urteil umzusetzen und Art, Umfang bzw. Dauer der Strafe zu überwachen.[393] Demgegenüber spricht man von Strafvollzug, wenn es um die Durchführung (das „wie") des Freiheitsentzuges geht, für das seit 2006 die Länder zuständig sind.[394] Die Strafvollstreckung ist formal noch ein Abschnitt des Strafverfahrens, allerdings handelt es sich nicht mehr um Rechtsprechung, sondern um eine *Justizverwaltungsaufgabe*, die überwiegend von der StA wahrgenommen wird (§§ 36 Abs. 2, 451, 463 StPO). Die wesentlichen Regelungen finden sich in §§ 449 ff. StPO, aber u.a. auch in §§ 82 ff. JGG, dem StGB, dem BtMG, der StVollstrO sowie im Hinblick auf Geldstrafen in den Justizbeitreibungsordnungen (JBeitrO, EBAO). Bei der *StVollstrO* handelt es sich um eine Verwaltungsvorschrift, die aufgrund einer Vereinbarung des Bundes mit den Ländern einheitlich im Bundesgebiet angewendet wird. Darüber hinaus findet sich eine große Zahl weiterer Verwaltungsvorschriften in den Ländern. Im Falle einer Geldstrafe ist die Strafvollstreckung mit deren Zahlung, also meist zeitnah nach dem Urteil erledigt. Im Falle einer zeitigen oder gar lebenslangen Freiheitsstrafe kann die Strafvollstreckung sich über Jahrzehnte hinziehen.

243

3.3.4 Besonderheiten bei Festnahme und Untersuchungshaft

3.3.4.1 Festnahme und Haftgründe gem. Strafprozessordnung

Im Teil 3.3.1 zum Ermittlungsverfahren kamen Festnahme und Untersuchungshaft bereits kurz zur Sprache. Wir vertiefen diese Themen zum Abschluss des Teils über den Ablauf des Strafverfahrens, weil die Voraussetzungen der Untersuchungshaft zum einen besonderer rechtlicher Prüfung bedürfen, wir einige Besonderheiten des in den letzten Jahren verstärkt diskutierten Europäischen Haftbefehls erläutern wollen und zum anderen schließlich auf einige Aspekte aufmerksam machen wollen, die durch Soziale Arbeit ermittelt oder gar verändert werden können. Auch wenn die Verhängung von Untersuchungshaft rein quantitativ eine viel geringere Rolle im Strafverfahren spielt, wie das die meisten Leser*innen wohl durch den Konsum von Kriminalfilmen meinen, ist sie doch, wenn sie verhängt wird, mit erheblichen Problemen belastet. Zwar wird im Bereich der Bagatellkriminalität und selbst bei mittlerer Kriminalität einschließlich von Gewaltdelikten im allgemeinen Strafverfahren (anders ist dies z.T. im Jugendstrafverfahren) meist keine Untersuchungshaft verhängt. Die Tatsache, dass gegebenenfalls die Inhaftierung in Untersuchungshaft zu der Zeit erfolgt, in der das oben erörterte Ermittlungsverfahren von den Ermittlungen der Polizei und Staatsanwaltschaft über die Erhebung der Anklage bis zur Eröffnung des Hauptverfahrens stattfindet, bringt es mit sich, dass neben den persönlichen und sozialen Folgen der

244

---

393 Hierzu Laubenthal/Nestler 2010.
394 Hierzu Cornel 2023b; Laubenthal 2019, 23 ff.; Ostendorf 2022.

Inhaftierung oft auch die rechtliche Verteidigung des Verdächtigen, Beschuldigten und Angeklagten in Mitleidenschaft gezogen wird.

245 Untersuchungshaft darf keinesfalls als vorgezogene Strafe verstanden werden. Für die Untersuchungsgefangenen selbst, für die die Unschuldsvermutung gilt, und ihre Angehörigen bedeutet die Inhaftierung einen ganz besonderen Einschnitt. Insbesondere bei der Untersuchungshaft bei Minderjährigen wird nicht selten die Verhältnismäßigkeit zwischen angeordneter Untersuchungshaft und zugrunde liegender Tat angezweifelt, die schädliche Nebenwirkungen für die jugendliche Entwicklung beanstandet und dass die besonderen Belastungen des Vollzuges der Untersuchungshaft gerade für junge Straftäter zu wenig berücksichtigt werden.[395] Vor allem die erstmalige Inhaftierung bedeutet gerade bei jungen Menschen einen gravierenden Einschnitt, geht zumeist mit einer schweren Lebenskrise einher, weshalb auch eine erhöhte Suizidgefahr besteht.[396] Zudem ist belegt, dass bei jungen Menschen mit Migrationshintergrund der Haftgrund der Fluchtgefahr leichter bejaht und deshalb häufiger Untersuchungshaft angeordnet wird.[397] Die U-Haft bei Minderjährigen gilt trotz der Reformbemühungen wohl immer noch als eines der „trübsten Kapitel" des deutschen Jugendstrafrechts.[398]

246 Das Grundgesetz normiert in Art. 104 Abs. 3, dass „jeder wegen des Verdachtes einer strafbaren Handlung vorläufig Festgenommene … spätestens am Tag nach der Festnahme dem Richter vorzuführen (ist), der ihm die Gründe der Festnahme mitzuteilen, ihn zu vernehmen und ihm Gelegenheit zu Einwendungen zu geben hat. Der Richter hat unverzüglich entweder einen mit Gründen versehenen schriftlichen Haftbefehl zu erlassen oder die Freilassung anzuordnen." § 128 StPO konkretisiert dieses Verfahren und in den §§ 112 und 112a StPO werden die Haftgründe abschließend genannt,[399] die neben den dringenden Tatverdacht gemäß § 112 Abs. 1 StPO treten müssen. Das Bundesverfassungsgericht hat festgestellt, dass der *Zweck der Untersuchungshaft* darin besteht, „die Durchführung eines geordneten Strafverfahrens zu gewährleisten und die spätere Strafvollstreckung sicherzustellen."[400] Nur ausnahmsweise erlauben auch die sog. Verdunkelungs- oder die Wiederholungsgefahr die Anordnung von Untersuchungshaft (s.u.). Andere, weitere Haftgründe sind ausgeschlossen.[401]

247 Die Strafprozessordnung definiert die *Voraussetzungen einer vorläufigen Festnahme*. Danach sind zulässig die

1. anwesenheitssichernde und die identifizierungssichernde Festnahme auf frischer Tat durch jedermann gemäß § 127 Abs. 1 Satz 1 StPO,
2. identifizierungssichernde amtliche Festnahme durch Staatsanwaltschaft und Polizei gemäß § 127 Abs. 1 Satz 2 in Verbindung mit § 163b Abs. 1 StPO und die
3. haftsichernde amtliche Festnahme gemäß § 127 Abs. 2 StPO.[402]

---

395 BT-Drs. 11/5829, 11 ff. (14) in der Begründung zum 1 JGGÄndG.
396 Ausführlich zu Selbsttötungen von Gefangenen s. Bennefeld-Kersten 2009 und 2012 sowie Breuer/Haas 2021.
397 Buckolt 2009, 266; Trenczek/Schmoll 2024, Kap. 2.2.3.3.
398 Heinz 1986; aktuell s. Cornel 2023c, 295 ff.; Trenczek/Schmoll 2024, Kap. 3.2.5.5.
399 Unter spezifischen Umständen gibt es außerdem die Haftbefehle gem. §§ 127b Abs. 2 und 230 Abs. 2 StPO. Diese werden in diesem Abschnitt unten noch erörtert.
400 BVerfG 13.10.1971 – 2 BvR 233/71 – E 32, 87, 93; auch Roxin/Schünemann 2022, 263f.; Kramer 2014, 58.
401 BVerfG 15.12.1965 – 1 BvR 513/65 – E 19, 343, 348.
402 Vgl. Roxin/Schünemann 2022, 279; Zu den davon zu unterscheidenden Festnahmemöglichkeiten nach dem Gerichtsverfassungsgesetz und der Abgabenordnung für die Zoll- und Steuerfahndung Cornel 2018b, 264 Anmerkung 16 und Roxin/Schünemann 2022, 280.

3.3 Ablauf des Strafverfahrens

In allen drei Fällen muss gegen den Beschuldigten ein dringender Tatverdacht bestehen (s.o. 3.3.1). *Dringender Tatverdacht* ist mehr als der Tatverdacht, der die Voraussetzung für die Einleitung eines Ermittlungsverfahrens gemäß §§ 152 II, 160 Abs. 1 StPO ist (sog. Anfangsverdacht) und nur die mögliche, allerdings durch Fakten bedingte Täterschaft des Beschuldigten voraussetzt. Dringender Tatverdacht setzt auch mehr voraus als der hinreichende Verdacht als Voraussetzung einer Anklage bzw. des Eröffnungsbeschlusses (§§ 170 Abs. 1, 203 StPO).[403] Der dringende Tatverdacht muss sich gem. § 112 Abs. 2 oder § 112a Abs. 1 StPO auf „bestimmte Tatsachen" stützen – bloße Vermutungen genügen nicht.[404]

Der wichtigste *Haftgrund* bezieht sich auf die Feststellung nach § 112 Abs. 2 Ziff. 1 StPO, dass der Beschuldigte flüchtig ist oder sich verborgen hält (Flucht) oder gem. § 112 Abs. 2 Ziff. 2 StPO die *Fluchtgefahr* unter Würdigung der Umstände des Einzelfalles besteht. Während die Feststellung der Flucht meist unproblematisch[405] und auch die Verborgenheit eindeutig feststellbar ist, wenn jemand beispielsweise unter falschem Namen oder an einem unbekannten Ort lebt, um sich dem Verfahren dauernd und auf längere Zeit zu entziehen,[406] ist die Prognose der Gefahr, dass der Beschuldigte sich dem Strafverfahren entziehen werde, grundsätzlich schwierig, insbesondere auch angesichts der Eilbedürftigkeit solcher Haftentscheidungen und der Notwendigkeit, die Lebenswelt des Tatverdächtigen mit seinen sozialen Beziehungen und Perspektiven richtig einschätzen zu können.[407] Angesichts der Vielfalt der zu würdigenden Aspekte, die für oder gegen eine Fluchtgefahr sprechen können, der in der Regel völlig anderen Lebenssituation der Haftrichter und sich verändernder gesellschaftlicher Verhältnisse und Werte können verallgemeinernde, vom Alltagswissen geprägte, aber empirisch kaum fundierte Entscheidungen nicht verwundern: Arbeitslosigkeit und sogar befristete Arbeitsverhältnisse[408] gelten als Mangel an sozialen Bindungen, während eine Verlobung als soziale Bindung gilt, die für geringe Fluchtgefahr spräche. Gute Fremdsprachenkenntnisse und Verbindungen ins Ausland erhöhen angeblich die Fluchtgefahr[409] und hohe Risikobereitschaft beim Glücksspiel spräche für charakterliche Labilität, was wiederum die Wahrscheinlichkeit erhöhen soll, dass der Täter sich durch Flucht dem Verfahren entzieht.[410] Ein fehlender Wohnsitz auf dem Gebiet der Bundesrepublik Deutschland gilt als besonders wichtiges Indiz einer Fluchtgefahr,[411] selbst wenn sich dieser im grenznahen Gebiet befindet. Meist haben solche Anknüpfungspunkte und Argumentationsketten durchaus eine gewisse Plausibilität – von einer Einzelfallprüfung muss aber mehr verlangt werden angesichts der Einschränkungen, die mit Untersuchungshaft verbunden sind. „Die Fluchtgefahr darf nicht schematisch nach abstrakten Kriterien, sondern nach dem eindeutigen Wortlaut des Gesetzes nur aufgrund der Umstände des Einzelfalles beurteilt werden. So darf aus der Schwere der Beschuldigung und der Höhe der gegebenenfalls zu erwartenden Strafe nicht ohne

---

403 Meyer-Goßner/Schmitt 2023 § 112 Rn 6.
404 Meyer-Goßner/Schmitt2023 § 112 Rn 7.
405 Zu Zweifelsfällen und Abgrenzungen Meyer-Goßner/Schmitt 2023 § 112 Rn 13.
406 Meyer-Goßner/Schmitt 2023 § 112 Rn 14.
407 Schlothauer/Wieder/Nobis 2016, 245 stellen fest, dass insb. „die Ermittlungen zu den sozialen Verhältnissen des Beschuldigten in aller Regel ausgesprochen dürftig sind.".
408 OLG München vom 15.11.1971 – 2 Ws 513/71 zitiert nach Kleinknecht/Janischowsky 1977, 10; auch Wolf 2017, 72 f.
409 Wolf 2017, 77 ff. mit vielen Nachweisen zur Rechtsprechung.
410 LG Zweibrücken vom 21.9.1973 – 2 Qs 271/73 zitiert nach Kleinknecht/Janischowsky 1977, 10; Meyer-Goßner/Schmitt 2023, § 112 Rn 20.
411 Wolf 2017, 68 ff.

Weiteres der Fluchtverdacht gefolgert werden."[412] Lara Wolf hat die Praxis der Fluchtprognose im Untersuchungshaftrecht untersucht und kam zu dem Ergebnis, „dass die Prognosesicherheit in der Fluchtgefahrpraxis absolut mangelhaft ist .... Offenbar werden solche Merkmale vermehrt herangezogen, welche die Fluchtgefahr gar nicht verlässlich bedingen. Dies liegt wiederum darin begründet, dass die Praxis bisher auf Alltagstheorien basiert .... Gleichzeitig ist die Prognosequalität sehr schlecht, weil unklar ist, welche Kriterien herangezogen werden, und die Haftbefehle durchgehend überaus mangelhaft begründet sind. Hierin zeigt sich eine Sorgfaltslosigkeit, die mit der Grundrechtssensibilität des Haftrechts keineswegs vereinbar ist."[413]

249 Neben die objektiv vorhandenen Schwierigkeiten der prognostischen Einschätzung der Fluchtgefahr tritt die Problematik der sogenannten *apokryphen Haftgründe*, also solcher, die im Gesetz nicht vorgesehen sind, das Verhalten von Haftrichtern aber immer wieder beeinflussen, obwohl dies gesetzwidrig ist.[414] Beispielsweise soll ein junger Mann durch die Untersuchungshaft aus „seinem kriminellen Milieu gelöst", ein Drogensüchtiger auf Entzug gesetzt, der „Geständnisdruck erhöht" oder einem jungen Delinquenten durch eine zeitlich der Tat nahe kurze Inhaftierung „das Unrecht seiner Tat bewusst gemacht werden", um dann im Hauptverfahren im Urteil auf eine unbedingte Freiheitsstrafe verzichten zu können. Die Existenz solcher apokryphen Haftgründe ist generell heute unbestritten – im konkreten Einzelfall sind sie allerdings schwer nachzuweisen, denn eine mögliche Fluchtgefahr ist kaum zu widerlegen.[415] In Kapitel 7 wird ausführlich erörtert werden, wie die Soziale Arbeit durch Haftentscheidungshilfen und Angebote der Untersuchungshaftvermeidung und -verkürzung bei der Einschätzung von Fluchtrisiken den Haftrichter unterstützen oder sogar die Fluchtgefahr selbst reduzieren kann.

250 Neben Flucht und Fluchtgefahr stellt die sogenannte *Verdunkelungsgefahr* gemäß § 112 Abs. 2 Ziff. 3 StPO einen wichtigen Haftgrund dar, durch den die Wahrheitsermittlung durch das Strafverfahren geschützt werden soll. In § 112 Abs. 2 Ziff.3 werden drei Varianten genannt, deren Verhinderung bei dringendem Verdacht für solches Verhalten[416] durch die Untersuchungshaft angestrebt wird:

1. Beweismittel vernichten, verändern, beiseiteschaffen, unterdrücken oder fälschen,
2. auf Mitbeschuldigte, Zeugen oder Sachverständige in unlauterer Weise einwirken,
3. andere zu solchem Verhalten veranlassen.

Während die erste Verhaltensvariante vor allem im Kontext von Betrugsdelikten und Wirtschaftskriminalität von Bedeutung ist, spielt die zweite vor allem bei der Ausbeutung von Prostituierten und Menschenhandel eine große Rolle. Wenn der Zweck der Wahrheitsermittlung durch Vernehmung von Zeugen oder dem Auffinden, Einsicht nehmen und der Beschlagnahme von Beweismitteln schon vor Beginn des Hauptverfahrens erreicht und nicht mehr gefährdet ist, entfällt der Haftgrund der Verdunke-

---

412 Roxin/Schünemann 2022, 266 mit Hinweis auf OLG Frankfurt a.M. Strafverteidiger 1985, 463.
413 Wolf 2017, 407.
414 BVerfG 15.12.1965 – 1 BvR 513/65 – E 19, 343, 348.
415 Ausführlicher dazu Cornel 2018b, 275 ff.; Cornel 1987a, 70; Eidam 2013, 293; Hassemer 1984, 39; Meyer-Goßner/Schmitt 2023 Vor § 112 Rn 4a; Schlothauer/Wieder/Nobis 2016, 329, 331 und 334 sowie Rede des damaligen Bundesministers der Justiz Engelhard während der 69. Sitzung des Bundestags am 11.3.1988, BT-Drs. 11/4692 f.
416 Die reine Möglichkeit der Verdunkelung reicht nicht aus; Roxin/ Schünemann 2022, 266.

3.3 Ablauf des Strafverfahrens

lungsgefahr und dann kann und muss die Untersuchungshaftvollstreckung beendet werden.

Neben den klassischen Haftgründen der Flucht, Fluchtgefahr und Verdunkelungsgefahr hat der Gesetzgeber 1935 die Haftgründe der ‚Schwere der Tat' und *Wiederholungsgefahr* eingeführt,[417] um der „veränderten Auffassung von den Aufgaben der Justiz" Rechnung zu tragen.[418] Den erstgenannten Haftgrund hatten die Alliierten 1946 mit der Begründung beseitigt, dass er „offensichtlich auf nationalsozialistischen Gedankengängen" beruh.[419] Der Haftgrund der Wiederholungsgefahr wurde in der BRD 1950 mit der Begründung beseitigt, „weil er mit rechtsstaatlichem Denken nicht vereinbar sei".[420] Beide Haftgründe wurden allerdings 1964 neu in die Strafprozessordnung eingefügt, wobei das Bundesverfassungsgericht zur Schwere der Schuld entgegen dem Wortlaut eine verbindliche Interpretation vorschrieb[421] und die Anlassstraftaten zur Wiederholungsgefahr seither mehrfach ausgeweitet wurden. Die Kritik an diesen Haftgründen ist seither nicht verstummt,[422] sie sind aber geltendes Recht.

Der Haftgrund der *Schwere der Schuld* gem. § 112 Abs. 3 StPO bestimmt, dass bei dringendem Tatverdacht auf einige der schwersten Straftaten (insbesondere Mord und Totschlag)[423] Untersuchungshaft auch ohne Flucht, Flucht- oder Verdunkelungsgefahr angeordnet werden kann. Dies wird als Verstoß gegen den Verhältnismäßigkeitsgrundsatz kritisiert.[424] Das Bundesverfassungsgericht hat den Inhalt so konkretisiert, dass – entgegen dem Wortlaut – gleichzeitig auch ein Haftgrund gemäß § 112 Abs. 2 StPO vorliegen, dass dies aber nicht durch bestimmte Tatsachen gestützt werden müsse.[425] Es geht also um eine widerlegbare Vermutung insbesondere der Fluchtgefahr.[426] Inhaltlich ist das Ansteigen des Fluchtrisikos bei Straftaten, die mit besonders hohen Strafen bedroht sind, nachzuvollziehen – aber gerade weil das so ist, bedarf es nicht der besonderen Regelung in § 112 Abs. 3 StPO.

Den *Haftgrund der Wiederholungsgefahr* nennen Roxin/Schünemann „rechtsstaatlich unerträglich" und einen Fremdkörper im System der Haftvoraussetzungen, „weil es sich nicht um einen Fall der Verfahrenssicherung, sondern um eine vorbeugende Maßnahme, also um eine Art Sicherungshaft" handelt.[427] Ein solcher Haftgrund der Wiederholungsgefahr ist nach § 112a StPO gegeben, wenn der Beschuldigte dringend verdächtig ist,

---

417 Gesetz zur Änderung von Vorschriften des Strafverfahrens und Gerichtsverfassungsgesetzes vom 28.6.1935, RGBl 1935 I 844 ff., hier 847.
418 Lehmann 1935, 1005.
419 Begründung zum Entwurf eines Gesetzes zur Wiederherstellung der Rechtseinheit auf dem Gebiete der Gerichtsverfassung, der bürgerlichen Rechtspflege, des Strafverfahrens und des Kostenrechts, BT-Drs. 1. Wahlperiode, Nr. 530, 37.
420 BGBl 1950, 455 ff. [483]; Begründung zu dem Entwurf eines Gesetzes zur Wiederherstellung der Rechtseinheit auf dem Gebiete der Gerichtsverfassung, der bürgerlichen Rechtspflege, des Strafverfahrens- und des Kostenrechts, BT-Drs. 1. Wahlperiode, Nr. 530, 37 zu Nr. 38.
421 Roxin/Schünemann 2022, 267 sprechen davon, dass es weniger um eine Auslegung als vielmehr um eine „Umdeutung des Gesetzes" gehe.
422 Seebode 1987, 16: „dogmatisch unhaltbar und kriminalpolitisch verfehlt"; Hassemer 1984, 40 ff.; Baumann 1969, 135; Schlothauer et al 2024, 309.
423 Die Bezugsdelikte wurden mehrfach 1976 und 1994 ausgeweitet; Roxin/Schünemann 2022, 266 und Morgenstern 2018, 460.
424 Meyer-Goßner/Schmitt 2023, § 112 Rn 37.
425 BVerfG 15.12.1965 – 1 BvR 513/65 – E 19, 343, 350.
426 Schlothauer et al 2024, 309 mit weiteren Nachweisen.
427 Roxin/Schünemann 2022, 267; Morgenstern 2018, 459; ähnlich Kramer 2021, 58 und Meyer-Goßner/Schmitt 2023, § 112a Rn 1.

- einen sexuellen Missbrauch von Kindern, Schutzbefohlenen, Gefangenen, Kranken oder Hilfsbedürftigen in Einrichtungen begangen zu haben bzw. unter bestimmten Bedingungen einer anderen Person nachzustellen, die geeignet ist, deren Lebensgestaltung schwerwiegend zu beeinträchtigen oder
- wiederholt oder fortgesetzt schweren Landfriedensbruch begangen zu haben oder schwere staatsgefährdende Gewalttaten vorzubereiten, gefährliche schwere Körperverletzungen, Misshandlungen von Schutzbefohlenen, schwere Diebstähle, Raub in verschiedenen Begehungsformen, gewerbsmäßige Hehlerei, Betrug, Brandstiftung in verschiedenen Begehungsweisen, räuberische Angriffe auf Kraftfahrer oder Drogendelikte begangen zu haben.

254 Außerdem müssen bestimmte Tatsachen die Gefahr begründen, dass der Täter vor der rechtskräftigen Aburteilung weitere erhebliche Straftaten gleicher Art begehen werde.

255 Gemäß § 230 Abs. 2 StPO kann ein Haftbefehl auch erlassen werden, wenn ein Angeklagter nicht genügend entschuldigt der Hauptverhandlung fernbleibt und anders seine Vorführung nicht sichergestellt werden kann. Dringender Tatverdacht ist in diesem Fall nicht notwendig – es genügen die Voraussetzungen einer Anklage, die ja bereits vom Gericht geprüft wurden.

256 Ein *Haftbefehl* darf gemäß dem 1997 neu eingefügten § 127b Abs. 2 StPO auch ergehen, wenn die Durchführung der Hauptverhandlung gegen einen dringend der Tat Verdächtigen binnen einer Woche nach der Festnahme zu erwarten ist, dieser Verdächtige auf frischer Tat betroffen wurde und aufgrund bestimmter Tatsachen zu befürchten ist, dass der Festgenommene der Hauptverhandlung fernbleiben wird. Meyer-Goßner/Schmitt sind der Auffassung, dass die Regelung auf reisende Straftäter, Wohnungslose und Ausländer zielt.[428] Gemäß § 114 Abs. 2 Ziffer 3 und 4 StPO sind in dem schriftlichen Haftbefehl unter anderem der Haftgrund sowie die Tatsachen anzuführen, „aus denen sich der dringende Tatverdacht und der Haftgrund ergibt". Das Bundesverfassungsgericht hat verlangt, dass dies konkrete Umstände des Einzelfalles würdigen muss.[429]

257 Grundsätzlich muss die Untersuchungshaft gem. § 112 Abs. 1 Satz 2 StPO im Verhältnis zur Bedeutung der Sache und der zu erwartenden Strafe oder Maßregel verhältnismäßig sein – ein Verfassungsgrundsatz, der sich auch in den Regelungen der §§ 113, 116 und 121 StPO widerspiegelt.[430] § 113 StPO trägt dem Prinzip der *Verhältnismäßigkeit* dadurch Rechnung, dass bei Taten, die nur mit Freiheitsstrafe bis zu sechs Monaten oder mit Geldstrafe bis zu 180 Tagessätzen bedroht sind, keine Untersuchungshaft wegen Verdunkelungsgefahr angeordnet werden darf und wegen Fluchtgefahr nur dann, wenn der Beschuldigte sich bereits einmal dem Verfahren entzogen hatte, Anstalten zur Flucht getroffen hat, sich nicht ausweisen kann oder im Geltungsbereich dieses Gesetzes keinen festen Wohnsitz oder Aufenthalt hat. Die letztgenannte Formulierung aus § 113 Abs. 2 Ziff. 2 führt dazu, dass Personen mit ausschließlich festem Wohnsitz im Ausland sowie wohnungslose Menschen erheblich leichter von Untersuchungshaft betroffen werden können. Eine Meldeadresse bzw. polizeiliche Anmeldung genügt nicht – der Beschuldigte muss dort tatsächlich wohnen.[431]

---

428 Meyer-Goßner/Schmitt 2023, § 127b Rn 1; auch Schlothauer et al 2024, 79f.
429 BVerfG 15.12.1965 – 1 BvR 513/65 – E 19, 343.
430 BVerfG 15.12.1965 – 1 BvR 513/65 – E 19, 343, 348f. und BVerfG 5.3.1968 – 1 BvR 579/67 – E 23, 127, 133.
431 Meyer-Goßner/Schmitt 2023, § 113 Rn 6.

3.3 Ablauf des Strafverfahrens

Grundsätzlich können alle Haftbefehle gemäß § 116 StPO ausgesetzt werden – der Richter muss diese Möglichkeiten differenziert prüfen. Bei Fluchtgefahr muss der Vollzug ausgesetzt werden, wenn mildere Mittel ausreichen, wobei im § 116 Abs. 1 Ziff. 1–4 StPO beispielhaft die Meldepflicht, Aufenthaltsbeschränkung, der Hausarrest und die Sicherheitsleistung genannt sind. Hinsichtlich der Verdunkelungsgefahr ist § 116 Abs. 2 StPO nur als Kann-Vorschrift formuliert. Gleichzeitig genügt es aber auch, wenn die weniger einschneidenden Maßnahmen, z.B. die Anweisung, mit Mitbeschuldigten, Zeugen oder Sachverständigen keine Verbindung aufzunehmen, die Verdunklungsgefahr erheblich vermindern. Gemäß § 116 Abs. 3 StPO kann der Richter den Vollzug eines Haftbefehls auch wegen Wiederholungsgefahr aussetzen, wenn der Beschuldigte bestimmte Anweisungen voraussichtlich befolgen wird und dies die Wiederholungsgefahr wesentlich mindert. Seit das Bundesverfassungsgericht § 112 Abs. 3 StPO ausschließlich zum Zweck der Verfahrenssicherung für verfassungsmäßig erklärt hat (siehe oben), ist unstreitig, dass auch in diesen Fällen der Vollzug der Untersuchungshaft ausgesetzt werden kann.

Zwar kennt das deutsche Strafprozessrecht keine absolute *zeitliche Höchstgrenze* der Untersuchungshaft, jedoch bestimmt § 121 StPO, dass der Vollzug der Untersuchungshaft wegen derselben Tat nur dann über sechs Monate hinaus aufrechterhalten werden darf, wenn die besondere Schwierigkeit oder der besondere Umfang der Ermittlungen oder ein anderer wichtiger Grund das Urteil noch nicht zulassen. In diesen Fällen muss gemäß § 121 Abs. 2 StPO entweder der Vollzug des Haftbefehls gemäß § 116 StPO ausgesetzt werden oder das Oberlandesgericht die Fortdauer der Untersuchungshaft anordnen. Die Pflicht zur Vorlage dieser Fälle beim Oberlandesgericht führt durchaus zu einer beschleunigten Terminierung und in seltenen Fällen auch zu Beendigung der Untersuchungshaft trotz bestehender Haftgründe und dringenden Tatverdachts, was in der Öffentlichkeit häufig auf Unverständnis stößt, letztlich aber nur eine Abwägung im Sinne des Verhältnismäßigkeitsprinzips darstellt.[432]

In der folgenden Abbildung 22 sind die Voraussetzungen für den Erlass eines Haftbefehls und den Vollzug der Untersuchungshaft systematisch aufgeführt.[433]

---

[432] Schlothauer et al 2024, 474f.
[433] Ausführlicher Cornel 2018b, 276 f. Rn 52.

Abbildung 22: Voraussetzungen für den Erlass eines Haftbefehls und den Vollzug der Untersuchungshaft

---

1. Dringender Tatverdacht (§ 112 Abs. 1 StPO)

2. Vorliegen eines Haftgrundes:
- Flucht oder Fluchtgefahr gemäß § 112 Abs. 2 Nr. 1 und 2 StPO
- Verdunklungsgefahr gemäß § 112 Abs. 2 Nr. 3 StPO
- Beim dringendem Verdacht eines Deliktes gem. § 129a Abs. 1 und § 129b, § 211, § 212 StGB, § 6 Völkerstrafgesetzbuch, § 226, § 306b oder § 306c StGB werden Flucht- oder Verdunklungsgefahr gemäß § 112 Abs. 3 StPO besonders leicht angenommen.
- Wiederholungsgefahr gemäß § 112a Abs. 1 Nr. 1 StPO. Der Haftgrund der Wiederholungsgefahr findet keine Anwendung wenn die Voraussetzungen für den Erlass des Haftbefehls nach § 112 StPO vorliegen.
- Wiederholungsgefahr gemäß § 112a Abs. 1 Nr. 2 StPO. Der Haftgrund der Wiederholungsgefahr findet keine Anwendung, wenn ein Haftgrund aus § 112 StPO vorliegt.
- Ein Haftbefehl gemäß § 230 Abs. 2 StPO bei unentschuldigtem Ausbleiben des Angeklagten in der Hauptverhandlung
- Ein Haftbefehl gemäß § 127b Abs. 2 StPO (Hauptverhandlungshaft)

3. Verhältnismäßigkeit

In jedem Fall muss gemäß § 112 Abs. 1 Satz 2 StPO geprüft werden, ob die Untersuchungshaft zur Bedeutung der Sache und der zu erwartenden Strafe oder Maßregel der Besserung und Sicherung verhältnismäßig ist. Darüber hinaus bestimmen § 113 Abs. 1 und Abs. 2 StPO weitere Einschränkungen.

4. Keine Aussetzungsmöglichkeiten des Vollzug der Untersuchungshaft gem. § 116 StPO durch weniger einschneidende Maßnahmen

Zu beachten sind auch die **formellen Voraussetzungen im Verfahren (§§ 114 - 130 StPO):** insb. stets **Richtervorbehalt**

3.3.4.2 Europäischer Haftbefehl

261 An dieser Stelle wollen wir noch einen kurzen Hinweis zum Europäischen Haftbefehl (EuHb) einfügen, der im Fall des ehemaligen katalanischen Regionalpräsidenten Carles Puigdemont heftig, mitunter ohne Berücksichtigung der gesetzlichen Regelungen diskutiert wurde. Der EuHb ist ein Unterfall des häufig als *internationalen Haftbefehl* oder „red notice"[434] bezeichneten Fahndungsersuchens, unterscheidet sich aber von diesem in wesentlichen Aspekten.[435] Ihn gibt es auf europäischer Ebene bereits seit 2004, in Deutschland wurde er mit dem EU-Haftbefehlsgesetz vom 20.7.2006,[436] wel-

---

[434] Eine von Interpol auf Antrag eines Mitgliedslandes ausgestellte sog. „red notice" ist selbst kein (internationaler) Haftbefehl, sondern ein auf einem nationalen Haftbefehl basierendes Ersuchen, den Aufenthaltsort einer bestimmten Person zu ermitteln und diese vorläufig festzunehmen.

[435] Z.B. den Fall, in dem der türkische Staat auf Geheiß von Präsident Erdogan missliebigen Personen wie den deutschen Schriftsteller (türkischer Abstammung) Dogan Akhanli und anderen Oppositionelle in Europa habhaft werden wollte.

[436] BT-Drs. 16/1024, 18. Das BVerfG hatte mit Urteil vom 18. 07.2005 (2 BvR 2236/04) das erste Umsetzungsgesetz (EuHbG vom 21. 07 2004) verfassungsrechtlich beanstandet und aufgehoben. Am 2.8. 2006 ist dann das veränderte EuHbG vom 20.7.2006 in Kraft getreten.

3.3 Ablauf des Strafverfahrens

ches insb. das Gesetz über die internationale Rechtshilfe in Strafsachen (§§ 1 Abs. 4, 78 ff. IRG) geändert hat, in das nationale Recht eingeführt, um nach dem Wegfall der innereuropäischen Grenzkontrollen (sog. Schengen-Raum) zu verhindern, dass sich Straftatverdächtige einfach ins Ausland absetzen können bzw. um ein Auslieferungsverfahren zu vereinfachen und zu beschleunigen.[437] Allerdings haben die nationalen Regelungen in §§ 83 ff. IRG zum EuHB aufgrund ihrer mangelnden Systematik und Rechtsklarheit heftige Kritik ausgelöst.

262 Beim EuHB handelt es sich nicht um einen selbstständigen neuen Haftbefehlstyp, er regelt auch keinen neuen, eigenständigen Haftgrund, er ist nicht einmal ein Haftbefehl im rechtlichen Sinn, sondern lediglich das Verfahren für den Fall eines Auslieferungsersuchens, wenn ein EU-Mitgliedstaat eine flüchtige Person, die einer Straftat dringend verdächtig oder ihretwegen verurteilt ist und deshalb zur Fahndung im sog. Schengener Informationssystem (SIS) ausgeschrieben hat, aus einem anderen EU-Mitgliedstaat zum Zwecke der Strafverfolgung oder -vollstreckung überstellt bekommen möchte.[438] Grundlage der *Auslieferung* ist also ein bereits erlassener Haftbefehl im ersuchenden Mitgliedstaat. Eine inhaltliche Prüfung des Tatverdachts findet nicht statt, denn das deutsche Auslieferungsverfahren ist lediglich ein Verfahren zur Unterstützung einer ausländischen Strafverfolgung, nach §§ 3, 81 IRG entweder vor (Auslieferung zur Verfolgung) oder nach einer Verurteilung (Auslieferung zur Vollstreckung). Mit dem EuHb soll dabei die direkte Zusammenarbeit zwischen den Justizbehörden der beteiligten Staaten (ohne Umwege über diplomatische Kanäle) erleichtert und beschleunigt werden. Wird eine mit dem EuHb (zu dessen Inhalt s. § 83a IRG[439]) zur Fahndung ausgeschriebene Person in einem Mitgliedstaat aufgegriffen, so muss nach § 83c Abs. 1 IRG innerhalb von 60 Tagen über eine Auslieferung entschieden werden, stimmt der Gesuchte der Auslieferung zu, sogar innerhalb von zehn Tagen (§ 83c Abs. 3 IRG).

263 Das *Verfahren zur Umsetzung des EuHb* (Festnahme, Prüfung des Auslieferungsersuchens, Anhörung, Rechtsschutz ...) richtet sich gemäß § 78 IRG nach den allgemeinen Regelungen (§§ 2 ff. IRG) soweit §§ 78 – 83i IRG nichts anderes regelt. § 79 Abs. 1 Satz 1 IRG bestimmt, dass zulässige Ersuchen eines Mitgliedstaates um Auslieferung nur abgelehnt werden können, soweit dies im Achten Teil (§§ 78 – 83i IRG) vorgesehen ist. Das Verfahren verläuft – wie nach dem „normalen" Auslieferungsrecht – in zwei Stufen: Einerseits geht es um die juristische Prüfung, ob ein Auslieferungsbefehl beantragt und von dem zuständigen OLG für zulässig erachtet wird (sog. Zulässigkeitsverfahren; §§ 12 – 14 IRG; Ausnahme, wenn der Verfolgte mit der vereinfachten Auslieferung nach § 41 IRG einverstanden ist). Andererseits um das (rechtlich-politische) Bewilligungsverfahren, ob die Bewilligungsbehörde ein (rechtlich zulässiges) Auslieferungsverfahren auch durchführen will. Nach § 74 IRG ist Bewilligungsbehörde das BMJV, welches aber mittlerweile gemäß §§ 74 Abs. 2, 78 IGR die Ausübung seiner Befugnis, über ausländische Rechtshilfeersuchen zu entscheiden und an ausländische Staaten Rechtshilfeersuchen zu stellen, in Vereinbarungen auf die Landesregierungen

---

[437] BT-Drs. 16/1024 sowie 15/1718; EU-Rahmenbeschluss zum Europäischen Haftbefehl vom 13.6.2002. Ausführlich hierzu Grützner et al 2023; Schomburg/Lagodny/Gleß/Hackner 2020.
[438] Hierzu das vom Rat der Europäischen Union herausgegebene Europäische Handbuch mit Hinweisen zum Ausstellen eines Europäischen Haftbefehls v. 17.12.2012 (17195/1/10 – Rev 1 – COPEN 275 EJN 72 EUROJUST 139.
[439] Mittlerweile wir ein europaweit einheitliches Formular verwendet grds. zusammen mit einer Übersetzung in die Sprache des ersuchten Vollstreckungsstaats (hierzu das o.g. Handbuch zum EuHb 2012, 16). Letztere ist aber nicht Voraussetzung für die Wirksamkeit des EuHb (BT-Drs. 16/1024, 18; BT-Drs. 15/1718, 20).

(und diese wiederum auf ihre Generalstaatsanwaltschaften[440]) übertragen hat. Diese können deshalb mit den Justizbehörden der beteiligten Länder im Ausland direkt und ohne Umweg über die Außenministerien zusammenarbeiten. In Fällen besonderer politischer, tatsächlicher oder rechtlicher Bedeutung ist aber sichergestellt, dass das BMJV in die Entscheidung einbezogen wird.[441]

264 Die beiden Phasen des Auslieferungsverfahrens sind zeitlich ineinander geschachtelt. Bereits vor der Entscheidung des OLG über die Zulässigkeit der Auslieferung hat die Generalstaatsanwaltschaft[442] des betroffenen Bundeslandes nach § 79 Abs. 2 IRG zu prüfen, ob sie beabsichtigt, *Bewilligungshindernisse* nach § 83b IRG (zu den inhaltlich-materiellen Gründen s. nachfolgend) geltend zu machen. Normativ dürfen politische Erwägungen bei der Vorprüfung der Bewilligungshindernisse keine Rolle spielen. Die Entscheidung, keine Bewilligungshindernisse geltend zu machen, ist zu begründen und unterliegt der Überprüfung durch das OLG im Verfahren nach §§ 29, 33 IRG (§ 79 Abs. 3 IRG). Gegen das Votum des OLG kann die Bunderegierung keine Auslieferung durchführen. Nur im anderen Fall, wenn die Justiz keine zwingenden oder fakultativen Auslieferungshindernisse erkennt, muss die Bundesregierung als nach § 74 Abs. 1 IRG letztlich zuständige Stelle entscheiden, ob sie dem Rechtshilfeersuchen nachkommt und die Auslieferung durchführt.

265 Wird der Verfolgte aufgrund eines Auslieferungshaftbefehls ergriffen, so ist er nach § 21 Abs. 1 IRG unverzüglich, spätestens am Tag nach der Ergreifung, dem Richter des nächsten AG vorzuführen. Dieser prüft im Wesentlichen nur die Identität und dabei insb. die Staatsangehörigkeit[443] des Betroffenen und ob der Auslieferungshaftbefehl nicht bereits wieder aufgehoben wurde (§ 21 Abs. 3 IRG). Erhebt der Verfolgte gegen den Auslieferungshaftbefehl oder gegen dessen Vollzug sonstige Einwendungen, die nicht offensichtlich unbegründet sind, oder hat der Richter beim AG Bedenken gegen die Aufrechterhaltung der Haft, so teilt er nach § 21 Abs. 5 IRG dies der StA bei dem OLG unverzüglich und auf dem schnellsten Weg mit, die wiederum nach § 29 IRG unverzüglich die Entscheidung des OLG herbeizuführen hat, ob die Auslieferung zulässig ist. Nach §§ 29, 31 f. IRG entscheidet das OLG aufgrund einer mündlichen Verhandlung durch Beschluss.

266 In den Verfahren über die Zulässigkeit der Auslieferung kann sich der Verfolgte nach § 41 Abs. 1 IRG in jeder Lage des Verfahrens eines Beistands bedienen bzw. in den Fällen des § 41 Abs. 2 IRG ist ein Rechtsanwalt zu bestellen. Der *Rechtsschutz* ist eingeschränkt, denn die Entscheidungen des OLG sind nach § 13 Abs. 1 Satz 2 IRG grundsätzlich nicht anfechtbar.[444] Werden aber nach der Entscheidung des OLG neue Erkenntnisse über veränderte Umstände bekannt, so kann das OLG von Amts wegen sowie auf Antrag auch des Verfolgten erneut über die Zulässigkeit der Auslieferung entscheiden (§ 33 IRG). Ggf. kann auf Veranlassung des OLG (nicht des Verfolgten) nach § 42 IRG auch der BGH zur Klärung einer Rechtsfrage eingeschaltet werden.

---

440 Beachte allerdings insoweit die o.g. (Rn 202) Entscheidungen des EuGH EuGH 27.05.2019 - C-508/18 (vgl. auch EuGH 24.11.2020,. C-510/19) an der fehlenden Unabhängigkeit der (General-)Staatsanwaltschaft.
441 BMJV 2015, 1.
442 Die für die Auslieferungsbewilligung zuständige Stelle gemäß §§ 74 Abs. 2, 78 IGR ist aufgrund der mit der Bundesregierung getroffenen Vereinbarung jeweils die Generalstaatsanwaltschaft.
443 OLG Karlsruhe 10.11.2015 – 1 AK 111/14.
444 Das im Europäischen Haftbefehl enthaltene Auslieferungsersuchen und das Ersuchen um Festnahme sind als solche nicht anfechtbar, insbesondere nicht nach §§ 23 ff. EGGVG (OLG Celle 16.4.2009 – 2 VAs 3/09). Fahndungsmaßnahmen nach § 131 StPO sind nach § 98 Abs. 2 Satz 2 StPO analog vor dem Amtsgericht anfechtbar.

3.3 Ablauf des Strafverfahrens

Eine theoretische mögliche Verfassungsbeschwerde wegen der Verletzung von Grundrechten hat im Hinblick auf den vom BVerfG festgestellten Anwendungsvorrang des Unionsrechts selten Erfolg. [445]

Eine *Auslieferung deutscher Staatsangehöriger* ist – anders als nach den allgemeinen Regelungen (vgl. Art. 16 Abs. 2 GG; § 2 IRG) – nicht ausgeschlossen, sondern unterliegt nach § 80 IRG besonderen Kriterien. So ist die Auslieferung eines Deutschen nur zulässig, wenn die verfolgte Tat einen maßgeblichen Auslandsbezug[446] hat und die spätere Rücküberstellung zur Vollstreckung einer verhängten freiheitsentziehenden Sanktion gesichert ist. Hat die verfolgte Tat einen maßgeblichen Inlandsbezug, so ist die Auslieferung Deutscher nicht zulässig (§ 80 Abs. 2 IRG). Nach § 83b Abs. 2 IRG kann auch die Auslieferung eines in Deutschland lebenden Ausländers abgelehnt werden, wenn dieser seinen gewöhnlichen Aufenthalt in Deutschland hat, hier mit seiner Familie lebt und sozial integriert ist und die Vollstreckung einer Freiheitsstrafe in Deutschland erfolgen können.

267

Nach §§ 3 Abs. 1, 81 Nr. 1 IRG ist eine *Auslieferung zur Verfolgung*[447] grundsätzlich nur zulässig, wenn es sich in beiden Staaten, also auch nach deutschem Recht um eine rechtswidrige und strafbare, mindestens mit einer Höchststrafe von einem Jahr Freiheitsstrafe zu sanktionierende Tat handelt (*Prinzip der beiderseitigen Strafbarkeit*[448]). Ausgeschlossen sind damit sog. Bagatelldelikte. Allerdings entfällt bei einem EuHb nach § 81 Nr. 4 IRG das Erfordernis, die beiderseitige Strafbarkeit zu prüfen, im Hinblick auf 32 höchst unterschiedliche Straftaten[449] (z.B. schwere Delikte wie vor-

268

---

445 In dem wichtigen **Europäischer-Haftbefehl-II-** bzw. **Solange-II-Beschluss** stellte das BVerfG (15.12.2015 – 2 BvR 2735/14) fest, dass „Hoheitsakte der Europäischen Union und – soweit sie durch das Unionsrecht determiniert werden – Akte der deutschen öffentlichen Gewalt mit Blick auf den Anwendungsvorrang des Unionsrechts grundsätzlich nicht am Maßstab der im Grundgesetz verankerten Grundrechte zu messen sind. Der Anwendungsvorrang reicht jedoch nur soweit, wie das Grundgesetz und das Zustimmungsgesetz die Übertragung von Hoheitsrechten erlauben oder vorsehen. Er wird durch die in Art. 23 Abs. 1 Satz 3 in Verbindung mit Art. 79 Abs. 3 GG verfassungsänderungs- und integrationsfest ausgestaltete Verfassungsidentität des Grundgesetzes begrenzt.". Allerdings hielt das BVerfG gerade in diesem Fall eine Auslieferung nach Italien für unzulässig, da die in Italien in Abwesenheit des Angeklagten erfolgte Verurteilung mit dem von der Menschenwürdegarantie umfassten Recht auf ein faires Verfahren (Art. 104 GG) nicht vereinbar ist.
446 Das liegt nach § 80 Abs. 1 Satz 2 IRG. in der Regel vor, wenn die Tathandlung vollständig oder in wesentlichen Teilen im ausländischen Hoheitsgebiet begangen wurde und der Erfolg der Tat zumindest in wesentlichen Teilen dort eingetreten ist, oder wenn es sich um eine schwere Tat mit typisch grenzüberschreitendem Charakter handelt, die zumindest teilweise auch auf seinem Hoheitsgebiet begangen wurde.
447 Bei der **Auslieferung zur Vollstreckung** muss die nach dem Recht des ersuchenden Mitgliedsstaates zu vollstreckende freiheitsentziehende Sanktion mindestens vier Monate betragen (§ 81 Nr. 2 IRG). Zudem ist eine Auslieferung zur Vollstreckung einer Freiheitsstrafe nach § 84b IRG nicht zulässig, wenn die verurteilte Person zum Zeitpunkt der Tat schuldunfähig nach § 19 StGB oder nach § 3 JGG strafrechtlich nicht verantwortlich war.
448 Teilweise wird insoweit schon der Begriff „**Grundsatz der Gegenseitigkeit**" verwendet, der sich eigentlich nur auf § 5 IRG bezieht, nach dem aufgrund der von dem ersuchenden Staat gegebenen Zusicherungen erwartet werden kann, dass dieser einem vergleichbaren deutschen Ersuchen entsprechen würde (§ 5 IRG).
449 Beteiligung an einer kriminellen Vereinigung, Terrorismus, Menschenhandel, sexuelle Ausbeutung von Kindern und Kinderpornografie, Drogenhandel, illegaler Handel mit Waffen, Munition und Sprengstoffen, Korruption, Betrug, Geldwäsche, Fälschung von Geld und anderen Zahlungsmitteln, Cyberkriminalität, Umweltkriminalität, Beihilfe zur illegalen Einreise und zum illegalen Aufenthalt, vorsätzliche Tötung, schwere Körperverletzung, Organhandel, Entführung, Freiheitsberaubung und Geiselnahme, Rassismus und Fremdenfeindlichkeit, Erpressung und Schutzgelderpressung, Nachahmung und Produktpiraterie, Fälschung von amtlichen Dokumenten und Handel damit, Handel mit gestohlenen Kraftfahrzeugen, Vergewaltigung, Brandstiftung, Flugzeug- und Schiffsentführung und Sabotage.

sätzliche Tötung, Menschenhandel und Vergewaltigung, Flugzeug- und Schiffsentführung, Geldwäsche und Korruption, aber andererseits auch der Betrug), die im Katalog des Art. 2 Abs. 2 des EU-Rahmenbeschlusses 2002/584/JI des Rates vom 13.6.2002 enthalten sind und im den Haftbefehl ausstellenden Staat mit einer Freiheitsstrafe von mindestens drei Jahren belegt werden können.[450] Der ersuchte Staat muss die Gegenseitigkeit der Strafbarkeit also nur dann weiterhin prüfen, wenn es – wie um Delikte wie im Fall Puigdemont „Rebellion" oder „Untreue" geht, die von der o.g. Liste nicht umfasst sind.

269 Nach § 11 IRG ist eine Auslieferung zudem nur zulässig, wenn gewährleistet ist, dass der Verfolgte in dem ersuchenden Staat ohne deutsche Zustimmung aus keinem vor seiner Überstellung eingetretenen Grund mit Ausnahme der Tat, derentwegen die Auslieferung bewilligt worden ist, verfolgt, angeklagt, bestraft, einer Beschränkung seiner persönlichen Freiheit unterworfen wird (*Grundsatz der Spezialität*).[451]

270 Zu beachten ist schließlich auch stets die Generalklausel des § 73 IRG, wonach die Leistung von Rechtshilfe (insb. die Vollstreckung des EuHb) unzulässig ist, wenn sie wesentlichen *Grundsätzen der deutschen Rechtsordnung* (sog. ordre public) oder Art. 6 Vertrages über die Europäische Union widersprechen würde. Deshalb ist z.B. eine Auslieferung nicht zulässig, wenn dem Verfolgten die lebenslange Freiheitsstrafe droht, aber eine Überprüfung der Vollstreckung der verhängten Strafe nicht spätestens nach 20 Jahren erfolgt (§ 83 Abs. 1 Nr. 4 IRG). Ist die Tat nach dem Recht des ersuchenden Staates mit der Todesstrafe bedroht, so ist die Auslieferung nach § 8 IRG nur zulässig, wenn der ersuchende Staat zusichert, dass die Todesstrafe nicht verhängt oder nicht vollstreckt werden wird.

271 Auch wenn der EuHb tendenziell einen *Auslieferungsautomatismus* nach sich ziehen soll, weil er auf dem wechselseitigen Vertrauen der EU-Staaten in die jeweilige Rechtsstaatlichkeit (insb. den Schutz der Grundrechte) basiert, sind darauf gestützte Auslieferungen letztlich doch nicht zwingend. So hat z.B. der Europäische Gerichtshof (EuGH) in Luxemburg auf Vorlage des OLG Bremen im Falle zweier Tatverdächtiger aus Ungarn bzw. Rumänen die Auslieferung aus Irland abgelehnt und einen EuHb wegen der drohenden Verletzung europäischer Grundrechte ausgesetzt, weil den Betroffenen in Ungarn bzw. Rumänien wegen prekärer Haftbedingungen eine „unmenschliche oder erniedrigende Behandlung" drohe (vgl. Art. 4 EU Grundrechte-Charta).[452] Der EuGH knüpfte insoweit an Entscheidungen des EGMR in Straßburg an, welches Ungarn und Rumänien zuvor wiederholt wegen überfüllter Gefängnisse und massiv überbelegter Haftzellen verurteilt hatte. Auch deutsche OLG haben im Anschluss daran bereits die Auslieferung an EU-Mitgliedsstaaten wiederholt abgelehnt.[453]

272 Noch höher sind die Hürden, wenn Grundlage einer Auslieferung nicht ein EuHB ist, sondern ein Staat außerhalb der EU die Auslieferung eines eigenen oder fremden

---

450 Hierzu s. Europäischer Rat Handbuch zum EuHb 2012, Anhang 1, 29.
451 Nach h.M. werden aber die Grundsätze der Gegenseitigkeit und der Spezialität durch die von EU-Staaten zu vollziehende innerstaatliche Transformation des insoweit bindenden Rahmenbeschlusses (vgl. Art. 27 RB-EuHB) gewährleistet, weshalb es einer besonderen Zusicherung des ersuchten Staates nicht bedürfe OLG Celle 16.6.2017, 2 AR (Ausl) 31/17; OLG Celle 16.12.2016, 1 AR (Ausl) 89/16; Böse in Grützner et al 2023 § 82 IRG Rn 2 u.18; Zimmermann/Hackner in Schomburg et al. 2020, § 82 IRG Rn 2 u. 5.
452 EuGH C-404/15 und C-659/15 PPU – 5.4.2016 (Aranyosi und Caldararu); SZ v. 6.4.2016, 6.
453 OLG Bremen, 8.12.2015 – 1 Ausl A 23-15; OLG Stuttgart 17.6.2016 – 1 Ausl 6/16; OLG Hamm, 23.8.2016 – 2 Ausl. 125/16.

3.3 Ablauf des Strafverfahrens

Staatsangehörigen auf Basis eines „internationalen Haftbefehls", eines „red notice"-Fahndungsersuchen oder individuellen Auslieferungsersuchens nach §§ 2 IRG stellt.

3.3.4.3 Empirische Daten zur U-Haft(-Vollstreckung)

Nach den Daten des Statistischen Bundesamtes 2021 hatten insgesamt 3,8% aller Abgeurteilten vor der Rechtskraft der Entscheidung Untersuchungshaft verbüßt[454] – im Umkehrschluss also 96,2% nicht, womit ziemlich deutlich belegt wird, was die Ausnahme und was die Regel ist. Dieser Anteil ist aber sehr deliktspezifisch: Betrug er bei vollendetem Mord und Todschlag 84,7%, bei sexueller Nötigung und Vergewaltigung 26,4% und bei Straftaten gegen das Aufenthaltsgesetz 4,6%[455], so waren es bei Betäubungsmitteldelikten 7,6%, bei Diebstahl und Unterschlagung 6,6%, bei Delikten gegen die körperliche Unversehrtheit (ohne Versuche) 3,7% und bei Straftaten gegen die Umwelt 0,0%.[456] In den neunziger Jahren des letzten Jahrhunderts betrug die Quote der Abgeurteilten mit Untersuchungshaft insg. 3,9% – im Jahr 2014 noch 2,6%.[457] 2021 wurden insgesamt 93,2% der Haftbefehle mit Flucht oder Fluchtgefahr (§ 112 Abs. 2 Nr. 1 und 2 StPO) begründet, 7,4% mit Verdunkelungsgefahr (§ 112 Abs. 2 Nr. 3 StPO), 6,8% mit Wiederholungsgefahr (§ 112a StPO) und 2,0% mit der Schwere der Tat (§ 112 Abs. 3 StPO).[458]

273

Die *Anzahl der Gefangenen in Untersuchungshaft* selbst schwankt stark und hat nur wenig mit der Entwicklung der Anzahl der Straftaten in der Polizeilichen Kriminalstatistik oder der Verurteiltenstatistik zu tun. Gab es am 31.3.1994 noch 22.006 Untersuchungshaftgefangene, so waren es 2011 nur noch 10.864 (49,4%) – seither ist die Anzahl auf 11.794 am 31.3.2022 leicht gestiegen.[459] Dies sind allerdings immer noch weniger, als es 1961 allein in den alten Bundesländern gab. In der folgenden Abbildung werden die Untersuchungshaftgefangenenzahlen der BRD am 1.1. bzw. 31.3. jeden Jahres seit 1961[460] jeweils auf 100.000 der Bevölkerung wiedergegeben,

274

---

454 Statistisches Bundesamt, Rechtspflege, Fachserie 10, Reihe 3, 2016, 374; bei den weiblichen Abgeurteilten waren es 1,1% – insgesamt 2051 im Jahr 2016.
455 Hier gab es innerhalb der letzten Jahre die stärksten Schwankungen von 8,1% 2014 auf 14,3% 2016, obwohl sich die Anzahl der Straftaten gegen das Aufenthaltsgesetz im gleichen Zeitraumvon 8052 auf 7754 zunächst verringert und dann wieder auf 11509 im Jahr 2021 erhöht hat. Hier könnten sich Verschiebungen durch Straftaten ergeben, wegen denen Personen 2016 in U-Haft saßen, aber erst 2017 verurteilt werden.
456 Eigene Berechnungen auf der Basis der Angaben des Statistischen Bundesamts, Rechtspflege, Fachserie 10, Reihe 3, 2016 und 2022. Dabei ist zu bedenken, dass die Untersuchungshaftverbüßung nicht unbedingt bis zur Rechtskraft des Urteils dauerte und dass sich durch die Dauer der Verfahren die Daten nicht unbedingt auf die gleichen Fälle beziehen. Ein Täter kann also beispielsweise in einem Jahr in Untersuchungshaft sein und in einem anderen abgeurteilt werden. Die dadurch verursachten Ungenauigkeiten und Schwankungen sind jedoch meist so gering, dass sie hier vernachlässigt werden können.
457 Vgl. Cornel 2017a, 196.
458 Eigene Berechnungen auf Basis der Angaben der Strafverfolgungsstatistik des Statistischen Bundesamtes, Fachserie Rechtspflege, Fachserie 10, Reihe 3, 2016 und 2022. Insg. ergeben sich mehr als 100%, weil einige Haftbefehle mehrere Haftgründe enthalten.
459 Bestand der Gefangenen und Verwahrten in den deutschen Justizvollzugsanstalten nach ihrer Unterbringung auf Haftplätze des geschlossenen und offenen Vollzuges, jeweils zu den Stichtagen 31. März, 31. August und 30. November eines Jahres, herausgegeben vom Statistischen Bundesamt Wiesbaden, zuletzt 2022. Zugleich ist die Bevölkerung zwischen 1994 und 2022 um 3 Millionen oder etwa 3% gewachsen.
460 Der Wechsel des Datums des Stichtags ist nicht ideal, zumal zum Jahreswechsel der Gefangenenbestand der Untersuchungshaftanstalten unterdurchschnittlich ist, aber andere Daten stellt das Statistische Bundesamt nicht zur Verfügung.

3. Das Strafverfahren

um die Effekte des Bevölkerungswachstums und insbesondere des Beitritts der neuen Bundesländer 1990 auszugleichen:

Abbildung 23: Entwicklung der Anzahl der Untersuchungsgefangenen in Deutschland von 1961 bis 2022 pro 100 000 der Bevölkerung

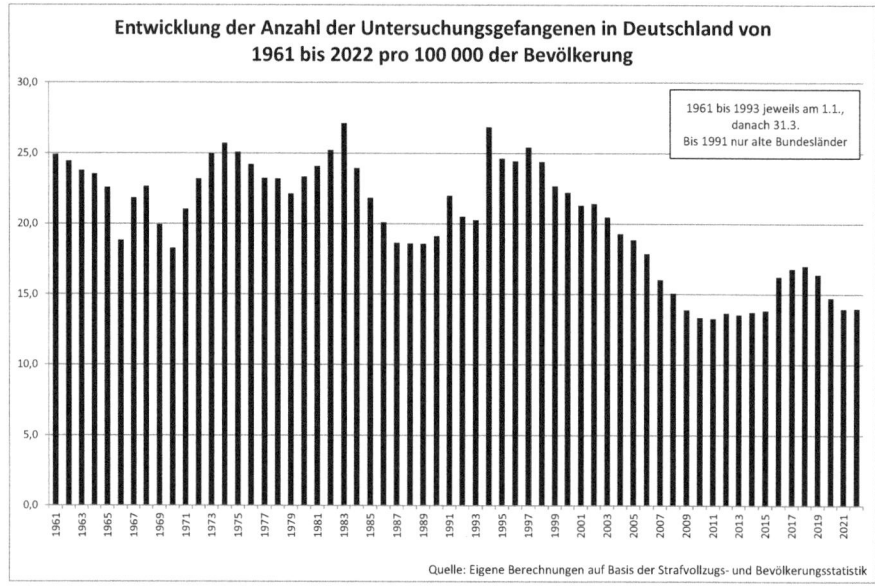

Quelle: Eigene Berechnungen auf Basis der Strafvollzugs-und Bevölkerungsstatistik

275 Die stichtagsbezogene Anzahl der Untersuchungshaftgefangenen ist nicht nur von der Anzahl begangener Delikte, ermittelter Täter, den Haftgründen und dem jeweiligen dringenden Tatverdacht abhängig, sondern auch von der Länge der Zeit bis zum Strafprozess, dessen Dauer selbst und der Anzahl der Berufungs- und Revisionsverfahren, die zur fehlenden Rechtskraft der Urteile führen und damit zu längerem Aufenthalt in Untersuchungshaft.

276 Im März 2022 waren von den 11.794 Untersuchungshaftgefangenen 316 Jugendliche (davon 14 weiblich), 1750 Heranwachsende (davon 32 weiblich) und 10.728 Vollerwachsene (davon 538 weiblich).[461] Insgesamt betrug der Anteil der weiblichen Untersuchungsgefangenen 5,0%.[462]

277 2021 betrug die *Dauer der Untersuchungshaft* in 18,9% der Fälle bis zu einem Monat, in 21,3% ein bis drei Monate, in 28,1% drei bis sechs Monate und in 23,3% sechs bis zwölf Monate. Immerhin in 8,3% betrug die Dauer der Untersuchungshaft mehr als

---

461 Bestand der Gefangenen und Verwahrten in den deutschen Justizvollzugsanstalten nach ihrer Unterbringung auf Haftplätze des geschlossenen und offenen Vollzuges, jeweils zu den Stichtagen 31. März, 31. August und 30. November eines Jahres, herausgegeben vom Statistischen Bundesamt Wiesbaden, zuletzt 2022., 12.

462 Bestand der Gefangenen und Verwahrten in den deutschen Justizvollzugsanstalten nach ihrer Unterbringung auf Haftplätze des geschlossenen und offenen Vollzuges, jeweils zu den Stichtagen 31. März, 31. August und 30. November eines Jahres, herausgegeben vom Statistischen Bundesamt Wiesbaden, zuletzt 2022, 7.

3.3 Ablauf des Strafverfahrens

ein Jahr und in 2.523 Fällen (9,9%) war sie länger als die später für schuldangemessen erkannte Strafe.[463] 2021 wurden 52,2% der verurteilten Untersuchungsgefangenen zu einer unbedingten Freiheits- oder Jugendstrafe verurteilt, mussten also nach dem Urteil in Haft.[464] Fast die Hälfte der Personen mit U-Haft konnte die Hauptverhandlung nach dem Urteil ohne direkte weitere Inhaftierung verlassen.[465]

---

[463] Eigene Berechnungen auf Basis der Angaben der Strafverfolgungsstatistik des Statistischen Bundesamtes, Fachserie Rechtspflege, Fachserie 10, Reihe 3, 2021, 375.
[464] Eigene Berechnungen auf Basis der Angaben der Strafverfolgungsstatistik des Statistischen Bundesamtes, Fachserie Rechtspflege, Fachserie 10, Reihe 3, 2021, 414.
[465] Dazu gehört zusätzlich eine kleine Anzahl von Personen, die zu unbedingter Freiheitsstrafe verurteilt wurden, aber erst später zum Haftantritt geladen werden.

4. Strafrechtliche Sanktionen

4.1 Sinn und Zweck der staatlichen Strafe

278 Das Strafrecht soll dem Rechtsgüterschutz dienen (s.o. 1.2). Damit ist noch nicht gesagt, in welcher Weise und zu welchen Zwecken das Mittel der Strafe eingesetzt werden soll. Unterschieden werden muss zunächst zwischen der Definition und dem Zweck der Strafe. Das staatliche Recht kennt ganz unterschiedliche (negative) Sanktionen, und zwar nicht nur im Strafrecht, sondern auch im Zivil- und im sonstigen Öffentlichen Recht, z.b. zivilrechtliche Vertragsstrafen (§§ 336 ff. BGB, wie das erhöhte Beförderungsentgelt beim sog. Schwarzfahren) oder die Geldbuße aufgrund von Ordnungswidrigkeiten und anderen Verwaltungsübertretungen. Strafrechtliche Strafen sind eine bewusste, vom Staat angeordnete *Zufügung eines Übels* als Reaktion auf ein verbotenes, strafrechtlich relevantes Verhalten. Im Hinblick auf den Sinn und Zweck der staatlichen Strafe werden zumeist seit jeher drei Grundauffassungen unterschieden (s. Abbildung 24): der Vergeltungsgedanke als sog. absolute Theorie, wobei als „absolut" alle nicht-präventionsorientierten Begründungen tituliert werden, sowie die spezialpräventive Lehre und die Idee der Generalprävention als sog. relative, zweckgerichtete Theorien, beide jeweils wiederum mit unterschiedlichen Ausprägungen.[466]

279 Nach den sog. *absoluten Straftheorien* (Hegel/Kant) wird die staatliche Strafe alleine durch die Abweichung und das damit begangene Unrecht als solches begründet, weshalb auf die Gesetzesverletzung die Vergeltung als repressive Reaktion erfolgen müsse (im Anschluss an Hegel „Negation der Negation".[467] Kant spricht vom kategorischen Imperativ des Strafrechts, dem der Mensch in autonomer und deshalb notwendig freier Entscheidung folge.[468] „Nur das Wiedervergeltungsrecht (*ius talionis*) aber, wohl zu verstehen, vor den Schranken des Gerichts (nicht in deinem Privaturtheil), kann die Qualität und Quantität der Strafe bestimmt angeben; alle andere sind hin und her schwankend und können anderer sich Einmischungen berücksichtigen wegen keine Angemessenheit dem Spruch der reinen und strengen Gerechtigkeit enthalten."[469] Auch Hegel lehnte alle Nützlichkeitserwägungen hinsichtlich der Begründung einer Strafe ab. „In dieser Erörterung kommt es allein darauf an, dass das Verbrechen zwar nicht als die Hervorbringung eines Übels, sondern als Verletzung des Rechts als Rechts aufzuheben ist …."[470] Hegel wies darauf hin, dass der Verbrecher durch seine Tat seine Einwilligung zur Bestrafung erteile.[471] Diese Straflegitimationen des ausgehenden 18. und 19. Jahrhunderts liegen nahe an archaischen Rache-, Straf- und Vergeltungswünschen und finden sich ähnlich in den Basisschriften der monotheistischen Religionen („Auge um Auge, Zahn um Zahn"). Wenn sie auch heute von den meisten Menschen als inhuman abgelehnt werden, so scheinen sie doch auf den ersten Blick einen Aspekt von Gerechtigkeit auf ihrer Seite zu haben, den man aus dem Warentausch und dem Privatrecht kennt – Gleiches wird gegen Gleiches eingetauscht bzw. der Wert der gekauften Ware entspricht dem Geldwert. Wer sich die Mühe macht, dieses *Talionsprinzip* auf unser heutiges Strafrecht anzuwenden, wird aber schnell scheitern und schnell sehen, dass man auch zu Kants Zeiten damit nicht die Qualität und Quan-

---

466 Hierzu ausführlich Hörnle 2011; auch Abbildung 24.
467 Hegel 1970, 198 und Kant 1968b, 331 ff.
468 Kant 1968a, 441 und 446 f.; ders. 1968b, 331.
469 Kant 1968b, 332.
470 Hegel 1970, 188.
471 Hegel 1970, 192.

4.1 Sinn und Zweck der staatlichen Strafe

tität der Strafe bestimmen konnte. Die Ermordung des Mörders erscheint in diesem System noch stimmig, aber was passiert bei einer fahrlässigen Tötung durch einen Verkehrsunfall? Welche Strafe leitet sich nach dem Wiedervergeltungsgrundsatz für Diebstahl,[472] Betrug oder Schwarzfahren ab? Noch schwieriger wird es beim Fahren unter Alkoholeinfluss oder einem Verstoß gegen das Betäubungsmittelgesetz. Bei all dem gibt uns weder die Wiedervergeltung noch die *Negation der Negation* eine Orientierung. Kant selbst sieht die Lücke seiner Argumentation und füllt sie u.a. mit einer Sanktionsform, die er nicht a priori bestimmt, sondern die offensichtlich erfahrungsgeleitet ist und einen spezialpräventiven Zweck erfüllen soll: „wie wird es aber mit den Strafen gehalten werden, die keine Erwiderung zulassen, weil diese entweder an sich unmöglich, oder selbst ein strafbares Verbrechen an der Menschheit überhaupt sein würden, wie zum Beispiel das der Nothzüchtigung, in gleichen das der Päderastie, oder Bestialität? Die beiden ersteren durch Castration…, das letztere durch Ausstoßung aus der bürgerlichen Gesellschaft auf immer …"[473] Zwar betont Kant die angebliche Zweckfreiheit seiner Vergeltungstheorie mit seinem Beispiel, dass selbst dann, wenn ein Volk, das eine Insel bewohnt, beschlösse, auseinanderzugehen und sich in aller Welt zu zerstreuen noch „der letzte im Gefängnis befindliche Mörder vorher hingerichtet werden (müsste), damit jedermann das widerfahre, was seine Thaten werth sind, Blutschuld nicht auf dem Volke hafte, dass auf diese Bestrafung nicht gedrungen hat …"[474]. Aus alldem wird deutlich, dass mit den absoluten Straftheorien nicht wirklich Begründungen für ein rechtsstaatliches Sanktionssystem geschaffen wurden, die eine legitime Basis für die Bestimmung der Art und des Ausmaßes von Reaktionen auf delinquentes Verhalten enthielten, sondern dass sie durchaus einen Zweck verfolgten, nämlich das damalige vordemokratische Herrschaftssystem zu legitimieren. Es sollte kein Gleichgewicht zwischen Straftat und Strafe mit Bezug zur Metaphysik hergestellt werden, sondern diese Metaphysik der Sitten und die *Einwilligungstheorie* Hegels[475] dienten dazu, „die Asymmetrie zwischen dem Subjekt, welches das Gesetz zu verletzten gewagt hat und dem allmächtigen Souverän, der das Gesetz zur Geltung bringt, bis zum Äußersten" auszuspielen.[476] Im Übrigen liefert auch das Vergeltungsprinzip keinerlei Maßstab für das Ausmaß einer Sanktion. Niemand kann daraus herleiten, warum man einen einfachen Diebstahl im Höchstfall mit fünf Jahren oder nur mit einem Jahr Freiheitsstrafe bedrohen und sanktionieren sollte. Immerhin aber folgt aus den Prinzipien der Schuld und der Tatvergeltung, dass bei gleichem Unrechtsgehalt

---

472 Für Diebstahl fordert Kant Zuchthausarbeit auf gewisse Zeit oder „auf immer in den Sklavenstand", weil der Dieb das Eigentum anderer unsicher mache und er selbst nichts habe (Kant 1968b, 333). Diese Strafen sind nach Qualität und Quantität aus der Wiedervergeltung bestimmt, sondern entsprechen einfach dem Sanktionssystem jener Zeit.

473 Kant 1968b, 363; Warum die Kastration die gerechte zweckfreie Vergeltung für ein Notzuchtdelikt sein soll, erschließt sich nicht und wird auch bei Kant nicht begründet. Es liegt nahe, dass auch Kant hier zweckrationale spezialpräventive Überlegungen anstellte; so auch Cornel 1985, 19.

474 Kant 1968b, 333. Immerhin aber lässt Kants Wiedervergeltungstheorie im Prinzip die Verfolgung von Zwecken zu: Der Mensch „muß vorher strafbar befunden sein, ehe noch daran gedacht wird, aus dieser Strafe einigen Nutzen für ihn selbst oder seine Mitbürger zu ziehen" (a.a.O., 331). Für den Einzelfall, die konkrete Straftat, muss das gelten. Für das Strafrecht selbst und seine Legitimation gilt das Gegenteil: Noch bevor man sich über Sanktionsarten, gerechte Verteilung und Maß der Übelszufügungen gesellschaftlich verständigt, muss erwiesen sein, dass Zwangsmaßnahmen etwa zum Rechtsgüterschutz und zukünftigen Rechtsfrieden beitragen, dass sie grundsätzlich einen Zweck erfüllen.

475 „Das erste Prinzip eines Staats überhaupt ist, daß es keine höhere Vernunft, Gewissen, Rechtschaffenheit, wie man will, gibt als das, was der Staat für Recht erkennt… diese elende Freiheit, zu denken und zu meinen, was jeder will, findet nicht statt."; Hegel 1971, 510. So lassen sich staatsbürgerliche Rechte kaum sichern.

476 Foucault 1977, 65; zur Zweckmäßigkeit absoluter Straftheorien vgl auch Naucke 1982.

und ansonsten gleichen Umständen ein gleiches Strafmaß auszusprechen ist und dass die Verletzung höherwertiger Rechtsgüter (z.b. Leben) mit höheren Strafen belegt sein sollen als niedrigere (z.b. Eigentum). Aber selbst hier ist eine Umrechnung schwierig – erst recht, wenn es nur um Versuche geht, um Fahrlässigkeit oder Teilnahme. Ein demokratischer Rechtssaat darf sich damit nicht begnügen – eine zweckfreie Vergeltung stellt eine Zufügung von Übel gegenüber einem Grundrechtsträger dar und ist damit gerade nicht legitimiert, sondern ein Verstoß gegen die Menschenrechte. Strafrecht und Freiheitsstrafen sind dadurch nicht zu legitimieren.

280 Das Bundesverfassungsgericht zeigt sich in seinen Entscheidungen zur Verfassungsmäßigkeit der reinen Vergeltung schwankend. In frühen Entscheidungen spricht es – eine Formulierung Franz von Liszts aufnehmend – von einer Vereinigungstheorie (hierzu nachfolgend), die den Strafzweck der Vergeltung beinhaltet.[477] Im Urteil zur Verfassungsmäßigkeit der lebenslangen Freiheitsstrafe heißt es aber auch, dass es in einer säkularisierten und freiheitlichen Gesellschaft nicht Aufgabe des Strafrechts sein könne, „Schuldausgleich und Gerechtigkeit um seiner selbst willen zu üben."[478] Im gleichen Urteil wird an anderer Stelle ausgeführt, dass „ein gegen das verfassungsrechtliche Prinzip der Verhältnismäßigkeit verstoßendes Strafgesetz … nicht Bestandteil der verfassungsmäßigen Ordnung sein" könne.[479] Das Bundesverfassungsgericht „hat als allgemeine Aufgabe des Strafrechts bezeichnet, die elementaren Werte des Gemeinschaftslebens zu schützen. Schuldausgleich, Prävention, Resozialisierung des Täters, Sühne und Vergeltung für begangenes Unrecht werden als Aspekte einer angemessen Strafsanktion bezeichnet".[480] Später spricht das BVerfG dann wieder, Strafe sei „Ausdruck vergeltender Gerechtigkeit und ist damit Reaktion auf ein normwidriges Verhalten".[481]

281 Demgegenüber bedarf es nach den *relativen Straf(zweck)theorien* eines darüber hinaus reichenden, ethisch und sozial begründbaren Zwecks: der Verhinderung von Straftaten (Prävention). Mit Blick auf den Täter spricht man von (negativer bzw. positiver) *Spezialprävention* (Abschreckung bzw. Resozialisierung), zum anderen mit Wirkung auf die Allgemeinheit von (negativer bzw. positiver) *Generalprävention* (Abschreckung bzw. Bestätigung der Norm). Der Begriff „Verteidigung der Rechtsordnung" wird zumeist im Zusammenhang mit generalpräventiven Aspekten herangezogen (insb. als Argument zur Vermeidung von Selbstjustiz), er geht dabei über Abschreckungsaspekte hinaus und bezieht sich auf das Vertrauen der Bevölkerung in die Funktionsfähigkeit der Rechtspflege, für das die Strafe als öffentliche Negation des Rechtsbruchs notwendig ist, womit im Kern auf Elemente der absoluten Theorie zurückgegriffen wird.[482]

---

477 BVerfG 2.5.1967 2 BvL 1/66 – E 21, 391, 403f.; BVerfG 4.7.1967 2 BvL 10/62 – E 22, 125, 132; BVerfG 26.5.1970 1 BvR 668/68 – E 28, 264, 278; BVerfG 21.6.1977 1 BvL 14/76 – E 45, 187, 253.
478 BVerfG 21.6.1977 1 BvL 14/76 – E 45, 187, 195.
479 BVerfG 21.6.1977 1 BvL 14/76 – E 45, 187,260 mit Hinweis auf BVerfGE 6, 389, 439.
480 BVerfG 21.6.1977 1 BvL 14/76 – E 45, 187, 253f. mit Verweis auf BVerfGE 32, 98, 109.
481 BVerfG 5.4.2004 2 BvR 2029/01 – E 109, 133, 168; vgl. dazu auch Kaspar 2014, 267 ff. und Tiedemann 1991, 22 und 52.
482 Vgl. Hassemer 2009, 98 ff.; Dölling et al./von Danwitz 2022, Vorbemerkung zu §§ 38 ff. Rn 1 f.

4.1 Sinn und Zweck der staatlichen Strafe

Abbildung 24: Legitimation der staatlichen Strafe

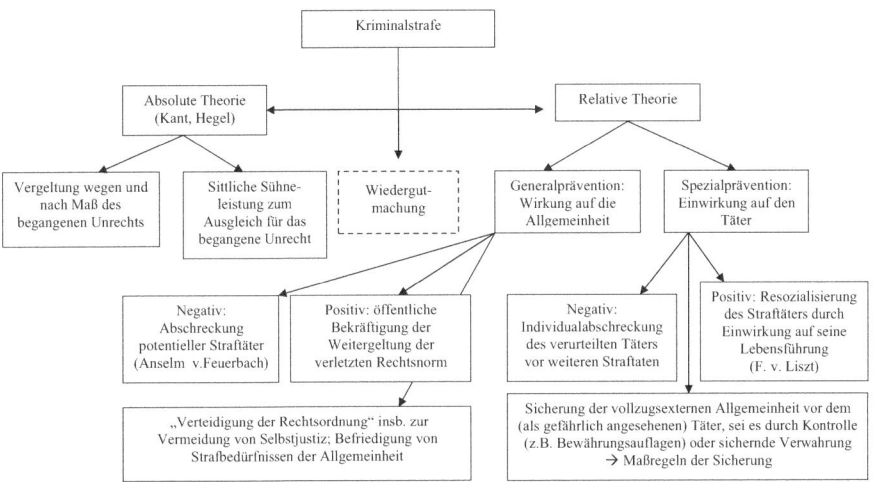

Alle Versuche, die Kriminalstrafe als staatliche Übelzufügung zu legitimieren, stoßen in der einen oder anderen Weise auf Kritik. So ist in einem modernen Rechtsstaat für eine reine, noch (mitunter dazu metaphysisch naturrechtlich begründete) *Vergeltung* kein Raum, da nach dem Verhältnismäßigkeitsgrundsatz jede staatliche Maßnahme einem gesetzlich intendierten Zweck dienen und hierfür geeignet, im Hinblick auf den Eingriffscharakter erforderlich und im Hinblick auf die Zweck-Mittel-Relation angemessen sein muss.[483] Auch der lediglich sichernden Verwahrung eines Menschen sind im Rechtsstaat Grenzen gesetzt.[484] Im Hinblick auf die *Abschreckungsphilosophie* lässt sich die behauptete Wirkung weder im Hinblick auf die („negative") Spezial- noch im Hinblick auf die („negative") Generalprävention empirisch nachweisen.[485]

282

Soweit mit der Idee der *positiven Spezialprävention* die gelingende Resozialisierung versprochen wird, stößt auch diese Hoffnung zumeist an ihre Grenzen, vielfach wird die Desintegration gerade durch die strafrechtliche Sanktion (insb. Freiheitsentzug) erst mit verursacht. Zwar gibt es zahlreiche sozialrechtliche Ansprüche auf Hilfen zur Resozialisierung, im Strafgesetzbuch selbst ist die Bewährungshilfe normiert und das Bundesverfassungsgericht hat der Resozialisierung Verfassungsrang sowohl aufgrund des Sozialstaatsprinzips als auch der Menschenwürde zugebilligt[486] – aber eine Strafle-

283

---

[483] In jüngster Zeit wurde auf der Basis der Kritik am Vergeltungsstrafrecht das bisher noch wenig diskutierte Konzept vorgelegt, ein Präventionsstrafrecht durch den Verhältnismäßigkeitsgrundsatz des Grundgesetzes zu fundieren und zugleich zu begrenzen – mit zahlreichen kriminalpolitischen Folgerungen und Konkretisierungen; Kaspar 2014, 847ff. und 861ff.
[484] BVerfG 21.6.1977 1 BvL 14/76 – E 45, 187 zur lebenslangen Freiheitsstrafe; BVerfG 2 BvR 2365/09 – 4.5.2011 zur Sicherungsverwahrung.
[485] Hierzu vgl. Neubacher 2023, 152ff.; Singelnstein/Kunz 2021, 346 ff. und 353 ff. Eisenberg/ Kölbel 2017, § 41.
[486] Cornel 2023, 27; BVerfG 5.6.1973 – 1 BvR 536/72- E 35, 202, 236; BVerfG 14.3.1972 – 2 BvR 41/71 – E 33, 1, 11 sowie Cornel 2023b, 306. Über die eigene Position schreibt das Bundesverfassungsgericht: „Das Gericht hat mehrfach betont, daß die Forderung nach Resozialisierung verfassungsrechtlich dem Selbstverständnis einer Gemeinschaft entspreche, die die Menschenwürde in den Mittelpunkt stelle und dem Sozialstaatsprinzip verpflichtet sei ... Es sei Aufgabe des Staates, im Rahmen des Zumutbaren alle gesetzlichen Maßnahmen zu treffen, die geeignet und nötig seien, beim Gefangenen dieses Vollzugsziel zu erreichen"; BVerfG 21.6.1977 – 1 BvL 14/76 – E 45, 187, 238 f.

gitimation stellt dies alles nicht dar. Hilfen müssen bedarfsangemessen und möglichst wirksam sein – ein Verhältnis zwischen dem Ausmaß des begangenen Unrechts zum Ausmaß einer rechtlich zulässigen Intervention, insb. einer Zwangsmaßnahme lässt sich darauf aber nicht ableiten. Deshalb kann auch keine strafrechtliche Sanktion allein auf Resozialisierung gegründet werden. Eine nur auf die Resozialisierung und (Um)Erziehung setzende Sanktionspolitik muss jedes dem Unrecht angemessene Maß verlieren. Die reine Spezialprävention kennt – anders als das Talionsprinzip „Aug' um Aug', Zahn um Zahn" in den oben genannten engen Grenzen – weder eine Begrenzung bei Bagatelltaten (das gilt auch für die negative Generalprävention) noch eine Reaktionsnotwendigkeit bei „an sich" bzw. mittlerweile wieder gut integrierten Straftätern z.B. bei sog. „Weiße-Kragen-" oder „Kavaliersdelikten"[487] oder bei einer in ferner Vergangenheit liegenden Straftatbegehung,[488] die sich aufgrund anderer historischer Bedingungen so nicht wiederholen kann. Die Abschreckungsdoktrin basiert auf dem Modell des vor einer potenziellen Tat rational kalkulierenden Menschen, der mitunter in Bereichen der Wirtschafts- und Weiße-Kragen-Kriminalität vorhanden sein mag, allerdings deutlich seltener bei den in den Strafanstalten einsitzenden Verurteilten anzutreffen ist oder bei den häufig affektgesteuerten in der Gruppe oder unter dem Einfluss von Alkohol durchgeführten Spontantaten, insb. jugendlicher Beschuldigter. Zurecht stellt Johannes Kaspar fest, dass Strafzwecke nicht nur ‚verfolgt' werden müssen, um eine rechtfertigende Kraft zu entfalten, sondern sie müssen „mit hinreichender Sicherheit erreicht werden".[489] Die Wirksamkeit kriminalpräventiver Interventionen muss also – ganz besonders wenn sie mit Grundrechtseinschränkungen verbunden sind und der Betroffene diesen nicht freiwillig für sich zustimmt – empirisch nachweisbar sein, ein Unterfangen, dass sozialwissenschaftlich ohnehin ambitioniert ist, ganz besonders aber wenn es prognostisch sich auf einen Einzelfall beziehen soll.

284 In der Unmöglichkeit, eine durchgehend stimmige und rechtsstaatlich saubere Legitimation der staatlichen Sanktion zu begründen, behilft man sich in Rechtsprechung und Wissenschaft mit einer als *Vereinigungstheorie* bezeichneten Begründung, um die Vorteile der jeweiligen Sinndeutungen zu nutzen und die Nachteile einseitiger Orientierungen auszugleichen, wobei allerdings nicht immer korrekt zwischen der Androhung (Appell) und der Verhängung von Sanktionen (intensiver Grundrechtseingriff) unterschieden wird. Insb. folgt aus der Strafandrohung nicht zwingend, auf alle Normübertretungen strafend reagieren zu müssen.

285 Der Gesetzgeber hat in § 46 StGB versucht, die verschiedenen Legitimationsansätze zu verknüpfen. Auf die „*Verteidigung der Rechtsordnung*" als generalpräventive Komponente nimmt das StGB in wenigen Fällen ausdrücklich Bezug (vgl. §§ 47 Abs. 1, 56 Abs. 3, § 59 Abs. 1 Nr. 3 StGB). Einigkeit besteht darüber, dass die staatliche Strafe durch das Maß der Tatschuld begrenzt wird, dass also niemand aus spezial- oder generalpräventiven Gründen härter bestraft werden darf, als es dem Gewicht seiner Tat und seines persönlichen Verschuldens entspricht. So einfach dies klingt, so theoretisch bleibt dieses Konstrukt. Insb. müsste die kumulative Berücksichtigung der verschiedenen Theorien – entgegen ihrem Ansatz Strafbegründungen zu sein – rechtstheoretisch-„logisch" eine *strafbegrenzende Wirkung* entfalten. Die rechtstheore-

---

[487] Z.B. Steuerhinterziehung; Untreuevorwurf bei extrem hohen Abfindungszahlungen, BGH 21.12.2005 – 3 StR 470 / 04.
[488] Z.B. NS-Unrecht oder die Strafverfahren gegen ehemalige SED-Politbüromitglieder z.B. BGH 6.11.2002 – 5 StR 281/01.
[489] Kaspar 2014, 633.

4.1 Sinn und Zweck der staatlichen Strafe

tische Grundlegung sagt zudem nichts über das konkrete Sanktionsmittel und seine empirisch nachzuweisende Wirksamkeit aus. Letztlich steht die Legitimation des Strafrechts selbst auf wackeligen Füßen – aber kein Staat verzichtet darauf und es ist nicht absehbar, wie hoch entwickelte komplexe Gesellschaften bei einer völligen Abolition des Strafrechts funktionieren können. Die Abschaffung des „Rechts" bei Beibehaltung des „Strafens" ist sicher keine gute Lösung.[490]

Weniger Legitimationsprobleme haben neuere, sog. *expressive Begründungen*, bei denen die kommunikative Funktion der Reaktion auf eine Straftat insb. unter Einbeziehung des Opfers im Vordergrund stehen und das Element der Übelszufügung zumindest herabgestuft wird.[491] Mit diesen Ansätzen gelingt es, deutlicher zwischen den verschiedenen Ebenen – einerseits Zweck des strafrechtlichen Normsystems und andererseits Legitimation der Sanktion – zu differenzieren. Zudem werden verfahrensrechtliche Aspekte gegenüber materiellen Zweckzuschreibungen stärker betont. In den letzten 20 Jahren wurden zudem in Abgrenzung zu den „präventionsorientierten" Legitimationen die Interessen der geschädigten Opfer[492] und in diesem Zusammenhang die *Wiedergutmachung* als zentrale Komponente eines rechtsstaatlichen Strafrechts wiederentdeckt[493] (und teilweise als dritte Spur des Strafrechts oder sogar als Strafzweck bezeichnet).[494] Allerdings entspringt der über die Begleichung materieller und (ggf. auch durch ein Schmerzensgeld) monetarisierter Schäden hinausreichende, durch einen kommunikativen Prozess gekennzeichnete[495] sog. außergerichtliche Tatausgleich bzw. Täter-Opfer-Ausgleich (TOA) gerade dem Strafrecht vorgelagerten Grundsätzen der selbstverantwortlichen Konfliktregelung[496], die international als *Restorative Justice* Idee bezeichnet werden, welches im Wesentlichen ein die traditionelle Vergeltungslogik (*retributive justice*) und Strafphilosophien überwindendes Gerechtigkeitskonzept darstellt (hierzu s. 6.3).

Der Gesetzgeber hat dem *Ausgleichsgedanken* nicht nur im Rahmen der Diversion, sondern durch den § 46a StGB auch im Rahmen der Strafzumessung Rechnung getragen. Wesentlich ist, dass erkannt wird, dass eine Straftat Folge, Ausdruck oder Ursache eines Konfliktes ist, der – wenn er nicht angemessen bewältigt wird – zu weiteren Konflikten und Eskalationen führt.[497] Insoweit ist es unerheblich, ob man diese friedensstiftenden Reaktionen als dritte Spur des Strafrechts oder eher als Spur und Brücke aus dem Strafrecht hinaus betrachtet. Im Wesentlichen geht es in der Ausgleichs- und Wiedergutmachungsphilosophie um die Anerkennung des Opfers als Opfer und deshalb nicht um zweckfreie Vergeltung oder empirisch schwer nachzuweisende Zweckrationalitäten, sondern vielmehr darum, die gestörte Ordnung nicht nur abstrakt, sondern konkret wieder in die Balance zu bringen und dabei – ggf. auch im Rahmen der strafrechtlichen Sozialkontrolle – den Grundsatz der Fairness zu beachten.[498] Allerdings muss insoweit einerseits zwischen der (Konflikt-)Vermittlung (Mediation) in strafrechtlich relevanten Konflikten und andererseits dem TOA als strafrechtliche Rechtsfolge (Anerkennung und strafrechtliche Berücksichtigung einer

---

490 Cornel 1997, 177 und Cornel 2008a, 54; vgl auch Lüderssen 1989.
491 Hörnle 2011, 15 ff.
492 Hörnle 2006, 950 ff.
493 Hörnle 2006, ebd.
494 Schöch 1987.
495 BGH 7.12.2005 – 1 StR 257 – NStZ 2006, 275.
496 Cromwell et al. 2013; Trenczek 2003d und 2022; Zehr 1985 und 2002.
497 Christie 1977; Hanak et al. 1989; Trenczek 2013, 409 ff.
498 Hörnle 2004, 175 ff.

außerhalb des Strafverfahrens erzielten Vereinbarung/Konfliktlösung) unterschieden werden.[499] Als Rechtsfolge stellt der TOA eine Anerkennung und strafrechtliche Berücksichtigung einer außerhalb des Strafverfahrens (ggf. durch eine Mediation geförderte) zwischen den Konfliktbeteiligten erzielten Vereinbarung (Konfliktregelung, ggf. sogar -lösung) und der Ausgleichsleistungen des Beschuldigten dar. Deshalb entspricht die einseitige, ohne einen kommunikativen Prozess bzw. Einbeziehung der Opfers geleistete Schadensersatzleistung ebenso wenig wie die täterorientierte Instrumentalisierung des TOA als Sanktionsäquivalent oder (bei Jugendlichen) als „Erziehungsmaßnahme" dem Grundgedanken der Restorative Justice (s. 6.3).

4.2 Exkurs Kriminalprävention

288 Im Zuge der kriminalpolitischen und strafrechtstheoretischen Ausrichtung auf die Prävention von Straftaten, sei es durch Androhung von Strafen, die Abschreckung oder Behandlung von Tätern oder positive Generalprävention hat der weit über das Strafrecht hinaus zielende Sammelbegriff der *Kriminalprävention* besondere Bedeutung. Kriminalprävention ist ein Begriff mit Hochkonjunktur, er ist schillernd, unklar, vage und hat auch in der Fach- und öffentlichen Diskussion eine Eigendynamik entwickelt, ohne dass immer klar wäre, was damit gemeint ist. Seit Anfang der 1990er-Jahre hat auch die DVJJ das Thema auf die Agenda von deutschen oder regionalen Jugendgerichtstagen gesetzt. Schon damals geschah dies nicht unter Jubelrufen, sondern es war mit kritischen Fragen verbunden.[500] Christian Lüders wies zu Recht auf die nur „scheinbare Selbstverständlichkeit des präventiven Denkens" und die damit verbundenen Schattenseiten hin, führe dieses Denken doch dazu, „für fast jede Maßnahme herhalten zu müssen".[501] Die Forderung nach „mehr Prävention" bedient eine Reihe von problematischen (Vor-)Verständnissen und gründet in der „unstillbaren Sehnsucht der Menschen nach einer heilen Welt, nach dem Paradies auf Erden zu suchen, d.h. umgekehrt Ausräumung von Kriminalität, Ausrottung des Bösen".[502] Es überrascht dann nicht, dass die Propagierung von Kriminalprävention sehr häufig einhergeht mit Forderungen nach einer Verschärfung des Strafrechts. Hinter beiden Ansätzen steht eine zunehmende Betonung der *Sicherheitsinteressen* unserer Gesellschaft.[503] „Mit dem Präventionsversprechen wird gleichsam Sicherheit verkauft, unabhängig davon, ob dadurch neue Unsicherheiten erzeugt oder überhaupt Erfolge nachgewiesen werden (können)."[504] Überall lauern im Leben Risiken und drohen Gefahren und es gibt nichts, was nicht als Bedrohung wahrgenommen werden könnte.[505] Der Ruf nach umfassender Prävention birgt die Gefahr der Totalität in sich und so scheint es nicht mehr weit zu sein bis zur Einführung von Pre-Crime- and Mind-Control Technologien, über die nicht nur in Großbritannien bereits nachgedacht wird.[506] Innovative Big Data-Applikationen und „Predictive Policing" werden mitunter als moderne Allzweckwaffe im Kampf gegen Kriminalität gepriesen. Die dystopischen Szenarien von George Orwell (1984) und Steven Spielberg (Minority Report) sind mittlerweile im Hinblick

---

499 Hartmann/Trenczek 2016, 327; Trenczek 2022a.
500 Breternitz/Trenczek 2001; Holthusen et al. 2011; Ostendorf 2005; Trenczek/Pfeiffer 1996; vgl. Trenczek/Schmoll 2024, Kap. 2.3.3.
501 Lüders 2011, 4.
502 Ostendorf 2005, 1.
503 Ostendorf 2005, 2.
504 Holthusen et al. 2011, 22.
505 Bröckling 2008, 39.
506 Hierzu z.B. Murray 2012.

4.2 Exkurs Kriminalprävention

auf das technologisch Machbare, lernende Algorithmen und die digitale Auswertung von Massendaten (Big Data) zunehmend auch durch die sog. „Künstliche Intelligenz" keine Phantasieprodukte mehr.[507]

Täterbezogene Prävention, die über allgemeine Sozialisation und Information hinausgeht,[508] stellt nahezu immer einen Eingriff in das Leben der Betroffenen dar.[509] Der Hinweis auf die Grenzen der staatlichen Eingriffsbefugnisse (z.B. im Hinblick auf den Datenschutz) wird mit Hinweis auf das hehre Ziel der Kriminalprävention dann schon mal beiseite gewischt. Unter dem Deckmantel der Kriminalprävention scheint nicht nur alles möglich, sondern auch legitimiert zu sein. Bedingt durch die Sicherheitsorientierung wird Prävention zunehmend polizeilich definiert. „Kriminalprävention" verspricht eine nahezu sichere Finanzierung geplanter und bislang unter einer anderen Überschrift nicht finanzierter Vorhaben. Wo jahrelang in den Jugendzentren keine Mittel vorhanden waren, um eine Tischtennisplatte anzuschaffen, wird sie flugs mit der Aufschrift „polizeiliche Kriminalprävention" zur Verfügung gestellt. Da kann es nicht ausbleiben, dass in Anträgen und Konzeptpapieren übertrieben und dramatisiert wird. Es fällt leicht, sich als Wundermittel für Probleme anzubieten, die – sollten sie nicht bestehen – auf die Schnelle konstruiert werden: eine „explosionsartig steigende", „beängstigende" Kinder- und Jugendkriminalität, „immer jünger werdende Täter*innen" usw. Der kriminalpräventive Ansatz wird so zum Zaubermittel für die Lösung (konstatierter oder konstruierter) gesellschaftlicher Schwierigkeiten gemacht. Dabei wird die Illusion genährt, Kriminalität (insbesondere junger Menschen) sei „abschaffbar". Freilich ist die Enttäuschung groß, wenn sich die Erfolge so nicht einstellen. Schnell macht sich dann Resignation oder der Ruf nach Strafverschärfung breit (repressiver Rückschlag). Holthusen und Hoops beklagen deshalb zu Recht, dass zahlreiche „Präventionsprogramme" lediglich eine „Mogelpackung" seien. Die schlimmste Präventionsfalle ist es schließlich, wenn in einer naiven Präventionseuphorie und einer zunehmenden Sicherheitshysterie die *Grenzen des rechtsstaatlich Zulässigen* überschritten werden. Das, was vor einigen Jahren unter strafrechtlicher Perspektive noch undenkbar, weil unverhältnismäßig war, wird heute teilweise unter Präventionsaspekten für zulässig erachtet (z.B. verdachtsunabhängige Kontrollen, weiträumige dauerhafte Videoüberwachung, „pränatale Kriminalitätsdiagnostik"). Das gilt auch für aus den USA importierte Programme, die oft eine einschüchternde oder konfrontative Komponente aufweisen und denen eine umfassende Wirkung zugeschrieben wird, wobei jedoch die Ergebnisse negativer Evaluationen nicht mit importiert werden, sondern nur die „Heilsversprechen".[510]

Andererseits kann Kriminalprävention rechtsstaatlich wie auch aus Gründen des Sozialstaates sowohl im Hinblick auf die Verhinderung der Opferwerdung als auch im Hinblick auf die wenig effektive und letztlich teurere repressive Sanktionierung legitimiert werden, wenn und soweit rechtsstaatliche Grenzen eingehalten werden. Insoweit sind verschiedene Ebenen und Ansätze zu differenzieren und wichtige Grundsätze zu

---

507 Hoffmann 2020; Murray 2012; Pollich/Grutzpalk 2018; Schuilenburg/Peters 2022.
508 Etwas anderes gilt beispielsweise, wenn Tatgelegenheiten erschwert werden (z.B. durch ein Schloss oder bessere Beleuchtung) oder wenn allgemein in Elternhaus und Schule Normen vermittelt werden. Wenn in der KiTa-Gruppe der 4-Jährigen über Gewalt gesprochen und dabei das Männerbild thematisiert wird sowie selbstbewusste Kinder erzogen werden, die wissen, dass sie nicht geschlagen werden dürfen, dann ist auch das in sehr weitem Sinne Kriminalprävention, aber eben gerade kein Eingriff in ihr Leben.
509 Holthusen et al. 2011, 22.
510 Graebsch 2018, 211.

beachten.⁵¹¹ Unter *Kriminalprävention* werden alle Interventionen verstanden, die das Ausmaß und die Schwere der Kriminalitätserscheinungen vermindern, sei es durch die primäre Gestaltung positiver Lebensbedingungen, die (sekundäre) Einschränkung der verbrechensfördernden Gelegenheiten oder (tertiär) durch Einwirkung auf ergriffene und potenzielle Rechtsbrecher*innen.⁵¹² Dementsprechend lehnt sich das hier zugrunde gelegte Verständnis von Kriminalprävention an die übliche Differenzierung einerseits in primäre, sekundäre und tertiäre sowie andererseits personelle und strukturelle Kriminalprävention an.

291 Kriminalprävention muss unterschieden werden von der allgemeinen *sozial-kulturellen Präventionsarbeit der Jugendhilfe*, insb. im Rahmen der Jugendarbeit und Jugendsozialarbeit. Diese bedarf keiner ordnungsrechtlichen oder strafrechtlichen Legitimation. Originäre Jugendhilfeaufgaben sind als solche durchzuführen. Junge Menschen haben ein Recht auf Förderung, Unterstützung und Entwicklung (§ 1 SGB VIII). Dies kann – wie alles Positive – auch kriminalitätsverhütende Wirkungen haben, weder ergibt noch erschöpft sich hierin aber ihr Zweck. Kritisiert werden muss deshalb, dass sich in vielen sogenannten Kriminalitätspräventionsprogrammen der Fokus auf eine als problematisch angesehene Jugend verschoben hat („Vorsicht, Jugend!") und nicht auf die problematischen Bedingungen ihres Aufwachsens.⁵¹³ Der Blick auf die Jugend vernachlässigt die wirklich problematischen Kriminalitätsfelder sowie die „Kriminalität der Braven".

292 Kriminalpräventive Programme bedürfen einer *langfristigen Perspektive*. Es geht nicht um die kurzfristige Eindämmung von (Jugend-)Kriminalität, sondern um eine kontinuierliche, sozialpolitische Verbesserung der Lebensverhältnisse. Deshalb müssen im Rahmen der Umsetzung kriminalpräventiver Konzepte einige wesentliche Bedingungen eingehalten werden:

- In dem Prozess der Kriminalprävention sind Rechtsstaatlichkeit und Bürgerrechte zu wahren, für die Betroffenen sind Zugangschancen zu eröffnen und angemessene Beteiligungsformen zu finden.

- Vertrauens- und *Datenschutz* sind keine lästigen Hindernisse, sondern notwendige Arbeitsgrundlagen einer vertrauensvollen Zusammenarbeit im Rahmen der institutionenübergreifenden und interdisziplinären Kooperation.⁵¹⁴ Bei dieser Kooperation sind die Aufgaben, Rollen und Kompetenzen der Beteiligten eindeutig festzulegen, gesetzliche Grenzen einzuhalten sowie transparent und für die betroffenen Zielgruppen verständlich offen zulegen.

- Wirksame Kriminalprävention erfordert eine gegenstandsangemessene *Evaluation*, nur solche Programme dürfen gefördert und durchgeführt werden, deren Wirksamkeit wissenschaftlich erwiesen ist („evidence-based practice").⁵¹⁵

---

511 Die nachfolgenden Ausführungen basieren z.T. auf Texten des Verfassers Trenczek, die u.a. im Zusammenhang mit der Zusammenfassung der Ergebnisse im AK III-1 „Prävention – Kampf gegen die Unordnung?" des 25. DJGT 2001 in Marburg formuliert wurden.
512 Hierzu Trenczek/Pfeiffer 1996, 14 f. Nicht hinzugerechnet, wie die (symbolischen) Maßnahmen und Initiativen, die lediglich auf die (z.T. irrationale) Verbrechensfurcht gerichtet sind. Zur Kriminalprävention s. auch ausführlich Kawamura-Reindl/Schneider 2015, 43 ff.
513 Hierzu ausführlich Trenczek/Schmoll 2024, Kap. 2.1.2 u. 2.3.3.
514 Hierzu Breternitz/Trenczek 2001; Holthusen/Hoops 2015, 22.
515 Zur „evidence-based practice" in der Kriminalprävention s. ausführlich Graebsch 2010 u. 2018; Kawamura-Reindl/Schneider 2015, 56 ff. sowie Walsh et al 2018.

- klare *Informationsstrukturen*, die insb. eine differenzierende Politikberatung und eine koordinierte Medienarbeit aller am Prozess der Kriminalprävention beteiligten Personen und Institutionen (z.B. Schulungskonzept für Journalist*innen, kontinuierliche und sachgerechte Hintergrundinformation) einschließen.

Kriminalprävention kann Straftaten verhüten, damit potenziellen Opfern nützen und in Hinblick auf bereits straffällig gewordene Menschen sind Programme und Angebote insb. der Sozialen Arbeit mit diesem Ziel sicher sinnvoll. Das setzt aber voraus, dass sie wirksam sind, und legitimiert sie nicht uneingeschränkt – vor allem wenn sie vorbeugende, vorgelagerte Grundrechtseinschränkungen mit sich bringen.

4.3 Sanktionsarten

Die Leibes- und Todesstrafe ist in Deutschland durch Art. 1, 102 GG abgeschafft. Als Strafe im Sinne des Strafrechts (s. Abbildung 25)[516] gelten nur die Geldstrafe (§§ 40 – 43 StGB), die Freiheits- (§§ 38 f. StGB) und Jugendstrafe (§§ 17 f. JGG), sog. Nebenstrafen (z.B. Fahrverbot nach § 44 StGB) sowie spezifische Strafen aus den strafrechtlichen Nebengesetzen, z.B. Strafarrest (§ 9 WStG). Die Sanktionsarten und Strafrahmen des allgemeinen Strafrechts gelten nicht bei der Anwendung des Jugendstrafrechts, welches spezifische Rechtsfolgen bei der Sanktionierung von jungen Menschen vorsieht (hierzu 5.3).

Das *Wesen der Kriminalstrafe* liegt in der Missbilligung der strafrechtlich relevanten Handlung, in dem sozialethischen Unwerturteil über die begangene Tat, dem Vorwurf, sich nicht – wie die anderen Gesellschaftsmitglieder – an elementare Regeln gehalten zu haben. Die Strafe soll deshalb dem Schuldausgleich dienen (§ 46 Abs. 1 S. 1 StGB, zum sog. Schuldprinzip 2.1.3). Ist das z.B. aufgrund der mangelnden strafrechtlichen Verantwortlichkeit von Kindern (§ 19 StGB), von Jugendlichen (§ 3 JGG) oder aufgrund von Krankheit indizierter Schuldunfähigkeit (§ 20 StGB) nicht der Fall, so darf die Person nicht bestraft werden. Zum Schutz der Allgemeinheit können aber aufgrund der Gefährlichkeit der Person nach §§ 61 ff. StGB ggf. Maßregeln der Besserung und Sicherung[517] ergriffen werden (s.u.). Man spricht insoweit von der *Zweispurigkeit des strafrechtlichen Sanktionssystemkatalogs*. Während die Strafe rückwirkend und repressiv auf den Ausgleich der Tatschuld gerichtet ist, sollen Maßregeln präventiv künftige Gefahren für die Allgemeinheit verhindern. In beiden Fällen – bei den Kriminalstrafen aber auch bei den Maßregeln der Besserung und Sicherung – muss das Verhältnismäßigkeitsgebot gewahrt bleiben, bei Letzteren nicht nur mit Blick auf die begangene Tat, sondern auch auf das künftige Verhalten (§ 62 StGB).

---

516 Ausführlich Meier 2019, 47 ff.; Streng 2012, 59 ff.
517 Z.B. die zeitlich unbestimmte Unterbringung in einem psychiatrischen Krankenhaus (§ 63 StGB).

4. Strafrechtliche Sanktionen

Abbildung 25: Sanktionen – Strafrechtliche Rechtsfolgen

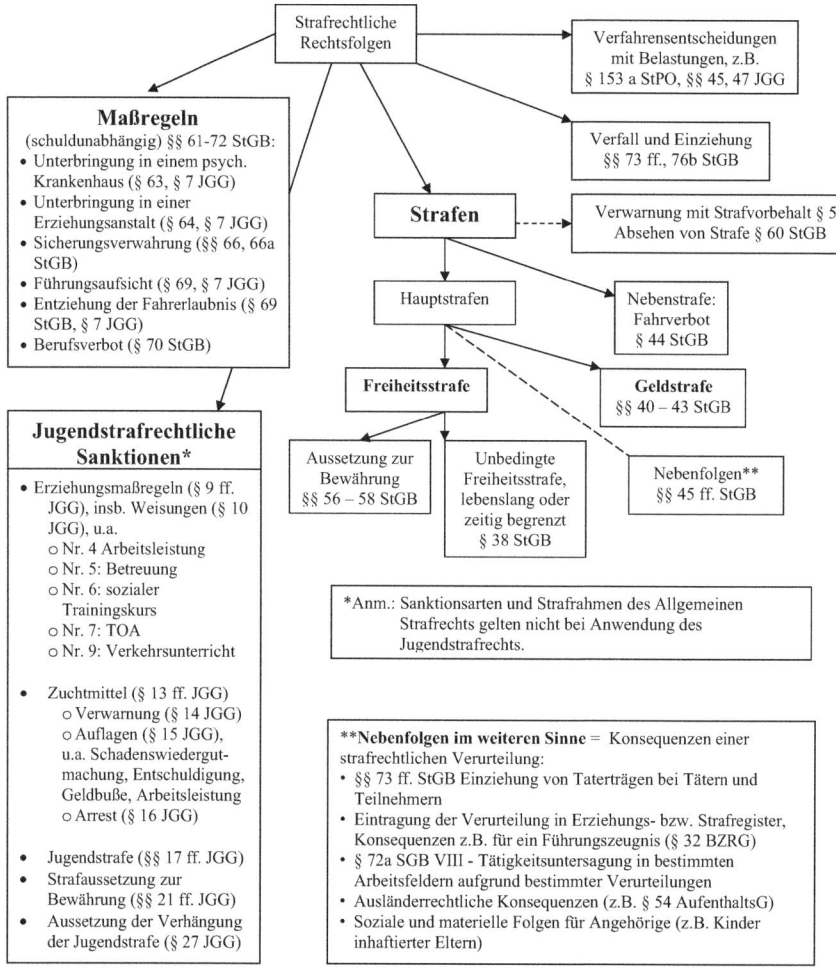

2021 endeten 83,6% der 735.926 nach allgemeinem Strafrecht abgeurteilten Verfahren mit einer Verurteilung – in 13,5% gab es eine Einstellung des Verfahrens und in 2,7% einen Freispruch.[518] Von den 615.497 nach allgemeinem Strafrecht Verurteilten wurden 85,2% zu Geldstrafe und 14,7% zu Freiheitsstrafe verurteilt, wobei wiederum bezogen auf alle Verurteilten insg. 10,3% zur Bewährung ausgesetzt wurden.[519] Insgesamt wurden 2021 also 27.315 oder 4,4% aller Verurteilten zu unbedingter

---

[518] Eigene Berechnungen auf der Basis der Angaben des Statistischen Bundesamts, Fachserie 10, Reihe 3, Rechtspflege, Strafverfolgung 2021, Wiesbaden 2022, 60 f.
[519] Eigene Berechnungen auf der Basis der Angaben des Statistischen Bundesamts, Fachserie 10, Reihe 3, Rechtspflege, Strafverfolgung 2021, Wiesbaden 2022, 96 f.

4.3 Sanktionsarten

Freiheitsstrafe verurteilt. Bezogen auf alle in Deutschland nach allgemeinem Strafrecht Abgeurteilten waren es 3,7%.[520]

4.3.1 Freiheitsstrafe

Freiheitsstrafe wird nach § 38 StGB entweder als lebenslange Strafe oder für einen bestimmten Zeitraum verhängt, wobei das *Höchstmaß* der zeitigen Freiheitsstrafe 15 Jahre beträgt. Eine Freiheitsstrafe unter sechs Monaten soll aufgrund der damit verbundenen negativen Folgen (z.B. Verlust des Arbeitsplatzes) nach § 47 StGB nur im Ausnahmefall verhängt werden. Freiheitsstrafen von bis zu einem Jahr muss das Gericht nach § 56 Abs. 1 StGB bei einer positiven Sozialprognose zur *Bewährung* aussetzen. Bei Freiheitsstrafen über einem Jahr bis zu zwei Jahren steht die Entscheidung im Ermessen des Gerichts, wobei insb. die Wiedergutmachungsbemühungen des Täters und im Hinblick auf das Verhältnismäßigkeitsgebot der Vorrang der Aussetzung zu berücksichtigen ist (§ 56 Abs. 2 StGB). Die Voraussetzungen und Kriterien für die i.d.R. durch die Soziale Arbeit vorzubereitende bzw. vorzunehmende *Sozialprognose* sind nicht nur empirisch naturgemäß unsicher, sondern auch normativ zum Teil sehr umstritten. Nach § 56 Abs. 1 StGB sind insb. die Persönlichkeit des Verurteilten, sein Vorleben, die Umstände der Tat, das Verhalten des Täters nach der Tat, seine Lebensverhältnisse und die Wirkungen der Verurteilung und der Aussetzungsentscheidung zu berücksichtigen. Frühere, auch einschlägige Verurteilungen schließen eine günstige Prognose nicht aus.[521] Wird die Freiheitsstrafe zunächst vollstreckt, so kann nach Verbüßung von zwei Dritteln der Rest der Strafe zur *Bewährung* ausgesetzt werden (§ 57 Abs. 1 StGB); in Ausnahmefällen auch schon nach Vollstreckung der Halbstrafe (§ 57 Abs. 2 StGB). Auch die Vollstreckung der „an sich" lebenslangen Freiheitsstrafe (§ 38 Abs. 1 StGB) kann nach § 57a StGB ausgesetzt werden, allerdings frühestens nach 15 Jahren.

Im sogenannten *Bewährungsbeschluss* entscheidet das Gericht über die Dauer der Bewährungszeit, die nach § 56a StGB mit der Rechtskraft der Entscheidung über die Strafaussetzung beginnt und zwischen zwei und fünf Jahren liegt. Die Mindestzeit kann nachträglich verkürzt oder vor ihrem Ablauf bis auf das Höchstmaß verlängert werden (§ 56a Abs. 2 Satz 2 StGB). Gemäß § 56b StGB kann das Gericht dem Verurteilten Auflagen erteilen, wobei keine unzumutbaren Anforderungen gestellt werden dürfen. Das Gericht kann dem Verurteilten auferlegen, den Schaden wiedergutzumachen, einen Geldbetrag zugunsten einer gemeinnützigen Einrichtung zu zahlen, sonstige gemeinnützige Leistungen zu erbringen oder einen Geldbetrag zugunsten der Staatskasse zu zahlen. Daneben kennt § 56c StGB Weisungen, die das Gericht für die Dauer der Bewährungszeit erteilen kann, wenn der Verurteilte dieser Hilfe bedarf, um keine Straftaten mehr zu begehen. Diese Weisungen sollen wirklich eine zielgerichtete Hilfe sein und kein Element der Vergeltung für begangenes Unrecht.[522] Geht es beispielsweise um die Weisung, sich zu bestimmten Zeiten bei Gericht oder einer anderen Stelle zu melden, dann muss das als eine Hilfe zur Legalbewährung intendiert sein und nicht als eine strafende Maßnahme, durch die der Verurteilte vornehmlich weniger Freizeit hat.

---

520 Eigene Berechnungen auf der Basis der Angaben des Statistischen Bundesamts, Fachserie 10, Reihe 3, Rechtspflege, Strafverfolgung 2021, Wiesbaden 2022, 60 und 96f.
521 BGH 17.12.1991 – 5 StR 598/91 – StV 1992, 417.
522 NK-StGB/Ostendorf/Bartsch 2023 § 56c Rn 1; zugleich betont Ostendorf, dass Weisungen als aufgedrängte Hilfe auch Repressionscharakter haben, dass sie Eingriffe in das Persönlichkeitsrecht gem. Art 2 Abs. 1 GG sind (a.a.O.).

4. STRAFRECHTLICHE SANKTIONEN

Ausdrücklich wird bestimmt, dass dabei an die Lebensführung des Verurteilten keine unzumutbaren Anforderungen gestellt werden dürfen.[523]

299 Der *Katalog der Weisungen* in § 56c Abs. 2 StGB ist nicht abschließend, nennt aber vor allem

- Anordnungen zu befolgen, die sich auf Aufenthalt, Ausbildung, Arbeit, Freizeit oder auf die Ordnung seiner wirtschaftlichen Verhältnisse beziehen,
- Verpflichtungen, sich bei Gericht oder einer anderen Stelle zu melden
- Weisungen zur Vermeidung der Kontaktaufnahme
- Weisungen, bestimmte Gegenstände, die Gelegenheiten zu weiteren Straftaten bieten, nicht zu besitzen und
- Weisungen, den Unterhaltspflichten nachzukommen.

Außerdem regelt § 56c Abs. 3 StGB Weisungen hinsichtlich Heilbehandlungen, Entziehungskuren, Heimaufenthalten und Anstaltsaufenthalten, die nur mit Einwilligung des Verurteilten erteilt werden dürfen.

300 Das Gericht kann den Verurteilten für die Dauer oder einen Teil der Bewährungszeit auch der Aufsicht eines Bewährungshelfers (s.u. 6.1.2) unterstellen (§ 56d StGB). Bewährungshelfer*innen haben nach § 56d Abs. 3 StGB die Aufgabe, Verurteilten helfend und betreuend zur Seite zu stehen und im Einvernehmen mit dem Gericht die Erfüllung der Auflagen und Weisungen zu überwachen. Der gröbliche (erhebliche und beharrliche) *Verstoß gegen Weisungen und Auflagen* kann nach § 56f StGB wie die Begehung neuer Straftaten zum Widerruf der Strafaussetzung führen. Aber auch hier gebietet wiederum das Verhältnismäßigkeitsgebot die Abwägung darüber, auf welche Weise weiteren Straftaten am besten (z.B. Verlängerung der Bewährungszeit, weitere Auflagen) vorgebeugt werden kann.

4.3.2 Geldstrafe

301 Die Geldstrafe (§ 40 StGB) wird in Deutschland nicht in festen Geldbeträgen, sondern nach sog. *Tagessätzen* verhängt. Die Höhe der Geldstrafe bemisst sich damit einerseits aus der Anzahl der Tagessätze und andererseits aus dem hierfür jeweils angesetzten Betrag. Die Anzahl der Tagessätze wird – formal-theoretisch – nach dem Unrechts- und Schuldgehalt der Tat bemessen. Die Anzahl kann mindestens fünf und maximal 360 volle Tagessätze betragen (bei Tatmehrheit insg. 720 Tagessätze Gesamtstrafe nach § 54 Abs. 2 StGB möglich, s.u.). Die Höhe des Tagessatzes – mindestens 1 €, höchstens 30.000 € (§ 40 Abs. 2 S. 3 StGB)[524] – bestimmt das Gericht individuell nach den wirtschaftlichen Verhältnissen des Verurteilten, wobei i.d.R. das verfügbare Nettoeinkommen zugrunde gelegt wird. Im Juli 2023 wurde in § 40 StGB zur Geldstrafe zusätzlich normiert, dass das Gericht bei der Festsetzung der Höhe des Tagessatzes darauf achtet, „dass dem Täter mindestens das zum Leben unerlässliche Minimum seines

---

[523] Unzumutbar wäre es bspw., einem Ladendieb über das Hausverbot des Ladeninhabers im konkreten Kaufhaus seines Diebstahls hinaus für alle Selbstbedienungsläden und Kaufhäuser ein Betretungsverbot zu erlassen (NK-StGB/Ostendorf/Bartsch 2023 § 56c Rn 2). Als unzumutbar wurde auch die Weisung an einen in Rumänien wohnenden Verurteilten angesehen, sich spätestens alle vier Wochen in Deutschland beim Bewährungshelfer vorzustellen (Fischer 2024 § 56c Rn 3).

[524] Nach einer Auswertung des Statistischen Bundesamtes aus dem Jahr 2012 wurde die Marke von 3000 € kein einziges Mal überschritten, so dass die Erhöhung des Strafrahmens des Tagessatzes 2009 von 5000 € auf 30.000 € wenig Wirkung zeigte; Satzger/ Schluckebier/Werner 2024, § 40 Rn 7.

Einkommens verbleibt."⁵²⁵ Dem Verurteilten soll schon im Urteil Stundung der Geldstrafe oder Ratenzahlung gewährt werden, damit er zunächst Wiedergutmachung an das Opfer leisten kann (§ 42 S. 3 StGB). Wird die Geldstrafe nicht gezahlt und ist diese „uneinbringlich", droht die *Ersatzfreiheitsstrafe* (§ 43 StGB). Dabei entsprechen nach der Strafrechtsreform vom 26.7.2023 (in Kraft getreten am 1.2.2024) gem. § 43 Satz 2 zwei Tagessätze einem Tag Ersatzfreiheitsstrafe.⁵²⁶ Insoweit bleibt allerdings weiterhin problematisch, dass die Geldstrafe im schriftlichen Strafbefehlsverfahren angeordnet werden kann (s. 3.3.1) und ein erheblicher Teil der Adressaten damit (mitunter schon im Hinblick auf die Rechtsbehelfsbelehrung) überfordert ist.

Die Geldstrafe kann – anders als die Freiheitsstrafe – nicht zur Bewährung ausgesetzt werden. Faktisch zu ähnlichen Ergebnissen führt aber die *Verwarnung mit Strafvorbehalt* (§ 59 StGB). Hier wird der Täter nur schuldig gesprochen und eine Verwarnung erteilt, die Verhängung einer Geldstrafe von bis zu 180 Tagessätzen aber noch nicht ausgesprochen. Das Absehen von Strafe (§ 60 StGB) ist möglich, wenn die Folgen der Tat, die den Täter getroffen haben, so schwer sind, dass die Verhängung einer Strafe offensichtlich verfehlt wäre. 302

4.3.3 Auflagen, Nebenstrafen und Nebenfolgen

Die Verhängung von *gemeinnütziger Arbeit* (bzw. eines sozialen Trainingskurses) ist im Allgemeinen Strafrecht nicht als selbstständige Sanktion, sondern nur im Zusammenhang mit der vorläufigen Einstellung des Verfahrens gem. § 153a Abs. 1 S. 2 Nr. 3 (bzw. 6 im Rahmen eines sozialen Trainingskurses) StPO oder als Bewährungsauflage (gem. § 56bd Abs. 2 Nr. 3 StGB) bzw. dem Strafvorbehalt (im Rahmen eines sozialen Trainingskurses § 59a Abs. 2 Nr. 5 StGB) sowie nach Landesrecht (vgl. Art 293 EGStGB i.V.m. den Tilgungsverordnungen der Länder) als „Freie Arbeit" zum Zwecke der Vermeidung von Ersatzfreiheitsstrafen zulässig. Das Grundgesetz lässt Zwangsarbeit nach den Erfahrungen menschenverachtender Arbeitsstrafen im Faschismus gem. Art. 12 Abs. 3 GG als eigene Sanktion grundsätzlich nicht zu. 303

Gemeinnützige Arbeiten spielen im Kontext der Vermeidung der Vollstreckung von Ersatzfreiheitsstrafen eine große Rolle. Kann ein zu Geldstrafe verurteilter seine Geldstrafe nicht zahlen oder weigert er sich zu zahlen (der Gesetzgeber spricht in § 43 StGB von „uneinbringlicher Geldstrafe", siehe oben), dann tritt an deren Stelle grundsätzlich die Ersatzfreiheitsstrafe. Gerade das wollte das Gericht aber eigentlich nicht und nach § 47 StGB sollten kurze Freiheitsstrafen von unter sechs Monaten vermieden werden. Deshalb ermöglicht Art. 293 EGStGB in allen Bundesländern die *Abwendung der Vollstreckung der Ersatzfreiheitsstrafe* und Erbringung von Arbeitsleistungen.⁵²⁷ Um allen Befürchtungen einer Gleichsetzung mit Zwangsarbeit zu begegnen, formuliert der Art 304

---

525 § 40 Abs. 2 Satz 3 StGB, eingeführt durch das Gesetz zur Überarbeitung des Sanktionenrechts – Ersatzfreiheitsstrafe, Strafzumessung, Auflagen und Weisungen sowie Unterbringung in einer Entziehungsanstalt vom 26. Juli 2023, in Kraft seit dem 1.2.2024; BGBl 2023, Nr. 203 S. 1. Schon 1994 hatte das OLG Stuttgart (05.03.1993 - 2 Ss 60/93; NJW 1994, 745) entschieden, dass einem Sozialhilfeempfänger mehr als die Differenz zwischen tatsächlich gewährten Sozialleistungen und dem unerlässlichen Lebensbedarf nicht genommen werden darf. Der neu eingefügte Satz in § 40 Abs. 2 verdeutlicht dies nun; Fischer 2024 § 40 Rn 11a.
526 § 43 Satz 2 StGB; Gesetz zur Überarbeitung des Sanktionenrechts – Ersatzfreiheitsstrafe, Strafzumessung, Auflagen und Weisungen sowie Unterbringung in einer Entziehungsanstalt vom 26. Juli 2023, in Kraft seit dem 1.2.2024; BGBl 2023, Nr. 203 S. 1.
527 Auf den Beitrag der methodischen Sozialen Arbeit zum Angebot, zur Auswahl, Vermittlung, zur Durchführung und Begleitung solcher Arbeiten wird in Kapitel 6 noch eingegangen werden.

293 EGStGB, dass „die Vollstreckungsbehörde dem Verurteilten gestatten kann, die Vollstreckung einer Ersatzfreiheitsstrafe nach § 43 des Strafgesetzbuches durch freie Arbeit abzuwenden." Obwohl dies inzwischen Jahr für Jahr tausendfach geschieht, sind zurzeit regelmäßig etwa 10% aller Plätze im Strafvollzug mit Personen belegt, die eigentlich zu Geldstrafen verurteilt wurden – meist wegen Bagatellkriminalität. Im Durchschnitt des ersten Halbjahrs 2022 waren das 3.640 Personen in Haft. Mit der oben erwähnten Veränderung des Umrechnungsfaktors zwischen der Anzahl der Tagessätze und den Tagen der Ersatzfreiheitsstrafe dürfte sich diese Anzahl fast halbieren und somit etwa 1.800 weniger Gefangene im Strafvollzug einsitzen.

305 Das *Fahrverbot* nach § 44 StGB kann bis zu einer Dauer von sechs Monaten verhängt werden, vor allem wenn die Straftat bei oder im Zusammenhang mit einem Kfz begangen worden ist. Das Fahrverbot war bis August 2017 nur eine unselbstständige, aber repressive Nebenstrafe mit anschließender Rückgabe der Fahrerlaubnis. Durch das „Gesetz zur effektiveren und praxistauglicheren Ausgestaltung des Strafverfahrens" vom 17.8.2017[528] wurde die Ausweitung des Anwendungsbereichs des Fahrverbots auf Straftaten, die nicht in Zusammenhang mit einem Kfz stehen, beschlossen. Nach § 44 Abs. 1 Satz 2 StGB kommt nun, „auch wenn die Straftat nicht bei oder im Zusammenhang mit dem Führen eines Kraftfahrzeugs oder unter Verletzung der Pflichten eines Kraftfahrzeugführers begangen wurde, … die Anordnung eines Fahrverbots namentlich in Betracht, wenn sie zur Einwirkung auf den Täter oder zur Verteidigung der Rechtsordnung erforderlich erscheint oder hierdurch die Verhängung einer Freiheitsstrafe oder deren Vollstreckung vermieden werden kann". Im Hinblick auf die damit verbundenen (ungleichen) Konsequenzen, insb. im Hinblick auf die Berufsausübungsfreiheit, die Unterschiede zwischen städtischen- und ländlichen Regionen sowie mit Blick auf die fehlende empirische Begründung der ihr unterstellten Abschreckungsfunktion ist diese Gesetzesänderung höchst umstritten.

306 Im Unterschied zum Fahrverbot nach § 44 StGB erlischt bei der (präventiven) Maßregel der Entziehung der Fahrerlaubnis nach § 69 StGB diese mit Rechtskraft des Urteils, weshalb der Verurteilte nach Ablauf einer Sperrzeit (§ 69a StGB) eine neue Fahrerlaubnis erwerben muss.

307 Neben den Haupt- und Nebenstrafen sind schließlich die strafrechtlichen *Nebenfolgen* (§ 45 ff. StGB; vgl. auch §§ 73 ff. StGB) zu beachten. Strafrechtliche Verurteilungen können schließlich erhebliche *ausländerrechtliche Konsequenzen* nach sich ziehen, die für die nichtdeutschen Staatsangehörigen in ihrer Wirkung häufiger einschneidender sind als die strafrechtliche Sanktion.

308 Nicht zu den Kriminalstrafen gehören die *strafprozessualen Zwangsmittel* und trotz ihres materiellen Sanktionscharakters die mit Belastungen versehenen strafprozessualen Verfügungen, z.B. Geldauflage bei Einstellung des Verfahrens nach § 153 a StPO. Entsprechendes gilt für die sog. Erziehungsmaßregeln und Zuchtmittel des Jugendstrafrechts (§§ 9 ff. JGG; s.u. 5.3), die gelegentlich verniedlichend als „unechte" Strafen von den „echten" Kriminalstrafen unterschieden werden.

4.3.4 Maßregeln der Besserung und Sicherung

309 Die Maßregeln der Besserung und Sicherung nach §§ 61 ff. StGB sollen keine Sanktion für das begangene Unrecht darstellen, sondern präventiv künftige Gefahren für die

---

528 BGBl. 2017 I S. 3202, in Kraft getreten am 24.8.2017.

4.3 Sanktionsarten

Allgemeinheit verhindern. Sie gelten deshalb – unbeschadet davon, dass die Betroffenen sie selbst als Strafe erleben mögen – nicht als Strafen.[529] Das Strafgesetzbuch unterscheidet in § 61 StGB folgende Maßregeln der Besserung und Sicherung:[530]

1. die Unterbringung in einem psychiatrischen Krankenhaus (§ 63 StGB),
2. die Unterbringung in einer Entziehungsanstalt § 64 StGB),
3. die Unterbringung in der Sicherungsverwahrung (§§ 66 – 66c StGB),
4. die Führungsaufsicht (§§ 68 – 68g StGB),
5. die Entziehung der Fahrerlaubnis (§§ 69 – 69b StGB) und
6. das Berufsverbot (§§ 70 – 70b StGB).

Aufgrund der besonderen Relevanz für die Soziale Arbeit gehen wir hier auf die Sicherungsverwahrung und in 7.1.3 auf die Führungsaufsicht ein.

Besonders umstritten ist die – erstmals 1933 mit dem „Gesetz gegen gefährliche Gewohnheitsverbrecher" eingeführte – *Sicherungsverwahrung* (§§ 66 ff. StGB, § 7 JGG), die an die prognostizierte Gefährlichkeit des Straftäters anknüpft, welche sich zuvor bereits in einer besonders schweren Straftat realisiert haben muss. Deren nicht im Urteil vorbehaltene bzw. ausgesprochene, sondern nachträgliche Anordnung bzw. Verlängerung (§ 66b StGB) verstößt gegen Art. 5 und 7 EMRK, weil sie sich (bislang) in ihrer Vollstreckung nicht wesentlich von einer Strafsanktion unterscheidet.[531] Das BVerfG hat aber aufgrund entsprechender Vorlagen der Oberlandesgerichte die sofortige Freilassung der für gefährlich gehaltenen Inhaftierten durch Erlass einer einstweiligen Anordnung abgelehnt.[532] Insoweit geht es um die Abwägung widerstreitender Interessen, auf der einen Seite der Grundrechtsschutz von Inhaftierten, auf der anderen Seite der Schutz der Bevölkerung. Auch die EMRK lässt den Freiheitsentzug zur Sicherung vor „gefährlichen Menschen"[533] zu. Allerdings genügt eine reine Verlängerung der als Sanktion angeordneten Inhaftierung unter anderem Namen ohne substantielle Änderungen im Vollzug weder der EMRK noch dem GG. Der Gesetzgeber hatte deshalb im Dezember 2010 das Gesetz zur Sicherungsverwahrung beschlossen (in Kraft seit 1.1.2011), nach dem diese nur noch bei schweren Gewalttaten und Sexualstraftaten sowie bei Straftaten, die mit über zehn Jahren Haft geahndet werden, vollstreckt werden darf, wenn sie bereits durch das Tatgericht im Urteil angeordnet bzw. vorbehalten wurde. In seinem Urteil vom 4.5.2011[534] hat das BVerfG entschieden, dass alle Vorschriften des StGB und des JGG über die Anordnung und Dauer der Sicherungsverwahrung wegen Verletzung des Abstandsgebotes zwischen Strafe und Maßregel mit dem GG nicht vereinbar sind. Zudem verletzt eine nachträgliche Verlängerung bzw. Anordnung der Sicherungsverwahrung das rechtsstaatliche Vertrauensschutzgebot aus Art. 2 Abs. 2 Satz 2 in Verbindung mit Art. 20 Abs. 3 GG.[535] Sie durften deshalb

310

---

529 Anders im Sprachgebrauch aber EGMR 17.12.2009 – 19359/04.
530 Die durch die Große Strafrechtsreform 1969 als § 65 eingeführte Unterbringung in einer Sozialtherapeutischen Anstalt, dessen Inkrafttreten zunächst auf 1973, dann auf 1977 und 1985 verschoben wurde, erhielt nie Gesetzeskraft, denn er wurde 1984 nach einem Regierungswechsel durch Art 2 StVollzÄndG 1984 ersatzlos gestrichen. Sozialtherapie kann nun im Rahmen einer Freiheitsstrafe Vollstreckung angeboten werden. Näheres regeln die Landesstrafvollzugsgesetze; Lohner/Pecher 2014, 217; Schöch 1982 und Boetticher 2015.
531 EGMR Haidn vs. Germany – 6587 / 04 – 13.1.2011; M. vs. Germany – 19359 /04 – 17.12.2009.
532 30.6.2010 – 2 BvR 571 /10.
533 Hierzu Böllinger et al. 2010.
534 2 BvR 2365 / 09, 2 BvR 740 / 10.
535 S.o. 1.3: Rückwirkungsverbot.

in einer Übergangszeit bis zum 31.5.2013 und nur dann angewendet werden, wenn aufgrund konkreter Umstände in der Person oder dem Verhalten des Verurteilten davon auszugehen ist, dass von ihm die Gefahr schwerer Gewalt- oder Sexualstraftaten ausgeht. Die vorbehaltene Sicherungsverwahrung als solche verstößt nicht gegen das GG.[536] Zum 1.6.2013 trat das neue, das Abstandsgebot berücksichtigende Recht der Sicherungsverwahrung in Kraft,[537] mit dem insb. die Ausgestaltung der Unterbringung in der Sicherungsverwahrung und des vorhergehenden Strafvollzugs geändert wurde (§ 66c StGB). Seither ist grds. nur noch die im Urteil angeordnete bzw. vorbehaltene Sicherungsverwahrung zulässig (§§ 66, 66a StGB; Ausnahme § 66b StGB), wobei die Übergangsregelung des § 316e EGStGB zu beachten ist. Neben der in § 66 Abs. 1 StGB genannten Verurteilung zu einer Freiheitsstrafe von mindestens zwei Jahren wegen bestimmter Anlasstaten sowie den entsprechenden Vortaten bzw. Vorstrafen (beachte § 66 Abs. 4 StGB zu den Fristen) ist die Anordnung der Sicherungsverwahrung nur zulässig, wenn die Gesamtwürdigung des Täters und seiner Taten ergibt, dass der Verurteilte infolge eines „Hanges zu erheblichen Straftaten", namentlich zu solchen, durch welche die Opfer seelisch oder körperlich schwer geschädigt werden, zum Zeitpunkt der Verurteilung für die Allgemeinheit gefährlich ist. Dieser „Hang", vom BGH in ständiger Rspr. als „auf charakterliche Anlage beruhende oder durch Übung erworbene intensive Neigung zu Rechtsbrüchen",[538] ist allerdings prognostisch nicht hinreichend verlässlich festzustellen und deshalb als Voraussetzung des grds. unbefristeten Freiheitsentzuges höchst umstritten. Der Begriff selbst wird auch in modernen Sozial- und Verhaltenswissenschaften nicht mehr gebraucht und vermag kriminologisch nichts zu erklären. Im Hinblick auf alle Maßregeln der Besserung und Sicherung ist zudem nach § 62 StGB das Verhältnismäßigkeitsgebot strikt zu beachten. Nach Jugendstrafrecht darf Sicherungsverwahrung neben der Strafe nicht angeordnet werden, allerdings kann die Anordnung der Sicherungsverwahrung im Urteil vorbehalten werden (§§ 7, 109 JGG).

311 Im Hinblick auf die sog. Altfälle wurde neben der Übergangsregelung in § 316e EGStGB mit dem sog. *Therapieunterbringungsgesetz* (ThUG) die Möglichkeit geschaffen, Personen, die von zwei Gutachtern als „psychisch gestört" eingeschätzt wurden, bei anhaltender Gefahr in besonderen Anstalten gesichert unterzubringen.[539] Eine Unterbringung darf nur angeordnet werden, wenn eine „hochgradige Gefahr schwerster Gewalt- oder Sexualstraftaten aus konkreten Umständen in der Person oder dem Verhalten des Untergebrachten abzuleiten ist". Es ist Sache der Länder zu beurteilen, welche Einrichtungen hierfür in Betracht kommen.[540] Erstmalig wurde nun auch eine Regelung beschlossen, nach der die *elektronische Fußfessel* im Rahmen der Führungsaufsicht nach § 68b Abs. 1 Nr. 12 StGB, zur Überwachung von freigelassenen Sicherungsverwahrten eingesetzt werden darf.

4.4 Strafzumessung

312 Aus dem materiellen Schuldprinzip (2.1.3) folgt, dass die Schuld des Täters Grundlage für die Zumessung der Strafe ist (§ 46 Abs. 1 S. 1 StGB). Deshalb muss das Gericht zu-

---
536 BVerfG 20.6.2012 – 2 BvR 1048/11.
537 Hierzu Zimmermann 2013.
538 Fischer 2024 § 66 Rn 47.
539 Zu dessen verfassungsmäßiger Auslegung BVerfG 11.7.2013 – 2 BvR 2302/11.
540 ThUGVollzG v. om 6.11.2013, BW LT-Ds. 5/4301. Die Praxis lässt diese Möglichkeit völlig unbeachtet – man könnte auch sagen, dass es dafür keinerlei Bedarf gibt.

4.4 Strafzumessung

nächst im Einzelfall genau feststellen, welche Straftat oder -taten ein Beschuldigter begangen hat, welche Sanktion und welcher *Strafrahmen* hierfür unter Berücksichtigung minder oder besonders schwerer Fälle vorgesehen sind. Anders als im Jugendstrafrecht (vgl. unten 5.3) hat der Gesetzgeber im Allgemeinen Strafrecht für jedes Delikt im Voraus die Art sowie Unter- und Obergrenze der Strafe gesetzlich festgelegt. Das deutsche Strafrecht sieht mit Blick auf das Schuldprinzip aber davon ab, absolute (verbindliche) Strafandrohungen festzulegen. Die konkret verhängte Strafsanktion muss sich innerhalb des gesetzlich vorgegebenen, (im Hinblick auf die rechtsdogmatischen Feststellungen) Schuld angemessenen Strafrahmens bewegen, wobei nach § 46 Abs. 1 S. 2 StGB die Wirkungen, die von der Strafe für das künftige Leben des Täters in der Gesellschaft zu erwarten sind, berücksichtigt werden müssen. Darüber hinaus muss das Gericht sehr genau die in § 46 Abs. 2 StGB genannten Umstände, die für und gegen den Täter sprechen, gegeneinander abwägen.[541] Im Hinblick auf eine Strafmilderung wegen eines durchgeführten TOA nach § 46a StGB muss beachtet werden, dass dieser einen kommunikativen Prozess (nicht zwingend eine Mediation) voraussetzt (hierzu 6.3.2).[542]

Eine Strafe kann auch gemildert werden, wenn der Täter durch freiwillige Offenbarung seines Wissens wesentlich dazu beigetragen hat, dass schwere Straftaten (insb. nach dem BtMG) über seinen eigenen Tatbeitrag hinaus aufgedeckt und verhindert werden konnten (§ 46b StGB, § 31 BtMG; sog. *Kronzeugenregelung*).[543] Dies ist allerdings nach § 46b Abs. 3 StGB ausgeschlossen, wenn der Täter sein Wissen erst offenbart, nachdem die Eröffnung des Hauptverfahrens (§ 207 StPO) gegen ihn beschlossen worden ist (vgl. § 31 Satz 2 BtMG). Nach der Rechtsprechung des BGH geht im Rahmen der Strafzumessung grds. die Geld- der Freiheitsstrafe vor und die Aussetzung der Freiheitsstrafe zur Bewährung der unbedingten Freiheitsstrafe. Der Rechtsgüterschutz gebietet in der Regel keine Strafvollstreckung.[544]

An zahlreichen Stellen sind in Regelbeispielen typische Gründe formuliert, aus denen eine Strafmilderung (§§ 49, 213, 221 Abs. 4 § 224 Abs. 1 StGB), bzw. -schärfung (z.B. § 176 Abs. 3, § 177 Abs. 2, §§ 240 Abs. 4, 243, 263 Abs. 3 StGB) in Betracht kommt. Entgegen der begrifflichen Vorstellung handelt es sich bei der Festlegung der konkreten Sanktion nicht um eine exakte Strafzumessung, vielmehr ist diese sehr von regionalen Tradierungen sowie von persönlichen Einstellungen und Erfahrungen der Richter abhängig.[545] Zu Recht verzichtet man in Deutschland – anders als z.B. in manchen Staaten der USA („*three strikes and you are out*") – auf absolute Strafandrohungen, da sie dem Gericht eine Berücksichtigung von Unrecht und individueller Schuld nicht eröffnen.[546] Unterschiedliche Verurteilungen in gleich gelagerten Fällen werden von der Rechtsprechung hingenommen,[547] auch wenn dies von der Bevölkerung und den Verurteilten oft als ungerecht eingeschätzt wird. Bei den konkreten Entscheidungen spielen in der Praxis vor allem die Art und Schwere der Tat, die Vorstrafenbelastung des Täters, die Art und Schwere der bisher verhängten Sanktionen sowie die Schadens-

---

541 Zur Strafmilderung bzw. -verschärfung bei unter Alkoholeinfluss begangenen Taten s.o. 2.1.3.
542 BGH 7.12.2005 – 1 StR 287 / 05 – NStZ 2006, 275 f.
543 Zu den Absprachen im Hinblick auf die Rechtsfolge s.o. 3.3.2.
544 BGH 8.12.1970 – 1 StR 353/70 – NJW 1971, 439, 440.
545 Meier 2019, 165 ff.; Streng 2012, 233 ff.
546 BVerfG 20.3.2002 – 2 BvR 794/95.
547 Zu den Grenzen der vergleichenden Strafzumessung bei Tatbeteiligten BGH 1 StR 282/11 –28.6.2011 mit Anm. von Hörnle 2011, 511 ff.

höhe eine wesentliche Rolle. Kriminalpolitisch bedenklich ist, dass sich hierbei (insb. bei jungen Beschuldigten) ein Prozess der schrittweisen, gesetzlich aber nicht intendierten Sanktionseskalation insb. bei wiederholter Auffälligkeit feststellen lässt, die sich nicht aus der Steigerung des Handlungsunrechts und der Schuld begründet, sondern eine Eigendynamik entwickelt hat.[548] Freilich „hilft viel nicht immer viel", sondern entspringt zumeist dem Katastrophenrezept des „mehr desselben, nämlich nichts".[549] Zur Sanktionswirklichkeit vgl. die laufend aktualisierten Angaben im Konstanzer Inventar Sanktionsforschung.[550]

4.5 Gnadenrecht

315 Während es sowohl im materiellen Strafrecht als auch im Strafprozessrecht um Einzelfallgerechtigkeit und Gleichbehandlung durch Rechtsstaatlichkeit und Rechtsförmigkeit geht, stellt der Gnadenweg einerseits eine Ausnahme dar, andererseits aber auch ein (immer wieder umstrittenes) Korrektiv. Deutschland kennt heute zwei Wege der *Begnadigung*, die einen gemeinsamen historischen Ursprung im Gnadenrecht des Souveräns in der Monarchie haben, aber begrifflich und rechtlich streng zu unterscheiden sind: Die Begnadigung und die Amnestie.[551] „Das Begnadigungsrecht, wie es das Grundgesetz in Art. 60 Abs. 2 kennt, besteht in der Befugnis, im Einzelfall eine rechtskräftig erkannte Strafe ganz oder teilweise zu erlassen, sie umzuwandeln oder ihre Vollstreckung auszusetzen. Es eröffnet die Möglichkeit, eine im Rechtsweg zustande gekommene und im Rechtsweg nicht mehr zu ändernde Entscheidung auf einen ‚anderen', ‚besonderen' Weg zu korrigieren."[552]

316 Im Unterschied dazu will die *Amnestie* im modernen demokratischen Rechtsstaat die Korrektur des Rechts selbst, nicht eine Gnade, die dem Recht vorgeht. Deshalb ist eine solche allgemeine Amnestie nicht mehr als Gnadenerweis des Staatsoberhaupts ausgestaltet, sondern kann nur durch ein formelles Gesetz gewährt werden.[553] „Während anhängige Verfahren wegen der fehlenden Rechtskraft gerade nicht im Gnadenwege niedergeschlagen werden können, ist die Straffreiheit der Amnestie nicht auf rechtskräftig abgeurteilte Fälle beschränkt, sondern kann sich auf anhängige Verfahren sowie auf Taten erstrecken, die noch gar nicht zu einem Verfahren geführt haben."[554] Eine Niederschlagung „eines noch laufenden Ermittlungs- oder Strafverfahrens im Gnadenwege gibt es aus verfassungsrechtlichen Gründen nicht".[555]

317 Begnadigungen erfolgen immer im Einzelfall mit einer entsprechenden Einzelfallprüfung. Eine Amnestie für mehrere Fälle bedarf immer eines Gesetzes, so zum Beispiel die Straffreiheitsgesetze von 1949 und 1954. Begrifflich ist einige Verwirrung entstanden durch die sogenannten *Weihnachtsamnestien*, die gerade keine Amnestien durch den Gesetzgeber sind, sondern Begnadigungen nach Einzelfallprüfungen durch den Inhaber des Gnadenrechtes oder die damit beauftragte Landesbehörde. Soweit also

---

548 Heinz 2012; Walter/Neubacher 2011, 340 Rn 570 ff.
549 Watzlawick 1985, 27.
550 www.uni-konstanz.de/rtf/kis.
551 Birkhoff/Lemke 2012, 17 f.; Schätzler 1992, 16 f.
552 BVerfG 23.4.1969 – 2 BvR 552/63 – E 25, 352 f.
553 BVerfG 22.4.1953 – 1 BvL 18/52 – E 2, 213, 219 in der Entscheidung vom 22.4.1953 zum Straffreiheitsgesetz vom 31.12.1949; zustimmend dazu Fischer 2001, 21; zur Unterscheidung von Amnestie und Begnadigung auch Gebhardt 2018, 561.
554 Cornel 2001, 26.
555 Kruppke/Rogge 2023, 589; Gebhardt 2018, 563.

4.5 Gnadenrecht

durch diese sogenannten Weihnachtsamnestien Gefangene, deren errechnetes Strafende zwischen Mitte November oder Dezember und Mitte Januar liegt, bereits Anfang oder Ende November aus der Justizvollzugsanstalt entlassen werden, damit sie sich außerhalb der Anstalt auf Weihnachten und den Jahreswechsel in Freiheit vorbereiten können und das Anstaltspersonal über die Feiertage entlastet wird, dann handelt es sich dabei um Gnadenerweise nach Einzelentscheidungen und diese werden in der Strafvollzugsstatistik auch entsprechend ausgewiesen.[556]

Das Begnadigungsrecht steht weder eindeutig der Legislative, noch der Judikative zu.[557] Fischer unterscheidet die sogenannte Jubel-Amnestie, die Schlussstrich-Amnestie, die Befriedungs-Amnestie und die Rechtskorrektur-Amnestie.[558] „Historisch gesehen und der Sache nach gehören Gnade und Amnestie zusammen. Der Souverän konnte einzelne begnadigen, aber auch Straffreiheit und Strafmilderung (Amnestie) für alle verfügen. Im demokratischen Rechtsstaat liegt es nicht mehr in der Hand eines Einzelnen, generelle Straffreiheit zu gewähren."[559] Gnadenerweise und Amnestien wurden in der Geschichte regelmäßig als Demonstration von Macht und Herrschaft benutzt – der strenge und oft rücksichtslos brutale Herrscher zeigte seine Macht, indem er zu besonderen Anlässen (beispielsweise seinem Geburtstag) einzelne Personen begnadigte. Immanuel Kant nannte das Begnadigungsrecht zur Straferlassung oder Strafmilderung deshalb das „schlüpfrigste Recht des Souveräns".[560]

318

Auch die ersten Aussetzungen von Strafen zur Bewährung – zum Beispiel in Preußen 1825 – erfolgten auf dem Gnadenwege.[561] Im Gegensatz zur Weimarer Republik gab es bisher in der Bundesrepublik Deutschland nur wenige *Amnestiegesetze*, zuletzt das Straffreiheitsgesetz vom 20.5.1970 nach der Liberalisierung des Demonstrationsrechts. Quantitativ wesentlich größere Bedeutung hatten das Straffreiheitsgesetz vom 31.12.1949[562] und das Straffreiheitsgesetz vom 17.7.1954,[563] durch das Straftaten und Ordnungswidrigkeiten, die vor dem 1.1.1953 begangen wurden, „weil sich der Täter infolge der Kriegs- oder Nachkriegszeit in einer unverschuldeten Notlage befunden hat oder weil er einer solchen Notlage anderer abhelfen wollte".[564]

319

---

556 Birkhoff/Lemke 2012, 20 und 175 ff.
557 Fischer 2001, 22; Birkhoff/Lemke 2012, 42-45.
558 Fischer 2001, 24.
559 Schätzler 1992, 2.
560 Kant 1968b, 337.
561 Cornel 1984, 51 und ‚Verfügung des Preußischen Ministeriums über die Aufnahme jugendlicher Verbrecher in die an einigen Orten bestehenden Anstalten zur Erziehung und Besserung verwahrloster Kinder'. Vor der Installierung des § 57a mit der Möglichkeit der Aussetzung von Strafresten zur Bewährung für lebenslange Freiheitsstrafen wurden in seltenen Fällen diese Gefangenen auf dem Weg der Gnade vorzeitig entlassen.
562 BGBl 1949, 37, eines der ersten Gesetze der Bundesrepublik Deutschland überhaupt.
563 BGBl 1954, 203.
564 § 3 des Straffreiheitsgesetzes 1954, BGBl 1954, 203. Mehr als eine Million Personen, viele nationalsozialistische Täter (sogenannte Mitläufer), aber auch Händler des Schwarzmarktes und wegen kleiner Diebstähle Verurteilte und Beschuldigte profitierten von diesen Amnestiegesetzen, deren erklärtes Ziel es unter anderem war, die Entnazifizierungspolitik der Alliierten zu beenden. Die Straffreiheitsgesetze von 1949 und 1954 sprechen regelmäßig vom „Zusammenbruch", nicht etwa von Befreiung vom Nationalsozialismus (BGBl 1954 I, 203) und von den „besonderen politischen Verhältnissen der letzten Jahre" (BGBl 1949, 38). Gemäß § 9 i.V.m. § 6 des Straffreiheitsgesetzes von 1954 konnten sogar Täter*innen von Tötungsdelikten von der Amnestie profitieren (BGBl 1954, 204 f.). Dazu gab es zu jener Zeit viele Begnadigungen von Kriegsverbrechern, die in den Nürnberger Prozessen verurteilt worden waren (Cornel 2001, 27; Frei 1996, 484).

4. STRAFRECHTLICHE SANKTIONEN

320 Grundsätzlich kommen alle Gnadenentscheidungen gegenüber Entscheidungen der Staatsanwaltschaften als Strafvollstreckungsbehörden und Gerichte nachrangig – wer also einen Antrag auf Strafrestaussetzung gem. § 57 StGB oder Zurückstellung der Strafvollstreckung gem. §§ 35 ff. BtMG oder *Zahlungserleichterung* bei der Vollstreckung von Geldstrafen stellen kann, der muss zunächst dies tun, für Gnadenentscheidungen ist dann noch kein Raum.[565]

321 *Träger des Begnadigungsrechts* sind der/die Bundespräsident*in sowie meist die Ministerpräsident*innen mit ihren Gnadenbehörden. Die Zuständigkeit erfolgt nach § 452 stopp. Dem Bund steht das Begnadigungsrecht nur in den Sachen zu, in denen die Gerichtsbarkeit des Bundes entschieden hat. Gemäß Art. 60 Abs. 2 GG ist der/die Bundespräsident*in auf Bundesebene Gnadenbehörde. Auch bei Staatsschutzsachen hat der Bund das Begnadigungsrecht.

322 Ansonsten liegt das Gnadenrecht bei den Ländern. Diese haben gemäß ihren Landesverfassungen das Gnadenrecht an den Ministerpräsident*innen oder den Senat übertragen, die regelmäßig wiederum Gnadenordnungen erlassen haben, die Aufgaben auf einzelne Landesbehörden übertragen. Im Saarland, in Berlin, Bremen und Hamburg ist die gesamte Landesregierung bzw. der Senat für das Begnadigungsrecht zuständig, in allen anderen Bundesländern der Ministerpräsident oder die Ministerpräsidentin, die diese Zuständigkeit aber regelmäßig für die Strafsachen auf die Justizverwaltungen übertragen.

323 § 10 der Gnadenordnung Berlins beispielsweise sieht zur Vorbereitung der Gnadenentschließung die Anhörung weiterer Stellen neben der Vollzugsanstalt und dem Gericht vor und nennt dabei unter anderem die Bewährungshilfe, Gerichtshilfe, die Führungsaufsichtsstelle und die Jugendgerichtshilfe. Das *Gnadenverfahren* beginnt in der Regel mit dem Gnadengesuch – sehr selten nur von Amts wegen.[566] Das Bundesverfassungsgericht hat in seiner Entscheidung von 1969 festgestellt, dass das Grundgesetz durch die Übernahme des Begnadigungsrechtes dem Gnadenträger eine Gestaltungsmacht besonderer Art verliehen hat und dass deshalb die Rechtsweggarantie des Art. 19 Abs. 4 GG nicht gilt.[567] Das Bundesverfassungsgericht sieht Gnadenakte als gerichtlich nicht überprüfbare Hoheitsakte an, da es sich um außergerichtliche Entscheidungen handele.[568] Das bedeutet allerdings nicht, dass Gnadenakte willkürlich behandelt werden dürften. Wird beispielsweise bei einer sogenannten Weihnachtsamnestie einer von 100 absolut gleich gelagerten Fällen ohne jeglichen Grund anders behandelt, so ist dieses Verwaltungshandeln durchaus rechtlich angreifbar. Auch der Widerruf einer Begnadigung ist gerichtlich überprüfbar, denn er greift in Freiheitsrechte des Begnadigten ein.[569]

324 Im Ergebnis kann der Gnadenerweis beispielsweise zu einer Aussetzung der Freiheitsstrafe zur Bewährung[570] aber auch zu einem sofortigen vollständigen Straferlass führen. Gnadenentscheidungen sind immer kostenfrei. Gegen eine ablehnende Entschei-

---

565 So auch Gebhardt 2018, 564.
566 Birkhoff/Lemke 2012, 46 ff.
567 BVerfG 23.4.1969 – 2 BvR 552/63 – E 25,352, 352 f.
568 BVerfG 23.4.1969 – 2 BvR 552/63 – E 25, 352; auch zustimmend Schätzler 1992, 126-131; kritisch Birkhoff/Lemke 2012, 143-174.
569 BVerfG 12.1.1971 – 2 BvR 520/70 – E 30, 108 so auch Kruppke/Rogge 2023, 595; Fischer 2001, 22 und Schätzler 1992, 131.
570 Dann muss eine Bewährungszeit bestimmt und es können Auflagen und Weisungen erteilt werden; Birkhoff/ Lemke 2012, 111 ff.: Gebhardt 2018, 565.

4.5 Gnadenrecht

dung kann die sogenannte Gnadenbeschwerde eingelegt werden und in den meisten Bundesländern können immer wieder neue Gnadengesuche gestellt werden.[571]

Es gibt keine amtliche bundeseinheitliche *Gnadenstatistik* – immerhin werden in der Strafvollzugsstatistik/Gefangenenbestandszahlen jeweils auch die Abgänge auf dem Weg der Gnade ausgewiesen. Bundesweit wurden 2021 923 Gefangene auf dem Gnadenwege vorzeitig entlassen – davon 98,9% in den Monaten Oktober bis Dezember als so genannte Weihnachtsamnestie.[572] In den Monaten Januar bis September 2021 gab es bundesweit nie mehr als drei Gnadenerweise. . Die Anzahl der Gnadenverfahren bei den Staatsanwaltschaften ist nach Angabe von Kruppke und Rogge zwischen 2007 und 2020 von 18.345 auf 10.336 zurückgegangen.[573] In diesen Daten sind allerdings die Gnadenerweise enthalten, durch die einige Bundesländer (z.B. Bayern) die ‚Gestattung der Abwendung der Vollstreckung von Ersatzfreiheitsstrafen durch Leistung gemeinnütziger Arbeit organisieren. Die meisten anderen Bundesländer zählen dies nicht als Gnadenerweise. In den allermeisten dieser Fälle gelangen die Verurteilten überhaupt nicht in den Strafvollzug und werden deshalb auch nicht als vorzeitig auf dem Gnadenweg entlassen gezählt.

Die Bundesländer unterscheiden sich hinsichtlich ihrer Begnadigungspraxis ganz erheblich, so wie auch die Strafrestaussetzungen durch die Strafvollstreckungskammern von Bundesland zu Bundesland unterschiedlich sind.[574] Die starken Unterschiede in der gnadenweise gewährten Reststrafenaussetzung zwischen den Bundesländern thematisierte Meier bereits im Jahr 2000.[575]

Auch wenn das nur ein verhältnismäßig kleines Aufgabengebiet Sozialer Arbeit dargestellt, so sei doch darauf hingewiesen, dass die *Gnadenbehörden*, die einzelfallbezogen die Begnadigungsfälle bearbeiten, neben strafrechtswissenschaftlicher auch sozialwissenschaftlicher Fachlichkeit bedürfen und gegebenenfalls in der Lage sein sollten, auf solche Kompetenzen zurückgreifen zu können. Der Diskussionsentwurf für eine Landesresozialisierung formuliert in § 29 als eigene Hilfeart die Hilfe zur Vorbereitung von Gnadenentscheidungen.[576]

---

571 Gebhardt 2018, 566.
572 Eigene Berechnungen auf Basis der monatlichen Gefangenenbestandszahlen; Bestand der Gefangenen und Verwahrten in den Justizvollzugsanstalten nach ihrer Unterbringung auf Haftplätze des geschlossenen und offenen Vollzugs 2021„ herausgegeben vom Statistischen Bundesamt, Wiesbaden 2022, 9.2021.
573 Kruppke/Rogge 2023, 595.
574 Cornel 2013, 31 und 34 ff.
575 Meier 2000, 180.
576 Cornel et al. 2015, 23 und 100.

5. Jugendstrafrecht

5.1 Grundsätzliches

328 Die Besonderheiten des Jugendstrafrechts[577] betreffen nicht die Straftatbestände, sondern vor allem die spezifische Rechtsfolgenentscheidung sowie das besondere Jugendstrafverfahren (vgl. §§ 1 Abs. 1, § 2 Abs. 1 JGG). Ob sich jemand eines Diebstahls, einer Sachbeschädigung oder eines anderen Delikts strafbar gemacht hat, richtet sich also nach dem materiellen Strafrecht, insb. dem StGB. Jugendstrafrecht ist deshalb ungeachtet seiner Besonderheiten und der Verschränkungen insb. mit dem Jugendhilferecht zunächst einmal Strafrecht.

329 Das Jugendstrafrecht gilt nach § 1 Abs. 1 JGG für alle Straftaten Jugendlicher und Heranwachsender. *Jugendlicher* ist nach § 1 Abs. 2 S. 1 JGG, wer zur Zeit der Tat 14, aber noch nicht 18 Jahre alt ist. *Heranwachsender* ist, wer zu Zeit der Tat 18, aber noch nicht 21 Jahre alt ist (§ 1 Abs. 2 S. 2 JGG). Das Jugendstrafrecht findet bei diesen Personen Anwendung, wenn sie zur Zeit der Tat in ihrer Persönlichkeitsentwicklung einem Jugendlichen gleichstanden (§ 105 Abs. 1 Nr. 1 JGG) oder die Tat nach ihrer Art, den Umständen oder den Beweggründen als Jugendverfehlung angesehen werden kann (§ 105 Abs. 1 Nr. 2 JGG).

330 Entgegen einer verbreiteten Laienmeinung ist man mit Überschreiten der *Altersgrenze* von 14 Jahren nicht automatisch „strafmündig". Ein Jugendlicher ist nach *§ 3 S. 1 JGG* strafrechtlich nur dann verantwortlich, wenn er zur Zeit der Tat emotional und kognitiv in der Lage war, das Unrecht der Tat einzusehen (Einsichtsfähigkeit), und darüber hinaus auch fähig war, nach dieser Einsicht zu handeln (Steuerungsfähigkeit). Das Jugendgericht hat dies nach § 3 JGG in jedem Einzelfall zu prüfen und explizit festzustellen. Hierbei ist – auch nach einem entsprechenden Hinweis durch das Jugendamt (§ 52 Abs. 1 SGB VIII) – mitunter ein Sachverständiger hinzuzuziehen. Es gibt insoweit kein Regel-Ausnahme-Verhältnis. Es muss für jeden Fall geprüft werden, ob die strafrechtliche Verantwortungsreife gegeben oder nicht gegeben ist. Im Unterschied zur Schuldunfähigkeit nach § 20 StGB, die Personen jeden Alters betreffen kann, handelt es sich bei der fehlenden Reife nach § 3 JGG nicht um einen krankheitsbedingten Ausschluss der Verantwortlichkeit, sondern um Mängel im Prozess der Reifeentwicklung, um eine Entwicklungsverzögerung, die zumindest potenziell noch ausgeglichen werden kann.[578]

331 Das Jugendstrafrecht ist weniger tat-, denn stärker personenorientiert als das Allgemeine Strafrecht. So können z.B. nach § 5 Abs. 1 JGG Erziehungsmaßregeln „aus Anlass" der Straftat angeordnet werden, das „ob" und „wie" richtet sich grds. nicht nach dem Tatunrecht, sondern nach der Person des jungen Menschen. *Ziel des Jugendstrafrechts* ist nicht die Ahndung der Tat (diese ist nur der Anlass für die strafrechtliche Intervention), sondern es geht um Rückfallverhinderung (§ 2 Abs. 1 Satz 1 JGG) und

---

[577] JGG in der Fassung der Bekanntmachung vom 11.12.1974 (BGBl. I S. 3427). Das JGG wurde durch das „Gesetz zur Stärkung der Verfahrensrechte von Beschuldigten im Jugendstrafverfahren" (2019) und durch das „Gesetz zur Bekämpfung sexualisierter Gewalt gegen Kinder" (in Kraft seit 1.1.2022) geändert. Letzte Änderungen wurden am JGG vorgenommen durch Art. 21 des Gesetzes zur Fortentwicklung der StPO vom 25.06.2021 (BGBl. I S. 2099) und (in § 34 JGG) durch Art. 15 des Gesetzes zur Reform des Vormundschafts- und Betreuungsrechts vom 4.5.2021 (BGBl. I S. 882), welche erst zum 1.1.2023 in Kraft traten. Ausführlich zum Jugendstrafrecht Ostendorf/Drenkhahn 2022; Streng 2024.

[578] Streng 1997, 382; Trenczek/Schmoll 2024, Kap. 3.3.1.2.1; zur psychosoziale Diagnose der Jugendhilfe im Jugendstrafverfahren Trenczek 2010, 256 f.

5.1 Grundsätzliches

(Re)Integration des jungen Menschen. Vergeltung, Sühne und Generalprävention dürfen keine Bedeutung erlangen.[579] Der sog. *Erziehungsgedanke* (vgl. § 2 Abs. 1 Satz 2 JGG) soll strafrechtliche Orientierungen begrenzen und so zu einer Besserstellung straffällig gewordener junger Menschen beitragen.[580] Es geht allerdings – anders als beim Erziehungsziel des § 1 SGB VIII – nicht um Erziehung im pädagogischen Sinne, sondern um die Verhinderung von künftigen strafrechtlichen Auffälligkeiten (vgl. § 2 Abs 1 JGG). Der Erziehungsgedanke des JGG ist eine besondere Ausformung des Verhältnismäßigkeitsgebots, es unterstreicht die *Subsidiarität der (jugend-)strafrechtlichen Sozialkontrolle*[581] und erlaubt, ja fordert eine Durchbrechung des Strafdenkens. Das Jugendstrafrecht trägt „der Erkenntnis Rechnung, dass informelle Erledigungen als kostengünstigere, schnellere und humanere Möglichkeiten der Bewältigung von Jugenddelinquenz auch kriminalpolitisch im Hinblick auf Prävention und Rückfallvermeidung wirksamer sind".[582]

Bei der Kontrolle von deviantem Verhalten junger Menschen sind deshalb nicht nur die (jugend-)strafrechtlichen Bestimmungen, sondern auch die Regelungen des Jugendhilferechts zu beachten. Man spricht insoweit von einem doppelten Bezugsrahmen bzw. der *Zweispurigkeit der jugendrechtlichen Sozialkontrolle*, einerseits Jugendstraf-, andererseits Jugendhilferecht, die beide jeweils unterschiedlichen Grundsätzen, Logiken und Handlungsprogrammen folgen (hierzu 7.2 und Abbildung 30).[583] In diesem Zusammenhang ist von Bedeutung, dass das JA nach § 52 SGB VIII die Aufgabe hat, im Verfahren nach dem JGG mitzuwirken (s. Kap. 7.2).

332

Ungeachtet der Neu-Bekanntmachung von 1974 und der seitdem vorgenommenen Änderungen (s.o.) gleicht das JGG in Inhalt und Struktur noch weitgehend seinen historischen Vorläufern von 1923/1953.[584] Das JGG 1923 war historisch gesehen ein Meilenstein, allerdings auch ein zeitgemäßer Kompromiss. Andererseits ist das JGG in den vergangenen 100 Jahren in keinem Bereich grundsätzlich reformiert oder gar als einem am Kindeswohl orientierten Jugendrecht[585] konzipiert worden.[586] Auch in der Terminologie (z.B. „Zuchtmittel", „Schädliche Neigungen", Jugendgerichtshilfe"[587]) gründet das JGG immer noch auf vor-konstitutionellem Recht.

333

---

579 BGH 11.11.1960 – 4 StR 387/60 – E 15, 224.
580 Hierzu Cornel 2018d; Heinz 2019, 101; Pieplow 1989 ("Erziehung als Chiffre"); Trenczek 1996, 39 ff; Trenczek/Schmoll 2024, Kap. 3.3.2 m.w.N.
581 Trenczek 1993.
582 BT-Drs. 11/5829, 11.
583 Ausführlich Trenczek/Schmoll 2024, Kap. 3.1; vgl.Trenczek 1996 und 2010a;
584 Die Entwicklung des Jugendstrafrechts ist zwar zum einen stark an das allgemeine Strafrecht angelegt (Kuhli/Papenfuß 2024), andererseits kann die Entstehungsgeschichte des JGG nicht losgelöst von den Regelungen des Jugendwohlfahrtsrechts verstanden werden, weil mit der Verabschiedung des RJGG 1923 und des RJWG 1922 nach einer langen und kontroversen Diskussion das „Projekt eines Reichserziehungs- oder Reichsjugendgesetzes" aufgegeben wurde (zur historischen Entwicklung s. Trenczek/Schmoll 2024, 2.4.1).
585 Vgl. UN-Übereinkommen über die Rechte des Kindes des UN-Ausschuss für die Rechte des Kindes CRC/C/GC/24 v. 18.09.2019, Allgemeine Bemerkung Nr. 24 (2019) über die Rechte des Kindes in der Jugendgerichtsbarkeit, abgedruckt in ZJJ 4/2023, 368 ff.
586 Wiesner 2023, 110.
587 § 38 JGG suggeriert (fälschlich) unverändert und in der Terminologie „Jugendgerichtshilfe" bezeichnend das traditionelle Verständnis eines justizdienenden Sozialdienstes, während die Neuordnung des Kinder- und Jugendhilferechts im Jahre 1990 im SGB VIII zu einem grundlegend anderen Verständnis der Aufgaben des Jugendamts im Strafverfahren geführt haben (Trenczek/Schmoll 2024, Kap. 2.4.1; Wiesner 2023, 110).

5.2 Besonderheiten des Verfahrens im Jugendstrafrecht

334 Im Jugendstrafrecht gelten zahlreiche Besonderheiten gegenüber dem allgemeinen Strafverfahren. So ist z.B. das *Klageerzwingungsverfahren* (§ 172 StPO) nach Entscheidungen aufgrund § 45 JGG – anders als bei einer Einstellung nach § 170 Abs. 2 StPO – unzulässig. Bei Jugendlichen (anders bei Heranwachsenden) ist eine *Privatklage* gem. § 80 Abs. 1 JGG nicht und die *Nebenklage* nach § 80 Abs. 3 JGG nur eingeschränkt bei Verbrechen mit schweren (seelischen oder körperlichen) Folgen zulässig. Im Verfahren gegen Jugendliche (nicht bei Heranwachsenden) ist auch das sog. *Adhäsionsverfahren* (§§ 403 StPO), in dem zivilrechtliche Schadensersatzansprüche gleichzeitig entschieden werden könnten, nach § 81 JGG ausgeschlossen. Gewarnt werden muss vor den Versuchen, mit denen die Schutzinteressen des jungen Menschen mit den berechtigten Schutzinteressen der Opfer gegeneinander ausgespielt werden.[588] Stattdessen stehen im Jugendverfahren erweiterte Möglichkeiten für Wiedergutmachungsleistungen und einen Täter-Opfer-Ausgleich zur Verfügung (insb. § 45 Abs. 2 S. 2 JGG; zu den Grundlagen einer „restorative justice" s. 6.3).

335 Bei der *Vernehmung* eines Jugendlichen als Beschuldigten und auch sonst im gesamten Verfahren haben die *gesetzlichen Vertreter und Erziehungsberechtigten* ein Anwesenheitsrecht und im Übrigen wie die/der minderjährige Beschuldigte ein Anhörungs-, Frage – und Antragsrecht sowie das Recht zur Einlegung von Rechtsbehelfen (Art. 6 Abs. 2 GG; § 67 Abs. 1 JGG; vgl. PDV 382, 3.6.4 und 3.6.5). Ausnahmen sind nur in engen Grenzen des § 51 Abs. 2 JGG zulässig.[589] Mit dem Anwesenheitsrecht korrespondiert eine Benachrichtigungspflicht der Polizei und der StA bzw. des Gerichts vor der Vernehmung.[590]

336 Im Ermittlungsverfahren gegen einen Jugendlichen oder Heranwachsenden sollen so bald wie möglich alle Umstände ermittelt werden, die zur Beurteilung der Persönlichkeit dienen können (§§ 43, 109 Abs. 1 S. 1 JGG). Soweit die Justiz das JA um Unterstützung bittet, ist darauf hinzuweisen, dass aufgrund des sozialrechtlichen Zweckbindungsprinzips das JA Daten nur insoweit erheben darf, als dies zur Erledigung ihrer Jugendhilfeaufgaben erforderlich ist (§§ 61 ff. SGB VIII). § 43 JGG richtet sich nur an die Justiz, nicht an das JA.[591] Darüber hinaus muss sowohl von der Justiz als auch vom JA im Hinblick auf die sog. *Persönlichkeitserforschung* wie bei den Ermittlungen insgesamt das Verhältnismäßigkeitsgebot im Hinblick auf den Vorrang der informellen Verfahrenserledigung besonders berücksichtigt werden.

337 Im Jugendstrafrecht werden die Strafverfahren überwiegend informell, also ohne gerichtliche Verurteilung beendet. Der Verfolgungszwang (Legalitätsgrundsatz) ist sehr weit zugunsten der *Diversion* eingeschränkt. Neben den allgemeinen Einstellungsmöglichkeiten nach § 153 StPO gibt es insb. in den §§ 45, 47 JGG differenzierte Möglichkeiten der informellen Verfahrenserledigung (Abbildung 26). Hinzuweisen ist darauf,

---

[588] Zur Rolle der Kriminalitätsopfer im Jugendstrafverfahren Höynck 2005; Hüls 2005; Zapf 2012.
[589] BVerfG ZJJ 2003, 68.
[590] Eisenberg/Kölbel 2023 § 67 Rn 11a; Ostendorf/Sommerfeld 2021 § 67 Rn 8; Brunner/Dölling 2022 § 67 Rn 18.
[591] Insoweit ist vorweg (ausführlich s. 7.2) auch darauf hinzuweisen, dass die Mitwirkung des Jugendamts ungeachtet des im JGG verwendeten Begriffs „Jugendgerichtshilfe" lediglich eine gesetzlich geregelte Aufgabe („Mitwirkung des Jugendamts im jugendgerichtlichen Verfahren") darstellt und – anders als die Bewährungshilfe (§ 56d StGB) und Gerichtshilfe (§ 160 Abs. 3 S. 2 StPO) – kein Dienst, dessen sich die StA „bedienen" kann oder der Strafjustiz weisungsunterworfen wäre (Münder et al./Trenczek 2022 § 52 Rn 7; ausführlich Trenczek/Schmoll 2024).

5.2 Besonderheiten des Verfahrens im Jugendstrafrecht

dass die Diversion im Jugendstrafverfahren auch bei Verbrechenstatbeständen (§ 12 Abs. 1 StGB) grds. nicht ausgeschlossen ist (Ausnahme nur § 45 Abs. 1, § 47 Abs. 1 S. 1 Nr. 1 JGG). Darüber hinaus wird ein Geständnis des jugendlichen Beschuldigten nur im Fall des § 45 Abs. 3 JGG vorausgesetzt. Nach § 45 Abs. 2 S. 2 JGG steht einer erzieherischen Maßnahme das Bemühen des Jugendlichen um einen Ausgleich gleich. Nach h.M. kann der StA auch selbst die Voraussetzungen für ein Absehen von der Verfolgung nach § 45 Abs. 2 JGG schaffen (str. „Richter vor dem Richter") – allerdings haben Interventionen aus dem unmittelbaren Lebensumfeld Vorrang, z.B. in der Familie, in der Schule[592] oder am Arbeitsplatz.[593] Zudem muss beachtet werden, dass bei Minderjährigen alle über die justizielle Non-Intervention (§ 45 Abs. 1 JGG) hinausreichende Diversionsmaßnahmen nur mit Zustimmung der Eltern zulässig sind, weil und sofern deren Elternrecht aus Art. 6 Abs. 2 GG betroffen ist.[594] In Hinblick auf das „Schaffen" (Herbeiführen) der Einstellungsvoraussetzungen durch die StA müssen im Hinblick auf den Richtervorbehalt (vgl. insb. Art. 104 GG, s. 3.2) bzgl. Sanktionen enge rechtsstaatliche Grenzen eingehalten werden. Unproblematisch ist insoweit noch ein (informelles) Ermahnungsgespräch der StA mit dem Einverständnis der Eltern oder die gesetzlich geregelte Anregung, sich um einen Ausgleich mit dem Verletzten zu bemühen (45 Abs. 2 S. 2 JGG). Andere Maßnahmen, insb. „freiwillige" Geldzahlungen oder Arbeitsleistungen, darf die StA aber entgegen einer weitverbreiteten Praxis nicht zur Voraussetzung machen![595] Letztere kann die StA nach § 45 Abs. 3 JGG nur gegenüber dem Gericht anregen.

Neben den frühzeitigen Möglichkeiten der Verfahrenseinstellung vor Erhebung der Anklage hat das sog. *formlose richterliche Erziehungsverfahren* nach § 45 Abs. 3 JGG heute an Bedeutung verloren, wenngleich diese dritte Stufe der Diversion bei jungen Menschen besonders sinnvoll sein kann, denn es ermöglicht eine tatnahe Reaktion durch das Gericht, eine unmittelbare Kommunikation zwischen Jugendrichter*in und jungen Beschuldigten bei relativ geringerem personellem und verfahrensmäßigem Aufwand der Justiz. Darüber hinaus kann das Jugendgericht das Verfahren nach § 47 Abs. 1 JGG auch noch in der Hauptverhandlung und sogar in einer Berufung oder Revision informell beenden.

338

Für die Frage, ob angemessene *erzieherische Reaktionen im sozialen Umfeld* der Jugendlichen erfolgt sind oder sich entsprechende Möglichkeiten eröffnen, kommt dem Jugendamt im Rahmen seiner Mitwirkung eine entscheidende Bedeutung zu.[596] § 52 Abs. 2 SGB VIII verpflichtet das JA frühzeitig (d.h. vor einer Anklage!) zu prüfen, ob und welche Leistungen für den Jugendlichen bzw. jungen Volljährigen in Betracht kommen und diese zu initiieren, gerade um die Diversion zu ermöglichen. Die Fachkräfte der Jugendämter können mithin durch eine Leistungsgewährung die Vorausset-

339

---

592 Rechtsstaatlich bedenklich sind allerdings sog. „Schülergerichte" (teen courts) oder vergleichbare „Kriminalpädagogische Schülerprojekte"; sie weisen z. B. mitunter Züge überbordender Selbstjustiz auf und finden unter Verstoß gegen grundlegender Schutzbestimmungen (z. B. Grundsatz der Nichtöffentlichkeit) statt; vgl. Eisenberg/Kölbel 2023 § 45 Rn 38 ff.
593 Eisenberg/Kölbel 2023 § 45 Rn 32; Trenczek/Schmoll 2024, Kap. 3.3.4.2.1.
594 BT-Drs. 11/5829, 24; Eisenberg/Kölbel 2023 § 45 Rn 41; Münder et al./Trenczek 2022 § 52 Rn 67; Trenczek/Schmoll 2024, 3.3.4.2.1.
595 Eisenberg/Kölbel 2023 § 45 Rn 33; Trenczek 2004, 59; Trenczek/Schmoll 2024, Kap. 3.3.4.2.1. Auch (mitunter von der Polizei mitorganisierte) „Diversionstage" oder sonstige Anregungen, mit denen jungen Menschen Sanktionen abgenötigt werden, sind aus rechtsstaatlichen Gründen abzulehnen.
596 Hierzu ausführlich Trenczek 2023 a - c; Trenczek/Schmoll 2024; s.a. Kap. 7.2.

340 zungen für eine Diversion schaffen, ohne diese jedoch fest zusagen zu können, denn über die Einstellung des Ermittlungsverfahrens entscheidet die Staatsanwaltschaft.

340 Die strafprozessualen *Fahndungs- sowie Ermittlungs- und Zwangsmaßnahmen* dürfen grundsätzlich auch gegenüber jugendlichen Beschuldigten ergriffen werden. Allerdings muss hierbei neben einigen Sonderregelungen (insb. §§ 43, 71 ff. JGG) vor allem das Verhältnismäßigkeitsgebot besonders berücksichtigt werden, welches im Hinblick auf die U-Haft (§§ 112 ff. StPO, s. oben 3.3.4) in § 72 Abs. 1 JGG ausdrücklich hervorgehoben wird. § 72 Abs. 2 JGG schränkt den Haftgrund der *Fluchtgefahr* bei noch nicht 16-jährigen Beschuldigten zusätzlich ein. Selbst bei Vorliegen eines Haftgrundes darf U-Haft nur verhängt und vollstreckt werden, wenn ihr Zweck nicht durch eine vorläufige Anordnung über die Erziehung gemäß § 71 JGG oder durch andere Maßnahmen erreicht werden kann (§ 72 Abs. 1 S. 1 JGG).[597] Zudem normiert § 72 Abs. 1 S. 3 JGG eine besondere Begründungspflicht. In der Praxis wird allerdings der Haftgrund der Fluchtgefahr auch schon einmal aus „erzieherischen Gründen" rechtsstaatswidrig konstruiert und U-Haft nicht zur Verfahrenssicherung angeordnet, sondern zur „Krisenintervention", um eine „kriminelle Karriere" zu unterbrechen, oder eine – gesetzlich so nicht vorgesehene – Strafe der Tat auf dem Fuße folgen zu lassen.[598] Nach § 72a Satz 1 JGG ist die „Jugendgerichtshilfe" (korrekt das Jugendamt, hierzu 7.2) unverzüglich von der Vollstreckung eines Haftbefehls zu unterrichten; ihr soll bereits der Erlass eines Haftbefehls mitgeteilt werden, damit sie frühzeitig geeignete Initiativen und Unterstützungsangebote zur Vermeidung der U-Haft ergreifen kann. Nach § 72b JGG ist den Mitarbeitern des JA der Verkehr mit dem Beschuldigten in demselben Umfang wie einem Verteidiger gestattet.

341 Für das *Hauptverfahren* gelten – abgesehen von der besonderen Jugendgerichtsverfassung (§§ 33 ff. JGG) – im Hinblick auf Grundsätze und Ablauf grds. die gleichen Regeln wie im allgemeinen Strafverfahren. Allerdings ist die Hauptverhandlung bei Jugendlichen einschließlich der Verkündung der Entscheidung nicht öffentlich (§ 48 Abs. 1 JGG). Bei heranwachsenden Angeklagten kann die Öffentlichkeit ausgeschlossen werden, wenn dies im Interesse des Heranwachsenden geboten ist (§ 109 Abs. 1 S. 4 JGG). Gegen einen Jugendlichen (wohl aber bei einem Heranwachsenden) darf nach § 79 JGG weder das beschleunigte Verfahren gem. §§ 417 ff. StPO noch das Strafbefehlsverfahren gem. §§ 407 ff. StPO durchgeführt werden (§ 79 JGG). §§ 76 ff. JGG sehen dagegen das sog. *vereinfachte Jugendverfahren* vor, im Rahmen dessen von einigen Verfahrensvorschriften abgewichen werden darf. Gegenüber dem Diversionsverfahren hat diese Verfahrensart aber an Bedeutung verloren.

---

597 Zu den Alternativen zur U-Haft Cornel 2023c; Dorenburg 2017; Eberitzsch 2012; Tinkhauser 2016; Villmow/Savinsky 2013.
598 Zu den sog. „apokryphe" Haftgründen" oben unter 3.3.4.1; vgl. auch BT-Drs. 11/5829, 31; Cornel 2023c, 275; Eidam 2013, 293; Ostendorf/Sommerfeld 2021 § 72 Rn 4.

5.2 Besonderheiten des Verfahrens im Jugendstrafrecht

*Abbildung 26: Ablauf des jugendstrafrechtlichen Erkenntnisverfahrens**

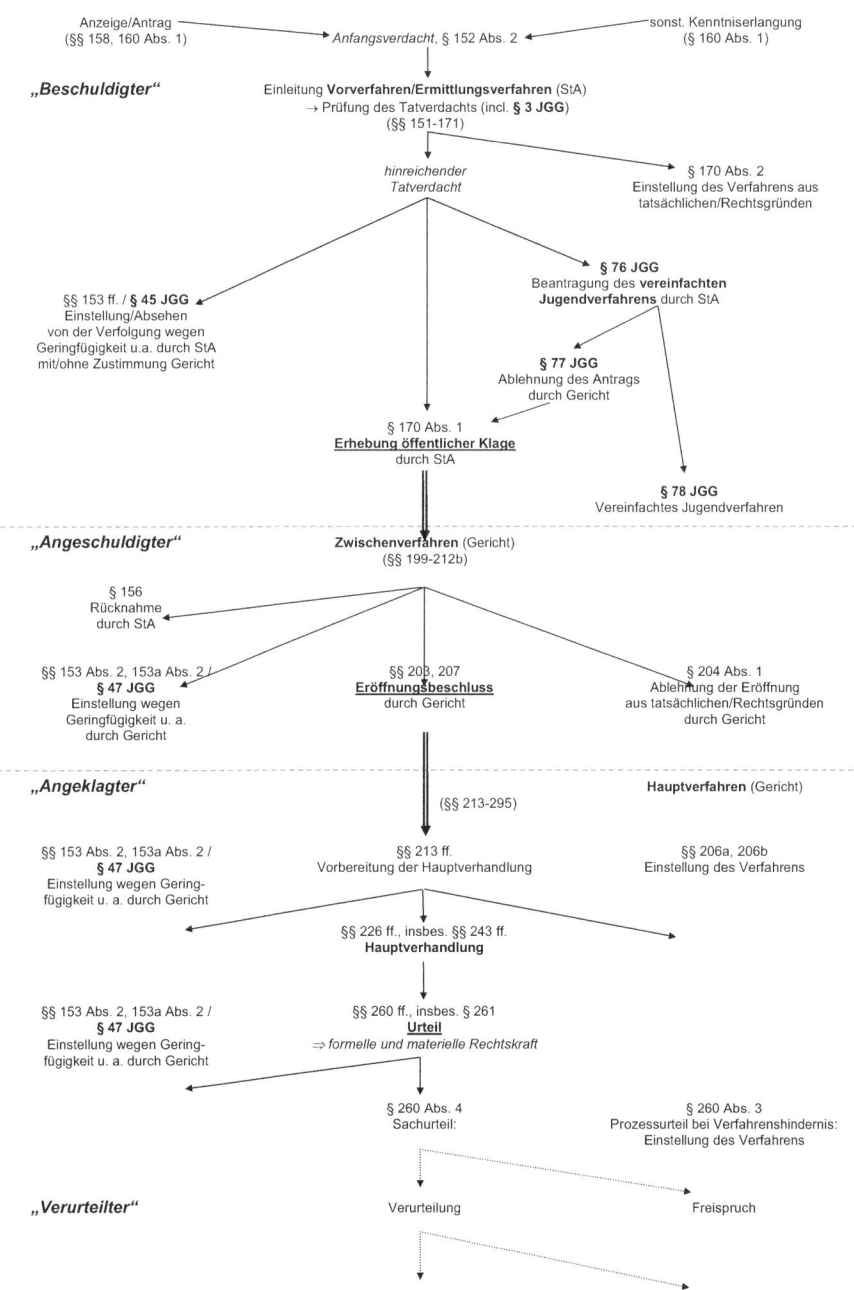

* Alle §§ stammen (soweit nicht ein anderes angegeben ist) aus der StPO

Abbildung 27: Sitzordnung und Ablauf der Hauptverhandlung im Jugendstrafverfahren (Bsp.: Jugendschöffengericht)

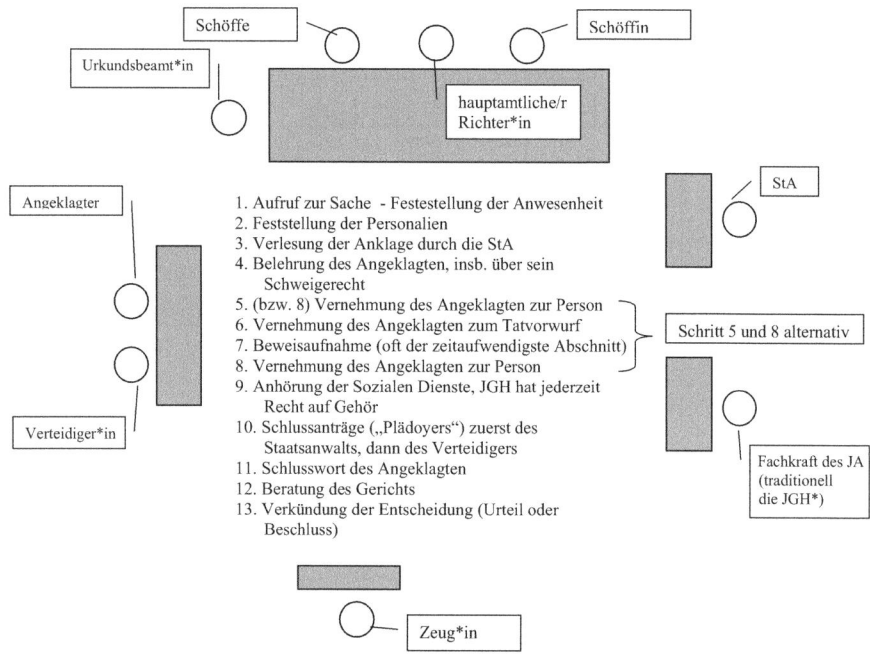

* Die Fachkräfte („Vertreter*innen") der Jugendämter/„JGH" sollten in angemessenem Abstand von der Staatsanwaltschaft sitzen. Ihr Platz ist eigentlich an der Seite der Jugendlichen, die sie nach § 52 Abs. 3 SGB VIII auch während des Verfahrens zu betreuen haben. Falls dies (traditionell) im Gericht nicht ermöglicht wird, sollten die JA-Fachkräfte im Zuschauerbereich sitzen.

342 Im Jugendstrafverfahren sind die *Rechtsmittelmöglichkeiten* eingeschränkt.[599] Zum einen kann nach § 55 Abs. 1 JGG das Urteil insb. nicht wegen Art und Umfangs der Maßnahmen angefochten werden, zum anderen kann nach § 55 Abs. 2 JGG nur ein Rechtsmittel und gegen ein Berufungsurteil grds. keine Revision mehr eingelegt werden: entweder Berufung oder (sog. Sprung-)Revision.

5.3 Besonderheiten der Sanktionen im Jugendstrafrecht

343 Straftaten junger Menschen sind grds. nicht Symptom eines sich verfestigenden Verhaltens. Auch das mehrmalige Begehen von Straftaten ist als solches nicht Ausdruck eines irgendwie gearteten „Erziehungsdefizits", sondern tritt in aller Regel als entwicklungsbedingte Auffälligkeit überall auf und klingt ganz überwiegend mit dem Eintritt in das Erwachsenenalter ab.[600] Nach der Grundidee des Jugendstrafrechts geht es deshalb vorrangig darum, auf strafrechtlich relevantes Fehlverhalten von jungen Menschen behutsam („erzieherisch"), d.h. so zu reagieren, dass zukunftsgerichtet die *soziale Integration* des jungen Menschen unterstützt wird (zur Subsidiarität der jugendstraf-

---

[599] Hierzu Diemer/Schatz/Sonnen 2020 § 48 Rn 2 ff; Eisenberg/Kölbel 2023, § 55 Rn 57.
[600] Zur Normalität, Ubiquität und Episodenhaftigkeit von Jugendkriminalität Goldberg/Trenczek 2022; Trenczek/Schmoll 2024, Kap. 2.2.

5.3 Besonderheiten der Sanktionen im Jugendstrafrecht

rechtlichen Reaktion s.o. 5.1). § 5 Abs. 1 JGG bestimmt als zentrale Norm, dass „aus Anlass" einer Straftat bestimmte Maßnahmen ergriffen werden können (nicht müssen!). Deshalb haben jugendhilferechtliche Interventionen Vorrang vor den strafrechtlichen Sanktionen. Im Jugendstrafrecht gibt es weder bestimmte Mindeststrafen noch die zwingende Notwendigkeit, in einer bestimmten Art und Weise zu reagieren. Informelle Reaktionen gehen formellen Sanktionen vor, hilfeorientierte haben Vorrang vor (bloß) ahndenden Maßnahmen, ambulante (nicht freiheitsentziehende) gehen vor freiheitsentziehenden Sanktionen (sog. *dreifache Subsidiarität*).

Sanktionskatalog und Strafrahmen des allgemeinen Strafrechts gelten im Jugendstrafrecht nicht (§ 18 Abs. 1 S. 3 JGG). Die (formellen) *Rechtsfolgen des JGG* (s. Abbildung 28) umfassen sog. Erziehungsmaßregeln (§§ 9–12 JGG, insb. Weisungen nach § 10 JGG), sog. Zuchtmittel (§§ 13–16 JGG: Verwarnung, Auflagen, Arrest) und Jugendstrafe (§§ 17–30 JGG) sowie die Maßregeln nach § 7 JGG einschließlich der gerade bei jungen Menschen höchst umstrittenen Sicherungsverwahrung, aber auch die Führungsaufsicht inkl. der elektronischen Überwachung (§ 7 JGG, § 61, 68b Nr. StGB). Die geltende Rechtsfolgenregelung des JGG wird als begrifflich und konzeptionell überholt und vorkonstitutionell kritisiert, ohne dass die z.T. sehr konkreten Änderungsvorschläge insb. der 2. Jugendstrafrechtsreformkommission der DVJJ[601] bislang umgesetzt wurden. Die mit Abstand häufigsten Rechtsfolgen sind die 1943 eingefügten Zuchtmittel: 2021 wurden 21.463 Jugendliche und 25.140 Heranwachsende, insg. mithin 46.603 Personen nach Jugendstrafrecht verurteilt.[602] Davon wurden (auch nebeneinander, vgl. § 8 JGG) 22.297 zu Erziehungsmaßregeln sowie 32.225 zu Zuchtmitteln bzw. nach Art der schwersten Sanktion 31.595 zu Zuchtmitteln, 7.715 zu Erziehungsmaßregeln und weitere 7.293 (15,6%) zu einer Jugendstrafe verurteilt.[603] Schon an diesen nackten Zahlen kann man erahnen, dass es mit dem „Erziehungsgedanken" im Jugendstrafrecht nicht weit her ist bzw. dass von einem Erziehungsbegriff und -konzept ausgegangen wird, die weder dem gegenwärtigen Stand der Kriminologie noch der Pädagogik und dem Jugendhilferecht entsprechen.

344

---

601 Änderungsvorschläge insb. der 2. Jugendstrafrechtsreformkommission (Schüler-Springorum 1992).
602 Diese Fachserie des Statistischen Bundesamts wurde letztmalig 2022 mit Ausgabe der Daten für 2021 veröffentlicht.
603 Statistisches Bundesamt, Fachserie 10, Reihe 3, 2022, 97, 334 u. 356; zur Deskription und Interpretation der jugendstrafrechtlichen Sanktionierungspraxis ausführlich Heinz 2019, 406 ff und 604 ff.; Trenczek/Schmoll 2024, 2.3.1.

5. Jugendstrafrecht

Abbildung 28: Jugendstrafrechtliche Rechtsfolgen

I. Informelle Sanktionierung			Zu beachten:
§§ 45, 47 JGG: Einstellung des Verfahrens, ggf. i.V.m. Weisungen oder Auflagen			Diversion und formelle Rechtsfolgen beziehen sich teilweise auf Leistungen der Jugendhilfe (§§ 11 ff., 27 ff., 52 Abs. 2 und 3 SGB VIII). Über die Gewährung von Jugendhilfeleistungen muss nach § 36a Abs. 1 SGB VIII das Jugendamt als Sozialleistungsbehörde entscheiden (sog. *Steuerungsverantwortung*). Soweit das JA eine Leistung bewilligt, kann dies im Rahmen der Diversionsentscheidung berücksichtigt werden. Bei einer gerichtlichen Entscheidung kann der junge Mensch (und ggf. seine PSB) zur Inanspruchnahme einer Leistung verpflichtet werden, wenn das JA zuvor die Leistungsvoraussetzungen festgestellt hat.
II. Formelle Sanktionen, §§ 5, 105 JGG			
Erziehungsmaßregeln, §§ 9 ff. JGG	Zuchtmittel, § 13 ff. JGG	Jugendstrafe, §§ 17 ff. JGG	
§ 10: *Weisungen* → nach Abs. 1: u.a. - Nr. 4: Arbeitsleistung (Weisung) - Nr. 5: Betreuungsweisung - Nr 6: Sozialer Trainingskurs - Nr 7: Täter-Opfer-Ausgleich - Nr 9: Teilnahme am Verkehrsunterricht → nach Abs. 2: - heilerzieherische Behandlung - Entziehungskurs	§ 14: *Verwarnung* § 15: *Auflagen* - Nr. 1: Schadenswiedergutmachung - Nr. 2: Entschuldigung bei der/dem Verletzten - Nr. 3: Arbeitsleistung (Auflage) - Nr. 4: Geldbetrag zugunsten einer gemeinnützigen Einrichtung	§ 17 Abs. 2: - wegen „schädlicher Neigungen" - wegen Schwere der Schuld → Zu vollstreckende Jugendstrafe → §§ 21 ff.: Strafaussetzung zur *Bewährung* - ggf. i.V.m. Weisungen oder Auflagen (§ 23) - ggf. daneben Jugendarrest (§ 16a) Sonderform: - § 27: *Aussetzung* der Verhängung der Jugendstrafe	
§ 12: *Hilfe zur Erziehung* - Nr. 1: Erziehungsbeistandschaft - Nr. 2: Heimerziehung oder Erziehung in einer sonstigen betreuten Wohnform	§ 16: *Jugendarrest* - Freizeitarrest - Kurzarrest - Dauerarrest		
III. Maßregeln der Besserung und Sicherung, §§ 7, 105 JGG - Unterbringung in einem psychiatrischen Krankenhaus, § 63 StGB - Unterbringung in einer Entziehungsanstalt, § 64 StGB - (ggf. Vorbehalt der) Unterbringung in der Sicherungsverwahrung, §§ 66, 66a StGB - Führungsaufsicht, § 68 StGB - Entziehung der Fahrerlaubnis, § 69 StGB			

345 Auch wenn mehrere Straftaten eines jungen Menschen gleichzeitig abgeurteilt werden, die er vielleicht sogar in verschiedenen Alters- und Reifestufen begangen hat, gilt nach den §§ 31, 32 JGG das sogenannte *Einheitsprinzip*, d.h., dass die Rechtsfolgen – abweichend von den allgemeinen Grundsätzen der §§ 53, 54 StGB – einheitlich bestimmt werden. Das gilt nach § 31 Abs. 2 JGG auch für bereits vorliegende rechtskräftige Verurteilungen unabhängig vom Zeitpunkt der Begehung der abgeurteilten Taten.

346 (Nur) Nach dem Wortlaut zulässig sind die in § 8 JGG vorgesehenen *Kombinationsmöglichkeiten* von mehreren Erziehungsmaßregeln und mehreren Zuchtmitteln. Manche Kombinationsmöglichkeiten (z.B. die Verknüpfung von ambulanten Hilfeangeboten mit Arrest) werden zu Recht als kontraproduktive und damit ungeeignete „Sanktionscocktails" kritisiert und entspringen einem zu nichts führenden Katastrophenrezept des „mehr desselben".[604]

347 *Weisungen* sind Ge- und Verbote, die die Lebensführung des Jugendlichen bzw. Heranwachsenden (§ 105 JGG) regeln und dadurch seine „Erziehung" fördern und sichern sollen (§ 10 Abs. 1 JGG). Der Katalog der Weisungen ist nicht abgeschlossen, sondern enthält nur Beispiele und bleibt damit offen für flexible, dem Einzelfall angemessene

---

604 Watzlawick 1985, 27.

5.3 Besonderheiten der Sanktionen im Jugendstrafrecht

Reaktionsformen. Freilich müssen dabei gem. § 10 Abs. 1 S. 2 JGG stets die Grenzen der Zumutbarkeit und der Verhältnismäßigkeit (geeignet, erforderlich und angemessen, s. Kap. 1.3, Rn 10) eingehalten werden. Aus pädagogischer wie kriminologischer Sicht besonders geeignet sind Interventionen, die an der Handlungskompetenzen und Lebenslagen des jungen Menschen ansetzen, insb. auch konfliktlösende Ansätze der sog. „restorative justice" (hierzu Kap. 6).[605]

Ambulante „*Zuchtmittel*" sind die Verwarnung (§ 14 JGG) und die Erteilung von Auflagen (§ 15 JGG). Hierbei geht es schon konzeptionell[606] überwiegend nicht um Unterstützung des jungen Menschen in Richtung eines sozialadäquaten Verhaltens, sondern um Ahndung der Tat (§ 13 Abs. 1 JGG), wobei man aber der Entschuldigung und der Schadenswiedergutmachung – anders als der Arbeitsauflage (s.u.) – durchaus eine pädagogische Intention zuerkennen kann.[607] Der Katalog der Auflagen in § 15 JGG ist abschließend. Für 2021 weist die Rechtsfolgenstatistik im Hinblick auf die nach Jugendstrafrecht verurteilten jungen Menschen (z.T. auch nebeneinander) insg. 13.699 Verwarnungen sowie 25.309 Auflagen aus.[608]

348

Die als Rechtsfolge im JGG vorgesehenen Sanktionen finden ihren sozial-/jugendhilferechtlichen Anknüpfungspunkt teilweise – z.B. die soziale Gruppenarbeit und Betreuungshilfe – als Formen der *Hilfe zur Erziehung* in den §§ 27 ff. SGB VIII.[609] Die Maßnahmen des JGG und die Leistungen des SGB VIII (insb. Ambulanten sozialpädagogischen Angebote - ASA, früher sog. Neuen Ambulanten Maßnahmen - NAM[610]) sind aber nicht deckungsgleich, sondern haben unterschiedliche Voraussetzungen. Das Jugendamt führt keine (strafrechtlich angeordneten) Sanktionen/Maßnahmen durch, sondern darf aufgrund der sozialrechtlichen Bestimmungen (§ 31 SGB I, §§ 27 ff, 36a SGB VIII) Leistungen nur dann erbringen bzw. refinanzieren, wenn die *formellen* (insb. ordnungsgemäße Hilfeplanung gem. § 36 SGB VIII) und *materiellen Leistungsvoraussetzungen* (insb. sog. erzieherischer Bedarf[611]) des SGB VIII vorliegen.[612] Das Jugendgericht (nicht die Staatanwaltschaft, s.o. 5.2) kann zwar gegenüber dem jungen Menschen als Sanktionen Weisungen und Auflagen erteilen, die auch gegenüber den Eltern wirken, nicht aber das JA zu deren Durchführung verpflichten.[613] Im Hinblick auf die kriminologischen Erkenntnisse ist hervorzuheben, dass die ASA die traditionellen Sanktionen weitgehend ersetzen, ohne dass sich damit die Rückfallgefahr erhöht.[614]

349

---

605 Hierzu Trenczek/Hartmann 2018, 866 ff.; vgl. auch Graebsch 2018; Lösel 2012; Trenczek/Schmoll 2024, Kap. 2.3.
606 Zu den NS-ideologischen Grundlagen und verqueren Erziehungsideologie der „Zuchtmittel" s. Trenczek/Schmoll 2024, 3.3.2 m.w.N.
607 Heinz 2019, 1623 ff.; Meier 2018; Trenczek/Hartmann 2018.
608 Statistisches Bundesamt, Fachserie 10, Reihe 3, 2022, 335.
609 Hierzu Trenczek/Schmoll 2024, Kap. 3.2; vgl. bereits Trenczek 1996.
610 Der Begriff „Neue Ambulante Maßnahmen" war/ist nicht unproblematisch, weil „Maßnahmen" auch gegen den Willen der Betroffenen durchgesetzt werden (können) und deshalb für die Leistungen der Jugendhilfe nicht passt (hierzu Trenczek/Schmoll 2024, Kap. 3.2.1.2). Wir verwenden den **Maßnahmenbegriff** nur für strafrechtliche Interventionen. Als gemeinsamer Überbegriff für die Unterstützungsleistungen der Jugendhilfe sowie die Maßnahmen (von Justiz, Jugendhilfe und anderen Trägern) eignet sich der Begriff „Intervention".
611 Hierzu ausführlich Münder et al./Tammen/Trenczek 2022 Vor § 27 Rn. 38; § 27 Rn. 5 ff.
612 Trenczek/Schmoll 2024, Kap. 3.2; zur sog. Steuerungsverantwortung des JA nach § 36a Abs. 1 SGB VIII, s. 7.2.3, Rn. 4.6.3.
613 Münder et al./Trenczek § 52 Rn. 66; Wiesner/Wapler § 62 Rn. 57; zum jugendkriminalrechtlichen Dreiecksverhältnis zwischen Gericht, Jugendlichen /Eltern und JA s. Trenczek 2022c, 134; Trenczek/Schmoll 2024, Kap. 3.4.1.
614 BT-Drs 11 / 5829, 11; auch Heinz 2012, 143; ders. 2019, 15.

5. Jugendstrafrecht

350 *Arbeitsleistungen* können sowohl als Weisung/Erziehungsmaßregel (§ 10 Abs. 1 Nr. 4 JGG) als auch als Auflage/Zuchtmittel (§ 15 Abs. 1 Nr. 3 JGG) angeordnet werden.[615] Häufig werden die jungen Menschen bei den in der Regel zur Ahndung der Straftat angeordneten Arbeitssanktionen (unabhängig von der Bezeichnung Weisung oder Auflage) überfordert, ihre pädagogische Betreuung ist zumeist mangelhaft oder überhaupt nicht vorhanden. Die rein administrative Abwicklung von Arbeitsleistungen fällt zudem nicht in den Aufgabenbereich des JA. Rein quantitativ sind Arbeitsleistungen als Zuchtmittel die wichtigste Sanktion des Jugendstrafrechts. 2021 wurden 13.806 junge Menschen zu einer Arbeitsauflage (als schwerste Sanktion) der Erbringung einer Arbeitsleistung verurteilt – das waren mehr als die Hälfte aller (25.309) Auflagen (53%).[616]

351 Der *Freiheitsentzug* steht ebenfalls nicht in der Verantwortung der Jugendhilfe, sondern der Landesjustizverwaltung und wird im Wesentlichen in zwei Formen, als Arrest oder Jugendstrafe, durchgeführt.[617] Nach § 16 JGG kann der *Arrest*[618] in drei Formen verhängt werden: Kurz-, Freizeit- und Dauerarrest bis zu vier Wochen (§ 16 Abs. 4 JGG). 2021 wurden 6.415 junge Menschen, das waren 13,7% aller (46.603) nach Jugendstrafrecht verurteilten Personen zu Jugendarrest verurteilt.[619] Seit 2012 ist auch der sog. „Einstiegs-" oder *„Warnschussarrest"* zusätzlich zur Bewährungsstrafe zulässig (§ 16a JGG), wobei die Jugendgerichte hiervon recht selten Gebrauch machen.[620] Eine „erzieherische" Funktion kann dem Jugendarrest in keiner seinen Formen zugesprochen werden. Es verwundert deshalb nicht, dass nach dem Arrest mit die höchsten Rückfallquoten zu verzeichnen sind.[621]

352 Von besonders problematischer Bedeutung in der Praxis ist auch der sog. *Ungehorsams- oder Beugearrest*, der nach §§ 11 Abs. 3, 15 Abs. 3 S. 2 JGG bei schuldhafter Nichterfüllung von Weisungen und Auflagen verhängt werden kann. Dabei verbergen sich aber hinter dem „Ungehorsam" häufig vielschichtige Problemlagen, die weniger mit fehlendem bzw. bösem Willen als mit mangelnder Handlungskompetenz zu tun haben.

353 Nach § 17 Abs. 2 JGG wird *Jugendstrafe* verhängt, wenn wegen der „schädlichen Neigungen" des Jugendlichen, die in der Tat hervorgetreten sind, Erziehungsmaßregeln oder Zuchtmittel „zur Erziehung" nicht ausreichen (1. Alt.) oder wenn wegen der Schwere der Schuld Strafe erforderlich ist (2. Alt.). Der Begriff *„schädliche Neigun-*

---

615 Ausführlich Trenczek 2004.
616 Statistisches Bundesamt, Fachserie 10, Reihe 3, 2021, 335.
617 Die sog. „geschlossene Unterbringung" in Einrichtungen der Kinder- und Jugendhilfe bzw. der Psychiatrie ist weder eine Rechtsfolge des Jugendstrafrechts noch des SGB VIII, sondern eine zivilrechtliche und nach § 1631b BGB nur zum Wohle des Minderjährigen bei einer nicht anders abwendbaren erheblichen Selbst- und Fremdgefahrdung von Leib und Leben zulässig (Münder et al. 2022 § 34 Rn. 16 ff.).
618 Der Jugendarrest wurde 1940 insb. auf Betreiben von Roland Freisler (1940, 49) eingeführt und von Reichsjugendführer Axmann mit folgenden Worten begründet: „Ich hoffe, daß Sie mit mir davon überzeugt sind, in dem Jugendarrest als jugendgemäßes Zuchtmittel eine Maßnahme an die Hand bekommen zu haben, die sich gerade während des Krieges besonders segensreich auswirken kann." (Axmann 1940, 42); vgl. Cornel 1984, 108.
619 Statistisches Bundesamt, Fachserie 10, Reihe 3, 2022, 318.
620 Im Jahr 2021 waren es 515 Verurteilungen nach § 16a JGG; vgl. Statistisches Bundesamt, Fachserie 10, Reihe 3, 2022, 335.
621 Die Angaben schwanken zwischen 60 und 80%, vgl. BT-Drs 11 / 5829, 19; AGJ 2012, 23; Jehle et al. 2020, 52; Trenczek/Schmoll 2024, Kap. 3.3.4.4.1 sowie Heinz 2019, 1137, der insb. auch darauf hinweist, dass die Annahme, dass sich "durch einen Warnschussarrest die Rückfallquote nach Jugendstrafen mit Strafaussetzung zur Bewährung senken lassen könnte", [...] schon aufgrund der höheren Rückfallquote nach Arrestverhängung nicht plausibel" [sei].

5.3 Besonderheiten der Sanktionen im Jugendstrafrecht

gen entspringt dem in der Zeit des Nazi-Unrechtsregimes gepflegten Konzept der Entartung. Die Versuche, den Begriff nach 1945 justiziabel zu gestalten, begegnen erheblichen Einwänden vor allem, weil er den Jugendlichen individualisierend als Defizit-Persönlichkeit abstempelt.[622] Bei „schädlichen Neigungen" soll es sich nach der heutigen Rechtsprechung um persönliche Defizite handeln, die ohne „längere Gesamterziehung" die Gefahr der Begehung weiterer Straftaten in sich bergen, die nicht nur gemeinlästig sind oder den Charakter von Bagatelldelikten haben.[623] Problematisch ist insb. der dieser Konzeption zugrundeliegende Zirkelschluss, weil der Begriff der schädlichen Neigungen gleichgesetzt wird mit einer ungünstigen Rückfall-Prognose.[624] In der Praxis werden die „schädlichen Neigungen" fehlerhaft vor allem aus der wiederholten Auffälligkeit an sich geschlossen und sind insofern Ausdruck eines die Sanktionspraxis kennzeichnenden Eskalationsdenkens. Im Hinblick auf die Erforderlichkeit einer längeren Gesamterziehung ist zu beachten, dass die erzieherischen Erfolgschancen in einer geschlossenen Jugendstrafanstalt gering sind. Noch so gut gemeinten und organisierten Resozialisierungsbemühungen einer engagierten Praxis stehen die negativen Bedingungen einer Haftanstalt und eines künstlichen Lebens unter den Bedingungen des Eingeschlossenseins gegenüber. Angesichts der hohen Rückfallquoten[625] bestehen erhebliche Zweifel daran, ob Freiheitsentzug überhaupt zu einem straffreien Leben „erziehen" und deshalb als rechtsstaatlich „geeignete" Sanktion angesehen werden kann.[626] Zudem setzt die Verhängung von Jugendstrafe nach § 17 Abs. 2, 1. Alt. JGG voraus, dass ausreichende *Alternativen zum Freiheitsentzug* fehlen. Gerade für kriminologisch geschulte Fachkräfte der Jugendhilfe müsste es jedoch in aller Regel nicht besonders schwierig sein, nachzuweisen, dass auch junge Menschen mit erheblichen (Lebens-)Schwierigkeiten durch Jugendhilfeleistungen erreichbar sind.[627] In der kriminalpolitischen Debatte wurden deshalb immer wieder Stimmen zur Abschaffung des Jugendstrafvollzugs laut oder zumindest die Forderung, auf die Inhaftierung von Jugendlichen zu verzichten.[628] Wenn man bedenkt, dass zurzeit weniger als 17 Jugendliche pro Bundesland im Jugendstrafvollzug inhaftiert sind,[629] dann fällt es angesichts der bekannten Haftschäden und Rückfallquoten schwer, anzunehmen, dass die jetzige Praxis den Vorrang der Erziehung bei delinquenten Jugendlichen ernst genug nimmt.[630] Betrachtet man darüber hinaus die voraussichtliche Vollzugsdauer der im Jugendstrafvollzug inhaftierten Jugendlichen, so stellt man fest, dass diese bei 18,2% bis zu einem Jahr beträgt und bei 45,7% mehr als ein Jahr bis zu zwei Jahren. Insgesamt vdrei Jugendliche (1,1%) haben eine voraussichtliche Vollzugsdauer von mehr

---

622 Dünkel 1997; Diemer/Schatz/Sonnen 2020 § 17 Rn 12; Eisenberg/Kölbel 2023 § 17 Rn 25 ff.; vgl. Ostendorf/Ostendorf 2021 § 17 Rn 3.
623 Vgl. BGH 9.8.2001 – 4 StR 115/01 – NStZ-RR 2002, 20.
624 Eisenberg/Kölbel 2023 § 17 Rn 22.
625 Am höchsten sind die Rückfallraten nach freiheitsentziehenden Sanktionen (Jugendarrest: 61,6 %; Jugendstrafe ohne Bewährung 64,5 %); vgl. Heinz 2019, 1795 f.; Jehle et al. 2020, vgl. auch Cornel 2015, 176, wo 81,1% Rückfälligkeit insg.und 39,7% Rückfälligkeit mit einer Verurteilung zu unbedingter Jugendstrafe nach acht Jahren ausgewiesen werden.
626 OLG Schleswig NStZ 1985, 475.
627 Cornel 2011b; Klier et al. 2002, 133. Zusammenfassend zu den Wirkfaktoren in der Jugendhilfe Trenczek/Schmoll 2024, Kap. 2.3.2.
628 Arbeitskreis junger Kriminologen 1982, 93; Cornel 1981; 1984, 116 ff., und 2009a; Cornel et al. 2015.
629 Insg. waren es für ganz Deutschland 269 Jugendliche, 24 davon weiblich; Statistisches Bundesamt, Fachserie 10, Reihe 4.1, 2022, 14.
630 So der Titel eines Beitrags in der Zeitschrift unsere Jugend: „Den Vorrang der Erziehung bei delinquenten Jugendlichen ernst nehmen – Vorschläge zur Abschaffung des geschlossenen Jugendstrafvollzugs und Begründung", Cornel 2009.

als fünf Jahren,[631] während fast zwei Drittel innerhalb von zwei Jahren wieder auf freiem Fuß sind, wobei dieser Anteil durch Strafrestaussetzungen zur Bewährung sich noch erhöht. Meint wirklich irgendjemand ernsthaft, dass deren Gefährlichkeit eine Inhaftierung im Jugendstrafvollzug rechtfertigt, wenn 80% innerhalb von zwei Jahren wieder frei sind?

354 Diese Skepsis und daraus sich ergebende Forderungen können und dürfen natürlich nicht dazu führen, angesichts kriminalpolitisch gegebener, normativ zulässiger und in der Praxis ausgeurteilter Freiheits- und Jugendstrafen und der Verurteilungen in der Justizpraxis nicht alles dafür zu tun, Inhaftierte während des Vollzugs angemessen zu betreuen und deren Legalbewährung zu fördern. Seriöse empirische Forschungen über differenzierte Wirkungsweisen verschiedener Strafvollstreckungsweisen und Vollzugsformen sind schwierig und selten, aber das kann nicht zur Zufriedenheit mit der groben These führen, dass nichts wirke[632] und alle Haftbedingungen und Entlassungsvorbereitungen gleich schlecht seien.[633] Allein schon ein Vergleich der Rückfallquoten der Entlassungsjahrgänge 1994 und 2004 nach Jugendstrafen ohne Bewährung zeigt ein Sinken von 75% auf 66% – die Gründe dafür sind bisher nicht bekannt.[634] Gesichert ist aber die Erkenntnis, dass mit der Schwere der Bezugsentscheidung die Rückfallwahrscheinlichkeit zunimmt, andererseits die Annahme, durch eine härtere Sanktionierung ein höheres Rückfallrisiko auszugleichen, nicht zutrifft.[635]

355 Das *Mindestmaß der Jugendstrafe* beträgt nach § 18 Abs. 1 JGG grds. sechs Monate, das Höchstmaß fünf Jahre (bei Heranwachsenden zehn Jahre, § 105 Abs. 3 JGG).[636]. Der Strafrahmen der Jugendstrafe liegt in Deutschland deutlich höher als in einigen europäischen Nachbarländern. In den Niederlanden z.B. liegt die Höchststrafe der „jeugddetentie" für 12 bis 15-Jährige bei zwölf Monaten, für 16- und 17-Jährige bei 24 Monaten (Art. 77h, 77i Wetboek van Strafrecht).[637] In der Schweiz liegt die Höchststrafe für Jugendliche ab 15 Jahren gemäß Art. 25 Abs. 1 des Jugendstrafgesetzes bei einem Jahr und ab der Vollendung des 16. Lebensjahres gemäß Art. 25 Abs. 2 des Jugendstrafgesetzes bei vier Jahren, sofern ein Verbrechen begangen wurde, das für Erwachsene mit Freiheitsstrafe nicht unter drei Jahren bedroht ist oder wenn – bei einigen besonders genannten Delikten – die Handlung besonders skrupellos war.

356 Bei der Verurteilung zu einer Jugendstrafe von nicht mehr als zwei Jahren wird die *Vollstreckung der Strafe* nach § 21 Abs. 1 und 2 JGG *zur Bewährung* ausgesetzt, wenn erwartet werden kann, dass der Jugendliche oder Heranwachsende die durch die Verurteilung ausgesprochene Warnung ernst nimmt und künftig keine (erheblichen) Straftaten mehr begeht. Die Strafaussetzung ist damit von einer günstigen *Sozial-*

---

631 Statistisches Bundesamt, Fachserie 10, Reihe 4.1, 2022, 15 f.; Im Übrigen hatte nur eine einzige weibliche Jugendliche eine Voraussichtliche Vollzugsdauer von mehr als zwei Jahren.
632 Martinson 1974.
633 Das kann hier aus Platzgründen nicht ausgeführt werden, es sei aber hingewiesen auf: Andrews et al. 1990; Dünkel/Cornel/Pruin/Sonnen/Weber 2018, 46; Lösel 2012; Petersilia 2003, Pruin 2015; Sherman u. a. 1998; zusammenfassend im Hinblick auf jugendstrafrechtliche Sanktionen Trenczek/Schmoll 2024, Kap. 2.3.
634 Dünkel/Cornel/Pruin/Sonnen/Weber 2018, 46.
635 Heinz 2019, 1796 f.
636 Zwar gelten die Strafrahmen des allgemeinen Strafrechts nicht. Handelt es sich aber bei der Tat um ein Verbrechen, für das nach dem allgemeinen Strafrecht eine Höchststrafe von mehr als zehn Jahren Freiheitsstrafe angedroht ist, so ist das Höchstmaß der Jugendstrafe nach § 18 Abs. 1 Satz 2 JGG zehn Jahre, bei Heranwachsenden nach § 105 Abs. 3 Satz 2 JGG maximal 15 Jahre.
637 Rap/Weijers 2013, 305; zum Jugendstrafrecht in Europa s. Albrecht 2018; Gensing 2015.

5.3 Besonderheiten der Sanktionen im Jugendstrafrecht

und positiven Sanktionsprognose abhängig. Allerdings dürfen die Erwartungen an einen künftig straffreien Lebenswandel angesichts der Dynamik des Jugend- und Heranwachsendenalters nicht zu hoch angesetzt werden. Im Zweifel ist die Jugendstrafe zur Bewährung auszusetzen. Bei der Aussetzungsentscheidung sind neben der Persönlichkeit des jungen Menschen vor allem auch die Integrationshilfen der Jugendhilfe und sonstigen Sozialen Dienste zu berücksichtigen (vgl. § 21 Abs. 1 S. 2 JGG). Im Unterschied zum allgemeinen Strafrecht (vgl. § 56d Abs. 1 StGB) ist nach § 24 JGG die Unterstellung des jungen Menschen unter einen Bewährungshelfer obligatorisch. Darüber hinaus können nach § 23 JGG Weisungen und Auflagen sowie seit 2012 nach § 16a JGG auch der umstrittene „Einstiegs-" oder „Warnschussarrest" angeordnet werden.

Die Aussetzung nach § 21 JGG kann nach § 57 Abs. 1 und 2 JGG nicht nur im Urteil, sondern – ausnahmsweise – auch noch nachträglich durch Beschluss angeordnet werden, solange der Strafvollzug noch nicht begonnen hat. Das Gericht kann zudem nach §§ 61 ff. JGG im Urteil die Entscheidung über die Aussetzung der Jugendstrafe zur Bewährung ausdrücklich einem nachträglichen Beschluss vorbehalten (sog. *Vorbewährung*) und mit Auflagen und Weisungen verknüpfen. Insoweit können mittlerweile eingetretene unternommene Integrationsbemühungen und Jugendhilfeangebote berücksichtigt werden. Nach § 27 JGG besteht auch schließlich die Möglichkeit einer *Aussetzung der Verhängung der Jugendstrafe*, wenn eine zuverlässige Feststellung über das Vorliegen „schädlicher Neigungen" und deren Umfang nicht möglich ist. Die Aussetzung nach § 27 JGG ist u.U. angezeigt, wenn sich die Möglichkeit bietet, den jungen Menschen – insb. im Zusammenhang mit Jugendhilfeleistungen und einer Bewährungsunterstellung gem. § 29 JGG – aus einer ungünstigen Umgebung oder Konstellationen herauszugeleiten.

357

6. Restorative Justice

358 Der Begriff Restorative Justice[638] (RJ) wird auf unterschiedlichen Ebenen mit unterschiedlichen Inhalten verwendet. Er bezeichnet in erster Linie nicht ein Arbeitsfeld Sozialer Arbeit, sondern bezieht sich zunächst auf ein die traditionelle Vergeltungslogik (*retributive justice*) und Strafphilosophien überwindendes *Gerechtigkeitskonzept*.[639] Danach soll das aus der Begehung von Unrecht erfahrene Leid so weit wie möglich ausgeglichen und die als gerecht akzeptierte Ordnung in einer sozialen Gemeinschaft (wieder) hergestellt (*to restore justice*) werden. Innerhalb dieses auf Konsens, Ausgleich und Wiedergutmachung gerichteten Ansatzes findet sich eine Vielfalt von Theorie- und Praxismodellen unterschiedlicher Reichweite, die über die Grenzen des Strafrechts hinausgehen (*restorative practice*).[640] Der außergerichtliche Tat- bzw. Täter[641]-Opfer-Ausgleich (TOA) ist nur ein, im deutschsprachigen Raum allerdings der vorherrschende Anwendungsbereich der „Restorative Justice"-Idee. Es ist deshalb wichtig anzumerken, dass der RJ-Ansatz nicht auf strafrechtlich relevantes Verhalten begrenzt ist, sondern alle mit Unrecht und persönlichem Leid verbundene Störungen von Beziehungen bzw. des Gemeinwesens umfasst. International werden RJ-Verfahren nicht nur im strafrechtlichen, sondern vor allem auch bei Konflikten am Arbeitsplatz, im Schulbereich und öffentlichen Einrichtungen angewandt.

359 Das RJ-Konzept ist aufgrund seines partizipativen Charakters eng mit der *Mediation* als Konfliktlösungsverfahren verknüpft[642] und im Hinblick auf den Wiedergutmachungsgedanken im Strafrecht (s.o. 4.1) mit dem sog. *Täter-Opfer-Ausgleich* (TOA). Mit Blick auf das deutsche Recht (einerseits Strafrecht, andererseits Mediationsgesetz) kann mit TOA nur noch die strafrechtliche Entscheidung (Rechtsfolge bzw. ein Kriterium der Strafzumessung) bezeichnet werden, während Mediation das Verfahren und methodische Vorgehen der Konfliktbearbeitung beschreibt (hierzu 6.3.4).[643]

---

638 In der deutschen Sprache hat sich – nicht zuletzt aufgrund der unterschiedlichen Theorie- und Praxisansätze – ein Begriff, der Inhalt und Konzeption von RJ entsprechen würde (z.B. „ausgleichende bzw. wiederherstellende Gerechtigkeit", „ausgleichsorientierte Justiz"), bislang nicht durchgesetzt (Hagemann/Lummer 2012, 28 ff.; Trenczek 2014, 605 ff. u. 2022, 200 ff.).
639 Zehr 1985 und 2002; vgl. Domenig 2011, 24 ff; Hagemann 2023; Johnstone und van Ness 2007, 5 ff.; Matt 2002; Miers und Willemsens 2004; Pelikan und Trenczek 2006; Trenczek 2013, 2014, 2015a und 2022.
640 Hierzu Cromwell/Blad/Wright 2013; Trenczek 2013, 409 ff. Ursprünglich als Gegenmodell zur herrschenden Strafrechtsdoktrin im Hinblick auf die Bearbeitung mikro-sozialer Konflikte entwickelt (Zehr 1985) wird der RJ-Begriff auch von sozialpolitisch ausgerichteten Initiativen verwendet, die RJ mit Blick auf makro-soziale Konflikte (kultureller, ethnischer, religiöser, politischer Art) als Instrument einer global-/gesamtgesellschaftlichen Friedensarbeit verstehen (z.B. Truth and Reconciliation Commissions in Südafrika). Gemeinsam ist diesen Strömungen ihre sozial-ethische, friedensstiftende Ausrichtung (peace making), das zugrunde liegende interaktionistisch-konstruktivistische Weltbild sowie die daraus fließende Definition von Konflikt, Unrecht und Gerechtigkeit.
641 Da die weitaus meisten Ausgleichsverfahren im Rahmen der Diversion durchgeführt werden, verbietet es sich aufgrund der Unschuldsvermutung (Art. 6 EMRK) im rechtlichen Sinne von „Tätern" zu sprechen. Der in Deutschland übliche Begriff „Täter-Opfer-Ausgleich" ist schon deshalb problematisch. Beschuldigten, die keine Täter sind, sollten tunlichst überhaupt keinen Maßnahmen in einem strafrechtlichen Kontext auferlegt oder angetragen werden, insb. auch keine Maßnahmen, die mit Kriminalprävention legitimiert werden. In Österreich, welches in diesem Bereich eine quantitative wie qualitative begründete Vorreiterrolle spielt, sprich man begrifflich nicht von Täter-Opfer-, sondern von „Tatausgleich" (§ 204 ÖStPO; § 7 ÖJGG).
642 Pelikan/Trenczek 2006, 63 ff.; Trenczek et al. 2017 Kap. 5.19; Wright/Galaway 1989; vgl. auch die UN-Resolution zu Restorative Justice („Basic principles on the use of restorative justice programmes in criminal matters"; UN Economic and Social Council – ECOSOC Resolution 2002/12) sowie die ihr vorausgehende Empfehlung R (99) 19 des Europarats von 1999 „Mediation in Penal Matters".
643 Hartmann/Trenczek 2016; Trenczek 2022d und 2022b.

6.1 Wesenselemente der Restorative Justice

Restorative Justice wurzelt in zentralen Elementen auf verschiedenen Traditionen historischer und indigener Gesellschaften und deren Umgang mit abweichendem Verhalten.[644] Von Bedeutung ist, dass sich die Kompositionssysteme nicht auf die rein materielle Schadensregelung (Restitution) beschränken, sondern dass die Einbindung der Entschädigung in ein kommunikatives System des Aushandelns und der Leistungserbringung kennzeichnend war („*rituals of reconciliation*" – Versöhnungs- und Ausgleichsverfahren).[645] Die „moderne" RJ-Idee basiert im Wesentlichen auf der Wiederbelebung der Opferperspektive, Partizipation und Wiedergutmachung (6.1.1) sowie andererseits auf der Einbeziehung des Gemeinwesens (6.1.2).

360

6.1.1 Wiederbelebung der Opferperspektive: Partizipation und Wiedergutmachung

Nach dem „modernen" Strafrechtsverständnis westlicher Staaten handelt es sich bei einer Straftat (normativ) um eine Verletzung einer strafrechtlichen Rechtsnorm. Allein der Staat ist für die strafrechtliche Sozialkontrolle verantwortlich, ihre Funktion besteht vor allem im Rechtsgüterschutz. Das *staatliche Gewaltmonopol* ist eine der großen Errungenschaften des Rechtsstaats, allerdings fühlen sich die Opfer von Straftaten aufgrund der nahezu ausschließlichen Täterorientierung von den staatlichen Instanzen zumeist „außen vor gelassen" und oftmals re-viktimisiert.[646] Im Rahmen eines Strafverfahrens ist ihre Mitwirkung nicht nur marginal (hierzu 3.1), sondern sie dienen als Zeugen funktional nicht ihrem, sondern dem Verfahrensinteresse der Justiz.

361

RJ platziert das *Opfer* (wieder) in das Zentrum des Geschehens und definiert *Unrecht* nicht nur als Normbruch, sondern in erster Linie (phänomenologisch) als Verletzung des Rechtsträgers und legt den Fokus dabei auf das erlittene Leid und die Wiedergutmachung. Straftaten sind nicht nur (abstrakt-normative) Rechtsverletzungen, sondern werden zunächst als emotionale oder materielle Verletzungen durch ein konkretes Opfer wahrgenommen. Es handelt sich für die Beteiligten um Ärgernisse und Lebenskatastrophen.[647] Auch Straftaten sind – so die Erkenntnis seit Nils Christies berühmten Aufsatz „Conflicts as property" – nichts anderes als Ursache, Ausdruck und Folge von menschlichen *Konflikten*, die zu weiteren Konflikten und Eskalationen führen (können), wenn sie nicht angemessen bearbeitet werden.[648] Offensichtlich ist dies zunächst in Beziehungsdelikten, bei denen die strafrechtlich relevanten Handlungen häufig am Ende der fehlgeschlagenen Kommunikation stehen. Aber auch in den sog. situativen Konflikten, in denen die Beteiligten sich erstmals antagonistisch gegenüberstehen, geht es um die Verletzung, den Ärger, die Wut und die Interessen der Opfer, z.B. im Hinblick auf den Verbleib gestohlener Güter oder auf Schadensersatz und Schmerzensgeld,

362

---

644 Ziel war in diesen Systemen allerdings nicht die Konfliktlösung im „westlich-modernen" Sinn, sondern die Sicherstellung des Zusammenhalts des Sippenverbandes (soziale Kohäsion). Die Konfliktregelungssysteme basierten letztlich auf einem Ausmaß und einer Form sozialer Kontrolle, die für den „modernen" Rechtsstaat nicht mehr passend ist (hierzu Frehsee 1987, 12 ff.; Trenczek 2013, 268 ff.).
645 Pfohl 1981, 81; Trenczek 2014, 608; Zehr 2002, 97.
646 Statt vieler s. Haas 2022; Wright 1977, 22 ff.
647 Hanak et al. 1989.
648 Christie 1977, 1 ff. (5): „Criminal conflicts are [...] taken away from the directly involved parties. Criminal Conflicts have either become other peoples' property – primarily the property of lawyers – or it has been in other people's interest to define conflicts away. [...] It is the conflict itself that represents the most interesting property taken away, not the goods originally taken away from the victim." Vgl. Trenczek 2022, 196 f.

ohne deren Ausgleich die Wiederherstellung des sozialen Rechtsfriedens nicht möglich ist.

363 RJ wendet sich andererseits im Hinblick auf den Täter gegen die traditionelle Strafe als bewusste, Passivität und Stigmatisierung fördernde Übelszufügung. RJ geht über die (auferlegte) Verantwortungsübernahme durch eine kompensatorische Restitution hinaus und beinhaltet im Hinblick auf die Wiedergutmachung eine interaktionistische Komponente. Gerechtigkeit wird, wenn überhaupt, dann in der Interaktion von Menschen hergestellt, wofür ein faires Verfahren unabdingbare Bedingung ist.[649] Wesentlich ist hierfür die aktive *Teilhabe, Mitwirkung (Partizipation) und direkte Kommunikation* der Konfliktbeteiligten, wobei das Angebot der *Konfliktvermittlung/Mediation* von besonderer Bedeutung ist.[650] Im Unterschied zum staatlichen Gerichtsverfahren soll der Selbstbestimmung der Betroffenen Raum eingeräumt werden (Autonomie), ohne dass die Schutzmechanismen des Rechtsstaats (Gewaltmonopol) verloren gehen. Autonomie basiert freilich auf der Annahme „that full participation in the process of mediation requires the capacity of both victim and offender to stand up for oneself and one's interests, to speak out and to be able to 'agree and to disagree."[651] Von Autonomie kann man also nur sprechen, wenn die beteiligten Personen über die notwendige Handlungsfreiheit (Handlungsoptionen) und Handlungskompetenzen verfügen. RJ geht über die Bereitstellung von Handlungsspielräumen hinaus und beinhaltet die Förderung der Entwicklung von sozial-konstruktiven Handlungskompetenzen (*Empowerment*), womit – ganz im Sinne von Nils Christie (s.o.) – im Unterschied zum (gerichtlichen) Drittentscheidungsverfahren eine Rückaneignung der Konflikte stattfinden kann.

6.1.2 Gemeinwesenansatz – Community

364 RJ geht es nicht nur um den individuellen Ausgleich zwischen den unmittelbaren Konfliktbeteiligten, insb. Geschädigten und Verursachern, sondern auch um den Ausgleich der Störungen des Zusammenlebens in der sozialen Gemeinschaft. Gerade in diesem Punkt knüpft die (moderne) RJ-Idee an historisch überlieferte Vorbilder bzw. die Regelungssysteme indigener Gemeinschaften an. Da die soziale Gemeinschaft als solche geschädigt wurde, musste sie folgerichtig auch bei der Konfliktbearbeitung mit einbezogen werden, weshalb eine Versammlung („*conference*") mit allen relevanten Angehörigen der Großfamilie durchgeführt wurde. RJ wird deshalb häufig als *gemeinwesenorientierter Konfliktregelungsansatz* bezeichnet.[652] Der im angelsächsischen Sprachraum verwendete Begriff „Community" ist allerdings diffus.[653] „*Community*"

---

649 Rawls 1958, 164 ff.; ders. 1971; Klinger/Bierbrauer 2006, 36 ff. und 71 ff.; Montada 1999, 3 ff. Vgl. Walzer 1994, 30: „Gerechtigkeit ist ein menschliches Konstrukt; und es steht keineswegs fest, dass sie nur auf eine einzige Weise hergestellt werden kann".
650 Netzig/Trenczek 1996, 241 ff.
651 Pelikan/Trenczek 2006, 66.
652 Auf die begrifflichen und konzeptionellen Unterschiede zwischen Restorative Justice und Community Justice wird allerdings nicht immer hinreichend deutlich hingewiesen, hierzu vgl. Bazemore/Schiff 2001, 27 ff.; Stout 2023, 80 ff. Je nachdem, wie intensiv Gemeinwesen-orientierte Elemente in der Konfliktbearbeitung berücksichtigt werden, werden die in der internationalen Praxis durchgeführten Verfahren als unterschiedlich stark „restorative" ausgerichtet bezeichnet (Trenczek 2022, 201). Von „fully" Restorative Justice-Verfahren könne man nur sprechen, wenn die Community einbezogen werde und die Trias „Opfer – Täter – Community" ausbalanciert sei. Deshalb sei ein Mediationsverfahren mit den Konfliktparteien (victim-offender-mediation) weniger und nur die sog. Conferencing- und Peace Circle-Verfahren unter Einbindung der „Community" fully restorative (vgl. Wachtel 2016, 4).
653 Kreissl 1987, 269 ff.; Hanak 1996, 54 ff.

6.1 Wesenselemente der Restorative Justice

muss nicht als geographischer Ort definiert, sondern kann als soziale Gemeinschaft von persönlichen Beziehungen verstanden werden.[654] Wesentliches Element auch der „modernen" Adaptation von RJ-Konferenzen ist, dass in das Konfliktschlichtungsverfahren nicht nur die unmittelbar am Konflikt Beteiligten, sondern weitere Personen und Gruppenrepräsentanten einbezogen werden.[655] Im deutschsprachigen Europa verzichtet man auf die mitunter etwas seltsam anmutende Community-Rhetorik; stattdessen bemühen sich zivilgesellschaftliche Initiativen um eine Informalisierung der Streitregelung im sozialen Nahraum, um einen niedrigschwelligen Zugang zu Konfliktregelungsangeboten zu organisieren.[656] Kennzeichen hierfür sind vor allem die Bereitstellung von Mediationsdienstleistungen durch gemeinnützige Organisationen und die Einbeziehung von Freiwilligen (*„volunteers"*/„ehrenamtlichen" Mitarbeitern) im Rahmen der Konfliktbearbeitung.[657]

6.1.3 Restorative Justice als neues Konfliktregelungsparadigma?

Im Zusammenhang mit RJ wird mitunter von einem neuen „Konfliktregelungsparadigma" gesprochen.[658] Ob man tatsächlich von einem neuen „Paradigma" im Sinne von Thomas Kuhn (1970) sprechen kann, sei einmal dahingestellt. Es lassen sich aber deutliche Unterschiede zwischen dem herkömmlichen in das Justizsystem implementierten Reaktionsschema und RJ feststellen. Im Wesentlichen geht es RJ nicht um vergangenheitsorientierte wie individualisierende Schuldzuschreibungen, sondern um zukunftsgerichtete, ganzheitliche Konfliktlösungen.[659] Der RJ-Idee gelingt es, zwei unterschiedliche Perspektiven miteinander zu verknüpfen. Zum einen geht es um (viktimologisch begründete) Forderungen der Opferbewegung, zum anderen um sog. strafrechtskritische Ansätze, die im Hinblick auf die Prävention sozialschädlichen Verhaltens eine Alternative zu den traditionellen Sanktionen (Diversion[660]) oder gar zum Strafrecht als solchem (Abolitionismus) propagierten.[661] Der Fokus auf das Leid der von Unrecht betroffenen Opfer und die Stärkung der Opferrolle im Verfahren geht im RJ-Ansatz nicht mit einer stärkeren Punitivität einher.[662] Anders als bei der staatlichen Sanktion liegt in der Übernahme der Wiedergutmachungsverantwortung keine Übelszufügung. Während Strafe zur sozialen Ausgrenzung führt, zielt RJ auf die soziale (Re)Integration beider, Opfer wie Täter, in die Gesellschaft bzw. soziale Gemeinschaft.[663]

---

654 McCold/Wachtel 1998, 71 ff.; Stout 2023, 6.
655 Bazemore/Schiff 2001, 28 ff.; Pranis et al. 2003; Stout 2023, 6 ff.; Trenczek 2013a, 268 ff.; zu entsprechenden Ansätzen (sog. „Gemeinschaftskonferenzen") in Deutschland Hagemann 2016.
656 Ausführlich zur Rolle des Rechts und der Konfliktbearbeitung in der modernen Zivilgesellschaft s. Trenczek 2005, 3 ff.
657 Hierzu Bazemore/Schiff 2001, 28; Becker 2018; Götz/Schäfer 2008; Murray 2022 15 ff.; Trenczek 2005 und 2017; Splinter 2005, 14 ff.; Shonholtz 1984.
658 Zehr 1985, 4; Sessar et al. 1986, 86.
659 Zehr 1985, Appendix; Trenczek 2013, 616 und 2022, 197 f.
660 Insbesondere die ATA-Programme in Österreich sowie die ersten TOA-Programme im Bereich des Jugendstrafrechts in Deutschland verstanden sich explizit als Diversionsprojekt im Rahmen der §§ 45, 47 JGG. Mittlerweile wird in Österreich auf das Adjektiv „außergerichtlich" verzichtet und nur noch von Tatausgleich (TA) gesprochen, um dessen Anwendungsbereich im gerichtlichen Verfahren zu vergrößern.
661 Bianchi 1974, 89 ff.; Christie 1981; Malzahn 2022; Sessar 1992; Temme 2008, 83 ff.
662 Crawford/Goodey 2000; Cromwell et al. 2013; vgl. Kerner 1985, 495 ff.; zur Definition von Punitivität s. Cornel/Graebsch et al. 2023.
663 Trenczek 2013, 409 ff.; Walgrave 2002, 25.

6. Restorative Justice

6.2 Restorative Justice im deutschen Strafrecht

366 In Deutschland ist der RJ-Ansatz über den sog. *Täter-Opfer-Ausgleich* (TOA) ins Strafrecht re-implementiert worden.[664] Dieser ist das in Deutschland und Europa vorherrschende RJ-Praxismodell[665] – auch wenn nicht überall RJ drin ist, wo TOA drauf steht.[666] Unter einem Täter-Opfer-Ausgleich (TOA) versteht das Gesetz das Bemühen des Beschuldigten, einen Ausgleich mit dem Verletzten zu erreichen und dabei die Tat ganz oder zum überwiegenden Teil wiedergutzumachen bzw. die Wiedergutmachung ernsthaft zu erstreben (§ 46a Nr. 1 StGB). Dabei sollen die durch das Unrecht verursachten und vom Opfer erlittenen ideellen und materiellen Schäden ausgeglichen werden. Mit der Verantwortungsübernahme durch den Beschuldigten kann nicht nur die Tatschuld (§ 46 Abs. 1 sowie Abs. 2 a.E. StGB) gemindert werden (was ggf. eine Strafmilderung oder informelle Erledigung des Strafverfahrens rechtfertigt), sondern auch bei gleichzeitiger Bereitschaft des Opfers, einen solchen Ausgleich anzunehmen, der Konflikt (s.o. 6.1.1) gelöst und der soziale Rechtsfrieden wieder hergestellt werden.[667] Idealerweise wird Beschuldigten („Tätern"[668]) wie Geschädigten (Opfern) das Angebot gemacht, mithilfe einer dritten Person als Vermittler*in eine von allen Beteiligten akzeptierte und mitgetragene Regelung zu finden, die geeignet ist, Konflikte, die zwischen ihnen bestehen und zu der Tat geführt haben bzw. durch sie verursacht wurden, beizulegen oder zumindest zu entschärfen. *TOA und Mediation in strafrechtlichen Konflikten sind allerdings nicht deckungsgleich!* Mediation ist der Begriff für das (für einen TOA nicht erforderliche, s.u.) Vermittlungsverfahren in (ggf. strafrechtlichen) Konflikten, um im besten Fall eine durch einen Ausgleich und eine Wiedergutmachung erkennbare Konfliktlösung zu ermöglichen (s. 6.4). Der Ausgleich zwischen Tätern und Opfern stellt ein Instrument zur autonomen Konfliktbewältigung dar und ist selbst zwar kein Teil des Strafverfahrens,[669] weshalb das Strafrecht auch keine Regelungen zum Ausgleichs- bzw. Konfliktvermittlungsverfahren enthält, die strafrechtlichen Regelungen ermöglichen aber eine darauf gestützte Verfahrens- oder Sanktionsentscheidung (s. 6.3). Aus strafrechtlicher Perspektive geht es bei den TOA-Regelungen allein um die Bewertung bzw. Anerkennung der außergerichtlichen Ausgleichs- und Wiedergutmachungsbemühungen des Beschuldigten im Rahmen der Verfahrensentscheidung (StPO, JGG) bzw. Strafzumessung (StGB, JGG). Das MediationsG enthält für diese, allein der Strafjustiz vorbehaltenen Entscheidung keine Regelungen, sondern befasst sich ausschließlich mit der verfahrensmäßigen Ausgestaltung

---

[664] Hierzu Bals et al. 2005; Dewitz 2023; Kaspar et al. 2014; Rössner/Marks 1989; Trenczek 1992, 130 f. u. 2014, 605 ff.

[665] Neben der Mediation in strafrechtlich relevanten Konflikten finden sich international (weniger in Deutschland und Europa) im Rahmen von RJ-Programmen auch sog. *Conferencing-* oder auch *Circle-Verfahren*, in die nicht nur unmittelbar am Konflikt beteiligten, sondern weitere Personen einbezogen werden; Pranis et al. 2003; zur RJ- und Conferencing Praxis in Neuseeland Trenczek 2013a, 268 ff.; die vergleichbaren Versuche von sog. „Gemeinschaftskonferenzen" (vgl. Hagedorn 2016) haben sich hierzulande bislang nicht durchgesetzt, nicht einmal die im RJ-Modell eigentlich selbstverständliche Einbeziehung von Unterstützer*innen auf beiden Seiten (Opfern wie Beschuldigten) wird im bilateralen TOA-Modell in Deutschland umgesetzt.

[666] Hartmann/Trenczek 2016, 327; Trenczek/Hartmann 2017, 43; Trenczek 2022b, 45.

[667] BT-Drs. 12/6853, 21 f.; BGH 9.5.2000 – 1 StR 106/00, S. 13; MüKo-StPO/Teßmer 2024§ 155a Rn 2; ausführlich hierzu die Beiträge in Marks/Rössner 1989.

[668] S. Anmerkung in Fn 641.

[669] Trenczek 2003b, 106 ff.; 2003, 272; so mittlerweile auch das BMJV https://www.bmj.de/DE/themen/praevention_opferhilfe/opferschutz_strafverfahren/taeter_opfer_ausgleich/taeter_opfer_ausgleich_node.html [letzter Abruf 15.01.2024].

6.2 Restorative Justice im deutschen Strafrecht

und Qualitätssicherung der Konfliktvermittlung (hierzu s. 6.4).[670] Etwaige Verstöße gegen das MediationsG berühren deshalb nicht das Strafverfahren, weil die strafrechtliche Bewertung eines Täter-Opfer-Ausgleich keine Mediation voraussetzt, sondern lediglich einen kommunikativen Prozess (s. nachfolgend) bzw. das ernsthafte Bemühen um einen Ausgleich. Verstöße gegen das MediationsG können aber arbeits-, zivil- und strafrechtliche Konsequenzen haben.

Die *gesetzlichen Regelungen zum TOA* finden sich an ganz unterschiedlichen Stellen. Das deutsche Strafrecht hat dem Wiedergutmachungs- und Ausgleichsgedanken nicht nur als allgemeinen Gesichtspunkt der Strafzumessung (§ 46 Abs. 2 a.E. StGB) Rechnung getragen, sondern insb. durch *§ 46a StGB* hervorgehoben.[671] Damit ist sowohl eine Strafrahmenverschiebung nach § 49 StGB wie auch ein Absehen von Strafe (§ 60 StGB) möglich.[672] Besondere Bedeutung wird einem TOA vor allem im Rahmen der *Diversion* zugemessen.[673] Zu nennen sind hier insb. die §§ 45 Abs. 2, 47 Abs. 1 Nr. 2 JGG, § 153a Abs. 1 Nr. 5 sowie § 153b StPO, wobei letzterer ebenso wie die Vorschriften des JGG nicht auf Vergehenstatbestände begrenzt sind.[674] Mit Blick auf das friedensstiftende Potential eines Ausgleich der Interessen von geschädigten Opfern und Beschuldigten, sind Staatsanwaltschaft und Gerichte dazu angehalten, in jedem Stadium des Verfahrens die Möglichkeiten für einen Ausgleich zwischen Beschuldigtem und Verletztem/n zu prüfen und in geeigneten Fällen darauf hinwirken. Nach § 155b Abs. 1 StPO können sie zum Zweck des TOA auch eine mit der Durchführung einer Konfliktvermittlung beauftragte Stelle einschalten (und dürfen insoweit entsprechende Daten an diese übermitteln), das Konfliktregelungsverfahren läuft allerdings nicht unter der Ägide der Strafjustiz ab. Auch ohne eine Verweisung können sich die Beteiligten (ggf. durch Anregung ihrer Rechtsanwälte) auf eine Konfliktregelung und Ausgleich verständigen.[675]

367

Die strafrechtlichen Vorschriften im Hinblick auf die Anerkennung eines zwischen den Beschuldigten und geschädigten Opfern einer Straftat vereinbarten Ausgleichs werden in der Praxis nicht immer mit der hinreichenden Sorgfalt angewendet. Mitunter wird auch von Strafverteidiger*innen versucht, Strafmilderungen für ihre Mandanten mit Bezug auf die TOA-Regungen zu erreichen, indem (mitunter nach ursprünglichen Bestreiten des Tatvorwurfs) am Ende der Gerichtsverfahren eine unvermeidliche Verurteilung vor Augen ein Scheck zur Zahlung von Schadensersatz ausgestellt wird. Nach den strafrechtlichen Regelungen reicht es zwar nach dem Wortlaut aus, dass die beschuldigte Person sich ernsthaft bemüht, einen Ausgleich mit der/dem Verletzten zu erreichen, um die Tat ganz oder zum überwiegenden Teil wiedergutzumachen oder deren Wiedergutmachung zu erstreben (§ 46a Nr. 1 StPO; § 153a Abs. 1 Nr. 5

368

---

670 Ausführlich Hartmann/Trenczek 2016; Trenczek 2022b.
671 Vgl. BGH 31.05.2002 – 2 StR 73/02, Rn 26 (§ 46a StGB als „vertypter Strafmilderungsgrund"); Fischer 2024 § 46a Rn 4. Zum Wiedergutmachungsgedanken als (neben absoluten und relativen Straftheorien) sog. „dritten Spur" des Kriminalrechts s. Kap. 4.1; vgl. Frehsee 1987, 119; Marks/Rössner 1987, 39 ff.; Schöch 1987.
672 Fischer 2024 § 46a Rn 4; NK-StGB/Streng/Klett-Straub 2023 § 46a Rn 1.
673 NK-StGB/Streng/Klett-Straub 2023 § 46a Rn 5 ff. (Die Verpflichtung zu einem) TOA ist allerdings sowohl im Jugend- als auch im allgemeinen Strafrecht nicht nur im Rahmen der Diversion, sondern z.T. auch als Sanktion bzw. als Auflage vorgesehen (§ 10 Abs. 1 S 3 Nr. 7 JGG; § 56b Abs. 2 Nr. 1, § 59a Abs. 2 Nr. 1 StGB). Zu den gesetzlichen Regelungen und Praxismodellen des TOA im Strafvollzug Kilchling 2017; Schlupp-Hauck et al. 2017; Steffen 2005; vgl. das TOA-Magazin Schwerpunktheft 01/Sept. 2013.
674 Dölling et al./Pfordte 2022 StPO § 153b Rn 1; MüKoStPO/Peters 2024 § 153b Rn 22; NK-StGB/Streng/Klett-Straub 2023 § 46a Rn 9; Eisenberg/Kölbel 2023 § 45 Rn 30.
675 MüKoStPO/Teßmer 2024 § 155b Rn 6b.

StPO). Allerdings hat der BGH wiederholt betont, dass die strafrechtliche Wiedergutmachung im Sinne von § 46a StGB nicht mit dem zivilrechtlichen Schadensersatz gleichgesetzt werden dürfe und es bei einem TOA mithin nicht allein die Erfüllung von Schadensersatzansprüchen gehe.[676] Wenngleich weder die vollständige Erfüllung bestehender Schadensersatzansprüche noch in anderer Form ein vollständiger "Wiedergutmachungserfolg" erforderlich sei, sei der „vertypte Strafmilderungsgrund" des § 46 a StGB an weitergehende *Voraussetzungen* geknüpft.[677] Das Bemühen des Beschuldigten müsse zum einen auf einen *umfassenden Ausgleich* der durch die Straftat verursachten (ideellen und materiellen) Folgen gerichtet sein und zum anderen sich auch das Opfer auf freiwilliger Grundlage zu einem Ausgleich bereitfinden und sich auf ihn einlassen. Das einseitige Wiedergutmachungsbestreben ohne den Versuch der Einbeziehung des Opfers genügt nicht. § 46a Nr. 1 StGB ist mithin nur anwendbar, wenn das Opfer die Leistungsbemühungen des Täters als friedensstiftenden Ausgleich akzeptiert (vgl. auch § 155a S. 3 StPO).[678] Die strafrechtlichen Vorschriften zur Anerkennung einer von den (Konflikt-)Beteiligten vereinbarten Ausgleichsregelung als TOA setzen deshalb nach ständiger Rechtsprechung einen *kommunikativen Prozess zwischen Täter und Opfer* voraus.[679] Dafür ist aber weder zwingend die Vermittlung durch einen neutralen Dritten erforderlich noch ein persönlicher Kontakt zwischen Täter und Opfer.[680] Freilich kann eine solche Konfliktvermittlung den Wiedergutmachungsprozess fördern und das Ausgleichsverfahren den kommunikativen Prozess zwischen Beschuldigtem und Opfer unterstützen, weshalb Staatsanwaltschaft und Gericht nach § 155a StPO nicht nur darauf hinwirken sollen, sondern es der Strafjustiz nach § 155b Abs. 1 StPO erlaubt, den Fall an eine Ausgleichsstelle außerhalb der Justiz (insb. auch freier Träger, vgl. § 155b Abs. 3 StPO) zu überweisen und hierzu die erforderlichen Daten zu übermitteln. Allerdings kann und ggf. muss eine zwischen Beschuldigten und Geschädigten (außerhalb des Strafverfahrens) vereinbarte Ausgleichsleistung nach § 46a StGB auch ohne vorausgehende Fallverweisung der StA an eine Ausgleichsstelle berücksichtigt werden, da dieser ohnehin kein Teil des Strafverfahrens darstellt (s.o.). Die „Durchführung des TOA" beschränkt sich im strafrechtlichen Sinne (entgegen der missverständlichen Normüberschrift des § 155b StPO) mithin auf die (straf- wie datenschutzrechtlich zulässige) Fall-Verweisung, regelt aber nicht das Ausgleichsverfahren bzw. die Konfliktvermittlung als solche.[681] Für Verfahren der Konfliktvermittlung enthalten die strafrechtlichen Vorschriften keine Regelungen, dieses richtet sich nicht nach den

---

676 BGH 31.05.2002 – 2 StR 73/02; BGH 27.08.2002 – 1 StR 204/02; BGH 7.12.2005 – 1 StR 287/05.
677 BGH 31.05.2002 – 2 StR 73/02, Rn 26.
678 BGH 27.08.2002 – 1 StR 204/02; BGH 19.12.2002 – 1 StR 405/02; BGH 7.12.2005 – 1 StR 287/05. Ist das Opfer nicht bereit, an einem Ausgleich(sverfahren) mitzuwirken, ist für § 46a StGB kein Raum. Das ernsthafte Bemühen des Beschuldigten kann allerdings im Hinblick auf § 46 StGB berücksichtigt werden; vgl. zur Problematik der fehlenden Mitwirkungsbereitschaft des Opfers MüKoStGB/Maier 2020 § 46a Rn 26 ff.; NK-StGB/Streng/Klett-Straub 2023 § 46a Rn 14.
679 BGH 27.08.2002 – 1 StR 204/02; BGH 19.12.2002 – 1 StR 405/02; BGH 7.12.2005 – 1 StR 287/05; BGH 31.05.2002 - 2 StR 73/02, Rn. 27 weist ausdrücklich darauf hin, dass hierzu eine von den Anwälten beider Seiten unterzeichnete schriftliche Vereinbarung nicht ausreicht.
680 BGH 31.05.2002 - 2 StR 73/02, Rn. 27.
681 MüKo-StPO/Teßmer Rn 1 spricht anders als viele korrekt von der „verfahrensrechtlichen Verankerung des Täter-Opfer-Ausgleichs". Auch die landesrechtlichen Regelungen (hierzu vgl. MüKoStPO/Teßmer 2024 § 155a Rn 39) enthalten hierfür keine Regelungen, vielmehr geht es insoweit zumeist um Richtlinien zur Anwendung bzw. Auslegung der strafrechtlichen Regelungen (z.B. Täter-Opfer-Ausgleich im Rahmen staatsanwaltschaftlicher Entscheidungen - Rundverfügung des Generalstaatsanwalts vom 03.012012 – 422 – 52 – SchlHA 2012, 8), um Auflistungen als zuverlässig angesehener Ausgleichsstellen/Träger, an die entsprechende Daten übermittelt werden dürfen oder um Förderrichtlinien (vgl. z.B. Nds. Richtlinie für den Täter-Opfer-Ausgleich im allgemeinen Strafrecht - TOA-Richtlinie – gem. RdErl. d.

6.3 RJ und TOA unter Beachtung der Europäischen Opferschutzrichtlinie

strafrechtlichen, sondern nach anderen Vorschriften, je nachdem, welches Verfahren von den (Konflikt-)Beteiligten vereinbart wurde (zur Anwendung des MediationsG, s. 6.4).

6.3 RJ und TOA unter Beachtung der Europäischen Opferschutzrichtlinie

Die Europäischen Opferschutzrichtlinie (EOR) vom 25.10.2012 legt Mindeststandards für die Rechte, die Unterstützung und den Schutz von Opfern von Straftaten fest, die die Mitgliedsstaaten der Europäischen Union bis zum 16.11.2015 in ihr nationales Recht umsetzen mussten (Art. 27 Abs. 1 EOR; hierzu 3.1).[682] Um der Verpflichtung aus der EOR nachzukommen, hat der deutsche Gesetzgeber am 21.12.2015 das Gesetz zur Stärkung der Opferrechte im Strafverfahren (3. Opferrechtsreformgesetz - 3. ORRG) erlassen (s.3.1). Der Täter-Opfer-Ausgleich ist darin in § 406i StPO erwähnt, der vorsieht, dass die Verletzten möglichst frühzeitig und regelmäßig schriftlich über ihre Befugnisse im Strafverfahren zu unterrichten sind und insb. auch darauf hinzuweisen sind, dass sie nach Maßgabe des § 155a StPO eine Wiedergutmachung im Wege eines TOA erreichen können (§ 406i Abs. 1 Nr. 5 StPO).

369

Die EOR verpflichtet die Mitgliedsstaaten sicherzustellen, dass Opfer von Straftaten bei allen Kontakten u.a. mit *Wiedergutmachungsdiensten* („*restorative justice services*")eine respektvolle, einfühlsame, individuelle, professionelle und diskriminierungsfreie Behandlung erfahren (Art. 1 Abs. 1 S. 2 EOR). Als „Wiedergutmachung" definiert die Art. 2 Nr. 1d EOR: „ein Verfahren, das Opfer und Täter, falls sie sich aus freien Stücken dafür entscheiden, in die Lage versetzt, sich mit Hilfe eines unparteiischen Dritten aktiv an einer Regelung der Folgen einer Straftat zu beteiligen". In der Erwägung Nr. 46 der EOR werden als Wiedergutmachungsdienste genannt „Mediation zwischen Tätern und Opfern", „Familienkonferenzen" und „Schlichtungskreise". Der Begriff „Täter-Opfer-Ausgleich" findet sich in der Richtlinie dagegen nicht.[683] Nach Art. 12 Abs. 1 EOR müssen die Mitgliedsstaaten insb. Maßnahmen ergreifen, dass Opfer, die sich für die Teilnahme an Wiedergutmachungsverfahren entscheiden, *Zugang zu sicheren und fachgerechten Wiedergutmachungsdiensten* erhalten, und dabei die folgenden Voraussetzungen beachtet werden:[684]

370

- Die Wiedergutmachung/Mediation muss im Interesse des Opfers liegen, die Sicherheit des Opfers im Rahmen der Mediation muss gewährleistet sein, die Teilnahme muss auf der freien und in Kenntnis der Sachlage erteilten Einwilligung des Opfers beruhen;
- Vor der Erklärung seiner Teilnahmebereitschaft muss das Opfer umfassend und unparteiisch über das Ausgleichsverfahren, dessen möglichen Ausgang und über die Verfahren zur Überwachung der Einhaltung einer Vereinbarung unterrichtet werden;

MJ u. d. MI v. 19.04.2016 – 4131-403.16 sowie die daran anschließenden Fördergrundsätze des Landes Nds. für die Durchführung des Täter-Opfer-Ausgleichs im Erwachsenen Strafrecht vom Sept. 2017.

682 Amtsblatt EU vom 14.11.2012 L 315/57; ausführlich hierzu Hartmann/Trenczek 2016, 328 ff. Vgl. auch Recommendation CM/Rec(2023)2 of the Committee of Ministers to member States on rights, services and support for victims of crime (Adopted by the Committee of Ministers on 15 March 2023), insb. Art. 5.1 und Art. 18 in dem das Recht auf eine Restorative Justice nochmals ausdrücklich hervorgehoben wurde. Vgl. auch die Empfehlung des Europarats Council of Europe Recommendation CM Rec (2018) 8 concerning restorative justice in criminal matters vom 03.10.2018.
683 Hartmann/Trenczek 2016, 328.
684 Hartmann/Trenczek 2016, 329.

- der Beschuldigte muss den zugrunde liegenden Sachverhalt im Wesentlichen zugegeben haben;
- auch der Abschluss einer Vereinbarung ist freiwillig und kann im weiteren Strafverfahren berücksichtigt werden;
- nicht-öffentlich geführte Gespräche sind vertraulich, es sei denn die Betroffenen stimmen der Bekanntgabe zu oder diese ist wegen eines überwiegenden öffentlichen Interesses nach einzelstaatlichem Recht erforderlich.

371 Der deutsche Gesetzgeber beruft sich im Hinblick auf die in Art. 12 EOR geregelten Schutzmaßnahmen für Opfer auf die bereits bestehenden Regelungen zum sog. TOA in § 46a StGB, § 136a Abs. 1 S. 4, § 153a Abs. 1 Nr. 1, § 155a StPO.[685] Mit Hinweis auf die mittlerweile ergangene Rechtsprechung werden in der Gesetzesbegründung zwar (z.T. nicht ganz korrekt) auf einige strafrechtliche Kriterien für die Anwendung und Berücksichtigung eines Täter-Opfer-Ausgleichs hingewiesen (z.B. freiwillig und nicht gegen den Willen des Verletzten, Geständnis des Beschuldigten sei erforderlich[686]). Allerdings lassen die zitierten Vorschriften nicht nur offen, unter welchen Voraussetzungen ein Fall für ein Vermittlungs- und Wiedergutmachungsverfahren „geeignet" ist, sondern vor allem sind in den o.g. strafrechtlichen Regelungen nicht die von der EOR geforderten *Qualitätsanforderungen bei der Durchführung der Wiedergutmachungsdienste* geregelt. Solche Vorschriften (z.B. Allparteilichkeit und Vertraulichkeit der Konfliktvermittlung, Verhaltenspflichten der Vermittler*innen, s. nachfolgend) finden sich dagegen ausschließlich im MediationsG. Mithin werden die nach Art. 12 Abs. 2 EOR zum Schutz der Opfer vor sekundärer oder wiederholter Viktimisierung notwendigen gesetzlichen Regelungen ausschließlich durch Bestimmungen des MediationsG (insb. die §§ 1 Abs. 2 und 2 Abs. 2, §§ 3 – 5) sichergestellt, die den Mediator*innen eine Fürsorgepflicht für den Ablauf der Mediation auferlegen.[687] Im Ergebnis muss man mithin feststellen, dass der deutsche Gesetzgeber mit seinen Regelungen zum TOA den Forderungen der EOR nicht genüge getan hat und einem (Vertrags-)Verletzungsverfahren wegen Verstoß gegen europäischen Rechts nach Art. 258 f. AEUV nur deshalb entgeht, wenn und soweit die Vorschriften des MediationG auch bei der Vermittlung strafrechtlich relevanter Konflikte angewendet werden.

6.4 Mindeststandards in der Vermittlung strafrechtlich relevanter Konflikte

372 Im Hinblick auf konzeptionelle Mindeststandards in der Vermittlung strafrechtlich relevanter Konflikte ist es erforderlich, sich einerseits an den Grundlagen der RJ-Idee zu orientieren und zum anderen die Regelungen des Mediationsgesetzes und der EOR

---

685 BT-Drs. 18/4621, 16 f.. Die Verfasser der Gesetzesbegründung sahen insgesamt keinen Umsetzungsbedarf bzgl. der EOR, da im deutschen Recht alles Wesentliche bereits geregelt sei (z.T. wird insofern auch auf das Adhäsionsverfahren verwiesen, mithin auf in der Praxis kaum noch angewandte Regelungen; „totes Recht"). Soweit es um den Anspruch auf Zugang zu entsprechenden Wiedergutmachungsdiensten gehe, sei die EOR im Zuständigkeitsbereich der Länder umzusetzen.

686 Nach der Rspr. des BGH ist das Fehlen eines umfassenden, uneingeschränkten Geständnisses nicht Voraussetzung, wenn der Beschuldigte seine (Tat-)Verantwortung zumindest eingeräumt hat (Schuldeingeständnis) bzw. Verantwortung übernimmt ; BGH 9.8.2022 – 1 StR 254/22; BGH 9.5.2017 - StR 576/16; BGH 19.12.2002 - 1 StR 405/02, Rz 19: Es obliegt dem Tatrichter, ... nach den Umständen des Einzelfalls in wertender Betrachtung festzustellen, inwieweit der Täter freiwillig Verantwortung für sein Handeln übernimmt.

687 Hartmann/Trenczek 2016, 329; Hartmann/Haas 2014, 132 ff.; Trenczek/Hartmann 2017, 42 f.

6.4 Mindeststandards in der Vermittlung strafrechtlich relevanter Konflikte

einzuhalten.[688] Dabei ist zu beachten, dass den Vorschriften des Mediationsgesetzes ein *funktionaler Mediatorenbegriff* zugrunde liegt (§ 1 Abs. 2 MediationsG), d.h., jede/r Vermittler*in, der/die eine Mediation im Sinne des § 1 Abs. 1 MediationsG durchführt, unterliegt den normativ-fachlichen Standards des Mediationsgesetzes.[689] Insoweit ist es unerheblich, ob das Verfahren bzw. das Vorgehen als „Mediation", „Klärungshilfe", „(Konflikt-)Moderation", „Schlichtung", „Täter-Opfer-Ausgleich" oder was auch immer bezeichnet wird, über welche berufliche Grundqualifikation die Vermittler/Berater verfügen, ob sie daneben als Rechtsanwälte, als psychologische bzw. psychosoziale Berater oder Wirtschafts- und Unternehmensberater tätig sind.

Für die Vermittler in strafrechtlichen Konflikten gelten dieselben *Hinweis- und Verhaltenspflichten* wie für andere Mediator*innen.[690] Schon im Rahmen der unabdingbaren Auftragsklärung müssen Mediator*innen auf einige Aspekte hinweisen, von denen nachfolgend nur die wichtigsten behandelt werden. Nach § 2 Abs. 2 MediationsG müssen sich die Mediator*innen vergewissern, dass die Parteien die Grundsätze und den Ablauf des Mediationsverfahrens verstanden haben. Die insoweit zur Verfügung gestellten Informationen sollen den Parteien eine fundierte Entscheidung darüber ermöglichen, ob sie überhaupt an einer Mediation teilnehmen und ob diese gerade auch mit dieser Person als Vermittler*in stattfinden soll. Insoweit hat die EOR wesentliche Vorgaben gemacht (s. 6.3). Dies gilt u.a. auch für das Qualifikationsniveau der Mediator*innen (Art. 12 Abs. 1 S. 2 EOR), die Freiwilligkeit der Teilnahme (Art. 12 Abs. 1 Buchst. a EOR) und die Vertraulichkeit der Kommunikation (Art. 12 Abs. 1 Buchst. e EOR). Hinsichtlich der Struktur der Mediation und der Neutralität/Allparteilichkeit[691] formuliert Art. 12 EOR insb. Anforderungen an den Schutz der Opfer vor sekundärer Viktimisierung und die umfassende Information über den Verlauf und das mögliche Ergebnis der Mediation. Dies bedingt, dass die Beteiligten auch über einen möglichen Einfluss auf die strafrechtliche Verfahrenserledigung, die Sanktion und sonstige Rechtsfolge aufzuklären sind, ohne eine individuelle Rechtsberatung durchzuführen. Art. 12 Abs. 1 Buchst. a EOR verlangt, wie § 2 Abs. 2 MediationsG, dass die Parteien die Mediation jederzeit beenden können. Art. 12 Abs. 1 Buchst. b EOR enthält wie § 2 Abs. 6 MediationsG Anforderungen bezüglich einer Aufklärung über die Abschlussvereinbarung und über die Verfahren zur Überwachung der Einhaltung der Vereinbarung.

Nach § 2 Abs. 6 S. 2 MediationsG wirken Mediator*innen im Falle einer Einigung darauf hin, dass die Parteien die Vereinbarung in Kenntnis der Sachlage treffen und ihren Inhalt verstehen. In einer Mediation müssen (auch anwaltliche) Mediator*innen darauf achten, dass die Streitparteien Zugang zu ihren verpflichteten (parteilichen)

---

688 Die sog. TOA-Standards in der Fassung (2018) entsprechen nicht der geltenden Rechtslage in Deutschland (hierzu ausführlich Hartmann/Trenczek 2016; Trenczek/Hartmann 2017).
689 Trenczek 2022a. Die ursprüngliche Intention des Justizministeriums, die Konfliktvermittlung in strafrechtlich relevanten Konflikten vom Anwendungsbereich des MediationsG auszunehmen, ist vom Gesetzgeber nicht umgesetzt worden. Richtig ist, dass das MediationsG keine Regelungen zum Täter-Opfer-Ausgleich enthält, da es sich hierbei trotz der Nähe zur Mediation um eine gesetzlich bereits geregelte Spezialmaterie handelt (vgl. vgl. BT-Drs. 17/5335, 11). Wie o.g. (s. 6.2.) erläutert, handelt es sich bei den TOA-Regelungen ermöglichen lediglich eine Verfahrens- oder Sanktionsentscheidung im Hinblick auf eine außerhalb des strafrechtlichen Verfahrens getroffene Ausgleich- und Wiedergutmachungsvereinbarung (Hartmann/Trenczek 2016, 330; Trenczek/Hartmann 2017, 43; Trenczek 2022b). Dies wird mittlerweile auch vom BJMV anerkannt, s. https://www.bmj.de/DE/themen/praevention_opferhilfe/opferschutz_stra fverfahren/taeter_opfer_ausgleich/taeter_opfer_ausgleich_node.html [letzter Abruf 15.01.2024].
690 Hartmann/Trenczek 2016, 330 ff.; Trenczek 2022b.
691 Hierzu Trenczek 2016.

Rechtsberatern und Anwälten haben (§ 2 Abs. 6 S. 2 MediationsG). Insb. muss auf die Möglichkeit hingewiesen werden, die Vereinbarung durch externe Berater prüfen zu lassen.

375 Mediator*innen müssen nach § 1 Abs. 2 MediationsG eine „unabhängige und neutrale Person" sein. Einerseits geht es um die *persönliche Unabhängigkeit* von den Parteien, andererseits aber auch von institutionellen Zielen und Vorgaben. Für organisationsintern arbeitende, angestellte Mediator*innen besteht hier nicht selten ein Problem im Hinblick auf ihre gesetzlichen Aufgaben (z.b. der Gerichtshilfe nach § 160 Abs. 3 S. 2, § 463d StPO), institutionelle Weisungsgebundenheit oder von der Institution vorgegebene Ergebnisziele (z.b. Fallerledigungszahlen, Einigungsquoten etc.).[692] Dies betrifft die Grundstruktur und Organisation jedes Mediationsangebots und nicht nur die Vermittlung im strafrechtlichen Kontext. Mediator*innen haben die Konfliktparteien nach § 3 Abs. 5 MediationsG auf Verlangen über ihren fachlichen Hintergrund, Ausbildung und Erfahrung auf dem Gebiet der Mediation zu informieren. Nur wenn die Qualifikation der Mediator*innen für die Parteien transparent ist, können diese eine informierte Auswahlentscheidung treffen.[693]

376 Weder das Mediationsgesetz noch die EOR enthalten nähere Regelungen dazu, über welche (berufliche, akademische) *Qualifikation* Mediator*innen verfügen müssen. Maßstab der EOR ist, dass die Mediation als solche fachgerecht durchgeführt wird, was durch besondere Schulungen im Sinne von Fortbildungen gewährleistet werden soll.[694] Dies schließt ehrenamtliche Mediator*innen ebenso wenig aus wie Menschen mit interkulturellem (Migrations-)Erfahrungshintergrund, die mitunter über Ausbildungen und Berufsabschlüsse verfügen, die mit den deutschen nicht unmittelbar vergleichbar sind.[695] Soweit sie eine den Anforderungen des Mediationsgesetzes entsprechende (Grundausbildung 130 Std.[696]) und von den Mediationsverbänden anerkannte Vollausbildung (von mind. 200 Std.) erfolgreich absolviert haben, erfüllen sie zumindest dann das formale Qualifikationsniveau, wenn sie im Rahmen ihrer Ausbildung auch einen Schwerpunkt bzw. ein Zusatzmodul im Hinblick auf die Vermittlung strafrechtlicher Konflikte vorweisen. Für die Mediation in Strafsachen wird weder im Mediationsgesetz noch in der EOR eine (akademische) psychosoziale Vorbildung vorausgesetzt.[697]

377 Nach § 2 Abs. 2 MediationsG vergewissern sich die Mediator:innen auch darüber, dass die Parteien „freiwillig" an der Mediation teilnehmen. Die Verknüpfung von Mediation und TOA war vor allem im Hinblick auf das *Freiwilligkeitspostulat* der Mediation umstritten. Von einer „originär" freiwilligen Teilnahme an der Mediation kann im Hinblick auf den Beschuldigten aufgrund der drohenden Anklage bzw. Sanktionsmöglichkeiten kaum gesprochen werden. Sofern in § 1 Abs. 1 MediationsG davon die Rede ist, dass die Beteiligten „freiwillig und eigenverantwortlich eine einvernehmliche Beilegung ihres Konflikts anstreben", gilt aber im Hinblick auf strafrechtliche

---

692 Vgl. Greger et al. 2016 § 3 Rn 16 u. 20.
693 Hierzu Carl in Trenczek et al. 2017 Kap. 4.6 Rn 28.
694 EOR Erwägung Nr. 61.
695 Eine besondere psycho-soziale Betreuung von Opfern, die eine einschlägige akademische Vorbildung nahelegt, ist lediglich in Art. 9 EOR für Opferunterstützungsdienste angesprochen, wobei EOR-Erwägung 39 klarstellt, dass auch Opferunterstützungsdienste nicht verpflichtet sind, selbst umfassende spezialisierte Fachkompetenz zur Verfügung zu stellen.
696 Die Änderungen bzw. neuen Regelungen der Zertifizierte-Mediatoren-Ausbildungsverordnung (ZMediatAusbV) sind zum 1.3.2024 in Kraft getreten; hierzu Risse 2023.
697 Hartmann/Trenczek 2016, 331.

6.4 Mindeststandards in der Vermittlung strafrechtlich relevanter Konflikte

Konflikte nichts anderes als in den anderen Konflikt- und Arbeitsfeldern oder im Falle einer gesetzlich vorgeschriebenen oder vom Gericht empfohlenen/angeordneten Mediation.[698] Eine gerichtliche Empfehlung oder gar Verpflichtung[699] wird kaum jemand ignorieren, will man es sich doch mit dem Gericht nicht verscherzen. Die „Freiheit" besteht zunächst in der bewussten Entscheidung, also Selbstverpflichtung, am Mediationsverfahren teilzunehmen. Die Vermittlung im Tatausgleich muss deshalb für beide, Beschuldigte und Opfer, Angebotscharakter und beide zumindest eine Wahl haben. Weder dürfen Beschuldigte unter Druck gesetzt werden oder im Verfahren Nachteile durch eine Ablehnung des Vermittlungs- und Ausgleichsversuchs erleiden, noch dürfen Opfer für die Zwecke der „Erziehung" oder „Resozialisierung" missbraucht werden. Die Mediator*innen haben die Parteien darüber zu informieren, dass sie nicht gezwungen sind, den Konflikt durch eine Mediation zu regeln und dass sie das Mediationsverfahren jederzeit beenden können (§ 2 Abs. 5 S. 1 MediationsG). In keinem Fall darf der Zugang zum gerichtlichen Verfahren beschränkt oder genommen werden. Auch wenn die strafrechtliche Bewertung der Tat nicht mehr zur Disposition steht, der *Ausgang der Vermittlung* darf nicht vorgegeben werden, auch nicht von der Justiz als Fall zuweisende Stelle.[700] Insoweit muss die Ergebnisoffenheit garantiert werden. Auch bei der Vermittlung in strafrechtlichen Konflikten gibt es keinen Zwang zur Harmonie. Der Autonomiegedanke (§ 1 Abs. 1 MediationsG) erfordert unabdingbar die Freiheit, sich nicht einigen zu müssen.

Von besonderer Bedeutung ist das sogenannte *Verbot der Vorbefassung*, damit Mediator*innen nicht in Gefahr geraten, ihre Allparteilichkeit und das damit zusammenhängende Vertrauen der Parteien aufs Spiel zu setzen. Der Gesetzgeber hat in § 3 Abs. 2 MediationsG verbindlich festgelegt, dass als Mediator*in nicht tätig werden darf, wer vor der Mediation in derselben Sache für eine Partei tätig gewesen ist. Ebenso dürfen Mediator*innen nicht während oder nach der Mediation für eine Partei in derselben Sache tätig werden. Sie dürfen deshalb zu den Parteien nicht gleichzeitig in einem Beratungskontext stehen. Hierbei ist es irrelevant, ob dieser eher psycho-sozialer, ökonomischer oder rechtlicher Natur ist. Hierauf ist besonders zu achten, wenn die Mediator*innen in ihrer beruflichen Tätigkeit nicht nur in Konflikten vermitteln, sondern auch andere Beratungsleistungen erbringen, wie das z.B. bei Gerichts- oder Bewährungshelfer*innen, Fachkräften der Jugendämter oder Rechtsanwält*innen der Fall ist. Von „derselben Sache" ist auszugehen, wenn der Mediation und der Beratung der gleiche Lebenssachverhalt zugrunde liegt.[701] In diesen Fällen scheidet die Übernahme einer Vermittlungstätigkeit aus und zwar unabhängig von der Zustimmung der Parteien. Die Tätigkeitsuntersagung in derselben Sache gilt grds. auch für Sozietätspartner oder Kolleg*innen einer funktionellen Einheit (z.B. Abteilung). (Nur) Insoweit besteht nach § 3 Abs. 4 MediationsG eine Ausnahmemöglichkeit, wenn sich die betroffenen Parteien im Einzelfall nach umfassender Information damit einverstanden erklärt haben und Belange der Rechtspflege dem nicht entgegenstehen.

378

Im Hinblick auf die RJ-Idee steht der partizipativ-kommunikative Prozess der Konfliktklärung und -bewältigung im Vordergrund. Im Idealfall geschieht das durch die *direkte Kommunikation* der Betroffenen in einem gemeinsamen Ausgleichsgespräch,

379

---

[698] Greger et al. 2016 § 1 Rn 30 ff.
[699] Derzeit ist in Deutschland lediglich die Verpflichtung zu einem Informationsgespräch über die Mediation möglich (§ 135 Abs. 1 FamFG).
[700] Trenczek et al 2017 Kap. 1.1 Rn 41, 5.19 Rn 18.
[701] Carl in Trenczek et al 2017 Kap. 4.6 Rn 30; Greger et al. 2016 § 3 Rn 51.

welches durch allparteiliche Mediator*innen geleitet wird. Für die Anerkennung der Wiedergutmachungsvereinbarung als TOA durch die Strafjustiz im Rahmen ihrer Verfahrens- bzw. Sanktionsentscheidung ist aber eine Konfliktvermittlung durch eine dritte Person oder der direkte Kontakt zwischen Beschuldigten und Opfern nicht erforderlich (s.o. 6.2) Mitunter kann auch die indirekte Vermittlung infrage kommen.[702] Entscheidend sind insoweit vor allem die Interessen der betroffenen Opfer. Deshalb ist – anders als im Bereich der zivilen Mediation – die Einladung zu einem vorausgehenden *Einzelgespräch* üblich. Solche Vor-Gespräche sind auch ohne Kenntnis bzw. Zustimmung der anderen Partei unproblematisch, solange nur allgemein über die Möglichkeiten und Ablauf eines Mediationsverfahrens informiert und die Streitsache nicht inhaltlich behandelt wird. Darüber hinaus dürfen Einzelgespräche, in denen der Konflikt in der Sache behandelt wird, nur im allseitigen Einverständnis durchgeführt werden (§ 2 Abs. 3 MediationsG). Darüber hinaus sollten nach dem RJ-Ansatz die Beteiligten ermutigt werden, *Unterstützer* (Familienangehörige, Freunde, aber auch Rechtsanwälte) zum gemeinsamen Vermittlungsgespräch mitzubringen, über deren Teilnahme allerdings Einvernehmen hergestellt werden muss (§ 2 Abs. 4 MediationsG).

380 Da die Rollen der Beteiligten in strafrechtlich relevanten Konflikten zumeist klar verteilt sind (hier das Opfer, dort der beschuldigte „Täter"), müssen sich die Vermittler:innen besonders um *Rollenklarheit* bemühen, insb. im Hinblick auf die für Mediator*innen unverzichtbare *allparteiliche, mediative Haltung.*[703] Mediator*innen sind allen Parteien gleichermaßen verpflichtet (§ 2 Abs. 3 S. 1 MediationsG). Sie sind weder Richter noch Schlichter, keine Erzieher oder Resozialisierungshelfer, sondern lediglich Initiatoren für konsensuale Regelungsprozesse.[704]

381 Der *Datenschutz* und die *Vertraulichkeit*[705] müssen bei der Konfliktvermittlung in strafrechtlichen Konflikten genauso wie in den sonstigen Arbeitsfeldern der Mediation gewahrt werden. Die Inhalte der Gespräche werden und dürfen nicht und das inhaltliche Ergebnis nur mit ausdrücklicher Zustimmung der Beteiligten an die Strafjustiz zurückgemeldet werden. Die mit Hinweis auf § 155b Abs. 2 S. 3 StPO mitunter behauptete Berichtspflicht erstreckt sich nicht auf den Inhalt der Mediationsgespräche, sondern – wie gegenüber jedem Fallzuweiser/Auftraggeber in anderen Mediationsfeldern auch – allein auf die Tatsache, ob und ggf. mit welchem Ergebnis das Verfahren beendet wurde, und bedarf wie die Datenerhebung und -nutzung der Einwilligung der Konfliktparteien.[706] Für Mediator*innen in strafrechtlichen Konflikten gilt im Übrigen ebenso wie in zivilen Konflikten die Verschwiegenheitspflicht (§ 4 MediationsG), die über § 203 StGB auch strafrechtlich abgesichert ist. Die Verschwiegenheitspflicht korrespondiert mit dem *Zeugnisverweigerungsrecht* nach § 383 Abs. 1 Nr. 6 ZPO (§ 46

---

702 In den sog. Stalking-Fällen ist ein direktes Treffen des Opfers und des ihr Nachstellenden ohnehin grds. kontraindiziert.
703 Trenczek 2016.
704 Trenczek et al. 2017 Kap. 2.12 Rn 4
705 Hierzu Greger in Trenczek et al. 2017 Kap. 4.3.
706 BT-Drs. 14/1928, 9; Meyer-Goßner/Schmitt 2023 § 155b Rn 4. Dölling et al./Pfordte 2022 § 155b StPO Rn 1. Mit Blick z.B. auf § 46a StGB darf auch über den Verfahrensgang (z.B. ob der Beschuldigte bereit ist, am Ausgleichsversuch teilzunehmen), nicht aber über die Inhalte der Gespräche, informiert werden; a.A. offenbar MüKoStPO/Teßmer 2024 Rn 18a, der darauf hinweist, dass ohne Einwilligung der Betroffenen überhaupt keine Daten erhoben werden dürfen und deshalb keine „eigenen Geheimhaltungsrechte" der Ausgleichsstelle bestünden. Dies ist freilich missverständlich, denn zum einen ermitteln Mediator*innen nicht, sondern ihnen werden im Rahmen der Vermittlung nur Informationen offenbart, zum anderen geht es nicht um eigene Schutzinteressen der Ausleichsstellen, sondern um den von der EOR geforderten Schutz der Vertraulichkeit.

Abs. 2 ArbGG, § 29 Abs. 2 FamFG, § 98 VwGO, § 118 Abs. 1 SGG). Im Strafprozess dürfen allerdings nur bestimmte in § 53 Abs. 1 StPO genannte Berufsgruppen das Zeugnis verweigern und auch nur über das, was ihnen in ihrer Eigenschaft insbes. als Rechtsanwalt, Seelsorger, Sozialarbeiter in der Schwangerschaftskonflikt- bzw. Suchtberatung anvertraut worden oder bekannt geworden ist. Werden sie als Mediator*innen tätig, ist das nicht (zwingend) der Fall (zu den Konsequenzen der sozialrechtlichen Datenschutzbestimmungen s. Kap. 2.3.6). Über ein ausdrückliches, in der StPO normiertes Zeugnisverweigerungsrecht verfügen Mediator*innen bislang nicht.[707]

Die Allparteilichkeit in der Vermittlung muss durch entsprechende *organisatorische Rahmenbedingungen* unterstützt werden. Die Vermittlung in strafrechtlich relevanten Konflikten sollte deshalb innerhalb einer Einrichtung/Institution eine eigenständige, klar umrissene Aufgabe sein. Schon im Hinblick auf das Verbot der Vorbefassung (§ 3 Abs. 2 MediationsG) darf ein Ausgleichsverfahren keinesfalls von Personen durchgeführt werden, die bereits in anderer als der vermittelnden Funktion mit den am Konfliktgeschehen (s.o. Streitgegenstand) beteiligten Personen arbeiten (z.B. als JA-Fachkraft, Gerichts-, Betreuungs- und Bewährungs- oder Opferhelfer*in).

6.5 Empirische Befunde zur Nutzung und Wirksamkeit von RJ-Ansätzen

Die empirischen Befunde zur Nutzung und Wirksamkeit von RJ-Ansätzen[708] zeigen, dass die Mediationsverfahren in strafrechtlich relevanten Fällen seit Jahrzehnten von den betroffenen Geschädigten und Beschuldigten in hohem Umfang akzeptiert wird und ganz überwiegend zu einvernehmlichen Vereinbarungen zwischen den Beteiligten führt, die wiederum in dem weitaus größten Teil der Fälle auch erfüllt werden. Studien zeigen eine hohe *Zufriedenheit* insbesondere auch der Geschädigten, die an solchen Mediationen teilgenommen haben.

Auch die internationale Forschung findet bei RJ-Maßnahmen überwiegend positive Effekte, sie zeigt aber auch, dass jede Interventionsart und möglichst auch einzelne Tätergruppen differenziert untersucht werden sollten. Die für Deutschland vorgestellten Befunde gelten deshalb ausdrücklich nur für Ausgleichsverfahren in Form einer Mediation in Strafsachen. Die Befunde können z.B. nicht auf Täter-Opfer-Ausgleichsfälle übertragen werden, die im Rahmen der Hauptverhandlung vom Gericht selbst durchgeführt werden. Insgesamt legt der aktuelle Forschungsstand eine deutlich intensivere Nutzung von Mediation in Strafsachen nahe.

Eine mögliche Befürchtung, durch die Diversion von Fällen an Mediations-/Ausgleichsstellen könnte die spezial- und generalpräventive Wirksamkeit der Strafverfolgung leiden, findet in keiner der Untersuchungen einen Rückhalt.[709] Diese deuten vielmehr darauf hin, dass die Konfliktvermittlung in Strafsachen einen günstigen Effekt auf die Legalbewährung hat. Die rechtsstaatliche Konsequenz daraus müsste sein, dass andere Maßnahmen hinter RJ-Maßnahmen zurücktreten, soweit nicht eine andere Entscheidung im Einzelfall konkret begründet werden kann.

Ungeachtet des gesetzlichen Auftrags, auf einen Ausgleich zwischen Beschuldigten und Opfern hinzuwirken (§ 155a StPO) und der vielen Möglichkeiten, solche Konfliktrege-

---

707 Kaspar 2015, 1643, kritisiert dies als „eine schwer zu rechtfertigende Ungleichbehandlung der verschiedenen Gruppen von Mediator*innen und zugleich eine Vertraulichkeitslücke, die de lege ferenda geschlossen werden sollte.
708 Trenczek/Hartmann 2018, 866 ff.; vgl. auch Hartmann et al. 2016, 2018 und 2021.
709 Hierzu Trenczek/Hartmann 2018, 875 ff.

lungen anzukennen, wird diese Alternative allerdings in der *strafrechtlichen Praxis extrem selten* genutzt. In Ermangelung einer offiziellen Fallstatistik wurde bislang in Deutschland die Zahl der von Ausgleichsstellen durchgeführten Ausgleichs- und Konfliktregelungsverfahren seit Jahren konstant mit geschätzten 25.000–30.000 Fällen angegeben, von denen etwa die Hälfte mediativ bearbeitet werde.[710] Selbst nach den optimistischsten Schätzungen liegt die Quote der Wiedergutmachungs- bzw. TOA-Verfahren im Vergleich zu den anklagefähigen Verfahren unter 1%.[711] Einer Untersuchung vom Ende der 1990er Jahre zufolge kämen bei einer konservativen Einschätzung etwa 20% bis 1/3 der strafrechtlichen Verfahren, also mehr als 500.000 für einen Ausgleich in Betracht.[712] Auch in qualitativer Hinsicht muss man eher ernüchternd feststellen, dass die TOA-Regelungen zumeist zur Bearbeitung der organisatorisch den Amtsanwälten obliegenden „minderschweren" Kriminalität genutzt wird, wobei diese strafrechtliche Bewertung nichts über die Bedeutung des Konflikts für die Konfliktbeteiligten aussagt. Denn weder Deliktschwere noch strafrechtliche Vorbelastungen des Täters lassen Prognosen über die Erfolgsaussichten einer Vermittlung zu. Als generell für eine Konfliktbearbeitung geeignet können alle schädigenden Ereignisse und damit Deliktskonstellationen angesehen werden, sofern eine natürliche Person betroffen wurde. Ist die Geschädigte eine juristische Person, ist im Einzelfall zu prüfen, wer konkret davon betroffen ist und ob es in der Institution einen Ansprechpartner gibt, der über einen Verhandlungsspielraum verfügt und persönlich zu einem Vermittlungsgespräch bereit ist. Weder Deliktsschwere noch strafrechtliche Vorbelastungen des Beschuldigten haben maßgeblichen Einfluss auf die Teilnahmebereitschaft der Betroffenen (insb. auch der Opfer). Die – insgesamt (trotz leicht rückläufiger Tendenz immer noch) sehr hohe – Teilnahmebereitschaft der Beteiligten[713] wird nicht von der strafrechtlichen Bewertung des zugrunde liegenden Delikts beeinflusst. Zudem ist es angesichts der Interessenlage geschädigter Opfer nicht gerechtfertigt, bestimmte Tatbestände (und damit Störungen sozialer Beziehungen) oder von Vorstrafen belastete Beschuldigte von dem Versuch eines Konfliktausgleichs auszugrenzen. Die Praxis hat in zahlreichen Fällen nachgewiesen, dass auch schwere Delikte und eskalierte Konflikte wie die im Rahmen der häuslichen Gewalt durchaus geeignet sind, mediativ bearbeitet zu werden.[714] Über die *„Geeignetheit"* eines strafrechtlich relevanten Konflikts für die Konfliktbearbeitung können nur die davon betroffenen Personen entscheiden. Davon zu unterscheiden ist die Entscheidung der Strafjustiz über die „strafrechtliche Geeignetheit"[715] sowie über die Frage, welche strafrechtlichen Konsequenzen (Verfahrens-

---

710 Im Rahmen der bundesweiten TOA-Statistik beteiligen sich allerdings nur ein Teil der in diesem Arbeitsfeld besonders aktiven Einrichtungen. In diesen (seit 2014 leicht schwankend etwa 70) Projekten wurden etwa 7.000 Fälle (zuletzt 2020: 6792 Fälle mit 8.235 Geschädigten und 7.978 Beschuldigten) bearbeitet (Hartmann et al. 2021, 8).
711 BMI/BMJ 2006, 593; Trenczek/Hartmann 2018, 865.
712 Wandrey/Weitekamp 1998, 142 f.
713 In den sich an der TOA-Statistik beteiligten Projekten lehnen seit Jahren relativ konstant (allerdings mit leicht steigender Tendenz) nur wenige (etwa 15-18%) der Beschuldigten sowie etwa 20-23% der Opfer es ab, an einem Ausgleichsversuch teilzunehmen. Allerdings werden in mehr als 20% der Fälle die Beteiligten nicht erreicht. Gelingt die Kontaktaufnahme mit beiden Beteiligten sind etwa 70% der Geschädigten sowie knapp 80% der Beschuldigten zur Teilnahme an einer Vermittlung bereit (Hartmann et al. 2016, 41; 2018, 55; 2021, 53).
714 So sind mehr als die Hälfte der von einigen Ausgleichsstellen (z.B. Waage Hannover e.V.) bearbeiteten Vermittlungen Fälle häuslicher Gewalt, in denen die Opfer z.B. ihre ungeachtet einer bereits vollzogenen Trennung bestehenden Interessen (z.B. im Hinblick auf die gemeinsamen Kinder) thematisieren können.
715 Das betrifft zunächst die Frage, ob die Tatbestandsvoraussetzungen der jeweiligen Rechtsnormen (z.B. §§ 46 f. StGB, §§ 153a f., 155a StPO) erfüllt sind (z.B. Ausschluss opferloser, insb. abstrakter Gefährdungs-

oder Sanktionsentscheidung, s.o.) aus einem durchgeführten Vermittlungsgespräch und einer einvernehmlichen Ausgleichsregelung zu ziehen sind.

Allerdings muss mit Blick auf die geringe Anzahl initiierter TOA-Verfahren und die wiederholt analysierten Gründe festgestellt werden, dass die StA nicht nur aus arbeitsökonomischen Gründen, sondern auch aufgrund der professionsbezogenen, institutionsspezifischen „Sichtbegrenzungen" wohl nicht in der Lage ist, Prozess und Ergebnis eines Ausgleichsprozesses bzw. einer Konfliktmediation angemessen wahrnehmen zu können.[716] Mittlerweile muss man davon ausgehen, dass die RJ-Ansätze von den strafrechtlichen Institutionen als selbstreferentielles System in einer Weise co-optiert (TOA als funktionales Äquivalent zur Strafe oder erzieherische Draufgabe) werden, so dass von der RJ-Idee nicht viel übrig bleibt.[717] Eine Rückbesinnung auf die ursprüngliche RJ-Idee sollte die Praxis veranlassen, sich nicht auf einen strafrechtlich genutzten TOA zu beschränken, sondern ihr Vermittlungsangebot inhaltlich breiter und gemeinwesen-orientiert (Konflikte am Arbeitsplatz, im Bereich der Schule, ...) als *Restorative Practice* weiterzuentwickeln, um sich von der vereinnahmenden Definitionsmacht des Strafrechts zu lösen.[718] Damit wird der Kreis wieder geschlossen (s.o. Rn 362) und an den o.g. Überlegungen von Nils Christie angeknüpft, nach dem auch Straftaten in ihrem Kern menschliche Konflikte sind, die ausgeglichen werden müssen, um Rechtsfrieden zu gestalten.

387

---

delikte). Der in der Praxis und strafrechtlichen Kommentierung immer wieder genannte Ausschluss aufgrund der Schwere der Straftat, insb. pauschal aller Verbrechensdelikte, entspricht nicht dem gesetzlichen Regelungen.
716 Trenczek 2002 u. 2003, 105 ff. Vgl. Schimmel 2000, 355 (StA erscheint „als Selektionsinstanz für den TOA" denkbar ungeeignet); zur Kritik vgl. auch Temme 2019.
717 Ausführlich Trenczek 2002.
718 Trenczek 2013a; Wachtel 2011.

7. Arbeitsfeld Delinquenz, Strafrecht und Soziale Arbeit

388 In den ersten 6 Kapiteln wurde bereits eine Reihe von Arbeitsfeldern genannt, für die das Strafrecht einen wesentlichen Bezugsrahmen darstellt. Auch wenn im Folgenden nicht auf alle Aspekte der nicht vorrangig strafrechtlich-juristischen und insb. Sozialen Arbeit im Rahmen der „Strafrechtspflege" eingegangen werden kann, sind hier – über die Erläuterung des strafrechtlichen Daten- und Vertrauensschutzes (s. 2.3.6) und der anderen dargestellten, für die Soziale Arbeit wichtigen Deliktsbereiche (hierzu 2.3) hinaus – einige wichtige Differenzierungen zu den Aufgaben und Rollen der Sozialen Dienste notwendig. Anders als im Familienrecht sind die Sozialen Dienste – sei es der Justiz, der Jugendämter oder anderer Institutionen – im Strafverfahren grds. *keine* sog. *(formellen) Verfahrensbeteiligten*, weil sie nicht durch eigene Willenserklärungen in das Strafverfahren gestaltend einwirken können.[719] Ihre Funktion und Aufgaben liegen in anderen „sozialen" Bereichen.

389 Wenn im Folgenden mit der Bewährungshilfe, der Gerichtshilfe, der Jugendhilfe im Strafverfahren, der sozialen Hilfe in Untersuchungshaft und Strafvollzug sowie der Freien Straffälligenhilfe und Opferhilfe wichtige Arbeitsfelder erörtert werden, so geschieht das – das ist wenig verwunderlich und bereits angekündigt – in diesem Lehrbuch mit dem Ziel, strafrechtliche Kenntnisse, Kompetenzen und Fertigkeiten zu vermitteln, so dass die (zukünftigen) Fachkräfte der Sozialen Arbeit, der Mediation und aus anderen sozialwissenschaftlichen Arbeitsfeldern sowohl den strafrechtlichen Kontext staatlicher Sozialkontrolle der Klienten*innen als auch die institutionellen Möglichkeiten (und Grenzen) der Institutionen in diesen Arbeitsfeldern kennenlernen. Dies gilt auch für den Ansatz der „Restorative Justice" (s.o. 6), auch wenn diese in erster Linie kein bzw. nicht nur ein Arbeitsfeld (und schon gar nicht nur) der Sozialarbeit darstellt, sondern eine die traditionelle Logik des Strafrechts überwindende Konzeption von (Un-)Recht und Gerechtigkeit bezeichnet, die zu einem grundsätzlichen anderen Umgang mit Unrecht und Verantwortung führen soll. So sehr wir die Wichtigkeit und Notwendigkeit strafrechtlicher Kenntnisse herausstellen und als Autoren dieses Lehrbuchs dafür stehen, so sehr ist es uns zugleich ein Anliegen, deutlich zu machen, dass es sich um Arbeitsfelder handelt, in denen es vornehmlich um andere *Haltungen und Handlungskompetenzen* geht, nämlich solche der Profession Sozialer Arbeit.[720] Das kann hier nicht weiter ausgeführt werden, ist aber von entscheidender Bedeutung sowohl für das Verständnis der professionellen Hilfeleistung selbst, als auch für die Kooperation mit anderen Professionen. Die in der Gerichtshilfe, Bewährungshilfe, Führungsaufsicht und im Strafvollzug tätigen Sozialarbeiter*innen sollen sich gut im Strafrecht auskennen und die Logik des professionellen Handelns in der Justiz in der Zusammenarbeit entsprechend verstehen – sie selbst sollen nicht als Hilfspolizisten und Hilfsjuristen agieren, selbst wenn der ein oder die andere Richter oder Richterin sie als ihren verlängerten Arm betrachtet.[721] Die Soziale Arbeit verfügt selbst über grundlegendes wissenschaftsbasiertes wie praxisgestütztes Wissen, sozialwissenschaftlich/kriminologisch begründete Theorien und Konzepte, *Handlungskompetenzen* und

---

719 Meyer-Goßner/Schmitt 2023 Einl. Rn 70 ff.; Trenczek/Schmoll 2024, Kap. 3.2.5.1. Anders als die Gerichtshilfe (Meyer-Goßner/Schmitt 2023 § 160 Rn 27) hat das Jugendamt allerdings u.a. ein Recht auf Anwesenheit in der Hauptverhandlung (s. 7.2.5).
720 Cornel 2019; Cornel/Grosser et al. 2018, 85 f.; Cornel/Lindenberg 2018, 18 f.; Trenczek 2023a und 2015; Trenczek et al. 2017 Kap. 1.1 u. 2.13; vgl. auch Kawamura-Reindl/Schneider 2015.
721 Schaffer 1982, 9.

7. Arbeitsfeld Delinquenz, Strafrecht und Soziale Arbeit

eine *Haltung*, die sich eben von derjenigen der Strafjustiz mit ihren Funktionen und Aufgaben unterscheidet.

In den folgenden fünf Abschnitten 7.1 – 7.5 werden wichtige Arbeitsfelder der Sozialen Arbeit im Kontext von Delinquenz und Strafrecht erörtert. Die Arbeitsfelder sind nicht immer ganz eindeutig voneinander abzugrenzen, weil sie auf unterschiedlichen Rechtsgrundlagen basieren, die zudem ihrerseits manchmal schlecht abgestimmt, unzureichend und lückenhaft sind[722] und weil die Bundesländer die Aufgaben im Bereich der Justiz zu verschiedenen Organisationseinheiten gebündelt haben und die Wahrnehmung der Aufgaben der Jugendämter im Rahmen der kommunalen Selbstverwaltung und der damit zusammenhängenden Organisationshoheit erfolgt. Deshalb bedarf auch die hier vorgenommene Fünfteilung einer kurzen Begründung.

Im Abschnitt 7.1 wird mit den ambulanten *Sozialen Diensten der Justiz* begonnen, das heißt mit der Gerichtshilfe, der Bewährungshilfe und der Führungsaufsicht für (meist) erwachsene straffällig gewordene Personen. Im Abschnitt zur Bewährungshilfe wird dabei auch auf die Besonderheiten für jugendliche und heranwachsende Probanden[723] eingegangen. Hier handelt es sich durchgehend um justizielle Straffälligenhilfe in Abgrenzung zur nicht-justiziellen Straffälligenhilfe durch öffentliche Träger der Sozialhilfe oder die Freie Straffälligenhilfe.[724]

Im Abschnitt 7.2 geht es um die *Jugendhilfe im Strafverfahren* durch das Jugendamt und Freie Träger, die im Jugendgerichtsgesetz (noch im traditionellen Sprachgebrauch des RJGG von 1923 und 1943) „Jugendgerichtshilfe" genannt werden. Davon zu unterscheiden gibt es auch für Jugendliche und Heranwachsende die justizielle Straffälligenhilfe sowohl ambulant als auch als soziale Hilfe im Jugendarrest, in der Untersuchungshaft und im Jugendstrafvollzug.[725] Darauf wird in spezifischen Verweisen eingegangen werden.

In Abschnitt 7.3 wird die *Soziale Arbeit* erörtert, die *in Justizvollzugsanstalten*, also während der Untersuchungshaft oder dem Strafvollzug geleistet wird. Auch diese Straffälligenhilfe, die in mehr als 25 länderspezifischen Untersuchungshaftvollzugsgesetzen und Strafvollzugsgesetzen geregelt ist, ist justizielle Straffälligenhilfe – im Gegensatz zur Bewährungshilfe und Gerichtshilfe aber nicht im ambulanten Bereich, sondern im stationären. Es soll hier nicht versäumt werden, darauf hinzuweisen, dass auch die Freie Straffälligenhilfe spezifische Angebote Sozialer Arbeit im Justizvollzug unterbreitet.

Im Abschnitt 7.4 geht es vor allem um diese *Freie Straffälligenhilfe* als Teil der nicht-justiziellen Straffälligenhilfe, die keinen strafrechtlich begründeten Kontrollauftrag hat und ihre Rechtsgrundlagen aus dem Sozialrecht bezieht.[726]

Abschließend werden im Abschnitt 7.5 *Opferhilfe und Opferberatung* thematisiert.

---

722 Cornel 2023a, 56.
723 Auf die Problematik des Begriffs des Probanden wurde bereits in Fußnote 349 hingewiesen.
724 Cornel 2023a, 54.
725 Cornel 2023a, 55.
726 Cornel, 2023a, 58.

7. Arbeitsfeld Delinquenz, Strafrecht und Soziale Arbeit

Abbildung 29: Arbeitsfelder der Sozialen Arbeit im Kontext des Strafrechts

	Gerichtshilfe	Bewährungshilfe	Mitwirkung der Jugendhilfe im Strafverfahren	Sozialdienst im Strafvollzug/Jugendarrest	Freie Straffälligenhilfe	Opferhilfe und Opferberatung
Institutionelle Einbindung und Rechtsgrundlagen	(Landes-)Justiz (§§ 160, 463d StPO)	(Landes-)Justiz (§§ 56 ff StGB §§ 21 ff, 88 ff JGG)	Jugendamt (§§ 2, 52 SGB VIII i.V.m. § 38 JGG); nach § 75 SGB VIII „anerkannte freie Träger" gem. § 76 SGB VIII nur Beteiligung bei der Aus- und Durchführung der Aufgaben	(Landes-)Justiz (Strafvollzugsgesetze, Jugendstrafvollzugsgesetze sowie ggfs. Resozialisierungsgesetze und Jugendarrestvollzugsgesetze der Länder, §§ 86, 90, 91 JGG)	Freie Träger (§§ 3, 76 ff. SGB VII § 67 SGB XII), Angebote der Arbeitsverwaltung nach SGB II und III	meist Freie Träger (§ 406g StPO)
Aufgaben:	Erforschung der Persönlichkeit, der Entwicklung und des sozialen Umfeldes des Straffälligen (psychosoziale Diagnose)	Betreuung der Probanden im Zeitraum der Bewährung	Einbringen jugendhilferechtlicher/ sozialpädagogischer (im Hinblick auf die Ziele und Aufgaben der Jugendhilfe bedeutsamen) Gesichtspunkte in das Strafverfahren	Betreuung der Inhaftierten in der Haft	Beratung und Gruppenarbeit mit Gefangenen	allgemeine und zielgruppenspezifische Opferhilfe für Opfer und deren Angehörige
	Sondierung und ggf. Initiierung von Wiedergutmachungsleistungen (insb. des TOA)	Psychosoziale Beratung	Initiierung, Vermittlung und Durchführung sozialpädagogischer Leistungen nach dem SGB (insb. SGB VIII)	Wohngruppenarbeit	Entlassungsvorbereitung	Zeugenbetreuung
	Erforschung der Rahmenbedingungen für die Rechtsfolgenentscheidung/Strafzumessung	Beratung und Hilfe zur Selbsthilfe (Wohnungssuche, Arbeit, Entschuldungshilfe, Suchtberatung etc.)	Betreuung des jungen Menschen im Strafverfahren, Beratung, Hilfe zur Selbsthilfe (Wohnung, Arbeit, etc.)	Organisation von Freizeit und Bildungsangeboten	Angebote zur Haftvermeidung	Psychosoziale Prozessbegleitung
	Vermittlung von Fachdiensten und Betreuungsangeboten	Kontrolle der Bewährungsauflagen	Förderung der Diversion	Mitwirkung bei der Vollzugsplangestaltung, bei Entscheidungen über Vollzugslockerungen (hier insb. Erstellung (psychosozialer Diagnosen)	Beratung und Hilfe zur Selbsthilfe nach der Haftentlassung (Wohnungssuche, Arbeit, Entschuldung, Suchtprobleme etc.)	
	ggf. Übertragung weiterer Aufgaben in den Ländern, z.B. Hilfen zur U-Haft-Vermeidung und Vermeidung von Vollstreckung von Ersatzfreiheitsstrafen, Leistung von Frühhilfe	Führungsaufsicht (§§ 68 ff StGB) Vermittlung von Fachdiensten und weitergehenden Betreuungsangeboten	Beratung des Gerichts im Hinblick auf die Urteilsfindung (insb. strafrechtliche Verantwortlichkeit, kriminologische Erkenntnisse, angemessene Jugendhilfeleistungen), Anregung von Gutachten;	Aufrechterhaltung des Kontakts des Gefangenen zur Außenwelt	Angehörigenarbeit	
			Kontrolle von Auflagen und Weisungen		Durchführung ambulanter, sozialpäd. Leistungen	
			Betreuung während der Inhaftierung (U-Haft, Strafhaft)			

7.1 Soziale Dienste der Justiz

Der zusammenfassende Begriff ‚Soziale Dienste der Justiz' ist in Deutschland seit den achtziger Jahren gebräuchlich und fasst unterschiedliche Aufgabenfelder der Sozialen Arbeit zusammen, die ihre Rechtsgrundlagen im Strafgesetzbuch und der Strafprozessordnung haben. Nachdem in den fünfziger Jahren die Bewährungshilfe entstanden war,[727] kamen 1975 Gerichtshilfe und Führungsaufsicht hinzu und somit war es erst dann sinnvoll, einen Sammelbegriff für Soziale Arbeit bzw. Soziale Dienste im Bereich der Strafjustiz einzuführen. In den achtziger Jahren begann dann auch in vielen Bundesländern ein Organisationsprozess, der unter der Fragestellung stand, wie diese einzelnen Sozialen Dienste der Justiz (Bewährungshilfe, Gerichtshilfe, Führungsaufsicht) organisiert, koordiniert und vernetzt sein sollten angesichts der Tatsache, dass sie sich jeweils auf eine Person und einen kriminalpolitischen Auftrag beziehen.[728] Der Fachdiskurs der Sozialen Arbeit brachte zudem den Begriff der *durchgehenden Hilfe*[729] als Organisationsprinzip hervor und auch die neueren Debatten über das Übergangsmanagement betonten die Notwendigkeit, dass einzelne Hilfen nicht isoliert betrachtet und organisiert sein sollten, sondern vernetzt und aus der Perspektive des Hilfesuchenden verständlich und gut erreichbar.[730]

Deshalb gibt es heute in den Ländern sehr unterschiedliche *Organisationsmodelle*, wobei die meisten Sozialen Dienste der Justiz inzwischen organisatorisch zusammengefasst sind oder es zumindest klare Regelungen der Kooperation und des Übergangs gibt. Lisa Lutzebäck[731] unterscheidet in ihrem Ländervergleich vier Modelle gemeinsamer Sozialer Dienste und ein Modell mit getrennten Sozialen Diensten:

- In Berlin, Bremen, Hamburg und Mecklenburg-Vorpommern gibt es jeweils eine eigenständige Behörde mit einheitlichen Diensten für Bewährungshilfe, Führungsaufsicht und Gerichtshilfe. Auch Baden-Württemberg, das die Sozialen Dienste der Justiz über „Neustart" als einen privaten Träger organisiert hatte, wird man nach einer notwendig gewordenen Neuorganisation heute in dieses Modell einordnen können. Im Saarland wurde durch das ‚Gesetz zur ambulanten Resozialisierung und Opferhilfe (AROG)' vom 21.1.2015 im Geschäftsbereich des Ministeriums der Justiz ein ‚Kompetenzzentrum der Justiz für ambulante Resozialisierung und Opferhilfe'[732] eingerichtet mit weitgehender Selbstständigkeit, welches u.a. die Aufgaben der Gerichtshilfe, Bewährungshilfe und Führungsaufsicht zusammenführt.[733]
- In Sachsen-Anhalt gibt es einen einheitlichen Sozialen Dienst für Bewährungshilfe, Führungsaufsicht und Gerichtshilfe beim Justizministerium.

---

727 Cornel 2011, 384 ff.
728 Cornel 2011, 390; Grosser/Kammermeier 2023, 232 f. und Beck 2015, 145 und 157, der vom Justizsozialdienst als der vierten Säule der Strafrechtspflege neben Staatsanwaltschaft, Strafgerichtsbarkeit und Justizvollzug spricht.
729 Wiesendanger 1973; auch Cornel 2011a.
730 Pruin 2016; Cornel 2012; Cornel 2012a, 291 ff.
731 Lutzebäck 2014.
732 § 16 Abs. 1 des Saarländischen Gesetzes zur ambulanten Resozialisierung und Opferhilfe vom 21.1.2015.
733 Zur genauen Rechtsform § 14 des Landesorganisationsgesetzes des Saarlandes.

- In Brandenburg, Niedersachsen[734] und Thüringen gibt es einen einheitlichen Sozialen Dienst für Bewährungshilfe, Führungsaufsicht und Gerichtshilfe beim Oberlandesgericht.
- In Nordrhein-Westfalen und in Sachsen ist der einheitliche Soziale Dienst für Bewährungshilfe, Führungsaufsicht und Gerichtshilfe bei den Landgerichten angesiedelt. So war es bis Anfang 2015 auch im Saarland.[735]
- In Bayern, Hessen, Rheinland-Pfalz und Schleswig-Holstein gibt es getrennte Soziale Dienste für Bewährungshilfe und Führungsaufsicht bei den Landgerichten und Gerichtshilfen bei den Staatsanwaltschaften.[736]

398 Hinsichtlich der Struktur, Aufgabengebiete, Dienst- und Fachaufsicht[737] sowie Leitung und des hierarchischen Aufbaus, die hier nicht detailliert erörtert werden können, findet sich eine weitgehend aktuelle Darstellung zu den einzelnen Länderregelungen und Organisationsformen bei Lutzebäck 2014.[738] Hingewiesen werden muss noch darauf, dass innerhalb der Dienststellen die Aufgabenwahrnehmung und Aufgabenteilung zwischen den einzelnen Mitarbeiter*innen sehr unterschiedlich gehandhabt werden. Manche Fachkräfte nehmen sowohl Aufgaben der Gerichts- und Bewährungshilfe wahr und beziehen sich dabei explizit auf das Prinzip der durchgehenden Hilfe, während in anderen Organisationseinheiten die Aufgaben im Sinne einer Spezialisierung aufgeteilt sind, so dass die einzelnen Sozialarbeiter*innen entweder nur für die Gerichtshilfe oder nur für die Bewährungshilfe und Führungsaufsicht zuständig sind. In manchen Dienststellen der Sozialen Dienste der Justiz (bspw. in Brandenburg) wird auch eine Vermittlung für einen Täter-Opfer-Ausgleich angeboten.

7.1.1 Gerichtshilfe

399 Die Gerichtshilfe, die manchmal auch soziale Gerichtshilfe oder Erwachsenengerichtshilfe (zum überholten „JGH-Begriff" s. 7.2) genannt wird, ist neben der Bewährungshilfe die bedeutendste justizielle ambulante Soziale Arbeit. Art. 294 EGStGB bestimmt, dass die Gerichtshilfe gemäß § 160 Abs. 3 Satz 2 StPO zum Geschäftsbereich der Landesjustizverwaltungen gehört und dass die Landesregierung durch Rechtsverordnung eine andere Behörde aus dem Bereich der Sozialverwaltung bestimmen kann. Nicht festgelegt ist, wie die jeweiligen Länder innerhalb der Landesjustizverwaltungen die Gerichtshilfe im Verhältnis zu den Oberlandesgerichten und Landgerichten organisieren, ob sie eigene Behörden einrichten, wie die Dienst- und Fachaufsicht geregelt ist und die Organisations- und Personalstruktur im Verhältnis zur Bewährungshilfe.[739] Entsprechend vielfältig und unterschiedlich sind diese Strukturen mit Zuordnungen zur Staatsanwaltschaft, zum Landgericht und als eigene Behörde, wobei sich in den

---

734 Der Ambulante Justizsozialdienst Niedersachsen (AJSD) bezeichnet sich selbst neben der Strafgerichtsbarkeit, den Staatsanwaltschaften und dem Justizvollzug als die vierte Säule der Strafrechtspflege in Niedersachsen.
735 Zum jetzigen Organisationsmodell oben unter Ziff.1 dieser Aufstellung.
736 Lutzebäck 2014, 79; die Angaben für Baden-Württemberg und das Saarland wurden nach den dortigen Reformen aktualisiert; vgl. auch Gesetz zur ambulanten Resozialisierung und zum Opferschutz in Schleswig-Holstein (ResOG SH) vom 1. Dezember 2021, in Kraft seit 1.7.2022, GVOBl 2021, 1319ff., insb. §§ 15,18 und 20.
737 Dazu ausführlich Cornel 1990.
738 Lutzebäck 2014, 79-83.
739 Einen Überblick über die Organisationsformen der Gerichtshilfe in den Bundesländern liefert Hering 2014, 103-106 sowie Kurze 1999, 81-234.

letzten 30 Jahren ein Trend zur engeren Kooperation mit der Bewährungshilfe, zur durchgehenden Hilfe und zu eigenständigen Sozialen Diensten der Justiz gezeigt hat.[740]

Aufgabe der Gerichtshilfe sind zunächst Ermittlungen auf Anforderung von Staatsanwaltschaften und Gerichten während des Ermittlungs-, Haupt- und Vollstreckungsverfahrens, die für die Bestimmung der Rechtsfolgen von Bedeutung sind (vgl. § 160 Abs. 3, § 463d StPO). Zu diesen Umständen „zählen neben der Tat auch die Persönlichkeit des Täters und dessen soziale Verhältnisse".[741] Für die tatbezogenen Ermittlungen zieht die Staatsanwaltschaft die ihr unterstellten Ermittlungspersonen (früher „Hilfsbeamte") der Polizei heran (§ 152 Abs. 1 GVG; hierzu 3.1); die Gerichtshilfe als sozialer Justizdienst darf dagegen keine tat-bezogenen Ermittlungen durchführen, sondern hat die Staatsanwaltschaft im Hinblick auf die Person des Beschuldigten zu unterstützen. Auch wenn bzw. gerade weil die Gerichtshilfe nach § 160 Abs. 3 StPO die Ermittlungen der Staatsanwaltschaft bzgl. der Umstände unterstützt, die für die Bestimmung der Rechtsfolgen der Tat von Bedeutung sind, muss sie insb. in ihren Stellungnahmen darauf achten, nicht vor-zu-verurteilen und darf (schon gar nicht vor Feststellung der Schuld) keine Sanktionen vorschlagen. Durch ihre Anamnesen und diagnostischen Einschätzungen der Persönlichkeit und des sozialen Umfeldes sollen sie Voraussetzungen für juristische Entscheidungen liefern. Neben der aktuellen Lebenslage (ökonomische Verhältnisse, Wohnsituation, Arbeitslosigkeit, Verschuldung, Suchtprobleme) und der Lebensgeschichte in ihrer Relevanz für die jeweils infrage stehende Delinquenz kann es dabei auch um mögliche Wirkungen von Strafen und Maßregeln der Sicherung und Besserung gehen.[742] Die Gerichtshilfe hat nicht die Aufgabe, zur (ermittlungstechnischen) Überführung eines Beschuldigten bzw. Angeklagten beizutragen.[743]

Rechtsgrundlagen sind hierfür zum einen für die *Berichterstattung* vor einem Urteil § 160 Abs. 3 StPO und zum anderen hinsichtlich der Strafvollstreckung § 463d StPO, wenn es beispielsweise um die Bewilligung von Strafaufschub, Stundung oder Ratenzahlung geht. Da die Landesjustizverwaltungen frei sind, den ihr unterstehenden Organisationseinheiten, wie z.B. der Gerichtshilfe, weitere Aufgaben zu übertragen, haben sie das auf vielfältige und unterschiedlichste Weise getan.[744] In den meisten Ländern ist die Gerichtshilfe deshalb auch zuständig für die Erstellung von Opferberichten,[745] Vorbereitung von Gnadenentscheidungen,[746] Haftentscheidungshilfen, Haftvermeidungen und Haftreduzierungen sowie die Organisation gemeinnütziger Arbeit zur Vermeidung der Vollstreckung von Ersatzfreiheitsstrafen.[747] In Sachsen beispielsweise werden als Aufgaben der Gerichtshilfe unter anderem auch die Erstellung von Opferbericht, Haftentscheidungshilfe und Erarbeitung von Anregungen zur Ausgestaltung der Füh-

---

740 Oben die Ausführungen zu den Sozialen Diensten der Justiz und insb. Lutzebäck 2014, 79-83 mit den jeweiligen Nennungen der Gerichtshilfe.
741 Roxin/ Schünemann 2022, 73.
742 Koch fasst die Aufgaben der Gerichtshilfe wie folgt zusammen: „Hauptaufgabe der Gerichtshilfe ist es, im Rahmen des Strafverfahrens bei erwachsenen Beschuldigten Umstände über deren Persönlichkeit, Entwicklung und Umgebung festzustellen, die für die Strafbemessung, die Strafaussetzung zur Bewährung und die Anordnung von Maßregeln der Besserung und Sicherung von Bedeutung sein können. Ferner befasst sich die Gerichtshilfe mit den Wirkungen, die von der Strafe oder anderen zu treffenden Maßnahmen für das künftige Leben der Betroffenen ausgehen können." Koch 1999, 36.
743 Meyer-Goßner/Schmitt 2023 § 160 Rn 24.
744 Thier 2023, 203.
745 Kawamura-Reindl/ Schneider 2015, 166.
746 Dies ist in den Gnadenordnung der Länder entsprechend geregelt; Koch 1999, 27.
747 Dazu im Einzelnen in diesem Abschnitt unten mehr.

rungsaufsicht sowie Täter-Opfer-Ausgleich und die Vermittlung und Überwachung gemeinnütziger Arbeit genannt. Dort heißt es auch, dass weitere Aufgaben vorgesehen werden können und dass grundsätzlich im Rahmen der durchgehenden Betreuung mit dem Justizvollzug zusammenzuarbeiten ist.[748]

402 Die Durchführung von Vermittlungsgesprächen im Hinblick auf einen *Täter-Opfer-Ausgleich* (s. 6.2) durch die Gerichtshilfe wird von vielen Mediator*innen kritisch gesehen, weil die Gerichtshilfe tatsächlich, erst recht aber aus der Sicht von Beschuldigten und Geschädigten/Opfern sehr nah an der Strafgerichtsbarkeit angesiedelt ist. Diese Stellung der Gerichtshilfe ist eher „abhängig" als „allparteilich" zu nennen, was den fachlichen Standards der Mediation widerspricht (z.B. § 1 Abs. 2 MediationsG, s. 6.4).[749] Die Befürworter einer solchen Organisationsregelung weisen zum einen auf den unproblematischen Datenzugang (im Gegensatz zu Freien Trägern) hin und zum anderen auf ansonsten fehlende Angebote in Landkreisen bzw. Landgerichtsbezirken, in denen eine Konfliktvermittlung durch Freie Träger nicht vorgehalten wird. Ungeachtet des zu wertschätzenden Engagements auch der Gerichtshilfe für eine Restorative Justice – nimmt man die fachlichen Standards der Konfliktvermittlung ernst, dann wird man zum einen unabhängigen (nicht im Strafjustizsystem eingebundenen) öffentlichen wie freien Trägern den Vorzug geben oder die Unabhängigkeit der Mediator*innen in der Gerichtshilfe organisatorisch sicherstellen müssen, beispielsweise durch getrennte, insofern weisungsfreie Dienststellen, in denen Kriminalitätsopfer nicht gemeinsam mit Probanden der Bewährungshilfe zusammentreffen. Ausgeschlossen ist vom Gesetz die gleichzeitige Wahrnehmung der Aufgaben der Gerichtshilfe und der Konfliktvermittlung/TOA im selben Fall durch eine Person.[750]

403 Nur Gerichte, Staatsanwaltschaften und die mit *Gnadensachen* befassten Stellen können die Gerichtshilfe beauftragen – allerdings können beispielsweise auch Rechtsanwälte die Einschaltung der Gerichtshilfe anregen.[751] Da die Gerichtshilfe gemäß den gesetzlichen Vorgaben niemals eingesetzt werden muss, sondern es sich um Kann-Vorschriften handelt, geht es jeweils um Ermessensentscheidungen der Gerichte und Staatsanwaltschaften.[752] Allerdings wurde § 463d StPO 2023 in dem Sinne novelliert, dass die Gerichtshilfe in zwei Fallgruppen einbezogen werden soll: (d.h. im Regelfall muss[753])

1. Über den Widerruf der Strafaussetzung eines Strafrestes, sofern nicht ein Bewährungshelfer bestellt ist,

2. über die Anordnung der Vollstreckung der Ersatzfreiheitsstrafe, um die Abwendung der Anordnung oder Vollstreckung durch Zahlungserleichterungen oder durch freie Arbeit zu fördern.[754]

---

748 Verwaltungsvorschrift des Sächsischen Staatsministeriums der Justiz und für Europa über die Organisation des Sozialen Dienstes der Justiz und die Aufsichtsstellen für die Führungsaufsicht vom 11.7.2014, Artikel IV, 72.
749 Hierzu Trenczek et al. 2017 Kap. 5.19.
750 Trenczek et al. 2017b, Kap. 2.12 Rn 8; zur entsprechenden Regelung in den Jugendämtern s. Münder et al. 2022 § 17 Rn 53.
751 So auch Koch 1999, 67.
752 Thier 2023, 204.
753 Zum Unterschied zwischen Kann-, Soll- und Muss-Regelungen s. Trenczek et al. 2023, Kap. I-3.4.1.
754 Gesetz zur Überarbeitung des Sanktionenrechts – Ersatzfreiheitsstrafe, Strafzumessung, Auflagen und Weisungen sowie Unterbringung in einer Entziehungsanstalt vom 26.7.2023, in Kraft seit dem 1.10.2023, BGBl Teil I Nr. 203.

7.1 Soziale Dienste der Justiz

Zum besseren Verständnis der heutigen Gerichtshilfe als Sozialem Dienst der Justiz soll ein kurzer Blick auf die *historische Entwicklung* geworfen werden. Erste Versuche einer Sozialen Gerichtshilfe für Erwachsene gab es bereits in den zwanziger Jahren in Deutschland.[755] Beginnend 1959 gab es in den frühen sechziger Jahren Modellversuche der DBH und des Bundesministeriums der Justiz mit Gerichtshilfen in Augsburg, Bonn, Osnabrück, Ulm und Wiesbaden.[756] Heer bilanzierte seine Untersuchung zur Gerichtshilfe bereits 1932 wie folgt: „Aus dem Vorhergehenden ersieht man deutlich, daß die Soziale Gerichtshilfe nicht mehr zu entbehren ist, weder bis zum Erlaß des Urteils, also vor und in der Hauptverhandlung, noch nachher. Ohne die SGH wäre der Richter nicht in der Lage, den an ihn gestellten Anforderungen gerecht zu werden".[757] Es dauerte noch mehr als 40 Jahre, bis die Gerichtshilfe in der Strafprozessordnung normiert und namentlich genannt wurde. Aber immerhin gab es bereits vor knapp hundert Jahren die Einsicht, dass die „Staatsanwaltschaften dafür Sorge tragen (sollen), daß die wirtschaftlichen Verhältnisse des Täters schon im Vorverfahren ermittelt werden"[758] Auch in den zwanziger Jahren des letzten Jahrhunderts gab es bereits – trotz mangelnder gesetzlicher Normierung und flächendeckender Organisation – die Mitwirkung der Gerichtshilfen in Gnadensachen sowie bei der Bemessung der Geldstrafe.[759] In den zwanziger Jahren des zwanzigsten Jahrhunderts gab es sehr unterschiedliche Träger der Gerichtshilfe; oft war es die Polizei, das städtische Wohlfahrtsamt bzw. Sozialamt oder sie war an sogenannte Fürsorgestellen angegliedert.[760] 1975 wurde die Gerichtshilfe dann durch das Einführungsgesetz zum Strafgesetzbuch eingeführt.[761] Fast 50 Jahre später stellt Thier kritisch fest, „dass die Gerichtshilfe seit ihrer Einführung weder ein klares professionelles und bundesweit einheitliches Profil noch eine solch relevante Rolle wie die Jugendgerichtshilfe und die Bewährungshilfe entwickeln konnte." [762]

Eine bundeseinheitliche Erfassung der Gerichtshilfefälle gibt es nicht und somit auch keine Vergleichbarkeit über die *Auftragszahlen*. Es ist nicht feststellbar, wie häufig die Gerichtshilfen im Ermittlungsverfahren oder danach beigezogen werden.[763] Thier geht davon aus, dass die klassische Ermittlungshilfe nur einen geringen Anteil an der Gesamtzahl der Aufträge einnimmt.[764] Roxin/Schünemann stellen dazu fest, dass die Gerichtshilfe bis heute keine besondere Bedeutung erlangt hat und dass dies „wegen der Gefahr einer die Hauptverhandlung präjudizierenden Stigmatisierung des Beschuldigten nicht unbedingt ein Mangel ist".[765] „Ein Ansteigen der Aufträge an die Gerichtshilfe ist bundesweit ebenso wenig wie deren verstärkte Einschaltung im Ermitt-

---

755 Ulrich 1929; insg. zur historischen Entwicklung der Gerichtshilfe in Deutschland Koch 1999, 15-26 und Heer 1932, 5 f.
756 Kawamura-Reindl/ Schneider 2015, 162.
757 Heer 1932, 55.
758 So die allgemeine Verfügung des preußischen Justizministers vom 22.Dez.1921, J.M.Bl. 665, zitiert nach Heer 1932, 17.
759 Heer 1932, 17 und 36.
760 Heer 1932, 7 ff.
761 Einführungsgesetz zum Strafgesetzbuch vom 2. März 1974 (BGBl. I 469).
762 Thier 2023, 205.
763 Hering 2014, 106; ähnlich Thier 2023, 204.
764 Thier 2023, 204.
765 Roxin/Schünemann 2022, 74; insgesamt ist die Gerichtshilfe diesem bedeutendsten Lehrbuch des Strafverfahrensrechts mit seinen mehr als 600 Seiten noch keine 20 Zeilen wert.

406 Die *Arbeitsweise der Gerichtshilfe* ist neben der Definition ihres Auftrags und der organisatorischen Einbindung auch ihrer Stellung im Strafprozess und dem sich daraus ergebenden Arbeitsablauf geschuldet. Hering spricht sich dafür aus, dass die Gerichtshilfe „frühest möglich im Ermittlungsverfahren und nicht erst nach Anklageerhebung eingesetzt" wird.[767] Der konkrete Auftrag an die Gerichtshilfe muss gegebenenfalls spezifiziert werden, benötigt dafür die Akten zur Einsichtnahme, es bedarf der verwaltungstechnischen Registrierung und eventuell der Rücksprache mit dem Auftraggeber zur inhaltlichen Modifizierung.[768] Bei der Kontaktaufnahme mit dem Betroffenen kommt es auf die klare Bezeichnung des Auftrags, des Auftraggebers und eine rechtliche Belehrung an, die nicht nur die Freiwilligkeit der Teilnahme, sondern auch das Zeugnisverweigerungsrecht von Angehörigen beinhalten sollte. Selbstverständlich müssen auch die eigene Rolle und die Bedeutung des zu erstellenden Berichts erläutert werden. Dem Erstkontakt sollte ein Hausbesuch folgen, der ebenfalls nur mit Zustimmung des Beschuldigten durchgeführt werden darf.[769] Zusätzlich können weitere Gespräche mit Dritten erfolgen oder schriftliche Unterlagen eingesehen werden. Ein auf diesen Grundlagen erstellter Bericht sollte mit dem Betroffenen besprochen werden und gegebenenfalls muss er auf die Möglichkeit einer Gegendarstellung hingewiesen werden. [770] Koch geht davon aus, dass ein Gerichtshelfer bzw. eine Gerichtshelferin 10-15 Aufträge pro Monat bearbeiten kann.[771]

407 Im Laufe der letzten 40 Jahre sind zwei weitere schon erwähnte wichtige Aufgaben für die Gerichtshilfe hinzugekommen: *Haftentscheidungshilfen* bzw. Haftvermeidung im Erwachsenenstrafrecht[772] und die *Vermeidung der Vollstreckung von Ersatzfreiheitsstrafen*. An beiden Aufgaben sind in erheblichem Umfang auch Freie Träger der Straffälligenhilfe beteiligt, aber genannt werden muss dies auch im Kontext von Gerichtshilfe.[773] Schon 1978 hatte die Gerichtshilfe in Hamburg Haftentscheidungshilfe als eine ihrer Aufgaben erkannt und entsprechend ihre Erreichbarkeit bei Vorführungen vor den Haftrichter und Haftprüfungen organisatorisch sichergestellt.[774] Grundlage aller Angebote der Gerichtshilfe zur Haftentscheidungshilfe oder Haftvermeidung sind zwei entscheidende Kompetenzen der Sozialen Arbeit:

- Ermittlungen über die soziale Situation, über die Lebenslage des oder der Festgenommenen hinsichtlich sozialer Beziehungen, Arbeit, Wohnen und Sucht, um dem

---

[766] Thier 2023, 206.
[767] Hering 2014, 102.
[768] Koch 1999, 67.
[769] Koch 1999, 68.
[770] Koch 1999, 69, mit Hinweis auf Kerner, H.J. (1993); Entwurf einer Gliederung für eine Arbeitsmappe Gerichtshilfe, unveröffentlichtes Material des Fortbildungskurses Gerichtshilfe Baden-Württemberg, Tübingen.
[771] Koch 1999, 66.
[772] Im Jugendstrafrecht finden sich in den §§ 71-72b JGG spezielle Regelungen zur U-Haft, Haftvermeidung und Haftentscheidungshilfe.
[773] Die Aufgabenwahrnehmung und Zuständigkeit ist von Bundesland zu Bundesland unterschiedlich geregelt und manchmal arbeiten auch Gerichtshilfe und Freie Träger im gleichen Bundesland in diesem Arbeitsfeld.
[774] Beckmann 1987, 35; Bender/Reher 1981, Cornel 1987a, 74 sowie Cornel 2023c, 283.

7.1 Soziale Dienste der Justiz

Haftrichter eine bessere Grundlage für seine Haftentscheidung in Bezug auf die Prognose der Fluchtgefahr gemäß § 112 Abs. 2 Nummer 2 StPO zu geben.[775]
- Bei fehlendem festem Wohnsitz, mangelnder postalischer Erreichbarkeit oder auch einer sehr manifesten Suchtproblematik kann die Vermittlung eines Platzes in einer Einrichtung des betreuten Wohnens oder einer Langzeittherapieeinrichtung die Fluchtgefahr objektiv vermindern und so Untersuchungshaft vermeiden.[776]

Die Gerichtshilfe ist durch ihre flächendeckende Verbreitung und ihr *Eingebundensein in die justizielle Administration* einerseits gut für diese Aufgaben geeignet, die immer unter dem Diktat großer Eile stehen, denn Haftentscheidungen müssen schnell fallen. Auch kann man erwarten, dass Staatsanwaltschaften und Haftrichter*innen die ihnen bekannten Fachkräfte der Gerichtshilfe frühzeitig über festgenommene Personen, gegen die Haftbefehl beantragt werden soll oder wurde, informieren und den von dort gelieferten Informationen vertrauen. Andererseits aber mag es nach einer Festnahme vor der Vorführung vor den Haftrichter für die betroffene Person nicht ganz leichtfallen, ausgerechnet einer/einem justiznahen Gerichtshelfer*in zu vertrauen. Zweifellos können Sozialarbeiter*innen der Freien Straffälligenhilfe auch eher Ressourcen bspw. in Wohneinrichtungen zur Verfügung stellen. Beide Varianten sind möglich und oft bieten sich Kooperationen an. 408

Ebenfalls seit 40 Jahren ist die Vermeidung der Vollstreckung von Ersatzfreiheitsstrafen durch *Vermittlung und Organisation gemeinnütziger Arbeiten* ein weiteres Arbeitsfeld der Erwachsenengerichtshilfe.[777] Wie bereits oben in Kap. 4.3.2 erwähnt, tritt bei einer uneinbringlichen Geldstrafe nach § 43 StGB Ersatzfreiheitsstrafe an deren Stelle. Obwohl etwa 85% aller Urteile im Erwachsenenstrafrecht auf Geldstrafen lauten und von den Freiheitsstrafen die Mehrheit zur Bewährung ausgesetzt wird, gelangen so in jedem Jahr mehr als 10.000 zu Geldstrafen verurteilte Menschen in die Gefängnisse und belegen dabei etwa 10% der Haftplätze.[778] Um dem entgegenzuwirken mit all den Haftfolgeschäden, Stigmatisierungen, Desintegrationen und Kosten hat der Gesetzgeber 1974 durch Artikel 293 EGStGB die Möglichkeit geschaffen, durch die Erbringung von Arbeitsleistungen die Vollstreckung der Ersatzfreiheitsstrafe abzuwenden.[779] Inzwischen wurden auf diesem Weg den Verurteilten Hunderttausende Hafttage erspart,[780] was sowohl Kosten und zusätzlichen Bedarf an Haftplätzen als auch Desintegration vermeidet. 409

Kann eine zu Geldstrafe verurteilte Person diese nicht bezahlen, wird sie zunächst auf die Möglichkeiten der Ratenzahlung und dann der Ableistung gemeinnütziger Arbeit hingewiesen. Der Hinweis durch einen Rechtspfleger oder eine Rechtspflegerin reicht aber in der Regel nicht,[781] weil hinter der Zahlungsunfähigkeit – neben einer falschen Einschätzung durch das Gericht – häufig schwierige soziale Lebenslagen, mangelnde postalische Erreichbarkeit aufgrund ungesicherter Wohnverhältnisse oder geringe so- 410

---

775 Cornel 2023c, 284; Thier 2023, 204, der von der Überprüfung etwaiger vorhandener sozialer Bindungen spricht.
776 Cornel 2023c, 284.; Thier 2023, 204, der die Vermittlung von Unterkunft und Maßnahmen der Alkohol- oder Drogenentwöhnung nennt.
777 Bögelein/Kawamura-Reindl 2023, 258; Cornel 2002, 829; Dünkel 2011.
778 Genauere Angaben Cornel 2018 f., 26 Anm. 2; Treig/Pruin 2018.
779 Mit der gleichen Reform vom 2.3.1974 wurden auch die Gerichtshilfe und die Aufsichtsstellen bei Führungsaufsicht eingeführt; BGBl I, 469; Zu den einzelnen Landesregelungen Bögelein/Kawamura-Reindl 20, 255f.
780 Bögelein/Kawamura-Reindl 2023, 265.
781 Bögelein/Kawamura-Reindl 2023, 265 und Cornel 2018 f., 26.

ziale Kompetenzen stehen. Hier ist dann die Profession Sozialer Arbeit gefragt – sei es in der Gerichtshilfe oder durch Angebote Freier Träger der Straffälligenhilfe, die über die Vermittlung hinaus selbst gemeinnützige Arbeit organisieren und die Verurteilten bei ihren gemeinnützigen Arbeiten motivieren und begleiten können, zumal es ansonsten häufig zu Abbrüchen der Arbeit kommt.[782] Die Einschaltung der Gerichtshilfe ist auch deshalb von großer Relevanz, weil Geldstrafen sehr häufig durch Strafbefehle ohne öffentliche Hauptverhandlung verhängt werden,[783] so dass kaum eine Möglichkeit besteht, Fakten zur Zahlungsfähigkeit, zur Höhe des aktuellen Einkommens und zum Vermögen des Angeklagten zu ermitteln. Der Gesetzgeber hat deshalb 2023 bestimmt, dass vor einer Entscheidung über die Anordnung der Vollstreckung der Ersatzfreiheitsstrafe die Gerichtshilfe einbezogen werden soll.[784]

411 Im fachlichen Diskurs gibt es unterschiedliche Auffassungen darüber, inwieweit die Gerichtshilfe auch *soziale Hilfemaßnahmen* leisten oder einleiten sollte, wenn sie im Kontext ihrer Ermittlungen einen Hilfebedarf feststellt, der anders nicht befriedigt wird. Thier stellt fest, dass es aus juristischer Sicht nicht Aufgabe der Gerichtshilfe sei, solche Hilfeleistungen im Sinne der Verbesserung der Lebenslage der Klientel zu erbringen, sondern um Ermittlungsarbeit im Sinne der Erstellung von psychosozialen Diagnosen zu leisten.[785] Auch Rainer Dieter Hering, langjähriger Präsident der Arbeitsgemeinschaft Deutsche Gerichtshilfe betonte, dass die Gerichtshilfe ein *Ermittlungsorgan* und keine Fürsorgebehörde sei.[786] Es fragt sich, ob eine Gerichtshilfe, die sich als Teil der Profession Sozialer Arbeit versteht und oft auch als ein Teil der Sozialen Dienste der Justiz sich auf kurzfristige und einmalige Diagnosen und Prognosen beschränken kann. Sie sollte bei Bedarf auch Betreuungs- und Unterstützungstätigkeiten wahrnehmen, um ihre volle fachliche Kompetenz im Verfahren sowohl für die Justiz als auch für die Klient*innen einzubringen. Bereits Koch sprach von einem *Doppelmandat der Gerichtshilfe*.[787] „Der beauftragende Richter oder Staatsanwalt erwartet eine objektive Berichterstattung und Fakten, die er für sein weiteres Vorgehen verwenden kann. Der Klient erwartet schlicht und einfach Hilfe".[788]

412 Im saarländischen Gesetz zur ambulanten Resozialisierung und Opferhilfe ist in § 6 zu den Aufgaben der Gerichtshilfe neben den Ermittlungsaufgaben, den Vorbereitungen von Entscheidungen im Gnadenverfahren und im Verfahren über Registervergünstigungen auch geregelt, dass die Gerichtshilfe in Ausnahmefällen „mit Einverständnis der Probandin oder des Probanden erste soziale Hilfsmaßnahmen einleiten" könne.[789]

---

782 Bögelein/Kawamura-Reindl 2023, 263.
783 Oberlies 2013, 53 und Bögelein/Kawamura-Reindl 2023, 260.
784 Gesetz zur Überarbeitung des Sanktionenrechts vom 26.7.2023, inkraftgetreten am 1.2.2024, Artikel 2, BGBl Nr. 203
785 Thier 2023, 205.
786 Koch 1999, 69 mit Hinweis auf Hering, R.-D. (1993): Fortentwicklung der Gerichts- und Bewährungshilfe. Probleme der Zusammenarbeit, unveröffentlichtes Thesenmaterial.
787 Koch 1999, 36
788 Koch 1999, 71.
789 § 6 Abs. 3 des Saarländischen Gesetzes zur ambulanten Resozialisierung und Opferhilfe vom 21.1.2015. Das Gesetz zur ambulanten Resozialisierung und zum Opferschutz in Schleswig-Holstein (ResOG SH) vom 1. Dezember 2021 ist diesbezüglich zurückhaltender. Zu den Aufgaben, die insb. zu leisten sind, gehören gemäß § 14 die Berichterstattungen
1. in Ermittlungs-, Vollstreckungs- und Gnadenverfahren, insbesondere die Opferberichterstattung,
2. der Täter-Opfer-Ausgleich und andere Wiedergutmachungsdienste,
3. das Einleiten von Maßnahmen in Fällen häuslicher Gewalt und
4. die Haftentscheidungshilfe.
Das Wort „insbesondere" lässt immerhin Hilfen darüber hinaus zu.

7.1 Soziale Dienste der Justiz

Hier setzt auch der *Diskussionsentwurf eines Landesresozialisierungsgesetzes* an. Nach dessen § 15 ist Ermittlungshilfe durch die Sozialen Dienste der Justiz auf der Grundlage von § 160 Abs. 3 StPO zu leisten und gemäß § 17 Frühhilfe im Ermittlungsverfahren, „wenn eine besondere soziale Notlage der oder des Beschuldigten eine sofortige Hilfe erfordert und andere Hilfen nicht zur Verfügung stehen. Frühhilfe wird nur auf Antrag der Beschuldigten geleistet. Über diese Möglichkeit sind die Beschuldigten durch die Sozialen Dienste der Justiz frühzeitig zu informieren, insbesondere bei einer Festnahme."[790]

Im Ergebnis wird man den Hilfebedarf einer straffällig gewordenen Person, den man während der Ermittlungen im Kontakt mit dieser Person wahrnimmt, nicht ignorieren können und dürfen. Wer einen sehr engen Begriff der Gerichtshilfe als Ermittlungsorgan hat, der braucht dann zusätzliche Hilfeorganisationseinheiten, an die er weitervermitteln kann, soweit die sozialrechtlichen Regelinstitutionen die Bedarfe nicht erfüllen können. Weitere Vermittlungen widersprechen aber dem Grundsatz der *durchgehenden Hilfe* und den Erfahrungen des Übergangsmanagements, denn dann hat der Klient oder die Klientin wieder mit mehreren Ansprechpartnern zu tun und es ist zu befürchten, dass die Hilfe bei ihm/ihr nicht ankommt (bzw. er oder sie nicht bei der anderen Organisationseinheit). Deshalb ist im Rahmen der Sozialen Dienste der Justiz Frühhilfe zu leisten.

7.1.2 Bewährungshilfe

Die Bewährungshilfe wird i.d.R. erst im Rahmen der Strafvollstreckung eingeschaltet, insb. – wie der Name schon nahelegt – im Rahmen der Unterstellung des Verurteilten unter die Bewährungs- (§ 56d StGB, §§ 21, 88 JGG) oder Führungsaufsicht (§§ 68 ff. StGB). Sie unterstützt die ihnen unterstellten Personen nicht nur bei der Lebensführung im Alltag, sondern bereitet eine Vielzahl von – für das weitere Leben der Verurteilten sehr wesentlichen – Stellungnahmen vor. Die Bewährungshilfe ist nicht Verfahrensbeteiligte im Sinne eines Prozesssubjektes, sondern kann als Zeuge gehört werden.

Bewährungshilfe ist ein *ambulanter Sozialer Dienst der Justiz*[791], der während der Zeit der Bewährungsaufsicht den Auftrag hat, durch Soziale Arbeit die Resozialisierung von straffällig gewordenen Menschen zu unterstützen, das heißt zu deren Legalbewährung beizutragen. Die Definition des Auftrags ist dem Strafgesetzbuch zu entnehmen und weil der Bewährungshelfer oder die Bewährungshelferin sowohl einen Hilfe-, als auch einen Kontrollauftrag hat, ist der Kontakt für den sogenannten Probanden[792] nicht freiwillig – man spricht von einem Zwangskontext mit daraus resultierenden Konsequenzen für die soziale Hilfeleistung und Beziehung zwischen Bewährungshelfer*in und Proband*in.[793] Die Nichtbefolgung von Weisungen, wie beispielsweise das regelmäßige Aufsuchen der Bewährungshilfe, kann zum Widerruf der Aussetzung der Freiheitsstrafe zur Bewährung führen (s. 7.1.2.1) mit der Konsequenz, dass die

---

[790] Cornel et al. 2015, 14.
[791] Ausführlich hierzu Cornel/Kawamura-Reindl 2021a. Für Jugendliche und Heranwachsende ist sie teilweise auch bei den entsprechenden Jugendbehörden angesiedelt. In Hamburg gibt es seit mehr als zehn Jahren eine besondere Organisationsstruktur, weil die Fachaufsicht hinsichtlich der strafrechtlichen Überwachung beim bestellenden Gericht liegt, die sonstige Dienst- und Fachaufsicht ist jedoch bei der Behörde für Arbeit, Soziales, Familie und Integration angesiedelt (hierzu Bender 2023).
[792] Hierzu vgl. Anm. in Fn 349349
[793] Dazu ausführlich Conen 2007; Conen/Ceccin 2020; Cornel 2021, 46 ff.; Klug/Zobrist 2023; Zobrist/Kähler 2017.

ausgesetzte Freiheitsstrafe (oder der Strafrest) in einer Strafvollzugsanstalt vollstreckt wird. Grundsätzlich sind alle Bewährungshelfer*innen in Deutschland Fachkräfte der Sozialen Arbeit.

416 Einerseits leistet Bewährungshilfe Hilfe in Bezug auf die Bedürfnisse des straffällig gewordenen Menschen entsprechend den Zielen und mit den Methoden Sozialer Arbeit. Dazu muss die konkrete Lebenslage hinsichtlich Arbeit, Wohnen, Ausbildung, Schulden, möglichen Suchtproblemen und sozialen Beziehungen zur Kenntnis genommen werden,[794] aber auch seine *lebensweltliche Perspektive* hinsichtlich seiner Delinquenz und gegebenenfalls Entlassungssituation nach der Inhaftierung. Die Bewährungshilfe muss aber andererseits auch Rückfallgefährdungen, besondere Krisen oder gar neue Verstrickungen in das Delinquenz nahe Milieu wahrnehmen, um darauf zum einen im Gespräch mit dem Probanden oder der Probandin einzugehen, gegebenenfalls aber auch dem Gericht berichten mit der oben genannten möglichen Konsequenz des drohenden Widerrufs. Es wird schon an diesen ersten Bemerkungen zum Auftrag deutlich, dass es um eine ambivalente Rolle geht mit hochkomplexen Aufträgen und einem *Doppel-* oder gar *Triplemandat*.[795] Um diese Aufgaben entsprechend den Anforderungen wahrnehmen zu können, bedarf es einer großen Rollenklarheit und Rollentransparenz (gerade auch für die Probanden), besonderen Bemühungen um die Motivierung zur Mitarbeit durch die Attraktivität und Verlässlichkeit der Hilfeleistungen und des Aufbaus einer helfenden Beziehung,[796] die trotz der Einschränkungen durch den Zwangskontext bzw. die Kontrollaufgabe als unterstützende Ressourcen wahrgenommen und genutzt werden kann.

7.1.2.1 Rechtliche Bedingungen der Bewährungshilfe

417 Eine besondere Art der Weisung ist in § 56 d StGB geregelt: die Unterstellung der Verurteilten Person unter die Aufsicht und Leitung einer Bewährungshelferin oder eines Bewährungshelfers, um von Straftaten abzuhalten. Dies soll im Erwachsenenstrafrecht insbesondere dann geschehen, wenn es um eine Freiheitsstrafe von mehr als neun Monaten geht und die verurteilte Person noch nicht 27 Jahre alt ist.

418 Rechtlich sind die Aufgaben der Bewährungshilfe mit der Formulierung „helfend und betreuend zur Seite stehen" hinreichend bestimmt und auch das Verhältnis zum bestellenden Gericht, das die Weisungen festgelegt hat, ist klar. Die Bewährungshelfer*innen sind dem Gericht gegenüber *berichtspflichtig* und müssen sich an dessen Weisungen halten. Die richterliche Unabhängigkeit strahlt insofern auch auf die Bewährungshilfe aus. Gleichzeitig unterstehen die Bewährungshelfer*innen entsprechend den organisatorischen Einbindungen, die von Bundesland zu Bundesland verschieden sind, der Dienst- und Fachaufsicht entweder des Oberlandesgerichtes oder der dafür zuständigen Behörde (zum Beispiel Amt für Soziale Dienste der Justiz).[797]

419 Gemäß § 56d Abs. 5 StGB wird die Tätigkeit der Bewährungshelferin oder des Bewährungshelfers haupt- oder ehrenamtlich ausgeübt. Obwohl es keine exakten Daten dazu

---

794 Das gilt konkret für jeden Einzelfall, aber für die Entwicklung angemessener Hilfestrategien auch für die Gesamtheit der Proband*innen: Cornel 2000, Cornel 2005 und Cornel 2006.
795 Staub-Bernasconi 2007, 199 f.; dies. 2015, 152; Staub-Bernasconi fügt den Perspektiven des Klienten und des staatlichen Auftraggebers (Doppelmandat) die der Menschenrechte als Drittes hinzu; dazu auch Kurze 1999, 436-447 sowie 1998, 224.
796 Kawamura-Reindl 2018, 292.
797 Diese Fachaufsicht ist insofern eingeschränkt, als sie den Weisungen des Gerichts gem. § 56d Abs. 4 Satz 2 StGB nicht widersprechen darf.

7.1 Soziale Dienste der Justiz

gibt, kann man feststellen, dass die Bedeutung der ehrenamtlichen Bewährungshilfe gegenüber den fünfziger und sechziger Jahren des letzten Jahrhunderts stark nachgelassen hat, was sicherlich auch mit dem Professionsverständnis der Bewährungshilfe, neuen Organisationsstrukturen und Kooperationen korrespondiert.[798]

420 Nach § 21 JGG gibt es auch im Jugendstrafrecht die Strafaussetzung zur Bewährung, wobei die Bewährungszeit gemäß § 22 JGG zwei Jahre nicht unterschreiten und drei Jahre nicht überschreiten darf. § 23 JGG bestimmt, dass der Richter die Lebensführung des Jugendlichen durch Weisungen erzieherisch beeinflussen soll und dass er auch Auflagen erteilen darf. Auch im Jugendstrafrecht gibt es gemäß § 24 JGG ehrenamtliche und hauptamtliche Bewährungshelfer,[799] deren Aufsicht und Leitung die Jugendlichen in der Bewährungszeit grundsätzlich in den ersten zwei Jahre unterstellt sind. Ehrenamtliche Bewährungshelfer können nur bestellt werden, wenn dies aus Gründen der Erziehung zweckmäßig erscheint. Über die Aufgaben in der Bewährungshilfe für Erwachsene hinaus soll der Bewährungshelfer oder die Bewährungshelferin gem. § 24 Abs. 3 Satz 3-5 „die Erziehung des Jugendlichen fördern und möglichst mit dem Erziehungsberechtigten und dem gesetzlichen Vertreter vertrauensvoll zusammenwirken. Er hat bei der Ausübung seines Amtes das Recht auf Zutritt zu dem Jugendlichen. Er kann von dem Erziehungsberechtigten, dem gesetzlichen Vertreter, der Schule, dem Ausbildenden Auskunft über die Lebensführung des Jugendlichen verlangen."

421 Gemäß § 56f StGB *widerruft das Gericht die Strafaussetzung zur Bewährung*, wenn die verurteilte Person eine neue Straftat begeht oder gegen Weisungen und Auflagen gröblich und beharrlich verstößt oder sich der Aufsicht und Leitung der Bewährungshelferin oder des Bewährungshelfers beharrlich entzieht und dadurch Anlass zu der Besorgnis gibt, dass sie erneut Straftaten begehen wird. Bewährungshelfer*innen sind nach § 56d Abs. 3 Satz 3 verpflichtet, gröbliche oder beharrliche Verstöße gegen Auflagen, Weisungen, Anerbieten oder Zusagen dem Gericht mitzuteilen. Insofern ist also die Schweigepflicht eingeschränkt, was auf das Vertrauensverhältnis und die sozialarbeiterische Arbeitsbeziehung nicht ohne Folgen bleiben kann. Diese Grundlage der Bewährungshilfeunterstellung sollte den Probanden im ersten Kontakt mitgeteilt werden. Entscheidet das Gericht über einen Widerruf der Strafaussetzung wegen eines Verstoßes gegen Auflagen oder Weisungen, so wird der/die Bewährungshelfer*in gem. § 453 Abs. 1 Satz 4 StPO unterrichtet. Nach § 56f Abs. 2 StGB sieht das Gericht von einem Widerruf der Strafaussetzung zur Bewährung ab, wenn es ausreicht, weitere Auflagen oder Weisungen zu erteilen oder die Bewährung- oder Unterstellungszeit zu verlängern. Der Widerruf der Strafaussetzung zur Bewährung ist im Jugendstrafrecht in § 26 JGG entsprechend geregelt. Wird die Strafaussetzung nicht widerrufen, so erlässt das Gericht die Strafe nach Ablauf der Bewährungszeit nach § 56g StGB bzw. § 26a JGG.

422 Kritisch zu sehen ist, dass rechtlich zwar die Strafaussetzung und Strafrestaussetzung zur Bewährung selbst, deren Dauer, Weisungen und Auflagen geregelt sind, hinsichtlich der Durchführung der Bewährungshilfe selbst die gesetzlichen Grundlagen aber schmal sind und mit den fachlichen, kriminalpolitischen und organisatorischen Entwicklungen der letzten Jahrzehnte nicht mitgehalten haben. Forderungen nach einem *Resozialisierungsgesetz*, in dem die Bewährungshilfe einen zentralen Stellenwert hätte,

---

798 NK-StGB/Ostendorf/Bartsch 2023 § 56d Rn 5.
799 Zu den Vor- und Nachteilen Ostendorf/Ostendorf 2021 § 25 Rn 2-4.

gibt es seit Anfang der 80er Jahre des 20. Jahrhunderts.[800] Inzwischen wurde nicht nur ein Diskussionsentwurf für ein Resozialisierungsgesetz vorgelegt mit zahlreichen die Bewährungshilfe betreffenden Bestimmungen,[801] sondern in einigen Bundesländern[802] auch erste einschlägige Gesetze verabschiedet. Gleichzeitig ist erfreulicherweise festzustellen, dass viele neue Landesstrafvollzugsgesetze die Beteiligung der Bewährungshilfe an der Vollzugs- und Eingliederungsplanung sowie an der frühzeitigen sozialen und beruflichen Eingliederung schon während der Vollzugszeit vorsehen.[803] Damit dies auch in der Praxis geschieht, bedarf es entsprechender Ressourcen und gesetzlicher Grundlagen für die Bewährungshilfe.

7.1.2.2 Historische Entwicklung und internationale Bezüge der Bewährungshilfe

423 Trotz einiger Vorläufer der Strafaussetzung zur Bewährung auf dem Gnadenwege bei gleichzeitiger Unterstellung unter die Aufsicht eines ehrenamtlichen Helfers seit dem frühen 19. Jahrhundert,[804] einigen internationalen Vorläufern und der Möglichkeit der Strafaussetzung zur Bewährung durch die Einführung des Reichsjugendgerichtsgesetzes von 1923[805] sowie in der amerikanischen Besatzungszone nach 1945[806] wurde die Strafaussetzung zur Bewährung und die Anstellung von hauptamtlichen Bewährungshelfern erst 1953 durch das Dritte Strafrechtsänderungsgesetz ermöglicht. In einem Erlass der hessischen Minister der Justiz und des Inneren vom 21.12.1953[807] wird der Bewährungshelfer als Gehilfe des Gerichts bezeichnet. 1969 wurden die Möglichkeiten der Strafaussetzung zur Bewährung durch das erste Strafrechtsreformgesetz deutlich erweitert. Schließlich baute das 23. Strafrechtsänderungsgesetz die Möglichkeiten der Strafaussetzung 1986 nochmals aus, was zu einem deutlichen Anstieg der Probandenzahlen, aber auch der Anzahl von Bewährungshelfer*innen führte.[808]

424 Strafaussetzung zur Bewährung und Bewährungshilfe hatten nicht nur internationale Vorläufer vor allem in den Vereinigten Staaten von Amerika und England, sondern auch heute gibt es einen regen *internationalen Austausch* und nicht zuletzt die europäischen Probation Rules, die Mindeststandards für die Arbeit der Bewährungshilfe setzen.[809] Einen aktuellen Überblick und europäischen Vergleich zur Bewährungshilfe findet sich bei Jehle/Palmowski[810] und zur Strafrestaussetzung in 17 europäischen Staaten bei Dünkel/Pruin.[811]

---

800 Zur Geschichte Cornel 2014, 502 ff.
801 Cornel/Dünkel et al. 2015, insb. 17 ff. und 84-89.
802 Saarland, Hamburg und Schleswig-Holstein.
803 Z.B. durch §§ 9 Abs. 5 und 7 sowie § 46 Abs. 2 Berliner Strafvollzugsgesetz.
804 Cornel 1984, 51
805 Ostendorf/Ostendorf 2021 Grdl. z. §§ 21-26a Rn 2.
806 Cornel 2011, 384.
807 Hessischer Staatsanzeiger 1954, 108.
808 Zur Geschichte der Bewährungshilfe Cornel 2022, 42 und 2016, 220 f.; Ghanem/Zahradnik 2023, 215 ff.; Schöch 2003, 211-213.
809 Empfehlung CM/Rec (2010)1 über die Grundsätze der Bewährungshilfe vom 20.1.2010, zugänglich unter www.coe.int. und in Bewährungshilfe 2012, 255-271 sowie Morgenstern 2012.
810 Jehle/Palmowski 2015; spezifisch einzelnen Staaten: England Burke 2015; Frankreich Decarpes 2015; Niederlande Althoff/Althoff 2016.
811 NK-StGB/Dünkel/Pruin 2023 § 57 Rn 91.

7.1 Soziale Dienste der Justiz

7.1.2.3 Daten zur Bewährungshilfe in Deutschland

2011 gab es in Deutschland insgesamt 182.715 Unterstellungen unter Bewährungsaufsicht, wobei zu berücksichtigen ist, dass sich diese Daten allein auf die alten Bundesländer einschließlich Gesamt-Berlin beziehen, dabei nur die hauptamtlichen Bewährungshelfer gezählt werden und auf einen Probanden auch mehrere Unterstellungen bezogen sein können.[812] Neuere Zahlen wurden weder vom Bundesjustizministerium noch vom Statistischen Bundesamt vorgelegt. Gegenüber den ersten Anfängen in den fünfziger Jahren und auch knapp 40.000 Probanden 1970 oder 131.381 im Jahr 1990 ist dies ein großes Wachstum, das bis zum Jahr 2008 anhielt und dann auf dem gleichen Niveau von mehr als 180.000 Probanden einige Jahre verharrte. Inzwischen gingen die Bestandszahlen der Probanden und Unterstellungen der Bewährungshilfe auf etwa 140 000 zurück,[813] was unter anderem auch mit dem Rückgang der Verurteiltenzahlen und der Gefangenen korrespondiert. Verlässliche Zahlen über die Anzahl der Bewährungshelfer*innen gibt es leider nicht, weil viele Mitarbeiter*innen der Sozialen Dienste der Justiz auch andere Aufgaben wahrnehmen – beispielsweise in der Gerichtshilfe, Führungsaufsicht oder beim Täter-Opfer-Ausgleich. Entsprechend weisen die Justizministerien diese Daten heute auch regelmäßig nicht mehr aus. Unabhängig von diesen sonstigen Tätigkeiten, beispielsweise auch in Leitungsfunktionen, wird man die Anzahl auf etwa 2.500-2.800 Bewährungshelfer*innen schätzen können.

425

Seit 2004 beträgt die *Erfolgsquote der Bewährungshilfe*, also durch Straferlass oder Ablauf bzw. Aufhebung abgeschlossenen Unterstellungen regelmäßig mehr als sich 70%.[814] Diese Quote hat sich auch in den letzten Jahren in den Bundesländern, die Daten zur Verfügung stellten, nicht verringert. Wenn es zu einem Widerruf kommt, so folgt dieser meist zumindest auch wegen einer neuen Straftat – nur in 7,7% der Fälle gibt es einen Widerruf allein wegen Nichtbefolgung der Weisungen. Insgesamt steigt die Erfolgsquote mit dem Alter der Proband*innen – bei der Gruppe der über Sechzigjährigen liegt die Widerrufsquote unter 10%. Bei den Frauen ist die Straferlassquote etwa 5% höher bei den Männern.[815]

426

7.1.2.4 Praxis der Hilfeleistungen und Kontrolle in der Bewährungshilfe

Wenn Bewährungshilfe, entsprechend dem gesetzlichen Auftrag, sowohl *Hilfe als auch Kontrolle* enthält, und wenn man davon ausgehen kann, dass die Probanden vor allem die Hilfe wünschen und die Kontrolle bestenfalls billigend in Kauf nehmen, weil sie der Preis ist zum einen für die ausgesetzte Freiheitsstrafe bzw. den Strafrest und zum anderen für die Hilfe und Betreuung, dann muss die Praxis der Bewährungshilfe von *Transparenz* gekennzeichnet sein und tatsächlich Hilfe leisten entsprechend den professionellen Methoden, Regeln und der Ethik Sozialer Arbeit. Allerdings ist zu beachten, dass der Proband oder die Probandin bei Nichtbefolgung der Weisungen mit einem Widerruf der Strafaussetzung zur Bewährung bedroht ist. Schon die verweigerte Kon-

427

---

812 Statistisches Bundesamt, Fachserie 10, Reihe 5 Rechtspflege Bewährungshilfe 2011, Wiesbaden 2013, 11.
813 Heinz 2022, 26.
814 Statistisches Bundesamt, Fachserie 10, Reihe 5 Rechtspflege Bewährungshilfe 2011, Wiesbaden 2013, 17; im Allgemeinen Strafrecht waren es 2011 71,1% und im Jugendstrafrecht 76,8 %. Weder das Bundesjustizministerium noch das Statistische Bundesamt legen nach 2011 eine aktuellere Bewährungshilfestatistik vor. Man kann aber aus einzelnen Statistiken der Bundesländer Tendenzen ablesen. Heinz 2022, 66 ff. liefert aktuelle länderspezifischen Daten, die ebenfalls im Durchschnitt für den Bund auf eine Erfolgsquote von knapp über 70% kommen.
815 Statistisches Bundesamt, Fachserie 10, Reihe 5 Rechtspflege Bewährungshilfe 2011, 18 und 20.

taktaufnahme zur Bewährungshilfe oder im weiteren Verlauf das Nichtaufsuchen zu den vereinbarten Sprechzeiten stellt einen Verstoß gegen die Weisungen dar. Dies muss schon im Erstgespräch zwischen Bewährungshelfer*in und Proband*in besprochen werden – nicht um damit zu drohen, sondern um der klaren Verhältnisse willen und damit es nicht zu Widerrufen durch Nichtwissen kommt. Gleichzeitig sollte aber sofort das Bemühen um eine Primärmotivation einsetzen. Wenn der/die Proband*in zur Sprechstunde erscheint, weil er oder sie sich dort wirksame Hilfe verspricht, weil es eine vertrauensvolle Beziehung zur Bewährungshelfer*in gibt und weil die beidseitige persönliche Verbindlichkeit und Verlässlichkeit selbstverständlich geworden ist, dann löst sich das Verhältnis nicht aus dem Zwangskontext, dieser spielt aber eine geringere Rolle. Auf der Basis dieser Transparenz, die Berichtspflichten, die Schweigepflicht und das mangelnde Zeugnisverweigerungsrecht einschließt, ist dann Soziale Arbeit zu leisten entsprechend dem aktuellen Stand der Methoden und den Zielen der Sozialen Arbeit.[816] Einerseits bringt das spezifische Setting sicherlich Einschränkungen mit sich, andererseits aber geht es nicht nur um Einzelfallhilfen im engen Sinne. Selbstverständlich sind auch sozialpädagogische Gruppenarbeit und Unterstützungen bei Einbindungen in Sozialräume möglich und zulässig. Dass dabei die Bewährungshelfer*innen selbst auch zusammenwirken können, muss nicht weiter ausgeführt werden, wobei es gegenüber dem bestellenden Gericht bei der Zuständigkeit bleibt.

428 Bevor einzelne *Hilfeformen und spezifische Tätigkeiten* (nicht vollständig) genannt werden, soll auf die Grundsätze der durchgehenden Hilfe,[817] der Hilfe zur Selbsthilfe, des Vorranges der Hilfen des Regelsystems vor speziellen Hilfen zur Verminderung der Gefahr der Stigmatisierung, die Berücksichtigung des psychosozialen Umfeldes, des Diskriminierungsverbots und des Vorrangs pädagogischer Hilfen vor Kontrolle[818] hingewiesen werden:

- Erstgespräch mit einer hohen Bedeutung der Motivierung sowie Erklärung der Funktion, der Angebote, der Sprechstunden und der Verbindlichkeit (auf der Basis des sogenannten Unterstellungsbeschlusses des Gerichtes), Hinweis auf Schweigepflicht und für Bewährungshelfer*innen nicht bestehendes Zeugnisverweigerungsrecht
- Unterstützung bei der Schadenswiedergutmachung
- regelmäßige Kontakte nach Vereinbarung, gegebenenfalls auch Hausbesuche nach vorheriger Anmeldung
- Beratung bei rechtlichen und finanziellen Problemen
- Unterstützung bei Umgang mit Behörden, Job-Center, Agentur für Arbeit
- Unterstützung bei der Suche von Wohnung und Arbeit
- Vermittlung in betreutes Wohnen oder straffälligenspezifische Wohngruppen
- Schuldenregulierung
- Suchtberatung und Vermittlung in Beratungsstellen und Therapieeinrichtungen

---

816 Als Zielsetzung der Sozialen Arbeit gelten nach der Definition der International Federation of Social Workers vom 2014 in Melbourne die Durchsetzung der Prinzipien sozialer Gerechtigkeit, die Menschenrechte, die gemeinsame Verantwortung und die Achtung der Vielfalt. Soziale Arbeit befähigt und ermutigt Menschen so, dass sie die Herausforderungen des Lebens bewältigen und das Wohlergehen verbessern können.
817 Wiesendanger 1973 und Cornel 2011a.
818 Cornel et al 2015, 10-12 und 49-62.

7.1 Soziale Dienste der Justiz

- Unterstützung, aber auch Kontrolle bei der Erfüllung der Aufgaben und Weisungen
- regelmäßige Berichte an das Gericht
- gegebenenfalls auch Besuche in Untersuchungshaft oder Strafhaft, wenn es zu einer neuen Inhaftierung kommt;
- Abschlussgespräch und gegebenenfalls Übergabe des Falls an andere Sozialarbeiter*innen nach Absprache mit den Klienten
- regelmäßige Dokumentation
- Familienberatung und Kontakte zu Angehörigen.[819]

Die Bewährungshilfe verfügt über keine eigenen Ressourcen, um prekäre Lebenslagen ihrer Probanden in den Bereichen Lebensunterhalt, Arbeit, Wohnen, Schuldenregulierung, verbessern zu können", weshalb sich die einzelfallbezogene Hilfe auf Beratung, persönliche Hilfe und Unterstützung bei der Durchsetzung von Ansprüchen gegenüber Sozialleistungsträgern beschränkt. Regional unterstützen manchmal Bewährungshilfevereine der Freien Straffälligenhilfe durch Kooperation mit ihren Ressourcen.

429

Im Idealfall, der heute leider noch recht selten ist, erfahren Bewährungshelfer*innen im Falle einer geplanten Strafrestaussetzung schon ein Jahr vor dem Entlassungstermin von diesem neuen Probanden und werden diesen dann schon im Vorfeld besuchen, um mit ihm Kontakt aufzunehmen. Zwar kann das die Entscheidung zur Strafrestaussetzung durch die Strafvollstreckungskammer nicht vorwegnehmen, aber für die Gestaltung des Übergangs[820] und die Vermeidung des sogenannten Entlassungslochs[821] ist eine solche *Kontaktaufnahme*, die einen Beziehungsaufbau vor der Entlassung ermöglicht, sehr wichtig.

430

Seit der Einführung der Bewährungshilfe sind die *Fallbelastungen*, d.h. die Anzahl der Fälle pro Bewährungshelfer oder Bewährungshelferin, ein beständiges Thema. Da das Gericht die Bewährungshelfer*in persönlich bestellt und die Einzelfallhilfe sehr im Vordergrund steht, gilt die Fallzahl als Kennziffer zum internen und externen Vergleich für die Arbeitsbelastung. Dabei ging man lange davon aus, dass durch zufällige Zuweisung sich der Anteil der Fälle mit großem Arbeitsaufwand und der mit kleinerem letztlich ausgleichen. Auch wo man Klassifikationssysteme eingeführt hat, die die Fälle nach Risiken und Arbeitsaufwand einschätzen und sortieren, werden diese letztlich wieder in Fallzahlen umgerechnet.[822] Dabei besteht seit Jahrzehnten eine große Diskrepanz zwischen der Fallzahl, die von Praxis und Wissenschaft für angemessen gehalten wird, und den tatsächlichen Fallbelastungen. Für angemessen werden

431

---

819 Zu diesen Hilfen kommen als Tätigkeiten der Bewährungshelfer*innen gegebenenfalls Supervision und/oder andere Formen der kollegialen Selbstreflexion.
820 Literatur zum Übergangsmanagement: Pruin 2012; Pruin 2018; Cornel 2012; Cornel 2012a; Cornel 2013a; Matt 2012; Matt 2014 und 2016.
821 Es kommt häufig vor, dass Gefangene wenige Tage nach der Entscheidung der Strafvollstreckungskammer zur Strafrestaussetzung aus der JVA entlassen werden und dass der Bewährungshelfer oder die Bewährungshelferin von dem Unterstellungsbeschluss erst Wochen später durch einen Brief der Geschäftsstelle des Gerichts erfährt. Gegebenenfalls muss dann noch innerhalb der Dienststelle der Bewährungshilfe entschieden werden, wer diesen neuen Fall übernimmt. In diesen Tagen nach der Entlassung braucht aber der Haftentlassene gegebenenfalls die Unterstützung beispielsweise bei der Wohnungs- und Arbeitssuche, vielleicht aber auch aufgrund einer vorliegenden Sucht ganz besonders intensiv. Kommt es in diesen Tagen zu Rückfällen aufgrund fehlender Information und Unterstützung, so spricht man vom Entlassungsloch.
822 Cornel 2014a, 363 f.

Fallzahlen von 30-40 gehalten[823] – in der Praxis sind es oft 60-90 Fälle, manchmal auch mehr als 100.[824] Die Bedeutung der Fallzahlen korrespondiert allerdings eng mit der Klarheit über das, was denn da gezählt wird, also mit der tatsächlichen Aufgabe und Tätigkeit der Bewährungshelfer*innen. Registrieren diese ihre Fälle nur knapp, überprüfen Weisungen formal und beschränken Hilfeleistungen auf monatliche kurze Beratungsgespräche und die Übergabe von Informationsbroschüren der Sozialbehörden, Schuldnerberatungsstellen und Suchttherapieeinrichtungen, dann kann ein solcher Fall hinsichtlich der Arbeitsbelastung nicht so zählen, als wenn Bewährungshelfer*innen sich schon um Kontaktaufnahme durch Besuche in der Justizvollzugsanstalt bemühen, im Einvernehmen mit dem Probanden Hausbesuche abstatten, eine intensive Arbeitsbeziehung eingehen, Angehörige kennenlernen, gegebenenfalls bei schwierigen Besuchen in Ämtern persönlich begleiten und sich darüber hinaus einzelfallübergreifend durch Gruppenarbeit oder im Sozialraum für resozialisierende Hilfen einsetzen. In der Debatte um die Fallzahlen geht es also weniger um die Gesamtarbeitsbelastung der Fachkräfte der Bewährungshilfe als vielmehr um klare Definitionen und die kriminalpolitische Frage, welche *Art und Intensität der Hilfe* geleistet werden soll mit den Zielen der Lebenslagenverbesserung, persönlichen Hilfe und Haftreduzierung.[825]

7.1.2.5 Rechtlich relevante Diagnosen, Prognosen und Risikoeinschätzungen in der Bewährungshilfe

432 Im Kontext der Bewährungshilfe müssen die Gerichte zahlreiche Entscheidungen auf der Basis von *Prognosen.*[826] treffen. Gemäß § 56 StGB ist die Strafaussetzung nur möglich, wenn zu erwarten ist, dass der Verurteilte künftig keine Straftaten mehr begehen wird. Nach § 57 StGB ist die Aussetzung des Strafrestes bei zeitiger Freiheitsstrafe und nach § 57a StGB bei lebenslanger Freiheitsstrafe nur möglich, „wenn dies unter Berücksichtigung des Sicherheitsinteresses der Allgemeinheit verantwortet werden kann". Die Unterstellung der verurteilten Person unter die Aufsicht und Leitung einer Bewährungshelferin oder eines Bewährungshelfers ist nach § 56d StGB nur zulässig, „wenn dies angezeigt ist, um sie von Straftaten abzuhalten". Hat das Gericht also gemäß § 56d Abs. 4 StGB einen/eine Bewährungshelfer*in bestellt, so wurden bereits prognostische Entscheidungen getroffen und damit Risiken hinsichtlich der Rückfallwahrscheinlichkeit bzw. wirksamen Kriminalprävention bewertet. Hinter diese Entscheidung der Judikative kann und darf die Exekutive nicht zurückfallen, insbesondere darf die Strafaussetzung selbst nicht konterkariert und Hilfe nicht verweigert werden.

433 Die Bewährungshilfe selbst muss zur Durchführung ihrer professionellen Aufgaben im Sinne des § 56d Abs. 3 StGB auf der Basis fachlicher Anamnesen und Diagnosen im Verständigungsprozess mit dem Probanden oder der Probandin prognostische Einschätzungen erarbeiten, wie hoch das Rückfallrisiko ist, welche Rechtsgüter potenzieller Opfer gegebenenfalls in welchen Situationen gefährdet sind und wie diesen Gefährdungen entgegengetreten werden kann – sei es durch angemessene Hilfen oder auch durch Mitteilungen über gröbliche oder beharrliche Verstöße an das Gericht.

---

823 Meyer 1963, 207; Maelicke 1977, 46; Maelicke/Simmedinger 1987, 13 und 105; Dünkel 1986, 131; Kerner 1993, 80; Kurze 1999, 336; Schöch 2003, 215; ausführlich dazu Cornel 2014a.
824 Cornel 2014a, 361 f.
825 Cornel 2014a, 374.
826 Zur grundsätzlichen Problematik von Kriminalprognosen s. Albrecht 1990; Rettenberger 2018; Rettenberger/Eher 2016; Trenczek/Schmoll 2024, Kap. 3.2.5.4.1.2.

7.1 Soziale Dienste der Justiz

Diese Aufgabe erfüllt die Soziale Arbeit mit ihren Methoden seit Einführung der Bewährungshilfe. Es gehört zur Fachlichkeit selbst, regelmäßig zu überprüfen, ob diese Methoden der Anamnese, Diagnose und Prognose qualitativ verbessert werden und inwieweit diesbezüglich interdisziplinäre Kooperationen hilfreich sein können.

Seit etwa 20 Jahren gibt es nun einen Diskurs in Deutschland[827] darüber, ob zu einer erhöhten Fachlichkeit eine verstärkte *Risikoorientierung* gehört,[828] ob dafür die Kontrollaspekte mehr in den Vordergrund gerückt werden sollten, inwieweit die Bewährungshilfe für Risikoeinschätzungen psychologische Testverfahren einsetzen sollte und inwiefern der Hilfebedarf und -anspruch mit dem Rückfallrisiko korrespondiert oder korrespondieren sollte. In der kriminalpolitischen und fachlichen Debatte dazu spielen Assessmentverfahren auf Basis des Risk-Need-Responsivity-Prinzips der kanadischen Psychologen Andrews und Bonta eine große Rolle.[829] In den einzelnen Bundesländern haben sich die Konzeptionen zur Risikoorientierung in unterschiedlicher Art und Weise, unterschiedlichem Ausmaß und mit unterschiedlicher Verbindlichkeit durchgesetzt. Verfolgt man den Diskurs um die Risikoorientierung der letzten Jahre in Deutschland so findet man Pro- und Kontrapositionen in der Fachliteratur, Befürwortungen in den einigen Ministerialverwaltungen und Skepsis zumindest bei einem Teil der Praktiker*innen der Bewährungshilfe.[830]

434

Zweifellos gehört es zu den Aufgaben der Bewährungshilfe, den Hilfebedarf zu erheben, das Rückfallrisiko einzuschätzen und zu prognostizieren und die eigenen Arbeitsressourcen möglichst sinnvoll einzusetzen. Die Profession Sozialer Arbeit hat diesbezüglich in ihren Fachkompetenzen in den letzten Jahrzehnten große Fortschritte gemacht. Psychiatrische und psychologische *Diagnoseverfahren* haben auch in vielen Kontexten Sozialer Arbeit ihren Wert, wobei deren Anwendung spezifische fachliche Kompetenzen voraussetzt und nur dann sinnvoll ist, wenn sie den sozialpädagogischen Beziehungsaufbau und das Aushandeln als spezifische Methode der Sozialen Arbeit nicht konterkariert. Außerdem müssen Anamnese und Diagnosen in der Sozialen Arbeit der Bewährungshilfe so erstellt werden, dass sie Änderungen im Hilfebedarf während der Unterstellungszeit erfassen und nicht vor allem auf die Defizite von straffällig gewordenen Personen abstellen. Wenn Mayer fordert, „dass keine Ziele mit dem Probanden entwickelt oder ausgehandelt werden",[831] dann lehnt er zugleich sozialarbeiterische Haltungen und Methoden ab und setzt quasi voraus, dass alle Probanden das Ziel der Rückfallvermeidung und dessen Umsetzung für sich selbst ablehnen. Entspricht das wirklich den Erfahrungen der Bewährungshelfer*innen? Risikoeinschätzungen müssen keine diagnostischen Momentaufnahmen sein, sondern können sich durchaus im Prozess einer helfenden Beziehung ergeben. „Die Kenntnis der Vorstrafen und des Anlasses der aktuellen Unterstellung unter Bewährungsaufsicht sowie die

435

---

827 Inspiriert durch Vorgänger in der Schweiz, den Niederlanden und Großbritannien; Andrews et al. 1990; Lösel 2012; Lipton, u. a. 2002.
828 Klug 2003; Klug 2007; Klug 2008; Klug/Schaitl 2012; Mayer 2007; Mayer 2014; Mayer 2018; Mayer/Schlatter/Zobrist 2007; Sommerfeld 2010; Cornel et al. 2018.
829 Andrews et al. 1990; Andrews/Bonta 2010; Andrews/Bonta/Wormith 2011; Bonta/Andrews 2017.
830 Braun 2014, 335; Mayer 2014, 178. Dort schreibt er u.a.: „So verstößt das Risikoprinzip gegen den Gerechtigkeitsgrundsatz der Gleichbehandlung, von dem sich viele Praktiker in sozialen und Gesundheitsberufen implizit leiten lassen .... Eine Zuteilung in Betreuungsstufen auf der Grundlage einer Risikoeinschätzung entspricht nicht diesem Gerechtigkeitsideal. Möglich ist auch, dass eine ausschließlich durch die Risikobeurteilung gesteuerte Betreuungsintensität nicht dem Unterstützungsbedarf bei nicht risikorelevanten Problembereichen entspricht."
831 Mayer et al. 2007, S. 42; insg. dazu Mayer 2007; kritisch dazu auch Kawamura-Reindl/Schneider 2015, 347.

aktuelle Lebenslage und die ansonsten vorhandenen Unterstützungsressourcen sind die zentralen Anhaltspunkte zur Ausgestaltung des sozialarbeiterischen Handelns und des Interventionsbedarfs."[832] Die Möglichkeiten moderner methodischer Sozialer Arbeit, Lebenslagen und Verhalten erfolgreich zu beeinflussen sollten nicht unterschätzt und die Änderungen im Hilfebedarf während der Unterstellungszeit nicht ignoriert werden.[833]

436 Kritisch gesehen wird die Gefahr eines Checklistencharakters,[834] der bei einer reinen *Verwendung von Checklisten* ohne weiteres Ermessen und Justierungsmöglichkeiten die Kommunikation, das Aushandeln als sozialarbeiterischen Prozess und Arbeitsmethode vermeidet. Viele Sozialarbeiter*innen sehen durch die Manualisierung von Verfahren und engen Vorgaben zur Aufgabenwahrnehmung nicht nur ihre Entscheidungsfreiheit in der Methodenauswahl eingeschränkt, sondern ihr professionelles Selbstverständnis selbst, das auf Diskurs, Verständigung und Aushandeln von Problemlösungen beruht.[835] Schließlich sollten die Risiko- und Bedarfsprognoseverfahren nach dem RNR-Prinzip nicht als alternativlose evidenzbasierte Methode dargestellt werden. So eindeutig sind die Evaluationen der Risikoorientierung nicht, dass man verantworten könnte, darauf Verweigerungen von Hilfe oder gar mittelbar Freiheitsbeschränkungen zu gründen.[836]

437 Diese kritische Sichtweise auf eine Neuausrichtung der Bewährungshilfe, die die Handlungskonzeption der Sozialen Arbeit unterschätzt,[837] verkennt aber nicht, dass es in der Bewährungshilfe nicht nur um die Durchsetzung sozialrechtlicher Ansprüche geht, sondern auch um *soziale Kontrolle* mit dem Ziel der Kriminalprävention. Deshalb haben die Sozialarbeiter*innen der Bewährungshilfe auf der Basis der richterlichen Entscheidung zur Strafaussetzung zur Bewährung und Unterstellung unter die Bewährungsaufsicht schon immer das Rückfallrisiko eingeschätzt und die Frequenz und Intensität der Kontrolle von der Rückfallgefahr und der Art des bedrohten Rechtsguts abhängig gemacht. Die fachliche Debatte stellt sich nun der Frage, ob die neueren Methoden der Risiko- und Bedarfseinschätzung die sozialarbeiterische Tätigkeit des Bewährungshelfers und der Bewährungshelferin qualifiziert, indem ihnen taugliche Diagnose- und Prognoseinstrumente zur Verfügung gestellt werden, oder ob die Umsetzung der Risikoorientierung die Entscheidung des bestellenden Gerichts konterkariert und das methodische Arbeiten der Sozialarbeiter*innen behindert und einschränkt, möglicherweise sogar auf eine Art polizeiliche Kontrolle reduziert. Schließlich sollte man abschließend nicht verkennen, dass auch Bewährungshilfeprobanden mit geringem Rückfallrisiko sehr hilfebedürftig sein können. Es wäre zynisch, sie allein auf die Hilfen des Sozialgesetzbuchs zu verweisen, solange diese dort nicht angemessen geleistet werden und zugleich selbst Bagatelldelinquenz aufgrund sozialer Not zu Haftstrafen führen kann.

---

832 Cornel/Lindenberg 2018, 26.
833 Cornel/Dünkel et al. 2015, 34.
834 Pruin/Treig 2018, 697. Jüngst wurden auch die Möglichkeiten und Probleme von automatisierten Risikoprognosen im Kontext von Bewährungsentscheidungen erörtert; Butz et al. 2021.
835 Cornel/Grosser et al. 2018, 82.
836 Der Schlussbericht des Schweizer Modellversuchs Risikoorientierter Sanktionsvollzug aus dem Jahr 2014 spricht davon, dass diese Risikoorientierung „nicht als Gegenentwurf zu sozial integrativen Arbeiten zu verstehen" ist (Schlussbericht Modellversuch Risikoorientierter Sanktionsvollzug, herausgegeben vom Amt für Justizvollzug Kanton Zürich, Zürich 2014, 22); Kawamura-Reindl/Schneider 2015, 348.
837 Cornel/Grosser et al. 2018, 77 ff.

7.1.3 Führungsaufsicht

Führungsaufsicht stellt eine *Maßregel der Besserung und Sicherung* dar (s. o. in 4.2.4) und ist in den §§ 68-68g StGB geregelt. Die Führungsaufsicht hat den Zweck, gefährliche oder gefährdete Täter*innen nach Strafverbüßung oder Entlassung aus einer Maßregel durch Weisungen mithilfe eines Bewährungshelfers oder einer Bewährungshelferin und einer Aufsichtsstelle zu begleiten und gleichzeitig zu kontrollieren. Die in § 68b StGB genannten Weisungen sind vielfältig und können hier nicht alle wiedergegeben werden. Das verbotene oder verlangte Verhalten muss genau bestimmt und verhältnismäßig sein, darf an die Lebensführung der verurteilten Person keine unzumutbaren Anforderungen stellen (§ 68b Abs. 3 StGB) und muss ihr grundsätzlich möglich sein.[838]

438

Die *rechtlichen Voraussetzungen* der Führungsaufsicht sind sehr komplex und wurden in den letzten Jahren stark ausgeweitet. Man unterscheidet zunächst die Führungsaufsicht kraft richterlicher Anordnung gemäß § 68 Abs. 1 StGB bei Straftaten, bei denen das Gesetz Führungsaufsicht besonders vorsieht, eine Freiheitsstrafe von mindestens sechs Monaten tatsächlich verwirkt ist und wenn die Gefahr besteht, dass er weitere Straftaten begehen wird, sowie andererseits die Führungsaufsicht kraft Gesetzes nach Vollverbüßung der Freiheitsstrafe gemäß § 68 Abs. 3 StGB mit Bezug zu §§ 67b, 68c, 68d Abs. 2-6 sowie 68 f. StGB.

439

Nach § 68c Abs. 1 StGB beträgt die Dauer der Führungsaufsicht zwischen zwei und fünf Jahren, wobei das Gericht die *Höchstdauer* abkürzen kann. Nach § 68c Abs. 2 StGB kann das Gericht unbefristete Führungsaufsicht anordnen, wenn die verurteilte Person einer Weisung zu einer Heilbehandlung oder sich einer Entziehungskur zu unterziehen sowie einer Therapieweisung nicht nachkommt und eine Gefährdung der Allgemeinheit durch die Begehung weiterer erheblicher Straftaten zu befürchten ist. Außerdem regelt § 68c Abs. 3 StGB mehrere Konstellationen, in denen unbefristete Führungsaufsicht möglich ist nach der Aussetzung der Unterbringung in einem psychiatrischen Krankenhaus oder nach einem Verstoß gegen Weisungen. Die Weisungen nach § 68b StGB mit Bezug zur Führungsaufsicht haben vornehmlich kontrollierenden Charakter.[839]

440

In der Praxis der Führungsaufsicht wirken die *Führungsaufsichtsstelle* auf der einen Seite und der Bewährungshelfer oder die Bewährungshelferin auf der anderen unter der Aufsicht des Gerichtes zusammen. Gemäß § 68a Abs. 2 StGB haben sie gemeinsam die Aufgabe, der verurteilten Person helfend und betreuend zur Seite zu stehen. Gemäß § 68a Abs. 7 StGB wirkt auch die forensische Ambulanz an der individuellen Nachbetreuung bestimmter Tätergruppen mit. Nach § 68a Abs. 5 StGB kann das Gericht der Aufsichtsstelle und der Bewährungshelferin oder dem Bewährungshelfer für ihre Tätigkeit Anweisungen erteilen und im Falle mangelnden Einvernehmens zwischen der Aufsichtsstelle und der Bewährungshelfer*in in Fragen, welche die Hilfe für die verurteilte Person und ihre Betreuung berühren, entscheidet das Gericht. (Abs. 4).

441

Nach § 145a StGB ist ein Verstoß gegen eine durch § 68b Abs. 1 StGB bestimmte Weisung unter Strafe (drei Jahre Freiheitsstrafe) gestellt. Die Tat wird nur auf Antrag

442

---

838 Das BVerfG hat festgestellt, dass die Weisung zur absoluten Abstinenz gegenüber einem langjährig drogenabhängigen Straftäter nicht zulässig ist, weil er diese Weisung aufgrund seiner Sucht nicht erfüllen kann; BVerfG 30.3.2016 – 2 BvR 496/12.
839 Rohrbach 2014, 7 f.

der Aufsichtsstelle verfolgt.[840] In der Strafrechtsliteratur wird diese Bestimmung seit Langem als rechtspolitisch zweifelhaft und ungeeignet kritisiert, weil das kriminelle Unrecht einer nichterfüllten Weisung gering sei und eine solche Strafdrohung nicht wirke.[841] Die Strafverfolgungsstatistik weist in den letzten 20 Jahren einen starken Anstieg der Verurteilungen wegen § 145a StGB aus, was zum einen mit der Anzahl der Führungsaufsichtsfälle selbst korrespondiert, zum anderen aber auch deutlich macht, dass häufig von einer Motivation zur Zusammenarbeit nicht ausgegangen werden kann. Waren es 2003 noch 52 Verurteilungen und 2006 noch 106, so stieg diese Zahl im Jahr 2009 auf 198, im Jahr 2016 auf 542 und im Jahr 2021 auf 724.[842] Man wird im Strafgesetzbuch nur wenige Delikte finden, die bereits vor fast 50 Jahren im Strafgesetzbuch stehen und bei denen sich die Begehungsanzahl innerhalb von 18 Jahren vervierzehnfacht hat. Von diesen Urteilen lauteten 371 auf Freiheitsstrafe (51,2%) und 184 auf unbedingte Freiheitsstrafe (25,4%). Insg. 136 Urteile (18,8%) betrafen Freiheitsstrafen von mehr als sechs Monaten. Warum der Gesetzgeber 2007 die Notwendigkeit sah, den Strafrahmen über das bis dahin geltende eine Jahr zu erhöhen, ist angesichts der Tatsache, dass 2021 nur 23 Urteile auf 1-3 Jahre lauteten (3,2%), von denen noch mehr als ein Viertel zur Bewährung ausgesetzt wurde, schwer verständlich.[843]

443 Die Führungsaufsicht ersetzte 1975 die frühere sogenannte Polizeiaufsicht. Während die Polizei auch bei regelmäßiger Meldung der verurteilten Person nur eine engmaschige Kontrolle bewirken konnte, sollte die Führungsaufsicht *Hilfe, Betreuung und Kontrolle* leisten und dabei professionelle Soziale Arbeit eingesetzt werden.[844] Der damit verbundene Zwangskontext erschwert zwar die Motivation der Proband*innen, macht aber eine lebensweltbezogene Soziale Arbeit mit Lebenslagen verbessernden und soziale Kompetenzen stärkenden Hilfen nicht grundsätzlich unmöglich.[845] Gleichwohl ist die Kombination von starker Ausweitung der Anzahl der Führungsaufsichtsfälle und Verurteilungen aufgrund von Verstößen gegen die Weisungen während der Führungsaufsicht mit einer stärkeren Betonung des Sicherungszweckes durch vermehrten Polizeieinsatz zur Überwachung der Probanden der Führungsaufsicht[846] kritisch zu sehen. „Die aus der Gesetzessystematik ursprünglich erkennbare Vorrangstellung der ‚helfenden Betreuung' ist spätestens durch die Reformgesetze zur Führungsaufsicht faktisch in Richtung einer repressiven, überwachenden Ausrichtung verlagert worden, die weitgehend den Intentionen der alten, überwunden geglaubten Polizeiaufsicht folgt."[847]

---

840 Das Reichsstrafgesetzbuch von 1871 kannte mit § 361 eine entsprechende Regelung mit Bezug auf die Polizeiaufsicht, die als Vorläufer der Führungsaufsicht gilt.
841 Fischer 2024 § 145a Rn 3; Satzger/Schluckebier/Werner 2024 § 145a Rn 1 und 4; NK-StGB/Kretschmer 2023 § 145a Rn 7 f. Häufig wird sogar die Streichung des § 145a StGB gefordert, zumal die eigenständige Kriminalisierung von Weisungsverstößen in den Europäischen Grundsätzen zu ambulanten Sanktionen und Maßnahmen, welcher das Ministerkomitee des Europarats den Mitgliedsstaaten am 19.10.1992 empfohlen hat, abgelehnt wird; a.a.O. Rn 8.
842 Statistisches Bundesamt Fachserie 10 Reihe 3, Rechtspflege Strafverfolgung, Wiesbaden 2022 und die entsprechenden Vorausgaben.
843 Statistisches Bundesamt Fachserie 10 Reihe 3, Rechtspflege Strafverfolgung, Wiesbaden 2022, 164 f. Außerdem wurde noch ein Jugendlicher zu einer Jugendstrafe von 6-9 Monaten verurteilt.
844 Zur historischen Entwicklung der Führungsaufsicht Rohrbach 2014, 56 ff. und Grosser/Kammermeier 2023, 227.
845 Grosser/Kammermeier 2023, 231 f.
846 Kammermeier 2016, 73 ff.
847 Grosser/Kammermeier 2023, 233.

7.1 Soziale Dienste der Justiz

Die Führungsaufsicht wurde 2007 ganz wesentlich erweitert. Seither gibt es durch § 68c Abs. 3 StGB die Möglichkeit einer *unbefristeten Führungsaufsicht*.[848] Zusätzliche Veränderungen und Erweiterungen für die Führungsaufsicht gab es durch das ‚Gesetz zur Neuordnung des Rechts der Sicherungsverwahrung und zu begleitenden Regelungen' vom 22.12.2010 und durch das ‚Gesetz zur bundesrechtlichen Umsetzung des Abstandsgebots im Recht der Sicherungsverwahrung' vom 5.12.2012.[849] Neu ist seit dem 1.1.2011 nach § 68b Abs. 1 Ziff 12 StGB die Möglichkeit der Erteilung einer Weisung an die verurteilte Person, „die für eine elektronische Überwachung ihres Aufenthaltsortes erforderlichen technischen Mittel ständig in betriebsbereitem Zustand bei sich zu führen und deren Funktionsfähigkeit nicht zu beeinträchtigen" (sogenannte *elektronische Fußfessel*).[850]

444

Eine bundesweite *Statistik* über die Anzahl der Führungsaufsichtsfälle gibt es nicht. Schätzungen auf der Basis von Umfragen in den 16 Bundesländern gehen davon aus, dass sich die Anzahl der Führungsaufsichtsfälle zwischen 2006 und 2012 auf mehr als 33.000 verdoppelt hat und es auch danach einen weiteren Anstieg gab.[851] Das Bundesamt für Justiz hat 2017 eine vorläufige und unvollständige Statistik der Führungsaufsicht für 2015 vorgelegt, in der die Daten von Baden-Württemberg und Niedersachsen sowie einige spezifische Angaben beispielsweise zur Unterstellungszeit und zur Art der Weisung zwar nicht enthalten, ihr aber doch Größenordnungen zu entnehmen sind.[852] Bezogen auf die für das Jahr 2015 erfassten 26.016 Fälle kann man feststellen, dass 60,9% der Unterstellungen aufgrund von § 68f StGB erfolgen,[853] 13,8% aufgrund von § 67d Abs. 2 Satz 2 StGB (im Kontext der Sicherungsverwahrung) und 8,7% aufgrund von § 67d Abs. 5 Satz 2 StGB (im Kontext der Unterbringung in einer Entziehungsanstalt). Immerhin in 21,7% aller Fälle betrug die Dauer mehr als fünf Jahre und die mit großem Abstand wichtigsten Weisungen bezogen sich gemäß § 68b Abs. 1 StGB auf Kontakte insb. zu Bewährungshilfe und Polizei (Ziff. 7: 16,3%), Wohnungs- und Arbeitsplatzwechsel (Ziff. 8: 12,5%), Alkohol- und Drogenverbot (Ziff. 10: 7,5%), Arbeitsvermittlung (Ziff. 9: 6,8%) und den Wohn- und Aufenthaltsort (Ziff 1: 6,5%).[854] Von der Weisung zur sogenannten elektronischen Fußfessel wurde in insgesamt 36 Fällen Gebrauch gemacht (0,08% aller Weisungen).[855] Da weder das Justizministerium noch das Bundesamt für Justiz aktuellere Daten vorlegt, sollen hier ergänzend Daten vorgelegt werden, die der DBH-Fachverband vorgelegt hat. Mangels bundeseinheitlicher Daten hat die DBH jährlich alle 16 Landesjustizverwaltungen angeschrieben und die Anzahl der Personen unter Führungsaufsicht aufaddiert. Dabei wurden für 2016 insg. 36.352 Fälle, für 2018 insg. 35.298 Fälle und für 2020 insg. 38.137 Fälle ermittelt.[856] Das war die höchste jemals erreichte Zahl in Deutschland.

445

---

[848] Zur Reform der Führungsaufsicht vom 13.4.2007 Rohrbach 2014, 97 ff.
[849] Zur neueren Entwicklung Bauer 2016; Dessecker 2011 und 2016; Kammermeier 2013.
[850] Fünfsinn 2010; Wößner/Schwedler 2014 sowie die Stellungnahme von Pollähne 2017.
[851] Rohrbach 2014, 12 f.; Kammermeier 2013, 160.
[852] Bundesamt für Justiz, Statistik der Führungsaufsicht 2015, Bonn 2017.
[853] Kammermeier 2013, 160 berichtet, dass bis zu 75% der Probanden auf diese so genannten Vollverbüßer entfallen.
[854] A.a.O.; da es mehrere Weisungen geben kann, gab es ins. 45776 Weisungen bei den 26016 erfassten Fällen des Jahres 2015. Alle anderen Weisungen hatten nur einen Anteil von weniger als 3%.
[855] A.a.O.; in einer Antwort der Bundesregierung im Deutschen Bundestag vom 15.2.2018 auf eine kleine Anfrage ist für den Stichtag 31.8.2017 von insg. 93 Personen mit elektronischer Aufenthaltsüberwachung im Rahmen der Führungsaufsicht die Rede (Drucksache 19/ 764).
[856] Zahlen zur Führungsaufsicht | DBH – Fachverband für Soziale Arbeit, Strafrecht und Kriminalpolitik e.V. (dbh-online.de; letzter Zugriff am 1.3.2024).

446 Trotz der oben genannten vielfältigen Probleme hinsichtlich der Motivation und der komplexen Kooperationen mit Aufsichtsstelle und Polizei ist der Auftrag der Bewährungshelfer*innen im Prinzip mit den Fällen bei zur Bewährung ausgesetzten Freiheitsstrafen oder Strafresten gleich. Sowohl die Lebenslagen und biografischen Vorerfahrungen als die zur Verfügung stehenden Methoden der Hilfe sind vergleichbar. Im Durchschnitt sind „kriminelle Karrieren" weiter entwickelt und die Vorstrafenbelastung höher – solche Aspekte müssen aber ohnehin in jedem Einzelfall berücksichtigt werden. Soweit es um schwerste Straftaten, insbesondere aus dem Sexualstrafrecht geht, bei denen die Gerichte keine günstige Sozialprognose gesehen haben, wird dies auf die helfende Beziehung nicht ohne Bedeutung bleiben. Aber gerade dann verlangt es die Professionalität Sozialer Arbeit, mit ihren Methoden kollegialer Selbstreflexion und Supervision arbeitsfähig zu bleiben und die Haltung Sozialer Arbeit zu bewahren.

7.2 Jugendhilfe im Strafverfahren

447 Im Unterschied zur Gerichtshilfe (vgl. § 160 Abs. 3 Satz 2, §§ 463d, 483 StPO) ist die von der Bezeichnung ähnlich klingende „Jugendgerichtshilfe" („JGH") nicht eine Institution oder ein (gar justizieller) Sozialdienst, sondern nach § 52 SGB VIII eine originäre (d.h. nicht vom Jugendgericht abgeleitete) sozialrechtlich normierte, im Wesentlichen sozialpädagogische *Aufgabe des Jugendamts*.[857] Nach § 76 SGB VIII können die öffentlichen Träger die nach § 75 SGB VIII anerkannten Träger der Freien Jugendhilfe nur an der Durchführung der Aufgaben nach § 52 SGB VIII beteiligen oder ihnen diese Aufgaben zur Ausführung, nicht aber die Aufgabe als Ganzes übertragen.[858]

7.2.1 Rechtsgrundlage und Historie

448 Die bereits im RJGG von 1923 (vgl. §§ 22, 42 RJGG; § 25 RJGG 1943, § 38 JGG 1953) bis heute im JGG unverändert verwendete *Terminologie* ist überholt und suggeriert in Anlehnung an den Begriff „Gerichtshilfe" fälschlich eine Institution bzw. einen besonderen Dienst.[859] Nach § 22 RJGG sollten die „Organe der Jugendgerichtshilfe" in „allen Abschnitten des Verfahrens in Jugendsachen zur Mitarbeit herangezogen werden." Nach § 42 RJGG (1922) hatten „die Jugendämter die Tätigkeit, die ihnen dieses Gesetz zuweist (Jugendgerichtshilfe), im Benehmen mit den Vereinigungen auszuüben, die sich mit der Jugendfürsorge beschäftigten." Neben den Ermittlungen zur Person und der Beteiligung im Gerichtsverfahren sollte „die JGH" auch „fürsorgerische" Aufgaben übernehmen, wobei die Schutzaufsicht und Fürsorgeerziehung als wesentliches Interventionsinstrument für „Gefährdete und Verwahrloste" angesehen wurde. Diese ambivalente Funktionszuschreibung ist freilich aus der Diskussion der damaligen Zeit nachzuvollziehen, in der die Sozialdisziplinierung der Jugend im Vordergrund stand und eine sozialanwaltliche Jugendhilfe – wie sie heute im SGB VIII beschrieben wird – ohnehin nicht vorstellbar war.[860] Während die Neuordnung des Kinder- und Jugendhilferechts im SGB VIII im Jahre 1990 zu einem grundlegend ande-

---

857 Hierzu ausführlich Münder et al./Trenczek 2022 § 52 Rn 1 ff.; Trenczek 2023a und b; Trenczek/Schmoll 2024, Kap. 3.2.
858 Münder et al./Trenczek 2022 § 52 Rn 81 f. Insb. ist die hoheitliche Kompetenz, Verwaltungsakte zu erlassen (z.B. im Zusammenhang mit Leistungsbescheiden) nicht auf Freie Träger übertragbar. Eine sog. Beleihung ist im Rahmen des SGB VIII nicht zulässig.
859 Hierzu und zur historischen Entwicklung ausführlich Trenczek/Schmoll 2024, Kap. 2.4.1 und 3.1; Wiesner 2023.
860 Vgl. Peukert 1986.

7.2 Jugendhilfe im Strafverfahren

ren Verständnis der Aufgaben des Jugendamts und der Kinder- und Jugendhilfe geführt haben, ist das JGG nahezu unverändert geblieben.[861]

Der Gesetzgeber vermied bei Einführung des neuen Kinder- und Jugendhilferechts 1990/91 im SGB VIII den traditionellen Begriff „Jugendgerichtshilfe"[862] und spricht stattdessen von der „Mitwirkung in Verfahren nach dem Jugendgerichtsgesetz", um deutlich zu machen, dass es sich um eine *Aufgabe* im Verantwortungsbereich des Jugendamts handelt, unabhängig davon, in welchen Organisationsformen diese Aufgabe wahrgenommen wird. Aufgaben, Handlungsgrundsätze und Organisation des Jugendamts sind nicht im JGG geregelt, die Rechtsgrundlage für die Tätigkeit der Jugendämter im Hinblick auf ein (Jugend-)Strafverfahren ist im SGB VIII normiert (nicht im JGG).[863] Dieses ist zudem gegenüber dem JGG das speziellere und neuere Recht.[864] Die Regelungen des JGG sind deshalb im Hinblick auf die Mitwirkung des Jugendamts aufgrund des durch das SGB VIII veränderten Kontextes anders als noch zu Zeiten des (R)JWG auszulegen (s.o.).[865] Das JGG (insb. § 38 JGG, auf den § 52 Abs. 1 SGB VIII verweist) regelt im Hinblick auf die Mitwirkung des Jugendamts im jugendstrafrechtlichen Verfahren lediglich dessen prozessrechtliche Stellung (hierzu 7.2.3).

449

Die Fachkräfte der Jugendämter stehen im Hinblick auf die § 52-Aufgaben vor der Herausforderung, die aus der *Zweispurigkeit der jugendrechtlichen Sozialkontrolle*[866] resultierenden Regelungen zu beachten (zum doppelten Bezugsrahmen von SGB VIII und JGG s.o. Kap. 5.1 sowie nachfolgend Abbildung 30). Das Jugendstrafrecht ändert nichts an der jugendhilferechtlichen Zweckbindung der § 52-Aufgaben (s. 7.2.2). Damit unterscheidet sich die Jugendhilfe in ihrer Vorgehensweise von der ihr manchmal zugedachten Rolle eines neutralen Sachverständigen oder eines justiziellen Sozialdienstes, was mitunter zu Spannungen mit den Erwartungen der Strafjustiz führen kann.

450

Aus dem Missverständnis, es handle sich bei „Jugendgerichtshilfe" um eine eigenständige Institution[867] wurde diese mitunter als „Prozessorgan eigener Art" charakteri-

451

---

861 Wiesner 2023, 110.
862 Insb. die Wendung „Organe" bzw. „Vertreter der Jugendgerichtshilfe" sowie der Appendix »-gerichtshilfe« suggerieren eine besondere, vom Jugendamt abgetrennte und den Justizbehörden untergeordnete Institution, vergleichbar etwa mit der Gerichtshilfe im allgemeinen Strafverfahren (s. §§ 160 Abs. 3, 463d StPO). Zur Terminologie z.B. Klier/Brehmer/Zinke 2002, 11 ff.; Münder et al./Trenczek 2022, Vor § 50 Rn 22; Trenczek 1991a, 360 ff. Zur versehentlichen Benachrichtigung der Gerichtshilfe statt der „JGH" s.a. BGH 29.6.2000 – 1 StR 123/00 (allerdings ist die Mitwirkung des Jugendamts im Jugendstrafverfahren anders als der BGH mit dem Verweis auf eine StPO-Kommentierung meint, nicht „primär Rechtshilfe und erst sekundär Sozialhilfe").
863 Münder et al./Trenczek 2022 Rn 1 u. 11 ff.; Wiesner/Wapler/Wapler § 52 Rn 19b; ebenso aus strafrechtlicher Sicht Diemer et al./Sonnen 2020 § 38 Rn 22; Eisenberg/Kölbel 2023 § 38 Rn 2 ff.
864 Der Vorrang des SGB VIII gegenüber dem JGG im Hinblick auf die Aufgaben und Organisation des Jugendamts ergibt sich aus beiden Kollisionsregeln bei einem scheinbaren Widerspruch zweier Gesetze: „lex specialis derogat legi generali" bzw. „lex posterior derogat legi priori" ([lat.] das speziellere/jüngere Gesetz geht dem allgemeinen/älteren Gesetz vor). Gleichwohl wäre eine begriffliche Angleichung im JGG wünschenswert – nicht zuletzt, um auch für die Praxis deutlich zu machen, dass es um Jugendhilfe geht.
865 Münder et al./Trenczek 2022, § 52 Rn 2; s. ebenso. DIJuF 2004, 128 f.; Kunkel et al./Riekenbrauk § 52 Rn 47 Wiesner/Wapler/Wapler § 52 Rn 19b.
866 Grundlegend zum doppelten rechtlichen Bezugsrahmen Trenczek 1996; Trenczek/Schmoll 2024, Kap. 3.1.
867 Hierzu BT-Drs. 11/5948, 89: Die »systematische Zuordnung zum Jugendgerichtsgesetz hat den Eindruck verstärkt, die Jugendgerichtshilfe sei – wie etwa die Bewährungshilfe – an Weisungen der Staatsanwaltschaft oder des Gerichts gebunden. Ihre Einbindung in das Jugendamt und in die kommunale Selbstverwaltung ist dabei nicht immer ausreichend zur Kenntnis genommen worden. Der Durchgriff auf die Institution „Jugendgerichtshilfe", die je nach den örtlichen Gegebenheiten als Spezialdienst des Jugendamts oder auch im Rahmen des allgemeinen Sozialdienstes wahrgenommen wird," hat überdies die Vorstellung

siert,[868] womit allerdings seltsame Zuschreibungen[869] verstärkt sowie Rollenkonflikte und andere Missverständnisse produziert wurden. Dabei wird zumeist nicht beachtet, dass § 38 JGG keine Befugnisnorm[870] ist, sondern im Wesentlichen die verfahrensrechtliche Stellung des Jugendamts im Strafverfahren betrifft (hierzu nachfolgend 7.2.3).[871]

7.2.2 Ziele und Aufgaben

452 Das SGB VIII lässt weder einen Zweifel an der sozialpädagogischen Aufgabenstellung noch an der jugendhilferechtlich verankerten *Zweckbindung* (§ 2 Abs. 2 SGB VIII), weshalb das JA auch im Strafverfahren „zugunsten" junger Menschen und ihrer Familien tätig werden muss und nicht die ihr von der Strafjustiz zugedachte „gerichtsdienende" oder „objektive" Rolle einnehmen darf. Im Mittelpunkt steht der junge (einer Straftat beschuldigte) Mensch[872], seine Betreuung und soziale Integration. Die Mitwirkung des Jugendamts beschränkt sich nicht auf die Phase des strafrechtlichen Erkenntnisverfahrens oder gar der Hauptverhandlung, vielmehr umfasst § 52 SGB VIII die *Gesamtheit der Aktivitäten* der Jugendhilfe zur Sicherung und Förderung des Wohls des jungen Menschen aus Anlass eines gegen ihn gerichteten Strafverfahrens. Die Aufgaben des Jugendamts im Rahmen seiner Mitwirkung im Strafverfahren sowie die Handlungsprinzipien (Lebensweltorientierung, Partizipation, Prävention, soziale Anwaltschaft, …) unterscheiden sich im Grunde nicht von denen des Jugendamts in anderen Arbeitskontexten, sie werden im Hinblick auf seine Mitwirkung im Strafverfahren (vgl. im familiengerichtlichen Verfahren, § 50 SGB VIII) lediglich ergänzt und erfordern insofern ein mehr an rechtlichem und systembezogenen Wissen und kriminologischer Expertise (§ 72 SGB VIII). Zum einen (§ 52 Abs. 2 und 3 SGB VIII) handelt es sich um Aufgaben, die das Jugendamt als *Sozialleistungsbehörde*, zum anderen um Aufgaben, die es aufgrund der besonderen (sozialpädagogischen, inkl. kriminologischen) Expertise seiner Fachkräfte (§ 72 SGB VIII) als *Fachbehörde* wahrzunehmen hat (§ 52 Abs. 1 SGB VIII iVm § 38 JGG). Nach § 52 Abs. 2 SGB VIII hat das Jugendamt frühzeitig zu klären, ob Leistungen der Jugendhilfe (insb., aber nicht beschränkt auf die Hilfen zur Erziehung nach § 27 ff. SGB VIII) oder anderer Sozialleistungsträger in Betracht kommen, um eine informelle Erledigung des Strafverfahrens (*Diversion*) zu fördern (hierzu 5.2). Das beinhaltet zweierlei: Explizites Ziel der Jugendhilfe ist die Förderung der *sozialen Integration* junger Menschen, indem durch die sozialrechtlich angebotenen Hilfe- und Unterstützungsleistungen erzieherische/Hilfe-Bedarfe gedeckt

---

gestärkt, diese Institution habe eigenständige, von den sonstigen Abteilungen des Jugendamtes losgelöste Befugnisse. Durch die Neuregelung soll die Einbindung dieser Aufgaben in den Verantwortungsbereich des Jugendamtes stärker betont werden.«.

868 Eisenberg/Kölbel 2023 § 38 Rn 56 m.w.N.
869 Z.B. Brunner/Dölling bis zur 11. Aufl. 2002 „Prozesshilfsorgan eigener Art"; Ostendorf/Sommerfeld (2021 § 38 Rn 7) spricht von „Prozess(hilfe)organ eigener Art" in der Rolle einer »Doppelagentin« und wünscht sich den »weisungsfreien Gehilfen für das Gericht«, dessen Aufgabe die »neutrale Hilfe« für das Gericht sei; anders dagegen der JGG-Kommentar von Diemer/Schatz/Sonnen 2015, § 38 Rn 5: „Jugendgerichtshilfe ist Jugendhilfe".
870 Trenczek 1991, 251 ff.; Münder et al./Trenczek 2022 § 52 Rn 11; zur Trennung von Zielsetzungen, Aufgaben und Befugnissen im SGB VIII s. Trenczek/Schmoll 2024, Kap. 3.2.1.1.
871 Ebenso Eisenberg/Kölbel 2023, § 38 Rn 3 ff; Diemer/Schatz/Sonnen 2020, § 38 Rn 22; a.A. Brunner/Dölling 2023 § 38 Rn 19b; Ostendorf/Sommerfeld 2021 § 38 Rn 14 ff.
872 Soweit sich das Jugendamt auf die Betreuung von jugendlichen (14–17 Jahre) und heranwachsenden (18–20 Jahre) Beschuldigten beschränkt, entspricht dies zwar der gesetzlichen Definition des JGG (hierzu Kap. 5.2) und dessen persönlichem Anwendungsbereich, nicht aber dem Leistungs- und Betreuungsauftrag des SGB VIII (Münder et al./Trenczek 2022 § 52 Rn 12).

7.2 Jugendhilfe im Strafverfahren

werden. Mit Blick auf die jugendstrafrechtliche Sozialkontrolle geht es damit gleichzeitig darum, eine formelle Sanktionierung (insb. freiheitsentziehender Maßnahmen nach dem JGG) überflüssig zu machen (zum Grundsatz der *dreifachen Subsidiarität* s. 5.3).[873] Und sollte es doch zu einem Strafverfahren kommen bzw. dieses fortgesetzt werden, ist das Jugendamt nach § 52 Abs. 3 SGB VIII verpflichtet, den jungen Menschen zu betreuen und nach § 52 Abs. 1 SGB VIII iVm § 38 JGG die durch das SGB VIII definierten fachlichen Gesichtspunkte der Jugendhilfe auch im Rahmen eines Strafverfahrens zur Geltung zu bringen.[874]

Das Spektrum der *Aufgaben des Jugendamts* aus Anlass eines Strafverfahrens ist mithin sehr weit, sie umfassen insbesondere:

- Beratung des jungen Menschen sowie seiner Eltern[875], insb. Information über die Konsequenzen strafrechtlich relevanten Verhaltens, Aufklärung über den möglichen Verlauf und Ausgang des Verfahrens, ggf. Vorbereitung auf die Gerichtsverhandlung;
- Frühzeitige Prüfung der Leistungsvoraussetzungen (§ 52 Abs. 2 SGB VIII), Initiierung und ggf. Durchführung sozialpädagogischer Angebote und (Sozial-)Leistungen;
- Initiierung einer außergerichtlichen Konfliktregelung (Restorative Justice und sog. Täter-Opfer-Ausgleich[876]; hierzu Kap. 6.3);
- Förderung der Diversion (insb. durch die beiden zuvor genannten Punkte),
- Erhebung von psychosozialen Daten und verstehende Untersuchung von Biographie und Lebenslage (sog. »Erforschung der Persönlichkeit« § 38 Abs. 1 JGG) zur Planung jugendhilferechtlicher Leistungen sowie zur
- Unterstützung und Beratung von Staatsanwaltschaft und Gericht, insb. durch fachliche Stellungnahmen, in denen
  - die persönlichen, familiären und sozialen Gegebenheiten des Jugendlichen oder Heranwachsenden unter besonderer Berücksichtigung der aktuellen Lebenssituation dargestellt und verständlich gemacht werden,
  - über die infrage kommenden bzw. schon eingeleiteten Leistungen der Jugendhilfe informiert und
  - die lebensweltlichen Konsequenzen der ggf. von der Justiz zu treffenden Sanktionsentscheidungen aufgezeigt werden;
- die Begleitung und Betreuung der jungen Menschen im gesamten Verfahren, insb. vor, bei und nach Gerichtsterminen (§ 52 Abs. 3 SGB VIII),
- vielfältige Krisenintervention, insb. zum Zwecke der Haftvermeidung; Organisation und Durchführung von Angeboten zur U-Haft-Vermeidung;
- Betreuung während des Freiheitsentzuges (insb. Durchführung von Haftbesuchen; Entlassungsvorbereitung), Unterstützung bei der Haftentlassung und Wiedereingliederung.

---

[873] Trenczek in Münder et al. 2023 § 52 Rn 9; Trenczek 1993, 184; Trenczek/Schmoll 2024, Kap. 3.3.2.
[874] BT-Drs. 11/5948, 89.
[875] Zu deren besonderer Stellung im Jugendstrafverfahren s. BVerfG 16.1.2003 – 2 BvR 716/01 – ZJJ 2003, 68 ff.; Trenczek/Stöss 2014.
[876] Allerdings ist weder der TOA als Rechtsfolge des JGG noch die Vermittlung zugunsten eines Täter-Opfer-Ausgleichs eine erzieherische Hilfe nach dem SGB VIII (hierzu Münder et al./Meysen 2022 § 36a Rn 30, Trenczek/Schmoll 2024, Kap. 3.2.3.3.4).

7. Arbeitsfeld Delinquenz, Strafrecht und Soziale Arbeit

Abbildung 30: Zweispurigkeit öffentlicher Sozialkontrolle gegenüber jungen Menschen

Jugendrecht*

	Jugendhilferecht	**Jugendstrafrecht**
Rechtsgrundlage:	SGB, insb. SGB VIII	JGG, StGB, StPO, GVG
Adressaten:	junge Menschen (0-26 Jahre, § 7) und (bei Mj.) ihre Eltern	Jugendliche (14-17) und Heranwachsende (18-20 Jahre; § 1 Abs. 2)
Ziel:	eigenverantwortliche und gemeinschaftsfähige Persönlichkeit (§ 1 SGB VIII) → soziale Integration (ggf. Inklusion)	Legalbewährung (Art. 20 Abs. 3 GG) § 2 Abs. 1 JGG Resozialisierung; ggf. Ausgrenzung
Zweckbestimmung:	*zugunsten* junger Menschen und ihrer Familien (§ 2 Abs. 1 SGB VIII)	← „*zur Geltung bringen*" der Gesichtspunkte des SGB VIII (§ 38 Abs. 2 JGG)
Anlass:	Hilfe-/„erzieherischer Bedarf" (§ 27 SGB VIII)	Straftat (§§ 1, 4 f. Abs. 1 JGG)
Handlungsmaximen:	Autonomie, Prävention, Partizipation Normalisierung, Ressourcenorientierung, Lebensweltorientierung	„Erziehungsgedanke" Subsidiaritätsgrundsatz
	Grundsatz der Verhältnismäßigkeit	
Aufgaben/ Handlungsprogramm	Sozialleistungen, insb. SGB VIII (insb. HzE), Unterstützung der Elter/PSB Mitwirkung im jugendgerichtl. Verfahren § 52 SGB VIII Inobhutnahme	ambulante Maßnahmen (§§ 9 ff. 12 JGG) Freiheitsentzug Steuerungsverantwortung des JA (§ 36a SGB VIII) Jugendgerichtshilfe § 38 JGG U-Haft/Alternativen
Verfahren:	Hilfe als kooperativer Entscheidungsprozess	Vollstreckung von Sanktionen
Träger:	kommunale Selbstverwaltung Freie Träger der Jugendhilfe (§§ 3, 69 ff SGB VIII)	Landesjustizverwaltung
Institutionen:	Jugendämter/JH-Einrichtungen ←→	Jugendgerichte (§ 33 JGG)
	Interdisziplinäre Kooperation	
Fachkräfte:	insb. Sozialarbeiter/-pädagogen ←→	Jugendrichter und -staatsanwälte
	z.T. *personelle Identität* (§ 34 Abs. 2 JGG)	
gerichtl. Kontrolle:	Verwaltungsgerichte Familiengericht	Jugendgerichtlicher Instanzenzug
	Rechtsanspruch der Personensorgeberechtigten → begrenzte Freiwilligkeit	Jugendlicher und Personensorgeberechtigte als Gewaltunterworfene → Zwang

---

* Zur Sozialkontrolle von jungen Menschen und dem Jugendrecht gehören noch weitere Rechtsgebiete (z.B. Jugendschutzrecht).

454 In der Praxis hat sich häufig eine Arbeitsteilung zwischen den traditionell als »JGH« bezeichnenden *verfahrensbegleitenden Aufgaben* (Leistungsprüfung/Hilfeplanung und

7.2 Jugendhilfe im Strafverfahren

zur Geltung bringen der Fachexpertise[877]), die überwiegend von den Jugendämtern selbst wahrgenommen werden, und der im Anschluss an ein Ermittlungs- und Gerichtsverfahren durchgeführten *sozialpädagogischen Betreuung* ergeben, die überwiegend von Freien Trägern (vgl. § 76 SGB VIII, s.o. Kap. 7.2) durchgeführt wird.

Ob und in welcher Weise das Jugendamt weitere Aufgaben im Rahmen eines Strafverfahrens wahrzunehmen hat, ist umstritten. Das gilt insb. im Hinblick auf die nach § 38 Abs. 2 Satz 5 bis 7 JGG durchzuführende *Kontrolle von Auflagen und Weisungen*. Teilweise wird das für zulässig gehalten, da die Betreuungsweisung keine Jugendhilfeleistung (z.B. Hilfe zur Erziehung), sondern eine jugendrichterliche Erziehungsmaßregel ist (dies ist unstrittig) und die Jugendhilfe insoweit nicht auf Grundlage des (z.B. §§ 27) SGB VIII agiere, eine Rechtsgrundlage sich hierfür allein aus § 38 Abs. 2 Nr. 7, 10 Abs. 1 Nr. 5 JGG ergebe.[878] Das Argument, die Überwachungsfunktion gründe auf der Sanktionskompetenz des Gerichts (und soll damit wohl an die Jugendämter delegiert werden können), ist freilich ein Zirkelschluss und ignoriert beharrlich den (für das kommunale Jugendamt vorrangigen) Regelungsinhalt des SGB VIII. Die Vorstellung, das (staatliche) Jugendgericht könne den (kommunalen) Jugendhilfeträger zu (gar Sanktions-)Aufgaben verpflichten und über die Fachkräfte und Ressourcen des Jugendamtes verfügen, greift systemwidrig in den verfassungsrechtlich geschützten Zuständigkeitsbereich der Sozialleistungsträger ein[879] und widerspricht damit auch dem Grundsatz der Konnexität von Aufgabenverantwortung und Finanzierung. Die Vorstellung, es sei möglich, justizielle Vollstreckungs- und Vollzugsaufgaben auf die Jugendämter zu übertragen, ignoriert zudem die Zweckbestimmung in § 2 Abs. 1 SGB VIII und sprengt den von § 52 SGB VIII („Mitwirkung") gezogenen Rahmen, weshalb man § 38 Abs. 2 JGG nach Einführung des SGB VIII einschränkend auslegen muss (s.o. 7.2.1).[880] Zwar übt auch die Jugendhilfe im Rahmen ihrer *Betreuungsleistungen* (nicht -weisungen!) soziale Kontrolle, aus, weil das dem Ziel der sozialen Integration immanent ist. Zu einer strafvollstreckungsähnlichen Überwachung justiziell angeordneter Sanktionen ist sie aber nicht befugt. Die Fachkräfte des Jugendamts dürfen dem Jugendgericht (erhebliche) Zuwiderhandlungen des jungen Menschen gegen richterliche Anordnungen nur unter Wahrung der jugendhilferechtlich verfassten Grundsätze, insb. der datenschutzrechtlichen Vorschriften gem. §§ 61 ff. SGB VIII mitteilen.

Das Verhältnis von Jugendhilfe und Strafjustiz wird zumeist als *Spannungsfeld* beschrieben, zu unterschiedlich scheinen ihre fachlichen Perspektiven, Logiken und Diskurse zu sein.[881] Richtig daran ist, dass Jugendamt und Justiz im Rahmen des Strafver-

---

877 Die in der Praxis der Jugendämter mitunter vorfindliche Trennung zwischen Leistungsprüfung/Hilfeplanung und zur Geltung bringen der Fachexpertise in ASD und „JGH" entspricht nicht den Vorgaben des SGB VIII. Zwar ist den Kommunen aufgrund ihrer Organisationshoheit nicht vorgegeben, wie sie ihre Aufgaben organisieren, die interne Vorgabe, dass nur ASD-Mitarbeiter*innen oder § 52-Fachkräfte Erziehungshilfen initiieren/gewähren dürfen, widerspricht allerdings Sinn und Zweck des § 52 SGB VIII. Durch § 52 Abs. 3 SGB VIII sollte insb. die früher nicht seltene Praxis der „Gerichtsgänger*innen" (Fachkräfte, die nur an Gerichtsterminen teilnehmen, allerdings über keine eigenen Betreuungskontakte zum jungen Menschen und seiner Familie verfügen) unterbunden werden (Münder et al./Trenczek 2022 § 52 Rn 70).
878 Vgl. Ostendorf/Sommerfeld 2021 § 38 Rn 21.
879 BT-Drs. 11/5948, 67 und 89; Münder et al./Trenczek 2022 § 52 Rn 56, vgl. ders. bereits 1996, 113 f.; DIJuF 2010, 546; Kunkel et al./Riekenbrauk 2022 § 52 Rn 48.
880 Ebenso Eisenberg/Kölbel 2023, § 38 Rn 12 f.; vgl. Wiesner/Wapler/Wapler 2022 § 52 Rn 40.ausführlich Trenczek/Schmoll 2024, Kap. 3.2.5.7.
881 Z.B. Böhnisch 2010, 216 ff.; Trenczek 2015.

fahrens wesensverschiedene – für die Jugendhilfe im SGB VIII, also im Sozialrecht definierte – Aufgaben wahrzunehmen haben. Andererseits erlaubt das Normenprogramm von JGG und SGB VIII eine dem Gegenstand angemessene und rechtsstaatlich saubere *Kooperation der Systeme und Institutionen*. Hierfür sind § 52 SGB VIII einerseits sowie §§ 5, 45, 47 JGG andererseits eine gute Grundlage. Der Gesetzgeber hat ausdrücklich darauf hingewiesen, dass es vermieden werden müsse, straf- und ordnungsrechtliche Gesichtspunkte in das Kinder- und Jugendhilferecht hineinzutragen.[882] In der Praxis muss deshalb darauf geachtet werden, dass die sozialrechtlich normierte und sozialpädagogisch begründete Handlungslogik der Jugendhilfe nicht der des Strafrechts untergeordnet wird. Soziale Arbeit, die sich in das Spannungsfeld zur Strafjustiz begibt, war und ist stets in Gefahr, ins *„Souterrain der Justiz"*[883] gedrängt zu werden, wenn sie sich ihres eigenen, originären (im Bereich des SGB VIII gesetzlich normierten) Auftrags und ihrer fachlichen Standards nicht hinreichend bewusst ist. Die Jugendhilfe kann (und muss) die vom Gesetzgeber bei jungen Menschen für notwendig erachtete Kontroll- und Ordnungsfunktion des Strafrechts (hierzu 1.3) akzeptieren, ohne diese zum Maßstab ihres eigenen Handelns zu machen. Gleichzeitig muss aber auch die Strafjustiz die spezifische Professionalität und Handlungskompetenz der Sozialen Arbeit bzw. Jugendhilfe anerkennen.[884]

457 Weder JGG noch das SGB VIII lassen eine *„In-Dienst-Stellung"* der Jugendhilfe für die Zwecke der Strafjustiz zu.[885] Das Jugendamt unterliegt keinen staatsanwaltschaftlichen oder gerichtlichen Weisungen, weder im Hinblick auf die Art und Weise der Aufgabenwahrnehmung (z.B. bestimmte Ermittlungen durchzuführen oder Entscheidungsvorschläge zu machen, s. 7.2.3) noch im Hinblick auf ein persönliches Erscheinen der Fachkräfte z.B. in der Hauptverhandlung (s. Kap. 7.2.4).[886] „Jugend(gerichts)hilfe" ist vorrangig sozialpädagogische Hilfe (insb. auch „vor Gericht") für den noch in der Entwicklung befindlichen jungen Menschen.[887] Gleichzeitig unterstützt das Jugendamt im Rahmen der interdisziplinären und Institutionen übergreifenden Kooperation auch das Jugendgericht bei deren Entscheidungsfindung, ohne sich von seinem jugendhilferechtlichen Handlungsauftrag zu lösen. Die Unterstützungsleistung für das Gericht besteht in dem Einbringen und zur Geltung bringen des sozialpädagogischen Sachverstands und damit dem Aufzeigen der Möglichkeiten, auf strafrechtliche Maßnahmen zugunsten helfender und fördernder Leistungen der Jugendhilfe zu verzichten.

7.2.3 Erforschung der Persönlichkeit, Hilfeplanung und Stellungnahmen

458 Die Aufgaben, die das Jugendamt als Sozialleistungsbehörde wahrnimmt, sind mit den „anderen" Aufgaben als Fachbehörde verknüpft. Das zeigt sich insb. an der Aufgabe, die Persönlichkeit, der Entwicklung und des familiären, sozialen und wirtschaftlichen Hintergrundes zu „erforschen" (§ 52 Abs. 1 SGB VIII i.V.m. § 38 Abs. 2 S. 2 JGG). Es geht dabei nicht um Aufklärung und „Ermittlung" für die Justiz,[888] sondern um

---

882 BT-Drs. 11/5948, 117.
883 Müller/Otto 1986, VII; hierzu Trenczek 1993a und 2010a.
884 Cornel 2019; Cornel/Lindenberg 2018; Trenczek/Schmoll 2024, Kap. 3.5.
885 BT-Drs. 11/5948, 89; Schlink 1991, 54; Trenczek 1991a, 361; Münder et al./Trenczek 2022 § 52 Rn 7; Wiesner 1995, 144 ff.
886 Münder et al./Trenczek 2022, Vor § 50 Rn 17; § 52 Rn 7.
887 Trenczek 1993a und 1996, 68 ff.; Trenczek/Schmoll 2024, Kap. 3.5.
888 Inhaltliche Richtschnur für die „Ermittlungen" des Jugendamts ist nicht § 43 JGG, da sich diese Norm allein an die Justiz, insb. an die Staatsanwaltschaft, nicht aber an das Jugendamt richtet. Richtschnur sind insoweit die Vorgaben der EU-RL 2016/800 (ausführlich Trenczek/Goldberg 2019) und hierbei insb. das

die verstehende *Darstellung von Biographie und Lebenslage* einerseits zur *fachgerechten Prüfung und Planung* (*Anamnese* und *Diagnose*) der sozial-/jugendhilferechtlichen (Hilfe-)Leistungen (vgl. § 52 Abs. 2 SGB VIII) und anderseits, um diese für die Ziele und Aufgaben der *Jugendhilfe bedeutsamen Gesichtspunkte im Verfahren* vor den Jugendgerichten *zur Geltung* zu bringen (sofern nicht bereits das Verfahren informell erledigt wurde, s.o. 7.2.2). Ohne die Berücksichtigung der Lebenssituation der jungen Menschen, ohne die Kenntnis ihrer subjektiven Deutungsmuster, ohne die sozialpädagogisch fundierte Diagnose und Einschätzung des aktuellen Hilfebedarfs und -angebots werden weder die „richtige" (d.h. geeignete und erforderliche) sozialpädagogische Hilfe geleistet noch eine sachgerechte Entscheidung der Justiz getroffen werden können.[889]

Im Hinblick auf ihren Schutzauftrag (§ 8a SGB VIII) haben sich die Fachkräfte des Jugendamts auch im Strafverfahren ggf. zu einer besonderen *Schutzbedürftigkeit des jungen Menschen* zu äußern.[890] Die Schutzbedarfe können vielfältig sein und reichen von Lern- und Kommunikationsschwierigkeiten[891] bis zu „Traumatisierungen, eigene Opfererfahrungen, Gewalterfahrungen oder -risiken in der Familie oder im sozialen Umfeld, Retardierungen, besondere Einschränkungen des Verständnisses und der Auffassungsgabe, sprachliche Einschränkungen und viele mehr."[892] Insb. Fälle von wiederholter, nicht jugendtypischer Delinquenz können eine Gefährdung des Kindeswohls darstellen. Insoweit sind ggf. Hilfebedarfe und Gefährdungslagen festzustellen. Für die Fachkräfte der Jugendhilfe geht es nicht darum, psychische Störungen oder einen Therapiebedarf zu diagnostizieren, zumal diese in aller Regel nicht geeignet sind, die Entstehung von delinquenten Verhaltensweisen hinreichend zu begründen.[893]

459

Aus jugendstrafrechtlicher Perspektive wird von den Jugendamtsmitarbeitern zudem erwartet, zur *strafrechtlichen Verantwortlichkeit* („Reife") eines jungen Menschen (§ 3 JGG) und zur *Jugendlichkeit von Heranwachsenden* (§ 105 JGG) Stellung zu nehmen,[894] da sie – anders als die Justiz – in aller Regel entsprechend den Qualitätsstandards ihrer Profession über entwicklungspsychologische Kenntnisse und diagnostische Kompetenzen verfügen. Es ist freilich letztlich das Jugendgericht, das in jedem Einzelfall zu prüfen und positiv festzustellen hat, ob ein junger Mensch überhaupt strafrechtlich verantwortlich bzw. nach welchem Recht ein Heranwachsender zu behandeln ist.[895]

460

Die Pflicht zur Unterrichtung über Jugendhilfeleistungen (§ 52 Abs. 2 S. 2 SGB VIII) und das Ein- und zur Geltungbringen sozialpädagogischer und jugendhilferechtlicher Gesichtspunkte (§ 52 Abs. 1 SGB VIII/§ 38 Abs. 2 JGG) ggf. durch eine fachliche

461

„Recht auf individuelle Begutachtung" (Art. 7), wobei allerdings zu beachten ist, dass die Fachkräfte des Jugendamts keine (vom Gericht eingesetzten) Sachverständigen sind.
889 Ausführlich zur psychosoziale Diagnose der Jugendhilfe im Jugendstrafverfahren Trenczek 2010; Trenczek/Goldberg 2019; Trenczek/Schmoll 2024, Kap. 3.2.5.4.1.
890 Die Ende 2019 vorgenommene Ergänzung des § 38 Abs. 2 S. 2 a.E. JGG ist insoweit nur klarstellend; s. Münder et al./Trenczek 2022 § 52 Rn 24; Trenczek 2010a, 309 f.
891 Erwägungsgrund 36 der EU-RL 2016/800.
892 BT-Drs. 19/13837, 49.
893 Allroggen 2018, 107.
894 Zu den Kriterien Eisenberg/Kölbel 2023, § 3 Rn 11 ff. sowie § 105 Rn 12 ff.; Trenczek/Schmoll 2024, Kap. 3.3.1.2.
895 Eisenberg/Kölbel 2023, § 3 Rn 3; Münder et al./Trenczek 2022 § 52 Rn 35. Falsch, aber einer weitverbreitenden Praxis entsprechend Wilbrand/Unbehend (1995, 3), die i.d.R. schlicht »davon ausgehen, dass der Jugendliche reif genug ist.«.

(sozialpädagogisch begründete) *Stellungnahme* ist zwar wesentliche Teil ihrer Mitwirkung.[896] Dies darf aber nicht als Pflicht zu einer bewertenden, Stellungnahme mit *Entscheidungsvorschlag* missverstanden werden.[897] Es ist *nicht* Aufgabe des Jugendamtes, (jugend-)strafrechtliche Sanktionen vorzuschlagen, sondern nach § 38 Abs. 2 Satz 2 JGG lediglich, sich zur Schutzbedürftigkeit des jungen Menschen (s. Fn 459) sowie zu den (vom Gericht) zu ergreifenden Maßnahmen „zu äußern".[898] Die Fachkräfte des Jugendamts müssen (wenn, dann) im Interesse und zugunsten des Wohls des jungen Menschen zu den Auswirkungen justizieller Entscheidungen auf die Entwicklungsperspektiven des jungen Menschen Stellung nehmen. Dabei sollte in Übereinstimmung mit den wissenschaftlichen Erkenntnissen insb. der Entwicklungspsychologie/Jugendsoziologie, der kriminologischen Forschung und mit kontroll- und integrationstheoretischen Ansätzen sowie den sozialpädagogischen Grundsätzen weitgehend auf die Darstellung von biographischen Belastungsmerkmalen verzichtet und größeres Gewicht auf die Einschätzung der Entwicklungsaufgaben, des aktuellen Integrations- und Hilfebedarfs und der entsprechenden Unterstützungsmöglichkeiten gelegt werden. Darüber hinaus dürfen die Fachkräfte des Jugendamts nur solche Interventionen vorschlagen, die dem Hilfe- und Erziehungsverständnis des SGB VIII entsprechen und – soweit die Leistungsvoraussetzungen vorliegen – vom JA initiiert werden können.[899]

462 §§ 36a, 52 Abs. 2 SGB VIII, § 31 SGB I knüpfen die Bewilligung, Durchführung und die Kostenerstattung von Leistungen formell an die *fachgerechte Hilfeplanung* (§ 36 SGB VIII) und materielle Leistungsvoraussetzungen. Die einzelnen im Jugendamt für § 52-Aufgaben zuständigen Fachkräfte haben kein Privileg zur Entscheidung über die Gewährung von Jugendhilfeleistungen, vielmehr muss eine fachgerechte Hilfeplanung unter Mitwirkung der Betroffenen nach § 36 SGB VIII auch im Rahmen von § 52 Abs. 2 SGB VIII selbstverständlich sein.[900] Die in der Praxis teilweise tradierte Auffassung, eine Hilfeplanung sei bei einem „Zusammenspiel von Justiz und JGH" nicht erforderlich,[901] findet im Gesetz keine Stütze. Allerdings muss eine gegenüber dem Gericht abgegebene schriftliche Stellungnahme als externe Äußerung des Jugendamts nach den allgemeinen Regeln des Rechtsverkehrs bindend sein, selbst wenn die Äußerung unter Verstoß gegen die Vorschriften der §§ 36, 36a SGB VIII oder interne Anweisungen abgegeben wurde.[902] Schriftliche *Stellungnahmen* der JA-Fachkräfte haben

---

896 Zu Inhalt und Form der Stellungnahmen des Jugendamts sowie deren prozessuale Verwertbarkeit siehe ausführlich Trenczek 2003c; Münder et al./Trenczek 2022, Vor § 50 Rn 23 ff.; Trenczek/Schmoll 2024, Kap. 3.2.5.4.
897 Sanktions-" und „Ahndungsvorschläge" (Ostendorf/Sommerfeld 2021 § 38 Rn 19; Wilbrand/Unbehend 1995, 11, 25 und 30) vor der gerichtlichen Feststellung von Täterschaft und strafrechtlicher Verantwortlichkeit sind im Hinblick auf die Unschuldsvermutung nach Art. 6 Abs. 2 EMRK (s. 3.2) aus rechtlicher wie sozialpädagogischer skandalös und haben zu unterbleiben.
898 Münder et al./Trenczek 2022 § 52 Rn 5, 47 ff. mwN; Eisenberg/Kölbel 2023 § 38 Rn 23; Kunkel et al./Riekenbrauk § 52 Rn 42; Wiesner/Wapler/Wapler § 52 Rn 38; a.A. Ostendorf/Sommerfeld 2021 § 38 Rn 19.
899 Trenczek 2003c, 38; Trenczek/Schmoll 2024, 3.2.5.4.3. Heinz/Hügel (1987, 94) hatten allerdings in den späten 80er-Jahren darauf hingewiesen, dass die Sanktionsvorschläge der JGH eingriffsintensiver und schwerer" gewesen seien als die spätere gerichtliche Entscheidung.
900 Eine fachgerechte Hilfeplanung (d.h. Prüfung der Leistungsvoraussetzungen unter Beteiligung der Betroffenen) ist – wie bei allen anderen Leistungen auch – stets erforderlich. Die sog. Teamkonferenz bei einer Entscheidung über voraussichtlich länger dauernde Hilfen ist – im Hinblick auf das Lebensalter des Jugendlichen – zumindest ab sechs Monaten verbindlich (§ 36 Abs. 2 S. 1 SGB VIII); hierzu Münder et al./Trenczek 2022 § 52 Rn 65; Wiesner/Wapler/Wapler 2022, § 52 Rn 57 ff.
901 So noch Kunkel/Kunkel (2. Aufl. 2002), § 36 Rn 15, mittlerweile aufgegeben s. Kunkel et al./Riekenbrauk 2022 § 52 Rn 43.
902 Entsprechendes gilt auch für die vom Sitzungsvertreter der Staatsanwaltschaft (abweichend von einer internen Weisung) abgegebene Erklärung (vgl. Meyer-Goßner/Schmitt GVG 2023 § 144 Rn 2, § 146 Rn 8).

deshalb im Hinblick auf die empfohlenen Jugendhilfeleistungen faktisch anspruchs-konkretisierende Wirkung.⁹⁰³

§ 36a Abs. 1 SGB VIII betont ausdrücklich die *Steuerungsverantwortung des Jugendamts* gerade auch im Hinblick auf die Kooperation mit dem Jugendgericht.⁹⁰⁴ Mitnichten stellt das Gericht selbst in seiner Entscheidung implizit fest, dass die Voraussetzungen für eine Jugendhilfeleistung gegeben sind. Anspruchs- und leistungskonkretisierende Wirkung hat allein die aufgrund der fachlich-pädagogischen Einschätzung getroffene Entscheidung und Stellungnahme des Jugendamts. Die Anordnungen der Jugendgerichte richten sich nicht an das Jugendamt, sondern stets nur an die jungen Menschen und ihre Personensorgeberechtigten als Anspruchsinhaber von erzieherischen Hilfen. Diese können durch ihren Hilfewunsch („Antrag") bei einem entsprechenden Hilfebedarf und daneben die Justiz durch eine „Anregung" ein Tätigwerden des Jugendamts auslösen (sog. *jugendkriminalrechtlichen Dreiecksverhältnis*, s. Abbildung 31).⁹⁰⁵ Für richterliche Weisungen (§ 10 JGG, §§ 56a ff. StGB, § 36 Abs. 4 BtMG) ist es geradezu typisch, dass sie an Voraussetzungen und Möglichkeiten knüpfen, die außerhalb des Strafrechts und der unmittelbaren Verfügungsgewalt des Strafgerichts liegen. Dies ist im Bereich der Jugendhilfe nicht anders als in den anderen sozialrechtlichen Leistungsbereichen.

Abbildung 31: Jugendkriminalrechtliches Dreiecksverhältnis

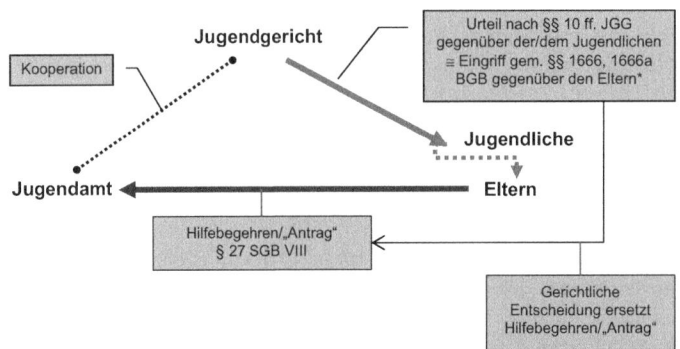

*Soweit im Zusammenhang mit Diversionsentscheidungen in das Elternrecht eingegriffen wird, bedarf es der Zustimmung der Personensorgeberechtigten. Eltern müssen (nur) aufgrund des Urteils des Jugendgerichts einen Eingriff in ihr im Übrigen weiter bestehendes Personensorgerecht dulden. Bei einer Trennung gegen den Willen der Eltern (z.B. im Hinblick auf § 10 Abs. 1 Nr. 1 und 2, § 12 Nr. 2 JGG) müssen vor dem Hintergrund von Art. 6 Abs. 2 GG die Eingriffsschwellen des § 1666 BGB berücksichtigt werden.

Durch die im jugendgerichtlichen Urteil verhängte strafrechtliche Sanktion wird das Sorgerecht der Eltern eingeschränkt. Werden vom Jugendamt Leistungen (insb. Hilfen zur Erziehung) angeboten, ersetzt das jugendgerichtliche Urteil – vergleichbar

---

903 Münder et al./Trenczek 2022 Vor § 50 Rn 32, § 52 Rn 48 mwN.
904 Hierzu Trenczek 2007, 31 ff.; Trenczek/Schmoll 2024,Kap. 3.2.2.4; Kunkel et al./Riekenbrauk 2022 § 52 Rn 20 u. 43; Wiesner/Wapler 2022 § 52 Rn 54 ff.
905 Hierzu Trenczek 2007, 37; Trenczek/Schmoll 2024, Kap. 3.4.1; Trenczek/Stöss 2014, 323 ff.

mit der Entscheidung des Familiengerichtes nach § 1666 Abs. 3 Nr. 1 BGB[906] – die Zustimmung der Eltern, öffentliche Hilfen anzunehmen. Im Übrigen bleibt das *sozialrechtliche Verwaltungsverfahren*, insb. das Hilfeplanverfahren gem. §§ 36 f. SGB VIII, unberührt. Das jugendgerichtliche Urteil konkretisiert weder noch ersetzt es die fachliche Entscheidung des Jugendamts als Sozialleistungsbehörde.[907] Mithin begründet eine jugendstrafrechtliche Weisung nach § 10 JGG keine sozialrechtliche Leistungs- und/oder Kostentragungspflicht des kommunalen Jugendhilfeträgers nach §§ 27, 79, 85 ff. SGB VIII. Teilt das Jugendamt im Rahmen seiner Anhörung mit, dass die sozialrechtlichen Voraussetzungen für eine Jugendhilfeleistung nicht vorliegen, so geht eine richterliche Anordnung von Maßnahmen nach §§ 9 ff. JGG ins Leere, da das Jugendamt nicht berechtigt ist, solche Maßnahmen[908] anzubieten bzw. zu refinanzieren und weil die Justiz selbst andere „Maßnahmen" außer Freiheitsentzug und Geldsanktionen nicht durchführt. Genauso wenig wie die Entscheidung des Jugendamts, eine Jugendhilfeleistung anzubieten bzw. nicht anzubieten, der richterlichen Sanktionsentscheidung nach dem JGG vorgreift, präjudiziert das jugendgerichtliche Urteil die auf der Grundlage des SGB VIII zu treffende Entscheidung des Jugendamts. Verknüpft das Jugendgericht ambulante Maßnahmen des JGG (NAM, s. 5.3) mit freiheitsentziehenden Sanktionen (sog. „Sanktionscocktails"[909]), so muss vom Jugendamt (erneut) geprüft werden, ob die Voraussetzungen der Sozialleistungen (insb. sozialpädagogischen Angebote - ASA) noch vorliegen oder ob sich aufgrund der Strafvollstreckung etwas ändert. Andererseits können erfolgreiche Integrationshilfen der Jugendhilfe die Vollstreckung einer bereits verhängten Jugendstrafe im Hinblick auf die Strafzwecke und das Gebot der Verhältnismäßigkeit unnötig und damit rechtswidrig machen.[910]

465 Das SGB VIII gibt nicht vor, in welcher Form die für die Ziele und Aufgaben der Jugendhilfe bedeutsamen Gesichtspunkte zur Geltung gebracht werden. Deshalb werden die JA-Fachkräfte weder in allen Fällen (ausführliche, schriftliche) *Stellungnahmen* erarbeiten, noch immer mündlich „Bericht erstatten", zumal es für die überwiegende Zahl der jungen Beschuldigten nur „Normalität" zu berichten gibt.[911]

466 Allerdings sind im Hinblick auf die Erhebung und Verwertung der psychosozialen Daten durch das Jugendamt und deren Weitergabe der Informationen an die Strafjustiz in einer Stellungnahme die *datenschutzrechtlichen Bestimmungen des SGB*, insb. die bereichsspezifischen Regelungen der §§ 61 ff. SGB VIII einzuhalten.[912] Diese gelten uneingeschränkt für die Aufgaben nach § 52 SGB VIII, der Schutz der Sozialdaten

---

906 Bei einer Trennung gegen den Willen von den Eltern müssen im Hinblick auf das elterliche Sorgerecht allerdings vom Jugendgericht zusätzlich die Voraussetzungen des § 1666 Abs. 1, § 1666a BGB berücksichtigt werden (Trenczek/Schmoll 2024, Kap. 3.4.1).
907 So mittlerweile die ganz h. M., Münder et al./Trenczek § 52 Rn 66 f. m.w.N; Trenczek 2007, 36 ff.; zustimmend auch aus strafrechtlicher Sicht Diemer et al./Sonnen § 38 Rn 24 ff.
908 Das SGB VIII verzichtet im Bereich der Jugendhilfeleistungen (Zweites Kapitel des SGB VIII) auf den historisch diskreditierten, zweideutigen Maßnahmebegriff (s. 5.3; Trenczek/Schmoll 2024, Kap. 3.2.1.2). Deshalb ist auch die Bezeichnung „Neue Ambulante Maßnahmen" (NAM) überholt und wurde von „Ambulante Sozialpädagogische Angebote" (ASA) abgelöst.
909 Hierzu Trenczek/Schmoll 2024, Kap. 3.3.4.1.
910 BVerfG 8.4.2013 – 2 BvR 2567/10 – ZJJ 2013, 315.
911 Ausführlich hierzu Trenczek/Schmoll 2024, Kap. 2.2.
912 Die Regelungen des SGB sind auch im Verhältnis zur Europäischen DSGVO und der dort vorhandenen Öffnungsklausel die bereichsspezifischen Regelungen (Trenczek/Schmoll 2024, Kap. 3.2.2.5).

7.2 Jugendhilfe im Strafverfahren

wird durch das JGG nicht ausgehebelt.[913] Zusammengefasst gilt Folgendes: Es dürfen nur solche Daten erhoben, gespeichert und genutzt sowie weitergegeben werden, die zur Erfüllung der Aufgaben des Jugendamts unentbehrlich sind (Erforderlichkeits- und *Zweckbindungsprinzip*, §§ 61 ff. SGB VIII iVm § 67a Abs. 1 SGB X). Die Erhebung der Daten hat grds. beim Betroffenen zu erfolgen (§ 62 Abs. 2 SGB VIII; § 67a Abs. 2 Satz 1 SGB X). Der junge Mensch und seine Eltern sind nicht zur Auskunft verpflichtet, weshalb sie über die Freiwilligkeit ihrer Angaben sowie über den (richtigen) Zweck und die Rechtsgrundlage der Befragung aufzuklären sind (§ 62 Abs. 2; § 67a Abs. 3 SGB X). Ohne/gegen die Mitwirkung des Betroffenen ist eine Erhebung nach § 62 Abs. 3 Ziff. 2c SGB VIII nur zulässig, soweit ihre Erhebung beim Betroffenen nicht möglich ist oder die jeweilige Aufgabe ihrer Art nach eine Erhebung bei anderen erfordert, in beiden Fällen aber die Kenntnis der Daten zur Wahrnehmung der Aufgaben nach § 52 SGB VIII erforderlich ist. Die § 52-Aufgaben des Jugendamts machen es ihrer Art nach aber gerade in aller Regel *nicht* erforderlich, dass die Daten ohne Mitwirkung des Beschuldigten bei Dritten erhoben werden.[914]

Neben den sozialrechtlichen Vorschriften ist aufgrund des strafrechtlichen Kontextes auch der *strafprozessuale Schutz des Beschuldigten* zu beachten. So behandelt der BGH die Befragung durch das Jugendamt als Vernehmung im Sinne der StPO, weshalb der Beschuldigte auf seine Aussagefreiheit und die Befugnis, vor dem Gespräch eine*n Verteidiger*in zu befragen, hingewiesen werden müsse.[915] Der Hinweis auf die Freiwilligkeit der Angaben ist freilich eine sozialrechtliche Selbstverständlichkeit ebenso wie der Hinweis auf den Erhebungs- und Verwendungszweck der Informationssammlung. 467

Auch im Hinblick auf die Stellungnahmen des Jugendamts (s. 7.2.5) gelten die Regelungen des Sozialdatenschutzes. Die Datennutzung und Weitergabe erfolgt grds. nur mit Einwilligung des Betroffenen (§ 61 Abs. 1, § 67b Abs. 1 SGB X) und unterliegt im Übrigen der Zweckbindung. Die Fachkräfte des Jugendamts dürfen in ihren Stellungnahmen nur das in das Verfahren einbringen, was sie aus ihrer eigenen Arbeit und um ihrer eigenen Aufgaben willen zu sagen haben. Von den Informationen, die bei der Leistungsgewährung angefallen oder im Rahmen von Betreuungen anvertraut (65 Abs. 1 SGB VIII) worden sind, fallen einige für die Weitergabe an Richter und Staatsanwalt aus, wenn und soweit durch die Weitergabe der Daten der Erfolg einer zu gewährenden Leistung infrage gestellt wird (§ 64 Abs. 2 SGB VIII) oder weil die Information der Fachkraft erkennbar anvertraut worden ist. Entscheidend ist der Kontext und das dem Gespräch zugrunde liegende, dem jungen Menschen angebotene Beziehungs- und Vertrauensverhältnis. Ausgangspunkt ist dabei das in §§ 61ff. SGB VIII sozialrechtlich normierte wie sozialpädagogisch gebotene Selbstverständnis, dass der Schutz der Klienten- und Vertrauensbeziehung die „Geschäftsgrundlage" des Jugendhilfeauftrags ist. Dieser steht im Kontext des jugendstrafrechtlichen Verfahrens nicht zur Disposition der einzelnen Fachkraft, sondern soll dazu führen, beim jungen Menschen Veränderungen zu initiieren und Einsicht zu wecken, um weitere Straftaten zu verhindern und potenzielle Opfer zu schützen.[916] Ausnahmsweise, wenn unmissver- 468

---

913 Dies hatte der Gesetzgeber im KICK 2005 mit der Streichung des alten § 61 Abs. 3 SGB VIII und den Verweis auf § 52 in § 62 Abs. 3 Nr. 2c SGB VIII klargestellt; Münder et al./Trenczek 2022 § 52 Rn 32; Riekenbrauk 2011 und 2022; vgl. bereits Trenczek 1991.
914 Münder et al./Trenczek 2022 § 52 Rn 30.
915 BGH 21.9.2004 – 3 StR 185/04 – ZJJ 2005, 75.
916 Olbricht-Sondershaus 1990, 14; Trenczek 1991, 254.

ständlich deutlich gemacht wurde, dass die gesammelten Informationen im Rahmen einer Stellungnahme verwendet und an die Justiz weitergegeben werden und der Betroffenen auch noch nach Abschluss des Gesprächs damit einverstanden ist, dürfen diese Daten an die Justiz weitergegeben werden. Ansonsten darf die JA-Fachkraft zum Schutz des Vertrauensverhältnisses nicht nur, vielmehr muss sie auch im Strafverfahren schweigen.[917] Nicht das Informationsbedürfnis der Strafjustiz, sondern der sozialrechtliche Vertrauensschutz und die Funktionsfähigkeit der Jugendhilfe entscheiden letztlich darüber, welche Daten verschlossen bleiben und welche an die Justiz übermittelt werden dürfen. Auch wenn man nicht pauschal von einem „allgemeinen" Zeugnisverweigerungsrecht der Fachkräfte des Jugendamtes sprechen kann, ein Zeugnisverweigerungsrecht kann sich aber aus § 35 SGB I, §§ 64, 65 SGB VIII ergeben und sich sogar zu einer Zeugnisverweigerungspflicht verdichten, soweit keine Übermittlungsbefugnisse nach den §§ 68 f., 73 SGB X bestehen (hierzu ausführlich 2.3.6).

7.2.4 Prozessrechtliche Stellung des Jugendamtes im Jugendstrafverfahren

469 Während sich die Aufgaben und Befugnisse des Jugendamts aus dem Sozialrecht ergeben (insb. SGB I, VIII und X), bestimmt sich seine *prozessrechtliche Stellung im Strafverfahren* aus den jeweiligen Verfahrensnormen des JGG und der StPO. Insb. ist das Jugendamt mit den im Folgenden genannten umfangreichen Beteiligungsrechten ausgestattet:

- *Informationsrechte:* Mitteilung von Ort und Zeit der Hauptverhandlung (§ 50 Abs. 3 Satz 1 JGG); Recht auf Unterrichtung von der Einleitung und dem Ausgang eines Verfahrens (auch des vereinfachten Jugendverfahrens) gegen den Jugendlichen (§§ 70 Satz 1, 78 Abs. 3 JGG; vgl. Nr. 32 MiStra) bzw. gegen einen Heranwachsenden (§ 109 Abs. 1 Satz 2 JGG); insb. Mitteilung von Erlass und Vollstreckung eines Haftbefehls bzw. der vorläufigen Festnahme (§ 72a S. 1 und 2 JGG);

- *Recht auf Anwesenheit* in der Hauptverhandlung sowie im vereinfachten Verfahren als Verfahrensbeteiligte (§§ 38 Abs. 6, 50 Abs. 3 Satz 1, 48 Abs. 2 S. 1, 78 Abs. 3 JGG).[918]

- *Anhörungs- und Äußerungsrechte*: Recht auf Äußerung in jedem Verfahrensstadium, insb. im Hinblick auf die zu ergreifenden Maßnahmen (§ 38 Abs. 2 Satz 2, Abs. 3 Satz 3 JGG), sowohl im informellen Verfahren, in der Hauptverhandlung (§ 50 Abs. 3 Satz 2 JGG) wie auch danach, z.B. vor nachträglichen Entscheidungen über Weisungen und Auflagen (§ 65 Abs. 1 Satz 2 JGG) oder vor Vollstreckung des Jugendarrests (§ 87 Abs. 3 Satz 4 JGG) sowie für den Bewährungsplan (§§ 60, 64 i.V.m. § 38 Abs. 2 S. 2 JGG) und in Fällen des § 89c bzw. § 89c Abs. 3 S. 2 JGG;

- *Verkehrs- und Kontaktrechte*: Kontakt und Verkehr mit dem Verurteilten während des Vollzugs einer Jugendstrafe (§ 38 Abs. 5 Satz 5 JGG); Verkehr mit dem in Untersuchungshaft befindlichen Beschuldigten (§ 72b JGG, § 148 StPO). Dieses Umgangsrecht steht den Mitarbeitern des Jugendamts in demselben Umfang wie einem Verteidiger zu, d.h., Gespräche und Briefwechsel dürfen nicht überwacht werden;

---

[917] Kiehl 1991, 190 f.; Kunkel 2004, 427; Münder et al./Trenczek 2022 § 52 Rn 29; Schlink 1991, 55; vgl. Eisenberg 2018 § 38 Rn 44.
[918] Das Jugendamt wird dadurch nicht zum formellen Verfahrensbeteiligten, sondern nur zum partiell Beteiligten (Eisenberg/Kölbel 2023 § 38 Rn 23; Meyer-Goßner/Schmitt 2023 Einl. Rn 74).

7.2 Jugendhilfe im Strafverfahren

- *Antragsrecht* zur Beseitigung des Strafmakels bei Minderjährigen (§ 97 Abs. 1 Satz 2 JGG).
- *Auskunfts- und Zeugnisverweigerungsrecht* in Angelegenheiten nach §§ 64, 65 SGB VIII (s.o. 7.2.3 und 2.3.6).

Darüber hinausgehende Verfahrensrechte hat das Jugendamt nicht, insb. hat es kein (über §§ 478 ff. StPO hinausreichendes) Akteneinsichtsrecht, kein allgemeines Fragerecht (§ 240 StPO), kein formelles (Beweis-)Antragsrecht und kein Recht, selbstständig Rechtsmittel einzulegen.[919]

Während das JA nach dem FamFG auf Antrag zum (förmlichen) *Verfahrensbeteiligten* wird (sog. „Zugriffslösung"; zB § 162 Abs. 2 FamFG),[920] fehlen ihm im jugendstrafrechtlichen Verfahren – auch im Unterschied zur rechtsanwaltlichen Verteidigung (§§ 137 StPO, 68 JGG) oder eines Beistandes (§ 69 JGG) – wesentliche Verfahrensrechte, die aber mit Ausnahme eines über das Anhörungs- und Äußerungsrecht hinausgehenden Fragerechts zu pädagogisch relevanten Sachverhalten für eine sozialanwaltliche, auf die Selbsthilfe des jungen Menschen ausgerichtete Soziale Arbeit auch nicht zwingend erforderlich sind. Entscheidend ist vielmehr, dass die Fachkräfte der Jugendämter die jugendhilferelevanten Gesichtspunkte „zur Geltung" (§ 38 Abs. 2 JGG) bringen.

Das *Mitwirkungs- und Anwesenheitsrecht* des Jugendamts (Kap. 7.2.3) korrespondiert mit der richterlichen Aufklärungspflicht (§ 244 Abs. 2 StPO; s. Kap. 3.2) und mithin dessen Pflicht, das Jugendamt so früh wie möglich „heranzuziehen" (§ 38 Abs. 3 Satz 1 u. 2 JGG). Insb. sind Ort und Zeit der Hauptverhandlung rechtzeitig mitzuteilen (§ 50 Abs. 3 S. 1 JGG). Wird das (zuständige!)[921] Jugendamt nicht ordnungsgemäß in das Strafverfahren einbezogen, z.B. nicht mit angemessener Vorlaufzeit informiert, so kann dies einen mit der Revision angreifbaren Verfahrensfehler darstellen (§ 337 StPO), weil/wenn sich das Gericht die entscheidungserheblichen Informationen nicht auf andere, gleichwertig verlässliche Weise (z.B. durch einen Sachverständigen) beschaffen kann.[922]

Eine Pflicht zur Mitwirkung im gerichtlichen Verfahren wie insb. zur *Teilnahme in der gerichtlichen Hauptverhandlung* ergab sich bisher allein aus den sozialrechtlichen Bestimmungen, wenn der junge Mensch einer Betreuung bedarf (Betreuungspflicht gem. § 52 Abs. 3 SGB VIII).[923] Allerdings wurde durch die JGG-Novellierung 2019 § 38 Abs. 4 JGG neu eingefügt, dem zufolge ein „Vertreter der Jugendgerichtshilfe" an der Hauptverhandlung teilnimmt, soweit darauf nicht von der Staatsanwaltschaft oder dem Jugendgericht gemäß § 38 Abs. 7 JGG auf Antrag des Jugendamts verzichtet wird. Ungeachtet der falschen Bezeichnung (es gibt keine Institution „Jugendgerichtshilfe", die Vertreter entsenden könnte; s.o. 7.2.1), mit dieser Neuregelung sollte eine formale, nicht von der Betreuungsnotwendigkeit des jungen Menschen abhängige Anwesenheitspflicht des Jugendamts im jugendgerichtlichen Verfahren eingeführt werden.

---

919 Eisenberg/Kölbel 2023 Rn 56 ff.
920 Münder et al./Trenczek 2022 Vor § 50 Rn 37.
921 Die sachliche und örtliche *Zuständigkeit des Jugendamts* ergibt sich nicht aus den strafrechtlichen Regelungen, sondern aus § 87b i.V.m §§ 86 f. SGB VIII. Anknüpfungspunkt ist wie bei der Leistungsgewährung grds. der gewöhnliche der Eltern bzw. der jungen Volljährigen (§ 87b Abs. 1 S. 2, § 86a SGB VIII). Maßgeblicher Zeitpunkt ist der durch das SGB VIII bestimmte Handlungsanlass, nicht die Information durch die Justizbehörden (Münder et al./Trenczek 2022 § 52 Rn 74).
922 BGH 6.6.1984 – 2 StR 185/84, StV 1985, 153; BGH 21.2.1989 – 1 StR 27/89, StV 1989, 308.
923 Münder et al./Trenczek 2022 § 52 Rn 52.

Untersetzt wurde dies mit einer Regelung zur Auferlegung der durch ein Nichterscheinen verursachten Kosten (§ 38 Abs. 4 S. 3 2. HS JGG mit Verweis auf entsprechende Geltung des § 51 Abs. 2 StPO).[924] Gleichwohl ist die Frage der Anwesenheitspflicht des Jugendamts weiterhin umstritten.[925] Von Teilen der Praxis und Fachliteratur wurde die Neuregelung durchaus positiv bewertet und als Zeichen der Stärkung der „JGH/JuHis als nur im Ausnahmefall verzichtbaren Verfahrensbeteiligten" angesehen.[926] Demgegenüber werden erhebliche Zweifel an der Verfassungsmäßigkeit der Regelung erhoben und befürchtet, dass das Kooperationsverhältnis von Jugendamt und Strafjustiz beschädigt und die Sozialarbeit wieder im „Souterrain der Justiz"[927] verortet wird, wenn deren Tätigkeit nicht von deren gesetzlichen Auftrag und fachlichen Kriterien, sondern zum Gefallen der Strafjustiz formal angeordnet wird).[928]

7.2.5 Neue Kooperationsformen

474 Der gesetzlicher Auftrag, die fachspezifische Kriterien und Handlungsprinzipien der Jugendhilfe müssen auch im Hinblick auf die „neueren" Formen der Kooperation von Jugendamt mit anderen Institutionen beachtet werden.[929] Wir haben bereits wiederholt auf die Notwendigkeit einer strukturellen, fachlich-professionellen, interdisziplinären wie Institutionen übergreifenden Kooperation im Arbeitsfeld hingewiesen. Die strategische *fallunabhängige, behördenübergreifende Zusammenarbeit* (z. B. in ressortübergreifenden Gremien, Runden Tischen, Stadtteilkonferenzen) unterschiedlichster Professionen, Verfahrensbeteiligter und Dienste ist im Arbeitsfeld unverzichtbar und in § 52 Abs. 1 S. 2, 3, § 81 SGB VIII, § 37a Abs. 1 JGG klarstellend erwähnt. Stets ist zu beachten, dass die institutionellen Akteure, insb. Strafjustiz, Polizei und Soziale Arbeit (insb. der Kinder- und Jugendhilfe) unterschiedliche Perspektiven, Aufgaben und Befugnisse haben, weshalb ihr Verhältnis und die konkrete Zusammenarbeit stets der transparenten Klärung bedarf. Das scheint allerdings in einigen neueren über die alltägliche interdisziplinäre, institutionenübergreifende Zusammenarbeit (vgl. § 81 SGB VIII) hinausgehenden Kooperationsprojekte nicht immer hinreichend zu gelinden.

475 *Einzelfallbezogene Fallkonferenzen* in Ermittlungsverfahren (insb. im Rahmen der vermeintlichen „Häuser des Jugendrechts")[930] werden ungeachtet der regional sehr unterschiedlichen Praxis und sehr heterogenen Konzepte[931] insb. aus kriminologischen, wie datenschutzrechtlichen Gründen kritisch bewertet soweit sie nicht ohnehin lediglich dem (durch den Sozialdatenschutz beschränkten) informellen Informationsaustausch dienen.[932]

---

924 BT-Drs. 19/13837, 49 f.; zur Anwesenheit der Jugendämter in Hauptverfahren vgl. Schmoll/Lampe/Holthusen 2024, 99 ff.; Trenczek 2003, 146 ff.
925 Münder et al. 2022/Trenczek § 52 Rn 52 ff.; vgl. Eisenberg/Kölbel 2023 § 38 Rn 61.
926 Z. B. Höynck/Ernst 2020, 254.
927 Müller/Otto 1986.
928 Ausführlich Trenczek 2021, 248 ff.; zur Kritik an der neuen Regelung s.a. Kunkel et al./Riekenbrauk § 52 Rn 28; s. a. GK/Goldberg § 52 Rn 86a; Holthusen/Schmoll 2020, 114; Wiesner/Wapler/Wapler § 52 Rn 43 ff.
929 Ausführlich Trenczek/Schmoll 2024, Kap. 3.4.3.
930 Hierzu Lohmann/Schaerff 2021 u. 2021a; Trenczek/Schmoll 2024, Kap. 3.4.3.4.
931 Teilweise gerichtet auf alle Jugendlichen und Heranwachsenden, teilweise fokussiert auf mehrfach auffälligen jungen Menschen mit multiplen Problemlagen; kritisch hierzu Goeckenjan 2015.
932 BAG Juhis 2023; Coskun 2013, 215 ff.; DVJJ 2012; Fritsch et al. 2023; Goldberg 2023; Kunkel et al./Riekenbrauk § 52 Rn 59 ff.; vgl. auch Schaerff/Lohrmann 2024, 42; zu kritischen Ergebnissen auf der Grundlage einer Evaluation kommen auch Sturzenhecker/Karolczak/Braband 2011.

7.3 Soziale Hilfe im Strafvollzug

Die Soziale Hilfe im Strafvollzug ist in den *Landesstrafvollzugsgesetzen* der Bundesländer unterschiedlich ausführlich geregelt und diese Normierungen entsprechen im Wesentlichen den früheren Bestimmungen des Bundesstrafvollzugsgesetzes.[933] Aufgrund dieser Allgemeinheit und zugleich Verschiedenheit ist deshalb hier rechtlich nicht mehr zu erörtern, insb. sind keine einzelnen Bestimmungen zu nennen, die in jedem Bundesland anders verfasst und durchnummeriert sind. Von Bedeutung ist allerdings, dass die Strafvollzugsgesetze selbst mit ihren Bestimmungen zum Ziel und zur Aufgabe des Strafvollzugs sowie den Grundsätzen der Vollzugsgestaltung und Vernetzung mit der Außenwelt auch die Soziale Arbeit im Vollzug ganz wesentlich prägen.

476

Grundsätzlich muss die Soziale Hilfe im Strafvollzug dem *Vollzugsziel* und dem Auftrag des Strafvollzugs zur Resozialisierung entsprechend der Rechtsprechung des Bundesverfassungsgerichts dienen. „In Art. 1 Abs. 3 GG werden die Grundrechte für Gesetzgebung, vollziehende Gewalt und Rechtsprechung für unmittelbar verbindlich erklärt. Dieser umfassenden Bindung widerspräche es, wenn im Strafvollzug die Grundrechte beliebig oder nach Ermessen eingeschränkt werden könnten. Eine Einschränkung kommt nur dann in Betracht, wenn Sie zur Erreichung eines von der Wertordnung des Grundgesetzes gedeckten gemeinschaftsbezogenen Zwecks unerlässlich ist und in den dafür verfassungsrechtlichen vorgeschriebenen Formen geschieht. Die Grundrechte von Strafgefangenen können also nur durch Gesetz oder aufgrund eines Gesetzes eingeschränkt werden ...."[934] 15 Monate später entschied das Bundesverfassungsgericht, dass „vom Täter aus gesehen das Interesse an der Resozialisierung aus seinem Grundrecht aus Art. 2 Abs. 1 GG in Verbindung mit Art. 1 GG (erwächst). Von der Gemeinschaft aus betrachtet, verlangt das Sozialstaatsprinzip staatliche Vor- und Fürsorge für Gruppen der Gesellschaft, die aufgrund persönlicher Schwäche oder Schuld, Unfähigkeit oder gesellschaftlicher Benachteiligung in ihrer persönlichen sozialen Entfaltung gehindert sind; dazu gehören die Gefangenen und Entlassenen."[935] Das Bundesverfassungsgericht hat dem Vollzugsziel der *Resozialisierung* 1977 Verfassungsrang beigemessen.[936] Und weil die Menschenwürde und die Menschenrechte auch im Strafvollzug von so herausragender Bedeutung sind, hat das BVerfG entschieden, dass die Strafvollstreckung zu unterbrechen und die Inhaftierten zu entlassen sind, wenn und solange beispielsweise wegen einer Überbelegung eine weitere Unterbringung nur unter menschenunwürdigen Bedingungen in Betracht komme.[937]

477

Soziale Arbeit im Justizvollzug kann in Kooperation mit den ambulanten Sozialen Diensten der Justiz durch Haftvermeidung, Unterstützung frühzeitiger Lockerungen, gute Vorbereitung vorzeitiger Entlassungen und nachhaltige Resozialisierungsangebote dazu beitragen, dass die Anzahl der Gefangenen im Strafvollzug verringert wird.

478

---

[933] §§ 71 ff. StVollzG; Cornel 2023b; Laubenthal 2015, 461 ff.; Oberlies 2013, 158 ff.; Riekenbrauk 2018, 181 ff.
[934] BVerfG 14.3.1972 – 2 BvR 41/71 – E 33, 1 (11).
[935] BVerfG 5.6.1973 – 1 BvR 536/72 – E 35, 202, 236; zur Legitimation und Verfassungsmäßigkeit der Resozialisierung unter den Bedingungen des Freiheitsentzugs Cornel 2023b, 304-307; zum Begriff der Resozialisierung Arloth/Krä 2021 § 2 Rn 7; Cornel 2023; Feest/Lesting/Lindemann 2022 Teil II Vor § 2 Rn 20; Laubenthal 2015, 90 ff.
[936] BVerfG 21.6.1977 – 1BvL 14/76 – E 45, 187, 238 f.
[937] BVerfG 22.2.2011 – 1 BvR 409 /09 Rn 19.

7. Arbeitsfeld Delinquenz, Strafrecht und Soziale Arbeit

Abbildung 32: Entwicklung der Anzahl der Strafgefangenen (einschließlich SV und Jugendstrafe) in Deutschland von 1961 bis 2022 pro 100 000 der Bevölkerung

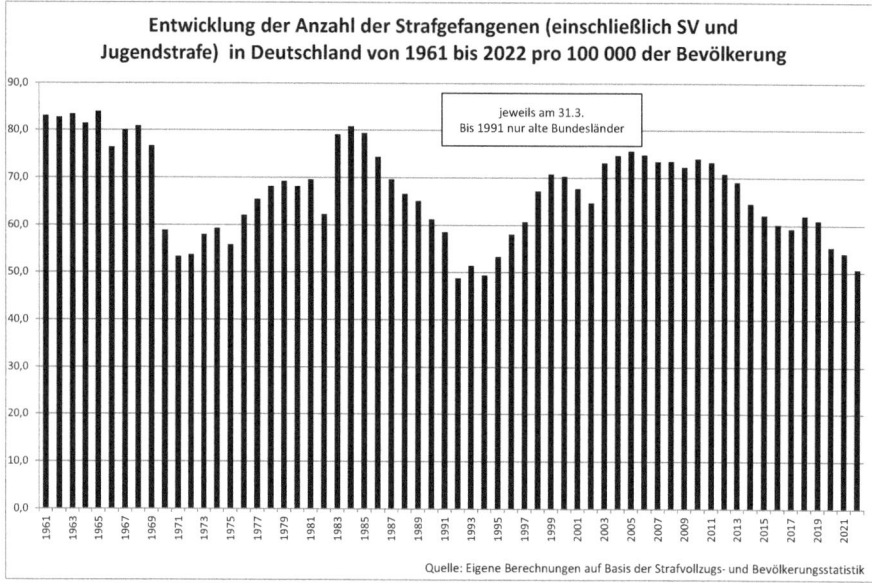

Quelle: Eigene Berechnungen auf Basis der Strafvollzugs- und Bevölkerungsstatistik

479 Die *strukturellen Bedingungen* der Sozialen Arbeit im Justizvollzug sind von drei eng verwobenen Aspekten gekennzeichnet:

- Soziale Arbeit in den Gefängnissen ist – mehr noch als im Kontext der Bewährungshilfe – durch den *Zwangskontext*[938] bestimmt. Die Gefangenen nehmen den Kontakt zu den Fachkräften der Sozialen Arbeit (zumindest auch) auf, weil sie von anderer Kommunikation ausgeschlossen sind und weil sie sich hinsichtlich der Haftbedingungen und der Chancen zur vorzeitigen Entlassung Vorteile davon versprechen.

- Soziale Arbeit im Vollzug findet unter den Bedingungen der *totalen Institution* statt. Zwar haben sich seit Goffmans Analyse[939] gerade auch in Deutschland viele Haftbedingungen verändert und es hat sich nicht zuletzt durch die grundsätzliche (in der Praxis oft schwierige) Möglichkeit der gerichtlichen Überprüfung von Vollzugsentscheidungen, das Ausgeliefertsein und die Ohnmacht der Gefangenen reduziert. Aber gleichwohl ist (zumindest im geschlossenen Vollzug) der Tagesablauf der Gefangenen weitestgehend fremdbestimmt, werden ihre Tätigkeiten und Lebensäußerungen geplant und überwacht und das Personal und die Gefangenen leben in Parallelwelten.[940]

- Schließlich sind die Möglichkeiten einer lebensweltbezogenen Sozialen Arbeit, die das soziale Umfeld mit einbezieht, stark eingeschränkt, weil die *Lebenswelt* und die subjektive Sicht auf die Lebenslage sich für die inhaftierte Person mit der Haftentlassung verändert, weil weder die sozialarbeiterische Fachkraft noch der Gefangene

---

938 Cornel 2008.
939 Goffman 1973.
940 Goffman 1973, insb. 17 ff. und 88.

7.3 Soziale Hilfe im Strafvollzug

alle Aspekte der Lebenswelt nach der Entlassung überblicken kann und weil die Handlungsoptionen und Unterstützungsressourcen der Fachkraft im Justizvollzug in der Phase nach der Entlassung gering sind.

Diese Bedingungen gilt es zu beachten – sie sind keine Begründung für die Unmöglichkeit sozialer Arbeit im Justizvollzug und schon gar nicht für Untätigkeit, die den Gefangenen in der totalen Institution alleinließe. Das alte Bundesstrafvollzugsgesetz, das in seinen wesentlichen Regelungen zur Praxis des Vollzugs nun in allen Bundesländern ersetzt wurde und deshalb nicht mehr gilt, hatte zum einen als Grundsatz bestimmt, dass die Soziale Hilfe darauf gerichtet sein soll, „den Gefangenen in die Lage zu versetzen seine Angelegenheiten selbst zu ordnen und zu regeln" (§ 71 Satz 2 StrafVollzG) und ansonsten die Hilfen in solche bei der Aufnahme, solche während des Vollzugs und Hilfe zur Entlassung eingeteilt.[941] Bevor auf die neuen Regelungen der Landesstrafvollzugsgesetze eingegangen werden wird und auch sehr konkret Tätigkeiten und Hilfemöglichkeiten benannt werden, soll vorab im Hinblick auf die oben genannten schwierigen Bedingungen zweierlei erörtert werden:

480

- Soziale Arbeit ist nur möglich auf der Basis der grundsätzlichen Anerkennung des Klienten oder der Klientin in ihrer Menschenwürde – auch wenn diese Menschen ganz anders sind und sich gegenüber den strafrechtlichen Normen abweichend verhalten haben.[942] Soziale Arbeit im Gefängnis muss deshalb die Gefangenen in ihrem *Recht auf soziale Hilfe und Förderung* (oder gar „Erziehung"), entsprechend ihren Wünschen und Möglichkeiten respektieren, auf Ihre Entwicklungsfähigkeiten und ihre Kompetenz für ihr eigenes Leben vertrauen. Nur dann können auf Augenhöhe im Prozess der Beratung und Hilfe zur Selbsthilfe Lösungen ausgehandelt werden.[943] Diese Augenhöhe zu finden, ist in einer totalen Institution mit zugewiesenen Rollen, einem großen Machtgefälle, Misstrauen und Abhängigkeiten äußerst schwierig. Noch bevor es um Motivation, Beziehungsaufbau, Techniken der Gesprächsführung und Beratung geht, müssen deshalb die Fachkräfte der Sozialen Arbeit in den Justizvollzugsanstalten diese Bedingungen reflektieren und hoch sensibel alles vermeiden, was die Würde der Gefangenen beschädigen könnte, ihr Leid über das unvermeidliche angesichts des Gefangenseins und Ausgegrenztseins erhöht und Machtmissbrauch ermöglicht oder fördert.

- Wenn Soziale Arbeit die oben genannten strukturellen Bedingungen ihrer Arbeit im Strafvollzug auch nicht grundsätzlich ändern kann, was die Beeinflussung des Umfangs, der Art und Weise der Wirkungen des Zwangskontextes und der totalen Institution nicht ausschließt, so kann doch eine *helfende Beziehung* aufgebaut werden, in die sich die professionelle Fachkraft mit ihrer Persönlichkeit und Selbstreflexionsfähigkeit einbringt. „Heute ist man sich weitgehend einig, dass es professionellen Fachkräften gelingen muss, die Dimensionen einer professionellen Rollenbeziehung und persönlichen Beziehung miteinander zu verbinden und die Herausforderung, einerseits formale Berufsrollen (Pädagogin/Therapeutin) kompetent auszufüllen, andererseits sich zugleich als ‚ganze Personen' auf persönliche, emotional geprägte und nur begrenzt steuerbare Beziehungen einzulassen, zu meis-

---

941 Kawamura-Reindl/Schneider teilen die fachlichen Grundorientierungen Sozialer Arbeit mit Inhaftierten in „Subjektorientierte Unterstützungsprozesse mit inhaftierten Menschen" und „Strukturbezogene Perspektiven Sozialer Arbeit in und jenseits von Haft" ein; Kawamura-Reindl/Schneider 2015, 239–244.
942 Thiersch 2012, 60.
943 Cornel/Lindenberg 2018, 18.

tern."⁹⁴⁴ Im Strafvollzug mag das doppelt schwierig sein, weil der Gefangene nicht leicht Vertrauen fasst und die sozialarbeiterische Fachkraft möglicherweise lieber Distanz wahrt, als in die Rollenbeziehung und persönliche Beziehung einzusteigen. Gleichzeitig ist es aber gerade wegen der strukturellen Bedingungen, der häufigen sozialen Isoliertheit und Bindungs- bzw. Beziehungsstörungen besonders wichtig und möglich, gerade hier Soziale Arbeit als Beziehungsprofession zu sehen – sowohl im Hinblick auf aktuelle Hilfeleistungen als auch im Kontext von Kriminalprävention.

481 Schon in den zwanziger Jahren des 19. Jahrhunderts, also vor fast 200 Jahren, entstanden *Gefangenenfürsorgevereine*, die während des Vollzugs der strengen, vergeltenden und Abschreckung beabsichtigenden Freiheitsstrafen „die armen Seelen retten wollten", sofern diese nach ihren religiösen Vorstellungen „reuig und nicht völlig verdorben" waren. Die Gefangenen wurden gesehen als „ebenso mitleids- als strafwürdige Opfer eigener Schuld" und sollten zu „frommen und nützlichen Staatsbürgern" gemacht werden.⁹⁴⁵ Es ging insbesondere um Seelsorge im Gefängnis, aber auch um die Vermittlung von Hilfe, die das zugefügte Leid etwas milderte.⁹⁴⁶ In den achtziger Jahren des 19. Jahrhunderts ging es dann vermehrt um die Vorbereitung der Haftentlassung und Haftentlassenenhilfe, um „dafür zu sorgen dass die entlassenen Sträflinge nicht durch Hilflosigkeit wieder zu Verbrechen verleitet, sondern möglichst auf dem Wege der Besserung erhalten werden".⁹⁴⁷ Diese Gefangenenfürsorgevereine waren sowohl die Vorgänger der Sozialen Arbeit im Vollzug als auch der Freien Träger der Straffälligenhilfe. Mit dem Entstehen der modernen Strafrechtsschule Franz von Liszts und seiner an Empirie orientierten Kriminalpolitik sollte Straffälligenhilfe an Kriminalprävention zur Bewältigung von Armut und Kriminalität mitwirken. „Hier kann von dem Eintritt der Sozialen Arbeit in die Straffälligenhilfe gesprochen werden, die auf der Grundlage der Definitionen von Normalität und Diagnose professionelle Hilfe nach Feststellung der Unterstützungswürdigkeit leistete."⁹⁴⁸ Wenn es auch bereits in den zwanziger, fünfziger und sechziger Jahren vereinzelt Fürsorger in den Strafvollzugsanstalten gab,⁹⁴⁹ so wurde sie doch erst 1977 unter dem Titel „soziale Hilfe" in §§ 71 ff. in das Bundesstrafvollzugsgesetz eingeführt. § 155 Abs. 2 StVollzG nannte Sozialarbeiter erstmals als eigene Berufsgruppe. Seither wurde die Soziale Arbeit im Strafvollzug stark ausgeweitet.

482 Es ist hier nicht der Raum, um allgemein die Beziehungen und Überschneidungen zwischen den Zielen und Methoden Sozialer Arbeit und der Resozialisierung zu erörtern und die Bedeutung der letztgenannten für die Legitimation des strafrechtlichen

---

944 Gahleitner 2017, 36 mit Verweis auf Dörr 2007, 137.
945 „Grundgesetz des in Berlin gestifteten Vereins für die Besserung der Strafgefangenen" vom 12.11.1827, zitiert nach Rosenfeld 1901, 4 f.
946 Cornel 2022, 37 ff.
947 „Grundgesetz des in Berlin gestifteten Vereins für die Besserung der Strafgefangenen" in der Fassung vom 15.3.1901, zitiert nach Rosenfeld 1901, 28.
948 Cornel 2022, 38.
949 Die Dienst- und Vollzugsordnung vom 1.12.1961, eine Vereinbarung der Landesjustizverwaltungen, die vor dem Inkrafttreten des Strafvollzugsgesetzes in den einzelnen Bundesländern galt, nannte unter der Überschrift Vollzugsbedienstete in Nr. 28 den Fürsorger und Nr. 29 Sozialpädagogen. Nr. 29 beginnt mit den Worten: „Sofern ein Sozialpädagoge bestellt ist, hat er die Aufgabe..." In den Nr. 130-134 war die Fürsorge durch soziale Hilfe geregelt, wobei Sicherstellung von Hab und Gut, Aufrechterhaltung der Sozialversicherung, Entlassenenfürsorge und Fürsorge für die Familie genannt werden. In Nr. 133 Abs. 7 wird bestimmt, dass der Fürsorger bei bedingten Entlassungen unverzüglich Kontakt zum Bewährungshelfer aufnimmt.

7.3 Soziale Hilfe im Strafvollzug

Sanktionensystems selbst darzulegen.[950] Soziale Arbeit im Strafvollzug wird aufgrund ihres eigenen Professionsverständnisses, ihrer Handlungskompetenzen und ihrer Haltung zur Klientel, hier den Gefangenen, dem Vollzugsziel der Resozialisierung ganz besonders verpflichtet sein. Dies zeigt sich nicht nur in den im Folgenden genannten einzelnen Arbeitsweisen, Handlungsmethoden und Hilfeleistungen, sondern auch im Blick auf die Lebenswelt der Gefangenen, deren Biografie und der Perspektive nach der Haftentlassung.

Im Einzelnen sollten folgende *sozialarbeiterischen Hilfen*[951] geleistet werden:

- Information über Rechte und Pflichten während der Vollstreckung der Freiheitsstrafe sowie Schweigepflichten und (nicht vorhandenes) Zeugnisverweigerungsrecht der Sozialarbeiter*in
- Information über Möglichkeiten der schulischen und beruflichen Bildung sowie Arbeiten während der Vollzugszeit
- Beteiligung an Anamnese und Diagnose sowie Vollzugs- und Eingliederungsplanung
- Sensible Wahrnehmung von Krisensymptomen, insbesondere auch von Suizidgefahr
- Bei Bedarf Kriseninterventionen (gegebenenfalls in Kooperation mit dem medizinischen und psychologischen Fachdienst)
- Bei Neuinhaftierung gegebenenfalls Sicherung von Wohnung und Habe
- Bei neuer Inhaftierung gegebenenfalls Unterstützung bei sozialrechtlichen und zivilrechtlichen Meldungen, Mitteilungen und Kündigungen, Schuldenregulierung
- Straftataufarbeitung (Wie ist die Sicht auf die Delinquenz? Neutralisationstechniken)
- möglicherweise Kontaktaufnahme zur Bewährungshilfe, Führungsaufsicht oder einen gesetzlichen Betreuer (im Einvernehmen mit dem Gefangenen)
- Ggf. Kontakt zu Angehörigen aufbauen und pflegen sowie Besuchskontakte fördern
- Regelmäßige Fortschreibung der Vollzugs- und Eingliederungsplanung entsprechend dem zeitlichen Ablauf, den Veränderungen des Gefangenen und dem Näherrücken des Entlassungstermins (dazu eventuell externe Kooperationspartner einbeziehen)
- Begleitung im Haftalltag, um den schädlichen Folgen des Freiheitsentzugs entgegenzuwirken und Unterstützung des Gefangenen darin, dass das Leben im Vollzug den allgemeinen Lebensverhältnissen so weit wie möglich angeglichen wird.[952]
- Begleitung des Gefangenen in einer sozialarbeiterischen Beziehung mit möglichst großer Kontinuität um seine Resozialisierung bzw. Eingliederung in ein Leben in Freiheit zu unterstützen und zu fördern
- Unterstützung des Gefangenen bei der Wahrnehmung seiner sozialrechtlichen Ansprüche

---

950 Ausführlich hierzu Cornel 2023b, 314 ff. und Cornel 2021, 28 ff.
951 Aus dem Begriff folgt schon, dass hier nicht alle Tätigkeiten der sozialarbeiterischen Fachkräfte aufgezählt werden. Tätigkeiten, die sich allein aus der Einbindung in die Personalstruktur und das Informationssystem der JVA ergeben, aber auch Stellungnahmen zu Verlegungen in andere Anstalten (auch offener Vollzug) oder andere Abteilungen, zu Anträgen auf Lockerungen sowie Beteiligung an einem Disziplinarverfahren werden hier nicht genannt, obwohl sie starken Einfluss auf das Verhältnis haben können. Die Liste der genannten Hilfen selbst ist sicher nicht vollständig und manche Punkte überlappen sich.
952 § 3 des StVollzG Bln; ähnliche Formulierungen des Gegenwirkungs- und Angleichungsgrundsatzes finden sich in allen Länderstrafvollzugsgesetzen und gab es schon im Bundesstrafvollzugsgesetz von 1977.

7. Arbeitsfeld Delinquenz, Strafrecht und Soziale Arbeit

- Unterstützung des Gefangenen bei der Wahrnehmung von Sport- und Freizeitangeboten sowie Gesprächsgruppen
- Entwicklung, Konzeptionierung und Organisation spezifischer Behandlungsangebote zur Erhöhung der sozialen Kompetenzen
- Kontakte zur ehrenamtlichen Gefangenenhilfe herstellen, begleiten und deren Fortbildung unterstützen können
- Unterstützung der Gefangenen bei der Beantragung und Wahrnehmung von Vollzugslockerungen[953]
- Frühzeitige Vorbereitung auf eine mögliche Verlegung in den offenen Vollzug
- frühzeitige Vorbereitung und Unterstützung der Gefangenen bei Anträgen zur vorzeitigen Haftentlassung (gegebenenfalls auch eine realistische Auseinandersetzung über seine aktuellen Chancen, um Frustrationen zu vermeiden oder aufzuarbeiten)[954]
- regelmäßige Beratung der Gefangenen über ihre aktuelle Situation, ihre Perspektive und ihre Beziehungen zum sozialen Umfeld sowohl innerhalb der JVA als auch nach der Haftentlassung
- Unterstützung der Gefangenen bei Einschränkungen und Beeinträchtigungen aufgrund von Pandemiemaßnahmen.[955]
- Vorbereitung der Haftentlassung (Übergangsmanagement) durch Organisation durchgehender Hilfe in Kooperation mit den ambulanten Sozialen Diensten der Justiz, Freier Träger der Straffälligenhilfe, Suchthilfeeinrichtungen, Jobcenter, Schuldnerberatung und kommunalen Trägern der Sozialhilfe. Dabei geht es um die Themen Arbeit, Ausbildung, Wohnen, Schulden, Gesundheit und Sucht, Kontakt zu Angehörigen und Freizeit, aber auch mögliche Auflagen und Weisungen, Straffreiheit und Verhalten in Situationen, die in der Vergangenheit häufig mit Delinquenz verbunden waren.

484 Bei der Durchführung dieser Hilfen und Umsetzung der Forderungen werden die Fachkräfte der Sozialen Arbeit jeweils die ganz spezifische *Lebenswelt und Bedarfe der Gefangenen* berücksichtigen. Das beginnt bei diversen kulturellen Hintergründen und gegebenenfalls fehlenden Sprachkompetenzen, geht über Suchtprobleme und bis hin zur mangelnden Erwerbsfähigkeit aufgrund von Krankheit und Alter – möglicherweise auch nach der Haftentlassung mit allen Folgen für die mögliche Integration in den ersten Arbeitsmarkt.[956] 5,7% der Gefangenen sind weiblich – deren spezifische Lebenssituation muss in der Vollzugsgestaltung und auch in der Sozialen Arbeit berücksichtigt werden.[957] Schließlich müssen auch in der Entlassungsvorbereitung ausländerrechtliche Konsequenzen mitbedacht werden.

---

953 Zur Bedeutung von Vollzugslockerungen Feest/Lesting/Lindemann 2022, Teil II Vor § 38 Rn 2 und Teil II § 38 Rn 48); Laubenthal et al.2015, Abschnitt E, Rn 124; Arloth/Krä 2021 § 11 StVollzG Rn 1.
954 Das Bundesverfassungsgericht hat sich zu einer wichtigen Voraussetzung einer effektiven Entlassungsvorbereitung wie folgt geäußert: »Der voraussichtliche Zeitpunkt einer Aussetzung der Strafvollstreckung muss so rechtzeitig festgelegt werden, dass ... die bedingte Entlassung nicht verzögert wird.« (BVerfG 3.6.1998 – 2 BvR 1941/ 88, 78/89 – E 86, 288.
955 Sillies 2021.
956 Cornel 2023b, 318 ff.
957 Kawamura-Reindl/Schneider 2015, 250 ff.

7.3 Soziale Hilfe im Strafvollzug

Daneben gibt es noch spezifische Aufgaben beispielsweise hinsichtlich Personen, gegen die Ersatzfreiheitsstrafen vollstreckt werden.[958] Diese sind zum einen meist nur für einige Tage, Wochen oder Monate inhaftiert, können jederzeit durch Bezahlung der Geldstrafe ausgelöst werden und ihre Inhaftierung steht in aller Regel in direktem Zusammenhang mit wirtschaftlicher Not, oft auch mit einer Suchterkrankung.[959] Sofern die Fachkräfte der Sozialen Arbeit im Justizvollzug nicht noch eine Haftvermeidung durch gemeinnützige Arbeit in Kooperation mit der Gerichtshilfe oder einem Freien Träger der Straffälligenhilfe erreichen können, worum sie sich in den ersten Tagen nach der Inhaftierung bemühen sollten, sollten ganz pragmatische Hilfen entsprechend der konkreten Lebenslage angeboten werden, wobei vor allem an die Sicherung des Wohnraums und der Energieversorgung, Kontakte zu Angehörigen und Sicherung des Unterhalts nach der Entlassung zu denken ist.

485

Insgesamt müssen die Fachkräfte Sozialer Arbeit entsprechend ihrem Professionsverständnis die Lebensbedingungen der Gefangenen im Strafvollzug sowie deren Chancen auf Integration nach der Haftentlassung einerseits und die Gefahren und Probleme der totalen Institution andererseits im Auge behalten. Das setzt zunächst einmal voraus, dass sie den Haftalltag der Gefangenen gut mitbekommen, dass sie leicht und schnell erreichbar sind und ihre Hilfe auf den Stationen bzw. Abteilungen oder in kleinen Anstalten niedrigschwellig angeboten wird. Durch einen zentral untergebrachten *Sozialdienst* in einem weit abgelegenen Zentralgebäude, der erst nach einigen Tagen nach einem Vormelder und Terminvergabe sowie lange begleitete Fußwege mit vielen verschlossenen Türen erreichbar ist, wird das nicht gelingen. Der totalen Institution Strafvollzug sollte die Soziale Arbeit – bei Achtung ihres gegeben staatlichen Auftrags – durch *Stärkung der Autonomie des Gefangenen* entgegenwirken.[960] Wo immer möglich sollte die Selbstversorgung und Selbstverpflegung der Gefangenen ermöglicht und gefördert werden (statt uniformierter Kleidung, zentralem Wäschedienst und Anstaltsverpflegung)[961], was zusätzlich lebenspraktische Kompetenzen vermitteln kann, die nach der Haftentlassung von Bedeutung sein können. Die Haftträume sollten in Größe und Ausstattung einschließlich individueller Sanitärbereiche dem Standard des 21. Jahrhunderts angemessen sein. Dies gilt auch für die Kommunikationsmöglichkeiten, soweit Gründe der Gefahrenabwehr oder Interessen potenzieller Opfer dem nicht entgegenstehen. Soweit diesbezüglich neben Telefon auch die Nutzung von Internet gemeint ist, sind solche Kommunikationsmöglichkeiten auch für die Entlassungsvorbereitung (beispielsweise Bewerbungen) und Bildungsangebote nutzbar.[962] Nach Möglichkeit sollte auch der Aufenthalt im Freien durch entsprechende bauliche Maßnahmen in den Zeiten des Umschlusses und nicht nur während der sogenannten Freistunde gewährleistet werden. Besonders zu unterstützen sind in diesem Sinne auch Besuche von Angehörigen durch entsprechende freundliche und helle Gestaltung der

486

---

958 Auf die kriminalpolitischen Strategien und sozialarbeiterischen Methoden zur Vermeidung der Vollstreckung von Ersatzfreiheitsstrafen wird in Kapitel 7.4 noch eingegangen werden.
959 Bögelein/Kawamura-Reindl 2023, 258 f.
960 Im Berliner Strafvollzugsgesetz heißt es in § 3 Abs. 5: „Der Bezug der Gefangenen zum gesellschaftlichen Leben ist zu wahren und zu fördern. Personen und Einrichtungen außerhalb des Vollzugs sollen in den Vollzugsalltag einbezogen werden. Den Gefangenen ist sobald wie möglich die Teilnahme am Leben in der Freiheit zu gewähren."
961 Dies entbindet die Anstalt nicht von der Verantwortung für eine gesunde Ernährung und wird in vielen Fällen mit Angeboten zur Unterstützung verbunden sein müssen.
962 Von der Mehden/Teichler 2022.

7. Arbeitsfeld Delinquenz, Strafrecht und Soziale Arbeit

Besucherzentren (einschließlich Spielmöglichkeiten für Kinder inhaftierter Eltern[963]) und familienfreundliche Langzeitbesuche.

487 In Berlin wurden in den letzten Jahren *Standards der Sozialen Arbeit im Justizvollzug* entwickelt. Neben vielen inhaltlichen Aspekten ging es dabei auch um eine Empfehlung zur Fallzahlbemessung. Bei einer Vierzigstundenwoche wurden 4 Stunden (10%) für die Sicherung der Fachlichkeit angenommen, 12 Stunden für allgemeine Führungsaufgaben[964] (30%) und 24 Stunden oder 60% für direkte gefangenenbezogene Tätigkeiten. Auf der Basis dieser Festlegungen wurden die Fallzahlen dann differenziert ermittelt: Im geschlossenen und offenen Erwachsenenvollzug ging man von 1 Stunde pro Gefangenen aus und damit 24 Gefangene pro Sozialarbeiter oder Sozialarbeiterin. In der Jugendstrafanstalt und im Jugendbereich der Justizvollzugsanstalt für Frauen rechnete man 2 Stunden pro Gefangenen und damit eine Fallzahl von zwölf Gefangenen pro Fachkraft. Da in der Untersuchungshaft solche Führungsaufgaben nicht anfallen, bleiben 36 Stunden für die gefangenenbezogenen Tätigkeiten und damit 36 Gefangene pro Sozialarbeiter*innen – heute sind es oft das Doppelte und mehr. Obwohl diese Fallzahlen im Konsens verabschiedet wurden, werden sie noch vielfach übersteigen.

488 Problematisch ist sicherlich, dass einerseits angesichts der stark reduzierten sonstigen persönlichen Kommunikation die Beziehungen der Gefangenen zu den Sozialarbeiter*innen im Justizvollzug besonders eng sein können, insbesondere bei langen Strafen und bei der Einhaltung des Prinzips der durchgehenden Hilfe, also der Vermeidung gar zu häufiger, unnötiger Personalwechsel, andererseits aber die Fachkräfte der Sozialen Arbeit in die Hierarchie der Anstalt eingebunden sind. Es kann also durchaus sein, dass ein/eine Sozialarbeiter*in über Jahre mit einem/einer Gefangenen über die Chancen einer vorzeitigen Haftentlassung spricht, der/die Gefangene sich auch entsprechend verhält, der/die Sozialarbeiter*in eine positive Stellungnahme zur vorzeitigen Entlassung formuliert, aber die Anstaltsleitung ihn bzw. sie anweist, für eine Strafvollstreckung bis zum Termin der Endstrafe zu plädieren. Wenn die Sozialarbeiterin dann diese Stellungnahme und die Konsequenzen daraus dem Gefangenen erklären soll, wird das Vertrauensverhältnis zweifellos schweren Belastungen ausgesetzt. Solche Fälle mögen selten sein, sind nur durch äußerste Transparenz zu vermeiden oder in ihren Folgen zu mindern.

489 Hinsichtlich des *Jugendstrafvollzugs* gelten die bisherigen Aussagen zum Erwachsenenstrafvollzug hinsichtlich der Rolle und den Aufgaben der Sozialen Arbeit entsprechend. Aufgrund der Entscheidung des Bundesverfassungsgerichts zum Jugendstrafvollzug von 2006[965] ist diese aber darüber hinaus jugendspezifisch zu gestalten und päda-

---

963 Hierzu ausführlich Molbech 2014; Sinclair 2015.
964 Die Berliner Sozialarbeiter*innen im Justizvollzug sind Fachvorgesetzte der Mitarbeiter*innen des Allgemeinen Vollzugsdienstes der jeweiligen Abteilung. Das hat Vor- und Nachteile. Einerseits kann das Klima der JVA dadurch – in den Grenzen, die die totale Institution bietet – gestaltet und beeinflusst werden, was für Menschenwürde, soziale Sicherheit und Resozialisierung von Bedeutung sein kann. Der Einfluss ist in der Funktion als Fachvorgesetzter, der alle Fachkräfte der Abteilung oder Teilanstalt im Blick hat, sicher größer als bei einem Spezialsozialdienst. Andererseits führt es zweifellos zu Rollenkonflikten und ambivalenten Wahrnehmungen der Gefangenen, wenn heute bspw. ein Gespräch über andauernde Suchtprobleme oder die Beendigung einer langjährigen Partnerschaft mit der Fachkraft stattfindet, die morgen über Lockerungen (mit-)entscheidet. Auf jeden Fall aber müssen solche verantwortlichen Tätigkeiten in die Berechnung der Arbeitskapazität einfließen.
965 BVerfG 31. 5. 2006 – 2 BvR 1673/04 – E 116, 69. Das BVerfG hat die Notwendigkeit eines besonderen Jugendstrafvollzugsgesetzes wie folgt begründet (a.a.O. Rn 54): „Freiheitsstrafen wirken sich für Jugendliche in besonders einschneidender Weise aus. Das Zeitempfinden Jugendlicher ist anders als dasjenige Älterer. Typischerweise leiden sie stärker unter der Trennung von ihrem gewohnten sozialen Umfeld und unter

7.3 Soziale Hilfe im Strafvollzug

gogisch auszurichten. „Dies betrifft insbesondere die Bereitstellung ausreichender Bildungs- und Ausbildungsmöglichkeiten, Formen der Unterbringung und Betreuung, die soziales Lernen in Gemeinschaft, aber auch den Schutz der Inhaftierten vor wechselseitiger Gewalt ermöglichen …, ausreichende pädagogische und therapeutische Betreuung sowie eine mit angemessenen Hilfen für die Phase nach der Entlassung verzahnte Entlassungsvorbereitung."[966] Diese besonderen Anforderungen hinsichtlich des Jugendstrafvollzugs sind sowohl hinsichtlich der besonderen sozialpädagogischen Ausgestaltung als auch der Kooperation mit den Erziehungsberechtigten und der Jugendhilfe sowie des Betreuungsschlüssels zu beachten.[967]

Auch in der *Untersuchungshaftanstalt* bedarf es der Sozialen Hilfe. Alle Untersuchungshaftvollzugsgesetze der Länder[968] kennen entsprechende Normierungen, die das Ziel der Sozialen Hilfe benennen,[969] die Zusammenarbeit mit externen Hilfeorganisationen regeln usw. Allerdings ist der rechtliche Status der Gefangenen ein anderer wie im Strafvollzug und auch die Haftsituation unterscheidet sich in mehreren Aspekten. Es gilt die Unschuldsvermutung und zunächst stehen Möglichkeiten der Haftverkürzung[970] und gegebenenfalls die Notwendigkeit einer Krisenintervention im Vordergrund.[971] Für viele Untersuchungsgefangene ist es der erste Aufenthalt in einem Gefängnis und die Suizidgefahr ist in den ersten Tagen der Inhaftierung mit der vom Gefangenen vielfältig erlebten Unsicherheit am größten.[972] Außerdem wirken sich die Bedingungen des Zwangskontextes für die Möglichkeiten der Hilfeleistung besonders extrem aus, weil einerseits häufig schnelle Hilfe notwendig ist in einer Lebenssituation, in der sich für die Gefangenen viel verändert hat, andererseits aber die Fachkräfte der Sozialen Arbeit von den Gefangenen als Teil eines Systems wahrgenommen werden, das sie für den Entzug ihrer Freiheit als verantwortlich betrachten.

Folgende soziale Hilfen sollten entsprechend der spezifischen Situation in der Untersuchungshaft angeboten und bei Bedarf und Nachfrage geleistet werden:

- Informationsangebote über den Gang eines Strafverfahrens, über die beteiligten Institutionen und Personen in ihrer Relevanz,
- Informationsangebote über Möglichkeiten der Haftreduzierung,
- persönliche Stützung und Stärkung gegen Resignation, weil andere persönliche Kontakte eingeschränkt sind,
- Erhöhung der persönlichen Handlungskompetenz, insb. gegenüber anderen Beteiligten im Strafverfahren,

---

erzwungenem Alleinsein. In ihrer Persönlichkeit sind Jugendliche weniger verfestigt als Erwachsene, ihre Entwicklungsmöglichkeiten sind offener. Aus alldem ergeben sich spezielle Bedürfnisse, besondere Chancen und Gefahren für die weitere Entwicklung und eine besondere Haftempfindlichkeit, vor allem auch eine spezifische Empfindlichkeit für mögliche schädliche Auswirkungen des Strafvollzugs.".
966 BVerfG 31. 5. 2006 – 2 BvR 1673/04 Rn 61.
967 Walkenhorst 2017.
968 Teilweise sind die Regelungen in allgemeinen Gesetzen zum Justizvollzug integriert; Cornel 2023c, 290 – 295.
969 Z.B. Unterstützung, „ihre persönlichen, wirtschaftlichen und sozialen Schwierigkeiten zu beheben" in § 6 Abs. 1 Berliner Untersuchungshaftvollzugsgesetz.
970 § 6 Abs. 4 Satz 1 des Berliner Untersuchungshaftvollzugsgesetzes (und viele andere Ländergesetze) schreibt die Benennung von Stellen und Einrichtungen außerhalb der Anstalt in der Beratung der Untersuchungshaftgefangenen vor, die sich um die Vermeidung der weiteren Untersuchungshaft bemühen; Cornel 2023c, 286.
971 Cornel 2023c, 292; Milde 2016 und Kawamura-Reindl/Schneider 2015, 257 f.
972 § 5 Abs. 1 Satz 3 des Berliner Untersuchungshaftvollzugsgesetzes (und viele andere Ländergesetze) fordert ein besonderes Augenmerk auf die Verhütung von Selbsttötungen.

- Angebote zur Schuldenregulierung,
- Informationen und Angebote zum TOA und Schadenswiedergutmachung,[973]
- Sicherung von Wohnung, Arbeit und Eigentum im Zusammenwirken mit der Haftentscheidungshilfe oder Institutionen der Haftvermeidung,
- Nutzung der Zeit der U-Haft zur Orientierung und für schulische und berufliche Ausbildungsangebote,[974]
- Nutzung der Zeit für persönliche Beratung und soziales Lernen,
- Unterstützung sozialer Kontakte (bei Wahrung des Zwecks der Untersuchungshaft) zur Reduzierung von Haftschäden.[975]

492 Insgesamt gilt es, *Desintegration* zu vermeiden – gerade auch, weil manche Untersuchungshaftaufenthalte nur kurz sind und die Entlassung sehr plötzlich und unerwartet kommen kann. Auch in 4 Wochen können Wohnung und Arbeit gefährdet sein und soziale Kontakte können in die Brüche gehen. Die Mehrheit der Untersuchungshaftgefangenen wird aus der Untersuchungshaft in die Freiheit entlassen und wechselt nicht in die Strafvollzugsanstalten. Besonderen Unterstützungsbedarf haben *nichtdeutsche Gefangene*, die die deutsche Sprache nicht beherrschen, aufgrund der Entfernungen von ihren Angehörigen nicht leicht besucht werden können und zusätzlich ausländerrechtliche Konsequenzen befürchten müssen.[976]

7.4 Freie Träger der Straffälligenhilfe

493 Freie Träger haben in der Straffälligenhilfe eine hohe Bedeutung und lange Tradition,[977] die sich aber in ihrer rechtlichen Stellung und finanziellen Ausstattung – ungeachtet der Kooperationsverpflichtung öffentlicher Freier Träger und dem *Subsidiaritätsprinzip*[978] – nicht widerspiegelt. Innerhalb der Freien Straffälligenhilfe gibt es keine einheitliche Organisationsstruktur; die Spitzenverbände der Freien Wohlfahrtspflege haben sich zur Bundesarbeitsgemeinschaft für Straffälligenhilfe (BAGS) e.V. zusammengeschlossen. Darüber hinaus engagiert sich die DBH als Fachverband für den Erwachsenen- und die DVJJ für den Jugendbereich.

494 Die Freien Träger sind traditionell insb. in der Haftbetreuung – und vor allem vor und nach der (Vorbereitung der) Strafentlassung (sog. *Übergangsmanagement*) tätig. Eine Opfer- und Straffälligenperspektive integrierenden, der Idee des Restorative Justice entsprechenden Ansatz (s. 6.) verfolgen die (zumeist missverständlich TOA genannten) Wiedergutmachungs- und Schlichtungsstellen Freier Träger (z.B. Handschlag Reutlingen, Konfliktschlichtung Oldenburg, Waage Hannover e.V.).[979]

495 Zwar können Freie Träger im Rahmen der Straffälligen- und Opferhilfe autonom oder im Auftrag der Justiz tätig werden. Angesichts der fehlenden Marktfähigkeit ihrer Dienstleistungen sowie den geringen finanziellen Ressourcen der anvisierten „Kunden"

---

973 § 6 Abs. 4 Satz 3 Berliner Untersuchungshaftvollzugsgesetz.
974 Güttler 2016, 96 f.
975 Cornel 2023c, 294 mit weiteren Literaturnachweisen.
976 Cornel 2023c, 295 und Dühring 2016.
977 Kawamura-Reindl 2018a; Haas 2022; Hartmann 2010.
978 Das Subsidiaritätsprinzip beschreibt im weiten, grundsätzlichen Sinn das Verhältnis von Bürger und Staat überhaupt. Im engeren Sinne geht es um das Verhältnis freier Träger (= Bürger) zu öffentlichen Trägern (= Staat), wobei freie Träger grundsätzlich einen Betätigungsvorrang vor den öffentlichen Sozialleistungsträgern genießen (hierzu Trenczek et al. 2018, Kap. I-2.1.3 (S. 112 f.).
979 Vgl. Trenczek/Hartmann 2018.

7.4 Freie Träger der Straffälligenhilfe

sind sie letztlich davon abhängig, ob sie hierfür die nötigen Mittel über Spenden und Bußgelder (vgl. § 153a Abs. 1 Nr. 2 StPO) akquirieren können oder von dritter Seite (z.B. der Justiz oder den kommunalen Träger der Sozial- und Jugendhilfe) refinanziert werden. Rechtliche Anknüpfungspunkte sind (mit Ausnahme des TOA als allparteiliche Intervention) im Hinblick auf die Straffälligenhilfe insb. die sog. Hilfen zur Erziehung bzw. für junge Volljährige nach §§ 27 ff., 41 SGB VIII bzw. die Hilfe in besonderen sozialen Schwierigkeiten nach §§ 67 ff. SGB XII.

Im Hinblick auf die Kooperation von Freien Trägern und der Justiz bzw. den kommunalen Sozialdiensten ist insb. auf die datenschutzrechtlichen Regelungen zu achten. Nach § 155b StPO darf die Justiz zum Zweck des TOA einer beauftragten Stelle die hierfür erforderlichen personenbezogenen Daten übermitteln. Der Freie Träger hat die Bestimmungen des BDSG einzuhalten und die Daten nach Ablauf eines Jahres seit Abschluss des Strafverfahrens zu vernichten (§ 155b Abs. 4 StPO). Werden im Bereich der Jugend- und Sozialhilfe Einrichtungen und Dienste Freier Träger in Anspruch genommen, so ist durch Vereinbarungen sicherzustellen, dass der Schutz der personenbezogenen Daten bei der Erhebung und Verwendung in entsprechender Weise gewährleistet ist (§ 61 Abs. 3 SGB VIII; § 4 Abs. 3 SGB XII). 496

Straffälligenhilfe als soziale Hilfe für Straftäter mit Bezug zu ihrer Delinquenz wird in institutionalisierter Form nicht nur von den bisher genannten (ggf. durch den Zwangskontext gekennzeichneten) ambulanten und stationären Sozialen Diensten der Justiz angeboten, sondern auch von sogenannten Freien Trägern der Straffälligenhilfe. Diese Freie Straffälligenhilfe hat eine lange Tradition seit den Gefängnisvereinen des frühen 19. Jahrhunderts[980] mit mehreren Erneuerungswellen und wird klassischerweise bedingungslos auf sozialrechtlicher Grundlage geleistet – nicht als Almosen, sondern auf der Basis von Rechtsansprüchen, die aber nicht so weit reichen, dass eine bedürftige, straffällig gewordene Person die jeweils notwendige Hilfe überall einklagen könnte.[981] 497

Im Kern geht es meist um die Beratung und Begleitung straffällig gewordener Menschen und ihrer Angehörigen – manchmal auch um die Opfer von Straftaten (s. 7.5). Dazu suchen die Mitarbeiter*innen der Freien Straffälligenhilfe den *Kontakt zu Inhaftierten*, um sie während der Haft zu begleiten und die Entlassung vorzubereiten, aber auch über möglichst niedrigschwellige Anlauf- und Beratungsstellen außerhalb der Haftanstalten für bereits Haftentlassene, deren Angehörige oder von Haft bedrohte Personen. Neben allgemeiner Beratung und Wohnraumvermittlung sowie Suchtprävention spielt Schuldnerberatung eine große Rolle. Viele Freie Träger der Straffälligenhilfe betreiben auch selbst *Übergangswohneinrichtungen* für straffällig gewordene Menschen oder vermieten Wohnungen speziell an diese. Manche Freien Träger der Straffälligenhilfe sind auch im Täter-Opfer-Ausgleich engagiert. Im Bereich des Jugendstrafrechts bieten sie häufig sog. „erzieherische Maßnahmen" (d.h. richtig: Jugendhilfeleistungen) im Kontext der Diversion (§§ 45, 47 JGG) sowie soziale Gruppenarbeit/Trainingskurse, Betreuungsweisungen und Arbeitsstellen zur Erbringung von Arbeitsleistungen im Zuge der Weisungen nach § 10 Abs. 1 JGG an. In den letzten vier Jahrzehnten sind Angebote zur Vermeidung der Untersuchungshaft und zur Vermeidung der Vollstreckung von Ersatzfreiheitsstrafen[982] hinzugekommen. Die letzten 498

---

980 Cornel 2016a 24–29 und 2022, insb. 38 u. 43.
981 Hier könnten Landesresozialisierungsgesetze die notwendigen Rechtsgrundlagen schaffen; Cornel et al. 2015, 13ff24.
982 Darauf wird unten im Text noch eingegangen; siehe auch 7.1.1.

drei genannten Angebote spielen eine wichtige Rolle und haben eine große Wirkung hinsichtlich der Vermeidung von Ausgrenzungen, Marginalisierungen, der Stigmatisierungen und Inhaftierungen mit der Folge von Haftschäden. Sie bringen aber auch für die Freie Straffälligenhilfe eine neue Verortung mit neuen Rollenkonflikten mit sich, weil sie mit Berichtspflichten auf der einen Seite und mit negativen Folgen bei nicht Teilnahme für die Klienten*innen verbunden sind. Dem jungen Menschen, der am sozialen Trainingskurs nicht regelmäßig teilnimmt oder die Arbeitsleistungen nicht erbringt, droht gemäß § 11 Abs. 3 JGG Jugendarrest und wer die gemeinnützige Arbeit zur Vermeidung der Vollstreckung von Ersatzfreiheitsstrafe bei einem Freien Träger der Straffälligenhilfe nicht leistet, wird diese Ersatzfreiheitsstrafe verbüßen müssen. Die Freien Träger der Straffälligenhilfe verpflichten sich regelmäßig gegenüber den Jugendgerichten, Haftrichter*innen sowie Staatsanwaltschaften zur Berichterstattung. Die Klient*innen nehmen diesen ambivalenten Auftrag entsprechend wahr: Einerseits erfolgt eine Hilfe, die ihnen eine Inhaftierung erspart. Andererseits aber sind die Fachkräfte auch die Kontrolleure, die sowohl über das regelmäßige Erscheinen und die Teilnahme als auch über das Fehlen oder die Missachtung von Weisungen berichten. Die Freie Straffälligenhilfe hat mit diesen Arbeitsfeldern ihre Relevanz wesentlich erweitern können, zugleich aber auch für Ihre Fachkräfte Rollenkonflikte implementiert, die zuvor hauptsächlich für die Jugendhilfe im Strafverfahren, Bewährungshilfe und Soziale Hilfe im Strafvollzug kennzeichnend waren.

499 Diese grundsätzliche Anmerkung soll aber weder anzweifeln, dass die Freie Straffälligenhilfe im Prinzip unabhängiger als die justizielle Straffälligenhilfe[983] arbeiten kann und dass die meisten Klient*innen dies auch so wahrnehmen. Es gilt unabhängig von der Organisationsform und Trägerschaft abzuwägen, ob sich durch die Hilfen die persönlichen Freiheiten erweitern, die Handlungskompetenzen erhöhen und die Lebenslagen verbessern[984] oder ob man sich an der Vollstreckung einer Strafe beteiligt. Wer in großen sozialen und politischen Systemen denkt, wird mögliche Verstrickungen aber nicht leugnen wollen.

500 Gabriele Kawamura-Reindl unterscheidet bei den Organisationsformen der Freien Straffälligenhilfe zwischen spezifischen Einrichtungen, die ausschließlich Freie Straffälligenhilfe anbieten, Einrichtungen, die Straffälligenhilfe als ein Segment in ihren Leistungskatalog aufgenommen haben und Einrichtungen der Freien Wohlfahrtspflege, die – neben anderen Personengruppen – auch von Straffälligen in Anspruch genommen werden und entsprechende Hilfe- und Beratungsleistungen anbieten.[985] In ihrer Untersuchung zur Freien Straffälligenhilfe haben Wolfgang Stelly und Jürgen Thomas entsprechend dem *Selbstverständnis* der Einrichtungen der Freien Träger selbst diese in einem Spektrum vom 'Anwalt des Straffälligen' bis zum 'Dienstleister der Justiz' eingeordnet.[986]

501 Es wurde in Abschnitt 7.3 bereits hinsichtlich der *historischen Entwicklung* darauf hingewiesen, dass die Freie Straffälligenhilfe Vorläufer insbesondere in der Gefängnisseelsorge hatte. Dazu kamen die pietistischen Rettungshäuser des frühen 19. Jahrhunderts. Zwischen 1826 und 1827 gründete sich in Berlin ein Gefängnisverein, dessen

---

983 Zur Unterscheidung Cornel 2023a, 54.
984 Cornel 2017a, 192 und Cornel/Grosser et al..2018, 83 und 86.
985 Kawamura-Reindl 2023, 241 f.
986 Stelly/Thomas 2009, 89.

7.4 Freie Träger der Straffälligenhilfe

Statuten im Juli 1828 vom König bestätigt wurden.[987] Das war der Vorläufer der heutigen Straffälligen- und Bewährungshilfe in Berlin. Gleichzeitig gründete sich unter Beteiligung Theodor Fliedners die Rheinisch-westfälische Gefängnis-Gesellschaft, die von Beginn an mit dem Berliner Verein in Verbindung stand.[988] Im Jahr 1832 folgte dann der Badische Verein zur Besserung der Strafgefangenen und Verbesserung des Schicksals entlassener Häftlinge.[989] In der Folge wurden Hunderte Gefängnisvereine gegründet.[990]

Diese freie, also nicht vom Staat selbst betriebene Straffälligenhilfe bezog sich zunächst vornehmlich auf die *Gefangenenseelsorge* in den Gefängnissen und war vor allem konfessionell gebunden mit klarem missionarischem Auftrag. Erst seit den achtziger Jahren des 19. Jahrhunderts wandten sich die Vereine mehr den entlassenen Gefangenen zu.[991]

Die kriminalpräventiven Bewegungen im Zuge der modernen Strafrechtsschule zum Ende des 19. Jahrhunderts zeigten eine erste empirische Ausrichtung der Kriminologie und Strafrechtswissenschaft, wie sie sich unter anderem in der Jugendgerichtsbewegung niederschlug. Wer die individuellen und sozialen Ursachen der Kriminalität kennt (oder zumindest meint zu kennen), dem ist die Straflegitimation der gerechten Vergeltung zu wenig und der beginnt in kriminalpräventiven Kategorien zu denken.

Die Verbände der Gefängnis- und Entlassenenfürsorge in der frühen Weimarer Republik konnten sich auf die Sichtweise der Strafentlassenen als Opfer einer unsozialen, unmenschlichen Politik beziehen.[992] Im Zuge dieses gesellschaftlichen Diskurses wurden allerdings Bestrebungen, den Haftentlassenen einen Rechtsanspruch auf Fürsorge zu gewähren, als Glorifizierung des Verbrechers diskreditiert und behauptet, dies drohe die Wirkung der Strafen zu unterminieren.[993] Bis weit in die fünfziger Jahre des letzten Jahrhunderts hinein war auch die nichtkirchliche Straffälligenhilfe nicht nur auf die Reue und Buße des Straftäters aus, sondern zelebrierte intensiv die moralische Überlegenheit gegenüber dem Straftäter und forderte von ihm, dass er sich der Hilfe würdig erweise. Ein weiterer Rückfall nach geleisteter Hilfe sprach in der Regel gegen diese Hilfewürdigkeit und damit gegen eine weitere Unterstützung.

Straffälligenhilfe bezog sich zu Beginn des 20. Jahrhunderts auf eine große Randgruppe – wenn man das noch so nennen will. 1912 hatte Karl Maria Finkelnburg, der spätere Präsident des Berliner Strafvollzugsamtes, errechnet, „dass 3,8 Millionen Vorbestrafte in Deutschland lebten, so dass mithin jeder zwölfte strafmündige Deutsche wenigstens einmal bestraft war. Von den strafmündigen deutschen Männern sei sogar jeder sechste mindestens einmal wegen eines Verbrechens oder Vergehens gegen das Strafgesetzbuch verurteilt worden …Vorbestrafte galten als deklassierte und entbürgerlichte Menschen, die durch Hafterfahrungen psychisch wie physisch ruiniert waren."[994]

---

987 Rosenfeld 1901,.3 f.
988 Dieterich 1925, 10; Rosenfeld 1901, 19; Deimling 1977; Cornel 2022, 37 f.; Kawamura-Reindl 2018, 227 ff.
989 Walz 1999, 41 ff.
990 Deimling 1977, 63.
991 Dieterich 1925, 14 f..; Rosenfeld 1901, 28; Walz 1999, 170.
992 Rosenblum 2010, 143.
993 Rosenblum 2010, 144.
994 Rosenblum 2010, 143.

7. Arbeitsfeld Delinquenz, Strafrecht und Soziale Arbeit

506 Während die Freie Straffälligenhilfe in der Weimarer Republik ausgebaut wurde, wurde ihr Wirken während des Faschismus stark eingeschränkt und die Verbände gleichgeschaltet.[995] In der Bundesrepublik gründeten sich die Wohlfahrtsverbände neu und ab den 70er Jahren erfolgte ein qualitativer und quantitativer Ausbau mit neuen Initiativen auf lokaler Ebene und erleichtertem Zugang zu den Haftanstalten durch die Strafvollzugsreform und verstärkte Orientierung auf das Ziel der Resozialisierung.[996]

507 Die gegenwärtige Praxis der Freien Straffälligenhilfe ist durch viele Träger, Organisationsformen, Hilfen und Arbeitsweisen gekennzeichnet. 2008 ermittelten Stelly und Thomas 760 Adressen von Einrichtungen der Freien Straffälligenhilfe in ganz Deutschland. Die bereinigte Stichprobe führte schließlich zu 542 Einrichtungen, von denen sich 379 Einrichtungen an der Untersuchung beteiligten. Natürlich gibt es seither einige Veränderungen – aber die Größenordnungen stimmen wohl noch immer. Die große Mehrheit von 80% ist als eingetragener Verein organisiert – der Rest teilt sich auf in Kirchengemeinden, gemeinnützige GmbHs, Stiftungen usw. 35% gehören dem Paritätischen Wohlfahrtsverband an, 13% dem Diakonischen Werk, 17% dem Caritasverband und 5% der Arbeiterwohlfahrt.

508 In den 358 auswertbar befragten Einrichtungen arbeiteten 1500 Teilzeit- oder Vollzeitbeschäftigte, 200 geringfügig Beschäftigte und 350 Honorarkräfte sowie insgesamt 3100 Ehrenamtliche. Etwas mehr als zwei Drittel der Freien Träger sind innerhalb einer Justizvollzugsanstalt tätig und 93% richten ihre Hilfe außerhalb von Vollzugsanstalten an Straffällige nach der Haftentlassung. Meist geht es um den Bereich *Entlassungsvorbereitung und Entlassungsnachsorge*, allgemeine Beratung von Inhaftierten oder auch (30%) um die Begleitung von Urlaub und Ausgängen. 59% der befragten Einrichtungen organisieren gemeinnützige Arbeiten zur Vermeidung von Ersatzfreiheitsstrafen, 41% vermitteln Wohnungen bzw. Wohnplätze, 38% leisten Entschuldungshilfe und Betreutes Wohnen und 33% bieten Soziale Trainingskurse an.[997] Aufgrund der Arbeit mit dem gleichen Klientel und der engen zeitlichen Abfolge zwischen dem Gefangenenstatus und der Entlassungssituation bedarf es bei aller Unabhängigkeit der Zusammenarbeit von freier Straffälligenhilfe und Strafvollzug.[998]

509 Rechtsgrundlagen der Freien Straffälligenhilfe finden sich im Sozialgesetzbuch – insb. neben vielen anderen auch in § 67 f. SGB XII – sowie im Kontext der Jugendstrafrechtspflege im SGB VIII.[999] Daneben sehen viele Strafvollzugsgesetze der Länder die Einbeziehung externer Fachkräfte vor[1000] und ermöglichen die Einbeziehung an der Vollzugs- und Eingliederungsplanung.[1001] Einige Landesstrafvollzugsgesetze sehen zur Vorbereitung der Eingliederung den Aufenthalt von Gefangenen in *Übergangseinrichtungen* in Form von Langzeitausgängen von bis zu sechs Monaten vor,[1002] die von Freien Trägern der Straffälligenhilfe betrieben werden. Leider nutzt die Praxis diese Möglichkeiten trotz vorhandener Rechtsgrundlage aufgrund mangelnder Finanzierung noch nicht.

---

995 Kawamura-Reindl 2018, 228.
996 Cornel 2016a, 21; ders. 2023, 25 ff.; Kawamura-Reindl 2018, 229.
997 Stelly/Thomas 2009, 87 f.
998 Cornel 2021a.
999 Hierzu Trenczek 2023c.
1000 So zum Beispiel § 104 Berliner Strafvollzugsgesetz in der Nachfolge des Kooperationsgebotes des § 154 des Bundesstrafvollzugsgesetzes.
1001 So zum Beispiel in § 9 Abs. 6 Berliner Strafvollzugsgesetz.
1002 So zum Beispiel in § 46 Abs. 3 Berliner Strafvollzugsgesetz.

7.4 Freie Träger der Straffälligenhilfe

Thomas/Stelly/Kerner schreiben über die veränderten Rahmenbedingungen der Freien Straffälligenhilfe und benennen dabei als Aspekte die Professionalisierung der Sozialen Arbeit, die Ökonomisierung der Sozialen Arbeit, den Rückzug des Sozialstaates, die Neustrukturierung der staatlichen Straffälligenhilfe und auch die Infragestellung des Resozialisierungsziels.[1003] Sie stellen fest, dass viele Leistungen im Rahmen der Straffälligenhilfe rechtlich eher schwach abgesichert sind, so dass die Klient*innen mehr abhängig vom sozialpolitischen Klima bzw. politischen Konjunkturen sind.[1004] Stelly und Thomas stellten 2008 fest, dass 42% der Einrichtungen angaben, dass in ihrem Bereich Kürzungen vorgenommen wurden – nur bei 10% gab es finanzielle Zuwächse. Insbesondere die Geldbußen und die Zahlungen der Ministerien seien in den letzten Jahren zurückgegangen, berichten diese 2008.[1005] Trotz der Verschlechterung der Arbeitsbedingungen und Hilfeleistungen (Abbau des Sozialstaats) ist das Hilfeangebot der Freien Straffälligenhilfe in den letzten Jahrzehnten ausgebaut worden.

510

Die *Lebenslagen* der Klient*innen der Freien Straffälligenhilfe sind nicht nur von Delinquenz, drohender oder erlittener Haft gekennzeichnet, sondern auch von vielfältigen sozialen Benachteiligungen, Gesundheitsproblemen und oft auch fehlenden sozialen Kompetenzen und Unterstützungsressourcen. Mehr als 80% von ihnen sind männlich und 36,5% haben einen Migrationshintergrund, wobei diese Quote bei den Frauen mit 32,0% etwas geringer ist.[1006] Einer Erhebung in der Freien Straffälligenhilfe aus dem Jahr 2018 zufolge, bestritten 53,3% der 600 erfassten Personen ihren Lebensunterhalt vornehmlich aus Leistungen des SGB II (Grundsicherung für Arbeitssuchende), 6,2% gemäß SGB III (Arbeitsförderung) und 4,8% gemäß SGB XII (Sozialhilfe). Für 13,9% war die eigene Erwerbstätigkeit die wesentliche Einkommensquelle.[1007] 56,8% der befragten Klient*innen lebten allein, etwa 14% in Partnerschaft (davon fast die Hälfte mit Kindern) und 6% als Alleinerziehende. 7,7% lebten bei den eigenen Eltern, Freunden oder Verwandten.[1008] Als wichtigste Probleme nannten die Klient*innen Wohnen bzw. Wohnungsverlust (22,1%), Umgang mit Behörden (14,9%), Schulden bzw. Überschuldungsprobleme (10,9%) und Sucht (14,6%). Oft wurde auch pauschal und etwas unspezifisch Existenzsicherung genannt.[1009] Oft sind die unterschiedlichen Probleme so miteinander verwoben, dass es ihnen schwerfällt, ein Problem motiviert anzupacken. Eine Entschuldung ist nicht möglich, weil es an Einkommen fehlt und eine Erwerbstätigkeit ist nicht möglich, weil Alkohol, illegale Drogen oder Wohnungslosigkeit dies nicht zulassen.

511

Im Folgenden sollen einige konkrete *Hilfeangebote der Freien Straffälligenhilfe*,[1010] die Stelly und Thomas fanden, mehr oder weniger chronologisch am Verfahrensablauf orientiert geordnet, stichwortartig genannt werden:

512

1003 Thomas/Stelly/Kerner 2006, 82-87.
1004 Thomas/Stelly/Kerner 2006, 85; Dies ist auch die Begründung für rechtliche genau definierte spezifische Ansprüche durch ein Resozialisierungsgesetz; Cornel et al. 2015.
1005 Stelly/Thomas 2009, 90.
1006 Roggenthin/Ackermann 2019, 10.
1007 Roggenthin/Ackermann 2019, 11; Der Rest setzte sich aus Renten, Unterhaltsleistungen durch Angehörige und sonstige öffentliche Transferleistungen zusammen.
1008 Roggenthin/Ackermann 2019, 12.
1009 Roggenthin/Ackermann 2019, 14 und spezifisch zu Schulden Cornel 2016b, insb. 29.
1010 Die Sammlung basiert u.a. auch auf der Erhebung von Kerner, Stelly und Thomas; Thomas/Stelly/Kerner 2006.

7. Arbeitsfeld Delinquenz, Strafrecht und Soziale Arbeit

- vorbeugende Angebote zum Beispiel für potenzielle oder noch nicht entdeckte Sexualstraftäter, wie sie u.a. an der Berliner Charite, aber auch im Kinderschutz-Zentrum Leipzig und inzwischen sechs weiteren Institutionen angeboten werden
- frühe Hilfe für Personen, die von Haft bedroht sind oder anlässlich einer ersten polizeilichen Vernehmung
- Haftentscheidungshilfe, Haftvermeidung, Haftreduzierung (auch durch kurzfristige Vermittlung von Wohnraum bzw. betreutem Wohnen)[1011]
- Angebote zur Diversion vor allem im Jugendstrafverfahren, die zur Verfahrenseinstellung oder Strafmilderung führen
- Täter-Opfer-Ausgleich
- Begleitung von Gefangenen während der Untersuchungshaft
- Freizeitangebote und Gesprächsangebote während des Strafvollzugs
- Entlassungsvorbereitung im Sinne von Übergangsmanagement[1012]
- Haftentlassenenhilfe und Nachsorge durch Hauptamtliche und Ehrenamtliche
- Betreiben einer lokalen Straffälligen-Anlaufstelle
- Wohnraumvermittlung und Betreutes Wohnen für Haftentlassene[1013]
- Angehörigenarbeit
- gemeinnützige Arbeit zur Vermeidung der Vollstreckung von Ersatzfreiheitsstrafen
- Entschuldungshilfe und Verwaltung von Resozialisierungsfonds
- Kriseninterventionsangebote
- Opferhilfe, Opferbegleitprogramme und Zeugenbegleitprogramme
- spezielle Angebote für weibliche Inhaftierte und Haftentlassene
- Gruppenarbeit für Alkoholstraftäter und Personen mit problematischem Alkoholkonsum, Drogenhilfe und Suchtberatung
- Berufsfindungskurse für delinquente junge Straffällige
- therapeutische Angebote für gewalttätige Sexualstraftäter
- Gruppenarbeit mit rechtsorientierten, fremdenfeindlichen Straftätern
- Auswahl, Ausbildung und Begleitung von ehrenamtlichen Helfern im Vollzug und zur Entlassenenhilfe

513 Auf die Vermeidung der Vollstreckung von Ersatzfreiheitsstrafen soll etwas intensiver eingegangen werden, weil sie zum einen in den letzten Jahren eine zunehmende Rolle für Freie Träger spielte, weil diese Initiativen zum Zweiten sehr direkt Haft vermeiden

---

1011 Cornel 2023c, 282ff. mit vielen Nachweisen; Cornel 1987 und Cornel 1994 mit Praxisbeispielen aus der Sozialen Arbeit.
1012 Kawamura-Reindl/Schneider 2015, 282 ff.
1013 Die Finanzierung solcher Angebote ist meist zeitlich eng begrenzt und aufgrund dieser Begrenztheit können viele Einrichtungen nur das offensichtlichste Problem der Wohnungslosigkeit lösen, nicht aber in ausreichendem Maß soziale Kompetenzen für das selbstständige Wohnen stärken und die Beendigung der kriminellen Karriere nachhaltig unterstützen. Der Diskussionsentwurf für ein Landesresozialisierungsgesetz schlägt einen Anspruch auf Hilfen in betreuten Wohnformen und Übergangseinrichtungen vor (Cornel et al. 2015, 22 und 95 ff.), in denen u.a. auch Langzeitausgänge aus dem Strafvollzug für bis zu sechs Monaten stattfinden können, wie sie viele Landesstrafvollzugsgesetze kennen (z.B. § 46 Abs. 3 Berliner Strafvollzugsgesetz). Hierdurch könnten im Rahmen und Kontext mit betreuten, extramuralen Wohnformen auf freiwilliger Basis auch sozialpädagogische und (sozio-)therapeutische Behandlungsangebote unterbreitet werden, die heute sehr selten sind; Cornel et al.2015, 96; Cornel 1985a; Cornel 1998.

7.4 Freie Träger der Straffälligenhilfe

und zum Dritten durch die besondere Nähe zur Strafvollstreckung ganz besonders das Selbstbild der Freien Straffälligenhilfe betreffen.

Die *Gemeinnützige Arbeit* zur Vermeidung der Vollstreckung von Ersatzfreiheitsstrafen ist seit 40 Jahren ein Tätigkeitsfeld der Straffälligenhilfe, das für viele Tausende straffällig gewordene Menschen Gefängnisaufenthalte vermieden oder verkürzt hat. Trotz vieler Initiativen, Projekte und Regelungen durch die Sozialen Dienste der Justiz und Freien Träger der Straffälligenhilfe in allen Bundesländern sinkt die Anzahl der Haftplätze, die von Personen belegt werden, die eigentlich zu Geldstrafen verurteilt wurden, nur selten nachhaltig unter 9%.[1014] Darunter verstecken sich sicherlich einige Anschlussvollstreckungen[1015] und Verweigerungen der Ableistung gemeinnütziger Arbeit – aber es ist auch bekannt, dass viele Fälle nicht (rechtzeitig) erreicht werden, die Motivationsarbeit manchmal nicht besonders intensiv ist und es auch an geeigneten Tätigkeiten fehlt, insbesondere dann, wenn die von Haft bedrohten Menschen zusätzlich ein intensives Suchtproblem haben.[1016]

514

Wer die Anlassdelikte für die Verurteilung zur Geldstrafe analysiert, wird feststellen, dass es sich zumeist um Bagatellkriminalität handelt, vor allem um Beförderungserschleichungen und kleinste Ladendiebstähle.[1017] Da die Geldstrafe zumeist im Strafbefehlsverfahren ohne eine öffentliche Sitzung verhängt wird (s. o. 3.1.1), sind die Annahmen zum monatlichen Einkommen, die gemäß § 40 StGB für die Höhe des Tagessatzes der Geldstrafe relevant sind, ohne jeglichen persönlichen Eindruck oder Einflussmöglichkeiten des Angeklagten zustande gekommen.[1018] Auch kann niemand im Strafbefehlsverfahren zur Kenntnis nehmen, dass es vielen dieser Verurteilten an sozialen Kompetenzen und Unterstützungsressourcen mangelt. Deshalb reagieren sie auf den Strafbefehl nicht und vereinbaren auch keine angebotene Ratenzahlung. Die Logik der Strafjustiz und des Strafverfahrens dringt in ihre Lebenswelt häufig nicht vor. Durch den veränderten § 463d StPO soll nun die Gerichtshilfe vor einer Entscheidung über die Anordnung der Vollstreckung der Ersatzfreiheitsstrafe einbezogen werden.[1019] Danach bedarf es ggf. der Unterstützung professioneller Sozialer Arbeit, die die Freien Träger der Straffälligenhilfe leisten können und leisten. Dadurch können Haftschäden vermieden, Angehörige vor der Bestrafung geschützt sowie Folgekosten hinsichtlich

515

1014 Am 30.6.2022 betrug der Anteil 11,0% (im März 2022 8,3%) – insg. waren es 4.411 Personen im Juni 2024 und im März 2022 noch 3.286. Von den weiblichen Personen im Strafvollzug waren es sogar 14,5% im Juni 2022 und 11,4% im März 2022. Es ist nicht auszuschließen, dass die Coronapandemie mit Vollstreckungsaufschiebungen und nachgeholten Vollstreckungen die Belegungszahlen beeinflussten.
1015 Wer gerade eine achtjährige Haftstrafe verbüßt, kümmert sich vielleicht nicht besonders intensiv um die Vermeidung der Vollstreckung einer Ersatzfreiheitsstrafe von zwölf Tagen.
1016 Cornel/Kawamura-Reindl 2017, 280.
1017 Bögelein/Kawamura-Reindl 2023, 258f; Adam 2021, 383 und Cornel 2018 c, 26; Auf die Möglichkeiten der Entkriminalisierung sei hier nur hingewiesen.
1018 Besonders problematisch ist dies, wenn Angeklagte durch staatliche Transferleistungen nur den unerlässlichen Lebensbedarf decken können. Wovon sollen diese Personen menschenwürdig leben, wenn sie 20 oder 40 Tagessätze zahlen sollen und sicher nicht über Erspartes verfügen? Der Gesetzgeber hat nun immerhin in § 40 StGB den Satz eingefügt, dass darauf geachtet wird, „dass dem Täter mindestens das zum Leben unerlässliche Minimum seines Einkommens verbleibt" Gesetz zur Überarbeitung des Sanktionenrechts – Ersatzfreiheitsstrafe, Strafzumessung, Auflagen und Weisungen sowie Unterbringung in einer Entziehungsanstalt vom 26.7.2023, in Kraft seit dem 1.10.2023, BGBl Teil I Nr. 203.
1019 Gesetz zur Überarbeitung des Sanktionenrechts – Ersatzfreiheitsstrafe, Strafzumessung, Auflagen und Weisungen sowie Unterbringung in einer Entziehungsanstalt vom 26.7.2023, in Kraft seit dem 1.10.2023, BGBl Teil I Nr. 203.

des nicht zu leistenden Unterhaltes während der Haftzeit und erhebliche Haftkosten eingespart werden.[1020]

„Professionelle Soziale Arbeit kann diese Ziele erreichen durch:
- Aufklärung über Verfahren und Ablauf zur Ableistung gemeinnütziger Arbeit,
- Vermittlung oder gegebenenfalls eigene Organisation einer geeigneten Arbeitseinsatzstelle nach Abklärung der Fähigkeiten und Fertigkeiten, gesundheitlicher Einschränkungen und Interessen,[1021]
- Unterstützung der Verurteilten bei ihren sozialen und praktischen Schwierigkeiten, insbesondere soweit sie sich auf die Fähigkeiten zur Ableistung der Arbeit beziehen, aber auch Vermittlungen an das reguläre Hilfesystem,
- Interventionen bei auftretenden Kommunikationsproblemen an der Arbeitseinsatzstelle,
- Motivationsunterstützung sowie
- Unterstützung beim Abschluss des Verfahrens einschließlich verwaltungstechnischer Nachweise."[1022]

516 Zweifellos müssen die professionellen Fachkräfte der Sozialen Arbeit dabei eng mit Gerichten, Staatsanwaltschaften, Strafvollzugsanstalten und Rechtspfleger*innen zusammenarbeiten. Sie müssen Informationen über die Inhaftierung selbst erhalten, um Kontakt aufnehmen zu können und sie müssen über die geleisteten Arbeiten berichten, damit die Vollstreckung der Ersatzfreiheitsstrafe unterbleibt. D.h. im Umkehrschluss auch, dass sie berichten müssen, wenn diese gemeinnützigen Arbeitsleistungen nicht erbracht werden. Für die Klient*innen bedeutet das, dass sie die Sozialarbeiter*innen nicht nur als diejenigen erleben, die für sie Soziale Hilfe leisten und ihnen die Vermeidung der Vollstreckung der Ersatzfreiheitsstrafe ermöglichen, sie also vor Haft bewahren oder diese verkürzen, sondern auch als Kontrolleure. Das lässt sich nicht vermeiden, wenn man nicht eine zusätzliche kontrollierende Parallelstruktur aufbauen möchte, die vielleicht für klarere Rollen sorgte, aber aufwändig ist und Motivierung und Thematisierung sozialer und gesundheitlicher Probleme, beispielsweise auch zeitweiliger Arbeitsunfähigkeiten aufgrund von Sucht, im Kontext der Arbeitsbeziehung unmöglich macht. Von daher hilft nur Transparenz – über die Doppelrolle muss von Beginn an gesprochen werden.

517 Neben vielen konkreten Hilfen für Gefangene und Haftentlassene war und ist die Freie Straffälligenhilfe zumindest in den letzten 50 Jahren auch für ihre kriminalpolitische und sozialpolitische Öffentlichkeitsarbeit bekannt. Immer wieder setzte und setzt sie sich gegen Stigmatisierungen, Strafverschärfungen und für soziale Rechte straffällig gewordener Menschen und ihrer Angehörigen ein. Dies geschieht durch die einzelnen Vereine und Verbände, aber auch im Rahmen des DBH Fachverbandes für Soziale Arbeit, Strafrecht und Kriminalpolitik und der BAG-Straffälligenhilfe.[1023]

[1020] Cornel 2018 f., 27.
[1021] Bögelein/Kawamura-Reindl 2023, 263 f.
[1022] Cornel 2018, 27 mit vielen weiteren Hinweisen zur Praxis der Vermeidung der Vollstreckung von Ersatzfreiheitsstrafen durch lebensweltbezogene Soziale Arbeit Freier Träger der Straffälligenhilfe.
[1023] Kawamura-Reindl 2023, 239.

7.5 Opferhilfe und Opferberatung

Gemäß § 406h StPO haben Geschädigte von Straftaten (s. 3.1) einen Anspruch auf Unterstützung und Hilfe durch Opferhilfeeinrichtungen beispielsweise in Form einer Beratung oder eine psychosoziale Prozessbegleitung. Darauf soll möglichst frühzeitig hingewiesen werden. Obwohl mit dem Gewaltschutzgesetz[1024], dem Opferentschädigungsgesetz[1025] und dem Gesetz über die psychosoziale Prozessbegleitung in Strafverfahren[1026] sowie den oben bereits geschilderten Regelungen zum Täter-Opfer-Ausgleich das Kriminalitätsopfer mehr in den Fokus geriet als in den Jahrzehnten zuvor, so fehlt auch heute noch ein rechtlich garantiertes professionelles Angebot der Opferhilfe.[1027]

518

Art. 2, Abs. 1a der EU-Richtlinie 2012/29 des Europäischen Parlaments und des Rates vom 25.10 2012 (sog. *EU-Opferschutzrichtlinie*) definiert das Opfer[1028] als „eine natürliche Person, die eine körperliche, geistige oder seelische Schädigung oder einen wirtschaftlichen Verlust, der direkte Folge einer Straftat war, erlitten hat ...." Der Begriff Opferhilfe wird hier als Sammelbegriff für die Unterstützung von Kriminalitätsopfern verstanden; Opferberatung ist entsprechend eine Unterform davon. Opferhilfe wird ehrenamtlich und als professionelle Opferhilfe geleistet.[1029] Sie bietet „Kriminalitätsopfern im Rahmen der psychosozialen und psychotraumatologischen Versorgung umfassende Unterstützung, die es Betroffenen im Sinne einer Reintegration in die Gesellschaft ermöglichen soll, subjektive Handlungsfähigkeit sowie Vertrauen in sich und andere zurückzugewinnen .... Auf der Grundlage eines klientenzentrierten und ressourcenorientierten Beratungsansatzes stellen die Anerkennung des geschehenen Unrechts, die Wahrung der Selbstbestimmung der Betroffenen, Transparenz in der Beratung und die Vermittlung emotionaler Sicherheit wichtige Prinzipien der Opferhilfe dar."[1030]

519

Hartmann/Priet zählen die folgenden *Typen der Opferhilfe* auf:

520

- allgemeine Opferhilfe für Opfer aller Deliktarten sowie für deren Angehörige,
- zielgruppenspezifische Opferhilfe beispielsweise in Fällen häuslicher und fremdenfeindlich motivierter Gewalt,
- Zeugenbetreuung,
- psychosoziale Prozessbegleitung,
- Trauma-Ambulanzen, die nach Akuttraumatisierungen schnelle psychotraumatische Hilfe bieten,
- Täter-Opfer-Ausgleich in Kooperation mit Opferhilfeeinrichtungen zur Verständigung über Wiedergutmachung
- integrierte Opferhilfe, beispielsweise im Rahmen von Schulsozialarbeit oder bei der Polizei.

1024 Gesetz zum zivilrechtlichen Schutz vor Gewalttaten und Nachstellungen vom 11.12.2001 (BGBl I, 3513).
1025 Vom 11.5.1976 (BGBl I, 1181).
1026 Vom 21.12.2015 (BGBl I, 2525).
1027 Hartmann/Priet 2023, 625.
1028 Ausführlich zum Opferbegriff, seinen Ursprüngen und dem alltäglichen Sprachgebrauch Hartmann/Priet 2023, 628f.
1029 Hartmann 2010.
1030 Hartmann/Priet 2023, 638; umfangreich und ausführlich dazu das Handbuch Psychosoziale Prozessbegleitung von Behrmann et al.

7. Arbeitsfeld Delinquenz, Strafrecht und Soziale Arbeit

521 Mit der Einführung der *psychosozialen Prozessbegleitung* durch das dritte Opferrechtsreformgesetz[1031] setzt der deutsche Gesetzgeber nicht nur die EU-Opferschutzrichtlinie um, sondern konstatiert auch den besonderen Unterstützungsbedarf von schwer belasteten Delinquenzopfern im Strafverfahren.[1032] Die psychosoziale Prozessbegleitung ist gemäß § 2 Abs. 1 des Gesetzes zur psychosozialen Prozessbegleitung im Strafverfahren „eine besondere Form der nicht rechtlichen Begleitung im Strafverfahren besonders schutzbedürftiger Verletzter vor, während und nach der Hauptverhandlung.[1033] Sie umfasst die Informationsvermittlung sowie die qualifizierte Betreuung und Unterstützung im gesamten Strafverfahren mit dem Ziel, die individuelle Belastung der Verletzten zu reduzieren und ihre Sekundärviktimisierung zu vermeiden." Gemäß Abs. 2 ist sie „geprägt von Neutralität gegenüber dem Strafverfahren und der Trennung von Beratung und Begleitung. Sie umfasst weder die rechtliche Beratung noch die Aufklärung des Sachverhalts und darf nicht zu einer Beeinflussung des Zeugen oder einer Beeinträchtigung der Zeugenaussage führen." 2015 hat eine Bund-Länder-Arbeitsgruppe fachliche Standards zur psychosozialen Prozessbegleitung hinsichtlich Erstgespräch, Prozessvorbereitung, Prozessbegleitung im Hauptverfahren und Prozessnachbereitung festgelegt,[1034] die hier aus Platzgründen nicht wiedergegeben werden können, aber im Internet einsehbar sind.

522 Opferhilfe und Opferberatung haben seit den 80er Jahren des letzten Jahrhunderts stark an Bedeutung gewonnen[1035] und werden vor allem von Freien Trägern der Wohlfahrtspflege angeboten. Die professionell im Bereich der Opferhilfe tätigen Einrichtungen haben sich vor allem die im *Arbeitskreis der Opferhilfen e.V. (ADO)* und auf europäischer Ebene im Verband Victim Support Europe zusammengeschlossen. Daneben bietet der Weiße Ring e.V. als Opferhilfeverein mit 3000 ehrenamtlichen Helfer*innen sowie deren Angehörigen in mehr als 400 Außenstellen, per Opfer-Telefon und Onlineberatung Unterstützung an.

523 Im Interesse der (potenziellen) Opfer von Kriminalität sind nicht nur die genannten Hilfen, sondern auch die Bestellung von *Opferschutzbeauftragten* auf kommunaler Ebene, auf Landesebene oder in einzelnen Polizeidienststellen ebenso wichtig wie eine Polizeiausbildung, die zum sensiblen Umgang mit Opfern befähigt, sowie die Einrichtung von Zeugenbetreuungsstellen und -begleitung. Aus der Tatsache, dass sich in der Deliktsituation Straftäter und Opfer direkt gegenüberstehen und der eine dem anderen schadet, kann nicht geschlussfolgert werden, dass sich auch Straffälligenhilfe und

---

1031 Das 3. Opferrechtsreformgesetz brachte darüber hinaus mehrere Änderungen der Strafprozessordnung bezüglich der besonderen Schutzbedürftigkeit von Verletzten, Unterstützungen bei der Anzeigeerstattung und Zeugenvernehmung sowie Nebenklage, auf die hier nicht weiter eingegangen werden kann, obwohl sie auch von Relevanz für Opfer sind.
1032 Riekenbrauk 2016, 6.
1033 Ausführlich Behrmann et al. 2022; Fastie 2015; Riekenbrauk 2016; Rothkegel 2022.
1034 Arbeitsgruppe des Strafrechtsausschusses „Psychosoziale Prozessbegleitung", Bericht der Arbeitsgruppe eingerichtet aufgrund des Beschlusses der 83. Konferenz der Justizministerinnen und Justizminister am 13. und 14. Juni 2012; zusammenfassend bei Riekenbrauk 2016, 9; vgl. Fastie 2015; siehe auch zur Qualifikation Mindeststandards der Weiterbildung für die psychosoziale Prozessbegleitung, vorgelegt von einer Arbeitsgruppe des Strafrechtsausschusses der Justizministerkonferenz (Stand: 25.6.2014; https://jm.rlp.de/fileadmin/mjv/Themen/Psychosoziale_Prozessbegleitung/Mindeststandards_fuer_psychosoziale_Prozessbegleitung.pdf.); siehe auch Behrmann et al. 2022.
1035 Hartmann/Priet 2023, 636, die auf die besondere Bedeutung der Frauenbewegung hinweisen.

7.5 Opferhilfe und Opferberatung

Opferhilfe gegenüberstehen. Im Gegenteil – eine erfolgreiche Resozialisierung durch wirksame Straffälligenhilfe dient der Kriminalprävention und dem Opferschutz.[1036]

[1036] Gleichwohl wird es häufig sinnvoll sein, institutionell Straffälligenhilfe und Opferhilfe zu trennen, um auf Ängste und Verletzungen sensibel zu reagieren.

Literaturverzeichnis

Statistische Daten werden jeweils nach der aktuellen Ausgabe der jeweiligen Fachserie des Statistisches Bundesamt (Destatis) zitiert.

Adam, K. (2021): "Vermeiden von Ersatzfreiheitsstrafen", in: Bewährungshilfe, Jg.68, Heft 4, 2021, 374-391.
Albrecht, H.-J. (2018): Jugendstrafrecht in Europa; RdJB 4/2018, 382 – 400.
Albrecht, G. (1990): Möglichkeiten und Grenzen der Prognose „krimineller Karrieren". In: DVJJ DVJJ) (Hrsg.) (1990): Mehrfach Auffällige – mehrfach Betroffene, Erlebnisweisen und Reaktionsformen. Dokumentation des 21. Deutschen Jugendgerichtstages vom 30. September bis 4. Oktober 1989 in Göttingen. Bonn.1990, 99–116.
Albrecht, P.-A. (2003): Probleme der Prognose von Gewalt durch psychisch Kranke. Journal für Konflikt und Gewaltforschung 2003, 97–126.
Allroggen, M. (2018): Das ist doch Wahnsinn! – Psychische Störungen und Jugenddelinquenz. ZJJ 2018, 105–109.
Althoff, H./Althoff, M. (2016): Die Bewährungshilfe in den Niederlanden: Eine Bestandsaufnahme, in: Bewährungshilfe, Jg. 63, 2016, 215-228.
Andrews, D. A., u. a. (1990): Does Correctional Treatment work? A Clinically Relevant and Psychologically Informed Meta-analysis. Criminology 28, 1990, 369-404.
Andrews, D.A./Bonta, J. (2010): The psychology of criminal conduct, New Providence.
Andrews, D.A./Bonta, J./Wormith, J.S. (2011): The Risk-Need-Responsivity (RNR) Model: Does Adding the Good Lives Model Contribute to Effective Crime Prevention? In: Criminal Justice and Behavior, Jg. 38, 2011, 735-755.
Arbeitskreis HochschullehrerInnen Kriminologie/Straffälligenhilfe in der Sozialen Arbeit (AK-KrimSoz) (Hrsg.) (2022): Kriminologie und Soziale Arbeit; 2. Aufl. Weinheim.
Arbeitskreis junger Kriminologen (1982): Kritik der Jugendstrafvollzugsreform. In: Kriminologisches Journal, 1982, 85–94.
Arloth, F./ Krä, H. (2021): Strafvollzugsgesetze Bund und Länder (5.Aufl.), München.
Axmann, A. (1940): Zur Einführung des Jugendarrests. In: Zur Einführung des Jugendarrests – Bericht über die Festsitzung der Akademie für Deutsches Recht am 6.11.1940 und die Jugendrichtertagung im Reichsjustizministerium am 7.11.1940, Berlin, 1940, 37–45.
Bals, N./Hilgartner, C./Bannenberg, B. (2005): Täter-Opfer-Ausgleich im Erwachsenenbereich, Bad Godesberg.
Bauer, A. (2016): Hauptsache viel und lange – zu Problemen und Lösungsmöglichkeiten bei der Ausgestaltung der Führungsaufsicht. In: 40 Jahre Führungsaufsicht, herausgegeben vom DBH-Fachverband für soziale Arbeit, Strafrecht und Kriminalpolitik, Köln, S. 13-39.
Baumann, J. (1969): Wird die U-Haft ‚umfunktioniert'?, in: Juristenzeitung, S. 134-139.
Bazemore, G./Schiff, M. (2001): Restorative Community Justice. Repairing Harm and Transforming Communities; Abingdon, Oxon (Aus.).
Beck, S. von der (2015): Vom fünften Rad zur vierten Säule der Justiz. In: Bewährungshilfe, Jg. 62, S. 145-157.
Becker, W. (2018): Mediation im Gemeinwesen. Konfliktregulierung im öffentlichen Raum. In: Anhorn, R./Schimpf, E. et al. (Hrsg.) Politik der Verhältnisse - Politik des Verhaltens. Widersprüche der Gestaltung Sozialer Arbeit; Wiesbaden 2018, 145- 158.
Beckmann, W. (1987): Einige Anmerkungen der Haftentscheidungshilfe für Erwachsene in Hamburg. In: Cornel, H. (Hrsg.), Vermeidung und Reduzierung von Untersuchungshaft, Frankfurt am Main, S. 35-39.
Behrmann, A./Riekenbrauk, K./Stahlke, I./Temme, G. (Hrsg.) (2022): Handbuch Psychosoziale Prozessbegleitung, Opladen, Berlin, Toronto.
Bender, S. (2024): Der Hamburger Weg in der Abteilung Jugendbewährungshilfe; ZJJ 4/2023, 342 ff..
Bender, D./ Reher, G. (1981): Sozialarbeiter in der Entscheidungshilfe, Anmerkungen aus der Praxis, in: Bewährungshilfe, Jg. 28, S. 17-24.

Literaturverzeichnis

Bennefeld-Kersten, K. (2009) „Ausgeschieden durch Suizid – Selbsttötungen im Gefängnis"; Lengerich.
Bennefeld-Kersten, K. (2012): Suizide von Gefangenen in Deutschland 2000 bis 2010; Nationales Suizidpräventionsprogramm für Deutschland – Kriminologischer Dienst im Bildungsinstitut des niedersächsischen Justizvollzuges; Hannover 2012.
Bentham, J. (1789): An Introduction to the Principles of Morals and Legislation (1789; reprinted New York: Hafner Press, 1948); s. a. Northwestern University Law Review - Comments: Compensation to victims of violent crimes; Northwestern University Law Review, Vol. 66, 1966, 72.
Bettinger, F./ Stehr, J. (2009): Zur neuen Kultur der Kontrolle in Städten, Zeitschrift für Jugendkriminalrecht und Jugendhilfe, S. 252- 257.
Bianchi, H. (1974): Das Tsedeka-Modell als Alternative zum konventionellen Strafrecht, Zeitschrift für evangelische Ethik, 18, S. 89–110.
Birkhoff, H./ Lemke, M. (2012): Gnadenrecht. Ein Handbuch, München.
Bögelein, N./Kawamura-Reindl, G. (2023): Gemeinnützige Arbeit zur Vermeidung von Ersatzfreiheitsstrafen. In: Cornel et al. (Hrsg.) Resozialisierung. Handbuch, 2023, 255-270.
Böhnisch, L. (2010): Abweichendes Verhalten. 4. Aufl. Weinheim.
Böllinger, L./Stöver, H. (2002): Drogenpraxis, Drogenrecht, Drogenpolitik, 5. Aufl., Frankfurt.
Böllinger L. (1993): Soziale Disziplinierung und Moralstrafrecht — Illegaler Drogenkonsum und BtMG. In: Frehsee D./Löschper G./Schumann K.F. (Hrsg.) Strafrecht, soziale Kontrolle, soziale Disziplinierung. Jahrbuch für Rechtssoziologie und Rechtstheorie, Bd. 15. VS Verlag für Sozialwissenschaften, Wiesbaden.
Böttner, S. (2004): Der Rollenkonflikt der Bewährungshilfe in Theorie und Praxis, Baden-Baden.
Böttger, M. (Hrsg.)(2022): Wirtschaftsstrafrecht, 3. Aufl. Baden-Baden.
Boldt, R.C. (1986): Restitution, criminal law, and the ideology of individuality; The Journal of Criminal Law & Criminology, Vol. 77, S. 969.
Braun, F. (2014): Die Methodendiskussion in der Bewährungshilfe zwischen 1980 und 2010, in: Bewährungshilfe, Jg. 61, S. 325-339.
Braune, A. (Hrsg.)(2023): Ziviler Ungehorsam – Texte von Thoreau bis Extinction Rebellion; Leipzig.
Breternitz, S./Trenczek, T. (2001): Mühsam ernährt sich das Eichhörnchen. Die Praxis der Kriminalprävention in Thüringen – ein Werkstattbericht über das zähe Bemühen um Veränderung. DVJJ-J 2001, 54–63.
Breuer,M./Haas, S. (2021): Suizidkonferenzen, in: Forum Strafvollzug, Heft 3, S. 206-211.
Breymann, K. (1991): Was erhofft und erwartet die Justiz (nicht) von der Sozialarbeit? In: BMJ (Hrsg.) (1991): Jugendgerichtshilfe – Quo vadis? Status und Perspektive der öffentlichen Jugendhilfe gegenüber dem Jugendgericht. Symposium vom 2. bis 5. Juli 1990 in Frankfurt. Bonn, 43–50.
Bringewat, P. (1997): Tod eines Kindes – Soziale Arbeit und strafrechtliche Risiken, Baden-Baden.
Bröckling, U. (2008): Vorbeugen ist besser … Zur Soziologie der Prävention. Behemoth – A Journal on Civilisation 1/2008, 38 ff. [http://www.zeithistorische-forschungen.de/reprint/id%3D5007 (Abruf zuletzt 29.11.2023)].
Brunner, R./Dölling, D. (2023): Jugendgerichtsgesetz (14.Aufl.), Berlin/ Boston.
Buckolt, O. (2009): Die Zumessung der Jugendstrafe. Baden-Baden.
Bundesarbeitsgemeinschaft Jugendhilfe im Strafverfahren (BAG JuhiS) (2023): Hinweise für die Durchführung von einzelfallbezogenen Fallkonferenzen für Praktiker*innen der JuhiS. In: Fritsch, K./BAG JuhiS (Hrsg.) Fallkonferenzen im Jugendstrafrecht. Wenn schon, dann richtig! Mönchengladbach 2023, 183–191.
Bundesarbeitsgemeinschaft Täter-Opfer-Ausgleich e. V. – BAG TOA (TOA-Servicebüro) (Hrsg.) (2017): TOA-Standards – Qualitätskriterien für die Praxis des Täter-Opfer-Ausgleichs, Köln (vgl. neueste Version unter http://www.ausgleichende-gerechtigkeit.de).

Literaturverzeichnis

Bundesministerium für Familie, Senioren, Frauen und Jugend (BMFSJ)/Bundesministerium der Justiz und für Verbraucherschutz (BMJV) (Hrsg.) (2019): Mehr Schutz bei häuslicher Gewalt. Information zum Gewaltschutzgesetz. 5. Aufl. Berlin.

Bundesministerium der Justiz (BMJ) (Hrsg.) (1991): Jugendgerichtshilfe – Quo vadis? Frankfurter Symposium. Bonn.

Bundesministerium des Inneren/Bundesministerium der Justiz (BMI/BMJ) (Hrsg.) (2006): Zweiter Periodischer Sicherheitsbericht. Berlin.

Butz, F./Christoph, S./Sommerer, L./ Harrendorf, S./ Kaspar, J./ Höffler, K. (2021): Automatisierte Risikoprognosen im Kontext von Bewährungsentscheidungen, in: Bewährungshilfe, Jg.68, Heft 3, S. 241-259.

Christie, N. (1977): Conflicts as Property. British Journal of Criminology, vol. 1, 1977, S. 1–15.

Christie, N. (1981): Limits to Pain. Oslo: Universitetsforlaget/Oxford: Robertson.

Conen, M.-L. (2007): Eigenverantwortung, Freiwilligkeit und Zwang. Zeitschrift für Jugendkriminalrecht und Jugendhilfe, S. 370 – 375.

Conen, M.-L./Cecchin, C. (2020): Wie kann ich Ihnen helfen, mich wieder loszuwerden? Therapie und Beratung in Zwangskontexten. 7. Aufl. Heidelberg.

Cornel, H. (1981): Thesen zur Entstehung und Abschaffung des Jugendstrafvollzugs, in: Monatsschrift für Kriminologie und Strafrechtsreform, Jg. 64, S. 373-382.

Cornel, H. (1984): Geschichte des Jugendstrafvollzugs, Weinheim und Basel.

Cornel, H. (1985): Kriminalpolitik und (neo)klassische Straflegitimation. In: Kriminalsoziologische Bibliographie Heft 49, S. 10-37.

Cornel, H. (1985a): Rehabilitationshilfen für Delinquenten auf der Basis psychoanalytischer Erkenntnisse und Methoden. In: Monatsschrift für Kriminologie und Strafrechtsreform, S. 88-103.

Cornel, H. (1987): Die Praxis der Verhängung von Untersuchungshaft und Möglichkeiten sie durch das Angebot sozialpädagogischer ambulanter Hilfen zu vermeiden oder zu reduzieren. In: Monatsschrift für Kriminologie und Strafrechtsreform, Jg. 70, S. 65-81.

Cornel, H. (1990): Rechtliche Aspekte der Wahrnehmung der Dienst- und Fachaufsicht im Bereich der Bewährungshilfe. In: Goltdammers Archiv für Strafrecht, S. 55-69.

Cornel, H. (1994): Der Beitrag der Sozialarbeit zur Vermeidung von Untersuchungshaft. In: Bewährungshilfe, Jg.41, S. 393-408.

Cornel, H. (1997): Strafrecht und seine Alternativen. In: Janssen, H./Peters, F. (Hrsg.), Kriminologie für die Soziale Arbeit, Münster, S. 168-205.

Cornel, H. (1998): Psychoanalytische Soziotherapie – Konzeption, Praxis und Evaluation, in: Lüderssen, Klaus Aufgeklärte Kriminalpolitik oder Kampf gegen das Böse, Band IV, Baden-Baden, S. 120-179.

Cornel, H. (2000): Probanden der Bewährungshilfe für Jugendliche und Heranwachsende in Berlin – eine Untersuchung ihrer Lebenslage und ihrer Erwartungen an das Hilfesystem. In: Bewährungshilfe, Jg. 47, S. 302-321.

Cornel, H. (2001): Symbolische Politik mit Amnestie und Gnade? In: Neuen Kriminalpolitik, Jg.13, Heft 4, S. 26-29.

Cornel, H. (2002): Gemeinnützige Arbeit zur Abwendung der Vollstreckung von Ersatzfreiheitsstrafen und als selbständige Sanktion. In: Prittwitz, C. et al. (Hrsg.) Festschrift für Klaus Lüderssen zum 70sten Geburtstag, Baden-Baden, S. 821– 834.

Cornel, H. (2005): Die Sozialen Dienste der Justiz in Berlin – Ihre ProbandInnen und Arbeitsweise, Berlin.

Cornel, H. (2006): Probanden der Sozialen Dienste der Justiz in Berlin – Daten zur Legal- und Sozialbiographie sowie zur sozialen Situation und Durchführung der Aufsichten, in: Bewährungshilfe, Jg. 53, S. 99-124.

Cornel, H. (2008): Die Bedeutung des Zwangskontextes in der Sozialen Arbeit mit Delinquenten. In: Klinische Sozialarbeit, 4. Jahrgang, Heft 2, S. 4-8.

Cornel, H. (2008a): Alternativen zum Gefängnis zwischen Alibi, Reformpolitik und realem Abolitionismus, In: Kriminologisches Journal, S. 54-66.

Literaturverzeichnis

Cornel, H. (2009): Den Vorrang der Erziehung bei delinquenten Jugendlichen ernst nehmen – Vorschläge zur Abschaffung des geschlossenen Jugendstrafvollzugs und Begründung. In: Unsere Jugend, Heft 10, S. 402-415.

Cornel, H. (2010): Zur Fortsetzung der Jugendgerichtsbewegung – Über den Vorrang der Erziehung für alle delinquenten Jugendlichen. In: Zeitschrift für Jugendkriminalrecht und Jugendhilfe, S. 4-15.

Cornel, H. (2011): 60 Jahre Soziale Arbeit, Strafrecht und Kriminalpolitik durch den Verein Deutsche Bewährungshilfe. In: Bewährungshilfe, Jg. 58, Heft 4, S. 379-399.

Cornel, H. (2011a): Durchgehende Hilfen, Vernetzung, regionale Übergangseinrichtungen und soziale Integrationszentren als Basis der Resozialisierung – Empfehlungen für ein Brandenburgisches Resozialisierungsgesetz. In: Neue Kriminalpolitik Heft 4, S. 127-136.

Cornel, H. (2011b): Jugendhilfe statt Jugendstrafe und Jugendarrest für delinquente Jugendliche. In: Stelly, W./Thomas, J. (Hrsg.) Erziehung und Strafe, Mönchengladbach, 2011,. 25-54.

Cornel, H. (2012): Übergangsmanagement als Beitrag einer rationalen innovativen Kriminalpolitik. In: Übergangsmanagement für junge Menschen zwischen Strafvollzug und Nachbetreuung. Handbuch für die Praxis, herausgegeben vom DBH-Fachverband für Soziale Arbeit, Strafrecht und Kriminalpolitik, Köln/ Halle, S. 11-25.

Cornel, H. (2012a): Übergangsmanagement im Prozess der Resozialisierung. In: Bewährungshilfe, Jg. 59, S. 286-308.

Cornel, H. (2013): Neue Punitivität durch Reduzierung der Strafrestaussetzungsquote im deutschen Strafvollzug?, Mönchengladbach.

Cornel, H. (2013a): Soziale Gerechtigkeit durch Resozialisierung – Übergänge für Straffällige gestalten statt vermehrter Ausgrenzung und Marginalisierung. In: Krise der sozialen Gerechtigkeit – Herausforderung für Kriminalpolitik und Soziale Arbeit mit Straffälligen, herausgegeben vom DBH-Fachverband für Soziale Arbeit, Strafrecht und Kriminalpolitik, Köln, S. 12-35.

Cornel, H. (2014): Aktuelle Debatten zur Strafvollzugsgesetzgebung in Deutschland. Vom Musterentwurf eines Landesstrafvollzugsgesetzes zu einem Resozialisierungsgesetz. In: Neubacher, F./Kubink, M. (Hrsg.) Kriminologie – Jugendkriminalrecht – Strafvollzug, Gedächtnisschrift für Michael Walter, Berlin, 2014 491-506.

Cornel, H. (2014a): Anmerkungen zur Debatte um Fallzahlen bei den Sozialen Diensten der Justiz und insbesondere in der Bewährungshilfe. In: Bewährungshilfe, Jg. 61, S. 356-375.

Cornel, H. (2015): Rückfälligkeit und langfristige Legalbewährung nach Vollstreckung von Jugendstrafe. In: Rotsch, T./Brüning, J./Schady,J. (Hrsg.): Festschrift für Heribert Ostendorf, Baden-Baden, 2015, 161-175.

Cornel, H. (2016): Zehn Anmerkungen zur organisatorischen und fachlichen Entwicklung der Bewährungshilfe. In: Zeitschrift für Jugendkriminalrecht und Jugendhilfe, S. 220-227.

Cornel, H. (2016a): Der Resozialisierungsbeitrag der freien Straffälligenhilfe – Verzahnung von staatlichen und freien Trägern. In: Im Norden zu neuen Horizonten. Kriminalpolitik gestalten, Inhaftierungen vermeiden, Straffälligenhilfe ausbauen, herausgegeben vom DBH- Fachverband für Soziale Arbeit, Strafrecht und Kriminalpolitik, Köln, S. 20-48.

Cornel, H. (2016b): Resozialisierungsziel versus Rückfallrisiko Überschuldung. In: Informationsdienst Straffälligenhilfe, Heft 1, S. 28-33.

Cornel, H. (2017): Strafaussetzung, in: Fachlexikon der sozialen Arbeit, 8. Auflage, herausgegeben vom Deutschen Verein für öffentliche und private Fürsorge e.V., Baden-Baden, S. 881-882.

Cornel, H. (2017a): Legitimationsprobleme strafrechtlicher Kriminalpolitik – zwischen Abschied vom Wohlfahrtsstaat, Verfassungsgebot der Resozialisierung und Sicherungsideologie. In: Kriminologisches Journal, S. 186-203.

Cornel, H. (2018): Der Erziehungsgedanke im Jugendstrafrecht: Historische Entwicklungen. In: Dollinger/Schmidt-Semisch 2018, 533-558.

Cornel, H. (2018a): Haftentscheidungshilfe und Untersuchungshaftvermeidung. In: Cornel et al. (Hrsg.), Resozialisierung. Handbuch 2018, S. 297-309.

Literaturverzeichnis

Cornel, H. (2018b): Untersuchungshaft. In: Resozialisierung. Handbuch, in: Cornel et al. (Hrsg.), Resozialisierung. Handbuch 2018, 262-296.

Cornel, H. (2018 c): Vermeidung der Vollstreckung von Ersatzfreiheitsstrafen durch lebensweltbezogene Soziale Arbeit. In: Forum Strafvollzug, S. 26-30.

Cornel, H. (2018d): Der Erziehungsgedanke im Jugendstrafrecht: Historische Entwicklungen. In: Dollinger/Schmidt-Semisch (Hrsg.) Handbuch Jugendkriminalität 2018, 533–558.

Cornel, H. (2019): Haltung im Umgang mit jungen Menschen im Strafverfahren. In: Herein, Heraus, Heran – Junge Menschen wachsen lassen, Tagungsband zum 30. Deutschen Jugendgerichtstag vom 14.-17. September 2017 in Berlin, Herausgeber: Deutsche Vereinigung für Jugendgerichte und Jugendgerichtshilfen e.V., Godesberg, S. 111-130.

Cornel, H. (2021): Resozialisierung durch Soziale Arbeit, Stuttgart.

Cornel, H. (2021a): Die Zusammenarbeit von Straffälligenhilfe und Strafvollzug, in: Forum Strafvollzug, Heft 3, S. 155-159.

Cornel, H. (2022): Geschichte des Strafens und der Straffälligenhilfe. In: AKKrimSoz (Hrsg.) Kriminologie und Soziale Arbeit, 2022, 31–47.

Cornel, H. (2023): Zum Begriff der Resozialisierung. In: In: Cornel et al. (Hrsg.) Resozialisierung. Handbuch, 2023, 21-51.

Cornel, H. (2023a): Rechtsgebiete der Resozialisierung. In: Cornel et al. (Hrsg.) Resozialisierung. Handbuch, 2023, 53-65.

Cornel, H. (2023b): Resozialisierung im Strafvollzug. In: In: Cornel et al. (Hrsg.) Resozialisierung. Handbuch, 2023, 303-329.

Cornel, H. (2023c): Resozialisierung im Kontext von Haftentscheidungshilfe, Haftvermeidung und Untersuchungshaft. In: In: Cornel et al. (Hrsg.) Resozialisierung. Handbuch, 2023, 271-301.

Cornel,H/ Kawamura-Reindl, G.(Hrsg.) (2021): Bewährungshilfe, Weinheim und Basel.

Cornel, H./Dünkel, F./Pruin, I./Sonnen, B.R./Weber, J. (2015): Diskussionsentwurf für ein Landesresozialisierungsgesetz. Nichtfreiheitsentziehende Maßnahmen und Hilfeleistungen für Straffällige, Mönchengladbach.

Cornel, H./Dünkel, F./Pruin, I./Sonnen, B.R./Weber, J. (2015a): Vorlage eines Diskussionsentwurfs eines Landesresozialisierungsgesetzes. In: Zeitschrift für Jugendkriminalrecht und Jugendhilfe 2015, S. 119-122.

Cornel, H./Dünkel, F./Pruin, I./Sonnen, B.R./Weber, J. (2015b): Ein Resozialisierungsgesetz für eine neue Kriminalpolitik durch nichtfreiheitsentziehende Maßnahmen und Hilfeleistungen für straffällig gewordene Menschen, in: Bewährungshilfe, Jg. 62, S. 357–380.

Cornel, H./Dünkel, F./Pruin, I./Sonnen, B.R./Weber, J. (2017): Resozialisierungsgesetze als Grundlage für nichtfreiheitsentziehende Maßnahmen und Hilfeleistungen für Straffällige. In: Forum Strafvollzug, S. 186-192.

Cornel, H./Dünkel, F./Pruin, I./Sonnen, B.R./Weber, J. (2018): Kriminalpolitik für ein Resozialisierungsgesetz. In: Resozialisierung. Handbuch, in: Cornel et al. (Hrsg.), Resozialisierung. Handbuch 2018, S613-620.

Cornel, H./Ghanem, C./Kawamura-Reindl, G/Pruin, I.(Hrsg.) (2023): Resozialisierung. Handbuch, 5. Aufl. Baden-Baden.

Cornel, H./Graebsch, C. et al. (2023) Strafeinstellungen unter Studierenden der Sozialen Arbeit. Eine kriminologische Befragung an sieben Hochschulen Deutschlands; Neue Kriminalpolitik vol. 35(4), 2023, 507-527.

Cornel, H./Grosser, R./Lindenberg, K./Lindenberg, M. (2018): Wissen, was wir tun. Überlegungen zur Rückbesinnung auf sozialarbeiterisches Handeln in der Arbeit mit straffällig gewordenen Menschen. In: Bewährungshilfe, Jg. 65, S. 77-90.

Cornel, H./Kawamura-Reindl, G. (2017): Zur Zukunft der Sozialen Arbeit mit straffällig gewordenen Menschen . In: Halbhuber-Gassner, L./Kappenberg, B./Krell, W. (Hrsg.) Integration statt Ausgrenzung; Freiburg, 2017, 271-286.

Literaturverzeichnis

Cornel, H./Kawamura-Reindl,G. (2021): Bewährungshilfe in Deutschland – Entwicklung, Rechtsgrundlagen, Aufgaben und Organisation, in: Cornel,H./Kawamurara-Reindl, G. (Hrsg.): Bewährungshilfe, Weinheim/ Basel, S. 12-26.

Cornel, H./Kawamura-Reindl,G. (2021a): Zur fachlichen und organisatorischen Weiterentwicklung der Bewährungshilfe, in: Cornel,H. /Kawamurara-Reindl, G. (Hrsg.): Bewährungshilfe, Weinheim/ Basel, S. 296-308.

Cornel, H./Lindenberg, M. (2018): Handeln in der Sozialen Arbeit mit straffällig gewordenen Menschen – auf die eigene Fachlichkeit und Haltung besinnen und die eigenen Theorien und Methoden anwenden. In: BAG-S- Info, 26. Jg., Heft 2, S. 15-29.

Cornel, H./Simmedinger, R. (1992): Wiederaufnahme der Strafvollzugsreform – Bestandsaufnahme und Vorschläge zur Fortentwicklung des Strafvollzugs in Schleswig-Holstein, Berlin.

Coskun, A. N. (2013): Kommunikation und Kooperation durch fachliche Konfrontation zwischen Jugend(gerichts)hilfe und Justiz in Verfahren nach dem Jugendgerichtsgesetz. Zugleich ein Beitrag zum Sozialdatenschutz in den behördenübergreifenden Fallkonferenzen. Hamburg.

Coutinho, J./Krell, C. (2011): Anonyme Geburt und Babyklappen in Deutschland Angebote, Fallzahlen, Kontexte. München: Deutsches Jugendinstitut. München.

Cremer, H. (2013): „Racial Profiling" – Menschenrechtswidrige Personenkontrollen nach § 22 Abs. 1a Bundespolizeigesetz. Deutsches Institut für Menschenrechte. Berlin.

Crawford, A./Goodey, J. (Hrsg.) (2000): Integrating a Victim Perspective within Criminal Justice. International debates. Aldershot: Ashgate.

Cromwell, D./Blad, J./Wright, M. (Hrsg.) (2013): Civilizing Criminal Justice. Hook/Hampshire (UK): Wareside Press.

Decarpes, P. (2015): Die Bewährungshilfe in Frankreich zwischen Probation und Sozialarbeit. In: Bewährungshilfe, Jg. 62, S. 129-138.

Deimling, G. (1977): Die Rheinisch-Westfälische Gefängnisgesellschaft als Schrittmacher der Strafvollzugsreform im 19. Jahrhundert. In: Deimling, G./Häußling, J. (Hrsg), Straffälligenhilfe. Aktuelle und historische Aspekte der Strafvollzugsreform durch Staat und engagierte Bürger, Wuppertal, S. 47-64.

Deutscher Bundestag – Wissenschaftlicher Dienst (2020): Zeugnisverweigerungsrecht im Bereich der sozialen Arbeit? Geltende Rechtslage und Spielraum des Gesetzgebers, Berlin 6.4.2020; WD 7 – 3000-034/20.

Deutsche Vereinigung für Jugendgerichte und Jugendgerichtshilfen e.V. (DVJJ) (2012): „Häuser des Jugendrechts" – Risiken und Nebenwirkungen beachten! ZJJ , 458.

Dewitz, C. v. (2023): Täter-Opfer-Ausgleich und strafrechtliche Mediation. Baden-Baden

Dick, M./Marotzki, W./Mieg, H. (Hrsg.) (2015): Handbuch Professionsentwicklung. München/Bad Heilbrunn.

Diemer, H./Schatz, H./Sonnen, B.R. (2020): Jugendgerichtsgesetz, 8. Aufl. Heidelberg.

Dießner, A. (2009):, Die Unterlassungsstrafbarkeit der Kinder- und Jugendhilfe bei familiärer Kindeswohlgefährdung, Berlin 2009.

Dieterich, R. (1925): Die Strafentlassenenfürsorge in Deutschland, ihr Aufbau und ihre Entwicklung bis zum Weltkrieg, Frankfurt am Main.

Dölling, D./Duttge, G./König, S./Rössner, D. (2022): Gesamtes Strafrecht. StGB – StPO – Nebengesetze. 5. Auflage, Baden-Baden (zitiert Dölling et al./Bearbeiter*in).

Domenig, C. (2011): Restorative Justice – vom marginalen Verfahrensmodell zum integralen Lebensentwurf. In: TOA-Infodienst, Nr. 41, S. 24 – 25 (Sonderband Restorative Justice 2011, 01–10).

Dorenburg, B. (2017): Untersuchungshaft und Untersuchungshaftvermeidung bei Jugendlichen und Heranwachsenden in Deutschland und Europa, Mönchengladbach.

Dörr, M. (2007): Analogien und Differenzen von Heilen und Erziehen in therapeutischen und pädagogischen Beziehungen. In: Hierdeis, H./Walter, H.J. (Hrsg.),: Bildung, Beziehung, Psychoanalyse, Bad Heilbrunn, S. 135-151.

Dreßling, H./ Habermeyer, E. (Hrsg.) (2021): Psychiatrische Begutachtung: ein praktisches Handbuch für Ärzte und Juristen. 7. Auflage, München.

Literaturverzeichnis

Dühring, F. (2016): Alltags- und situationsgerechte Kommunikation mit ausländischen Untersuchungsgefangenen, in: Forum Strafvollzug, S. 94-95.

Dünkel, F. (1986): Möglichkeiten der Fortentwicklung der Sozialen Dienste in der Justiz – eine international vergleichende Betrachtung zu Aufgabenstellungen und Organisationsstruktur. Bewährungshilfe 33, S. 129-158.

Dünkel, F. (1989): Zur Schädlichkeit von „schädlichen Neigungen". NK 4/1989, 34–37.

Dünkel, F. (2011): Ersatzfreiheitsstrafen und ihre Vermeidung. Aktuelle statistische Entwicklung, gute Praxismodelle und rechtspolitische Überlegungen. Forum Strafvollzug – Zeitschrift für Strafvollzug und Straffälligenhilfe 60, S. 143-153.

Dünkel, F./Cornel, H./Pruin, I./Sonnen, B.R./Weber, J. (2018): Brauchen wir ein Resozialisierungsgesetz? Verfassungsrechtliche und kriminologische Grundlagen, mögliche Ausgestaltungen und kriminalpolitische Perspektiven. In: Reichenbach, M.-T./ Bruns, S. (Hrsg.): Resozialisierung neu denken. Freiburg i. Br., S. 42-77.

Dünkel, F./Drenkhahn, K./Morgenstern, C. (Hrsg.) (2008): Humanisierung des Strafvollzugs – Konzepte und Praxismodelle, Mönchengladbach.

Durkheim, E. (1968): Kriminalität als normales Phänomen. In: Sack, F./König, R. (Hrsg.): Kriminalsoziologie, Frankfurt, 3–8.

Eberitzsch, S. (2012): Haftentscheidungshilfe – Der Beitrag der Jugendhilfe zur Untersuchungshaftvermeidung. Ausgewählte Forschungsergebnisse aus Nordrhein-Westfalen. 3/2012, S. 296-302.

Eckardt, B./ Denndorfer, R. (2001): Der Mediator zwischen Vertraulichkeit und Zeugenpflicht, MDR 2001, 786 ff.

Eidam, L. (2013): Das Apokryphe an den apokryphen Haftgründen; Höchstrichterliche Rechtsprechung zum Strafrecht (HRRS) 7-8/2013, S. 292–296.

Eisenberg, U./Kölbel, R. (2023): JGG. Kommentar (24. Auflage), München.

Eisenberg, U./Kölbel, R. (2017): Kriminologie. 7. Auflage, München.

Ernst, S./Höynck, T. (2018): Zeugnisverweigerungsrecht der Jugendhilfe im Strafverfahren. ZJJ 2018, 228–234.

Fastie, F. (2015): Qualifizierte Prozessbegleitung von (verletzten) Zeuginnen und Zeugen im Strafverfahren. In: Fegert, J.-M./Wolff, M. (Hrsg.): Kompendium „Sexueller Missbrauch in Institutionen". Entstehungsbedingungen, Prävention und Intervention. Weinheim, 379–388.

Feest, J. (2004): Internationale Standards für den Jugendstrafvollzug. In: Pollähne, H./Bammann, K./ Feest, J. (Hrsg.): Wege aus der Gesetzlosigkeit, Godesberg, 69 – 76.

Feest, J./Lesting, W./Lindemann, M. (2022): Strafvollzugsgesetze (8.Aufl.), Köln.

Fischer, H. (2001): Legitimation von Gnade und Amnestie im Rechtsstaat. In: Neue Kriminalpolitik, Jg. 13, Heft 4, S. 20-25.

Fischer, T. (2014) „Bitte entschuldigen Sie, Herr Edathy" in Zeit v. 27.02.2014, 4.

Fischer, T. (2024) Strafgesetzbuch mit Nebengesetzen, 71. Auflage, München.

Foucault, M. (1977): Überwachen und Strafen, Frankfurt.

France, A. (1919): Die rote Lilie; München.

Frehsee, D. (1987): Schadenswiedergutmachung als Instrument strafrechtlicher Sozialkontrolle. Ein kriminalpolitischer Beitrag zur Suche nach alternativen Sanktionsformen. Kriminologische und sanktionenrechtliche Forschungen, Bd. 1. Berlin: Duncker & Humblot.

Frei, N. (1996): Amnestiepolitik in den Bonner Anfangsjahren. In: Kritische Justiz 1996, 84-494.

Freisler, R. (1940): Zur Einführung des Jugendarrests. In: Zur Einführung des Jugendarrests – Bericht über die Festsitzung der Akademie für Deutsches Recht am 6.11.1940 und die Jugendrichtertagung im Reichsjustizministerium am 7.11.1940, Berlin 1940, 46-49.

Friedrichs, C. (1962): Stellung, Aufgabe und Arbeitsweise des Bewährungshelfers. In: Bewährungshilfe, 1962, 3-18.

Fritsch, K./BAG JuhiS (Hrsg.) Fallkonferenzen im Jugendstrafrecht. Wenn schon, dann richtig! Mönchengladbach 2023.

Literaturverzeichnis

Fünfsinn, H. (2010): Elektronische Fußfessel und Prävention – ein Widerspruch? In: Kerner, H.-J./Marks, E. (Hrsg.), Internetdokumentation des Deutschen Präventionstages. Hannover, [www.praeventionstag.de/Dokumentation.cms/1049].
Gahleitner, S. (2017): Soziale Arbeit als Beziehungsprofession, Weinheim und Basel.
Gahleitner, S./Cornel, H./Völter, B./Voß, S. (Hrsg.) (2020): Professionsverständnisse in der Sozialen Arbeit; Weinheim.
Garland, D. (2008): Die Kultur der Kontrolle, Frankfurt Main.
Geis, M.-E../Geis, V. (2022): Allgemeines Polizei- und Ordnungsrecht. 17. Auflage, München.
Gensing, A. (2015) Jugendgerichtsbarkeit und Jugendstrafverfahren im europäischen Vergleich; Godesberg 2014.
Ghanem, C./Zahradnik, F. (2023): Bewährungshilfe, in: Cornel et al. (Hrsg.), Resozialisierung. Handbuch 2023, 211-225.
Glotz, P. (Hrsg.) (1983): Ziviler Ungehorsam im Rechtsstaat; 3. Aufl., Berlin.
Goeckenjan, I. (2015): Jugendstrafverfahrensrechtliche Sonderbehandlung von so genannten Mehrfach- und Intensivtätern: Effizienzsteigerung oder Aktionismus? ZJJ 2015, 26–31.
Götz, M. & Schäfer, C. (Hrsg.) (2008): Mediation im Gemeinwesen. Baltmannsweiler: Schneider Verlag Hohengehren.
Goffman, E. (1973): Asyle. Über die soziale Situation psychiatrischer Patienten und anderer Insassen, Frankfurt / M. (orig.: Asylums. Essays on the Social Situation of Mental Patients and other Inmates, Chicago 1961).
Goldberg, B. (2023): „Das wird dir helfen!" – Oder nicht? Fallkonferenzen aus Sicht der Jugendhilfe im Strafverfahren. In: Fritsch/BAG JuhiS (Hrsg.) 2023, 95–115.
Goldberg, B./Trenczek, T. (2022): Jugend und Delinquenz; In: AKKrimSoz (Hrsg.): Kriminologie und Soziale Arbeit; 2. Aufl. Weinheim 2022, S. 259–277.
Graebsch, C. (2018): What works? – Nothing works? – Who cares? „Evidence-based Criminal Policy" und die Realität der Jugendkriminalpolitik. In: Dollinger/Schmidt-Semisch 2018, 197 – 216.
Graebsch, C.M. (2022): What works? Auseinandersetzung mit den Möglichkeiten und Grenzen wissenschaftlich fundierter Kriminalprävention. In: AK KrimSoz 2022, 79–92.
Greger, R./Unberath, H./Steffek, F. (2016): Recht der alternativen Konfliktlösung; 2. Aufl. München (zit. Greger et al/Bearbeiter).
Grosser, R. (2018): Bewährungshilfe. In: Cornel et al. (Hrsg.), Resozialisierung. Handbuch 2018, S. 200-216.
Grosser, R./Kammermeier, B. (2023): Führungsaufsicht, in: Cornel et al. (Hrsg.), Resozialisierung. Handbuch 2023, 227-236.
Grünewald, A. (2020): „Sozialethische" Einschränkungen des Notwehrrechts, in Hilgendorf, E. et al. (Hrsg.): Festschrift für Marcelo Sancinetti zum 70. Geburtstag; Berlin, 2020, S. 427-438.
Grützner, H./Pötz, P.-G./Kreß, C./Gazeas, N./Brodowski, D. (2023): Internationaler Rechtshilfeverkehr in Strafsachen; Loseblatt, Heidelberg.
Güttler, J. (2016): Untersuchungshaft für junge Gefangene. In: Forum Strafvollzug, S. 95-99.
Haas, U. (2022): Das Kriminalitätsopfer; In: AKKrimSoz (Hrsg.): Kriminologie und Soziale Arbeit; 2. Aufl., Weinheim 2022, S. 239 – 258.
Habermas, J. (1983): Ziviler Ungehorsam – Testfall für den demokratischen Rechtsstaat. Wider den autoritären Legalismus in der Bundesrepublik; in Glotz, P. (Hrsg.) Ziviler Ungehorsam im Rechtsstaat, Frankfurt/M.: Suhrkamp, 1983, S. 29-53.
Haferkamp, H. (1972): Kriminalität ist normal. Zur gesellschaftlichen Produktion abweichenden Verhaltens, Stuttgart.
Hagemann, O. (2016): Gemeinschaftskonferenzen und andere Restorative Conferencing-Verfahren; in: Ochmann, N./Schmidt-Semisch, H./Temme, G. (Hrsg.), Healthy Justice. Überlegungen zu einem gesundheitsförderlichen Rechtswesen, Wiesbaden 2016, 229–259.
Hagemann, O. (2023): Restorative Justice - Heilung, Transformation, Gerechtigkeit und sozialer Frieden; DBH-Bonn.

Hagemann, O./Lummer, R. (2012): Restorative Justice – auch das Unübersetzbare braucht klare Begriffe. In: TOA-Infodienst, Nr. 45, S. 28–35.
Hammerschmidt, P./Sagebiel, J. (Hrsg.) (2010): Professionalisierung im Widerstreit: Zur Professionalisierungsdiskussion in der Sozialen Arbeit: Versuch einer Bilanz. München.
Hanak, G. (1996): Die Community als Simulation und Realität. In: Trenczek, T./Pfeiffer, H. (Hrsg.). Kommunale Kriminalprävention. Paradigmenwechsel und Wiederentdeckung alter Weisheiten. Bonn: Forum Verlag Godesberg, 1996, S. 54–74.
Hanak, G./ Stehr, J./ Steinert, H. (1989): Ärgernisse und Lebenskatastrophen. Über den alltäglichen Umgang mit Kriminalität, Bielefeld.
Harrendorf, S. (1996): Das Ich und sein Gehirn; Zeitschrift für Internationale Strafrechtsdogmatik (www.zis-online.com) 1/2008, 41 – 48
Hartmann, A./Haas, M. (2014): The Victim's Directive and Restorative Justice in Germany, in Gavrielides, T. (ed.) A Victim-Led Criminal Justice System: Addressing the Paradox. IARS Publications, London, S. 119–141.
Hartmann, A./Schmidt, M./Kerner, H.-J..(2018): Täter-Opfer-Ausgleich in Deutschland. Auswertung der bundeswieten Täter-Opfer-Ausgleich-Statistik für die Jahrgänge 2015 und 2016; BMJ Berlin.
Hartmann, A./Schmidt, M./Settels, S./Kerner, H.-J..(2021): Täter-Opfer-Ausgleich in Deutschland. Auswertung der bundeswieten Täter-Opfer-Ausgleich-Statistik für die Jahrgänge 2019 und 2020; BMJ Berlin.
Hartmann, A./Trenczek, T. (2016): Vermittlung in strafrechtlich relevanten Konflikten – Fachliche Standards unter Berücksichtigung des Mediationsgesetzes und der EU-Opferschutzrichtlinie. Neue Justiz, 8, S. 325–333.
Hartmann, J. (Hrsg.) (2010): Perspektiven Professioneller Opferhilfe: Theorie und Praxis eines interdisziplinären Handlungsfelds, Wiesbaden.
Hartmann, J./Priet, R. (2023): Opferhilfe, in: Cornel et al. (Hrsg.), Resozialisierung. Handbuch 2023, 625-645.
Hassemer, W. (1984): Die Voraussetzungen der Untersuchungshaft, in: Strafverteidiger, S. 38-42.
Hassemer, W. (2008): Strafrecht. Sein Selbstverständnis, seine Welt, Berlin.
Hassemer, W. (2009): Warum Strafe sein muss. Ein Plädoyer, Berlin.
Heer, J. (1932): Soziale Gerichtshilfe und Richter, Köln.
Hegel, G. W. F. (1971): Vorlesungen über die Geschichte der Philosophie I, in: derselbe, Werke, Bd. 18, Frankfurt am Main, S. 9- 560.
Hegel, G. W. F. (1970): Grundlinien der Philosophie des Rechts, in: derselbe, Werke, Bd. 7, Frankfurt am Main, S. 3–523.
Heinz, W. (1986): Junge Menschen in Untersuchungshaft. Kriminologische und kriminalpolitische Überlegungen zu einem der „trübsten Kapiteln des deutschen Jugendstrafrechts". In: Landesgruppe Baden-Württemberg in der Deutschen Vereinigung für Jugendgerichte und Jugendgerichtshilfen e.V. (DVJJ) (Hrsg.): INFO 1/1986, Konstanz, S. 3 – 31.
Heinz, W. (2019): Sekundäranalyse empirischer Untersuchungen zu jugendkriminalrechtlichen Maßnahmen, deren Anwendungspraxis, Ausgestaltung und Erfolg. Gutachten im Auftrag des BMJV. Konstanz.
*Heinz, W. (*2022): 58 Jahre Bewährungshilfe im Spiegel der Bewährungshilfestatistik, in: Bewährungshilfe, Jg.69, Heft 1, S. 5-106.
Heinz, W. (2024): Kriminalität und Kriminalitätskontrolle in Deutschland. Stand: Berichtsjahr 2023; Konstanzer Inventar Sanktionsforschung [vor Veröffentlichung vom Autor freundlicherweise zur Verfügung gestellt].
Heinz, W./Hügel, C. (1987): Erzieherische Maßnahmen im deutschen Jugendstrafrecht, 3.Aufl., Bonn.
Hering, R.D. (2014): Stand und Perspektive der Gerichtshilfe in Deutschland, in: Forum Strafvollzug, S. 102-107.
Hess, H./Stehr, J. (1987): Die ursprüngliche Erfindung des Verbrechens, in: Kriminologisches Journal, 2. Beiheft, S. 18-56.

Literaturverzeichnis

Höffler, K./Enzensperger, D. (2018): Pro und Contra: Soll § 219a – Werbung für den Abbruch der Schwangerschaft – abgeschafft werden? In: Recht und Politik, Jg. 54, Nr. 1, S. 70-73.
Hörnle, T. (2004): „Justice as Fairness" – Ein Modell auch für das Strafverfahren? Rechtstheorie 35, 175–194.
Hörnle, T. (2004a): Grob anstößiges Verhalten. Strafrechtlicher Schutz von Moral, Gefühlen und Tabus; Frankfurt.
Hörnle, T. (2006): Die Rolle des Opfers in der Straftheorie und im materiellen Strafrecht. In: JZ, S. 950-958.
Hörnle, T. (2011): Straftheorien; in: Enzyklopädie zur Rechtsphilosophie.
Höynck, T. (2005): Opfer im Jugendstrafverfahren – Einführung in den Schwerpunkt; Zeitschrift für Jugendkriminalrecht und Jugendhilfe 2005, S. 4–6.
Höynck, T./Ernst, S. (2020): Das Gesetz zur Stärkung der Verfahrensrechte von Beschuldigten im Jugendstrafverfahren. Die Umsetzung der Vorgaben der EU-Richtlinie 2016/800 und ihre Auswirkungen auf das deutsche Jugendstraf(verfahrens)recht. ZJJ 2020, 245–258.
Höynck, T./Klausmann, J. (2012): Ordnungsrechtliche Durchsetzung der Schulpflicht durch Jugendarrest. Ergebnisse einer bundesweiten Erhebung zur quantitativen Bedeutung der Arrestvollstreckung wegen Schulpflichtverletzungen; Zeitschrift für Jugendkriminalrecht und Jugendhilfe, S. 403–410.
Höynck, T./Neubacher, F./Schüler-Springorum, H. (2001): Internationale Menschenrechtsstandards und das Jugendkriminalrecht, Berlin.
Hofmann, H. (2020) Predictive Policing. Methodologie, Systematisierung und rechtliche Würdigung der algorithmusbasierten Kriminalitätsprognose durch die Polizeibehörden. Berlin.
Holthusen, B./Hoops, S./Lüders, C./Ziegleder, D. (2011): Über die Notwendigkeit einer fachgerechten und reflektierten Prävention. DJI-Impulse, Heft 2, S. 22–25.
Holthusen, B./Schmoll, A. (2020): Neues im Jugendgerichtsgesetz. Folgen für die jugendlichen und die Jugendhilfe im Strafverfahren, NDV 2020, 113–118.
Hüls, S. (2005): Die Rolle des Opferzeugen im Strafverfahren gegen Jugendliche; ZJJ 2005, 22-30.
Jehle, J.-M./Albrecht, H.-J./Hohmann-Fricke, S./Tetal, C. (2020): Legalbewährung nach strafrechtlichen Sanktionen: eine bundesweite Rückfalluntersuchung 2013 bis 2016 und 2004 bis 2016. Mönchengladbach.
Jehle, J.-M./Palmowski, N. (2015): Soziale Dienste in der Justiz im europäischen Vergleich, in: Bewährungshilfe, Jg. 62, S. 101-115.
Johnstone, G./van Ness, D. (Hrsg.) (2007): Handbook of Restorative Justice. Cullompton/UK: Willan.
Jordan, E. (2001). Zwischen Kunst und Fertigkeit – Sozialpädagogisches Können auf dem Prüfstand. Zentralblatt für Jugendrecht 2/2001, S. 48–53.
Kaiser, D./Schnitzler, K./Schilling, R./Sanders, A. (Hrsg.) (2021): BGB | Familienrecht, 4. Auflage, Baden-Baden 2021.
Kammermeier, B. (2013): Führungsaufsicht: Vom Schattendasein zum Hoffnungsträger? In: Bewährungshilfe, Jg. 60, S. 159-180.
Kammermeier, B. (2016): Polizei und Führungsaufsicht: Ergebnisse einer Befragung. In: Bewährungshilfe, Jg. 63, S. 73-85.
Kant, I. (1968): Grundlegung zur Metaphysik der Sitten. In: derselbe, Werke, Bd. IV, Berlin, S. 385–464.
Kant, I. (1968b): Die Metaphysik der Sitten. In: derselbe, Werke, Bd. VI, Berlin, S. 203-494.
Kaspar, J. (2014): Verhältnismäßigkeit und Grundrechtsschutz im Präventionsstrafrecht, Baden-Baden.
Kaspar, J. (2015): Mediation und konsensuale Konfliktlösungen im Strafrecht; NJW 2015, 1642-1646.
Kaspar, J./Weiler, E./Schlickum, G. (2014): Täter-Opfer-Ausgleich - Recht, Methodik, Falldokumentationen München.

Literaturverzeichnis

Kawamura-Reindl, G. (2023): Freie Straffälligenhilfe. In: Cornel et al. (Hrsg.), Resozialisierung. Handbuch 2023, 237-253.
Kawamura-Reindl, G./Schneider, S. (2015): Lehrbuch Soziale Arbeit mit Straffälligen. Weinheim.
Kawamura-Reindl, G. (2018): Desistance from Crime, Anregungen für die Soziale Arbeit mit straffällig gewordenen Menschen. In: Soziale Arbeit, 67. Jahrgang, S. 287-295.
Kerner, H.-J. (1985): Die Wiedereinsetzung des Opfers als Subjekt des Strafrechts. In: H. Jannsen/Kerner, H.-J. (Hrsg.) Verbrechensopfer, Sozialarbeit und Justiz, Bonn: DBH, S. 495-521.
Kerner, H.-J. (1993): Bewährungshilfe. In: Kaiser, G./Kerner, H.-J./Sack, F./Schellhoss, H. (Hrsg.): Kleines Kriminologisches Wörterbuch. 3. Aufl., Heidelberg: C. F. Müller, S. 78-81.
Kiehl, W. H. (1991): Jugendgerichtshilfe – Soziale Arbeit im Spannungsfeld zwischen Jugendhilfe und Jugendstrafgericht. In: Wiesner,R./Zarbock, W. (Hrsg.): Das neue Kinder- und Jugendhilfegesetz (KJHG). Köln, S. 173–202.
Kilchling, M. (2017): TOA im Strafvollzug; Berlin.
Kindhäuser, U./Hilgendorf, E. (2022): Strafgesetzbuch. Lehr- und Praxiskommentar. 9. Auflage, Baden-Baden.
Kindhäuser, U./Neumann, U./Paeffgen, H.-U. (Hrsg.) (2023): Strafgesetzbuch, Kommentar, 6. Auflage (zit. NK-StGB/Bearbeiter).
Kindhäuser, U./Zimmermann, T. (2023): Strafrecht – Allgemeiner Teil; 11. Auflage, Baden-Baden.
Kinngreen, T./Poscher, R./Pieroth, B.. (2022): Polizei- und Ordnungsrecht, 12. Aufl. München.
Klatt, T./Ernst, S./Höynck, T./Baier, D./Treskow, L./Bliesener, T./Pfeiffer, C. (2016): Evaluation des neu eingeführten Jugendarrestes neben zur Bewährung ausgesetzter Jugendstrafe (§ 16a JGG). Abschlussbericht im Auftrag des Bundesministeriums der Justiz und für Verbraucherschutz. Berlin.
Kleinknecht, T./Janischowsky, G. (1977): Das Recht der Untersuchungshaft, München.
Klinger, E./Bierbrauer, G. (2006): Verfahrensgerechtigkeit – Schlüssel für erfolgreiches Konfliktmanagement. Zeitschrift für Konfliktmanagement, S. 36 – 38 und 71–74.
Klier, R./Brehmer, M./Zinke, S. (2002): Jugendhilfe im Strafverfahren – Jugendgerichtshilfe, 2. Auflage, Berlin.
Klug, W. (2003): „Risk Management?" Anfragen an Selbstverständnis und Methodik Sozialer Arbeit in der Straffälligenhilfe. In: Sozialmagazin, Heft 12 (Jg. 28), S. 28-37.
Klug, W. (2007): Methodische Grundlagen der Bewährungshilfe – Vorschlag für ein Gesamtkonzept. In: Bewährungshilfe, S. 235-248.
Klug, W. (2008): „Risikoorientierte Bewährungshilfe – ein Modell? Auseinandersetzung mit einem Züricher Konzept". In: Bewährungshilfe, S. 167-179.
Klug, W./Schaitl, H. (2012): Soziale Dienste der Justiz – Perspektiven aus Wissenschaft und Praxis, Mönchengladbach.
Klug, W./Zobrist, P. (2021): Motivierte Klienten trotz Zwangskontext. Tools für die soziale Arbeit. 3. Aufl. München.
Koch, V. (1999): Erwachsenengerichtshilfe, Opladen.
Kramer, B. (2021): Grundlagen des Strafverfahrensrechts, Stuttgart (9. Auflage).
Kreissl, R. (1987): Die Simulation sozialer Ordnung, Kriminologisches Journal, Jg. 19, S. 269-302.
Kröber, H.-L./Brettel, H./Rettenberger, M./Stübner, S. (2019): Empfehlungen für Prognosegutachten: Erfahrungswissenschaftliche Empfehlungen für kriminalprognostische Gutachten; NStZ 2019, 574–579.
Kruppke, A./Rogge, N. (2023): Gnadenrecht und Gnadenpraxis. In: Cornel et a. (Hrsg.), Resozialisierung. Handbuch, 2023, 587-598.
Kuhli, M./Papenfuß, J. (2024): Ein Spiegelbild des allgemeinen Strafrechts? Zur Entwicklung des materiellen Jugendstrafrechts seit 1923; ZJJ 1/2004, 12 ff..
Kuhn, T. (1970): The Structure of Scientific Revolutions, 2nd ed. Chicago: University of Chicago.
Kunkel, P.-C. (2004): Hat der Jugendgerichtshelfer ein Zeugnisverweigerungsrecht im Strafprozess? In: Zeitschrift für Jugendkriminalrecht und Jugendhilfe, 2004, 425–428.

Literaturverzeichnis

Kunkel, P.-C./Kepert, J/Pattar, A.K. (Hrsg.) (2022): Sozialgesetzbuch VIII. Kinder- und Jugendhilfe. Lehr- und Praxiskommentar. 8. Aufl. Baden-Baden (zitiert Bearbeiter in Kunkel u.a.).
Kunz, K-L. (1998): Mehr Strafhärte auch in der Schweiz? Strafrecht als soziale Problemlösung Unipress Oktober 1998, 22–24.
Kurze, M. (1998): Berufliches Selbstverständnis der Bewährungshilfe. In: Bewährungshilfe, Jg. 45, S. 211-266.
Kurze, M. (1999): Soziale Arbeit und Strafjustiz, Wiesbaden.
Laubenthal, K. (2019): Strafvollzug, 8. Auflage, Berlin/Heidelberg.
Laubenthal, K. et. al (2015): Strafvollzugsgesetze, München.
Laubenthal, K./ Nestler, N. (2010): Strafvollstreckung, Berlin/Heidelberg.
Lehmann, R. (1935): Die Strafprozessnovelle vom 28. Juni 1935. In: Deutsche Justiz, 1935, 999-1003.
Lindenberg, M. (2013): Soziale Arbeit als Praxis der Verabredung. Einige handlungstheoretische Überlegungen in Anlehnung an Hannah Arendt. In: Birgmeier, B./Mührel, E. (Hrsg.): Handlung in Theorie und Wissenschaft Sozialer Arbeit. Wiesbaden, S. 57-69.
Lindenberg, M. (2024): Kriminalität – Anforderungen an die Soziale Arbeit; Stuttgart.
Lindenberg, M./Lutz, T. (2022): Zwang und Zwangskontexte in der Sozialen Arbeit; in: AK-KrimSoz (Hrsg.) Kriminologie und Soziale Arbeit; Weinheim, 2022, 130–145.
Lipton, D.S./Pearson, F. S./Cleland, C.M./Yee, D. (2002): The effectiveness of cognitive-behavioural treatment methods on recidivism. In: McGuire, J. (Hrsg.): Offender rehabilitation and treatment: Effective programmes and policies to reduce re-offending. Chichester, S. 79-112.
Lösel, F. (2012): Offender treatment and rehabilitation: What works? In: Maguire, M./Morgan, R./Reiner, R. (Hrsg.): The Oxford Handbook of Criminology, 5. Aufl., Oxford, S. 986-1029.
Loick, D./Thompson, V. (2022): Abolitionsimus; 2. AUfl. Berlin.
Lohrmann, L./Schaerff, M. (2021): Häuser des Jugendrechts – ein bundesweiter Überblick. ZJJ 2021, 126–134.
Lohrmann, L./Schaerff, M. (2021a): Häuser des Jugendrechts – ein wesentlicher Beitrag zur Verbesserung des Sicherheitsgefühls in der Bevölkerung? Neue Kriminalpolitik 2021, 239–252.
Lüders, C. (2011): Von der scheinbaren Selbstverständlichkeit des präventiven Denkens. DJI-Impulse 2/2011, 4–6.
Lüderssen, K. (1989): Die Krise des öffentlichen Strafanspruchs, Frankfurt am Main.
Lutzebäck, L. (2014): Soziale Dienste der Justiz in Deutschland: Ein Ländervergleich. In: Forum Strafvollzug, S. 79-84.
Maelicke, B. (1977): Entlassung und Resozialisierung, Karlsruhe.
Maelicke, B./ Simmedinger, R. (1987): Sozialarbeit und Strafjustiz, Weinheim, München.
Malzahn, R. (2022): Restorative Justice. Eine radikale Version, Stuttgart.
Marlie, M. (2008): Schuldstrafrecht und Willensfreiheit – Ein Überblick; Zeitschrift für das Juristische Studium (www.zjs-online.com) 2008, 41 ff.
Marks, E./Rössner, D. (Hrsg.), Täter-Opfer-Ausgleich. Vom zwischenmenschlichen Weg zur Wiederherstellung des Rechtsfriedens, Bad Godesberg 1989.
Marx, K. (1842): Debatten über den Holzdiebstahl, Rheinische Zeitung Nr. 298 vom 25. 10. 1842 in Marx/ Engels – Werke; Band 1, Berlin. 1976. S. 109-147.
Martinson, R. (1974): What works? Questions and Answers about Prison Reform. The Public Interest, S. 22-54.
Matt, E. (2002): Verantwortung und (Fehl-)Verhalten. Für eine restorative justice. Münster.
Matt, E. (2012): Überlegungen zum Übergangsmanagement im Jugendbereich, in: Übergangsmanagement für junge Menschen zwischen Strafvollzug und Nachbetreuung. Handbuch für die Praxis, herausgegeben vom DBH-Fachverband für Soziale Arbeit, Strafrecht und Kriminalpolitik, Köln/ Halle, S. 26-40.
Matt, E. (2014): Übergangsmanagement und der Ausstieg aus Straffälligkeit. Wiedereingliederung als gemeinschaftliche Aufgabe, Herbolzheim.
Matt, E. (2016): Die Perspektive Übergangsmanagement im Straffälligenbereich, in: Monatsschrift für Kriminologie und Strafrechtsreform, Jg. 99, S. 269-284.

Literaturverzeichnis

Mayer, K. (2007): Ein strukturiertes risikoorientiertes Interventions-Programm für die Bewährungshilfe. In: Bewährungshilfe, S. 367-386.
Mayer, K. (2014): Risikoorientierung – der nächste Schritt, in: Bewährungshilfe, Jg. 61, S. 171-188.
Mayer, K./Schlatter, U./Zobrist, P. (2007): Das Konzept der Risikoorientierten Bewährungshilfe. In: Bewährungshilfe, S. 33-64.
McCold, P./Wachtel, T. (1998): Community is not a place. A new look at Community Justice Initiatives, Contempory Justice Review, vol. 1, S. 71-85.
Mehden, A.von/ Teichler, L.-K. (2022): Die elis-Plattform als Werkzeug der Entlassungsvorbereitung für Inhaftierte, in: Forum Strafvollzug, Heft 3, S. 157-159.
Meier, B.-D. (2000): Handhabung und Wirkungen des Gnadenrechts – terra incognita der Kriminologie? in: Monatsschrift für Kriminologie und Strafrechtsreform, 83. Jahrgang, S. 176 – 184.
Meier, B.-D. (2019): Strafrechtliche Sanktionen. 5. Auflage, Berlin.
Meier, B.-D. (2018): Das Jugendstrafrecht aus evidenzorientierter Perspektive. Bestandsaufnahme und Handlungsempfehlungen; in Walsh et al. (Hrsg.): Handbuch „Evidenzbasierte Praxis in der Deutschen Kriminalprävention Bonn/Berlin, 2018, 643 –663.
Meyer, K. (1963): Strafaussetzung – Bewährung – Bewährungshilfe. Ein Beitrag zur kriminalpolitischen Situation der Strafaussetzung zur Bewährung in der Bundesrepublik und in West-Berlin. Bonn.
Meyer-Goßner, L./Schmitt, B. (2023): Strafprozessordnung, Gerichtsverfassungsgesetz, Nebengesetze und ergänzende Bestimmungen. Kommentar. 66. Auflage, München*Mielitz, C.* (2006): Die anonyme Kindesabgabe im Kinder- und Jugendhilferecht; JAmt, S. 120–125.
Miers, D. & Willemsens, J. (Hrsg.) (2004): Mapping Restorative Justice: Developments in 25 European Countries. Leuven: European Forum for Victim-Offender Mediation and Restorative Justice.
Milde, P. (2016): Krisenintervention und Suizidprävention bei Gefangenen. In: Forum Strafvollzug, S. 108-109.
Molbech, A. (2014): Das Familienhaus Engelsborg – Verantwortung für die Kinder Inhaftierter. Münster 2014.
Mönig, U. (2022): Das Strafverfahren und die Beteiligten, in: AKKRimSoz (Hrsg.) Kriminologie und Soziale Arbeit; Weinheim, 2. Aufl. S. 212-226.
Montada, L. (1999): Gerechtigkeit als Gegenstand der politischen Psychologie. Zeitschrift für politische Psychologie, Jg. 7, , S. 3-22.
Morgenstern, C. (2018): Die Untersuchungshaft, Baden-Baden.
Münchener Kommentar zum StGB ; hrsg. v. Erb, V./Schäfer, J.(2020): Strafgesetzbuch; 4. Aufl. München (zitiert MüKoStGB/Beabeiter:in).
Münchener Kommentar zur ZPO ; hrsg. v. Krüger, W./Rauscher, T.(2020): Strafgesetzbuch; 6. Aufl. München (zitiert MüKoZPO/Beabeiter:in).
Münder, J./Meysen, T./Trenczek, T. (Hrsg.) (2022): Frankfurter Kommentar zum SGB VIII. Kinder- und Jugendhilfe. 9. Aufl. Baden-Baden (zitiert Bearbeiter in Münder et al./Bearbeiter*in).
Murray, A. (2012): Critically discuss the effectiveness of 'pre-crime' controls on crime and security in the UK; Undergraduate Journal of Sociology Spring 7/2012, SC304.
Murray, S. (2022): Community Justice Centers. New Trajectories in Law; Abingdon, Oxon (Aus.).
Naucke, W. (1982): Die Kriminalpolitik des Marburger Programms. In: ZStW Jahrgang 94, 1982, 525-564.
Netzig, L./Trenczek, T. (1996): Restorative justice as participation: theory, law, experience and research. In: B. Galaway & J. Hudson (Hrgs.), Restorative justice: international perspectives. Monsey NY: Criminal Justice Press, 1996, S. 241 – 260.
Neubacher, F. (2023): Kriminologie, 5.Auflage, Baden-Baden

Literaturverzeichnis

Noll, P. (1962/1985): Die ethische Begründung der Strafe; in: ders. Gedanken Über Unruhe und Ordnung; Zürich 1985; S. 88. (Nachdruck des 1962 in Recht und Staat, Heft 244, Tübingen, erschienenen Aufsatzes; zitiert nach der Ausgabe 1985).

Oberlies, D. (2013): Strafrecht und Kriminologie für die Soziale Arbeit, Stuttgart.

Olbricht-Sondershaus, E. (1990): „Datenschutz in der Jugendgerichtshilfe"; DVJJ-J, S. 14–16.

Ostendorf, H. (Hrsg.) (2022): Jugendstrafvollzugsrecht, 4. Auflage, Baden-Baden (zitiert Ostendorf/Bearbeiter:in).

Ostendorf, H. (Hrsg.) (2021): Jugendgerichtsgesetz. Kommentar. 11. Auflage, Köln, (zitiert Ostendorf/Bearbeiter:in).

Ostendorf, H. (2005): Kritische Reflexionen zur Kriminalprävention; in DVJJ (Hrsg.) Prävention um jeden Preis?, Ev. Akademie Loccum/Hannover.

Ostendorf, H. (2009): Der Missbrauch von Opfern zum Zwecke der Strafverschärfung; HRRSs 4/2009, S. 158–164.

Ostendorf, H./Drenkhahn, K. (2022): Jugendstrafrecht. Lehrbuch, 11.Auflage, Baden-Baden.

Pelikan, C./Trenczek, T. (2006): Victim Offender Mediation and Restorative Justice – the European landscape. In: Sullivan, D./Tifft, L. (Hrsg.): Handbook of Restorative Justice: A Global Perspective. London, S. 63–90.

Patzak, J./Volkmer, M./Fabricius, J. (2022): Betäubungsmittelgesetz, 10. Neu bearbeitete Auflage, München

Peteranderl, S. (2017): Predictive Policing: Dem Verbrechen der Zukunft auf der Spur; Bundeszentrale für politische Bildung (Hrsg.) Netzdebatte vom 7.4.2017 [http://www.bpb.de/dialog/netzdebatte/238995/predictive-policing-dem-verbrechen-der-zukunft-auf-der-spur, zuletzt 22.3.2018].

Petersilia, J. (2004): What works in Prisoner Reentry? Reviewing and Questioning the Evidence. Federal Probation 68, S. 4-8.

Peukert, D. (1986): Grenzen der Sozialdisziplinierung. Aufstieg und Krise der deutschen Jugendfürsorge von 1878 bis 1932; Köln.

Pfohl, S. (1981): Labeling Criminals. In: H.L. Ross (Hrsg.) Law and Deviance. Beverly Hills, Cal.: Sage, 1981, S. 65-97.

Pieplow, L. (1989): Erziehung als Chiffre. In: Walter, M. (Hrsg.): Beiträge zur Erziehung im Jugendkriminalrecht, Köln, 1989, 5–58.

Plack, A. (1974): Plädoyer für die Abschaffung des Strafrechts; München 1974.

Pollähne, H. (2017): Stellungnahme zum Entwurf eines Gesetzes zur Änderung des StGB - Ausweitung des Maßregelrechts bei extremistischen Straftätern, BT-Drs 18/11162; 20.3.2017 [https://www.bundestag.de/blob/498826/20cdc834209db5562fc93bf54a92bb55/pollaehne-data.pdf; Abruf 15.01.2023]

Pollich, D./Grutzpalk, J. (2018): Ein Algorithmus wo jeder mit muss. Bericht vom Workshop "Der Einsatz von Prognosetechnologien durch die Polizei, Gerichte und im Strafvollzug" am 16./17.3.2017 in Freiburg i.B.; Kriminologisches Journal, 50 (1), 73-76.

Pranis, K./Stuart, B./Wedge, M. (2003): Peacemaking Circles. From Crime to Community. St. Paul: Living Justice Press.

Pruin, I. (2012): Arbeitsmarktintegration junger Strafgefangener durch Übergangsmanagement: Möglichkeiten und Herausforderungen. In: Übergangsmanagement für junge Menschen zwischen Strafvollzug und Nachbetreuung. Handbuch für die Praxis, herausgegeben vom DBH-Fachverband für Soziale Arbeit, Strafrecht und Kriminalpolitik, Köln/ Halle, S. 139-149.

Pruin, I. (2016): „What works" and what else do we know? Hinweise zur Gestaltung des Übergangsmanagements aus der kriminologischen Forschung. In: Dünkel, F. u.a. (Hrsg.): Die Wiedereingliederung von Hochrisikotätern in Europa. Behandlungskonzepte, Entlassungsvorbereitung und Übergangsmanagement, Mönchengladbach, S. 247-271.

Pruin, I. (2023): Gestaltung von Übergängen. In: Cornel et a. (Hrsg.), Resozialisierung. Handbuch, Baden-Baden, S. 599-614.

Literaturverzeichnis

Pruin, I./Treig, J. (2018): Wiedereingliederung nach der Entlassung aus dem Strafvollzug: Evidenzbasierte Perspektiven. In: Walsh, M. u.a. (Hrsg.): Evidenzorientierte Kriminalprävention in Deutschland, Wiesbaden, 2018, S. 683-706.

Quensel, S. (1970/2014): Wie wird man kriminell; Kritische Justiz 1970, S. 375 – 382 (Wiederabdruck in Zeitschrift für Jugendkriminalrecht und Jugendhilfe 2014, S. 24–28).

Radbruch, G. (1999): Rechtsphilosophie. Erste Veröffentlichung 1932, Heidelberg.

Rap, S./ Weijers, I. (2013): Der Jugendstrafprozess in Deutschland, Frankreich und den Niederlanden; Zeitschrift für Jugendkriminalrecht und Jugendhilfe, S. 304–312.

Rat der Europäische Union (Hrsg.) (2012): Europäische Handbuch mit Hinweisen zum Ausstellen eines Europäischen Haftbefehls v. 17.12.2012 (17195/1/10 – Rev 1 – COPEN 275 EJN 72 EUROJUST 139) zuletzt Abruf am 22.3.2018 unter http://register.consilium.europa.eu/doc/srv?l=de&f=ST%2017195%202010%20REV%201].

Rawls, J. (1958): Justice as Fairness, The Philosophical Review, 2, S. 164-194.

Rawls, J. (1971): A Theory of Justice. Cambridge, MA: Harvard University Press.

Reiman, J.H. (1984): The rich get richer and the poor get prison"; New Yorg, 2nd. ed. (USA).

Rengier, R. (2024): Strafrecht Besonderer Teil II, 25. Auflage, München.

Rettenberger, M. (2018): Intuitive, klinisch-idiographische und statistische Kriminalprognosen im Vergleich – die Überlegenheit wissenschaftlich strukturierten Vorgehens. Forensische Psychiatrie, Psychologie und Kriminologie 2018, 28–36.

Rettenberger, M./Eher, R. (2016): Potenzielle Fehlerquellen bei der Erstellung von Kriminalprognosen, die gutachterliche Kompetenzillusion und mögliche Lösungsansätze für eine bessere Prognosepraxis. Recht und Psychiatrie 2016, 50–57.

Riekenbrauk, K. (2011): Haus des Jugendrechts und Sozialdatenschutz. ZJJ 2011, 74–83.

Riekenbrauk, K. (2014): Haben Sie mich verstanden? Oder über die Pflicht, sich im Jugendstrafverfahren verständlich zu machen. Zeitschrift für Jugendkriminalrecht und Jugendhilfe 2014, S. 200–206.

Riekenbrauk, K. (2016): Psychosoziale Prozessbegleitung – ein neuer Sozialer Dienst der Justiz; ZJJ 1/2016, 25 ff.

Riekenbrauk, K. (2022): Datenschutz gleich Täterschutz …, oder? Zur Notwendigkeit sowie zu den Einzelheiten der Schweigepflicht und des Sozialdatenschutzes in der Jugendhilfe. In: DVJJ 2022a, 471–499.

Riekenbrauk, K. (2023): „Das bleibt unter uns." – Wirklich? Datenschutz in Kooperationsverhältnissen. In: Fritsch/Sprecher*innenrat der BAG JuhiS 2023, 35 -

Riekenbrauk, K. (2016): Die Psychosoziale Prozessbegleitung. In: Informationsdienst Straffälligenhilfe Jg. 24, Heft 1, S. 6-11.

Riekenbrauk, K. (2018): Strafrecht und Soziale Arbeit. 5. Auflage, München.

Risse, J. (2023): Änderung der Zertifizierte-Mediatoren-Ausbildungsverordnung – eine kritische Kommentierung; ZKM 2023, 176 f.

Rönnau, T. (2012): „Sozialethische" Einschränkungen der Notwehr, Grundwissen - Strafrecht, JuS 2012, 404 – 407.

Roggenthin, K/Ackermann, C.. (2019): Lebens- und Problemlagen straffällig gewordener Menschen und ihrerFamilien. In: Informationsdienst Straffälligenhilfe, Heft 2, S. 9-17.

Rohrbach, M.P. (2014): Die Entwicklung der Führungsaufsicht unter besonderer Berücksichtigung der Praxis in Mecklenburg-Vorpommern, Mönchengladbach.

Rosenblum, W. (2010): Der Vorbestrafte, das Publikum und die Polarisierung der Kriminalreformbewegung in der Weimarer Republik. In: Klewin, S./Reinke, H. und Sälter, G.(Hrsg.): Hinter Gittern, Leipzig, S. 143–157.

Rosenfeld, E. (1901): Die Geschichte des Berliner Vereins zur Besserung der Strafgefangenen 1827 – 1900, Berlin.

Roth, G. (2003): Fühlen, Denken, Handeln – Wie das Gerirn unser Verhalten steuert; Berlin.

Rothkegel, S. (2022): Traumatische Erfahrungen und ihre möglichen Auswirkungen auf die Betroffenen, in: *Behrmann et al.(Hrsg.)* (2022): Handbuch Psychosoziale Prozessbegleitung, 2022, 53-65.

Literaturverzeichnis

Roxin, C./ Schünemann, B. (2022): Strafverfahrensrecht, 30. Aufl., München.
Sabas, N. (2024): Häusliche Gewalt – Grundwissen, Handlungsmöglichkeiten und Praxistipps; Berlin.
Satzger, H./Schluckebier, W./Werner, R. (2024): Kommentar zum Strafgesetzbuch, Hürth.
Schaerff, M./Lohrmann, L. (2024) Fallkonferenzen in Häusern des Jugendrechts; ZJJ 1/2024, 42 ff.
Schätzler, J.-G. (1992): Handbuch des Gnadenrechts, München.
Schaffer, W. (1982): Fragen der Dienstaufsicht und des Disziplinarrechts aus der Sicht der Justizverwaltung, in: Der öffentliche Dienst (vereinigt mit Justizverwaltungsblatt), S. 6–14.
Scheinfeld, J. (2013): Erläuterungen zum neuen § 1631d BGB – Beschneidung des männlichen Kindes; In: Höchst Richterliche Rechtsprechung im Strafrecht 7-8/2013, S. 268–283.
Schild, W. (1986): Strafe - Vergeltung oder Gnade? Schweizerische Zeitschrift für Strafrecht, Bd. 99, 364 ff.
Schild, W. (1986): Über die Schwierigkeit, zur Schuld(lehre) im Strafrecht Nein oder Ja zu sagen. In: Müller, S./ Otto, H.-U. (Hrsg.): Damit Erziehung nicht zur Strafe wird. Sozialarbeit als Konfliktschlichtung, Bielefeld, S. 29–44.
Schimmel, D. (2000): Täter-Opfer-Ausgleich als Alternative?: eine rechtstatsächliche Untersuchung über Möglichkeiten und Stellenwert des Täter-Opfer-Ausgleichs in der (jugend-)staatsanwaltschaftlichen Praxis, Lausanne.
Schlink, B. (1991): Jugendgerichtshilfe zwischen Jugend und Gerichtshilfe – Verfassungsrechtliche Bemerkungen zu § 38 JGG. In: BMJ 1991, S. 51-58.
Schlothauer, R./ Nobis, F./Voigt, L./ Wolf,L. (2024): Untersuchungshaft, 6. Aufl., Heidelberg.
Schlupp-Hauck, W., Hartmann, A., Mayer, S., Kilchling, M. (2017). Täter-Opfer-Ausgleich im Justizvollzug; in: Kriegel-Schmidt, K. (Hrsg.) Mediation als Wissenschaftszweig. Wiesbaden 2017, 273 - 284.
Schmidt, J. (2020): Die Koppelung von Jugendarrest und bedingter Jugendstrafe als sog. „Warnschussarrest" gem. § 16a JGG. Eine rechtliche Einordnung und empirische Untersuchung zur Rechtspraxis und Rückfälligkeit im Freistaat Bayern. Baden-Baden.
Schmoll, A./Lampe, D./Holthusen, B. (2024): Jugendgerichtshilfebarometer 2022. Bundesweite Befragung zu aktuellen Entwicklungen der Jugendhilfe im Strafverfahren. Baden-Baden.
Schöch, H. (Hrsg.) (1987): Wiedergutmachung und Strafrecht, München.
Schöch, H. (2003): Bewährungshilfe und humane Strafrechtspflege. In: Bewährungshilfe, Jg. 50, S. 211-225.
Schöch, H. (2012): Opferperspektive und Jugendstrafrecht; Zeitschrift für Jugendkriminalrecht und Jugendhilfe, S. 246–255.
Schönke, A., Schröder, H. u.a. (2014): Strafgesetzbuch. Kommentar. 29. Auflage, München (zit. Schönke / Schröder – Bearbeiter).
Schomburg, W./Lagodny, O./Gleß, S./Hackner, T./Trautmann, S. (2020): Internationale Rechtshilfe in Strafsachen, 6. Aufl.
Schruth, P./Simon, T. (2020): Strafprozessualer Reformbedarf des Zeugnisverweigerungsrechts in der Sozialen Arbeit – Am Beissiel der sozialpädagogischen Fanprojekte im Fußball; Rechtsgutachten im Auftrag der Koordinationsstelle Fanprojekte bei der Deutschen Sportjugend (dsj) im Deutschen Olympischen Sportbund (DOSB); 2. Aufl. Frankfurt..
Schüler-Springorum, H. et al. (1992): Für ein neues Jugendgerichtsgesetz – Die Vorschläge der DVJJ-Kommission zur Reform des Jugendkriminalrechts (1. Jugendstrafrechtsreformkommission). DVJJ-J 1992, 3 ff.
Schuilenburg, M./Peeters, R. (2022): The Algorithmic Society - Technology, Power, and Knowledge; London
Seebode, M. (1987): Gebotene Änderungen der Untersuchungshaft, in: Kriminalpädagogische Praxis, Heft 23/24, S. 15-26.
Sessar, K./Beurskens, A./Boers, K. (1986): Wiedergutmachung als Konfliktregelungsparadigma. Kriminologisches Journal, 18, S. 86–104.
Sessar, K. (1992): Wiedergutmachen oder Strafen. Pfaffenweiler: Centaurus.

Literaturverzeichnis

Sherman, L. u. a. (1998): Preventing crime, What works, what doesn't, what's promising? Washington, D.C.: U. S. Department of Justice, Office of Justice Programs, National Institute of Justice (http//www.preventingcrime.org).

Shonholtz, R. (1984): Neighborhood Justice Systems, Work, Structure, and Guiding Principles. Mediation Quarterly, 5, S. 3–30.

Sillies, L. (2021): Justizvollzug in Zeiten der Corona-Pandemie, in: Forum Strafvollzug Heft 2, S. 83-86.

Sinclair, T. (2015): Kinder inhaftierter Eltern; BA-Arbeit EAH Jena.

Singelnstein, T./Kunz, K.-L. (2021): Kriminologie, 8.Auflage, Bern.

Smessaert, A. (2014): Übermittlung von Daten an die Strafverfolgungsbehörden und Zeugnisverweigerungsrechte? Themengutachten TG-1128. Stand: 10/2014; in Deutsches Institut für Jugendhilfe und Familienrecht (DIJuF) e.V. (Hrsg.), Themengutachten, DIJuF Rechtsgutachten (1. Aufl., Edition 13). [KiJup/Beck-online].

Sommerfeld, P. (2010): Risikoorientierung oder soziale Integration – eine Auslegeordnung aus Sicht der Sozialen Arbeit. In: Riklin, F., Baechthold, A. (Hrsg.): Sicherheit über alles? Chancen und Gefahren des „Risk-Asessment" im Strafvollzug und in der Bewährungshilfe, Bern, S. 73-91.

Splinter, D. (2005): Gemeinwesenmediation – Projektlandschaft und state of the art. Spektrum Mediation, 19, 2005, S. 14–17.

Staub-Bernasconi, S. (2007): Soziale Arbeit als Handlungswissenschaft, Bern/Stuttgart/Wien.

Staub-Bernasconi, S. (2015): Soziale Arbeit als Disziplin und Profession. In: Braches-Chyrek, R. (Hrsg.) Neue disziplinäre Ansätze in der Sozialen Arbeit, Opladen/Berlin/Toronto, 2015, 136–178.

Steffen, M. (2005): TOA und Wiedergutmachung im Strafvollzug: Vorschläge zur Reformierung des § 57 StGB; ZRP 38. Jg., 2005, 218-220.

Stelly, W./Thomas, J. (2009): Freie Straffälligenhilfe unter Veränderungsdruck – Ergebnisse einer repräsentativen Befragung. In: Forum Strafvollzug – Zeitschrift für Strafvollzug und Straffälligenhilfe, S. 87-90.

Stout, B. (2023): Community Justice in Australia. Knowledge, Skills and Values; Abingdon, Oxon (Aus.).

Streng, F. (1997): Die Einsichts- und Handlungsreife als Voraussetzung strafrechtlicher Verantwortlichkeit. DVJJ-Journal, S. 379–387.

Streng, F. (2012): Strafrechtliche Sanktionen. Grundlagen und Anwendung, 3. Auflage, Stuttgart.

Streng, F. (2024): Jugendstrafrecht, 6. Auflage, Heidelberg.

Sturzenhecker, B./Karolczak, M./Braband, J. (2011): Ergebnisse der Evaluation der „Gemeinsamen Fallkonferenzen" im Rahmen des Hamburger Handlungskonzepts „Handeln gegen Jugendgewalt"; ZJJ 2011, 305–312.

Temme, G. (2008): Restorative Justice – ein Gegenmodell im Sinne des Absolutismus; Kriminologisches Journal, Jg.40, 83-96.

Temme, G. (2019): Restorative & Transformative Justice – Abschaffung, Informalisierung oder Reformalisierung des Strafrechts?; KrimJ 3/2019, 233 ff.

Thiel, M. (2022): Polizei- und Ordnungsrecht; 5. Aufl. Baden-Baden.

Thiel, M./Brüggemeier, S. (2023): Der Verhältnismäßigkeitsgrundsatz bei strafprozessrechtlichen Maßnahmen gegenüber Kindern und Jugendlichen; ZJJ 2023. 140–147.

Thiel, M. (2021): Der Verhältnismäßigkeitsgrundsatz bei sicherheitsbehördlichen Maßnahmen gegenüber Kindern und Jugendlichen. ZJJ 2021, 4–9.

Thier, S. (2023): Gerichtshilfe. In: Cornel et al. (Hrsg.) 2023, 203-209.

Thiersch, H. (2012): Zur Autonomie der Fachlichkeit Sozialer Arbeit. In: Köhn, B./Seithe, M. (Hrsg.), Zukunftswerkstatt Soziale Arbeit, Berlin, S. 53–67.

Thomas, J./Stelly, W./Kerner, H.-J. (2006): Freie Straffälligenhilfe unter Veränderungsdruck. In: Neue Praxis, Heft 1, S. 80–98.

Literaturverzeichnis

Tinkhauser, R. (2016): Untersuchungshaftvermeidung, Projektevaluation in Nordrhein-Westfalen und gesamtdeutsche Übersicht in Gegenüberstellung mit der Jugenduntersuchungshaft, Hamburg
Treig, J./ Pruin, I. (2018): Ersatzfreiheitsstrafe in Deutschland. In: Forum Strafvollzug, S. 10- 15.
Trenczek, T. (1991): Datenschutz in der Jugend(gerichts)hilfe. DVJJ-J, S. 251–256.
Trenczek, T. (1991a): Jugend(gerichts)hilfe im Umbruch. DVJJ-J, S. 360–368.
Trenczek, T. (1993): Subsidiarität des Jugendstrafrechts – Programm oder Leerformel? Zeitschrift für Rechtspolitik, S. 184–189.
Trenczek, T. (1993a): Auszug aus dem Souterrain? Rechtliche Rahmenbedingungen und sozialpädagogische Handlungsansätze für die Jugendhilfe im Strafverfahren. RdJB, S. 316–328.
Trenczek, T. (1996): Strafe, Erziehung oder Hilfe? Neue ambulante Maßnahmen und Hilfen zur Erziehung. Sozialpädagogische Hilfeangebote für straffällige junge Menschen im Spannungsfeld von Jugendhilferecht und Strafrecht, Bonn.
Trenczek, T. (2002a): Garantenstellung und Fachlichkeit – Anmerkungen zur strafrechtlich aufgezwungenen aber inhaltlich notwendigen Qualitätsdiskussion in der Jugendhilfe; Zentralblatt für Jugendrecht, Heft 10, S. 383–385.
Trenczek, T. (2003): Within or outside the system? Restorative justice attempts and the penal system; In: Weitekamp/Kerner (Eds.): Restorative Justice in Context; Portland, USA 2003, S. 272-284.
Trenczek, T. (2003a): Die Mitwirkung der Jugendhilfe im Strafverfahren. Konzeption und Praxis der Jugendgerichtshilfe, Münster.
Trenczek, T. (2003b): Mediation im Strafrecht. Zeitschrift für Konfliktmanagement, S. 104–109.
Trenczek, T. (2003c): Stellungnahmen der Jugendhilfe im Strafverfahren – Fachliche Qualitätsanforderungen und strafrechtlicher Umgang. Zeitschrift für Jugendkriminalrecht und Jugendhilfe, S. 35–40.
Trenczek, T. (2004): Jugendstrafrechtliche Arbeitsleistungen – Grenzen der Zulässigkeit und Beteiligung der Jugendhilfe. Zeitschrift für Jugendkriminalrecht und Jugendhilfe 2004, S. 57–63.
Trenczek, T. (2005). Streitregelung in der Zivilgesellschaft – Jenseits von Rosenkrieg und Maschendrahtzaun; Zeitschrift für Rechtssoziologie, Bd. 26, S. 3–23.
Trenczek, T. (2007): Jugendgerichtshilfe: Aufgaben und Steuerungsverantwortung; Zeitschrift für Jugendkriminalrecht und Jugendhilfe, S. 31–40.
Trenczek, T. (2010): Risikoeinschätzung und psychosoziale Diagnose der Jugendhilfe (auch) im Jugendstrafverfahren. Zeitschrift für Jugendkriminalrecht und Jugendhilfe, S. 249–262.
Trenczek, T. (2010a): Auszug aus dem Souterrain – 20 Jahre danach. Recht der Jugend und des Bildungswesens, Heft 4, S. 293–305.
Trenczek, T. (2013). Beyond Restorative Justice to Restorative Practice. In: D. Cromwell, J. Blad & M. Wright (Hrsg.). Civilizing Criminal Justice: An International Restorative Agenda for Penal Reform. Hook/Hampshire (UK): Waterside Press, S. 409–428.
Trenczek, T. (2013a): Restorative Justice in Neuseeland. Neue Kriminalpolitik, Heft 3, S. 268-287.
Trenczek, T. (2014): Restorative Justice, TOA und Mediation – Grundlagen, Praxisprobleme und Perspektive. In: D. Baier & T. Mößle (Hrsg.): Kriminologie ist Gesellschaftswissenschaft. Festschrift für Christian Pfeiffer. Baden-Baden: Nomos, 2014, 605–623.
Trenczek, T. (2015): Unterschiedliche Logiken und Diskurse – Jugendhilfe im Kontext der strafrechtlichen Sozialkontrolle Anmerkungen zu einem schwierigen Kooperationsverhältnis. In: Rotsch, T./Brüning, J./Schady, J. (Hrsg.): Strafrecht, Jugendstrafrecht, Kriminalprävention in Wissenschaft und Praxis - Festschrift zum 70. Geburtstag für Heribert Ostendorf. Baden-Baden, 2015, 877–894.
Trenczek, T. (2015a): Restorative justice: new paradigm, sensitising theory or even practice?. Restorative Justice: an International Journal; special book review forum – A tribute to Howard Zehr, Routledge 2015, 3:3, 453-459.
Trenczek, T. (2016): Allparteilichkeit – Anspruch und Wirklichkeit; ZKM 2016, Heft 6, 230–233.

Literaturverzeichnis

Trenczek, T. (2017): Vermittlung in strafrechtlich relevanten Konflikten. In: Trenczek et al. (Hrsg.) Mediation und Konfliktmanagement – Handbuch, 2017, 617-623.

Trenczek, T. (2021): Ist § 38 JGG in Teilen verfassungswidrig? Zur Berichts- und Anwesenheitspflicht der Fachkräfte des Jugendamts im jugendstrafrechtlichen Verfahren. ZJJ 2021, 240–247.

Trenczek, T. (2022): Restorative Justice – (Strafrechtliche) Konflikte und ihre Regelung; in AK-KRimSoz (Hrsg.) Kriminologie und Soziale Arbeit; Weinheim, 2. Aufl., 2022, 191–209.

Trenczek, T. (2022a): Flucht in Begrifflichkeiten – Zum funktionalen Mediatorenbegriff und einer teilweise rechtswidrigen Beratungspraxis; ZKM 2022, 26 -29.

Trenczek, T. (2022b): Mediation in strafrechtlichen Konflikten und das Mediationsgesetz, TOA-Magazin Nr. 02/2022, 45-48.

Trenczek, T. (Hrsg.) (2023): Inobhutnahme: Krisenintervention und Schutzgewährung durch die Jugendhilfe – §§ 8a, 42 SGB VIII, 4. Aufl., Stuttgart (zitiert Trenczek et al. 2023).

Trenczek, T. (2023a): Jugendhilfe im Strafverfahren – Aufgaben und Grundsätze. In: Cornel et al. (Hrsg.), Resozialisierung. Handbuch, 5. Aufl. Baden-Baden, 2023, 125-138.

Trenczek, T. (2023b): Jugendhilfe im Strafverfahren – Verfahrensbegleitende Jugendhilfe. In: Cornel et al. (Hrsg.), Resozialisierung. Handbuch, 5. Aufl. Baden-Baden, 2022,139-150.

Trenczek, T. (2023c) Jugendstraffälligenhilfe – Leistungen der Jugendhilfe. In: Cornel et al. (Hrsg.), Resozialisierung. Handbuch, 5. Aufl. Baden-Baden, 2022, 151 – 170.

Trenczek, T./Behlert, W./Boetticher, A,v. (2018): Ärztliche Behandlung und Schwangerschaftsabbruch bei minderjährigen und unter Betreuung stehenden Personen; in Trenczek et al. Grundzüge des Rechts, 5. Aufl. 2018, 775-782.

Trenczek, T./Berning, D./Lenz, C./Will, H.-D. (2017): Mediation und Konfliktmanagement – Handbuch, 2. Auflage, Baden-Baden.

Trenczek, T./Goldberg, B. (2019): Stellungnahmen der Jugendhilfe im Strafverfahren. Fachliche Standards und Herausforderungen auch im Lichte der Umsetzung der EU-Richtlinie zu den Verfahrensgarantien in Strafverfahren für Kinder. RPsych 2019, 475 - 500.

Trenczek, T./Hartmann, A. (2017): TOA und Mediationsgesetz; TOA-Magazin, Heft 3, S. 42–43.

Trenczek, T./Hartmann, A. (2018): Kriminalprävention durch Restorative Justice – Evidenz aus der empirischen Forschung; in Walsh et al. (Hrsg.): Handbuch „Evidenzbasierte Praxis in der Deutschen Kriminalprävention; Bonn/Berlin, 2018, 859–886.

Trenczek, T./Pfeiffer, H. (Hrsg.) (1996): Kommunale Kriminalprävention. Paradigmenwechsel und Wiederentdeckung alter Weisheiten. Bonn.

Trenczek, T./Schmoll, A. (2024): Jugendkriminalität, Jugendhilfe und Strafverfahren; 2. Aufl., Stuttgart.

Trenczek, T./Stöss, H. (2014): Sozialrechtliches Verwaltungsverfahren und die besondere Rolle der Eltern im jugendkriminalrechtlichen Dreiecksverhältnis. Zeitschrift für Jugendkriminalrecht und Jugendhilfe, S. 323 – 329.

Trenczek, T./Tammen, B./Behlert, W./v. Boetticher, A./Beetz, C. (2023): Grundzüge des Rechts, 6. Auflage, München.

Tucholsky, K. (1927): Deutsche Richter, Teil II. unter dem Pseudonym Ignaz Wrobel. In: Die Weltbühne 23, Erstes Halbjahr, S. 619–623.

Ulrich, D.F. (1929): Soziale Gerichtshilfe, Berlin.

Villmow, B./Savinsky, A. (2013): 14-/15-jährige Beschuldigte zwischen Jugenduntersuchungshaft und Untersuchungshaftvermeidung bzw. -verkürzung; Zeitschrift für Jugendkriminalrecht und Jugendhilfe, 2013, 388–397.

Wachtel, T. (2011): Restorative Practices. Creating a Unified Strategy for Democratizing Social Care, Education and Criminal Justice. Utrecht.

Wachtel, T. (2016): Defining Restorative. International Institute for Restorative Practices (IIRP) Graduate School; Bethlehem, PA (USA).

Wacquant, L. (2009): Bestrafen der Armen. Zur neoliberalen Regierung der sozialen Unsicherheit, Opladen.

Literaturverzeichnis

Wabnitz, R. J./Fieseler, G./Schleicher, H. (Hrsg.) (2023): GK-SGB VIII. Gemeinschaftskommentar zum Kinder- und Jugendhilferecht. Loseblatt-Sammlung. 91. Lfg. Januar 2023. Köln (zitiert GK/Bearbeiter:in).

Walkenhorst, P. (2017): Der Jugendstrafvollzug als nachhaltiges pädagogisches Handlungsfeld, in: Schweder, M. (Hrsg.): Jugendstrafvollzug – (k)ein Ort der Bildung!?, Weinheim und Basel, S. 33 – 49.

Walsh, M./Pniewski, B./Kober, M./Armbrust, A. (Hrsg.) (2018): Handbuch „Evidenzbasierte Praxis in der Deutschen Kriminalprävention – ein Leitfaden für Politik und Praxis"; Nationales Zentrum für Kriminalprävention (NZK), Bonn/Berlin.

Walz, K.-M. (1999): Soziale Strafrechtspflege in Baden, Freiburg.

Walgrave, L. (2002): Restorative Justice and the Law. Portland (USA): Willan Publishing.

Walter, M. (Hrsg.) (1989): Beiträge zur Erziehung im Jugendkriminalrecht, Köln.

Walter, M./ Neubacher, F. (2011): Jugendkriminalität. 4. Auflage, Stuttgart (vgl. auch die 1. Aufl. Walter 1995).

Walzer, M. (1994): Sphären der Gerechtigkeit. Frankfurt: Campus.

Wandrey, M./Weitekamp, E. (1998): Die organisatorische Umsetzung des Täter-Opfer-Ausgleichs in der Bundesrepublik Deutschland – eine vorläufige Einschätzung der Entwicklung im Zeitraum von 1989–1995. In: Bundesministerium der Justiz (Hrsg.), Täter-Opfer-Ausgleich in Deutschland. Bestandsaufnahme und Perspektiven, Bonn, S. 121–148.

Watzlawik, P. (1985): Anleitung zum Unglücklichsein, 16. Auflage, München/Zürich.

Wertz, M./Rettenberger, M. (2021): Die Verwendung standardisierter Prognoseinstrumente in der Begutachtungspraxis: Empirische Erkenntnisse zur Häufigkeit und Risikokommunikation in Abhängigkeit von gutachten- und probandenbezogenen Merkmalen. Forensische Psychiatrie und Psychotherapie 2021, 241–261.

Wessels, J./ Hettinger, M./Engländer, A. (2023): Strafrecht. Besonderer Teil 1, Heidelberg.

Wessels, J./ Hillenkamp, T./Schuhr, J (2022): Strafrecht. Besonderer Teil 2, Heidelberg.

Wiesendanger, W. (1973): Die durchgehende Sozialhilfe bei Straffälligen, in: Bewährungshilfe, Heft 2, S. 126-143

Wiesner, R. (1991): Novellierung des KJHG und JGG. Gemeinsamkeiten und Widersprüche. DVJJ-J, S. 357–360.

Wiesner, R. (1995): Über die Indienstnahme der Jugendhilfe für das Jugendstrafrecht. In: BMJ (Hrsg.): Grundfragen des Jugendkriminalrechts und seiner Neuregelung. 2. Aufl. Bonn 1995, S. 144–151.

Wiesner, R. (2023): Das Jugendhilferecht und seine Bezüge zum Jugendstrafrecht – Zur Rechtsentwicklung anlässlich des 100. Geburtstag zweier Gesetze. ZJJ 2023, 104–111.

Wiesner, R./Wapler, F. (Hrsg.) (2022): SGB VIII – Kinder- und Jugendhilfe. Kommentar. 6. Aufl. München (zitiert Wiesner/Wapler/Bearbeiter:in).

Wilbrand, I./Unbehend, D. (1995): Praxisleitfaden für die Jugendgerichtshilfe. München.

Wößner G./Schwedler, A. (2014): Aufstieg und Fall der elektronischen Fußfessel in Baden-Württemberg: Analysen zum Modellversuch der elektronischen Aufsicht im Vollzug der Freiheitsstrafe. In: Neue Kriminalpolitik, Heft 1, S. 60-78.

Wolf, L. (2017): Die Fluchtprognose im Untersuchungshaftrecht, Baden-Baden.

Wright, M. (1977): Nobody came: criminal justice and the need of victims, Howard Journal 16, S. 22-31.

Wright, M./Galaway, B. (Hrsg.) (1989): Mediation and Criminal Justice. London.

Zapf, J. (2012): Opferschutz und Erziehungsgedanke im Jugendstrafverfahren, Göttinger Studien zu den Kriminalwissenschaften, Band 17, Göttingen 2012.

Zehr, H. (1985): Retributive Justice – Restorative Justice. Elkhart.

Zehr, H. (2002): Changing Lenses. A new focus on Crime and Justice. Scottdale.

Zimmermann, T. (2013): Das neue Recht der Sicherungsverwahrung (ohne JGG); Höchstrichterliche Rechtsprechung im Strafrecht, S. 164–178.

Zobrist, P./Kähler, H. (2017): Soziale Arbeit in Zwangskontexten. Wie unerwünschte Hilfe erfolgreich sein kann. 3. Aufl. München.

Literaturverzeichnis

Zöller, R. (Begr.) (2024): ZPO. Zivilprozessordnung mit Gerichtsverfassungsgesetz und Nebengesetzen. Kommentar. 35. Auflage, Köln (zit.: Zöller – Bearbeiter).

Autoren

Prof. Dr. Heinz Cornel ist Jurist, Sozialpädagoge und Kriminologe und seit 1988 Professor für Jugendrecht, Strafrecht und Kriminologie an der Alice Salomon Hochschule Berlin, wo er über mehrere Jahre Prorektor und 15 Jahre Leiter des Zentrums für Weiterbildung war. Seit 1988 war er über 30 Jahre Mitglied im Vorstand der DVJJ-Landesgruppe Berlin und von 2009 bis 2015 Präsident des DBH-Fachverbandes für Soziale Arbeit, Strafrecht und Kriminalpolitik (vormals Deutsche Bewährungshilfe). Seit 1988 ist er Mitherausgeber und Redaktionsmitglied der Fachzeitschrift *Neue Kriminalpolitik*, im Beirat der Zeitschrift *Bewährungshilfe* und Herausgeber des Handbuchs Resozialisierung (in 5 Auflagen) und Autor des Lehrbuchs ‚Resozialisierung durch Soziale Arbeit'. Seit 2019 ist er im Ruhestand, lehrt, forscht und publiziert aber weiterhin.
Kontakt: hcornel@t-online.de
Kontakt: cornel@ash-berlin.eu

Prof. Dr. iur. Thomas Trenczek, M.A. soz., Studium der Rechtswissenschaften und der Sozialwissenschaften/Sozialpädagogik in Tübingen und Minneapolis/USA; Dr. iur.; M.A. soz.; Wissenschaftlicher Mitarbeiter an der Universität Tübingen/Institut für Kriminologie und am Kriminologischen Forschungsinstitut Niedersachsen; mehrfache Forschungsaufenthalte (1987/88; 2001/02, 2006, 2011/12 und 2017) in den USA, Australien sowie NZ über Restorative Justice und Mediation. Praxiserfahrungen u.a. in der Justiz, im Kreis- und Landesjugendamt. Von 1988 bis 1991 Geschäftsführer der Deutschen Jugendgerichtsvereinigung (DVJJ); eingetragener/akkreditierter Mediator und Lehrtrainer (BMJ, Wien; BMWA; NMAS). Seit 1996 Professor an der Ernst-Abbe-Hochschule Jena (Öffentliches, Jugend- und Strafrecht, Mediation und Konfliktmanagement).
Kontakt: https://www.sw.eah-jena.de/fachbereich/personen/lehrende/thomas-trenczek/ bzw. postfach@trenczek.net

Stichwortverzeichnis

Die Angaben verweisen auf die Kapitel des Buches (**fette Zahlen**) sowie die Randnummern innerhalb der einzelnen Kapitel (magere Zahlen).
Beispiel: Kapitel 9 Rn. 10 = **9** 10

Abhören **3** 231
Abolitionismus **2** 83; **6** 365
Abschaffung des Jugendstrafvollzugs **5** 353
Abschreckung **4** 281 f.
Absehen von Strafverfolgung **3** 215; **4** 302; **5** 337
Absichten **2** 38
Absichtsprovokation **2** 52
Absolute Theorie **4** 278 f.
Abstandsgebot **4** 310
Abtreibung **2** 157
actio libera in causa **2** 89
Adhäsionsverfahren **3** 205
– Jugendstrafrecht **5** 334
Ahndung der Tat **5** 331
Akkusationsprinzip **3** 216
Akteneinsichtsrecht
– Jugendamt **7** 470
– Opfer **3** 207
– Verteidiger **3** 204
Alkohol **2** 86; **7** 407
Allgemeiner Sozialer Dienst **7** 452
Allgemeiner Teil **1** 4
Allparteilich **6** 378
Allparteilichkeit **6** 373, 378, 380, 382
Alltagswissen **3** 248
Altersgrenze **5** 330
Ambulante sozialpädagogische Angebote **7** 464
– Bedarf **5** 349
– Hilfe zur Erziehung **7** 452
– Hilfeplanung **7** 462
– Leistungsvoraussetzungen **5** 349; **7** 453, 462
Ambulanter Sozialer Dienst der Justiz **7** 397
Amnestie **4** 316 f.
Amtsgericht **2** 185; **3** 222
Analogie **1** 17
– zugunsten des Beschuldigten **2** 82
Anamnese **7** 435
– Jugendamt **7** 458

Anfangsverdacht **1** 13; **3** 204, 223, 247
Angehörigenarbeit **7** 512
Angeklagter **3** 203, 237
– unentschuldigtes Fernbleiben **3** 255 f.
Angemessenheit **1** 10
Angeschuldigter **3** 233, 237
Angriff **2** 46
Anklage **3** 233, 235; **6** 377
– Anklagesatz **3** 233
– Anklageschrift **3** 233
– Verhältnismäßigkeitsgebot **3** 235
Anklagebehörde **3** 202
Anschlussvollstreckung **7** 514
Ansetzen zur Tatverwirklichung **2** 95
Anstiftung **2** 103
Antragsdelikt **2** 30; **3** 214
Antragsrecht
– Jugendamt **7** 469
anvertraut **2** 189
Anwesenheitspflicht
– Jugendamt **7** 473
Anwesenheitsrecht
– Eltern **5** 335
– Jugendamt **7** 472
Anzeigenverhalten **2** 111
Anzeigepflicht **2** 185
apokryphe Haftgründe **3** 249
Äquivalenztheorie **2** 34
Arbeit, gemeinnützige **4** 303, s.a. Gemeinnützige Arbeit
Arbeiterwohlfahrt **7** 507
Arbeitsauflage **5** 348
Arbeitseinsatzstelle **7** 515
Arbeitsfelder Sozialer Arbeit **7** 395
Arbeitsleistungen **4** 304; **5** 350
– Diversion **5** 337
arglos **2** 126
Arrest **5** 351
– Einstiegsarrest **5** 356
– Rückfallquoten **5** 351
– Ungehorsamsarrest **5** 352

271

Stichwortverzeichnis

- Warnschussarrest 5 351
Art und Schwere der Tat 4 314
ärztliche Heilbehandlung 2 41, 136
ASA 7 464
Aufenthaltsbeschränkung 3 258
Aufgabe des Strafrechts 1 13
Aufklärung des Patienten 2 41
Aufklärungspflicht 7 472
Auflagen 4 303; 5 344, 348
- gemeinnützige Arbeit 4 303
- Kontrolle 7 455
- Verstöße gegen 2 193; 4 300; 7 421
Augenschein 3 239
Ausgleich, außergerichtlicher 6 358
Ausgleichsgedanke
- Diversion 6 367
- Restorative Justice 4 286; 6 358
Ausländer 3 267; 4 307; 7 492
ausländerrechtliche Konsequenzen 4 307
Auslandstaten 1 14
Auslegung
- unbestimmte Rechtsbegriffe 1 17 f.
Auslieferung 3 262
- deutscher Staatsangehörige 3 267
- Tatverdacht 3 262
- zur Verfolgung 3 268
- zur Vollstreckung 3 268
Auslieferungsersuchen 3 262
Auslieferungsverfahren
- europäischer Haftbefehl 3 263
Ausnahmegericht 3 219
Aussagefreiheit 3 226; 7 467
Aussagegenehmigung 2 191 f.
Ausschluss der Öffentlichkeit 3 221
außergerichtliche Konfliktregelung 3 236
Aussetzen eines Neugeborenen 2 160
Aussetzung der Verhängung der Jugendstrafe 5 357
Aussetzung zur Bewährung 4 297, 319; 5 356
- Jugendstrafrecht 7 420
- Verhältnismäßigkeitsgrundsatz 4 297
Autonomie 6 363
Autorennen 2 36

Babyklappe 2 160
BAG-Straffälligenhilfe 7 517

Bagatelldelikte 2 92
- Diversion 3 235
Bagatellkriminalität 2 172; 4 304
Bandendiebstahl 2 166
Bedarf, erzieherischer 5 349
Bedingter oder Eventualvorsatz 2 132
Beendigung einer medizinischen Behandlung 2 102
Beförderungserschleichung 1 9; 2 163
Begnadigung 4 315
Begnadigungspraxis 4 326
Begnadigungsrecht 4 321
Begründungspflicht 5 340
Begünstigung 2 163
Behandlung
- erkennungsdienstliche 3 229
- lebensgefährliche 2 146
- medizinische 2 102
- unangemessene 2 137
- unmenschliche 3 271
Beihilfe 2 103
Beischlaf 2 93, 152
Beleidigung
- Gegenmaßnahmen 2 55
Beratungsstellen 2 186
Berufsausübungsfreiheit 4 305
Berufsgeheimnisträger 2 187
- Verschwiegenheitspflicht 2 188
Berufspsychologe 2 186
Berufsrichter 3 201, 241
Berufsverbot 4 309
Berufung 1 5; 3 222, 242
- Jugendstrafverfahren 5 342
Beschaffungskriminalität 2 176
Beschlagnahme 3 232
- von Beweismittel 3 250
- von JA-Akten 2 192
Beschneidung 2 43, 196
Beschuldigter 3 203 f., 226
- Anwalt 3 226
- Belehrung 3 226
- Ladung 3 226
- Vernehmung 3 226
Beschützergarant 2 99
Beschwerde 3 204, 232
- Haftbeschwerde 3 232
Besonderer Teil 1 4

Stichwortverzeichnis

Bestimmtheitsgebot 1 17
Betäubungsmittel 2 178
Betäubungsmittelrecht
– Reform 2 179
Betreuer
– Einwilligung der 2 42
Betreutes Wohnen 7 508
Betreuungspflicht
– Jugendamt 7 473
Betreuungsweisung 7 455
Betrug 2 163
Beugearrest 5 352
Beurteilung der Persönlichkeit 5 336
Bewährung 4 297; 7 422
– Auflagen 4 298; 7 420
– Weisungen 4 298 f.; 5 356 f.
– Widerruf 7 415, 421, 427
– Zwei-Drittel-Strafaussetzung 4 297
Bewährung der Rechtsordnung 2 46
Bewährungsauflage
– gemeinnützige Arbeit 4 303
Bewährungsbeschluss 4 298
Bewährungshelfer
– Aufgaben 4 300
– Mitteilungspflicht 2 193
Bewährungshilfe 7 414 f.
– Aufgaben 7 414, 435
– Berichtspflicht 7 418, 421
– Datenschutz 2 193
– Diagnose 7 432
– ehrenamtliche 7 420
– Erfolg 7 426
– Fachliche Standards 7 424
– Fallbelastung 7 431
– Historische Entwicklung 7 423
– Internationale Bezüge 7 423
– Jugendliche 7 415
– Jugendstrafrecht 7 420
– Kontrollauftrag 7 415
– Lebensweltorientierung 7 416
– Neuausrichtung 7 437
– Praxis 7 427
– Prognose 7 432
– rechtliche Regelungen 7 417
– Risikoeinschätzung 7 434
– Risikoorientierung 7 434
– Statistik 7 425
– Stellungnahme 7 414
– Verfahrensbeteiligte 7 414
– Zeuge 7 414

– Zwangskontext 7 415
Bewährungsunterstellung 5 356
Beweisantragsrecht 3 238 f.
– Jugendamt 7 470
Beweiserhebung 3 238
Beweislast 3 200
Beweismittel 3 229, 235, 239
– Beschlagnahme 3 231
– originäre 3 220
Beweisregeln 3 200
Beweisverwertungsverbot 2 189; 3 227
– Tagebuch 2 189
Beweiswürdigung, freie 3 218
Bewusste Fahrlässigkeit 2 36
Bewusstlosigkeit 2 32
Beziehung
– helfende 2 75; 7 416, 480
– sozialarbeiterische 2 75; 7 415 f., 421, 435, 468, 480, 483, 488
– zu Klienten 2 190
Beziehungsaufbau 7 430
Beziehungsdelikte 6 362
Big Data 4 288
BKiSchG 2 187
Blutalkoholkonzentration 2 86
Blutprobe 3 228 f.
Brechmittel 3 229
Bundeszentralregister
– Cannabis 2 180
– Löschen des Eintrags 2 180
Cannabis 2 177 f.
– Eigenkonsum 2 179
– Legalisierung 2 180
– Straferlass 2 180
– Vereine 2 179
Cannabisclubs 2 179
Cannabisgesetz 2 179
Caritasverband 7 507
Christie, Nils 6 363
Circle-Verfahren 6 366
Community 6 364
conditio sine qua non 2 34
Conference (Restorative Justice) 6 364, 366
Containern 2 168
Corona 1 21

273

Stichwortverzeichnis

Datenschutz 2 185; 3 239
- Anzeigepflicht 2 185
- Aussagegenehmigung 2 191 f.
- Beratungsstellen 2 186
- bereichsspezifische Regelungen 2 191
- Berufsgeheimnisträger 2 187 f.
- Bewährungshilfe 2 193
- Datenübermittlung 2 186
- DSGVO 7 466
- Freie Träger 2 191; 7 496
- fuktionaler Stellenbegriff 2 191
- funktionale Stelle 2 191
- Geheimnis 2 186
- Gerichtshilfe 2 193
- Hinweisgeber 2 185
- Information des Jugendamts 2 187
- Jugendhilfe 2 186 f., 190
- Kinder- und Jugendhilfe 2 191
- Mediation 6 381
- Offenbarungsbefugnis 2 77, 186, 188
- Pflichtenkollision 2 189 f.
- rechtfertigender Notstand 2 187
- Schwangerenkonfliktberatung 2 186
- SGB 2 186
- sozio-biographische Grunddaten 2 186
- Strafanzeige 2 194
- Suchtberatung 2 186
- Täter-Opfer-Ausgleich 7 496
- Übermittlungssperre 2 186, 191
- verlängerter 2 191
- Whistleblower 2 185
- Zweckbindungsprinzip 7 466, 468

Datenschutzgrundverordnung, europäische 7 466

Datenübermittlung 2 186

Datenweitergabe 7 468
- Familiengericht 2 187
- Inobhutnahme 2 187
- Offenbarungsbefugnis 2 187
- Rechtfertigungsgrund 2 187
- Schutzauftrag 2 187

DBH 7 404, 493

DDR-Recht 1 16

Deals 3 226, 240

Delikt
- Beteiligungsform 2 94
- Handlungsform 2 94
- Verwirklichungsstufen 2 94

Deliktsformen 2 94

Delinquenz 2 27

Demonstrationen 1 18

Deutsche Staatsangehörige
- Auslieferung 3 267

Devianz 1 11; 2 27

Devolutiveffekt 3 242

Diagnose 7 432
- Jugendamt 7 458

Diagnoseverfahren 7 435

Diagnostik 4 289

Diakonisches Werk 7 507

Diamorphin 2 184

Diebstahl 2 106, 161, 166
- aus Kirchen 2 175
- aus Wohnungen 2 54, 174
- Ausnutzung der Hilflosigkeit 2 175
- Bande 2 166
- besonders schwerer Fall 2 173
- Containern 2 168
- Datenträger 2 167
- Diebstahl mit Waffen 2 166
- Eigentum 2 168
- Einbruch 2 174
- einfacher 2 166
- Familiendiebstahl 2 172
- fremde Sache 2 167, 171
- gemeinschädlicher 2 175
- geringwertige Sachen 2 172
- Geringwertigkeit 2 172
- Gewahrsam 2 169
- gewerbsmäßiger 2 175
- Kaufhaus 2 169; 4 298
- Ladendiebstahl 1 9
- Qualifikation 2 29
- räuberischer 2 161
- Regelbeispiele 2 173, 175
- Schutzvorrichtungen 2 174
- schwerer 2 175
- Selbstbedienungsladen 2 169
- Statistik 2 164, 166
- Strafrahmen 2 173 f.
- Tathandlung 2 169 f.
- Tatobjekt 2 167
- von Waffen 2 175
- Wegnahme 2 161, 169
- Zueignungsabsicht 2 38, 170

Dienst- und Fachaufsicht
- Soziale Dienste der Justiz 7 398

Dienst- und Vollzugsordnung 7 481

Diskriminierungsverbot 3 228; 7 428

Diversion 3 235
- Arbeitsleistungen 5 337
- BtMG 3 235

Stichwortverzeichnis

- dritte Stufe 5 338
- Förderung der 7 453
- im Hauptverfahren 3 237
- Jugendhilfeleistungen 7 498
- Jugendstrafrecht 5 337
- TOA 6 367
- Verbrechtstatbestände 5 337
- Wirksamkeit 6 385

Diversionstage 5 337
DNA-Proben 3 229
Doping 2 42, 107
Doppelbestrafung 1 19
Doppelmandat 7 416
- Gerichtshilfe 7 411

Doppelselbsttötung 2 102
Dreiecksverhältnis, jugendkriminalrechtliches 5 349; 7 463
Dringender Tatverdacht 3 231, 247, 255
Drittgeheimnis 2 75
Drogen 2 178
- Drogenabhängigkeit 2 88, 176, 183 f.
- illegale 2 177
- verschreibungspflichtige 2 178

Drogen- und Waffenhandel
- Ermittlungsverfahren 3 230

Drogenabhängigkeit 2 184
Drogenkonsumraum 2 181
Drogenkriminalität
- besonders schwere Fälle 2 182
- Diversion 2 182
- Drogenkonsumraum 2 181
- Einmalspritzen 2 181
- Statistik 2 177
- Strafmilderung 2 182
- Substitution 2 184
- Tathandlung 2 178
- Therapie statt Strafe 2 183

Drogenstrafrecht 2 176, 178
- Betäubungsmittel 2 178

Dunkelfeld 2 108
Durchgehende Hilfe 7 396 ff., 413, 483, 488
Durchsuchung 1 26
Durkheim, Emile 1 11
DVJJ 4 288; 7 493
- Jugendstrafrechtsreformkommission 5 344

Ehrdelikte 2 92
Ehrenamt 6 364; 7 420, 512

Ehrenamtliche Bewährungshilfe 7 420
Ehrenmord 2 37
Eigenkonsum 2 179
Eigentum
- geistiges 2 167

Eigentumsdelikte 2 161
- Statistik 2 161

Eigenverbrauch 2 182
Eingliederungsplanung 7 422, 483, 509
Einmalspritzen 2 181
Einschätzungsprärogative 1 10
Einsichtsfähigkeit 5 330
Einstellung des Strafverfahrens 2 29
- § 170 Abs. 2 StPO 3 235
- BtMG 2 182

Einstiegsarrest 5 356
Einverständnis 2 41, 152
Einwilligung 2 41, 135
Einwilligungsfähigkeit 2 42
Einzelfallgerechtigkeit 4 315
Eltern
- Anwesenheitsrecht 5 335
- Beratung der 7 453
- Einschränkung des Notwehrrechts 2 61
- Einwilligung der 2 42
- Fragerecht 5 335
- Garantenstellung 2 99
- Rechtsanspruch 7 463
- Rechtsbehelfe 5 335
- Sorgerecht 2 42 f., 154 f.; 5 335; 7 464
- Wirkung von richterlichen Entscheidungen 5 349

Embryonenschutzgesetz 2 157
Empirie 1 10
Empowerment 6 363
EMRK s. Europäische Menschenrechtskonvention

Entkriminalisierung 2 27; 7 515
Entlassene Gefangene 7 477, 504
Entlassungsloch 7 430
Entlassungsvorbereitung 7 508
Entscheidungsvorschlag
- Jugendamt 7 461

Entschuldigungsgründe 2 84
Entschuldungshilfe 7 508, 512
Entwicklungsperspektiven des jungen Menschen 7 461

Entwicklungsverzögerung 5 330
Entziehung der Fahrerlaubnis 4 306, 309
Entziehungsanstalt 4 309
Erfolgsdelikt 2 33
Erforderlichkeit 1 10
Erforschung der Persönlichkeit 7 458
– Jugendamt 7 458
Erkenntnisverfahren 3 222
– Ablauf 3 229
– jugendstrafrechtliches 5 341
erkennungsdienstliche Behandlung 3 229
erkennungsdienstliche Maßnahmen 2 79
Erlaubnistatbestandsirrtum 2 82
Erlebnispädagogische Aktionen 2 99
Ermahnungsgespräch 5 337
Ermittler
– verdeckte 3 230
Ermittlungsbehörde 2 92; 3 202, 224
Ermittlungsmaßnahmen 3 228
– Begründungspflicht 3 232
– Beschwerde 3 232
– Blutprobe 3 229
– DNA-Probe 3 229
– einstweiliger Rechtsschutz 3 232
– Grundrechtseingriffe 3 232
– Hausdurchsuchung 3 231
– Körperliche Eingriffe 3 229
– Rechtsschutz 3 232
– richterliche Überprüfung 3 232
– Telekommunikationsüberwachung 2 189
– verdeckte 3 232
– Wohnraumüberwachung 2 189
Ermittlungspersonen 3 203
Ermittlungsunterlagen 3 224
Ermittlungsverfahren 3 223 f., 233, 235; 7 405
– Anfangsverdacht 3 204
– Anklage 3 233
– Drogen- und Waffenhandel 3 230
– Fahndung 3 228
– gegen Jugendliche 5 336
– Polizei 1 26
– Untersuchungshaft 3 244
– V-Leute 3 230
– verdeckte 3 230
– Videovernehmung 3 209
– Vorermittlungen 3 204
– Zwangsmaßnahmen 3 228 f.
Eröffnung des Hauptverfahrens 3 237

Eröffnungsbeschluss 3 237
Erpressung 2 81, 110, 163
Ersatzfreiheitsstrafe 4 304; 7 409
– Abwendung der Vollstreckung 4 304
Erstgespräch 7 427 f.
Erstkontakt 7 406
erzieherischer Bedarf 5 349
Erzieherprivileg 2 155
Erziehung
– Begriff 5 331
– gewaltfreie 2 135, 196
– Hilfe zur 5 349
– Straftheorie 4 283
– vorläufige Anordnung über die 5 340
– Weisungen 5 347
Erziehungsmaßregeln 4 308; 5 331, 344
Erziehungsverfahren, formloses richterliches 5 338
EU-Richtlinie 2016/800 7 458
Eurojust 1 15
Europäische Menschenrechtskonvention 1 13, 16; 2 46; 3 199, 204, 212, 228; 4 310; 6 358
europäischer Haftbefehl 3 261
Europarecht
– Vertragsverletzungsverfahren 6 371
Eventualvorsatz 2 36
Evidence-based practice 4 292
Exhibitionistische Handlungen 2 152
expressive Straf-Begründungen 4 286
Fachaufsicht 7 415, 418
– Soziale Dienste der Justiz 7 398, 418
Fachkräfte
– Jugendamt 7 452, 458
Fachliche Standards
– Bewährungshilfe 7 424
– Mediation 6 372
– Mitwirkung des Jugendamt im strafrechtlichen Verfahren 7 447 ff.
– Nichteinhaltung 2 101
– Soziale Arbeit im Strafvollzug 7 487
– Täter-Opfer-Ausgleich 6 372
Fahndung 3 228
Fahrlässige Körperverletzung 2 140
Fahrlässige Tötung 2 112 f.
Fahrlässigkeit 2 36
– bewusste 2 36
Fahrverbot 4 305 f.

Stichwortverzeichnis

Fairness 3 199
Fakten
- empirisch nachweisbare 1 10
Fallkonferenzen, interdisziplinäre 7 475
Familienberatungsstellen 2 186
Festnahme 3 226, 228, 231, 244, 247
- Voraussetzungen 3 247
- Vorführung 3 246
Festnahmerecht 2 79
- Verhältnismäßigkeitsgebot 2 79
Fingerabdrücke 3 229
Flucht 3 248
Fluchtgefahr 3 248, 250
- Prognose 3 248
Folter 2 128; 3 204, 227
Förderung sexueller Handlungen Minderjähriger 2 155
- Erzieherprivileg 2 155
Fotos 2 154; 3 220
Fragerecht 3 238 f.
- Jugendamt 7 470
France, Anatole 1 8
Freie Straffälligenhilfe 7 493, 497
- Angebote 7 512
- Betreutes Wohnen 7 512
- Entlassungsvorbereitung 7 498, 512
- Gemeinnützige Arbeit 7 514
- Gruppenarbeit 7 512
- Haftentscheidungshilfe 7 512
- Haftvermeidung 7 512
- historische Entwicklung 7 501
- Organisationsformen 7 500
- Selbstverständnis 7 500
- Täter-Opfer-Ausgleich 7 512
- Übergangsmanagement 7 512
- Unabhängigkeit 7 499
- Vermeidung der Vollstreckung von Ersatzfreiheitsstrafen 7 512
- Vermeidung von Ersatzfreiheitsstrafen 7 514
- Wohnraumvermittlung 7 512
Freie Träger
- Opferhilfe 7 518
- Straffälligenhilfe 7 493
Freiheitsentzug
- Alternativen 5 353
- unbefristet 4 310
Freiheitsstrafe 2 29; 4 297
- Aussetzung zur Bewährung 7 432
- Bewährung 4 297

- Jugendhilfe 5 351
- lebenslange 2 114, 133
- Statistik 4 296
- Vollstreckung 3 243
- zeitige 4 297
Frühhilfe 7 412
Führungsaufsicht 4 309; 7 414, 438
- bei Jugendlichen 5 344
- Betreuungsaufgaben 7 443
- Dauer 7 440
- Statistik 7 445
- unbefristet 7 440, 444
- Voraussetzungen 7 439
- Zwangskontext 7 443
Führungsaufsichtsstelle 7 441
funktionaler Mediationsbegriff 6 372
Fürsorge
- Rechtsanspruch 7 504
Fürsorgeerziehung 7 448
Fürsorger 7 481
Fußfessel, elektronische 4 311; 7 444

Garantenpflicht 2 71, 99
Garantenstellung 2 99
- Eltern 2 99
- Familienangehörige 2 99
- Ingerenz 2 99
- Internetprovider 2 99
- Jugendhilfe 2 100
- Kraftfahrzeuge 2 99
- Lebenspartner 2 99
- Produkthaftung 2 99
- Soziale Arbeit 2 99
- Tierhalter 2 99
- vorausgegangenes Fehlverhalten 2 99
- Waffenbesitzer 2 99
Garantiefunktion 1 17
Gebot einer gewaltfreien Erziehung 2 135, 196
Gebotensein 2 56
Geeignetheit 1 10
Gefahr
- abstrakte 1 24
- gegenwärtige 1 23; 2 54
- in Verzug 3 229
- konkrete 1 23; 2 33
Gefährder 1 22, 25
Gefährderanschreiben 1 25
Gefährderansprache 1 22
Gefährdungsdelikt 2 33

Gefahrenabwehr 1 20
Gefahrenabwehrpflicht 2 71
Gefahrerforschungseingriffe 1 24
Gefährliche Körperverletzung 2 110, 134, 147
Gefährlichkeit des Täters 4 310
Gefangene
- entlassene 7 481, 502
- Kinder 7 486
- Krankheit 7 484
- Lebenswelt 7 484
- nichtdeutsche 7 492
- Suchtprobleme 7 484
Gefangenenfürsorgeverein 7 481
Gefangenenhilfe, ehrenamtliche 7 483
Gefangenenseelsorge 7 502
Gefängnis
- Abschaffung 2 83
Gegenüberstellung 3 229
Geheimnis 2 186
Geheimnisverrat 2 187
Geldbuße 1 7
Geldfälschung 1 14
Geldstrafe 4 294, 301
- Anlassdelikte 7 515
- Bewährung 4 302
- Ratenzahlung 4 301; 7 410
- Strafbefehl 7 410
- Stundung 4 301
- Tagessatz 4 301
- uneinbringliche 4 304; 7 409
- Vorrang der Wiedergutmachung 4 301
Geldwäsche 2 163; 3 268
gemeingefährliches Mittel 2 129
Gemeinnützige Arbeit 4 303
- Haftvermeidung 7 409
- Organisation 7 409
Gemeinschaftskonferenz 6 364, 366
Gemeinwesenorientierung
- Restorative Justice 6 364
Generalklausel, polizeiliche 1 22, 25
Generalstaatsanwaltschaft 3 264
Gericht 3 201
- Instanzen 3 201, 224
- Jugendschöffengericht 5 341
- nichtöffentliche Beratung 3 241
- Schöffe 3 201
- Sitzungspolizei 3 238
- Stimmrecht 3 241

- Unabhängigkeit 3 211
- Vorsitzende 3 238
- Zuständigkeit 2 29; 3 211, 219, 224
Gerichtshilfe 3 225; 7 399
- Arbeitsweise 7 406
- Aufgaben 7 400, 407
- Datenschutz 2 193
- Dienstaufsicht 7 399
- Doppelmandat 7 411
- Ermittlungen 7 400
- Ermittlungsorgan 7 411
- Feststellung des Hilfebedarfs 7 411
- Frühhilfe 7 412
- Gnadensachen 7 403
- Haftentscheidungshilfe 7 407
- Haftvermeidung 7 401, 407
- Hauptverhandlung 7 388
- historische Entwicklung 7 404
- Opferbericht 7 401
- Organisation 7 399, 408
- Organisation gemeinnütziger Arbeit 7 401
- psychosoziale Diagnose 7 411
- Statistik 7 405
- Stellungnahme 7 400
- Täter-Opfer-Ausgleich 7 402
- Verhältnis zur Bewährungshilfe 7 397, 399
Gerichtsverfassungsgesetz 3 199
Geringfügigkeit 3 235
Gesamtkriminalität 2 111
Gesamtplan 2 95
Geschäftsfähigkeit 2 42
Gesetz zur ambulanten Resozialisierung 7 397
Gesetzevorbehalts 1 24
Gesetzliche Vertreter s. Eltern
Gesetzlichkeitsgrundsatz 1 16
Geständnis 3 217, 239 f.; 5 337
Gewahrsam 2 169
Gewalt
- absolute 2 32
- Definition 1 18
- fremdenfeindliche 7 520
- gegen Kinder 2 195
- häusliche 1 25; 6 386
- Missbrauch von Kindern 2 195
- sexualisierte 2 195
- vis absoluta 1 18
- vis compulsiva 1 18

Stichwortverzeichnis

Gewaltdelinquenz 2 110
- Erscheinungsformen 2 110
- Statistik 2 110

Gewaltkriminalität 2 105, 111

Gewaltmonopol 2 47
- staatliches 1 13; 6 361, 363

Gleichbehandlung 4 315; 7 434

Gnadenbehörde 4 327

Gnadenentscheidung 4 320, 324, 327

Gnadenrecht 4 315

Gnadenverfahren 4 323

Grausamkeit 2 128

Grundrecht
- informationelle Selbstbestimmung 2 189

Grundrechte 3 228
- von Strafgefangenen 7 477

Grundrechtseingriffe 3 232

Grundrechtsschutz 4 310

Grundsatz der Verhältnismäßigkeit
- Zwangsmaßnahmen 3 228

Grundsätze der durchgehenden Hilfe 7 428

Grundvoraussetzungen der Strafbarkeit 2 31

Gruppenarbeit 5 349

Güterabwägung 2 46, 75

Habgier 2 122

Haftbefehl 3 256
- Aussetzung 3 258

Haftbefehl, europäischer 3 261
- Auslieferung 3 267
- Auslieferung zur Verfolgung 3 268
- Auslieferung zur Vollstreckung 3 268
- Auslieferungsautomatismus 3 271
- Auslieferungsverfahren 3 263
- Bewilligungshindernisse 3 264
- Bewilligungsverfahren 3 263
- ordre public 3 270
- Prinzip der beiderseitigen Strafbarkeit 3 268
- Prinzip der Gegenseitigkeit 3 268
- Prinzip der Spezialität 3 269
- Rechtsschutz 3 266
- Rechtsstaatlichkeit 3 271
- Verfahren 3 263
- Zulässigkeitsverfahren 3 263

Haftbefehl, internationaler 3 261

Haftentlassung
- Rechtsanspruch auf Fürsorge 7 504

Haftentscheidungshilfe 3 249; 7 407, 491

Haftfolgeschäden 7 409

Haftgrund 3 244, 248
- apokryphe 3 249
- Fluchtgefahr 3 250
- Fluchtgefahr bei Jugendlichen 5 340
- Schwere der Schuld 3 252
- Verdunkelungsgefahr 3 250
- Wiederholungsgefahr 3 251, 253

Haftgründe 3 246

Haftprüfung 3 232

Haftreduzierung 7 431, 491

Haftvermeidung 7 407, 453, 491

Haltung
- mediative 6 380
- professionelle 2 41; 7 389

Handlung 2 32
- Unterlassen 2 98

Handlungskompetenzen, professionelle 7 389

Hang 4 310

Haschisch 2 178, 182

Hauptverfahren 3 222
- Diversion 3 237
- Eröffnung 3 237
- informelle Verfahrenserledigung 3 237
- Jugendstrafrecht 5 341

Hauptverhandlung
- Ablauf 3 238
- Anwesenheitspflicht des Jugendamts 7 473
- Beweisaufnahme 3 238 f.
- Jugendamt 7 473
- Jugendliche 3 221
- Leitung 3 238
- öffentliche 3 237 f.
- unentschuldigtes Fernbleiben 3 255

Haus- und Familiendiebstahl 2 172

Hausarrest 3 258

Hausbesuch 7 406, 428, 431

Hausdurchsuchung 3 228, 231

Hausfriedensbruch, 2 168

Hegel, G.W.F. 4 279

Hehlerei 2 163

Heilbehandlung
- ärztliche 2 136

Heimtücke 2 124 f., 130

Heranwachsender 5 329

Heroin 2 178, 184

279

Herrschaft 1 9; 4 279, 318
Hilfe für junge Volljährige 7 495
Hilfe in besonderen sozialen Schwierigkeiten 7 495
Hilfe zur Erziehung 5 349; 7 452, 455, 495
- Jugendstrafrecht 5 349
- Leistungsvoraussetzungen 5 349; 7 453
- Täter-Opfer-Ausgleich 7 453
- Verwaltungsverfahren 7 464
- Voraussetzungen 5 349
Hilfe zur Selbsthilfe 7 428, 480
Hilfe, durchgehende 7 396 ff., 413, 483, 488
Hilfeplanung 7 462, 464
- Beteiligung der Betroffenen 7 462
- Jugendamt 7 458, 462, 464
- Teamkonferenz 7 462
Hinreichender Tatverdacht 3 233
Hinweisgeber 2 185
Historische Entwicklung 7 404
Homosexuelle Handlungen 2 107
Hooligans 1 25
Hund 2 32
Identitätsfeststellung 2 79; 3 229
Im Zweifel für den Angeklagten 3 200, 212
In dubio pro reo 3 212, 235
Individualrechtsgüter 2 28, 79
Infektionsschutzgesetz 1 21, 24
Informelle Verfahrenserledigung 3 235 f.; 5 337
Ingerenz 2 99
Inlandsbezug 1 14
Inquisition 3 216
Institution, totale 7 479 f., 486
Integration 7 415, 486
- in den Arbeitsmarkt 7 484
- (Re-)Integration 5 331; 6 365
- soziale 1 1; 5 343; 7 452
Interaktionismus 6 363
Internationaler Strafgerichtshof 1 14
Internetprovider
- Garantenstellung 2 99
Interpol 3 261
Irrtum 2 37
- Tatbestand 2 37
JGG
- Novellierung 2019 5 328; 7 473

JGH-Stellungnahme 7 460 ff.
Jugendamt 7 448 f.
- Aktenbeschlagnahme 2 192
- Akteneinsichtsrecht 7 470
- Anamnese 7 458
- Anhörungsrecht 7 469
- Antragsrecht 7 469
- Anwesenheit 7 469, 473
- Anwesenheitspflicht 7 473
- Anwesenheitsrecht 7 472
- Aufgaben 7 447
- Aufgaben im Strafverfahren 7 453
- Aufgabenzuweisung durch die Justiz 7 455
- Betreuungspflicht 7 473
- Biographiearbeit 7 458
- Datenerhebung 7 466
- Datenweitergabe 7 466
- Diagnose 7 458
- Doppelagentin 7 451
- Erforschung der Persönlichkeit 7 458, 466 f.
- Fachkräfte 7 452, 458
- Garantenstellung 2 100
- Heranziehung 7 472
- Hilfeplanung 7 458, 462
- im Strafverfahren 7 456
- Informationsrecht 7 469
- Jugendämter 6 378
- Kontrolle von Auflagen und Weisungen 7 455
- Mitwirkung im Strafverfahren 3 225; 5 339; 7 452 f., 455
- prozessrechtliche Stellung 7 469
- Schutzauftrag 2 100; 7 459
- Souterrain der Justiz 7 473
- Sozialleistungsbehörde 7 452, 458, 464
- Stellungnahme 7 453, 461 f., 465
- Stellungnahmen im Strafverfahren 7 453, 461
- Steuerungsverantwortung 7 463
- Teamkonferenz 7 462
- Teilnahme an der Hauptverhandlung 7 473
- Verfahrensbeteiligte 7 388, 469
- Verfahrensrechte 7 469 f.
- Verhältnis zur Strafjustiz 7 456 f.
- Verkehrsrechte 7 469
- Verzicht auf Teilnahme 7 473
- Wächteramt 2 100
- Zeugnisverweigerungsrecht 7 468 f.
- Zuständigkeit 7 472
Jugendberatungsstellen 2 186

Stichwortverzeichnis

Jugendfreizeit 2 155
Jugendgerichtsbewegung 7 503
Jugendgerichtsgesetz 3 199
Jugendgerichtshilfe 7 392, 447, 451, s. Jugendhilfe im Strafverfahren
- Aufgabe des Jugendamts 7 447
- Begriff 7 392, 447, 449, 473
- Durchgriff auf 7 451
- Historie 7 448
- Jugendhilfe im Strafverfahren 5 333
- Terminologie 5 333; 7 473

Jugendhilfe
- Datenschutz 2 190
- freie Träger 7 447
- Funktionsfähigkeit 7 468
- Garantenstellung 2 99
- im Strafverfahren 7 447 ff.
- In-Dienst-Stellung 7 457
- Integrationshilfen 5 356
- Präventionsarbeit 4 291
- Rechtsanspruch 7 463
- Unterschiede zu Sachverständigen 7 450
- Wirkfaktoren 5 353
- Zeugnisverweigerungsrecht 2 190
- Zweckbindungsprinzip 5 336; 7 450, 452

Jugendhilfe im Strafverfahren 7 448 f., s.a. Jugendamt (– Mitwirkung im Strafverfahren)
- Alternativen zum Freiheitsentzug 7 452
- Aufgaben 7 452 f.
- Betreuung 7 453
- Diversion 7 453
- Entlassungsvorbereitung 7 453
- Entscheidungsvorschlag 7 461
- Förderung der Diversion 7 452
- Freie Träger 7 454
- Haftbesuche 7 453
- Haftvermeidung 7 453
- Handlungsprinzipien 7 452
- Historie 7 448
- Klärung der Verantwortungsreife 5 330
- Kontrollaufgaben 7 455
- Krisenintervention 7 453
- Lebensweltorientierung 7 452
- Leistungen 7 453
- Persönlichkeitserforschung 5 336; 7 453
- Rechtsgrundlage 7 448
- Sanktionsaufgaben 7 455
- Soziale Kontrolle 7 455
- Stellungnahme 7 453, 461
- Steuerungsverantwortung 7 463
- Täter-Opfer-Ausgleich 7 453
- Überwachungsaufgaben 7 455
- Überwachungsfunktion 7 455
- Untersuchungshaftvermeidung 5 340
- verfahrensbegleitende Aufgaben 7 454
- Verfahrensrechte *siehe* Jugendamt
- Ziele 7 452

Jugendhilfe und Justiz
- Konflikte 1 1
- Kooperation 7 474

Jugendhilfe und Strafjustiz 7 456
Jugendhilfe, sozialanwaltliche 7 448
Jugendhilfeleistung
- Unterschied zur JGG-Maßnahme 7 455
- Voraussetzungen 5 349; 7 452 f.

Jugendhilfeleistungen
- Voraussetzungen 5 349

Jugendhilferecht 7 449
Jugendkriminalität 1 1; 4 289
- Merkmale 5 343

Jugendliche/r 5 329
- Bewährungshilfe 7 415
- Definition 5 329
- Einsichtsfähigkeit 5 330
- Freiheitsstrafe 7 489
- Steuerungsfähigkeit 5 330
- strafrechtliche Verantwortlichkeit 5 330
- Trennung von den Eltern 7 464

Jugendmedienschutz 2 156
Jugendschöffengericht 5 341
Jugendschutz
- gesetzlicher 2 194, 198
- strafrechtlicher 2 194

Jugendschutzgesetz 2 198
Jugendstrafe 4 294; 5 344, 351
- Alternativen 5 353
- Aussetzung der Verhängung 5 357
- Aussetzung zur Bewährung 5 356
- Dauer 5 355
- Rückfallquoten 5 353
- schädliche Neigungen 5 353
- Voraussetzungen 5 353

Jugendstrafrecht 1 6; 5 328
- § 3 JGG 5 330
- Altersgrenzen 5 330
- Arbeitssanktionen 5 350
- Auflagen 5 348
- Berufung 5 342
- Diversion 5 337
- Einheitsprinzip 5 345

Stichwortverzeichnis

- erzieherische Reaktionen im sozialen Umfeld 5 339
- Erziehungsgedanke 5 331
- EU-Richtlinie 2016/800 7 458
- Freiheitsentzug 5 351
- Geltungsbereich 5 329
- Grundsätzliches 5 328
- Haftvermeidung 7 407
- Hauptverfahren 5 341
- Hilfe zur Erziehung 5 349
- Mindeststrafen 5 343
- Opferinteressen 5 334
- Rechtsfolgen 5 344
- Rechtsmittel 5 342
- Rückfallvermeidung 5 331
- Sanktionen 5 343
- strafrechtliche Verantwortlichkeit 5 330
- Subsidiarität 5 331; 7 452
- und Jugendhilferecht 5 332
- Verfahren 5 334
- Verhältnismäßigkeitsgrundsatz 5 331
- Weisungen 5 347
- Ziel 5 331
- Zuchtmittel 5 348
- Zwangsmaßnahmen 5 340

Jugendstrafrechtliche Rechtsfolgen 5 344
- Kombinationsmöglichkeiten 5 346
- Statistik 5 344

Jugendstrafverfahren 5 334 ff., 341
- formloses, richterliches Erziehungsverfahren 5 338
- Revision 5 342
- vereinfachtes Jugendverfahren 5 341

Jugendstrafvollzug 7 489
- Abschaffung 5 353
- Entlassungsvorbereitung 7 489

Jugendverfahren
- vereinfachtes 5 341

junger Mensch
- Schutzbedürftigkeit 7 459

juristische Personen 2 32, 104

Justiz
- Soziale Dienste 7 396

Justiz und Sozialarbeit
- Kooperation 7 474

Justizbeitreibungsordnung 3 243
Justizförmigkeit 1 13; 3 199
Justizgrundrechte 1 13
Justizieller Sozialdienst 7 447

Justizsozialarbeit 7 415
Justizverwaltungsaufgabe 3 243
Kanalisation von Emotionen 1 13
Kant, Immanuel 4 279
Kaufhausdiebstahl 2 169
Kausalität 2 34
- überholende 2 34

Kausalität, überholende 2 34
Kinder 2 46
- Opfer von Gewaltdelikten 2 118

Kinder- und Jugendhilfe
- Garantenstellung 2 99

Kinder- und Jugendhilferecht s. Jugendhilfe
- s. Jugendhilfe 7 456

Kinderpornographie 1 14; 2 195
Kinderschutz, strafrechtlicher 2 194
Kindesmisshandlung 2 194
Kirchendiebstahl 2 175
Klageerzwingungsverfahren 5 334
- Jugendstrafrecht 5 334

Klientenbeziehung 2 190
Konflikt 1 8
- Beziehung 6 362
- Rückaneignung 6 363
- situativer 6 362
- strafrechtlich relevanter 6 362, 364, 377
- Straftat 6 362

Konflikt, strafrechtlich relevanter 6 362
Konfliktvermittlung 4 287; 6 362
Konnexität 7 455
Konsens, gesellschaftlicher 1 8
Kontrolldelikte 3 224
Kontrolle von Auflagen und Weisungen 7 455

Kooperation
- Polizei und Sozialarbeit 7 474
- von Jugendhilfe und Justiz 7 474

Körperverletzung 2 134, 142, 145
- Anstecken mit Krankheit 2 139
- Beschneidung 2 43
- einfache 2 110
- fahrlässige 2 140
- gefährliche 2 134, 147
- Gesundheitsschädigung 2 139
- Gift 2 143
- Misshandlung 2 137
- mit Waffen 2 143
- Qualifizierung 2 29, 142

Stichwortverzeichnis

- Sanktion 2 137
- schwere 2 148
- Tatbestand 2 137
- Todesfolge 2 92
- Überfall 2 144
- Werkzeug 2 143

Krankheit 2 148
Kriegsverbrechen 1 14
Kriminalität 2 27
- Begriff 2 27
- der Braven 4 291
- der Mächtigen 1 8
- klassische 1 9
- minderschwere 6 386
- organisierte 3 230
- politisch-motivierte 1 22
- Ubiquität 1 1

Kriminalitätsbelastung 2 166
Kriminalprävention 1 1; 4 288
- Begriff 4 288
- Datenschutz 4 292
- Definition 4 290
- evidenzbasierte 4 292
- Grenzen 1 26
- Jugendhilfe 4 291
- primäre 4 290
- Probleme 4 289
- Rechtsstaatlichkeit 4 292
- sekundäre 4 290
- tertiäre 4 290

Kriminalprognose 7 432
Kriminalstrafe
- Verhältnismäßigkeitsgebot 4 295
- Wesensmerkmale 4 295

Krimineller 1 11
Kriminologie 2 108
Kronzeugenregelung 3 226, 240; 4 313
Künstliche Intelligenz 4 288

Ladung 3 226, 237
- polizeiliche 3 226

Laienrichter 3 201, 241
Landesstrafvollzugsgesetz 7 422, 476, 480
Landgericht 3 222
Langzeitausgang 7 509
Lauschangriff 3 231
Lebenspartner
- Garantenstellung 2 99

Lebensweltorientierung
- im Strafvollzug 7 479, 482, 484

- in der Führungsaufsicht 7 443

Legalitätsgrundsatz
- Einschränkungen 5 337

Legalitätsprinzip 3 215
Leistungen der Jugnedhilfe
- Hilfeplanung 7 462

LSD 2 178
Lügen 3 204, 226

Machtgefälle 7 480
Manualisierung von Verfahren 7 436
Marihuana 2 178
Marx, Karl 1 8
Maßnahme
- Begriff 5 349
- polizeiliche 1 22

Maßregeln der Besserung und Sicherung 4 295, 309
- Führungsaufsicht 7 438
- Fußfessel 4 311; 7 444
- im Jugendstrafrecht 5 344
- Jugendliche 5 344
- Sicherungsverwahrung 4 310
- Verhältnismäßigkeitsgrundsatz 4 295, 310

Materielles Strafrecht 1 4, 13; 4 315
Mediation 6 359
- Allparteilichkeit 6 373
- Auftragsklärung 6 373
- Ausbildung 6 376
- Begriff 6 359, 372
- Datenschutz 6 381
- Einbeziehung Dritter 6 379
- Einzelgespräch 6 379
- empirische Befunde 6 383
- Ergebnisoffenheit 6 377
- fachliche Standards 6 372
- Freiwilligkeit 6 373, 377
- Geeignetheit 6 386
- Hinweispflichten 6 373
- in Straftatkonflikten 6 370
- Qualifikation 6 373
- Rechtsanwälte 6 374
- Schutz der Vertraulichkeit 6 381
- Staftatkonflikt 3 236
- Täter-Opfer-Ausgleich 4 287
- Vetraulichkeit 6 373
- zwischen Tätern und Opfern 6 370

Mediationsgesetz 2 189; 6 359, 372
Mediator
- Verschwiegenheitspflicht 2 189; 6 381

- Zeugnisverweigerungsrecht 2 189; 6 381
Mediator/en
- ehrenamtliche/r 6 360, 364, 376
- Qualifikation 6 375 f.
- Rollenklarheit 6 380
Medienarbeit 4 292
Meldeauflagen 1 25
Meldepflicht 3 258
Menschenhandel 1 12; 3 268
Menschenraub 2 110, 163
Menschenrechte 1 16
Menschenwürde 2 73; 3 199; 4 283
Mindeststrafe 2 29
Missbrauch 2 153
Misshandlung 2 137
- von Schutzbefohlenen 2 196
Mittäter 2 103
Mitwirkung des Jugendamts im Strafverfahren
- Begriff 7 449
- fachliche Standards 7 449
- leistungsrechtliche Aufgaben 2 191
- Rechtsgrundlage 7 449
Mobbing 2 138
Mord 2 29, 112
- lebenslange Freiheitsstrafe 2 133
- Merkmale 2 119, 130
- Vorsatz 2 130
Mordmerkmale 2 131
- arglos 2 126
- Befriedigung des Geschlechtstriebs 2 121
- Ermöglichungsabsicht 2 131
- gemeingefährliches Mittel 2 129
- Grausamkeit 2 128
- Habgier 2 122
- Heimtücke 2 124, 130
- Mordlust 2 120
- Verdeckungsabsicht 2 131
- Vorsatz 2 130
- wehrlos 2 127
Mündliche Verhandlung 3 238
Mündlichkeit 3 220
Mundraub 2 172
Mut antrinken 2 89

Nachstellung 2 107
Nacktbilder 2 154, 195
ne bis in idem 1 19
Nebenfolgen 4 307

Nebenklage 3 205, 208
- Jugendstrafrecht 5 334
Nebenstrafen 4 294, 307
Nebenstrafrecht 2 29
Negation der Negation 4 279
Nekrophilie 2 121
Nettoeinkommen 4 301
Neue Ambulante Maßnahme 5 349; 7 464
Neustart 7 397
Nichtanzeige von Straftaten 2 185
nichteheliche Lebensgemeinschaft 2 99
Nichterweislichkeit 2 92
Nidation 2 157
Nötigung 1 18; 2 80 f., 138; 3 208
- Fallgruppen 2 81
- sexuelle 2 151 f.
- Sitzblockade 2 81
- Verhältnismäßigkeit 2 81
- Verwerflichkeit 2 81
- ziviler Ungehorsam 2 81
Notstand
- entschuldigender 2 70, 91
- rechtfertigender 2 63, 65, 75 f.
Notstand, rechtfertigender
- Abwehrhandlung 2 67
- Verhältnismäßigkeit 2 67
Notstandshandlung 2 67
Notwehr 2 44
- Angriff 2 50 f.
- Einschränkung 2 59 ff.
- Einschränkungen 2 59
- Überschreitung 2 62
- Verhältnismäßigkeit 2 46
Notwehrexzess 2 62, 85
Notwehrhandlung 2 55
Notwehrlage 2 50 f., 54
- Polizei 2 55
- rechtwidriger Angriff 2 52
Notwendige Verteidigung 3 204
NS-Unrecht 4 283

objektiver Zurechnungszusammenhang 2 34
Offenbarungsbefugnis 2 186 f.
Offenbarungspflicht 2 77
Öffentliches Interesse 2 30
Öffentlichkeit 3 221
- Ausschluss der 5 341
- Zeugenschutz 3 221

Stichwortverzeichnis

Offizialdelikt 2 30
Offizialprinzip 3 200, 214
Opfer 1 12; 3 205
- Akteneinsichtsrecht 3 207
- Anerkennung 4 287
- Antragsrechte 3 207
- Begriff 7 519
- Behandlung 6 370
- Beweismittel 1 12
- Datenschutz 2 194
- minderjährige 3 209
- psychosoziale Prozessbegleitung 7 518
- Restorative Justice 6 362
- sexueller Missbrauch 3 209
- Videovernehmung 3 209
- Viktimisierung 6 371
- Zeuge 1 12; 3 205
Opferanwalt 3 207
- Kosten 3 207
Opferberatung 7 518
Opferbericht 7 401
Opferhilfe 7 518
- Arbeitskreis 7 522
- Begriff 7 519
- Erstgespräch 7 521
- Formen 7 520
- integrierte 7 520
Opferinteressen 4 286; 6 379, 386
Opferperspektive 6 361
Opferrechte 3 205, 210; 6 369
- Stärkung 3 209
Opferschutz 3 210
- durch Straffälligenhilfe 7 523
Opferschutzbeauftragte 7 523
Opferschutzrichtlinie, europäische 3 210; 6 369; 7 519
Opfertelefon 7 522
Opportunitätsprinzip 3 215
Ordnungsamt 1 20
Ordnungsbehörden 1 20
Ordnungsfunktion 1 16
Ordnungswidrigkeit 2 46; 4 319
Ordnungswidrigkeitenrecht 1 7
ordre public 3 270
Organ- und Vertreterhaftung 2 104
Organhandel 1 14
Organspende 2 41
Ortsverweisung 1 25

Parallelwertung in der Laiensphäre 2 35
Paritätischer Wohlfahrtsverband 7 507
Partydrogen 2 178
Patentrecht 2 167
Patientenverfügung 2 102
Personenkontrolle 3 228
Persönlichkeitserforschung 5 336
- Jugendhilfe im Strafverfahren 5 336
- Verhältnismäßigkeitsgebot 5 336
Pfandflaschen 2 168
Pfandkehr 2 168
Pflicht zur Verschwiegenheit 2 186
Pflichtenkollision 2 68 ff.
- Datenschutz 2 189 f.
- rechtfertigende 2 69
Pflichtverteidiger 3 204
Pflichtwidrigkeitszusammenhang 2 34
Phishing 2 106
Plädoyer 3 241
Platzverweisung 1 25
Politikberatung 4 292
Polizei 3 203
- Begriff 1 20
- Benachrichtigungspflicht gegenüber Eltern 5 335
- Bundespolizei 1 21
- Doppelfunktion 1 26
- Einheitssystem 1 20
- Ermittlungspersonen 3 203
- Ermittlungsverfahren 1 26
- Hilfsbeamte der StA 3 203
- Jugendschutz 1 22
- Recht des ersten Zugriffs 3 224
- Strafverfolgung 1 26
- Verfahrensbeteiligte 3 203
- verlängerter Arm der Staatsanwaltschaft 1 26
- Vollzugsdienst 1 20
- Vorführungsrecht 3 226
- Zwangsmaßnahmen 3 203
Polizei und Sozialarbeit 7 474
Polizeiaufsicht 7 442 f.
Polizeigesetz 1 21 f.
Polizeiliche Kriminalstatistik 2 108 f.
Polizeirecht 1 20 ff.
- Interventionsschwellen 1 25
- Verhältnismäßigkeitsgrundsatz 1 22
pornographische Schriften 2 154, 156

285

Stichwortverzeichnis

Präimplantationsdiagnostik 2 157
Pränataldiagnostik 2 157
Prävention
- Algorithmus 4 288
- Begriff 1 22
- Kriminalprävention 4 288
- Pre-Crime-Prävention 3 212; 4 288
- Predictive Policing 4 288
- täterbezogene 4 289
- Totalität 4 288

Pre-Crime-Technologien 1 13; 4 288
Predictive Policing 4 288
Primärmotivation 7 427
Prinzip der beiderseitigen Strafbarkeit 3 268
Private Kenntniserlangung 3 215
Privatklage 2 30; 3 205, 214
- Jugendstrafrecht 5 334

Privilegierungen 2 29
Proband 2 193; 7 415
Probation 2 193
Probation Rules, europäische 7 424
Produkthaftung 2 99
Professionalisierung
- Soziale Arbeit 2 190

Prognose 4 297; 7 432
- Fluchtgefahr 3 248

Prozessbegleitung, psychosoziale 7 518, 520 f.
Prozesskostenhilfe 3 207
Prozessmaximen 3 211
Prüfschema
- Versuch 2 95

Putativnotwehr 2 58

Rache 1 13; 2 54; 4 279
Racial Profiling 3 228
Radbruch, Gustav 1 8
Raub 2 161
Räuberischer Diebstahl 2 161
Recht auf rechtliches Gehör 3 213
rechtfertigender Notstand 2 63, *siehe* Notstand, rechtfertigender
- Datenweitergabe 2 187
- Güterabwägung 2 63
- Pflichtenkollision 2 68

Rechtfertigungsgrund 2 40, 45, 52, 60, 69, 75, 79, 187
- behörliche Erlaubnis 2 80

- Beschneidung 2 196
- Einwilligung 2 41, 135
- elterliches Sorgerecht 2 43
- KKG 2 187
- Notstand 2 63
- Notwehr 2 44
- Pflichtenkollision 2 69
- rechtfertigender Notstand 2 187
- Schutzauftrag 2 187
- Übersicht 2 78 f.
- Züchtigungsrecht 2 42, 135, 196
- Zwangsmaßnahme 3 229

Rechtsanspruch 7 497
- Jugendhilfe 7 463

Rechtsanwalt
- Datenschutz 2 186
- Opferanwalt 3 207
- Zeugnisverweigerungsrecht 6 381

Rechtsbegriff, unbestimmter 1 17
Rechtsförmigkeit 4 315
Rechtsfrieden, sozialer 6 366
Rechtsgüterschutz 1 8, 12; 4 313
Rechtskraft 3 242
- materielle 3 233

Rechtsmittel 3 242
- Jugendstrafrecht 5 342

Rechtsmittelinstanz 3 222
Rechtsstaatlichkeit 1 13; 4 292, 315
Rechtswidrigkeit 2 31, 40 ff.
red notice 3 261, 272
Reflexbewegungen 2 32
Reflexhandlung 2 50
Regelbeispiele 2 29, 173
Reintegration 6 365
Relative Theorie 4 281
Repression 1 9
Resozialisierung 4 281, 283
- Opferschutz 7 523
- Vollzugsziel 7 477

Resozialisierungsgesetz 7 412, 422
Restitution 6 363
Restorative Justice 3 236; 4 286 f.; 6 358 ff.; 7 453
- Arbeitsfeld Soziale Arbeit 7 389
- Circle-Verfahren 6 366
- Conference 6 364, 366
- Freie Träger 7 494
- Gemeinschaftskonferenz 6 366
- Gemeinwesenorientierung 6 364

- im deutschen Strafrecht 6 366
- Kommunikation 6 363
- Konfliktvermittlung 6 363
- Mediation 6 359, 363, 370
- Opferperspektive 6 361
- Opferrechte 6 370
- Opferschutzrichtlinie 6 369
- Partizipation 6 363
- Qualitätsanforderungen 6 371
- Services 6 370
- Standards 6 372
- Statistik 6 383
- Verantwortungsübernahme 6 363
- Vertraulichkeit 6 370
- Voraussetzungen 6 370
- Wesenselemente 6 360
- Wiedergutmachungsdienste 6 370

Revision 1 5; 3 222, 242
- Jugendstrafrecht 5 342

Revisionsgrund 7 472

Richtervorbehalt 3 213

Risiken 2 41; 7 431

Risikoeinschätzung 7 432, 435

Risikoorientierung 7 434

Risk-Need-Responsivity-Prinzip 7 434

Rollenklarheit 7 416

Rollenkonflikt 7 451, 498

Rückfall 5 353

Rückfallquoten
- ambulante Maßnahmen 5 331, 351
- Arrest 5 351
- Jugendstrafe 5 353 f.
- Täter-Opfer-Ausgleich 6 385

Rückfallvermeidung 5 331

Rücktritt 2 93, 96
- freiwillig 2 96

Rückwirkungsverbot 1 16

Sachbeschädigung 2 110, 162

Sache
- fremde bewegliche 2 167, 171
- herrenlose 2 168

Sachverständige 3 239

Sanktionen 4 294
- Arten 4 294
- Auflagen 4 303
- Freiheitsstrafe 4 297
- Geldstrafe 4 301
- Nebenfolgen 4 303
- Nebenstrafen 4 303

- strafrechtliche 4 278

Sanktionscocktails 5 346; 7 464

Sanktionseskalation 4 314

Sanktionsprognose 5 356

Sanktionsvorschlag 7 461

Sanktionswirklichkeit 4 314

Schadenswiedergutmachung 5 348

Schädliche Neigungen 5 353

Schengen 3 261

Schengener Informationssystem 3 262

Schlägerei 2 53, 92, 134

Schlussvortrag 3 241

Schöffe 3 201, 241

Schöffengericht 3 201, 222, 241

Schriften, pornographische 2 156

Schuld 2 83

Schuldausschlussgründe 2 84

Schuldenregulierung 7 428 f., 483, 491

Schuldfähigkeit 2 84, 86
- verminderte 2 125

Schuldprinzip 3 212

Schuldunfähigkeit 2 86; 5 330

Schülergerichte 5 337

Schulverweigerung 1 7

Schutz der Bevölkerung 4 310

Schutz der Vertraulichkeit 6 381

Schutz von Kindern und Jugendlichen 2 152

Schutzaufsicht 7 448

Schutzauftrag 7 459
- im Strafverfahren 7 459
- Jugendamt 2 100

Schutzbedürftigkeit 7 459

Schutzwehr 2 55

Schwangerenkonfliktberatung 2 159, 186
- Datenschutz 2 186
- Zeugnisverweigerungsrecht 2 188

Schwangerschaftsabbruch 2 93, 157
- Ausnahmetatbestände 2 159
- Beratungsstelle 2 159
- Indikation 2 159
- Statistik 2 158
- Werbung 2 157

Schweigen 3 204

Schweigepflicht 2 189; 7 421, 427
- Hinweis auf 7 428
- Notstand, rechtfertigender 2 75

Stichwortverzeichnis

Schwere der Schuld 3 252; 5 353
SED-Politbüromitglieder 4 283
Sekundärviktimisierung 7 521
Selbstbestimmung 6 363
- sexuelle 2 151 f.
Selbstjustiz 4 281; 5 337
Selbsttötung 2 27, 102, 107
- Beihilfe 2 102
- fehlgeschlagene 2 102
- geschäftsmäßige Förderung 2 102
Sexualdelikt 2 151
- Einverständnis 2 152
Sexualdelikte 2 151
Sexualmorde 2 118
Sexualstraftat 2 151 f.
- Opferanwalt 3 207
- Täter-Opfer-Beziehungen 2 151
- Verjährung 3 209
sexuelle Nötigung 2 151 f.
Sexueller Missbrauch 2 153
- Opfer 3 209
- Statistik 2 153
- von Kindern 2 194
Sicherheit und Ordnung
- Bedürfnis nach 1 11
Sicherheitsdenken 1 11
Sicherheitsinteressen 4 288
Sicherheitsleistung 3 258
Sicherheitsorientierung 4 289
Sicherungshaft 3 253
Sicherungsverwahrung 4 309 f.
- Altfälle 4 311
- Sexualstraftat 4 310
Sittlichkeitsdelikte 2 151
Sitzblockade 1 18; 2 81
Sitzungspolizei 3 238
Skimming 2 106
Sorgerecht der Eltern 2 42; 5 335; 7 464
- Rechtfertigungsgrund 2 43
Souterrain der Justiz 7 456, 473
Sozialarbeiter
- im Strafvollzug 7 481
- Pflicht zur Verschwiegenheit 2 186
- Zeuge 2 188 f.
- Zeugnisverweigerungsrecht 2 188 f.
Sozialdatenschutz 2 75, 186, s. Datenschutz
- anvertraute Daten 2 189

Soziale Arbeit
- Arbeitsfelder 7 395
- Funktion 1 1
- im Strafvollzug 1 5
- Jugendhilfe 7 447
- Justizvollzug 7 479
- Professionalisierung 2 190
- Rollenklarheit 7 416
- Souterrain der Justiz 7 456, 473
- Sozialdatenschutz 2 75
- und Polizei 7 474
- Vertrauensschutz 2 75
Soziale Arbeiter
- Arbeitsfelder 7 388
Soziale Dienste der Justiz 7 396, 415
- Bewährungshilfe 7 414
- Dienst- und Fachaufsicht 7 398
- Fachaufsicht 7 418
- Führungsaufsicht 7 438
- Gerichtshilfe 7 399
- Länderunterschiede 7 397
- Organisationsmodelle 7 397
Soziale Integration 1 1
Soziale Kontrolle 1 8
- Bewährungshilfe 7 437
- Jugendliche 5 332; 7 453, 455
Soziale Kontrolle Jugendlicher
- Zweispurigkeit 5 332; 7 450, 453
Sozialer Dienst der Justiz 7 396
- ambulanter 7 397
- einheitlicher 7 397
Sozialleistungsbehörde 7 452, 458
- Jugendamt 7 464
Sozialprognose 4 297; 5 356; 7 432
Sozialräume 7 427
Sozialschädlichkeit 1 8
Sozialstaatsprinzip 4 283; 7 477
Sozialtherapeutische Anstalt 4 309
Sparbuch 2 171
Spezialprävention 4 278
- positive 4 283
Sportwettkampf 2 135
Sprungrevision 5 342
Staatliche Strafe
- Legitimation 4 281
Staatsanwälte 3 202
- private Kenntnis 3 215
Staatsanwaltschaft 3 202
- Absehen von Strafverfolgung 5 337

Stichwortverzeichnis

- Dienstaufsicht 3 202
- Diversion 6 367
- Ermittlungspersonen 1 26
- Fachaufsicht 3 202
- Herrin des Ermittlungsverfahrens 3 203, 224
- Sitzungvertreter 7 462
- Verfahrensbeteiligte 3 202
- Zwangsmaßnahmen 3 229

Staffälligenhilfe
- ehrenamtliche 7 512

Stalking 2 107

Statistik
- Bewährung 4 296
- Bewährungshilfe 7 425
- Diebstahl 2 166
- Drogenkriminalität 2 177
- Eigentumsdelikte 2 161, 164
- Einstellung des Strafverfahrens 4 296
- empirische Datenbasis 2 108
- Freiheitsstrafe 4 296
- Führungsaufsicht 7 445
- Fußfessel, elektronische 7 445
- Geldstrafe 4 296
- Gesamtkriminalität 2 111
- Gewaltdelinquenz 2 110
- jugendstrafrechtliche Rechtsfolgen 5 344
- Körperverletzung 2 141
- Polizeiliche Kriminalstatistik 2 108
- Restorative Justice 6 383
- Schwangerschaftsabbruch 2 158
- Sexueller Missbrauch 2 153
- Strafvollzug 7 478
- Täter-Opfer-Ausgleich 6 385 f.
- Totschlagsdelikte 2 116
- Überwachung, elektronische 7 445
- Untersuchungshaft 3 273 f.
- Verfälschungstendenz 2 166
- Verurteiltenstatistik 2 109

Stellungnahme
- Bewährungshilfe 7 414
- Datenweitergabe 7 466, 468
- Form 7 465
- Gerichtshilfe 7 400
- Haftentlassung 7 488
- Jugendamt 7 461 f., 465
- Jugendhilfe im Strafverfahren 7 453, 461
- mündliche 3 220
- strafrechtliche Verantwortlichkeit 7 460

Sterbehilfe 2 102, 107
- aktive 2 102
- geschäftsmäßige 2 102
- passive 2 102

Sterben, selbstbestimmtes 2 102

Sterilisation 2 41

Steuerungsfähigkeit 5 330

Steuerungsverantwortung 5 349; 7 463

Störer 1 11, 22

Störung 1 23

Strafanspruch, staatlicher 1 8 f.

Strafantrag 2 30, 92

Strafanzeige 2 92, 194; 3 224

Strafaufhebungsgrund 2 93

Strafausschließungsgrund 2 93

Strafaussetzung zur Bewährung 7 421 ff.
- historische Entwicklung 7 423

Strafbarkeitsbedingungen, objektive 2 92

Strafbarkeitshindernisse 2 92

Strafbarkeitsvoraussetzungen 2 92

Strafbedürfnisse 1 11

Strafbefehl 3 233 f.; 7 515
- Einspruch 3 234

Strafbefehlsverfahren 3 234
- Jugendstrafrecht 5 341

Strafe
- Arten 4 294
- Legitimation 1 9; 4 278 f.
- Nebenfolgen 4 307
- Sinn und Zweck 4 278
- strafrechtliche 4 278

Straffälligen-Anlaufstelle 7 512

Straffälligenhilfe
- freie Träger 7 493
- Opferschutz 7 523

Strafgerichte 3 224
- Formen 3 222

Strafgerichtshof, internationaler 1 14

Strafhindernis 2 93

Strafklageverbrauch 1 19; 3 233

Strafmilderung 4 314
- TOA 4 312

Strafmündigkeit 5 330

Strafprozessordnung 3 199

Strafrahmen 2 29, 63; 4 312; 5 344, 355

Strafrecht
- Abschaffung 2 83
- Allgemeiner Teil 1 4
- Bereiche 1 3
- Besonderer Teil 1 4

Stichwortverzeichnis

- formelles **1** 5; **3** 199
- Funktion **1** 1, 8, 13, 16
- Grundmaximen **1** 15 f.
- Grundsätze **1** 8, 16
- Indikator für Rechtsstaatlichkeit **1** 13
- Jugendstrafrecht **5** 328
- Kontrollfunktion **7** 456
- Kritik am **1** 13
- materielles **1** 4, 13
- Menschenwürde **1** 13
- Nebengesetze **1** 4
- Ordnungsfunktion **7** 456
- Rechtsfolgen **4** 295
- Soziale Arbeit im **1** 1
- Strafrahmen **4** 312
- Struktur **1** 3
- Subsidiarität **1** 13
- System des **1** 4
- ultima ratio **1** 11
- verfassungsrechtliche Aspekte **1** 13
- Verhältnismäßigkeitsgebot **4** 280
- Verhältnismäßigkeitsgrundsatz **1** 10
- Verschränkungen zum Jugendhilferecht **5** 328
- Völkerrecht **1** 14
- Ziele **1** 1

Strafrecht und Moral 2 154

Strafrechtliche Rechtsfolgen 4 295

strafrechtliche Verantwortlichkeit 2 27; **7** 460

Strafschärfung 4 314

Straftat 2 27
- Aktives Tun **2** 98
- Alkoholeinfluss **2** 87
- Arten **2** 105
- gegen die sexuelle Selbstbestimmung **2** 151
- Gewalt **2** 110
- Grundvoraussetzungen **2** 31
- Inlandsbezug **1** 14
- junger Menschen **5** 343
- Konflikt **3** 236; **6** 362
- Rechtswidrigkeit **2** 31
- Schuld **2** 31
- Statistik **2** 109
- Tatbestand **2** 31 f.
- Täterschaft **2** 103
- Teilnahme **2** 103
- Unterlassen **2** 98
- Versuch **2** 95
- Vollendung **2** 95

Straftheorie 4 278
- Abschreckung **4** 282
- absolute **4** 279
- Ausgleichsgedanke **4** 286 f.
- dritte Spur **4** 286
- Erziehung **4** 283
- expressive Begründungen **4** 286
- Generalprävention **4** 281
- Metaphysik **4** 279
- Opferorientierung **4** 286
- Prävention **4** 281
- relative **4** 281
- Resozialisierung **4** 283
- Spezialprävention **4** 281, 283
- Talionsprinzip **4** 283
- Vereinigungstheorie **4** 284
- Vergeltung **4** 279, 282
- Verhältnismäßigkeitsgrundsatz **4** 282
- Verteidigung der Rechtsordnung **4** 281, 285
- Wiedergutmachung **4** 286

Strafübel 4 278

Strafvereitelung 2 93

Strafverfahren 1 13; **3** 199, 222
- Ablauf **3** 222
- Akkusationsprinzip **3** 216
- freie Beweiswürdigung **3** 218
- gegen Jugendliche **5** 334
- gesetzlicher Richter **3** 219
- Hauptverfahren **3** 237
- Jugendamt **7** 449
- Legalitätsprinzip **3** 215
- Mündlichkeit **3** 220
- Öffentlichkeit **3** 221
- Offizialprinzip **3** 214
- Opferrechte **3** 210; **6** 369
- Prozessmaximen **3** 211
- Recht auf rechtliches Gehör **3** 213
- Unmittelbarkeit **3** 220
- Untersuchungsgrundsatz **3** 217
- Wiederaufnahme **1** 19
- Zwischenverfahren **3** 237

Strafverfolgung
- grenzüberschreitende **1** 15
- öffentliches Interesse **2** 30, 172

Strafverfolgungsbehörden 3 224

Strafvollstreckungsordnung 3 243

Strafvollstreckungsrecht 1 5

Strafvollstreckungsverfahren 3 243

Strafvollzug 3 243; **4** 310; **7** 476
- Ausgang **7** 509

Stichwortverzeichnis

- Ersatzfreiheitsstrafe 4 304
- Fachliche Standards Sozialer Arbeit 7 487
- Fallzahlbemessung 7 487
- Kinder inhaftierter Eltern 7 486
- Parallelwelten 7 479
- Statistik 7 478
- strukturelle Bedingungen 7 479
- totale Institution 7 479
- Vollzugsziel 7 477

Strafvollzugsrecht 1 5

Strafvollzugsreform 7 506

Strafvorbehalt 4 302

Strafzumessung 2 83; 4 312, 314
- Ausgleichsgedanke 4 287
- Kriterien 4 312 ff.
- Sanktionseskalation 4 314

Strafzumessungsregel 2 173

Subsidiarität 1 13
- des Jugendstrafrechts 5 331, 343
- dreifache 5 343; 7 452

Subsidiaritätsprinzip
- Freie Träger 7 493

Substitution 2 184

Suchtberatung 7 428, 512
- Datenschutz 2 186
- Zeugnisverweigerungsrecht 2 188; 6 381

Suchttherapie 2 183

Sühneverfahren 2 30

Suizid 2 102

Suizidgefahr 3 245; 7 490

Suspensiveffekt 3 242

Symbolik 1 13

Tagebuch 2 189

Tagessatz 4 301

Talionsprinzip 4 279, 283

Tat-Ausgleich 6 365
- außergerichtlicher 3 236; 6 358

Tatbestand 2 31 f.
- objektiver 2 32
- Qualifikationen 2 29, 142, 161
- subjektiver 2 35
- Täter 2 32
- Tathandlung 2 32
- Zurechnung 2 34

Tatbestandsirrtum 2 37

Täter 2 32
- mittelbarer 2 103

Täter-Opfer-Ausgleich 3 236; 6 358 f., 366
- Allparteilichkeit 6 378, 380, 382; 7 402
- Begriff 6 366
- Definition 6 366, 368
- Deliktsschwere 6 386
- direkte Kommunikation 6 379
- Diversion 6 367
- ehrenamtliche Mediatoren 6 364
- Einbeziehung Dritter 6 379
- Einzelgespräch 6 379
- empirische Befunde 6 383
- empirische Legalbewährung 6 385
- Ergebnisoffenheit 6 377
- Erziehung 6 380
- Fachliche Standards 6 372
- Freiwilligkeit 6 377
- Geeignetheit 6 386
- Gerichtshilfe 7 402
- gesetzliche Regelungen 6 367
- Hinweispflichten 6 373
- Jugendamt 7 453
- Mediation 4 287; 6 366, 372
- Mediationsgesetz 6 372 f., 375, 378
- mediative Haltung 6 380
- Opferschutzrichtlinie 6 369
- organisatorische Rahmenbedingungen 6 382
- Rechtsfrieden 6 366
- Sanktion 6 367
- SGB VIII 7 453
- Statistik 6 386
- Strafmilderung 4 312
- Strafvollzug 6 367
- Unschuldsvermutung 6 358
- Unterschied zur Mediation 6 366
- Verfahren s. Mediation
- Vermittlungsstelle 6 367
- Voraussetzung 6 368
- Vorbefassungsverbot 6 378

Täter-Opfer-Beziehung 2 61
- Sexualstraftaten 2 151

Täterschaft 2 103 f.
- juristische Personen 2 32, 104
- Mittäter 2 103
- mittelbarer Täter 2 103
- Organe juristischer Personen 2 104
- Vertreter 2 104

Taterrschaft 2 103

Tätige Reue 2 93, 97

Tätigkeitsdelikt 2 33

Tatort 1 14

291

Tatsachen
- empirisch nachweisbare 1 10

Tatschuld 4 285

Tatverdacht 3 223
- Anfangsverdacht 3 223, 247
- Auslieferung 3 262
- dringender 3 231, 246 f., 255
- hinreichender 3 233, 235, 237

Teamkonferenz 7 462

teen courts 5 337

Teilnahme 2 103 f.
- Anstiftung 2 103
- Beihilfe 2 103
- Schlägerei 2 53

Telekommunikationsüberwachung 2 189

Therapie statt Strafe 2 183

Therapieunterbringungsgesetz 4 311

Tiere 2 32, 50, 167 f.

Tierhalter
- Garantenstellung 2 99

TOA-Statistik 6 386

Todesstrafe 4 294

Tonbandaufnahme 2 65

Tonbandaufnahmen, heimliche 2 189

Totschlag 2 115, 132
- Grundtatbestand 2 29
- Mord 2 29

Tötung auf Verlangen 2 29, 102, 112, 132

Transparenzgebot 2 187

Trauma-Ambulanz 7 520

Triplemandat 7 416

Trutzwehr 2 55

Tucholsky, Kurt 1 8

Übergangseinrichtungen 7 498, 509

Übergangsmanagement 7 396, 430, 483, 494

Übergangswohneinrichtungen 7 498

Übermaßverbot 1 10

Überwachung
- akustische 3 231
- elektronische 4 311; 7 444
- Fernmeldeverkehr 3 231
- Jugendhilfe im Strafverfahren 7 455
- justiziell angeordneter Sanktionen 7 455
- optische 3 231

Überwachungsgarant 2 99

Ubiquität 1 1, 11

ultima ratio 1 11

UN-Übereinkommen über die Rechte des Kindes 5 333

Unfugabwehr 2 51

Ungebühr 3 238

Ungehorsam 5 352
- ziviler 2 81

Ungehorsamsarrest 5 352

Universalrechtsgüter 2 28

Unmittelbarkeit 3 220

Unrecht 2 31, 46, 56, 59; 6 362

Unrechtsbewusstsein 2 90

Unschuldsvermutung 3 212, 245
- Täter-Opfer-Ausgleich 6 358

Unsicherheitsgefühle 1 11

Untauglicher Versuch 2 95

Unterbringung
- in einem psychiatrischen Krankenhaus 4 295, 309; 7 440
- nach Therapieunterbringungsgesetz 4 311
- Sicherungsverwahrung 4 310
- von Strafgefangenen 1 13

Unterbringung, geschlossene 5 351

Unterlassen 2 98
- Patientenverfügung 2 102
- Produkthaftung 2 99
- Suizid 2 102

Unterlassung 2 98
- fachlicher Standards 2 101

Unterlassungsdelikt 2 98
- echtes 2 98
- Garantenstellung 2 99
- Pflichtenkollision 2 69
- unechtes 2 98

Unterschlagung 2 106, 161

Untersuchung, körperliche 3 229

Untersuchungsgrundsatz 3 217

Untersuchungshaft 3 212, 231, 244, 252
- Altersgruppen 3 276
- apokryphe Haftgründe 3 249
- Aufgaben des Jugendamts 5 340
- Aussetzung des Vollzugs 3 258
- bei Minderjährigen 3 245
- Dauer 3 259, 277
- Desintegration 7 492
- dringender Tatverdacht 3 247
- Fluchtgefahr 3 245
- Fluchtgefahr bei Jugendlichen 5 340
- Funktion 3 245

Stichwortverzeichnis

- Haftbefehl 3 256
- Haftbeschwerde 3 232
- Haftgrund 3 244, 246, 248
- Haftprüfung 3 232
- Jugendgerichtshilfe 5 340
- Soziale Hilfen 7 491
- Statistik 3 273 f.
- Suizidgefahr 3 245; 7 490
- Verhältnismäßigkeit 3 245, 252, 257, 259
- Vermeidung 7 407, 453
- Voraussetzungen 3 260
- Vorführung 3 246
- Zweck 3 246

Untersuchungshaftanstalt 7 490
Untersuchungshaftvermeidung 7 407, 453, 498
Untreue 1 17; 2 163; 3 268
Unwissenheit 2 90
Urheberrecht 2 167
Urkunden 3 239
Urteil 3 241

Verantwortlichkeit, strafrechtliche 2 83
Verantwortungsreife, strafrechtliche 5 330
Verbotsirrtum 2 58, 90
Verbrechen 2 29
- Diversion 5 337
- Funktion 1 11
- Normalität 1 11
- Versuch 2 95
Verbrechen gegen die Menschlichkeit 1 14
Verdächtiger 3 204
Verdeckte Ermittlungsmaßnahmen 3 232
Verdeckungsabsicht 2 131
Verdunkelungsgefahr 3 250
vereinfachtes Jugendverfahren 5 341
Vereinigungstheorie 4 284
Verfahrensbeteiligte 3 201
- Angeklagter 3 203
- Beschuldigter 3 203
- formelle 3 201, 203; 7 388
- Jugendamt 7 469, 471
- Polizei 3 203
- Rechtsmittel 3 242
- Staatsanwaltschaft 3 202
- Zugriffslösung 7 471
Verfahrenserledigung
- informelle 3 235 ff.
Verfahrensmaxime 3 200

Verfolgungsverjährung 2 93
Vergehen 2 29
- Versuch 2 95
Vergeltung 4 279 f., 282; 5 331; 7 503
Vergeltungsgedanke 4 278
Vergeltungsprinzip 4 279
Vergewaltigung 2 107, 110 f., 151 f., 159
Verhalten nach der Tat 3 225
Verhältnis
- Polizei und Soziale Arbeit 7 474
Verhältnismäßigkeit 2 55
- Nötigung 2 81
- Notstandshandlung 2 67
- Notwehr 2 46
Verhältnismäßigkeitsgebot 1 10
Verhältnismäßigkeitsgrundsatz 1 10; 4 280, 297
- Kriminalstrafe 4 295
- Maßregeln 4 295
- Maßregeln der Besserung und Sicherung 4 310
- Persönlichkeitserforschung 5 336
- Polizeirecht 1 22
- Untersuchungshaft 3 257
- Zwangsmaßnahmen 5 340
Verjährung 2 93; 3 235
- Mord 2 93
Verletzung der Fürsorgepflicht 2 194, 197
Verletzung der Unterhaltspflicht 2 90
Vermeidung der U-Haft 5 340
Vermeidung der Vollstreckung von Ersatzfreiheitsstrafen 4 304; 7 401, 407, 409, 498
Vermittlung in strafrechtlichen Konflikten 6 366
- fachliche Standards 6 372
Vermittlungsangebot 6 377
Vermögensdelikte 2 161, 163
Vernehmung 3 204, 226
- eines Jugendlichen 5 335
- Elternrechte 5 335
- Jugendamt 7 467
Vernehmungsmethoden 3 228
Verschärfung des Strafrechts 4 288
Verschwiegenheitspflicht 2 186, 189, 194
- arbeitsrechtliche 2 189
- Berufsgeheimnisträger 2 188
- Mediator 2 189; 6 381
- Sozialdatenschutz 2 186

Stichwortverzeichnis

- Soziale Arbeit 2 188
Verschwiegenheitsverpflichtung 2 194
Versöhnung 6 360
Versuch 2 95
- Ansetzen zur Tatverwirklichung 2 95
- Entschluss 2 95
- Prüfschema 2 95
- Rücktritt 2 93, 96
- Strafbarkeit 2 29
- Tatplan 2 95
- untauglicher 2 95
- Vorbereitungshandlung 2 95
Verteidiger 3 204
- Akteneinsichtsrecht 3 204
- Verkehrsrecht 3 204
Verteidigung der Rechtsordnung 4 281, 285, 305
Vertragsverletzungsverfahren 6 371
Vertrauensbeziehung 2 190; 7 468
Vertrauensschutz 2 185
- freie Träger 2 191
- Jugendhilfe 2 186, 191
- Zeugenaussage 2 188
Vertrauensverhältnis 7 421
Vertraulichkeit
- Sozialdatenschutz 2 75
Verurteiltenstatistik 2 109
Verwaltungsverfahren, sozialrechtliches 7 464
Verwarnung 5 344, 348
Verwarnung mit Strafvorbehalt 4 302
Verwerflichkeit
- Definition 1 18; 2 81
Videoüberwachung 1 25
Videovernehmung 3 209
Viktimisierung
- sekundäre 7 521
Völkermord 1 14
Völkerrecht 1 14
Völkerstrafgesetzbuch 1 14
Vollrausch 2 89, 92
Vollstreckungsverjährung 2 93
Vollzug
- geschlossener 5 353; 7 479, 487
- offener 7 483
Vollzugsziel 7 477
Vorbefassung 6 378
Vorbefassungsverbot 6 382

Vorbereitungshandlung 2 95
Vorbewährung 5 357
Vorermittlungen 3 204
Vorführung 3 255
vorläufige Anordnung über die Erziehung 5 340
Vorsatz 2 35
- bedingter 2 36
Vorstrafenbelastung 4 314
Wächteramt
- Jugendamt 2 100
Waffen 2 99
Wahlverteidiger 3 204
Wahndelikt 2 91
Warnschussarrest 5 351, 356
Wegnahme 2 161, 169
- eines Kindes 2 80
wehrlos 2 127
Weiße-Kragen-Kriminalität 4 283
Weisungen
- Erziehung 5 347
- im Rahmen der Bewährung 4 298 f.; 5 356 f.
- Jugendstrafrecht 5 344
- Kontrolle 7 455
- Nichterfüllung 5 352
- sozialrechtliche Voraussetzungen 7 463
- Verstöße gegen 2 193; 4 300
Werkzeuge 2 50
Widerruf der Strafaussetzung 4 300; 7 421, 427
Widerstand 2 81
Wiederaufnahme des Strafverfahrens 1 19
Wiedergutmachung 4 286; 6 358 f., 361, 370
- dritte Spur 6 367
Wiedergutmachungsdienst
- Definition 6 370
- fachgerechte 6 370
- Familienkonferenzen 6 370
- Mediation 6 370
- Qualitätsanforderungen 6 371
- TOA 6 370
- Vertraulichkeit 6 370
Wiederholungsgefahr 3 251, 253
Wirklichkeit 1 10
Wirtschaftskriminalität 1 8
Wohngemeinschaft 2 99

- Haftbefehl 3 256
- Haftbeschwerde 3 232
- Haftgrund 3 244, 246, 248
- Haftprüfung 3 232
- Jugendgerichtshilfe 5 340
- Soziale Hilfen 7 491
- Statistik 3 273 f.
- Suizidgefahr 3 245; 7 490
- Verhältnismäßigkeit 3 245, 252, 257, 259
- Vermeidung 7 407, 453
- Voraussetzungen 3 260
- Vorführung 3 246
- Zweck 3 246

Untersuchungshaftanstalt 7 490
Untersuchungshaftvermeidung 7 407, 453, 498
Untreue 1 17; 2 163; 3 268
Unwissenheit 2 90
Urheberrecht 2 167
Urkunden 3 239
Urteil 3 241

Verantwortlichkeit, strafrechtliche 2 83
Verantwortungsreife, strafrechtliche 5 330
Verbotsirrtum 2 58, 90
Verbrechen 2 29
- Diversion 5 337
- Funktion 1 11
- Normalität 1 11
- Versuch 2 95
Verbrechen gegen die Menschlichkeit 1 14
Verdächtiger 3 204
Verdeckte Ermittlungsmaßnahmen 3 232
Verdeckungsabsicht 2 131
Verdunkelungsgefahr 3 250
vereinfachtes Jugendverfahren 5 341
Vereinigungstheorie 4 284
Verfahrensbeteiligte 3 201
- Angeklagter 3 203
- Beschuldigter 3 203
- formelle 3 201, 203; 7 388
- Jugendamt 7 469, 471
- Polizei 3 203
- Rechtsmittel 3 242
- Staatsanwaltschaft 3 202
- Zugriffslösung 7 471
Verfahrenserledigung
- informelle 3 235 ff.
Verfahrensmaxime 3 200

Verfolgungsverjährung 2 93
Vergehen 2 29
- Versuch 2 95
Vergeltung 4 279 f., 282; 5 331; 7 503
Vergeltungsgedanke 4 278
Vergeltungsprinzip 4 279
Vergewaltigung 2 107, 110 f., 151 f., 159
Verhalten nach der Tat 3 225
Verhältnis
- Polizei und Soziale Arbeit 7 474
Verhältnismäßigkeit 2 55
- Nötigung 2 81
- Notstandshandlung 2 67
- Notwehr 2 46
Verhältnismäßigkeitsgebot 1 10
Verhältnismäßigkeitsgrundsatz 1 10; 4 280, 297
- Kriminalstrafe 4 295
- Maßregeln 4 295
- Maßregeln der Besserung und Sicherung 4 310
- Persönlichkeitserforschung 5 336
- Polizeirecht 1 22
- Untersuchungshaft 3 257
- Zwangsmaßnahmen 5 340
Verjährung 2 93; 3 235
- Mord 2 93
Verletzung der Fürsorgepflicht 2 194, 197
Verletzung der Unterhaltspflicht 2 90
Vermeidung der U-Haft 5 340
Vermeidung der Vollstreckung von Ersatzfreiheitsstrafen 4 304; 7 401, 407, 409, 498
Vermittlung in strafrechtlichen Konflikten 6 366
- fachliche Standards 6 372
Vermittlungsangebot 6 377
Vermögensdelikte 2 161, 163
Vernehmung 3 204, 226
- eines Jugendlichen 5 335
- Elternrechte 5 335
- Jugendamt 7 467
Vernehmungsmethoden 3 228
Verschärfung des Strafrechts 4 288
Verschwiegenheitspflicht 2 186, 189, 194
- arbeitsrechtliche 2 189
- Berufsgeheimnisträger 2 188
- Mediator 2 189; 6 381
- Sozialdatenschutz 2 186

293

Stichwortverzeichnis

- Soziale Arbeit 2 188
Verschwiegenheitsverpflichtung 2 194
Versöhnung 6 360
Versuch 2 95
- Ansetzen zur Tatverwirklichung 2 95
- Entschluss 2 95
- Prüfschema 2 95
- Rücktritt 2 93, 96
- Strafbarkeit 2 29
- Tatplan 2 95
- untauglicher 2 95
- Vorbereitungshandlung 2 95
Verteidiger 3 204
- Akteneinsichtsrecht 3 204
- Verkehrsrecht 3 204
Verteidigung der Rechtsordnung 4 281, 285, 305
Vertragsverletzungsverfahren 6 371
Vertrauensbeziehung 2 190; 7 468
Vertrauensschutz 2 185
- freie Träger 2 191
- Jugendhilfe 2 186, 191
- Zeugenaussage 2 188
Vertrauensverhältnis 7 421
Vertraulichkeit
- Sozialdatenschutz 2 75
Verurteiltenstatistik 2 109
Verwaltungsverfahren, sozialrechtliches 7 464
Verwarnung 5 344, 348
Verwarnung mit Strafvorbehalt 4 302
Verwerflichkeit
- Definition 1 18; 2 81
Videoüberwachung 1 25
Videovernehmung 3 209
Viktimisierung
- sekundäre 7 521
Völkermord 1 14
Völkerrecht 1 14
Völkerstrafgesetzbuch 1 14
Vollrausch 2 89, 92
Vollstreckungsverjährung 2 93
Vollzug
- geschlossener 5 353; 7 479, 487
- offener 7 483
Vollzugsziel 7 477
Vorbefassung 6 378
Vorbefassungsverbot 6 382

Vorbereitungshandlung 2 95
Vorbewährung 5 357
Vorermittlungen 3 204
Vorführung 3 255
vorläufige Anordnung über die Erziehung 5 340
Vorsatz 2 35
- bedingter 2 36
Vorstrafenbelastung 4 314
Wächteramt
- Jugendamt 2 100
Waffen 2 99
Wahlverteidiger 3 204
Wahndelikt 2 91
Warnschussarrest 5 351, 356
Wegnahme 2 161, 169
- eines Kindes 2 80
wehrlos 2 127
Weiße-Kragen-Kriminalität 4 283
Weisungen
- Erziehung 5 347
- im Rahmen der Bewährung 4 298 f.; 5 356 f.
- Jugendstrafrecht 5 344
- Kontrolle 7 455
- Nichterfüllung 5 352
- sozialrechtliche Voraussetzungen 7 463
- Verstöße gegen 2 193; 4 300
Werkzeuge 2 50
Widerruf der Strafaussetzung 4 300; 7 421, 427
Widerstand 2 81
Wiederaufnahme des Strafverfahrens 1 19
Wiedergutmachung 4 286; 6 358 f., 361, 370
- dritte Spur 6 367
Wiedergutmachungsdienst
- Definition 6 370
- fachgerechte 6 370
- Familienkonferenzen 6 370
- Mediation 6 370
- Qualitätsanforderungen 6 371
- TOA 6 370
- Vertraulichkeit 6 370
Wiederholungsgefahr 3 251, 253
Wirklichkeit 1 10
Wirtschaftskriminalität 1 8
Wohngemeinschaft 2 99

Wohnraumüberwachung 2 189
Wohnraumvermittlung 7 498
Wohnsitz, fehlender 3 248
Wohnungsdurchsuchung 3 231
Wohnungseinbruchsdiebstahl 2 54, 166
Wohnungsverweisung 1 25
Wucher 2 163

Zeuge
- Anwalt 3 207
- Beweismittel 3 239
- jugendliche 3 208
- Pflichtenkollision 2 189 f.
- Sozialarbeiter 2 188 f.

Zeugenaussage
- Sozialarbeiter 2 188

Zeugenbeistand 3 207
Zeugenbetreuung 7 520
Zeugenpflichtigkeit 2 188
Zeugenschutz 3 221, 239
Zeugnisverweigerung 3 239
Zeugnisverweigerungspflicht 2 191
Zeugnisverweigerungsrecht 2 188; 6 381; 7 427
- Angehörige 7 406
- anvertraute Daten 2 189
- Entscheidung des BVerfG (1972) 2 190
- Hinweis auf 7 428
- Jugendamt 2 190; 7 468
- Jugendhilfe 2 190
- Mediator 2 189; 6 381
- Soziale Arbeit 2 189

ziviler Ungehorsam 2 81

Zuchthaus 4 279
Züchtigungsrecht 2 135, 196
Zuchtmittel 4 308; 5 344, 348, 350
Zueignungsabsicht 2 38, 170
Zumutbarkeit 5 347
Zurechnungszusammenhang, objektiver 2 34
Zuständigkeit
- Gericht 3 219, 224
- Jugendamt 7 472

Zwangsarbeit 4 303 f.
Zwangsheirat 2 107; 3 208
Zwangskontext 7 416, 427
- Bewährungshilfe 7 415
- Strafvollzug 7 479

Zwangsmaßnahmen 2 79; 3 228 f.
- Jugendstrafrecht 5 340
- körperliche Untersuchung 3 229
- richterliche Anordnung 3 229
- Verhältnismäßigkeitsgrundsatz 3 228; 5 340

Zwangsmittel, strafprozessuale 4 308
Zweckbestimmung 1 10
Zweckbindungsprinzip 5 336; 7 452
- Datenschutz 7 466, 468

Zweispurigkeit
- des Sanktionskatalogs 4 295
- jugendrechtliche Sozialkontrolle 5 332; 7 450
- Soziale Kontrolle von Jugendlichen 7 453

Zweite-Reihe-Rechtsprechung 1 18
Zwischenverfahren 3 237